중세 후기 신비주의

류금주

연세대학교 신학과를 졸업하였고, 장로회신학대학교(M.Div.)와 연세대학교(Th.M.)에서 공부하였으며, 연세대학교 대학원에서 신학 박사 학위(Ph.D.)를 받았다. 지금은 서울장로회신학교 교회사 교수로 있다. 저서로는 「이용도의 신비주의와 한국교회」, 「안동교회 90년 사」(공저) 등이 있다.

기독교고전총서 12
중세 후기 신비주의

옮긴이	류금주
초판인쇄	2011. 1. 17.
초판발행	2011. 2. 1.
표지디자인	송원철
펴낸곳	두란노아카데미
등록번호	제 302-2007-00008호
주소	서울시 용산구 서빙고동 95번지
영업부	02-2078-3333 FAX 080-749-3705
편집부	02-2078-3478
홈페이지	http://www.duranno.com
이메일	academy@duranno.com

ISBN 978-89-6491-012-2 04230
ISBN 978-89-6491-000-9 04230(세트)

Copyright ⓒ 1957 The Westminster Press

Originally published in English under the title *Late Medieval Mysticism* edited by Ray C. Petry
All rights reserved.
This Korean Edition Copyright ⓒ 2011 by Duranno Press, 95 Seobinggo-Dong, Yongsan-Gu, Seoul, Republic of Korea
Translated into Korean by permission of Hymns Ancient and Modern LTD, under the imprint SCM-CANTERBURY PRESS LTD 13-17 Long Lane, London EC1A 9PN

본 저작물의 한국어판 저작권은 저작권사와 독점 계약한 두란노서원이 소유합니다.
저작권법에 의거하여 한국 내에서 보호를 받는 저작물이므로 무단 전재와 무단 복제를 금합니다.

두란노아카데미는 두란노의 '목회 전문' 브랜드입니다.

기독교
고전총서 **12**

중세 후기 신비주의

류금주 옮김

Late Medieval Mysticism

두란노아카데미

발간사 PUBLISHER'S PREFACE

먼저 두란노서원이 창립 30주년을 맞이하면서, '기독교고전총서' 20권을 발간할 수 있도록 허락하신 하나님께 감사드립니다.

실용 음악을 하기 위해서는 고전 음악부터 공부한다고 합니다. 운동선수들이 화려한 개인기를 발휘하기 위해서도 수천 혹은 수만 번 기본기를 먼저 연습해야 하지 않습니까? 목회나 신학도 마찬가지입니다. 현대를 풍미하는 최첨단의 신학은 기독교 고전에 대한 깊은 탐구로부터 시작되며, 21세기를 살아가는 성도의 마음을 이끄는 목회와 설교 역시 고전으로부터 중요한 통찰력을 얻을 수 있습니다. 바로 여기에 '기독교고전총서' 발간의 의미가 있습니다.

두란노서원은 지난 30년간, 크게 네 가지의 주제를 놓치지 않으며 기독교 출판에 앞장섰습니다. 첫째는 '성경적'입니다. 지난 30년 동안 두란노가 많은 책을 출판했지만, 성경의 정신에 입각한 출판을 목표로 했습니다. 둘째는 '복음적'입니다. 두란노는 지금까지 성경에 근거한 복음주의적 신학을 포기한 적이 없습니다. 셋째는 '초교파적'입니다. 한국 교회 안에 다양한 교단이 있지만, 두란노는 교단과 교파를 초월하여 교회가 하나님의 나라를 바라볼 수 있도록 돕기 위해 노력했습니다. 넷째는 '국제적'입니다. 두란노서원은 문화적이고 국제적인 측면에서 세상과의 접촉을 시도했습니다.

두란노서원이 창립 30주년을 맞이하면서 '기독교고전총서'를 발간하는 것은 위에서 언급한 네 가지 주제를 더욱 확고히 하는 기초 작업 가운데 하나입니다. 기독교 고전에는 교파가 있을 수 없고, 가장 성경적이면서도 가장 복음적인 신학을 우리는 기독교 고전에서 배울 수 있습니다. 또한 각 시대마다 교회가 어떻게 세상과 소통하려 노력했는지를 알게 되어, 우리 시대의 목회를 위한 귀한 통찰력을 얻을 수 있습니다. '기독교고전총서'의 발간이라는 기념비적인 사업이 가져다주는 이러한 유익은 단지 두란노 안에만 머무는 것이 아니라, 한국 교회 전반에 넓게 확산되리라 확신합니다.

'기독교고전총서'를 번역하기 위해 한국교회사학회 교수님들이 수고하셨습니다. 문장 하나하나, 단어 하나하나를 가장 적절한 우리말로 옮기기 위해 노력해 준 번역자들에게 이 자리를 빌려 감사를 전합니다.

두란노서원 원장

한국어판 서문 GENERAL EDITOR'S PREFACE

중세 사상가인 베르나르 드 샤르트르는 "거인들의 어깨 위에 올라서서, 그들의 위대한 선조들보다 더 멀리까지 바라볼 수 있었다"고 말했다. 또한 피에르 드 블루아도 "우리는 거인들의 어깨 위에 올라앉은 난쟁이와 비슷한 처지에 있으며, 그들 덕분에 그들보다 더 멀리까지 바라볼 수 있다. 우리는 고대인들의 저작을 연구함으로써 그들의 세련된 사상을 되살리고, 그들을 시간에 의한 망각과 인간의 무관심으로부터 구출해 낼 수 있다"고 말했다. 우리는 고전들을 연구함으로써 거인들의 어깨 위에 있는 난쟁이처럼 더 멀리 바라볼 수 있을 것이다.

'기독교고전총서'는 오래 전부터 구상되었으나 이제야 결실을 보게 되었다. 처음에는 40권 정도의 기독교 고전 전집을 구상하였으며, 모두 그리스어나 라틴어 등 그 저작의 원문에서 번역하려고 구상하였다. 그러나 그것은 아직 힘에 겨운 일이어서 우선 'The Library of Christian Classics'을 대본으로 하여 번역하기로 결정하였다. 이는 초대 교회 시대로부터 종교 개혁 시대까지의 고전들을 모두 26권에 편집한 것이다.

우리는 이 중 여섯 권은 제외하기로 결정하였다. 우리가 제외시킨 것은 제4, 18, 20, 21, 23, 26권이다. 제4권의 제목은 *Cyril of Jerusalem and Nemesius of Emesa*로, 예루살렘의 키릴로스의 교리 문답과 에메사의 네메시오스의 '인간 본질론'을 담고 있다. 제18권의 제목은 *Luther: Letters of Spiritual Counsel*로, 루터의 영적 상담의 서신들을 담고 있다. 제26권의 제목은 *English Reformers*로, 영국 종교 개혁자들의 저작을 담고 있다. 이들 고전들은 그 저작들이 중요하지 않아서가 아니라 이미 단행본으로 널리 보급되어 있기 때문에 이번 전집에서는 제외시키기로 결정하였다. 제20권과 제21권은 칼뱅의 「기독교 강요」로, 매우 중요한 저작이긴 하지만 이미 우리말로 많이 번역 출판되어 있기 때문에 제외시키기로 결정하였다. 또한 제23권은 칼뱅의 「성경 주석」으로, 이 역시 소중한 저작이긴 하지만 이미 우리말로 번역 출판되어 있어서 제외시키기로 결정하였다. 영어 전집에서 아우구스티누스의 「신국론」이나 오리게네스의 「원리론」이나 루터의 「3대 논문」을 제외시킨 것도 마찬가지 이유다.

'기독교고전총서'의 제1권은 사도적 교부들의 저작들과 이레나이우스의 「이단 반박」을 담고 있다. 제2권은 알렉산드리아의 클레멘스와 오리게네스의 저서들을 담고 있다. 제3권은 아타나시오스와 나지안조스의 그레고리오스와 니사의 그레고리오스의 저작들과 함께, 아리우스와 네스토리오스의 서신들과 「칼케돈 신조」를 포함하여 초대 교회 총회들의 결정들을 담고 있다. 제4권은 테르툴리아누스, 키프리아누스, 암브로시우스, 히에로니무스 등 라틴 교부들의 저작들을 담고 있다. 제5권은 「독백」, 「자유 의지론」, 「선의 본성」 등 아우구스티누스의 초기 저서들을, 제6권은 아우구스티누스의 「고백록」과 「신앙 편람」을, 제7권은 「삼위일체론」과 「영과 문자」 등 아우구스티누스의 후기 저서들을 담고 있다. 제8권은 동방 교회의 금욕주의를 다루고 있는데, 사막 교부들의 말씀이 있다.

제9~13권까지는 중세 교회의 저작들을 담고 있다. 제9권은 초기 중세 신학들을 담고 있는데, 레렝스의 빈켄티우스의 저작, 라드베르와 라트랑의 성찬론 논쟁, 그레고리우스 대교황의 「욥기 주석」, 비드의 「영국 교회사」 등이 있다. 제10권은 스콜라 신학을 다루고 있으며, 캔터베리의 안셀름, 피에르 아벨라르, 피에트로 롬바르도, 보나벤투라, 던스 스코투스, 오컴의 윌리엄 등의 저작들을 담고 있다. 제11권은 중세 신학의 대표자라고 할 수 있는 아퀴나스의 「신학 대전」을 담고 있다. 제12권은 중세 신비주의를 다루고 있는데, 클레르보의 베르나르, 생 빅토르의 위그, 아시시의 프란체스코, 에크하르트, 독일 신학, 쿠사의 니콜라우스 등등의 저작들이 있다. 제13권은 위클리프, 총회주의자들, 후스, 에라스무스 등 종교 개혁 선구자들의 저작들을 담고 있다.

제14~20권까지는 종교 개혁자들의 저작들을 담고 있다. 제14권은 루터의 「로마서 강의」를 담고 있다. 제15권은 루터의 초기 저작들 중 「히브리서에 대한 강의」, 「스콜라 신학에 반대하는 논쟁」, 「하이델베르크 논제」, 「라토무스에 대한 대답」 등이 있다. 제16권은 자유 의지와 구원에 대한 루터와 에라스무스의 논쟁을 다루고 있는데, 에라스무스의 「자유 의지론」과 루터의 「의지의 속박론」이 있다. 제17권은 멜란히톤의 「신학 총론」과 부처의 「그리스도 왕국론」을 담고 있다. 제18권은 칼뱅의 신학적 저작들을 담고 있는데, 「제네바 신앙 고백」, 「제네바 교회 교리 문답」, 「성만찬에 관한 신앙 고백」, 「예정에 관한 논제들」, 「사돌레토에 대한 대답」 등의 저작들이 있다. 제19권은 츠빙글리와 불링거의 저작들을 담고 있는데, 츠빙글리의 「하나님 말씀의 명료성과 확실성」, 「청소년 교육」, 「세례」, 「주의 만찬론」, 「신앙의 주해」와 불링거의 「거룩한 보편적 교회」가 게재되어 있다. 제20권은 급진적 종교 개혁자들의 저작들을 담고 있는데, 후터파의 연대기, 뮌처, 뎅크, 프랑크, 슈벵크펠트, 호프만, 메노 시몬스, 후안 데 발데의 저작들이 있다.

이 전집은 기독교 고전들에서 가장 중요한 부분을 발췌하여 훌륭하게 번역한 것이다. 또한 세계적인 전문가들이 각 저작들에 대해 명료한 해설을 해 주고 있으며, 학문적 논의들도 심도 있게 다루고 있다. 독자들은 이 전집에서 기독교 사상의 진수들을 접하게 될 것이다. 이 전집이 신학도들과 뜻있는 평신도들의 신앙을 강화시키고 신학을 심화시키며 삶을 성숙시키는 데 크게 기여하리라 믿는다. 이 전집의 출판을 흔쾌히 허락해 준 하용조 목사님과 이 전집을 출판하기 위해 수고를 아끼지 않은 두란노서원의 관계자들과 번역에 참여해 준 모든 번역자들에게 심심한 감사를 드린다.

이양호
'기독교고전총서' 편집위원회 위원장

RECOMMENDATION 추천사

두란노아카데미가 두란노서원 창립 30주년을 맞아 총 20권의 '기독교고전총서'를 발간하는 실로 눈부신 일을 해냈다. 두란노가 주동이 되어 한국교회사학회 교수들이 전공에 따라 번역에 참여하여 이루어 놓은 결실인데, 한국교회사학회는 우리나라 신학대학교와 각 대학교 신학과 교수들이 대거 참여한 기관이기에 한국 교회 전체의 참여로 이루어졌다는 또 다른 하나의 의미가 있다.

'기독교고전총서'는 초대, 중세, 그리고 종교 개혁 시대까지의 저명한 신학 고전들을 망라한다. 각 시대의 신학적 특색들과, 그리스도의 교회가 시대마다 당면한 문제가 무엇이었으며, 어떻게 교회를 지키고 복음을 전파하며 정통을 수호하였는지에 대한 변증과 주장과 해석의 가장 기본적인 문제들이 무엇이었는지를 확인하는 기회가 될 것이다.

두란노아카데미의 이번 '기독교고전총서' 간행은 그런 보화(寶貨)가 반드시 한국 교회 도처 서가에 꽂혀 그 신학적 수준을 세계 최선의 것으로 치솟게 하고자 한 사명감에서 착수한 것으로, 우리들로서는 그 고전들을 회자(膾炙)할 수 있음이 천행이 아닐 수 없다. 이는 한국 교회 역사에 또 다른 기념비를 세운 일이라 여겨 충심으로 찬하하여 마지아니한다.

민경배 백석대학교 석좌 교수

1962년부터 한 권 한 권 사기 시작해서 나는 'The Library of Christian Classics' 전집(26권)을 다 소장하게 되었고 가장 애지중지한다.

26권을 살 때마다 나는 책 뒷면에 나의 이름과 책을 산 곳과 날짜와 가격을 적곤 했는데, *Augustine: Earlier Writings*과 *Christology of the Later Fathers*는 1962년 6월 21일 총신에서 각각 485원에, *Early Christian Fathers*는 1965년 미국 웨스트민스터 신학교에서 5달러에 사서, 평생 교회사를 연구하면서 그 어느 책들보다 자주 이 전집을 읽으면서 참고하곤 했다. 특히 제일 처음 사서 읽게 된 *Augustine: Earlier Writings*는 나의 학문적인 삶에 큰 영향을 미쳤다. 한철하 교수님의 가르침을 따라 영문으로 읽으면서 아우구스티누스의 진솔하고 처절한 고백과 기도에 매료되었고, 믿는 것을 이해하려는 신학 활동에 공감하게 되었고, 세상과 교회와 하나님 나라를 바라보는 폭넓은 우주적인 안목에 깊은 감동을 받았다. 그리고 아우구스티누스를 전공하기에 이르렀는데 그것이 나의 삶과 사역에 얼마나 큰 축복이 되었는지 모른다.

이번에 두란노서원이 'The Library of Christian Classics'의 26권 중 20권을 선별해서 번역한 '기독교고전총서'를 출간하게 됨을 진심으로 축하하며 많은 사람들이 이 고전을 읽고, 삶과 사역이 보다 건강하고 아름답고 풍요롭게 되기를 바란다.

김명혁 강변교회 원로 목사, 한국복음주의협의회 회장

옛것을 버리고 새것만 추구하는 세대에서 온고지신(溫故知新) 즉, 옛것을 연구하여 새로운 지식이나 도리를 찾아내는 일이 얼마나 중요한 것인지를, 학문을 사랑하고 진리를 탐구하는 이들이라면 누구나 이해할 것이다.

세기를 넘어 두고두고 읽히고 사랑받는 고전은 시간뿐 아니라 국경을 뛰어넘어 공간을 초월하여 읽히고 인용되는 책들로 영원한 진리의 진수를 맛보게 한다. '기독교고전총서'의 번역자들은 그 시대의 신학자나 신학의 맥을 바르게 이해하는 학자들로 구성되어 있어 그 책들의 질에 걸맞은 높은 수준의 용어 선택과 표현을 했다. 이것

은 우리에게 또 한 번 감격을 주는 것이다. 영어로 번역된 고전들을 다시 우리말로 번역함으로 원저자의 의도가 왜곡될 수도 있겠으나 'The Library of Christian Classics'과 같은 기독교 고전의 권위 있는 영역본을 번역함으로 오히려 그 이해의 폭을 더 넓게 했다 할 수 있을 것이다.

지금은 얕은 물에서 물장난이나 하듯 쉽고 재미있고 편리한 것만 찾는 시대이지만, 날마다 생수의 강물을 마시고 그 깊은 샘에서 길어온 물을 마시려는 목회자, 신학생, 평신도 리더, 그리고 그 누구라도 꼭 한 번 이 고전들을 읽어보도록 추천한다.

이종윤 서울교회 담임 목사, 한국장로교총연합회 대표 회장

'기독교 고전'이라 불리는 책들은 기독교의 2000년 역사와 함께해 왔다. 한국의 기독교 역사의 연수(年數)가 유럽의 연수와 비교할 수 없이 짧지만, 이미 세계 기독교 역사의 한 획을 그을 정도로 영향력이 강한 한국 기독교가 '고전'이라 일컬어지는 책들을 출간한다는 것은 큰 의미가 있다.

기독교는 가난한 자를 부하게 하고 묶이고 포로 된 자를 자유롭게 하는 '생명'인데, 지금 우리는 세상에서 오명을 뒤집어쓰고 있다. 이것은 우리의 잘못으로 책임이 우리에게 있다. 이 오명을 벗어버리기 위해서는, 우리 안에서 철저한 자성과 회개와 갱신이 일어나야 한다. 이것은 오직 주의 성령으로, 주의 말씀으로만 가능하다. 시간이 흘러도 여전히 깊은 고전의 메시지를, 하나님 앞과 교회 안에서, 개인의 삶의 터에서 깊게 묵상하고, 묵상한 그것을 삶의 영역에서 진실하게 드러낸다면 분명히 우리는 변할 것이고, 우리 기독교는 새로워져서 세상을 변화시킬 능력을 가진 생명이 될 것이다. 나는 분명 이렇게 소망하고 기대한다.

오늘의 교회를 갱신시키고, 오늘의 교인들을 영적으로 신학적으로 성숙시키는 일에 크게 기여하는 고전시리즈가 될 것을 필자는 분명히 확신한다.

김홍기 감리교신학대학교 총장

역사상 존재했던 다양한 배경의 성도들이 하나님과 관계를 맺고, 그 영혼의 깨달음과 하나님을 향한 갈망과 예배를 뭉뚱그려 놓은 것이 기독교 고전이다. '고전'이라는 칭호를 얻은 이유는 그만큼 통찰력이 깊고, 영성이 준수하며, 시대를 초월하는 내구성이 있기 때문인데, 예수 그리스도의 충만한 분량에 이르기 위해 지속적으로 영성을 계발해야 하는 목회자나 신학생이나 성도는 끊임없이 영성을 살찌울 수 있는 영양분을 공급받아야 한다. 영성 훈련이라면 보통 기도회나 성령 은사를 체험할 만한 집회 참석을 상상하지만 그것이 영성 훈련의 핵심이 아니다. 구름떼같이 허다한 증인들이 하나님과 관계를 맺어온 고전 문헌들을 살펴보면서 자신들의 신학과 예배와 경건 생활을 살펴보고 계발하는 것이다.

이에 '기독교고전총서' 우리말 번역을 진심으로 환영하는 바이다. 지금 시대에 최고의 실력을 갖춘 번역가들이 각고의 노력으로 번역한 이 글들이 한국 성도들의 영성 개발에 큰 공헌이 될 줄로 확신한다. 바라건대 목회자들뿐 아니라 일반 성도들도 더욱 고전에 쉽게 친근해질 수 있게 되기를 소망한다.

피영민 강남중앙침례교회 담임 목사

기독교는 2천 년 역사를 이어오면서 풍성한 영적 광맥을 축적하고 있다. 그 가운데 하나가 기독교 고전 문헌이다. 이는 시대가 변하고 사람이 바뀐다 해도, 각 세대가 캐내어 활용해야 할 값진 보물이요 유업이다.

그럼에도 이런 문헌이 대부분 헬라어나 라틴어 같은 고전어로 쓰였거나 외국어로만 번역되어 있는 것이 오늘의 우리 현실이어서 신학 대학에서 훈련받은 사람조차도 기독교 고전에 손쉽게 접근하기 어려운 형편이었다.

그런데 이 '기독교고전총서'는 초기 기독교 교부로부터 시작하여 16세기 종교 개혁자에 이르기까지 대표적인 기독교 저작들을 대부분 포함하고 있다는 점과, 두란노 아카데미 편집부와 한국교회사학회가 협력하여 이루어 낸 결실이라는 점에서 누구도 그 권위를 의심치 않으리라 여겨진다. 번역은 창작 이상의 산통과 노고가 필요한 작업이기에, 교회사 교수들이 합심하여 기독교 고전들을 한국어로 살려 낸 이 시리즈는 한국 교회사에 길이 기억될 역작이라 생각한다.

위대한 신앙 선배들의 그리스도의 복음을 향한 뜨거운 가슴과 깊은 이해가 독자들에게 전달되어 풍요로운 영성을 체험하는 가운데 놀라운 영적 부흥이 일어나기를 소망하며, 많은 분들에게 추천하고 싶다.

목창균 전 서울신학대학교 총장

고전의 가치를 인정하는 기독교가 중요하게 여기는 '고전 중의 고전'은 단연 성경이다. 기독교는 성경을 하나님의 말씀으로 믿는데, 하나님께서 교회에 선물로 주신 보물은 성경 외에 다양한 고전들 속에도 담겨 있다. 기독교 역사 2천 년 동안, 하나님의 일꾼으로 세움 받은 분들이 기록해 놓은 고전은 기독교의 보화다. 기독교 고전은 우리의 믿음과 경건이 한층 성숙해지는 계기를 제공하고 신학적 수준을 한 단계 높이며 신앙을 성숙하게 하는 좋은 자양분이 될 것이다. 기록된 하나님의 말씀인 성경이 기독교 역사를 거쳐 오면서 각 시대마다 어떻게 해석되고 적용되었는지를 이 고전에서 살펴볼 수 있다.

이번에 출판되는 '기독교고전총서'를 보다 많은 성도들이 읽음으로써, 성경을 각자의 삶에 어떻게 적용시킬 수 있는지를 배우게 되기를 바란다. 아무쪼록 '기독교고전총서'의 출판으로 말미암아, 한국 교회가 기독교 고전의 귀중함을 새롭게 깨달아 기독교의 근원으로 돌아가려는 움직임이 강하게 일어나기를 바라며, 기쁜 마음으로 이 책을 추천한다.

장영일 장로회신학대학교 총장

일러두기

'기독교고전총서'(전20권)는 미국 Westminster John Knox Press(Louisville·LONDON)에서 출간된 'Library of the Christian Classics'에서 19권, 그리스어에서 1권을 '한국교회사학회'의 각 분야 전문 교수들이 번역하였다.

1. 맞춤법 및 부호 사용 원칙

맞춤법의 경우, 기본적으로 '국립국어원'의 원칙을 따랐다.

본문의 성경 인용의 경우, '개역개정'을 기본으로 하고 그 외에는 인용 출처를 밝혔으며 사역에는 작은따옴표(' ')로 표시하였다.

국내 단행본, 정기간행물의 경우에는 낫표(「 」)를, 외서의 경우에는 이탤릭체를, 논문에는 큰따옴표(" ")를 하였다.

라틴어의 경우, 이탤릭체로 표시하였다.

강조 문구는 작은따옴표(' ')로 표시하였다.

원서에서 사용한 부호를 가능하면 그대로 사용하였다.

2. 주

원저의 각주 외에 옮긴이의 각주가 추가되었다. 이것을 *, ** 등으로 표시했으며 각주 란에 추가하였다.

각주 번호는 원서 그대로 따랐다.

3. 용어 통일

인명과 지명의 경우, '한국교회사학회 용어(인명·지명) 통일 원칙'을 따랐으며(다음 쪽 참고), 영문은 처음 1회에 한하여 병기하였다.

한국교회사학회 용어(인명·지명) 통일 원칙

1) 문교부가 1986년에 고시한 외래어 표기법을 따른다
   현행 외래어 표기법은 다음과 같이 네 개의 장으로 구성되어 있다.
   제1장 표기의 기본 원칙
      제1항 외래어는 국어의 현용 24자모만으로 적는다.
      제2항 외래어 1음운은 원칙적으로 1기호로 적는다.
      제3항 받침에는 'ㄱ, ㄴ, ㄹ, ㅁ, ㅂ, ㅅ, ㅇ'만을 쓴다.
      제4항 파열음 표기에는 된소리를 쓰지 않는 것을 원칙으로 한다.
      제5항 이미 굳어진 외래어는 관용을 존중하되 그 범위와 용례는 따로 정한다.
   제2장 표기 일람표(현재 19개 언어): 생략
   제3장 표기 세칙(현재 21개 언어): 생략
   제4장 인명, 지명 표기의 원칙: 생략

2) 〈외래어 표기법〉에 제시되어 있는 〈라틴어의 표기 원칙〉은 다음과 같다.
   (1) y는 '이'로 적는다.
   (2) ae, oe는 각각 '아이', '오이'로 적는다.
   (3) j는 뒤의 모음과 함께 '야', '예' 등으로 적으며, 어두의 l+모음도 '야', '예' 등으로 적는다.
   (4) s나 t 앞의 b와 어말의 b는 무성음이므로 [p]의 표기 방법에 따라 적는다.
   (5) c와 ch는 [k]의 표기 방법에 따라 적는다.
   (6) g나 c 앞의 n은 받침 'ㅇ'으로 적는다.
   (7) v는 음가가 [w]인 경우에도 'ㅂ'으로 적는다.

3) 〈외래어 표기법〉에 제시되어 있는 〈고전 그리스어 표기 원칙〉은 다음과 같다.
   (1) y는 '이'로 적는다.
   (2) ae, oe는 각각 '아이', '오이'로 적는다.
   (3) c와 ch는 [k]의 표기 방법에 따라 적는다.
   (4) g, c, ch, h 앞의 n은 받침 'ㅇ'으로 적는다.

목차 CONTENTS

발간사 | 4
한국어판 서문 | 6
추천사 | 10
일러두기 | 14
전체 서문 | 24
역자 서문 | 57

I. 베르나르 드 클레르보 (1090-1153)

서론 | 66

하나님의 사랑 | 74

하나님을 사랑하는 세 가지 방법 | 90

하나님을 찾는 영혼을 기다리시는 하나님 | 100

II. 빅토르 수도원의 신비주의자들

서론 | 108

위그 (c. 1096-1141)
    빛의 영역과 역할 | 116

지식의 단계들 | 119

영혼의 병을 치유하는 사랑 | 120

지식과 사랑을 통해 영혼 안에 거하시는 하나님 | 122

영혼의 가장 깊은 욕망 | 122

리샤르 (c. 1123–1173)

명상에 이르는 길 | 124

아당 (d. 1192)

복음서의 상징들과 그 신비한 목적 | 144

III. 프란체스코 다시시 (1182–1226)

서론 | 150

주기도문 주해 | 155

덕을 찬양함 | 157

형제 태양을 찬송함 | 159

IV. 보나벤투라 (1221-1274)

서론 | 162

하나님을 향한 정신의 여정 | 168

V. 라이문도 룰리오 (c. 1232-1315)

서론 | 182

블랑크베르나:
    룰리오의 이상 | 190
    사랑하는 자와 사랑받는 자의 책 | 198

명상의 예술 | 206

VI. 마이스터 요하네스 에크하르트 (c. 1260-1328)

서론 | 214

영원한 탄생에 관한 설교 | 223

영원한 탄생에 관한 다른 설교 | 233

명상적 삶과 활동적 삶에 관한 설교 | 241

고독 그리고 하나님께 도달함 | 250

우리 주님의 몸 | 254

사랑은 게으를 수 없다 | 259

VII. 리처드 롤: 햄폴의 은자 (c. 1300-1349)

서론 | 262

삶의 개선 | 270

VIII. 하인리히 소이제 (c. 1295-1366)

서론 | 310

영원한 지혜에 관한 작은 책 | 318

종의 생애:

    평온(平穩, Gelassenheit)이라는 고차적인 학교 | 327

    고난과 십자가의 길 | 330

IX. 카테리나 다 시에나 (1347-1380)

서론 | 334

거룩한 예정에 관한 논문 | 342

X. 얀 반 로이스브로에크 (1293-1381)

서론 | 360

불꽃을 튀기는 돌 | 368

XI. 독일 신학 [14세기 후반]

서론 | 402

독일 신학 | 410

XII. 쿠에스의 니콜라우스 (1401-1464)

서론 | 442

학식 있는 무지 | 451

하나님을 봄 | 459

성찬에 관한 설교 | 481

"유대인의 왕으로 나신 그가 어디 계시는가?" | 485

XIII. 카테리나 다 제노바 (1447-1510)

서론 | 490

연옥에 관한 논문 | 498

성경 색인 | 515

전체 서문 PREFACE

이 책은 중세 기독교 신비사상의 절정을 이뤘던 자료들을 모은 것이다. 이 책에 실린 자료들은 이미 출중하게 번역된 것들을 모은 것이다. 번역의 훌륭함에 대해서는 공히 인정받은 바 있다. 편집자가 한 일은 매우 다양하지만, 중요한 것은, 서로 밀접하게 연관된 중세 후기 신비주의의 저작들을 역사적 관점에서 분석하여 특징별로 재배치했다는 점이다. 편집자는 이 대표적인 자료들을 새로운 관점, 말하자면, 자료들 상호간에, 그리고 자료 이전의 오랜 신비주의 전통과의 관련성에 따라 소개하고자 하였다. 포괄적이고 일반적인 서론을 먼저 제시한 후, 각 신비주의자의 작품의 서두마다 생애와 이력을 간단히 소개했다. 이어 이차문헌을 짧게 설명하고 특징적인 사상을 간결하게 요약하여 제시하였다. 성경 번역의 경우 매번 온전한 본문이 제시되었다. 저작권 제한에서는 자유롭지만 이 번역들은 하나 또는 몇몇 번역의 사용만으로 국한되지 않았다. 보다 결정적인 설명에서 장(章)의 숫자가 일치하지 않을 경우 불가타와 개신교의 장 둘 다를 참고하였다.

    이 책의 모든 편집자들에게서 받은 격려와 도움이 크다. 유럽과 국내에서 연구를 진행할 수 있었던 것은 듀크대학교 연구위원회의 연구보조금 덕분이었다. 각각의 신비주의 작품들을 편집하는 데 가장 필수적인 원고와 인쇄된 본문들을 조사하는 일은 파리 국립도서관, 로마 바티칸도서관, 런던 대영박물관의 친절하고도 광범위한 도움으로 가능하였다. 시에나 공립도서관, 브뤼셀 왕립도서관, 플로렌스, 하이델베르크, 루베인, 옥스퍼드와 캠브리지의 대학 도서관들로부터도 많은 도움을 받았다. 안트베르프에 있는 로이스브로에크 도서관의 라이펜스(L. Reypens, S. J.) 교수와 그의 동료들은 내게 갚지 못할 친절을 베풀어 주었다. 듀크대학교 도서관, 특히 신학교 사서인 마이클 페리스(Michael Farris)와 도럴린 히키(Doralyn Hickey)에게 감사하지 않을 수 없다. 콜롬비아대학교 도서관 뿐 아니라 유니온신학교 도서관의 로버트 비치(Robert Beach) 씨와 그의 동료들도 언급하지 않을 수 없다. 그리고 도날드 로에트거 부인(Donald Roettger)과 루이스 호지(Louis Hodges) 부인은 인내심을 갖고 솜씨 있게 속기의 수고를 감당해 주셨으며, 이에 감사드린다. 아낌없이 도움을 준 아내에게는 무어라 충분히 표현할 수 없을 만큼 감사하다.

신비주의의 지역과 특징

역사적으로 볼 때, "신비주의"라는 말은 매우 다양한 용법으로 사용되어 왔다. 이 용어는 혼란스러울 정도로 복잡하게 쓰여 왔기 때문에, 지금은 분명하고 권위 있는 함축적 의미 없이, "신비의" 그리고 "신비적인"이라는 표현들을 사용하고 있다. 근원을 따져보자면, 이 단어들은 분명히 고대 그리스의 신비주의들과 그 입회 의식에 결부되어 있었음을 상기시켜준다. 주후 500년 경 활동한, 지금은 아레오파기테스의 위-디오니시오스(Pseudo-Dionysius the Areopagite)로 알려져 있는 동방의 한 작가는, 그의 가장 영향력 있는 책들 중 한 권에 「신비 신학」(Mystical Theology)이라는 제목을 붙였다. 라틴 교회에서는 보통 이 용어가 "신비주의"가 아닌 "명상"(冥想, contemplation)이란 뜻으로 사용되었다.[1] 이 선집(選集)에 실린 자료들이 쓰여진 시기로 거슬러 올라가, 그 때의 신비적 경험들을 꿰뚫어 역사적으로 검토해보면, 그 대부분이 "명상" 그리고 "명상적 삶"과 같은 의미의 맥락에서 다양하게 나타나고 있음을 알 수 있다. 이 책이 많은 부분 빚지고 있는 「영성 사전」(Dictionnaire de spiritualité)을 보아도 이것은 사실이다.[2] 그러나 현대 신비주의 지류들의 물결 속에서, 중세시대에 걸쳐 통용되던 함축적인 의미의 명확성은 대부분 묻혀버렸다.

---

1. Dom Cuthbert Butler, *Western Mysticism*, 2d ed., E. P. Dutton & Co., Inc., London, 1926, p. 4.
2. Ed. by M. Viller *et al.*, Vol. 2, Paris, 1953. Cols. 1643-2193 "명상"을 보라. 이후로는 DS II, 1643-2193 등으로 축약하여 표기.

신비적 또는 명상적 경험의 핵심이 무엇인가를 밝히려는 다양한 시도들 가운데, 일부는 잉(W. R. Inge)[3]에 의해 세분화 되었다. 샤프(A. B. Sharpe), 에블린 언더힐(Evelyn Underhill), 루퍼스 존스(Rufus Jones) 등의 해석적인 분석들처럼, 이러한 시도는 신비주의를 따로 정의하는 것보다, 명상가의 최종 주장이 무엇인가에 초점을 맞추는 것이었다.[4] 돔 커스버트 버틀러(Dom Cuthbert Butler)는, 여러 세대에 걸쳐 신비주의자들에게 매우 중요하게 생각되었던 신비주의의 이 논제를 아우구스티누스(Augustine)의 말 속에서 찾아냈다: "나의 마음은 전율하는 섬광 속에서 절대자 – 바로 그분에게 이르렀다."[5] 신비주의에 대한 현대의 모든 평가에도 불구하고 아우구스티누스의 이 말은 잉 박사가 수집한 신비주의에 대한 상당한 정의(定義)는 물론 샤프, 언더힐, 존스가 제시하는 신비주의의 용례의 범위를 놀라울 정도로 예시하고 있다. 샤프가 강조하길, 영혼은 완전한 자각과 객관적이고 지적인 직관으로 "초월적 실재"에 직접 접촉할 수 있다. 버틀러가 말했듯이 이것은 의미심장하게도 "절대자와의 의식적 관계"라는 언더힐의 정의와 "이 세상에서 영혼이 절대적 실재와 가지는 연합"이라는 존스의 강조점과 일치한다. 존스 박사는, 신비주의라는 말로 함축되는 종교의 형태에 대한 다른 중요한 설명에서, 하나님과의 관계에서 나타나는 "직접적 자각"과 "거룩한 현존에 대한 직접적인 … 내밀한 의식"을 강조한다.[6] 마가레트 스미스(Margaret Smith)는 신비주의자의 목표란, "절대자와의 의식적 관계"를 형성하는 것으로 보았고, 그 안에서 "사랑의 인격적 대상"이 발견된다고 하였다.[7]

"신비적 교리, 혹은 명상에 관한 가르침"과 같은 신비주의의 의미와 본질에 대한 고찰은, 언더힐이 그랬던 것처럼, 신비주의의 특징적인 면들을 분석하는 쪽으로 자

---

3. 원래는 그의 책 *Christian Mysticism*, London, 1899, 6th ed., 1925, ch. 1과 pp. 335-48, 그리고 후에는 그의 책 *Mysticism in Religion*, University of Chicago Press, 1948, pp. 25-29를 참조.
4. Butler, *op. cit.*, p. 4는 A. B. Sharpe, *Mysticism, Its True Nature and Value*, London, 1910, pp. 74, 96; E. Underhill, *Mysticism*, p. 97 (cf. the 12th ed., Dutton, 1930, p. 72); 그리고 R. Jones in James Hastings, *Encyclopedia of Religion and Ethics*, Vol. 9, pp. 83 ff.를 특별히 참조하고 있다. 그리고 신비주의에 대한 그의 50여 권의 책과 특히 그의 *Studies in Mystical Religion*, London, 1909를 참조하라.
5. *Confessions*, VII, xvii, 23; 그리고 Butler, *op. cit.*, pp. 4, 31-32.
6. Butler, *op. cit.*, pp. 4-6과 각주; Jones, *Studies*, p. xv.
7. *Studies in Early Mysticism in the Near and Middle East*, The Sheldon Press, London, 1931, p. 3; *An Introduction to the History of Mysticism*, S.P.C.K., London, 1930, p. 3.

연스럽게 이어진다. 언더힐은 그의 명저(名著) 첫 장들에서, 신비주의의 명백한 "활동적이고 실천적인" 자질, 그것의 "완전히 초월적이고 영적인" 목표들, "살아있는 그리고 사랑의 인격적 대상인 존재"로서 일자(the One)의 실재에 대한 강조, 나아가 이 일자와 생동적으로 연합하는 것, 그것의 피할 수 없는 결과인 자기굴복에 대해서 말하고 있다.[8] 부정(renunciation)에 대한 이러한 요청은 명상의 전 세기에 걸쳐 울려 퍼지고 있으며 마가레트 스미스와 조셉 마레샬(Joseph Maréchal)의 경우가 그러하듯 오늘날에도 신비주의의 다양한 학생들에 의해서 강조되고 있다. 명상적 순례라는 라틴과 동방 기독교의 전통에서, 특히 여러 동양신앙에서도 특징적으로 나타나는데, 부정은 신비주의로 가는 열쇠를 쥐고 있다. 분명한 사실은, 그리스도인의 친교를 위한 긍정적 삶의 확신이라는 뉘앙스는, 적어도 몇몇 비-기독교적 회합에서는 내포되지 않는다는 것이다.

"나"의 부정에 대한 마레샬 신부의 심리학적 분석은 이 선집 전체에서 반향(反響)을 불러일으킨다.[9] 영혼과 하나님과의 직접적인 친교에 대한 신비주의자들의 열정은 금욕적 규칙과 수도원적인 훈련을 통해서 지탱된다는 마가레트 스미스의 주장 또한 그렇다. 이들은 공통적으로, 자기정복과 부정적 헌신이야말로 신비적 비전으로 가는 가장 직접적인 지름길이 된다는 점을 함축하고 있다. 그러기에, 신비주의자들은 "금욕주의자들과 수도사들에게서" 발견된다는 그녀의 말은 매우 설득력 있는 것으로서, 종종 간과되기는 하지만 쉽게 입증되는 주장이기도 하다.[10]

중세 후기 신비주의의 전 시기 동안에, 금욕적인 훈련은 매우 빈번히 수도사들의 아틀리에(자기-부정이라는 목표를 위해 금욕주의가 수행되는 수도원적 연습실)가 되었다. 그 목표는 하나님을 보는 것, 즉 거룩한 분(the Divine)과의 친교이다. 부정을 통해 나아가는 목표는 신성과의 사귐이며 이 목표를 위하여 동원된 방법은 부정적 헌신이다. 이것은 격정적인 정서가 아니라 잘 훈련된, 습관적인 연습으로, 하나님께만 합당한 명예의 자리에서 자신을 제거하는 방법이다.

오스카 하드만(Oscar Hardman)은 자발적인 부정에서 차지하는 금욕주의의 역할을

---

8. *Mysticism*, pp. 70–94.
9. *Études sur la psychologie des mystiques*, Paris, 1938, Vol. I, pp. 192–95.
10. *Early Mysticism*, p. 47.

분석하면서, 비동정적으로가 아니라, 그에 대하여 돔 우르스머 베를리에(Dom Ursmer Berlière)가 확실히 아무런 이의를 제기할 수 없는 소감을 인용한다. 즉, 모든 신비주의자에게서는 금욕주의가 나타나고, 금욕주의야말로 신비주의의 근원이라고 볼 수 있다는 것이다.[11] 수도원제도 바깥에서는 신비주의자들이 나올 수 없다는 말이 정당하지 않다면, 중세 신비주의자들 대부분이 수도사들이었다는 분명한 사실을 무시할 이유도 없다. 돔 우르스머 베를리에와 그의 수도회의 사람들은, 비-베네딕투스 수도사, 베르나르(Bernard), 시토수도회의 수도사들, 혹은 프란체스코와 탁발승이든 할 것 없이, 규칙화된 부정이 신비적 명상에 어떻게 결합되어 있는가를 보여준다. 레크레르끄(H. Leclercq)가 금욕주의와 독신주의를 분리할 수 없다고 본 것처럼, 신비주의와 수도원제도가 그만큼 불가분한 것이 아니더라도, 그들은, 적어도, 실천적으로 서로 도우며 보강하고 있다.[12]

중세 시대 수도원적인 삶은 다양한 영성을 배양하였다. 베르네(F. Vernet)와 푸라(P. Pourrat)는, 명상을 수도원 제도의 열매로 간주함에 있어서, 영성이라는 공통의 역사 이상의 어떤 것도 거의 시도하지 않았다. 그들은 더 이상 수도원적 훈련, 혹은 신비적 경험을 성직자가 갖추어야 할 모든 덕목들과 동등하게 다루지 않았다. 그렇지만, 중세 말에 발견되는 영성을 보다 광범위하게 연구하면, 명상적 삶에 중요한 의미를 갖고 있는 몇몇 영적 규범들이 발견된다. 푸라는, 수도원적인 영성 전반을 분류하는 동안, 존재하고 느끼고 아는 방법에는 두 가지가 있음을 알게 되었다. 사색적이라는 말로 이성과 지적 이론이 강조되며, 감정적 혹은 실천적이라는 용어를 통해서는 마음의 정서와 사랑이 강조된다는 것이다. 아울러, 때로는 감정적이면서 사색적인 것이 밀접하게 서로 결합되고, 정서적이고 이성적인 것이 뗄 수 없이 결합된다는 것도 알게 되었다. 그로써 그는, 중세 후기 신비주의자들을 해석함에 있어 반복적으로 유용하게 쓰일 수 있는 용어들을 사용한다.[13]

---

11. *The Ideals of Asceticism*, London, 1924, pp. 114–15. Cf. Dom U. Berlière, *L'ascèse bénédictine des origines à la fin du xiie siècle*, Paris, 1927.
12. *Dictionnaire d'archéologie chrétienne et de liturgie*, Vol. 2, pt. 2 (Paris, 1907), cols. 3048 ff.; Berlière, *op. cit.*, pp. 100 ff., 219, 220 ff.
13. F. Vernet, *La spiritualité médiévale*, Bloud and Gay, Paris, 1929; P. Pourrat, *Christian Spirituality*, London, 1924, Vol. II,

최근 이루어진 연구에 따르면, 빅토르 수도원 신비주의자들은 감정적이라기보다 사색적이다. 베르나르는 분명 사색적이라기보다는 감정적이다. 프란체스코 수도회의 수도사들은 그 설립자의 인격에서 엄격하게 한정된 진정한 명상과 사색적 공감들을 발견한다. 이러한 사색적 경향과 감정적 경험들의 습관적인 결합은 보나벤투라(Bonaventure)에게서 나타난다. 캔터베리의 안셀름(Anselm of Canterbury)과 라이문도 룰리오(Ramon Lull)의 경우에서도 그렇다. 에크하르트(Eckhart)와 같이 분명한 사색가들을 배출한 도미니크수도회의 수도사 중에는 소이제(Suso)와 카테리나 다 시에나(Catherine of Siena)도 있다. 카테리나의 경우, 그러나, 사색적 본능이 결코 부족하지 않으며 그것은 라이문도 룰리오나 리챠드 롤(Richard Rolle)의 경우만큼 사랑의 음유시인인 소이제도 그러하다. 수도회에 소속되지 않은 쿠에스의 니콜라우스(Nicholas of Cusa)와 같이 그렇게 두드러진 사색가들이 또한 감정적 본능들로 가득 차있으며, 은둔적 정서가인 롤은 언뜻 보기와는 달리 그 안에 훨씬 더 많은 사색적 요소들을 가지고 있는 것이 사실이다. 여기서, 다시, 롤에게서처럼 쿠에스에게서도, 수도원 제도에 대한 반동은 쿠에스의 세속적 성직의 단순한 실천과 롤의 수도사들에 대한 비판 너머에 있는 신비적 통찰에 도달하거나 이를 위협한다.

신비적 경험에 이르는데 있어 사색적–감정적 특징을 적용하는 것 보다 더욱 효과적이며 적절한 것은 바로 삼중의 길이다. 실제로, 명상적 삶에 관한 거의 모든 책들이 그렇듯, 언더힐의 고전적인 작품도 정화(purgation), 조명(illumination), 연합(union)이라는 삼중의 길을 제시한다.[14] 삼중의 길은 플라톤주의와 신플라톤주의에서 종종 언급되는데, 어떤 경우엔 매우 분명하게 제시 된다. 위-디오니시오스는 그의 작품 전체에서 이 삼중의 길을 활용한다.[15] 본서에 수록된 명상가들과 그들의 작품들도 마찬가지다. 그 점강(漸降)과 점층(漸層)이 제아무리 변화무쌍하더라도 그것이 상대적으로 단순한,

---

pp. v ff.

14. *Mysticism*, 특히 pt. II, pp. 167 ff.; Smith, *History of Mysticism*, pp. 7 ff.; *Early Mysticism*, pp. 6 ff.
15. 플라톤과 필로와 플로티누스에게서 반복되는 이 삼중의 길에 대하여는 DS II. 1719 ff., Inge, *Christian Mysticism*, pp. 9 ff., K. F. Riedler, *Das Buch vom volkommenen Leben*, Thalwil-Zurich, 1947, p. 166을 참조하라. 디오니시오스의 경우는 예를 들어, *Hiér. eccl.*, ch. V, pt. I, sec. 3 – M. de Gandillac, *Œuvres complètes du Pseudo-Denys l'Aréopagite*, Aubier, Paris, 1943, pp. 295-96; DS II, 1888 ff.; *Hiér cél.*, ch. X, Gandillac, *Œuvres*, pp. 221-23을 보라.

신비적 상승과 발전에 관한 이 분류들과 밀접하게 관련되어 있다는 것을 잊어서는 안 된다. 사다리, 단계, 정도, 그런 것들은 다 주요하게는 삼중적 길의 진부한 결합을 벗어나지 않는다. 이 선집의 작가들은, 일반적으로 보아 삼중의 길에 대해선, 완전히 일치하지는 않는다 해도, 어느 정도는 공통적이면서 반복적인 측면들을 보여주고 있다. 무엇보다도 이 측면들은 자각 또는 전환, 자기-지식 또는 정화, 청종하는 목소리와 비전과 함께 하는 조명, 굴복 그리고 때때로 어두운 밤, 마지막으로 연합 즉 절정 또는 특별한 의미로서의 명상이다. 언더힐이 구성한 용어와 관련하여 본다면, 영혼을 영적 경험의 정점에까지 이끌어가는 이 마지막 국면은 내향성이란 말로 조회할 수 있다. 이 내향성은 기억을 포함하는데, 명상에 이르는 입구가 된다. 이 내향성은 명상과 엑스타시, 황홀경, 어두운 밤이며 완전하게 조화된 삶의 의미이기도 하다.[16]

신비주의의 해석은 마레샬과 소드로(A. Saudreau)의 보다 전문화된 심리학적 연구에 의해 촉진되었다.[17] 특별히 잉 박사가 플로티누스 분야에 기울였던 철학적-신학적 연구 역시 신비주의 해석에 도움을 주었다. 신비적 영성에 금욕주의적-수도원적 규칙성이 나타난다는 것을 푸라와 베를리에가 훌륭히 평가해놓았다. 존스의 단순한 중재(irenicity) 뿐만 아니라 버틀러의 번역과 주석도 기독교 전통 전체에서 신비주의가 가지는 역할에 관한 생각들을 다시 소개하고 수정하게 하였다.

바로 이 점에서, 수많은 노작들 중에서 「영성 사전」(Dictionnaire de spiritualité), 「영성적 삶」(La vie spirituelle), 「가톨릭 신학 사전」(Dictionnaire de théologie catholique)은 가톨릭의 관점에서 신비주의의 모습을 특징화하고 그 거대한 운동과 기본적인 영적 경향을 묘사하는 데 큰 괄목할 공헌을 했음을 인정해야 한다. 특히 「영성 사전」(Dictionnaire de spiritualité)의 "명상"이라는 항목은 주목할 필요가 있다.

돔 버틀러는 초대와 중세의 기독교 전통을 명상과 행동 사이에서의 균형을 이루기 위한 노력이라는 점에 초점을 맞추어 보다 분명하게 설명한다는 점에서 신뢰를 받고 있다. 아우구스티누스, 대 그레고리우스(Gregory the Great), 그리고 베르나르 드 클레르보(Bernard of Clairvaux)에 대한 기본적인 소개와 함께 다른 중세의 명상가들 또한 충분히

---

16. Mysticism, pt. II, chs. 6-10.
17. Les degrés de la vie spirituelle, 6th ed., 2 vols., Paris, 1935; L'état mystique ..., 2d ed., Paris, 1921 등.

게 분류하는 그의 책 「서양의 신비주의」(Western Mysticism)는 몇몇 고전적인 일차 자료들을 문맥에서 번역하고 있다.[18] 일반적으로 신비주의자들 특히 수도원적 신비주의자들은 오늘날 세속화된 서구사회가 요구하는 것과 같은 그러한 행동주의적 골몰을 인정하지 않는다는 것을 버틀러는 훨씬 더 많이 보여준다. 신비주의자들은 일반적으로, 모든 삶의 목적으로서 하나님께 예배하는 것에 그들이 우선적으로 헌신했음에도 불구하고가 아니라, 우선적으로 헌신했기 때문에, 그들은 보다 더 활동적인 사람들이었다고 버틀러는 설명한다. 이 선집이 스스로 말하고 있는 것은 대체로, 중세적 명상과 행동 사이의 독특한 균형이며, 그것이 단지 부수적인 것에 불과한 것일지라도, 거룩한 분의 이름으로 인간의 요구에 주요하게 응답한 것이라는 점이다.

중세 후기 신비주의의 배경

여기서 명상적 전통의 시작과 초기 발전을 요약한다는 것은 피상적인 수준으로도 실현 불가능한 일이다. 비기독교 사상, 히브리 사상, 그리고 초기 기독교 사상이 초기 신비주의에 미친 영향을 평가한다는 것은 누구에게도 힘든 일이며 이 선집의 경우도 예외는 아니다. 앞에서도 언급했지만, 마가레트 스미스는 그의 책 「신비주의 역사 개관」(Introduction to the History of Mysticism)에서, 구약과 신약, 특별히 시편과 바울의 편지들, 요한 문서들에 나타난 명백한 신비주의적 내용들을 간단하게 분석해 놓았다. 좀 더 세분화된 분석으로는 「영성 사전」(Dictionnaire de spiritualité)이 한 예이다.

    이 책을 위해서 보다 직접적으로 필요한 것은 그것들이 중세 신비주의에 미친 주된 영향을 간단하게 밝히는 일이고, 이를 위해서는 비기독교 그리스 사상가들이 교부들에게 미친 영향이 소개될 필요가 있다. 특히 플라톤주의와 신플라톤주의, 구체적으로는 위-디오니시오스의 사상은 아우구스티누스와 요안네스 카시아누스(John Cassian), 대 그레고리우스에게 영향을 미쳤으며 중세 후기 신비주의에 있어 매우 중요한 의미를 갖는다. 여기에 6세기에서 12세기 전반에 걸친 수도원적 영성의 특징을 간

---

18. 졸고, "Social Responsibility and the Late Medieval Mystics," *Church History*, Vol. 21, no. 1 (March, 1952), pp. 3-19를 보라. 여기서 본인은 명상과 행동 사이의 균형이라는 이 주제가 이 선집에 수록된 신비주의자들 대부분의 경우에 해당된다는 것을 여러 자료들을 제시하면서 설명하고 있다.

단하게 되돌아보는 것 또한 필요불가결하다.

플라톤(Plato, 427-347 B.C.)

플라톤은 소크라테스(Socrates)가 간직한 거룩한 분과의 친밀감을 항상 유념하면서, 영혼 안에 있는 신적 기원의 존재를 본다. 영혼 안에는 영원한 존재와 다시 연합하려는 갈망이 있다. 이 땅에 태어나기 전, 순전한 존재의 현존과 영원히 변하지 않는 실재를 명상하면서 살았던 영혼은, 그러므로 여전히 진정한 실재를 인식하고 이해하는 능력을 간직하고 있다.

플라톤의 저작인 「파이돈」(Phaedo), 「파이드로스」(Phaedrus), 「향연」(Banquet), 「국가론」(Republic) 등 여러 작품들에는 명상과 관련한 그의 주요 견해가 나타난다. 진정한 지식이란, 보이는 것들과 구성 요소의 배열에서가 아닌, 보이지 않는 본질의 세계에서 대상을 발견하는 것이다. 명상은 진귀하고 갑작스러운 경험이며 정화를 위한 고된 노력에 근거한다. 명상은 영혼이 최대한 육체에서 분리되어 자기-계시의 고독으로 진보하며 살아가는 것을 전제한다. 명상은 훈련된 철학적 숙고를 통해 지적 순수성으로 대상을 주시하는 것이다. 이러한 준비 단계에 이어 갑작스럽고 분명한 조명이 일어나는데, 진정한 실재인 아름다움(美), 그 베일이 자체에서 벗겨진다. 영혼은 그런 과정을 통해 주어진 새로운 비전으로, 즐겁고도 어리석은 단념의 주문(呪文) 아래 결혼과 같은 황홀에 빠진다.

그러한 명상은, 현혹적인 모습만을 가진 모든 감각적인 것들로부터 분리된 불변의 실재를 바라본다. 명상은 실재 자체, 순수하고 왜곡 없는 진실하고도 거룩한 아름다움을 응시한다. 이 실재는 이데아의 세계, 즉 형상 또는 참된 본질의 세계의 순서 바른 질서로 주어져 있다. 명상의 기관은 영혼의 개척자인 누스(nous, 지성)이다. 그것으로만 참된 실재에 접근할 수 있다. 이데아는 바로 명상의 대상이며 이는 "지적 세계의 태양에 의해" 더욱 분명해진다. 진리와 미의 이러한 원리는, 양자 모두를 넘어, 선 그 자체이다. 선은 모든 것을 초월하고 동시에 모든 것 안에 내재한다. 지적 세계와 같은 하계(下界)에서도, 친밀한 영혼은 보다 높은 세계인 선을 향해 치솟는다. 그 질서와 하나가 되면서, 영혼은 마침내 그곳에서 행복을 발견한다.

선재적으로 참된 존재와 절대적 진리를 본 영혼은, 그 비전을 다시 얻기 위해 애쓴다. 그 목적을 향해 지각의 열정은 이성의 도움을 받아 비하되어야 한다. 비로소 훈련받은 영혼의 눈, 영적인 지각은 초기의 모든 어둠에서 벗어난다. "진리의 태양"을 갈구한다. 새로운 빛은 보다 더 본질의 세계를 비춘다. 영혼은 마침내 자연 현상에 반영된 것을 넘어선 선 자체를 본질로부터 응시한다. 보이는 세계와 보이지 않는 세계의 아름다움 모두를 절대적인 미로부터 발산되는 것으로 본다.

고향으로 향하는 여정 동안, 영혼은 "위대한 악마적 사랑"이라는 중개자의 안내를 받는다. 그를 통해 거룩한 세계와 유한한 세계 사이의 교제가 이루어진다. 아울러 영혼은 지상의 것들로부터 천상의 것들로 고양된다. 이 사랑은 결코 명상으로 가는 관문으로써만 그치는 것이 아니라, 지식의 살아 있는 원리이며 근거이다. 행함과 앎이 그 안에서 결합된다. 플라톤의 신비적이고 학문적인 측면은, 통합적이지 않고 모호하지만, 그 우수함에 대해서라면 이의가 있을 수 없다. 학자 플라톤이 그의 빛을 찾은 것은 곧 신비적 사상의 플라톤 안에서이다.

아리스토텔레스(Aristotle, 384-222 B.C.) 그리고 필로(Philo, 30 B.C.–A.D. 50)

일반적으로 아리스토텔레스와 소요학파들의 견해에 따르면, 완전한 사람이란 실천적인 문제들에 생생하게 주어진 형이상학적 문제들을 숙고하고 관심을 기울이는 존재이다. 이론(theōria)과 순수한 생각은 그것이 아무리 즐거운 것일지라도 종국에는 일종의 실천 즉 인간이 그 안에서 잘 머무르는 매일의 행동에로 굴복한다. 순수한 행동과 연합을 이루는 것으로 보이는 명상 또는 이론(theōria)는 환영으로 생각된다.

스토아주의의 이상은 논리적 삶을 강조한다. 이성 안에서 인도된, 행동하는 삶은 일상에 내재하며 감각세계로부터 분리되지 않은 신적 로고스(Logos)를 발견한다. 실천적 삶의 행동이 스토아주의자들이 몰두한 주제이다. 실제로 그들은 단순한 것들로부터 분리되어 보다 더 높은 이성의 역할에 부착될 것을 강조한다.

필로에게 명상은 하나님을 아는 것이다. 창조주란 단순히 이성적으로 연역된 존재가 아니다. 영혼은, 자신을 포함한 육체와 모든 것을 벗어나서 거룩한 분을 열광적으로 소유한다. 이러한 명상은 오직 하나님 스스로의 교제를 통해서만 가능하다. 현실의 삶에서 실천이란 기도와 전례적(典禮的) 찬송으로 이해되는데, 이를 통해 정상적으로 명상에 다다른다. 인간 안에 내재하시는 하나님과 우주 사이의 중개자는 신적 대행자들 또는 로고스들(Logoi)이다. "말씀이자 하나님의 형상"인 최상의 로고스는, 명상적 고독 속에서 거룩한 분과 하나 되기 위해 타인을 위한 사랑과 미덕의 봉사를 기울이는 인간을 돕는다. 보다 낮은 감정들은 금욕적으로 정복된다. 지식은 지각에 대한 승리에서, "자신 밖으로 나가는" 황홀경에서 발견된다. 마침내 정화와 조명의 단계를 통과한 영혼은 연합의 경험으로 나아간다. 비로소 하나님을 보는 것이 가능해지며, 모든 유한한 것들로부터 초월해 철수한 영혼에게 신비의 엑스타시가 뒤따른다. 거룩한 사랑과 빛과 즐거움에 정복당한 마음은, 인간에 대한 활동적 봉사와 완전히 결합되어 있는 하나님의 명상적 사랑을 알게 된다. 예를 들어, "하나님을 향해 인간을 향해 사는 '우주적 삶'"이라는 필로의 주장에서 우리는 로이스브로에크(Ruysbroeck)를 떠올린다.

플로티누스(Plotinus, A.D. 204-269)

플로티누스는, 영혼은 제일의 원인으로서 종국의 목적인 최고선을 찾는데 만족할 줄 모르는 욕망에 의해 내몰린다고 보았다. 이 욕망이 모든 것을 움직이게 하는 행동의 목적이다. 동시에 그것은 지성(intelligence)인 살아있는 명상을 위한 조건이다. 지성을 소유한 사람들은 정적인 경험을 간직하는 것에 그치는 것이 아니라, 활기의 원동력이 되는 사랑을 가지고 선을 찾아 보다 더 나아간다. "명상하는 자들은 참으로 사랑하는 자들이다." 에로스는 언제나 자신 너머에 있는 아름다움을 추구하면서, 욕망하는 주체와 욕망의 대상 사이에서 중개자가 된다. 사랑은 사랑하는 자에게 그의 사랑의 대상을 포착하는 눈이 되는 것이다. 이것은 이기적인 열정 같은 것이 아니다. 선을 향한 욕망은 최고선과의 연합에서 자신의 완성을 추구한다.

영혼과 고차원적인 명상의 기관인 누스는 최고선과의 연합을 향한 이러한 역동성에 의해 움직인다. 이것은 명상가 안에 있는 그의 목적과의 유사성을, 그리고 누스 안에 있는 일자의 흔적을 전제한다. 누스는 본래 그가 흘러나온 제일 원리와의 유사성을 간직한다. 영혼 안에 깊이 감추어진 곳에 일자와 선의 형상이 있다. 비록 그 닮음이 불완전하다고 해도, 그것은 지성에 의해 제일 원리를 추구하고 찾는 것을 가능하게 한다. 마치 빛의 요소를 포함하고 있는 눈이 빛을 향하듯이, 닮음은 그것을 닮은 것으로 향한다. 눈은 태양과 유사하기 때문에 태양을 향해 이끌린다. 영혼은 아름다워지는 한 아름다움을 본다. 하나님과 아름다움을 명상하는 자로 하여금 하나님과 아름다움을 닮게 하라.

명상은 누스의 정화를 조건으로 한다. 누스는 행위로, 오직 그 안에 있는 일자의 흔적이 되기 위해 자신을 포함한 모든 것을 단념한다. 우리는 진정, 행위 안에 있는 우리이므로, 최선의 활동은 명상인 까닭에, 우리는 우리가 명상하는 것이 된다. 자기 부정의 행위에서 누스는 보다 고차적인 행동에로 자신을 내어준다. 누스는 신비적 연합을 가능하게 하는 자비로운 영역 아래에 놓인다. 어떤 의미에서 하나님을 보는 것은 죽음을 의미한다는 사실을 부인하면서, 플로티누스는 사람은 이 세상에서도 하나님을 볼 수 있다고 믿는다. 그러나 이것이 가능하려면, 지성은 자기 자신이기를 멈추는 곳까지 나아가야 한다. 영혼으로부터의 육신의 분리보다 더 과격한 분리, 일종의 죽음과도 같은 엑스타시의 비전에서 가능하다.

영혼과 누스는 이러한 자기-부인에서 제일 원리에로의 진정한 전환, 진짜의, 잘 받아들이는 회전을 이룬다. 여기서 정화에 뒤이은 조명이라는 선물이 주어진다. 그것은 사랑의 유입이며 비교할 수 없는 풍부함이고, 거룩함에 사로잡힘이며 실제적인 환희이다. 오직 일자가 영혼에 빛을 비추어 강화시키면서 결실을 맺게 할 때만, 누스는 일자와 연합을 이룬다. 명상적 경험 속에서 신비주의자는 거룩한 행동 아래에서 수동적이다. 사람은 오직 하나님의 주도에 의해서 하나님을 볼 수 있다.

명상의 절정에서 갑자기 거대한 빛과 같은 한 존재가 출현한다. 그것은 마치 보는 자와 보이는 것의 분리를 완전히 지우는 것처럼 모든 것을 감싼다. 사람은, 그가 읽고 있는 것을 반추하며 의식하는 것이 아니라, 완전하게 흡수된 독자임을 상기하게 된다. 여기서 존재는 지식을 초월한다. 절정에서의 명상은 알 수도 의식할 수도 없다. 이것은 부족함에 의해서가 아닌 모든 것을 포괄하는 자기-이해에 의한 것이고, 이러한 자기-이해는 자료나 목적의 객관과, 다양화를 훨씬 초월한다.

이제 정체성의 혼동이 없는, 진정으로 하나 된 둘 간의 연합이 나타난다. 플로티누스가 우리에게 단순한 흡수, 혹은 일자와 영혼의 동일화에 대해 가르치고 있다고 생각한다면, 그를 올바로 해석하지 못한 것이다. 그는 현존에 대한 상대적인 지각, 일자와 명상가와의 진정 살아있는 연합에서의 순전한 타자성의 추방에 초점을 맞춘다. 따라서 이는 동일성이 아니라 연합이다. 신비주의자는 무(無)로 되는 것이 아니라 거룩에 속하게 된다. 상승적 순례에서 목표에 도달한 영혼은 즐거운 지복에 이른다. 이것은 일종의 휴지이며, 불활성이 아닌, 열매 맺게 하는 활동에서 나온 것이다. 지고의 선은 다른 존재들과 언제나 구분되는데, 사랑하고 응답하는 교섭을 자극하고 끌어낸다. 따라서 여기에, 본래의 순수성과 일자와의 적극적인 일치로 돌아가는 플라톤적 환원이 있다. 일자와 전혀 분리되지 않는 내밀한 연합이 이루어지는 지점이다. 경건한 사람들의 경건한 삶, 세계를 부인하는 "고독에로의 고독의 비상" 말이다.[19]

히포의 아우구스티누스(Augustine of Hippo, 354-430)

대부분의 학자들은 신비 신학과 명상에 관한 아우구스티누스의 가르침이 교훈적 종합이 아닌 기본적 요소들과 연관이 있는, 상대적으로 제한기본적 요소들과 통합된 상대적으로 제한된 부분으로부터 모아져야만 한다는 것에 동의할 것이다.[20] 버틀러는, 예를 들어, 그가 강조하는 주요한 부분들 외에 몇몇 상당한 파생적인 구절들을 번역해 왔다.[21]

아우구스티누스에게 명상은, 우선적으로 하늘에서 복 받은 자들의 몫이다. 당연히 미래의 삶에 속한 것이기는 해도, 거룩한 것들의 시작, 스쳐 지나가는 일별(一瞥)

---

19. 앞으로의 내용은 자료를 바탕으로 훌륭하게 분석한 DS II, 1716-42와 col. 1742의 문헌으로부터 재구성된 것이다. 분명하고 간결한 설명으로는, Smith, *An Introduction to the History of Mysticism*, chs. 2와 4가 있다. 잉(W. R. Inge)의 권위 있는 책 *The Philosophy of Plotinus*, 2 vols., 2d ed., London, 1923을 참고하라. *Plotinus: The Enneads*, 2d ed., Faber&Faber, Ltd., London, 1956은 스티븐 맥케나(Stephen Mackenna)가 번역했다. E. Gilson, *A History of Christian Philosophy in the Middle Ages*, Random House, Inc., New York, 1955의 색인을 보라.
20. Butler, *Western Mysticism*, p. 20; DS II, 1919.
21. 가령 *Confess*. VII, x, 16; xvii, 23; IX, x, 23-25; *Enarratio in Psalmum*, 41 (Heb., 42); *De quantitate animae*, 74-76 등; the *Enarratio*, 비교적 길게 번역된 Butler, *op. cit.*, pp. 21ff. *Augustine: Confessions and Enchiridion*, ed. by A. C. Outler, Library of Christian Classics series, Vol. VII, The Westminster Press, Philadelphia, 1955, 특히 p. 151, 각주 39를 비교; 또한 *Confessions*의 본문과 pp. 17-23, 413에 인용된 문헌을 비교하라. *Augustinus magister: Congrès International Augustinian*, Paris, 21-24, September, 1954, 2 vols.에 나타난 신비 경험에 관한 중요한 평가를 주목하라.

또는 전조들은 이곳 하계에서도 가능하다. 아우구스티누스는 그의 초기 작품 「영혼의 분량」(Quantity of the Soul)에서, 영혼의 작용 안에 있는 일곱 단계 혹은 정도에 대한 유명한 분석을 보여주고 있다.[22] 이 단계들은 정화와 연합은 물론, 조명에 대한 근본적인 고찰을 소개한다. 명상적 삶을 위해 선행되어야 하는 준비는 네번째 등급에 관련해 임의적으로 언급되었던 정화에 나타난다. 좀 더 특징적으로 보면, 마지막 세 등급들은 삼중의 길을 다루고 있다. 제5단계에서 영혼은, 실제로 제4단계에서 시작된 참된 정화와 변혁 뿐 아니라, 열정의 면전에서 평정을 발견한다. 여섯째 단계에는 진입, 말하자면 명상 안으로의 영혼의 인도, 혹은 접근이 나타난다. 이어 일곱 번째 단계는 명상 그 자체의 단계이다. 여기서 영혼은 먹여지고 부양되는 것으로 묘사된다. 즉, 네 번째와 다섯 번째 단계에서는 영혼의 윤리적 일신과 변형이 초래된다. 그 순수성이 세워지고 지속되는 가운데, 그것의 정화와 변혁이 하나님에 의해 일어나는 것이다. 영혼의 정화와 치유를 이루신 하나님은 이제 여섯 번째 단계에서 영혼에 빛을 비추시는데 그것은 일곱 번째의 연합의 단계를 위한 준비이다. 이 마지막 단계에서 하나님은 영혼을 먹이신다.

여기서 덕이 주는 영혼의 평화가 함께 영혼과 영혼이 사랑하는 것들의 정화가 있다. 하나님을 알고자 하는 영혼의 욕구가 고양되면, 빛으로 향하는 입구가 드러난다. 이로써 거룩한 것들에 대한 명상이 나타난다.[23] 영적 자서전의 성격을 띤 「고백록」(Confessions) (IX, x-xi, 23-27) 중 "오스티아(Ostia)의 명상"이라 불리는 "산상설교"(The Lord's Sermon on Mount, I, iii, 10)[24]에서, 상승의 단계들은 영혼의 영적 진보를 나타낸다. 이 진보는 (1) 심령의 가난, (2) 성경을 잘 받아들이는 경건, (3) 자기 자신이 하나님으로부터 비참하게 이반되어 있음을 아는 지식, (4) 의를 위한 배고픔과 굶주림을 고양시키는 힘든 노동과 고통, (5) 도움이 필요한 이웃들을 향한 자기 자신의 자비에 의해 증명되는 하나님의 자비를 향한 개방성의 고취, (6) 명상적 비전을 위한 깨끗한 마음과 순수한 정신으

---

22. *De quantiate*, 79, 80; 그리고 70-75; Butler, *op. cit.*, p. 28.
23. Pourrat, *Christian Spirituality*, Vol. I, p. 212.
24. 제프슨(J. J. Jepson)이 *De sermone domini in monte* (MPL 34: 1229-1308), The Newman Press, Westminster, Maryland, 1948에서 번역한 *Ancient Christian Writers*, Vol. 5에서 보이는 것과 같다. Cf. DS I, 1113.

로 자기를 해방시키는 준비, 마지막으로 (7) 그곳에서 정화된 지성이 진리와 거룩한 완성을 묵상하는 동시에 참된 평화와 진정으로 하나님을 닮아가는 것을 경험하게 되는 지혜를 통해 이루어진다. 제2와 제3의 단계에서 성경 연구는 기본적이며, 다른 모든 단계들과 동반한다. 제4단계를 벗어나면서, 연합을 미리 맛본 영혼은 명상을 향한 자신의 방향을 정한다. 정화와 하나님을 향한 집중 이라는 이중의 추진력으로 영혼은 앞으로 나아간다. 이웃사랑은 정화의 과정에서 커다란 역할을 하고, 실제로 제5단계에서 두드러지게 된다.[25]

명상에 가까이 다가가게끔 하는 영혼의 준비는, 회상(recollection)과 내향의 과정에 내재되어 있다고 말할 수 있을 것이다.[26] 여기서의 회상은 단순한 기억 이상이다. 완전한 집중 가운데 마음의 힘에 전류를 통하게 하는 것이라고 말하는 것이 보다 적절하다. 형상과 감각적인 피조성, 외적인 것들은 모두 사라지고, 지적인 과정은 멈추며, 마음 그 자신은 비워진 채 비로소 내향이 시작된다. 말하자면 내향이란, 마음이 곧 그 자신 안으로 들어가는 것이자 마음을 그의 가장 깊고 또는 높은 부분에로 집중하는 것이다.

영혼이 하나님에게로 돌아가는 것은, 버밍엄의 감독 윌리엄 버나드 울라토른(William Bernard Ullathorne)이 말한 것 같이, 우선 자신 안으로 들어가는 그 입구에 기초를 둔다. 하나님은 사람과 오직 그의 영혼의 중심에서만 소통하신다. 아우구스티누스는 「고백록」(Confessions) 10장(viii, 12에서 xxvii. 38)에서 이 점에 대해 감동적으로 말하고 있다(VII, x, 16을 보라). 언더힐이 고찰한 것처럼, 중세기의 수많은 신비주의자들이 내향의 인식에서 벗어난 것은 그들에게 비극이었고, 이런 의미에서 로이스브로에크와 다른 이들이 아우구스티누스와 더불어 내향을 강조한 일은 그들에게 보다 큰 영예가 되었다.[27] 아우구스티누스는 하나님을 진실로 그의 "가장 깊은 내면"보다도 "더 내적"인 분으로 생각했다.[28]

의식의 다른 저편에서 하나님을 찾은 아우구스티누스는 마침내 "마음의 바로 그

---

25. DS I, 1114; *De quantitate*, 79–80; 73–75.
26. Butler, *op. cit.*, p. 29.
27. E. Underhill, *Ruysbroeck*, London, 1914, pp. 152–53; 또한 J. A. Bizet, *Ruysbroeck; œuvres choisies*, Aubier, Paris, 1946, p. 64.
28. *Confess.*, III, vi, ii; Butler, op. cit., p. 30.

본좌"로 들어갔다. 아우구스티누스의 개인적인 명상에 적용된 용어가 무엇이든지간에 그 안에 지적인 특성에 대한 강조가 있다는 것을 인정해야만 한다는 주장에 어느 누구도 쉽게 이의를 제기할 수 없다. 그에게 살아있는 빛이란, 그 빛과, 그가 기울인 기독교-철학 이전의 비-기독교의 영향들에 대한 통찰을 기독교적으로 종합하여 결합한 총체였다. 아우구스티누스의 신비주의는 거룩한 은총을 향한 감탄과 즐거운 관심을 지향하며, 신플라톤주의의 섬묘함과는 거리가 먼, 지적이고 영적인 겸손을 그 특징으로 한다.[29]

이것은, 예를 들어, 아우구스티누스가 플로티누스에게 분명히 빚을 지고 있다는 것을 부정하는 것이 아니다. 버틀러는 결정적으로 중요한 자전적 구절들에서 플로티누스의 색채가 강하게 나타나고 있다고 지적한다. 그는, 아우구스티누스로 하여금 자기 자신에게로 돌아가기를 독려했던 플로티누스에게 아우구스티누스가 진 빚이 얼마나 컸던가에 대해 말한다.

의심의 여지없이 「고백록」(*Confessions*)의 오스티아 구절과 여타 부분들, 「시편 41편에 관한 주해」(*Enarration on Psalm 41*)에서도, 명상적 언어와 이론에 대한 플로티누스의 자취가 종종 드러난다. 분명한 것은, 기도로 채워진 동화(absorption)의 방법을 썼던 많은 서양 신비주의자들과는 달리, 아우구스티누스의 명상은 주요하게 "지적인 과정"이라는 점이다.[30]

아우구스티누스의 매우 지적인 명상에 관해 적지 않은 의문이 있다. 이것이 과연 신비주의인가 아니면 플라톤주의인가 하는 것이다. 이에 대해 버틀러는, 신비주의이며 확실한 명상적 경험이라고 주저함 없이 답한다. 그것은 가장 순전한 플라톤주의로 보이는 것으로 시작해 가장 고차원적인 신비주의의 유형으로 전개된다. 아우구스티누스는 오늘날은 고전이 된 신비적 여정으로부터 갈라져 시작되었음이 분명하다. 그는, 때때로 적어도, 주입된 명상의 은총으로, 다른 명상가들만큼 사랑을 받아왔다.[31]

이 세상에서도 여전히 하나님을 보는 것이 가능하다는 아우구스티누스의 변호를

---

29. DS II, 1919–20.
30. *Confess.*, VII, x, 16; xvii, 23; IX, x, 23–25; Butler, *op. cit.*, pp. 31–34, 21–24; Gilson, *History*, p. 70.
31. Butler, *op. cit.*, pp. 20–24, 40–62; DS II, 1919–20; *Confess.*, X, xi, 65; *Enarr. in Ps.* 41:9–10.

뚜렷이 하려는 마레샬의 논쟁적인 시도와 함께, 예수회 학자들 또한 아우구스티누스의 명상적 특징에 대한 의미심장한 연구를 통해 그를 보강해주고 있다.[32] 헨드릭스(E. Hendrikx)의 회의적 질문에 대한 응답으로, 아우구스티누스는 실제로 신비주의자였음이 반복되어 제기되어왔다. "그의 고요하고도 분명한 신비주의는 플로티누스의 논법을 잉태하고 있다. 그는 플로티누스의 지류이며 비상한, 초자연적인 수동성으로 특징지워지는 매우 개인화된 경험을 결코 모호하지 않은 용어로 말하고 있다."[33]

명상적인 것과 활동적인 것 사이의 균형의 문제에 대해, 아우구스티누스는 훗날 그레고리우스와 베르나르처럼, 중세 전반에 걸쳐 고양된 기독교의 봉사와 사회적 책임을 독려하고 있다.[34]

요안네스 카시아누스(John Cassian, d. 434)

요안네스 카시아누스(d. 434)는 아우구스티누스의 명상적 영향에 매우 밀접하게 연관되어 있다. 그는 실제로 서양 영성의 모든 학파에 뚜렷한 흔적을 남겨 왔다.[35] 치명적인 악덕에 관한 그의 강조는, 그레고리우스의 수정을 거쳐 중세 사상가들의 윤리적 성찰에 뚜렷한 동기가 되었다. 마찬가지로, 서양의 영성은 이중적 길에 관한 그의 분석을 반영했다. 이것은 학문에 관한 그의 이중적 참고뿐만 아니라 실천적 삶(*the vita actualis* 또는 *ethica*)과 명상적 삶(*the divina* 또는 *spiritualis contemplatio*)을 구별한 것이었다. 사람들은 "실제적인" 지식과 "이론적인" 또는 "영적인" 지식에 대한 그의 분류에 관심을 두었다. 아울러, 이러한 지식의 방법과 유형이 인도하는 목적에 초점을 맞추었다. 최종의 목적은 마음의 순수함(*puritas cordis* 또는 *apatheia*)과 순수하고 영원한 기도(*pura et iugis oratio*)이다.[36] 많은 다른 사람들처럼, 그도 은자의 삶을 광범위하게 실험하여 수도원적 극기를 채용

---

32. *Études*, Vol. II, pp. 180–84; DS II, 1920.
33. DS II, 1920.
34. DS I, 1124–26.
35. M. Cappuyns, "Cassien," *Dictionnaire d'histoire et de geographic ecclésiastiques*, ed. by A. Baudrillart *et. al.*, Vol. II (Paris, 1939), cols. 1319 ff., 1346 ff.; DS II, 223 ff., 1921–29.
36. 이상 이 섹션에서의 분석은 F. Cayré, *Patrologie*, 4th ed., Paris, 1947, Vol. I, pp. 581 ff.과 O. Chadwick, *John Cassian*, Cambridge, 1950, chs. 5, 특히 6을 따른 것이다. *Conferences and Institutes*에 대한 주요한 참고는, 여기서 자세하게 말하는 것은 불가능하지만, *Corpus scriptorum ecclesiasticorum latinorum*, Vols. 13, 17의 편집에 의하여 찾아볼 수 있다.

하기에 이르렀는데, 그것의 개혁 원칙은 누르시아의 베네딕투스(Benedict of Nursia)와 그의 규칙에 지속적으로 공헌하였다.37

카시아누스는 영적 가르침에 있어서 아우구스티누스보다 더욱 분명하다. 나지안조스의 그레고리오스(Gregory Nazianzen)와 에바그리오스(Evagrius)로부터 동방 전통의 본질적인 요소를 채택하였는데, 사색적인 면모 보다는 실천적인 부분에서 특히 그러하다. 실험주의자들의 통찰은 교부들을 재현하기 보다는 극기적 금욕주의의 대중화를 특징으로 한다.

초자연적 명상에 대한 카시아누스의 접근은, 그러므로, 내적인 하나님의 왕국이라는 유리한 근거에서 비롯된다. 그것은 영적인 지식, 순수한 기도 그리고 "하나님의 자리"를 강조한다. 수도원적 삶은 영화(靈化)의 촉진을 추구하는데, 이는 영혼이 하나님과 연합하는 데에 매우 필요불가결한 것이다. 이것이 지식과 지적인 미덕들을 통한 거룩한 연합을 간절히 원하는 "금욕주의자들"(renunciants)의 방법인데, 그 연합에서 "닮음이 닮음을 인식하는" 교환이 일어난다.

카시아누스의 첫 번째 회의는 명상을 진정한 종교적 삶의 목적이라고 단정한다. 수도원적 삶은, 순수한 마음과 완전한 사랑으로, 내적인 하나님의 왕국에 내재하는 지복을 고대하는 데로 영혼을 이끈다. 지복은 오직 미래의 삶에서만 완성되지만, 모든 의로운 영혼들은 명상을 경유한 성령의 역사를 통해서, 이 땅에서 어느 정도는, 그것을 소유할 수 있다.

그러한 완전은 종종, 다중적인 유혹들과 악마 자신, 정욕, 그리고 여덟 가지의 주요 악덕이라는 장애물들로 인해 좌절된다. 이를 저지할 수 있는 것은 인내, 금식, 금욕, 그리고 그 자신을 포함하여 모든 세상적 공급들에 대한 수도원적 단념, 더 중요하게는 기도이다. 상호 순종의 길과 선을 향한 영혼에 대한 강조가 있을 때, 그러한 미덕들은 완전을 가로막는 장애물들을 부수는 데 도움을 준다. 미덕에 왕관을 씌우는 초자연적 평화는 기도에 의한 사랑의 결과이며 하나님의 선물이다.

기도에서 신비한 선물들이 금욕적 헌신에서 시작된 것을 완성한다. 영속적인 기

---

37. P. Schmitz, *Histoire de l'ordre de Saint-Benoît*, 2d ed., Maredsous, 1948, 1949, Vol. I, p. 34와 Vol. II, p. 359; 또한 Benedict, *Reg.* 73; Berlière, *L'ascèse*, pp. 3-4.

도는 미덕 없이는 획득되지 않는다. 기도 없이 미덕들은 완전에 이를 수 없다. 명상은 자연적 논리학의 결과가 아니다. "초자연적 지식"은 성경의 문자 아래 놓인 숨겨진 신비에 대한 명상이다. 성령은 그의 빛으로 이러한 영적인 지식을 마음이 순수한 자에게 부여하신다. 그것은, 손쉬운 혹은 심지어 자연적 능력의 방법론적 훈련의 결과가 아니라, 선물이다. 수도원의 공통적인 삶은 명상을 선호하는데, 거기서 모든 형태의 헌신은 영적 지식을 향한 길을 준비하는 하나의 정화이다.

기도의 세 가지 단계들은 네 번째, 즉 완전한 또는 순수한 기도인 불의 기도에서 완성된다. 모든 인간의 노력을 뛰어넘는 완전히 무료인, 초자연적인 기도는 일시적이며 기껏해야 몇 번 되지 않는 – 내적인 활기(*élan*)이며 그때뿐이다. 이것은 침묵의 기도이며 황홀의 지점까지 확장될 수 있다. 그것은 미덕 뿐 아니라 모든 긍정적인 본능을 뛰어넘음으로써 무감각(*apathy*)의 길에 호소한, 완전하게 포기된 영혼의 상태이다. 이러한 약탈의 지배 아래 새로운 영적인 감수성이, 자비를 경유하여, 옛날의 자연적인 것들을 대체한다. 영혼은 단지 외부의 눈물이 아니라 양심의 가책의 즉각적인 결실이며 하나님만이 부여하시는 기쁨인 내부의 눈물들을 알게 된다.

카시아누스에게 영적인 지식은 기도와 분리될 수 없다. 순수한 기도는, 카시아누스가 영속적 기도 혹은 영원한 기도(*oratio iugis*)라고 부른 명상으로부터도 분리될 수 없다.

도덕적인 순수성과 미덕들로 이루어진 금욕적 삶(*apatheia*)은 이제 명상적 경험의 정점에서 이론적 순수성(*theôria*)에로 이끌린다. 수도원적 삶은 순수하고 영속적인 기도를 특징으로 하는데, 이 기도가 순수한 이론(*theôria*)과 금욕적 삶(*apatheia*)을 서로 뗄 수 없는 하나로 만들기 때문이다.

디오니시오스 아레오파기테스(Dionysius the Areopagite, c. 500)

중세 신비주의에서의 디오니시오스 아레오파기테스의 역할을 과장하기란 실제로 어렵다. 일두앙(Hilduin), 에리게나(John Scotus Eriugena), 그리고 생 빅토르의 위그(Hugh of St. Victor)와 같은 인물들을 통해, 그는 후대 빅토르 수도원의 신비주의자들, 보나벤투라, 라인 지방의 신비주의자들, 쿠에스, 로이스브로에크, 그리고 「독일 신학」(German Thelolgy)의

신비적 전통 안으로 들어갔다.[38]

　디오니시오스는 일반적인 영성의 고취보다는 신비적 실재를 찾아 더 멀리 더 깊이 나아간다. 넓은 의미에서 보자면, 신학의 전 영역은 신비적이다. 신학은, 하나님 자신이 적절하게 임명한 자에게 신탁한, 그리고 그들에 의해 전수된 것으로, 말씀의 전수와 계시를 강조하기 때문이다. 그러나 아레오파기테스는 교회의 권위를 훼손하지도, 교회를 특권적인 그룹으로 세우지도 않는다. 참된 신비주의는 천사들이 잘 알고 있는 기독교 비유들에 대한 신비한 해석에 초점을 맞추는 것이다. 천사들을 통해, 그리고 적절한 교회 전통의 계보를 통해, 우리 또한 그 비유들을 알게 된다. 따라서 정화와 조명과 연합의 명상적 삶은, 특정한 금욕주의자들에게만 아니라, 평신도든 수도사든 상관없이 거룩한 백성들 전체에게 열려있다. 플로티누스나 에크하르트의 견해에서 보여지듯이, 신성을 경험하는 것은 그렇게 드문 일이 아니다. 오히려 디오니시오스의 이론(*theōria*)이나 명상은, 상징적으로 해석된 기독교의 전례 의식들에 내재하고 있다. 조명을 받은 사람들은 신비 신학과 관계 되는데, 성례적이고 성직자적인 범위에서 처음, 전통적인 비유들을 이해하고 판독할 수 있는 상징을 제공한다.

　「거룩한 이름들」(*Divine Names*)의 서론 부분에서, 디오니시오스의 주석은 우선 긍정(cataphase)의 방법을 활용한다. 파생된 모든 결과들 안에 있는 우주의 원인(Universal Cause)을 고찰하는 데 더해진 많은 참고점들은, 상상과 명명과 묘사의 끝없이 다채로운 불완전성에 귀결된다. 부정(*apophase*)이라는 정반대의 길을 통한 접근은 오히려 간결하다. 여기서 신적 본질의 정의는, 아무리 광범위하고 내밀하다 해도, 하나님께 적용되는 보통의 모든 이름들을 거침없고 엄격하게 부정한다는 조건 하에서만 얻어질 수 있다.[39]

---

38. 이하 M. de Gandillac, *Œuvres*, pp. 31 ff.의 뛰어나고 간결한 설명을 그 책의 일차 자료들의 완전한 현대적 편집과 함께 참조하라. 그것은 또한 R. Roques, DS II, 1885 ff.와 III, 244 ff.의 총망라된 자료와 함께 거대한 자료 분석에 방위를 맞추고 있다. *Dionysiaca*, ed. by Dom Ph. Chevallier *et al.*, Paris, 1937, 2 vols.,는 디오니시오스의 작품 전체에 긴요하다. Migne, *Patrologia Graeca*, Vol. III, Paris, 1856의 보다 오래된 편집 역시 보라. G. Théry, *Études Dionysiennes*, Vols. I과 II, Paris, 1932, 1937, 그리고 V. Lossky, "La notion des 'analogies' chez Denys le Pseudo-Aréopagite," *Archives d'histoire doctrinale et littéraire du moyen âge*, Vol. 5 (1930), pp. 279-309; 또한 그의 *Essai sur la théologie mystique de l'église d'orient*, Aubier, Paris, 1944는 매우 유용한 연구들이다. 그밖에 좋은 안내서로는 C. E. Rolt, *Dionysius the Areopagite*, London, 1920이 있는데 이것은 *Divine Names and the Mystical Theology*를 번역한 것이다. Sharpe, *Mysticism*은 이들 중 두 번째의 것을 번역한 것이다. Maréchal, *Études*, Vols. I과 II, 색인을 참고하라. Cf. Gilson, *A History of Christian Philosophy*, pp. 81-85, 597-98.

39. Gandillac, *Œuvres*, p. 34; *Mystical Theology*, ch. III, ch. I, 3.

「신비 신학」(Mystical Theology)은, 혁신적인 부정을 통해 진부한 정의와 묘사로 부터 신성을 해방시키는 것에만 만족하지 않는다. 참되고 상징적인 비법, 거룩한 의식, 그리고 긍정과 부정의 이중적 사용은 모두 각자의 역할을 가지고 있다. 그러나 결국 이 모두는 지금껏 모세만이 뚫고 들어갔던 "빛보다 더 분명한 어둠"의 영역 안에서 초월되어야만 한다. 거기서 모든 반대들, 지성과 지적 대상, 존재와 비존재, "예"와 "아니요" 마저도 모두 초월된다.

거룩한 신비들을 숨기기도 하고 드러내기도 하는 빛나는 어둠의 영역에서, 보이는 것들과 보는 것들로부터 자유로운 사람들은 무지라는 참된 신비의 어둠 안으로 나아간다. 지성과 본질에 대한 숙고는 모두 포기된 채, 사람은 모든 본질과 모든 지식을 초월해 있는 분과의 무지의 연합 속으로 들어간다. 자기 자신과 모든 것을 철저히 부인하면서, 신비주의자는 순수한 엑스타시의 고양에 의해서 신적 초본질의 휘황찬란한 어둠 안으로 들어간다. 모든 지식을 거부함으로, 그는 그의 이해를 뛰어넘는 지식을 얻는다. 이러한 학식 있는 무지의 영역-오직 모세만이 들어갈 수 있었는데, 그는 하나님만이 아니라 그분이 거주하시는 곳까지 보았다-이 바로 에크하르트와 쿠에스와 다른 사람들이 문의하는 곳이다.[40]

아마도 신비적 절정에의 접근은 영적 서열의 직접적 연속성을 단절하는 것으로 보인다. 분명히 그것은, 모세와 바울의 경우가 갖고 있는 유사성과 같은 예외적 연합을 말하는 것이다. 디오니시오스는, 제한된 완성의 상황에도 불구하고 인간이 그러한 명상적 오름(mount)에 다다를 수 있다고 여기는 것을 조심스럽게 삼가고 있다. 그는 도달의 상대적 완성을 말하면서, 연합의 절정에로 실제로 오르는 것을 강조하기보다, 영혼의 헌신의 정도에 강조점을 둔다. "거룩한 백성"된 각 사람도, 혹은 명상가들도, 신비적 천정(天頂)에 미치지 못한다. 하나님을 간청하면서 얼마나 가까이 다가갈 수 있는가 하는 것은, 그의 능력과 거룩하게 된 그의 공덕에 달려 있다.[41]

디오니시오스는 단어 "에로스" 혹은, 사랑의 열망에 호기심 어린 강조를 두면서, 이것을 "아가페" 또는 자비로는 사랑보다 더 우위에 둔다. 이 사랑은 각각의 존재를 완

---

40. *Mystical Theology*, chs. I, V; on *theōria* and "ecstasy," cf. DS II, 1894–1911.
41. Gandillac, *Œuvres*, p. 35.

전한 아름다움과 아름다움 너머에 놓인 것으로 끌어당기는 유혹보다 더 크다. 이미 하나님 안에 있으며 무한한 아름다움의 외적 분출을 가능하게 하는 늘 차고 넘치는 근원이다. "에로스"라는 말은 엑스타시를 함축한다. 그것은 사랑하는 모든 존재들이 그 자신들 바깥으로 나가게끔 재촉한다. 그것은 하나님이 우주를 생성하시도록 강요한다. 에로스에 의해 우월한 존재들은 열등한 존재들을 인도하도록 이끌어진다. 그것의 주문(呪文) 아래, 동등한 존재들은 자신을 다른 존재들과 하나로 연합하며, 열등한 존재들은 그들 자신을 신적 사랑에 보다 완전하게 참여하고 있는 자들을 향해 고양한다. 사랑은 우주적 현상이다. 신성하게 하는 연합은 그것의 한 예(例)에 지나지 않는다.[42]

디오니시오스의 작품 전체에서 보이는 서열 개념은 기독교와는 관계가 없다. 이는 순수 플라톤주의라기보다는 오히려 "신플라톤주의의 쇠퇴"의 흔적이라고 볼 수 있다. 언뜻 보기에 서열의 개념은, 인간과 신격 사이의 모든 관계 가능성을 차단하는 일련의 동심원을 묘사하는 것으로 보인다. 분명히, 자비를 널리 베푸는 것과 빛을 나누어주는 위대한 의무는 여기서는 금지되어 왔다. 서열은 "에로스"의 사랑의 동기로는 너무나 많아 보인다. 세속적인 것에 반대하여, 디오니시오스는 거룩으로 들어가는 문을 조심스레 닫는다. 은근히 성직권 존중주의자의 특권과 남용을 암시하고 있는 것은 아닌가? 좀 더 상세하게 살펴보면 이런 우리의 두려움은 가라앉을 것이다. 그는, 우주의 계단에 대한 초기의 생각과 고전적 이미지는 플로티누스의 "이미지"에 의해 무효화되었고, 수레바퀴의 모든 살은 그들을 낳고 통합하는 중심에 똑같이 닿아있다고 말한다.[43]

모든 존재에 선행하여 계신 하나님은 각각의 존재 안에 현존하신다. 초월의 내재로 인해 각 사람은 모든 것에 참여한다. 인간의 가치는 보존될 뿐 아니라 확장된다. 하나님은 각 사람 안에 각자가 가진 정도 만큼 살아계시기 때문이며, 따라서 각자는 자신의 분량과 양식에 따라 하나님 안에서 사는 것이 가능하다.[44]

---

42. *Divine Names*, IV, 12, 13; *Œuvres*, 709 B, 712 A, pp. 106-107, 38. 디오니시오스의 엑스타시에 대한 상세한 설명은 cf. DS II, 1894-1911.

43. *Divine Names*, V, 6; *Œuvres*, 821 A, pp. 132-33. 사랑과 엑스타시와 서열의 화해에 관해서는 DS II, 1908 ff., III, 264-280을 보라.

44. *Ibid.*, V, 5; *Œuvres*, 820 A, p. 131; *Divine Names*, I, 4; *Œuvres*, 592 C, p. 72; DS II, 1891. R. Roques, "La notion de

"각자가 그의 분량 또는 양식에 따라". 이것이 디오니시오스가 말하는 서열의 전체 비밀이다. 로스키(Lossky)가 매우 훌륭하게 고찰한 것과 같이 유비(類比)에 대한 이 언급은 디오니시오스의 중심 사상이다.45

디오니시오스의 유비가 후대 스콜라 사상적인 의미를 가지는 것은 아니다. 디오니시오스의 유비는 "각자 안에 있는 능력 또는 공덕의 분량에 따라"를 의미한다. 각자는 그의 범위를 그의 능력과 한계에 기초하여 할당된 기능들에로 적절히 제한한다.46 그러므로 서열에서 각자의 자리는 결정되어 있다. 이것은 공간적 거리 의미가 아니다. 하나님께 가까이 사는 사람이 그보다 더 멀리 있는 사람들보다 하나님께 더 순응한다고 말할 때, 거리의 순서, 혹은 근접성이 공간적인 개념을 의미하지는 않는다. 오히려 여기서의 근접성은, 신적인 은총을 받아들이는 가장 위대한 능력이라는 뜻을 내포하고 있다.47

어떤 측면에서 보자면, 이 감수성은 임의적인 수준에서 발생하는 것이 아니겠는가? 그렇지 않다! 디오니시오스는 인간의 자유를 주장한다. 자유는 이 세상에 존재하는 악과 천사와 인간의 반역의 유일한 원인이다. 그러나 자유는 결코 비존재의 매력이나 악한 원리에 의한 유혹이 아니며, 신적인 것들에 단순하게 참여하는 것이다.48

거룩한 이름들(Divine Names)은 유비적 전제들에 대한 전거(典據)로서 인용될 수 있다. 자유로운 존재들은 분량 안에서 스스로 적응하며, 그들의 유연성은 순수하고 본래적인 봉인의 다양한 흔적들을 얼마나 받았는가에 달려 있다. 그리고 그들은 서열화 된 가동성을 함께 나누며 자신들을 위계적으로 위치시킨다.49 우주의 원인, 이 완전히 초월하는 선이 존재들을 자신과의 공유 안으로 초대하는 것은 그의 특권이다. 그 은혜로운 닮음은 심지어 가장 보잘 것 없는 존재라도 그 자신의 방법으로 하나님과의

---

hiérarchie selon le Pseudo-Denys," *Archives*, Vol. 17 (1949), pp. 183-222; Vol. 18 (1950-1951), pp. 5-44의 훌륭한 논문들을 보라.
45. 각주 38을 보라.
46. Letter, VIII, i; *Œuvres*, 1089 D-1092 A, p. 341.
47. *Ibid.*, VIII, 2; *Œuvres*, 1092 B, p. 342.
48. *Divine Names*, IV, 19-20; *Œuvres*, 716 C-D, 717 C, pp. 111-13.
49. *Ibid.*, II, 6, IV, 2, 28; *Œuvres*, 644 B, 696 A, 729 A-B, pp. 83, 95, 121-23.

협력자가 될 것이라는 희망을 품게 한다.⁵⁰

이것이 전부가 아니다. 각자의 정도와 지위 안에서, 천사와 사람은 이중의 사명을 가진다. 가능한 한 가장 높은 연합으로 향해야 하고, 그들보다 열등한 존재들이 그들의 지위로 올라오는 것을 도와야 한다.⁵¹

천상의 서열(Celestial Hierarchy)의 선재하는 능력과 예(例)는 우리로 하여금 교회의 서열(Ecclesiastical Hierarchy)의 언어를 이해하도록 도와준다. "따라서 모든 서열의 공통적인 목표는 하나님과 신적 신비들의 계속적인 사랑에 있다. 그 사랑은 우리 안에서 통합하시는 하나님의 현존을 정당하게 제공한다." 그러나 이러한 현존에 도달하기 위해서 "우선, 뒤돌아보지 않고 자신에게 방해가 되는 모든 것들을 완전히 제거하는 과정을 통과하는 것이 필수적이다."⁵²

그러므로 처음에는 모든 것과 모든 사람을 총체적인 명령과 금제에 종속시키는 것으로 보이는 제도에서 자비의 자리가 발견된다. 엑스타시의 에로스는 단순히 이상적인 미를 향한 경도(傾倒)가 아니다. 그것은 또한 각각의 지위와 수준에서 – 더 적절하게 말한다면, 각 사람의 – 이웃을 효율적으로 사랑하는 것이다. 그것은 각자의 영혼 안에서 그리스도의 자비에 직접적으로 참여하는 것과 같다.

속죄론, 성육신, 대속적 고난, 그리스도를 따르는 자들이 그를 "본받고자 하는 것"을 포함하는 기독교의 위대한 주제들을 대할 때 이것들은 결코 무시되지 않는다. 비록 그것들이 서양의 기독교적 관점에 의해 때때로 적절하지 않게 승화되거나 혹은 왜곡되었다 해도 그렇다.

베네딕투스에서 대 그레고리우스까지

6세기부터 12세기에 이르는 명상의 역사는 근본적인 개념과 실천에서 수도원적인 시대를 반영한다. 뚜렷한 논문들에 의해서가 아닌, 산발적으로 예치된 문헌들에 의해 영적인 진흥이 일어났고, 이로 인해 명상적 은퇴의 중심지들과 지도자들이 증가했다.

---

50. *Hiér., cél.,* IV, 1; *Œuvres,* 199, 41–42.
51. *Hiér., cél.,* VIII, 1; *Hiér., eccl.,* I, 2; *Œuvres,* 240 B, 372 D–373 A, pp. 214, 247.
52. *Hiér., eccl.,* I, 3–4; *Œuvres,* 376 A–B, pp. 248–49, 42.

베네딕투스(Benedict, d. 555)는, 한 번도 명상과 관련한 말은 언급한 적은 없었지만, 그것에 보다 더 초기의 추진력을 받아 전수하였다. 일상적 삶의 안정성과 가족의 헌신은 예배의 경험과 부정의 정신을 성숙시킬 교부들 – 특히 바실레이오스(Basil)와 카시아누스(Cassian)와 같은 – 의 활용을 촉진한다.

베네딕투스와 동시대인인 율리아누스 포메리우스(Julianus Pomerius, c. 500)는 그의 책 「명상적 삶에 관하여」(De vita contemplativa)에서, 지금 천상의 실재가 고대되고 그것이 지금부터 실현될 수만 있다면, 지상의 것에 대한 관심과 흥미들을 그것에 복종시켜야 한다고 분명히 말했다. 선행의 활동적인 삶은 명상적 욕구로 인해 인내되고 그것에 의해 보증된다. 율리아누스의 세 번째 책인 「명상적 삶」(Contemplative Life)은, 비록 그 자체로 명상에 관해 말하고 있지는 않지만, 이러한 의미의 사회적 책임, 즉 영원한 비전을 향한 순례와 현재의 필요에 대한 봉사의 결합을 보여준다. 그것은 명상가들과 학자들의 봉사와 행정관들과 활동가들을 일반적으로(ch. 28) 항상 결합시킨다. 바로 이러한 점으로 인해, 율리아누스는 명상의 의미에 관한 네 가지 접근을 요약한 것과 더불어 중세시대 신비주의에 큰 유산을 남겼다. 그의 접근은 미래의 것들에 대한 지식, 모든 세상적 일들로부터의 자제, 거룩한 문서들에 대한 학습, 그리고 마침내 하나님을 보는 것을 포함한다.

지적인 사색으로 신비주의를 언급한 사람으로는 보에티우스(Boethius, d. 526)가 거의 독보적이다. 이 점은 빅토르 수도원의 신비주의자들에게서 분명히 발견된다. 카시오도루스(Cassiodorus, 477–570)는, 수도원적 관리 및 영적 탐구, 그리고 거룩한 비평을 위한 준비로서의 인문학의 학습을 거룩한 명상에 이르게 하는 교부들과 다른 기독교 문서들을 묵상하고 정독하는 일과 결합시킨다.[53]

대 그레고리우스(Gregory the Great, 540–604)

명상적 전통에서 그레고리우스는 아우구스티누스와 베르나르의 중간에 서 있는 것

---

53. 더 이상의 논의는 DS II, 1929-33을 보라. 베네딕투스에 관해서는 Berlière, L'ascèse, pp. 1 ff., 와 Schmitz, Histoire, Vol. I, pp. 15ff.,와 Vol. II, pp. 346 ff.를 참조하라. Julianus Pomerius, The Contemplative Life, The Newman Press, Westminster, Maryland, 1947은 매리 조세핀 술저(Mary Josephine Suelzer) 자매에 의해 번역되었다.

으로 여겨져 왔다. 다시 말해, 그는 아우그스티누스보다는 덜 사색적이고, 베르나르보다는 덜 감정적이다. 그는 분명히 명상적 삶에 대한 발군의 학자들 중 한사람으로서의 확고한 위치를 점하고 있다. 그는 간접적이나마 아우구스티누스에게서 영향을 받았고, 조금은 히포(Hippo)의 감독을 경유하여 유래한 신플라톤주의의 영향들을 반영하고 있다. 그레고리우스가 아우구스티누스에게서 빌려온 것은 철학적 혹은 신학적 사색이라기보다, 오히려 실천적이고 교리적인 강조였다. 베네딕투스의 위치와 그의 규칙(Rule)은 그의 영적 형성에 분명히 큰 자리를 지니고 있으며, 그의 수도사적 기지들로 채워진 교황으로서의 행정에서도 또한 그러하다.

명상적 신념에의 기질로 조화를 이루며, 그레고리우스는 그 자신의 삶에서 활동적 전통의 이타적인 봉사를 또한 예증했다. 그가 교황직에 있던 시간은 내내 불안정한 시대였으며 그래서 그의 활동적인 증언은 신비적 휴식이 가장 환영받았을 그러한 때 마침 주어진 것이다. 돔 버틀러는 그를, 명상과 행동의 균형이라는 차원에서, 아우구스티누스와 베르나르와 더불어 서양신비주의의 가장 대표적인 위대한 삼인조라고 보았다.[54]

질레(Gillet)의 훌륭한 해석에 따라 요약하자면, 「욥에 관한 교훈들」(Morals on Job)의 서문에서의 그레고리우스의 신비주의는, 빛의 개념을 그 특징으로 한다.[55] 그레고리우스는 서문의 가장 첫 부분에서, 빛이란 한계가 없는 것, 즉 제한되지 않은 빛(lumen incircumscriptum)으로 간주한다. 인간의 타락, "이미지"에 의해 주어진 생각의 한계, 그리고 인간 정신의 특징적인 동요 등의 현실 때문에 하나님을 그 분 그대로 아는 것은 불가능하다. 그러기에 사람은, 거룩에 의해 고양되어야만 한다. 그 목적을 위해 인간은 불리함을 감수하고 활동적인 선행을 하는 금욕의 길을 통해 자신을 준비시켜야만 한다. 이 모든 것에는 부정의 길도 발견되지만, 그레고리우스는 어둠의 하나님을 찾던 디오니시오스의 양식을 따르지는 않는다.

---

54. 그레고리우스에 대한 이러한 설명은 DS II, 1933-34; Butler, *Western Mysticism*, pp. 65ff., 171ff., 그리고 거기서 분석된 자료들; Dom R. Gillet et Dom A. de Gaudermaris, *Grégoire le Grand: Morales sur Job*, livres 1 et 2, Paris, 1952의 서문과 자료들; MPL 75-76 안에 편집되어 있는 *Moralia*; 그리고 Schmitz, *Histoire*, Vol. I. pp. 41ff.,과 II, pp. 365ff.; 또한 Berlière, *L'ascèse*, pp. 64-68, 216-20 등에 기초하고 있다.

55. Pp. 20ff. 그리고 거기 주어진 *Moralia*에 대한 설명들.

질레가 지적한 바와 같이, 명상의 행동은 거저 얻어지는 것이다. 스스로 아무런 노력 없이, 사람은 자신이 전능한 힘에 의해 끌어올려지는 것을 느낀다. 욕망이나 열망 없이, 신적 영감 아래 수동적으로, 영혼은 자기 자신 위로 들려진다. 마음은 육체에 생명을 주는 평상적인 기능을 넘어서서 거룩한 호흡에 의해 고양된다. 지성은 자신이 이해와 앎이라는 습관적인 상태 위로 옮겨짐을 발견한다. 다시 말해, 영혼은 자신 바깥으로 나온다. 지성은 마음의 양상들 중 하나일 뿐, 그 역시 초월되었음을 발견한다. 창조주의 아름다움이 사랑의 지식 안에서 명상된다(per amorem agnoscimus). 왜냐하면 영적인 아버지 나라의 사랑이 사람의 영혼에 영향을 주기 때문이며, 하나님 자신도 거기서 그 길을 보이시기 때문이다.[56]

따라서 그레고리우스의 신비주의는, 어두운 비전을 통해 하늘의 분명한 비전을 고대하는 것이라고 말할 수 있다. 하나님과 그의 휴식을 향해 이끌려 거룩에 의해 꺼내어질 때, 비로소 인간의 영혼은 스스로 육체 안에 갇혀 있음을 발견한다. 인간의 영혼은 죽음이라는 값을 치르고서라도 노예상태로부터의 구원을 갈망한다. 이것이 그가 열심히 찾는 해방의 유일한 길이다.[57] 하계에서 사람은 하나님을 응시하는 일에 집중할 수 없다. 비교할 수 없는 하나님의 밝음과 빛에 압도되어 부서져 지칠 대로 지친, 벼락 맞은 영혼은, 자기 자신 위로 다시 떨어진다. 이것이 바로 그레고리우스의 사상의 일관된 특징들 중 하나인 반사(reverberatio)이다. 영혼은 반사(reverberata)되고 즉시 압도당해, 자기 자신 위로 다시 격퇴된다.[58] 이제 자신이 찾는 대상이 자신을 무한히 초월하여 계신 것을 깨닫게 된 영혼은 지친 채 자기 자신 안으로 돌아온다. 자신의 유한한 곤경을 보면서, 영혼은 자신이 죽음을 모르는 그분을 향하기에 얼마나 합당치 않은가를 고백한다. 본디 명상의 행동이란, 예언자가 말했던 하늘에서의 반시간의 침묵처럼 덧없다. 본래의 상태로 돌아온 영혼은 욕망과 유혹의 삶을 다시 시작하지만, 그에게 잠시 동안 주어졌던 단순히 유한한 경험 이상의 그 일들이 더욱더 강렬해진다. 여기에 즐거움과 슬픔 사이의 동요가 있고 두려움과 희망의 변증법이 있다.

---

56. Gillet, *op. cit.*, pp. 36–39; Mor., Lib. X, sec. 13, MPL 75: 927–28.
57. *Mor.*, VII, 18, MPL 75: 775; Gillet, *op. cit.*, p. 48.
58. *Mor.*, V, 58; XVI, 38; XXIV, 11–12; MPL 75: 711, 1140, 76: 292–93; Gillet, *op. cit.*, pp. 50ff.; Butler, *op. cit.*, pp. 74, 81.

두려움은 영원한 눈물을 자극하고, 사랑은 기쁨의 눈물을 생기게 한다.[59]

진정 여기에, 유혹의 위험성 바로 그 안에, 유혹의 유용성도 있다. 유혹과 악에 의한 정화는 명상에 이르는 불안정한 길을 닦아야만 한다. 명상적 상태에 이르는 필수조건들로는 용의주도와 자기-지식, 겸손과 마음의 순수함, 두려움과 경건한 양심의 가책이 있다.[60]

그레고리우스는 실제로 야만스런 문명 안에서 활동한다. 그는, 사색적 추상화 같은 시도가 아닌, 오히려 영적인 구체성을 가지고 교육받지 못한 영혼들에게 살아있는 응답을 불러일으킨다. 그는 베네딕투스의 규칙이 함축하고 있는 신중함을 분명히 하면서, 그것을 제도적 절제와 명상의 심리 안에 옮겨 심었다. 베네딕투스의 자기단련(ascesis)에 의해 그가 얼마나 훌륭하게 명상적으로 봉사했는가는 베를리에와 슈미츠(Schmitz)가 웅변적으로 증언하고 있다.[61]

버틀러는 자신 있게 그레고리우스와 아우구스티누스의 관계가 쉽게 파악될 수 있다고 말한다. 질레가 지적한 것처럼, 버틀러가 아우구스티누스로부터 그레고리우스가 벗어난 부분을 지나치게 많이 강조했지만 말이다. 질레는 중요한 유사성이라는 관점으로 양자의 작품을 병렬하고 있다.[62]

버틀러는 그레고리우스의 삼중의 길을 언급한다. 명상적 경험을 위해 꼭 필요한 준비인 금욕적 훈련, 기억과 내향의 역할, 그리고 명상이 그것이다. 이 세 가지 단계들은 「에스겔에 관한 설교들」(Homilies on Ezekiel)과 「교훈들」(Morals), XXIII, 42에 나타나 있다. 에스겔 2장 9절에 관한 설교는 명상적이고 활동적인 삶에 관한 진정한 논문으로, 명상적 연합의 본질에 대한 분석이 들어 있다. 그레고리우스의 해석 중 하나님을 보는 것에 대한 것은 「교훈들」에서도 중요하게 다루어진다.[63]

---

59. Butler, op. cit., pp. 81, 79.
60. Gillet, op. cit., pp. 54-81; Butler, op. cit., pp. 82ff.
61. 각주 54를 보라.
62. Butler, op. cit., pp. 74-75; Gillet, op. cit., pp. 29ff., 86ff.
63. 예를 들면 Butler, op. cit., pp. 66-71, 87-92; Hom. in Ezech., Lib. II, Hom. v, sec. 8-20, MPL 76:989-996; Mor., XXIII, 42, MPL 76: 277.

그레고리우스에서 베르나르까지

헤아릴 수 없이 많은 자료들이 그레고리우스가 중세에 미친 거대한 영향을 증언한다. 세비야의 이시도루스(Isidore of Seville, d. 636)는 그레고리우스로부터 영향을 받아, 일상적 삶 위에 활동적 삶을 올려놓는다. 존자 비드(Bede the Venerable, d. 735)는 특히 그의 주석들에서 아우구스티누스와 그레고리우스를 일관되게 반영하고 있다. 완전을 추구하는 사람들은 반드시 명상적 실천들을 신봉해야 한다. 주님의 산과 그 안식을 향하는 도상의 영혼도 활동적으로 미덕을 실천하는 일에 예외일 수 없다. 명상적 삶, 즉 관찰(*speculativa*)은 하나님의 얼굴을 보는 것과 찬양하는 천사들과 한 무리가 되어 영원한 비전을 향유하기를 연모한다. 주님만이, 은총을 주시기 위해, 택하신 사람들에게 명상의 빛을 부여하신다. 인간의 주도라기보다는 차라리 하나님께로부터 뻗어 나온 하늘의 은총은, 보다 더 완전한 삶을 선택한 소수의 그리스도인들에게 임한다. 거룩한 학습에 의해 촉발된 감수성으로, 이들은 고심하며 준비할 뿐 아니라, 구속자의 일생을 명상하고, 금식하며 기도함으로 신비의 조명을 받는다. 이것은 시간적으로는 매우 짧고, 정체를 알 수 없는 특징을 갖고 있다.[64]

9세기와 10세기 수도원적인 영성의 분위기에서, 베네딕투스의 기질과 그레고리우스의 낙인이 영속된다. 더욱이 베네딕투스의 규칙은 문화적 관심, 신학적 연구, 그리고 개인적이고 전례적인 기도 모두를 두드러지게 강조함으로써 그 영향력을 확장시키고 강화시켰다. 나아가 수도사들이 사제가 되는 경우가 늘어나고 있었다. 아니안의 베네딕투스(Beneditus of Aniane)의 개혁은 베네딕투스의 규칙의 부과를 통해 가능한 곳은 어디에서든 수도원적 삶을 다시 통일시켜갔다. 지식의 역할이 강조되었고, 거룩한 편지들의 연구가 특히 그레고리우스와 같은 교부들에게 접근함으로써 점점 더 보강되었다. 사랑에 이르게 하는 신앙을 이해할 필요성이 강조되었다. 기도, 독서, 묵상 그리고 공부는 명상에 유리하다. 긴 기도, 시편 영창의 사용 강화, 그리고 제의의 급증이 수도원, 그 *oraison*의 섬에서 신봉되었다. 물론 베네딕투스 자신의 교훈은 여전히 규범이 되었고, 만일 사람이 하나님의 은총에 의해서 강하게 감동받지 않을 경우 규

---

64. DS II, 1935 f.; Berlière, *L'ascèse*, p. 220; Schmitz, Histoire, Vol. II, p. 373의 설명을 보라.

칙의 20장은 그만큼 간결하고 순수한 기도를 요구했다.65

라바누스 마우루스(Rabanus Maurus, d. 856)와 파샤즈 라드베르(Paschasius Radbertus, d. 860)는 똑같이 하늘나라의 모형을 따라 명상적 휴식에 우선권을 둔다. 그들은 마찬가지로 그것을 여기 하계에서의 활동적인 영적 증언과 결합시키는 데서 그레고리우스를 상기한다. 에리게나는, 일두앙의 대수도원장에 의해 소개되어져오던 디오니시오스를 번역하고 주석하는 일에 공헌을 한다. 하지만, 에리게나 자신의 교훈은 그다지 비중이 높지 않았고 그의 번역도 12세기가 될 때까지는 디오니시오스를 강하게 각인시키지 못했다.66

한편, 클러니에서 이루어진 베네딕투스의 개혁은 의미심장한 명상적 진보들을 이룬다. 덕망 높은 대수도원장들과 독특한 전통들이 개혁된 베네딕투스주의의 전례적인 풍요에서 최고의 절정을 이루어낸다. 수도원의 금욕적 습관들을 순환하던 것으로 부터, 다양화된 도서관과 카시아누스, 초기 교부들, 그리고 그레고리우스의 점증적 사용은 주목할 만하다. 오동(Odo), 메이욜(Majolus), 오딜롱(Odilon), 위그 같은 인물들의 작품에서는 독창성은 거의 발견되지 않는다. 오히려 그들은, 이전 초기 명상가들의 영향과 새로운 전례적 경험들을 포함하는, 영적으로 건강한 관습들의 표준적인 사용을 반영한다.

클뤼니 수도회 사람들은 스콜라신학과 디오니시오스의 훈련뿐 아니라 고상한 이론들과 섬세한 논리학들을 철회한다. 그들은 금욕적이고 신비적인 것에 몰두하는데, 이는 조직신학적 논설들 보다는 사랑의 행동에 중요점을 둔다. 클뤼니 수도회의 경건은 거룩한 의무를 통해 촉진되고 흘러간다. 이 경건은 그리스도의 인성, 그의 삶의 신비, 그리고 그의 지상적 영고성쇠에의 전념을 매우 소중하게 여긴다. 클뤼니(Cluny)의 명상적 삶에서 시편집(Psalmody)은 아마 그의 모든 사상을 형성하는 근원일 것이다.67

이탈리아에서 베네딕투스의 범주 안에 드는 사람으로는 로무알도(Romuald, d. 1027)와 피에르 다미아니(Peter Damian, d. 1072)가 있는데, 이들은 영적 열정과 금욕주의에 다시 한

---

65. DS II, 1936-38. 앨퀸(Alcuin)과 아니안의 베네딕투스에 대해서는 Schmitz, *op. cit.*, Vol. II, pp. 377-82를 보라.
66. Schmitz, *op. cit.*, Vol. II, pp. 383-91; DS II, 1937-39. 또한 H. Dorries, *Zur Geschichte der Mystik: Erigena und der Neuplatonismus*, Tübingen, 1925와 Gilson, *History*, pp. 113-28, 609-13을 참조하라.
67. DS II, 1939-41; Schmitz, *op. cit.*, Vol. II, pp. 392-99; G. de Valous, *Le monachisme clunisien des origines au 15ᵉ siècle*, Paris, 1935, Vol. I, pp. 329ff.

번 활력을 불어넣은 것으로 중요하다. 로무알도와 더불어 명상적 열정의 새로운 형태들이 보다 장엄한 엑스타시로 귀착한다. 피에르 다미아니는 수도사에게 명상은 베네딕트의 규칙의 마지막에 언급되어 있는 완성이라고 보았다. 수도사들은 하나님과의 내밀성, 개인적인 친밀(domestica familiaritas)에로 부름 받았다. 그는 이러한 고차적인 생활을 휴식, 결혼, 비전, 고독, 자유 등으로 다양하게 고찰한다. 그는 감독의 직무 중에 가졌던 명상적 여가를 회고하며 연모한다. 그는 밀려드는 세상의 혼란에 대항해, 신비적 비전을 보호하려고 노력한다. 그의 눈물이 교리와 그리스도의 사랑에 대한 묵상에서, 그는 베르나르를 암시한다. 그는 클뤼니의 명상적 신념을 찬양한다. 개혁의 설교가요 맹렬한 완전주의자로서, 그는 열정에서는 히에로니무스(Jerome)를 닮고, 설교에서는 무디고, 그의 성서 해석에서는 변호의 여지가 없으며, 그의 금욕적 명령에서는 거의 잔혹하다. 그는 주님(Master)의 고난을 비통해하고 회오하면서 묵상한다.[68]

라베나(Ravenna)로부터 유래한 존(John of Fécamp, d. 1078)은 의심할 여지가 없이 다미아니의 영향을 받았다. 지칠 줄 모르는 명상 선집의 수집자인 그는, 아우구스티누스와 그레고리우스의 정서를 심오하게 각색 하는 데에 뛰어난 재능이 있었다. 그는, 오랫동안 아우구스티누스와 안셀름의 작품으로 여겨졌던 기도들과 묵상들을 수집하는 역할을 담당해왔다. 그 자신이 지은 묵상과 기도들을 포함해, 그가 수집한 것들은 수세기 동안 명상 연구의 유용한 자료가 되어왔다. 「그리스도를 본받아」(Imitation of Christ)도 그가 수집한 자료 중 하나이다. 이러한 업적이 수도원적 명상의 의무들로 뒤범벅되어있던 상황에서 이룩된 것이라는 점은 매우 주목할 만하다.[69]

캔터베리의 안셀름(Anselm of Canterbury, d. 1109)은 이중적 범주에서 영적 작품들을 썼다. 그가 남긴 일련의 다양한 논문들은 사색적 신학을 강조한다. 예를 들어 프로솔로지온 Prosologion은, 신비적 경험의 뉘앙스를 지닌 기독교 철학에 관한 소론이다. 여기서 신앙은 지성을 통해 촉진된다. 사랑에서 배양되는 하나님의 신비는 또한 논증의 방법으로 분석되고 정당화된다. 그의 편지들(Letters), 묵상들(Meditations), 그리고 기도들

---

[68]. DS II, 1941-43; Schmitz, op. cit., Vol. II, pp. 403-06.
[69]. DS II, 1943-44; J. Leclercq, et J. P. Bonnes, Un maître de la vie spirituelle au xie siècle, Jean de Fécamp, Paris, 1946; 또한 A. Wilmart, Auteurs spirituels et textes dévots du moyen âge latin, Paris, 1932의 연구.

(Prayers)은 비록 오늘날 연구되는 횟수로는 감소했지만, 영적 가치에 있어서는 여전히 강조되고 있다. 강렬하지는 않지만 존(John of Fécamp)의 특징과 방법을 떠올리게 하는 이 책들은, 명상적 경험을 위한 자료들의 소책자들로서도 사용된다. 사색적이면서 감정적인 접근으로 이것들은 분명히 결합된다. 사색적 작품들은 생각과 사랑을 하나로 만든다. 교리적 골몰은 그의 묵상적 기도들에서 명백하게 식별할 수 있다.[70]

존자 피에르(Peter the Venerable, d. 1156)는, 베르나르의 친구이며 클뤼니의 의식(uses)을 위한 덕망 있는 수도원장이자 옹호자인데, 명상적 사상이나 행동에서는 거의 독창성을 보이지 않고 있다. 그레고리우스가 살던 시대에 그의 수도회의 영적 영감이 되었던 그의 진술들에서 분명히 연역될 수 있다. 그 위대한 교황의 삶, 설교, 그리고 대화는 클뤼니의 수도사들의 정기적인 영적 양식이다. 피에르(Peter de Celle, d. 1083)는 존자 피에르와 함께 클뤼니의 훈련들과 본질적으로 유사한 그림을 제시한다. 그 역시, 영혼이 그 배우자와 하나가 되기 위해서는 겸손, 신학 연구, 금욕적 훈련, 빈번한 고백, 그리고 매일의 친교가 있어야 함을 강조한다. 클뤼니의 전형적인 성찬의 중심적 역할이 여기 묘사된다.[71]

6세기부터 12세기까지 서양에서 나타난 명상적 삶은 대략 몇 가지로 요약되어 일반화 될 수 있는데, 이는 몇몇 특별한 경우들에 의해 이미 뒷받침되고 있다. 명상은 하나님을 보는 것으로, 지상에서는 불가능하며 오직 하늘에서만 실현가능한 것으로 간주된다. 신비적 부름은 일반적 의미에서 모든 사람에게 임하지만, 그러나 보다 높은 경지에서의 그것의 지상적 실현은 소수에게만 실현가능한 것으로 보인다. 명상은 금욕주의, 즉 전통적 의미로의 활동적인 삶 없이는 불가능하다. 종말론적 방향에서

---

70. DS II, 1944; 또한 그의 저작들 *Opera*을 편집한 T. S. Schmitt, Vol. III, Edinburgh, 1946과 초기 본문들의 번역인 D. A. Castel, *Méditations et prières*, Paris, 1923; 그리고 Wilmart, *op. cit.*

71. DS II, 1944-45; J. Leclercq, *Pierre le Vénerable*, Saint-Wandrille, 1946; 또한 *La spiritualité de Pierre de Celle*, Paris, 1946. "신학 연구"는 즉 여기서 언급된 신학 강의 *lectio divina*(또는 *sacra*)이며 독특한 수도원식의 읽기와 학습을 포함하고 있는데 금욕적 훈련과 전례적 의식을 통해서 명상적 목표에 이르게 하는 성경, 인문학, 교부들, 그리고 카톨릭 전통을 읽고 연구하는 것이다. 성경과 교부학적 연구 특히 불가타, 히에로니무스, 카시아누스, 아우구스티누스, 카시오도루스, 그리고 다른 이들에 초점을 맞춘 신학 강의는 B. Smalley, *The Study of the Bible in the Middle Ages*, Philosophical Library, New York, 1952, pp. 26 ff. H. H. Glunz, *History of the Vulgate in England*, Cambridge, 1933과 Denys Gorce, *La lectio divina des origines du cénobitisme à Saint Benoît et Cassiodore*, Vol. I, Paris, 1925 (vol. title: *Saint Jerôme et la lecture sacrée*)를 비교하라.

확증된 명상적 삶은, 믿음, 소망, 사랑 안에 포함되어 있다. 우선, 그것은 지식이나 특화된 학문, 혹은 심리적 현상의 문제가 아니다. 다른 단계들에서도 경험될 수 있으며, 가장 고등한 형태는 형상이 없는 엑스타시, 즉 앎과 행함의 일상적인 수단을 무시하는 영혼의 환희(또는 이탈 *excessus*)이다.

지식의 역할은 예비적 읽기와 성경의 묵상을 통해 명상을 초대하는 것이다. 명상은 완전한 거룩의 신비에 영혼이 항복하는 것을 보게 되는데, 그 후에 지성의 기능은 설명하는 일 보다는 영혼의 부착에 초점을 맞춘다. 그레고리우스가 설명한 것과 같이, 명상적 지식이란 바로 사랑에 의한 지식이다.

명상적 실존은, 전형적으로 세상적인 일들로부터의 분리뿐 아니라, 그것에 우호적인 환경을 추구한다. 수도원의, 은자적, 수도사적 삶은 특히 이상적인 환경을 공급한다. 그 안에 영적 훈련들의 정규성이 있다. 전례는 명상적 경험의 뼈대이다.

수도사에게 있어서 명상적인 것과 활동적인 것과의 관계는 일반 기독교인들에게 있어서의 그것과는 다르다. 수도사의 소명은 특히 명상적이다. 그의 활동적인 훈련은 주로 그의 수도원적 부름의 구역 내 행정에 주목한다. 성직자와 평신도 그리고 특히 세상에서 한정된 사도직이 주어진 수도사들에게 있어서 그 문제는 필연적으로 다르게 나타난다. 그들의 전심은 세상의 혼란의 한 가운데서도 마땅히 명상에 일치되어야만 한다. 명상적 경험은 수도사들에게서 특징적으로 촉진되기는 하지만, 결코 수도사 집단의 특권만은 아니다. 모든 기독교인들과 성직자들도 그들 자신을 신비적 경험에로 기울이도록 격려된다. 그것을 위한 이상은 "스스로를 세상으로부터 분리하는 명상적 삶을 세상에서의 활동적 삶과 하나로 만드는 것"이다.

중세의 수도원적 문헌의 명상적 특징에 있어서, 그 강조점은 평온함에 있다. 영혼의 가장 심오한 안전은 조용하고 평화로운 휴식의 분위기에서 추구된다.[72]

---

72. DS II, 1946-48.

역자 서문

신비주의 재흥에 대한 역사적 환기

20세기 전반에 들어서면서 신비주의의 광범위한 재흥(再興)에 대한 우려 섞인 목소리들이 세계 기독교계의 유수한 학자들로부터 울려나왔다. 선교사학자 스티븐 니일(Stephen Neill)은 그의 책 「오늘의 기독교 신앙」(Christian Faith To-day, 1955)에서 신비주의에 대한 관심이 도처에서 고조되는 이때 기독교 신앙의 공동체적 성격을 드높이 강조하지 않을 수 없다고 말한 바 있다. 여기서 니일은 신비주의의 개인주의적 성격에 주의하면서 20세기 전반의 50년 동안 기독교 신앙을 개인주의적으로 보는 견해에 대한 날카로운 반동이 일어나고 있음을 환기한다. 그리고 뛰어난 신학자들 대다수가 '교회'야말로 복음의 본질적 요소이며 예수의 일차적 관심은 개인이 아니라 공동체에 있었음을 지적했음에 주목한다.

한편 양차 대전 사이에 저술되었으며 기독교 고전 중 하나로 길이 기억될 책으로 평을 받는 프리드리히 하일러(F. Heiler)의 신비주의 연구서 「기도」(Prayer, 1932) 역시 신비주의와 기독교로 대표되는 예언자적 종교를 예리하게 구분하고 있다. 하일러의 고전적 정의에 의하면, 신비주의는 하나님과의 교통의 형식인데 다음과 같은 형태로 진행된다. 즉 세상과 자아는 전적으로 부인되며, 인간의 개성(personality)은 분해되고 사라지며 신성의 무한한 통일성 안으로 흡수된다. 이러한 신비주의는 예언자적 종교와 도저히 양립할 수 없으며, 구원론과 내적 구조에서 전혀 다른 골격을 가지고 있다는 것이 그의 연구이다. 따라서 하일러는 모든 종교를 신비주의로 간주하는 견해에 분명하게 이의를 제기한다.

바야흐로 포스트모던 시대를 맞이하면서 신비주의에 대한 관심이 또 다시 제고되고 있다. 종교 다원주의적 정서의 편만(遍滿)과 인신론(人神論)의 거침없는 주장에는 신적 세계를 더듬어 찾아가는 신비주의적 정서가 아련히 깔려 있다. 모든 것을 단번에 이루신(once for all) 유일한 중보자 예수를 믿는 크리스찬의 눈에는 반드시 예수가 아니고서도 구원에 이르는 길이 여럿 있다는 상승(上昇)의 구원론과 사람이 곧 신이 될 수 있다는, 신과 인간 사이에 존재하는 간격의 무시와 직접적 교통의 주장이 여간 낯설지 않다.

중세 후기 신비주의의 배경과 그 시사점

페트리(Ray C. Petry) 편집의 「중세 후기 신비주의」(Late Medieval Mysticism, 1957)는 12세기 이후 종교개혁 직전까지 활동했던 주요한 신비주의자들을 다루고 있다. 즉 베르나르(Bernard of Clairvaux, 1090~1153), 생-빅토르(St-Victor)의 위그(Hugh, c. 1096~1141)와 리샤르(Richard, c. 1123~1173)와 아당(Adam, d. 1192), 프란체스코(Francis of Assisi, 1182~1226), 보나벤투라(Bonaventure, 1221~1274), 룰리오(Ramon Lull, c. 1232~1315), 에크하르트(Meister Eckhart, c. 1260~1328), 롤(Richard Rolle, c. 1300~1349), 소이제(Henry Suso, c. 1295~1366), 카테리나 다 시에나(Catherine of Siena, 1347~1380), 로이스브로에크(Jan Van Ruysbroeck, 1293~1381), 작자 미상의 「독일신학」(14세기 후반), 니콜라우스(Nicholas of Cusa, 1401~1464), 카테리나 다 제노바(Catherine of Genoa, 1447~1510)가 바로 그들이며, 프랑스, 이탈리아, 스페인, 독일, 영국, 네덜란드가 이들의 출신 및 활동 지역으로 드러난다.

그런데 편집자 페트리는 이 책에 붙이는 일반적 서론에서 두 가지의 흥미로운 문제를 제기하고 있다. 첫째, 신비주의의 지역적 특성이다. 신비주의라는 말은 역사적으로 매우 다양하게 쓰여 왔기 때문에 그 정확한 정의가 힘들다는 것인데, 동방에서는 이 용어의 뿌리가 그리스의 밀의종교와 관련되어 있으며, 서방에서는 신비주의라는 말보다는 '명상'(contemplation)이라는 말이 주로 사용되어져 왔음을 밝히고 있다.

이러한 사실은 지역에 따라 신비주의가 서로 구분되는 특징을 가지고 있음을 가리킨다. 한편 이 책에서 다루고 있는 중세 후기 신비주의자들의 출신 및 활동 지역을 보면, 그들이 대개 서방에 속해 있었음을 알 수 있다. 여기서 우리는 신비주의를 명상이라는 말로 쓰기를 즐겨했던 서방의 전통 위에 이들 신비주의자들이 서 있다는 것을 한 번 확인하고 지나가게 된다.

둘째, 중세 후기 신비주의의 배경이다. 페트리는 중세 후기 신비주의에 직접적인 영향을 미친 인물들로, 초대 기독교 교부들과 관련된 비기독교 희랍사상가들을 꼽고 있다. 특히 플라톤(Plato, 427~347 B. C.), 아리스토텔레스(Aristotle, 384~322 B. C.)와 필로(Philo, 30 B. C.~A. D. 50), 플로티누스(Plotinus, 204~269), 디오니시오스 아레오파기테스(Dionysius the Areopagite, c. 500)의 사상이 아우구스티누스(Augustine of Hippo, 354~430), 요안네스 카시아누스(John Cassian, d. 434), 대 그레고리우스(Gregory the Great, 540~604)의 사상과 더불어 중세 후기 신비주의에 주목할 만한 영향을 미쳤다는 것이다. 이와 더불어 그는 6~12세기에 현저하게 나타났던 수도원적 영성에 대한 고찰 역시 중세 후기 신비주의의 배경을 이해하기 위해서 필요불가결하다고 지적한다.

여기 두 가지 점이 우리의 주의를 끈다. 먼저, 신비주의가 가지는 범종교적 성격이다. 기독교 사상가들과 비기독교 사상가들이 모두 중세 후기 신비주의에 중요한 영향을 미친 것으로 드러나기 때문이다. 다음으로 수도원주의와 신비주의가 서로 밀접하게 연관되어 있다는 사실이다. 이는 이 책에 등장하는 중세 후기 신비주의자들 대개가 프란체스코회, 도미니쿠스회, 아우구스투스회, 시토 수도원, 생-빅토르 수도원 등의 수도회 및 수도원과 직접적으로 관련되어 있었던 점에서도 충분히 확인된다.

그런데 중세 후기 신비주의의 지역과 배경적 요소들, 즉 서방적 전통, 신비주의의 범종교적 성격 및 수도원적 영성과의 상통성(相通性) 등은 중세 후기 신비주의에 몇 가지 뚜렷한 표식을 새겨 놓고 있음을 알 수 있다. 필자는 이를 수도원주의와 중세적 교회관, 상승적 구원의 지향, 명상의 계단 등 몇 가지로 특징지어 살피고자 한다.

수도원주의와 중세적 교회관

기독교가 로마제국의 국교가 된 이후 교회관의 변화가 필연적으로 뒤따랐다. 교회는 더 이상 생명을 무릅쓰고서라도 신앙하는 성자들의 공동체가 될 수 없었다. 로마제국에 태어나면 자동적으로 기독교인이 되는 국교의 시대에서 이른바 교회의 세속화는 피할 수 없었다. 신앙의 순도(純度)는 저락할 수밖에 없었고, 정결한 것과 부정한 것이 함께 실렸던 노아의 방주로서 교회가 비유되기 시작한 것이 이 무렵의 일이었다. 교회의 윤리 역시 이중적으로 구성되었다. 모든 사람이 지켜야 하는 낮은 수준의 윤리인 '요구'가 있었는가 하면, 보다 성별된 삶을 원하는 이들에게는 따로 자발적인 청빈이나 독신 등 보다 높은 수준의 윤리인 '권고'가 권장되었다.

이러한 분위기에서 세상 한 가운데 있는 교회에서 평범하게 생활하는 것에 만족하지 않고 보다 성결한 신앙생활을 원하는 사람들이 나타난 것은 어찌 보면 자연스러운 일이었다. 그들이 찾아간 곳이 바로 수도원이었다. 세상과 분리된, 보다 고귀하고 성결한 삶에의 지향이 수도원 정신을 특징짓고 있었다. 일상적이고 평범한 삶을 거부하고 자신을 성별하여 절제하고 단련하는 수도원주의는 곧 금욕주의(asceticism)와 일맥상통한다. 그런데 문제는 이러한 수도원주의나 금욕주의가 기독교 안에만 있는 것이 아니라는 데 있다. 고대 철학이나 세계의 유수한 고등종교들이 금욕주의와 수도원주의적 경향을 자랑스럽게 간직하고 있음은 쉽게 알 수 있다. 하일러가 신비주의와 예언자적 종교를 날카롭게 구분하면서 복음과 계시의 종교로서 기독교의 모습이 뚜렷하게 재발견된 것은 다름 아닌 종교개혁자들에게서야 가능했다고 했을 때 이는 중세 로마가톨릭교회의 한 뚜렷한 축을 차지하는 수도원주의와 그 범종교적 성격을 염두에 둔 것이었다고 해도 지나치지 않다.

그런데 중세 후기의 신비주의가 수도원주의와 밀접하게 관련되어 있다고 했을 때, 이는 세계에 대한 태도에 있어서 정상(正像)과 역상(逆像)의 관계만큼이나 서로 대립되는 시야를 보이는 것으로 연결된다.

우선 세상과 격리된 수도원만이 아니라 평범한 일상에서도 하나님을 신앙하는 일이 가능하다고 본 경우이다. 즉 세상의 문제가 하늘의 문제를 제시한다고 본 생-빅토르 수도원의 위그나 하나님을 드러내는 '형제 태양'을 찬송한 프란체스코, 창조 세계에 나타난 하나님의 발자국을 본 보나벤투라 등이 여기 속할 것이다. 한편, 평범한 일상은 성별된 삶에 방해가 된다고 본 경우도 결코 드물지 않다. 예를 들어, 룰리오는 명상적 삶에는 가장 정점에 있는 엑스타시, 연합이라는 반(半)황홀경, 평온의 세 가지

상태가 있다고 보았는데 평온의 상태에서 사람은 지적 장애로 다소 방해를 받는다고 피력한다. 그런가 하면 에크하르트는 명상적 삶과 실천적 삶을 누가복음에 나오는 마리아와 마르다로 비유하여 설교한 일이 있다. 마르다에게 하신 예수의 말씀 – "하나면 족하다" – 에 주목한 에크하르트는 이 하나가 무엇인가 하고 묻는다. 그리고 이내 "그것은 하나님이다"라고 스스로 답하고 있다.

그러나 이처럼 중세 후기 신비주의가 내보이는 세상을 향한 긍정과 세상에 대한 부정이라는 서로 대립되는 태도를 다시 하나로 묶는 요소가 있는데 그것이 바로 신비주의이다. 여기서 세상과 그곳에 속한 자아의 전적 부정과 자신 안으로의 내향이 고전적 신비주의의 출발점임을 돌이켜보는 것은 유용하다. 중세 후기 신비주의자들이 세상에서의 활동과 봉사와 헌신이라는 실천적 삶을 강조한 경우 그것은 명상적 삶이라는 보다 고차적 목표를 위한 예비단계로서 그러했다는 것을 인식하는 일은 중요하다.

상승적 구원의 지향

한편 신비주의의 수도원주의와의 관련에 주목한 푸라(Pourrat)는 명상에 이르는 길의 성격에 따라 중세 후기 신비주의자들을 세 가지 부류로 구분한 일이 있다. 첫째 명상에 이르는 길을 주로 이성에 의존하는 사색적(speculative) 신비주의자들이다. 여기에는 생-빅토르의 신비주의자들, 프란체스코, 에크하르트가 포함된다. 둘째, 감정에 의존하는 정서적(affective) 신비주의자들인데 베르나르가 여기 해당된다. 셋째, 사색적 성격과 정서적 성격이 함께 나타나는 경우로서 보나벤투라, 룰리오, 소이제, 니콜라우스, 카테리나 다 시에나가 여기 속한다.

중세 후기 신비주의자들의 명상에 이르는 길과 관련하여 두 가지 사실을 확인하고 지나야 할 것이다. 우선 그것이 '명상'에 이르는 길임을 볼 때, 이들이 신비주의의 지역적 특성 중에서 동방이 아닌 서방의 전통에 속해 있음을 알 수 있다. 다음으로, 명상에 이르는 길의 성격이 하향(下向)이 아닌 상향(上向)의 특성을 띠고 있다는 점이다. 이것은 열정(熱情)의 엑스타시(ecstasy)나 냉정(冷情)의 니르바나(nirvana)와 같은 신비적 연합의 성격을 논하는 말이 아니다. 명상, 신비주의자로서 그 최고의 정점에 달하는 과정이 신이 인간을 향해 손 내미는 하향의 성격이 아니라 인간이 신을 찾아 손 뻗는 상향의 성격임을 말하는 것이다. 즉 구원의 방향이 하늘에서 땅으로 내려오는 아가페(agape)의 방향이 아니라 땅에서 하늘로 거슬러 올라가는 에로스(eros)의 방향으로 나타나고 있다는 말이다.

따라서 우리가 아직 죄인 되었을 때 이 세상에 찾아오신 예수와 그의 대속(代贖)의 죽음에 중세 후기 신비주의자들은 민감하지 않다. 그들은 오히려 이 세상에서 벗어나서 자신의 영혼 안으로 침잠하여 신을 찾아 아찔한 고도로 올라가는 상승의 길을 구원에 이르는 길로서 선택하고 있다. 중세 후기 신비주의자들에게 직접적인 영향을 끼친 인물들 중 디오니시오스는 실제로 '에로스' 또는 '사랑의 열망'을 '아가페' 또는 '자비로운 사랑'보다 우위에 두고 있다.

상승적 구원을 지향하는 신비주의는 구원의 소재가 인간 내에 존재한다고 믿는 데에 이른다. 신비주의자 에크하르트는 '인간의 영혼에 내재하는 신적 불꽃'에 주목한다. 그는 기독교 계시의 삼위일체를 초월하는 신성이 따로 존재한다고 본다. 그리고 창조되지 않은 영혼의 핵에서 고귀한 영혼은 하나님을 넘어서 순수한 신성의 심연을 향해 간다고 주장한다. 에크하르트에게서 나타난 신비주의의 이러한 주장은 영혼 안에 있는 신적 기원의 주장이나 제일 원인에로의 참된 전환을 추구하는 플라톤주의와 신플라톤주의의 기맥에 접촉하고 있다. 신적 세계에서 유출(流出)된 존재로서 인간을 이해하는 이러한 사고는 창조주의 피조물로서 인간을 이해하는 기독교적 사고와 전혀 다른 것이 아닐 수 없다. 말하자면 유출론은 신과 인간의 일원적(一元的) 구조를 전제한다. 그러나 창조론에서 신과 인간은 전혀 엇섞일 수 없는 이원적(二元的) 구조를 견지한다.

명상의 계단

중세 후기 신비주의자들은 명상에 이르는 길을 단계적 절차로 설명하는 특징을 갖는다. 우선, 정서적 신비주의자 베르나르는 사랑에는 네 단계가 있다고 말한다. 사랑의 첫째 단계는 자신을 위해서 자신을 사랑하는 것이며 둘째 단계는 하나님이 주신 것으로 인해 하나님을 사랑하는 것이며 셋째 단계는 그분이 하나님이시기 때문에 하나님을 사랑하는 것이며 넷째 단계는 자신을 사랑함조차도 오직 하나님만을 위해서 사랑하는 것이라고 설명한다. 다음으로, '제2의 아우구스티누스'라고도 불리는 생-빅토르의 위그는 사고(cognition)와 묵상(meditation)과 명상(contemplation)이라는 지식의 세 가지 단계를 말한다. 또한 동 수도원의 리샤르 역시 명상에 이르는 길을 첫 단계인 죄의 심각함과 심판에 대한 두려움으로부터 마지막 단계인 명상에 이르기까지 10개의 계단으로 제시한다. 보나벤투라 또한 엑시타시와 완성에 이르는 세 가지 길을 정화(purification)와 조명(illumination)과 완성(perfection)으로 제시하고 있는데, 그에게서 신비주의자들이 엑시타시에 이르는 삼중의 길에 대한 전형적인 표현을 찾아볼 수 있다. 한편 중세 후기 신비주의자들이 신비적 계단에서 보이는 공통적 요소는 다음과 같다. 즉 깨달음 또는 전환, 자아의 자각 또는 정죄, 청종의 조명, 굴복과 어두운 밤, 마지막으로 연합 즉 완성 또는 명상이 그것이다.

　명상에 이르는 이러한 단계적 절차 주장은 결과 중심적인 논리를 가지고 있음을 알 수 있다. 명상에 이르는 여러 계단 중 하위의 계단은 상위의 계단과 비교할 때 중요성에서 떨어진다. 하위에 속한 계단일수록 상위에 속한 계단을 위한 수단으로서 기능하게 되며, 결국 모든 계단은 각자의 고유한 가치를 갖지 못한 채 가장 높은 단계인 엑스타시를 위한 수단으로서만 존재하고 있음을 알 수 있다. 이들 중 도덕과 금욕적 훈련은 가장 아래 놓인 가로대로서 간주되는 것이 일반적이다. 윤리적 훈련이나 이웃에 대한 봉사는 신비주의의 길에 이제 막 들어선 초보자들에게나 해당하는 단계이다. 신비주의자가 초보 단계를 벗어나 더 상위의 계단으로 오르면 오를수록 이웃은 신비적 연합의 길을 방해하는 걸림돌로 여겨지게 된다. 뿐만 아니라 육체의 지각과 영혼의 기능 역시 신과의 직접적 합일을 가로막는 방해물이기는 마찬가지이다. 신비주의자들이 교회에 순종하는 이유는 따로 있다. 교회와 싸워 힘을 빼앗김으로 인해 명상에 이르는 길을 방해받고 싶지 않기 때문이다.

　한편 명상에 이르는 길에서 심각하게 문제가 되는 것은 바로 예수의 위치이다. 상승적 구원의 길에서 예수는 더 이상 유일한 중보자가 아니다. 그는 명상에 이르는 길에 가로놓인 무수한 계단 중 하나에 불과하다. 그 위치도 가장 높이 있는 마지막 가로대가 아니다. 신비주의자는 중간 어디쯤 놓인 예수라는 가로대를 딛고 넘어서서 신과의 직접 합일에로 나아가는 것이다. 외부 세계의 지각으로부터 완전한 철수를 주장하는 신비주의자들에게 예수의 구원 사역은 별다른 의미를 가지지 못한다. 신비주의자들에게 예수는 다만 신비적 연합의 길을 걸어간 한 모범적 인물로 각색되어 제시될 뿐이다.

류금주

I. 베르나르 드 클레르보
(1090–1153)

PART I
BERNARD OF CLAIRVAUX

PART I
BERNARD OF CLAIRVAUX

서론

베르나르의 시대

명상의 황금시대인 12세기 영성에서, 신비적 생활의 핵심을 이루는 해석들은 클레르보의 베르나르, 기욤 드 생-티에리(William of St. Thierry), 구아릭(Guarric of Igniac)에게서 발견된다. 이들은 명상적 휴식이란 다양한 단계들을 뚫고 나가는 진보에 동반되는 겸손과 활동적인 노동의 열매라고 보았다. 마치 베르나르가 "이론적" 명상을 "활동적" 명상과 대조하여 강조한 것처럼, 기욤의 명상적 열매는 "냉담"의 정금(正金)으로서의 겸손이라는 계단의 가장 높은 가로대에서 실현된다. 구아릭은 처음으로 활동적인 노동과 겸손의 일을 위한 자리를 만들었는데 이것은 이전의 레아(Leah)의 결혼과 마르다(Martha)의 활성화된 겸손을 반영한다. 마찬가지로, 그는 라헬(Rachel)의 결혼과 마리아(Mary)의 더 좋은 것으로 대표되는 명상의 고요에 있는 궁극적 은총을 추구한다.

이들 모두에게 있어서 사랑의 소유, 또는 거룩한 교제의 경험은 마음이 하나님을 이해하는 것보다 오히려 최고의 것이다. 따라서 베르나르의 경우, 숙고는 생각하고 알기를 추구하지만 명상은 보고, 감상하며, 음미하기를 갈망한다고 했다. 나아가, 숙고와 동반하는, 거룩한 것들을 평가할 수 있는 이전의 지식(scientia)은 지혜(sapientia),즉 자비의 사랑의 열매인 그 최상의 지혜에게 길을 내주어야 한다. 기욤과 구아릭 모두 지혜를 즐거운 하늘의 행복이자 말로 할 수 없는 징조라고 보았다. 특히 기욤에게는 이 그룹의 가장 지성화 된, 지적인 사랑(amor intellectus)은 결실을 맺으며 하나님의 생명에 참여하는 것보다 덜 완전한 지식이다.

명상적 분위기는 거룩한 세계의 내밀하게 훈련된 경험을 강조한다. 약혼한 영혼과 그 거룩한 신랑과의 결혼식을 경외하고 맘 속에 미리 그리며 명상적 선물을 추구하는 이들은, 그 거룩한 입맞춤을 갈망한다. 이 입맞춤은 아무리 좋은 것이라도 지식이나 영적인 교리가 아니라 그의 주님의 즐거움을 명상하는 특권에 대한 열망을 상징한다. 입맞춤을 받은 신부는 포도주 저장실로 인도된다. 아마도 그곳은 음료를 마실 수 있는 곳이라기보다, 빛의 왕국일 것이다. 발효된 음료들보다 더한 진리의 농축 말이다. 그러나 여기에 영과 열기, 빛과 백열, 지식과 헌신의 이중적 황홀이 있으며 영적인 환희에서 길을 잃은 영혼의 실제적인 액화(液化)가 있다.

자신 밖으로 벗어나(abalienatio)난 영혼은, 과도한 기쁨으로 인해 자신을 포함하거나 지각 안에 머무를 수 없다. 그러나 영혼은 하나님의 현존 안에서 평온을 회복한다. 포도주 저장실은 신방에 자리를 내어준다. 거룩한 입맞춤이 신랑의 순결한 품으로 인도한다. 신부는 정말로 하늘의 엑스타시를 미리 맛본다. 여기에 천사들 자신의 바로 그 평온을 기대하는 황홀하고 살아있는 휴식이 있다.

그러나 이러한 안식은 얼마 가지 않으며, 황홀은 순간에 불과할 뿐이다. 하계에서 그 거룩한 비전은 덧없는 것일 뿐이다. 지상의 충성스러운 자들에게 명상적 선물로 주어지는 이 이론(theôria)과 이러한 "신의 현현들"은 오직 맛보기일 뿐이다. 명상가들에게 있어 거룩한 삶과 그리스도의 계시는, 훗날 완전하게 경험될 영원한 실재들을 지금 맛보는 길이다.

이를 위해, 현재의 삶은 마찬가지로 교회의 예배와 세상의 요구에 주어진다. 거룩한 임무와 전례적 정규성은 명상적 열심을 위한 마르지 않는 근원이다. 그리고 거기서 촉진되는 거룩에의 헌신은 세상에서의 균형 있는 봉사라는 거룩한 명령으로 지속된다. 행동은 명상적 삶의 길을 준비하고 유지한다. 명상적 실재와 활동적 필요성을 다루는 칭찬할만한 융통성이 12세기 영성에서, 적어도 이후 수십 년 동안 뚜렷하게 보인다.

전기적(傳記的) 내용

베르나르는 디종(Dijon) 근처의 퐁텐느(Fontaines)에서 태어났다. 생-보를르(St. Vorles)의 학교에서 교육을 받고 스물 한 살의 나이에 샤티옹-쉬르-세느(Châtillon-sur-Seine)에서 영적 도제로 봉사했다. 1112년, 약 삼십 명의 동료들과 함께 시토(Citeaux)의 수도원에 들어갔다. 1115년, 스테펀 하딩(Stephen Harding)의 경우에서 클레르보(Clairvaux)를 발견했다. 거기서 그가 행한 대수도원장으로서의 직무는 베네딕투스의 이상의 완전한 헌신을 반영하는데, 그 개혁의 적용에서 그의 친구이자 클뤼니의 대수도원장인 존자 피에르와 논쟁을 벌였다. 그는 1128년 템플기사단(the Order of Templars)이 승인을 얻도록 도왔으며, 교회분리론자인 아나클레투스 2세(Anacletus II, 1130-1138)의 주장을 꺾고 인노켄티우스 2세(Innocent II, 1130-1143)의 주장을 세웠으며, 1140년 상스 회의(Council of Sens)에서 열린 아벨라르(Abelard)의 정죄에 영향을 미쳤다. 그는 또한 1148년 라임 회의(Coucil of Rheims)에서 질베르 드 라 포레(Gilbert of Porrée)의 주장 철회를 이끌어냈다. 유럽에서 영적인 일들뿐 아니라 세속적인 일들에 미친 그의 견줄 나위 없는 영향을 반영하면서 그는 교황 에우게니우스 3세(Eugenius III)의 요청으로 1146년 베젤레(Vezelay)에서 제2차 십자군을 역설했다. 1149년 십자군의 실패에 깊이 상심했지만, 생-드니(St. Denis)의 쉬제르(Suger)와 함께 새로운 십자군을 계획하기도 했다. 1153년 사망했다. 1174년 시성(諡聖)되고, 1830년 교회의 박사로 추대되었다.

참고 자료

기욤과 구아릭은 DS II, 1947-59에 의해 베르나르와의 관계에서 넌지시 분석된다. 기욤에 대한 기본적 본문들과 연구들에는 *Deux traités de l'amour de Dieu: De la contemplation de Dieu & de la nature et de la dignité de l'amour*, ed. by M. M. Davy, J. Vrin, Paris, 1953; *Un traité de la vie solitaire, Epistola ad Fratres de Monte Dei*, also ed. by. Davy, J. Vrin, Paris, 1940; 그리고 *Le miroir de la foi*, tr. by J. M. Dechanet, Charles Beyaert, Bruges, 1946이 있다.

표준적 전기로는 E. Vacandard, *Vie de Saint Bernard*, 2 vols., Paris, 1895가 있다. 또한 *Dictionnaire de théologie catholique*, Vol. II, pt. 1 (1932), cols. 746-785에 있는 그의 논문을 보라. 베르나르의 저작들은 MPL 182-83에 있다. 포괄적인 연구 *Bernard de Clairvaux, Commission d'histoire de l'ordre de Citeaux*, III, Paris, 1953은 필요불가결하다. B. S. James, *The Letters of St. Bernard of Clairvaux*, Burns Oates &Washbourne, Ltd., London, 1953을 보라. W. Williams, *Saint Bernard of Clairvaux*, University of Manchester, 1935는 기본적이다.

W. Williams, *The Mysticism of Saint Bernard of Clairvaux*, Burns Oates & Washbourne, Ltd., London, 1931, chs. IV와 II, 그리고 J. Leclercq, M. Standaert의 논문들과 *S. Bernardo: Pubblicazione commemorativa Nell' VIII centenario Della Sua Morte.* [Pubblicazioni Dell' Università Cattolica Del S. Cuore, Nuova Serie, Vol. XLVI.], Milan, 1954, pp. 30-91에 들어있는 E. Wellens의 베르나르의 신학과 영성과 신비주의에 관한 논문을 참조하라. 또 다른 적절한 성과는 *Bernhard von Clairvaux, Mönch und Mystiker:* Internationaler Bernhardkongress, Mainz, 1953, Franz Steiner Verlag, Wiesbaden, 1955가 있다. Pourrat, *Christian Spirituality*, Vol. II, pp. 19ff.,와 Schmitz, *Histoire*, Vol. VI, pp. 223 ff.를 비교하라. 베르나르의 영적 작품들에서 나타난 사랑이라는 주제의 경과에 대해서는 DS I, 1474 ff.를 보라. *De diligendo*는 사랑의 이유들과 단계들을 설명하고 있다. *On Conversion, the Sermons* on Ps. 90과 *Grades of Humility*의 chs. 10-22는 육체의, 이기적인 사랑이 하나님의 사랑으로 변형되는 것을 보인다. *Epistle* II (*De diligendo*의 12-15장), *Grades*의 처음 9개의 장들, 그리고 *On Consideration*의 books 2-5는 하나님의 사랑 안에 있는 단계들의 고양을 강조한다. *Canticles*에 대한 주석은 최고의 사랑, 즉 신비적인 또는 연합의 상태에 대한 묘사와 설명과 본질적으로 연관되어 있다. 여기서 É. Gilson, *La théologie mystique de Saint Bernard*, Paris, 1947은 탁월하다. 일련의 *Canticles*의

Nos. 8, 23, 31, 45, 52, 71, 74, 82, 83, 85는 명상적 경험으로 선점되어 있다. Dom Butler의 *Western Mysticism*은 이 시리즈의 방대한 번역을 pp. 95ff., 191ff.에 실용화한다. 완전한 번역은 S. J. Eales, *The Life and Works*, 4 vols., London, 1889-1896, Vol. 4와 *Sermons on the Canticle of Canticles* ed. by the Priest of Mount Melleray, 2 vols., Dublin, 1920이다. 상당한 양이 M. M Davy, *Œuvres*, 2 vols., Paris, 1945와 J. Leclercq, *St. Bernard, Mystique*, Paris, 1948, 그리고 Beguin, *Œuvres mystiques*, Paris, 1953에 있다. 라틴어 본문은 MPL 183 안에 있다. R. Linhardt, *Die Mystik des hl. Bernard von Clairvaux*, Munich, 1926에 있는 자세한 참고들을 보라.

개관

영성에 관해서 베르나르는 단 하나의 논문만을 썼는데, 그 논문에서 그가 오직 하나님과 영혼의 관계만을 해명했다고 말하는 것은 일리가 있다. 논문에서 그 관계는 사랑에 중심을 둔다. 그의 작품인 「하나님의 열심에 관하여」(*De diligendo Deo*)는 이 자료집에서 눈에 띄게 사용되고 있는데, 그 이유는, 제목이 표방하고 있는 것처럼, 이 논문이 베르나르의 명상적 사상과 삶의 가장 중요한 부분을 차지하고 있기 때문이다. 유럽 전체에 대한 고찰뿐 아니라 이 고찰에 의해 촉진된 그의 작품들의 복잡성, 그가 보여준 수도원적 지도력의 복잡다단한 환경을 차치하더라도, 사랑의 주제는 계속해서 제기되고 있다. 논문 「하나님의 사랑에 관하여」(*On the Love of God*)는 베르나르가 말하는 사랑의 신비주의의 핵심을 보여준다. 그것은 같은 주제가 길게 언급되는 「아가서에 관하여」(*On the Song of Songs*)와 가장 깊이 결합되어 있다. 선집에 있는 결합된 본문들은, 비록 그들이 쉽게 베르나르의 작품들 중 다른 것들과 교환될 수 있지만, 그의 명상적 관심의 주요한 개요들을 분명히 제시한다.

베르나르는 이렇다 할 신비주의 논문을 남기지 않았다. 그에게 있어서, 신비주의 혹은 신비적 연합이란 단순히 사랑의 가장 고차적 규모의 사랑이다. 사랑에 관한 베르나르의 모든 논문들은 이 마지막 신비의 등급에 대한 주해로 결론을 맺는다. 일련의 「아가서」(Canticles) 설교들은 그 전체가 신비적 연합을 위한 준비로 여겨질 수 있다. 베르나르의 신비주의의 중심에는 영혼에 힘을 주며, 그것을 이끌어내며, 사랑 안에서 고양하는 거룩한 움직임이 있다. 이 신비주의는, 일차적으로, "하나님이 스스로 성령의 통일성 안에 가지고 계시는 사랑에 완전히 참여하는 것"이다. 베르나르의 말과 같이, "그렇게 되는 것은 신성해지는 것이다."[1]

결혼으로서의 신비적 연합, 즉 신부로서 신랑과 맺는 관계인 영혼의 직무 또는 영혼이 말씀과 맺는 관계인 직무에 관한 베르나르의 사상의 주요한 개요들은 간단히 진술될 수 있다. 「겸손의 등급들」(The Grades of Humility)에 대한 설득력 있는 제7장은 거룩한 결혼식의 과정을 보여준다.[2] 주도권을 갖는 것은 신의 행동인데, 그 돌봄 아래 겸손과 자비에 힘입어, 영혼은 점도 없고 구김도 없이 된다. 의지는 더 이상 이성에 대항하여 싸우지 않는다. 이성은 의지에게 진실을 왜곡되게 나타내는 것을 그만 둔다. 아버지는 당신을 내밀한 결혼에서 영혼과 결합시키신다. 이성이 더 이상 자신을 선점하지 않고 의지가 심지어 이웃마저도 우선시 하는 것을 잊어버린 채, 행복한 영혼은 기쁨으로 채워진다: "왕이 나를 그의 저장실로 데려가셨다."[3]

설교 23은, 포도주실 또는 저장실 창고(cellaria, nos. 1-8)로 인도된 영혼을 묘사한 후에, 신부가 신방인 침실(cubiculum, nos. 9-16)의 평화로 들어가는 것을 보여준다. 설교 83은 영혼이 하나님을 닮고, 결혼이 실제로 일어난 것을 강조한다. 영혼을 말씀에로 이끄는 결혼의 일치와 함께, 영혼은, 본성에서 그분처럼, 또한, 그녀의 의지에서, 그분을 닮아가도록 재촉을 받는다. 그래서 그분에 의해 사랑을 받을 때 그분을 사랑하는 것이다. 베르나르는, 신비적 결혼에 대해 말하면서, 약탈(raptus) 또는 황홀, 그리고 이탈(excessus) 또는 엑스타시라는 용어들을 사용한다. 황홀은, 변형시키시는 하나님의 행동으로, 「하나님의 열심에 관하여」(De diligendo Deo)의 제10장에서 초점이 맞추어져 있고, 제11장에서도 언급된다. 「아가서」(Canticles) 설교 71에서, 베르나르는 그가 의미하는 바를 변형시키는 연합이라는 용어로 분명히 설명한다. 그것은 사람의 고유함(proprium),

---

1. *Sic affici, deificari est. De Diligendo Deo*, X, 28. Cf. "A Religious of C.S.M.V.," New York, 1950, p. 66에 의한 번역.
2. Cf. *Cant. serm.* 23, 83; DS I, 1479ff.; Gilson, *La théologie*, pp. 158-62. 특히 Pourrat, *Christian Spirituality*, Vol. II, pp. 68-75를 보라.
3. 아 1:3 (4); cf. Vacandard, *Dictionnaire de théologie catholique*, Vol. 2, pt. 1 (1932), pp. 746-85, 특히 pp. 779-80.

개인적인 특이성 또는 개별적인 소유의 파괴, 그리고 하나님과 영(spirit)의 단일성 안으로의 변형이다. 영혼은 하나님께 완전히 부착하면서, 그 자신의 자기-중심성의 흔적이 없이 그와 한 영이 된다. 이에 대해 질송(Gilson)은, "본질과 의지가 엄격하게 구분되면서 인간적 본질의 의지와 신적 본질의 의지 사이의 이루어지는 완전한 일치"라는 적절한 말로 그러한 설명을 추앙했다.[4]

베르나르는 일테면 공중 부양과 같은 신체적 현상에 빗대어 이탈(excessus)이나 엑스타시를 설명한 적이 없다. 베르나르에게 있어서 이탈의 함축적 의미는 무엇보다 "순수한 사랑"이다. 영혼은 자신을 여전히 사랑하지만, 그가 하나님 안에 있는 모든 것을 사랑하기 때문이고, 하나님과 한 영이 된 자신을 사랑하기 때문이다. 「편지」(Epistle II, 즉 *De diligendo Deo*, 15)는 이것의 적절한 관점을 보여준다. 이러한 순수한 사랑의 조건 안에서, 결혼한 영혼의 유일한 기능은, 일련의 「아가서」(Canticles) 설교 52와 83이 묘사하듯이, 오직 사랑하는 것이다. 마지막 부분에 대한 질송의 주석은 특히 감동적 해석이다. 영혼은 마침내 모든 탐욕과 두려움에서 해방되어 나아간다. 이탈(excessus)은, 결국, 성령의 조명이다.[5]

베르나르가 신랑이라 표현하는 단어 *Verbum sponsus*의 개념은, 아버지 자신이 영혼을 영적 결혼에로 부르시는 매우 초기의 본문인 「단계」(*De gradibus*) 제7장의 예외가 있기는 하지만, 바로 인격으로서의 말씀이다. 말씀은, 매우 의미심장하게, 하나님과 닮아 있기 때문에, 정확하게는 아버지의 형상과 영광이기 때문에, 영혼의 배우자이다. 본래 말씀은, 이 유사의 매개자이다. 변형시키는 연합은, 따라서 말씀의 성취이다. 이것이 그의 방문의 결실이며 영혼과의 담화이다.[6]

영혼의 일은, 신적 행동에 대한 응답으로, 말씀의 탐구이다. 베르나르가 죽기 직전에 쓴 것으로 보이는 「아가서」(Canticles) 설교 85에는, 신비적 교리의 아름다운 요약이 담겨져 있다. 영혼은 말씀이 영혼에게 주는 교정을 받기 위해서 말씀을 찾아낸다. 그럼으로써 새로운 진리에로 조명되는 잘 아는 것은 보다 더한 덕에 입회하며, 그의 행동을 따르고, 그와 함께 결실을 맺으며, 그리고 그와 함께 그의 현존 안에서 지속되

---

4. *La théologie*, pp. 148, 142–56.
5. *Ibid.*, pp. 163–72; *cf. Cant. serm.* 23, nos. 15–16; 41, no. 3; 52, no. 3; *De consid.*, V. 14.
6. DS I, 1480–81; *Cant. serm.* 82, 8, 31, 71, 45, 77; 또 Gilson, *op. cit.*, pp. 48 ff., 115ff., "차이점과 유사성에 관하여."

는 행복을 기뻐한다.

이것이, 베르나르가 "그분으로 하여금 그분의 입의 입맞춤들로 나를 입 맞추게 하라"라는 본문으로 시작한 찬송가(Canticles) 과정의 타당한 결론이다. 「아가서」(Canticles) 설교 3과 4에서, 베르나르는 명상적 삶의 정화와 조명과 연합의 단계들을 삼중적 입맞춤이라는 비유적 묘사로 자세히 서술한다. 첫째 그리스도의 발에 입 맞추면서, 우리는 우리의 죄를 슬픔으로 참회하며 스스로 굴복시킨다. 그의 손에 입 맞추면서, 우리는 우리 위에 부어지는 절제와 회개에 합당한 열매들과 경건의 행동들이라는 은총에 의해 위로 들려진다. 오직 그 때에 우리 눈은 영광으로 가득 찬 얼굴로 돌려, 두려움과 전율로 그것을 다만 응시할 뿐 아니라, 그것에 입을 맞출 것이다. 우리에게 주어진 영은 그리스도 주님이시며, "거룩한 입맞춤에서 그와 하나가 되어, 우리는 그의 겸손에 의해 그와 한 영이 된다."[7]

그의 입에 입맞추는 때, 이는 성령이 이해를 조명하고 사랑을 강화하는 계시를 주입하시는 것을 상징한다. 입맞춤을 통해 신부가 겸손히 받기 원하는 것은 바로 다음의 것이다. 유한성이 허락하는 한에서 삼위일체의 삼중의 지식의 은총이 그녀의 것이 되는 것. 그리고 지식의 빛과 참된 헌신의 기름 부음 둘 다 주어지는 것이다.[8]

버틀러의 본문이 매우 잘 묘사하고 있듯이, 설교 85에 나타나는 가장 높은 명상과 가장 활동적인 결실로 인도되기 위해 자진하는 마음은, 두 가지 삶 사이의 균형에 대한 베르나르의 비유이다. 그레고리우스와 마찬가지로, 베르나르는 순수하게 명상적인 삶은 실현불가능하다고 보았다. 실제로는 혼재된 삶이 가장 좋으며, 명상적 삶은 활동적인 열심에서 생산된다고 보았다. 마리아와 마르다는 자매이며 서로 영적인 동반자이다. 앞서 토론한 영적 결혼은 영혼의 구령에서 영적 다산성을 제공한다. 거룩한 휴식과 필수적 행동 사이에는 건강한 교대가 있다. 사람은 자기 자신을 운하보다는 차라리 저수지로 보이는 것이 현명하다. 운하는 받는 만큼 물을 널리 흘려보낸다. 저수지는 흘러넘치기 전에 그리고 그 자신에 손실 없이 그 과다함을 전하기 전에 채워지기를 기다린다.[9]

---

7. *Cant. serm.* 3, no. 5; Williams, *Mysticism*, pp. 35-40; Butler, *Western Mysticism*, p. 96.
8. *Cant. serm.* 8, nos. 2-6; Butler, *op. cit.*, pp. 98-100; DS II, 1952-54.
9. *Western Mysticism*, pp. 191-227; *Cant. serm.* 51, no. 2; 58, no. 1; 8, nos. 2, 3.

PART I
BERNARD
OF
CLAIRVAUX

하나님의 사랑[10]

본문

제1장

왜 우리는 하나님을 사랑해야 하며, 어떻게 우리는 그것을 해야 할까?

나는 이 글의 독자들에게 하나님이 왜 사랑을 받으셔야 하며 어떤 방법과 분량으로 우리가 그분을 사랑해야 하는지에 대해 말하려고 한다. 나의 대답은 이렇다: 우리가 하나님을 사랑해야 하는 이유는 하나님이시기 때문이다. 그리고 그 사랑의 분량은 있을 수 없다.[11] 이것은 충분한 대답인가? 아마도 현명한 사람에게는 그럴 테지만, 나는 어리석은 사람에게도 설명해 주어야 할 의무가 있다. 비록 내가 이해를 가진 사람들에게 충분하게 말했음이 틀림없다고 해도, 나는 마땅히 그렇지 못한 다른 사람

---

10. *De diligendo Deo*의 본문에서 편집한 W. W. Williams in *Select Treatises of S. Bernard of Clairvaux*, Cambridge University Press, London, 1926, pp. 8-69, "A Religious of C.S.M.V.," 1950에 의해 번역됨, 그리고 A. R. Mowbray and Co. Ltd., London과 Morehouse-Gorham Co., Inc., New York의 허락으로 사용.

11. *Modus, sine modo diligere.*

들에게도 관심을 가져야 한다. 따라서 나는 기꺼이 총기가 덜한 사람들을 위해, 이미 했던 말을, 비록 매우 심도 있게는 아니라고 해도, 보다 완전하게 설명할 것이다.

나는 오직 하나님만을 위하여 우리가 하나님을 사랑하는 데에는 두 가지 이유가 있다고 말했을 것이다. 첫째는, 어떤 것도 더욱 정당하게 사랑받을 수 없으며, 둘째, 어떤 것도 우리 자신에게 그렇게 유익이 되는 정도로 사랑받을 수 없다고 말이다. '왜 하나님은 사랑받으셔야 하는가? 라는 질문은, 우리의 사랑에 관해 그의 요구는 무엇인가? 혹은 하나님을 사랑함으로부터 우리는 어떤 이익을 얻는가'를 의미할 수 있기 때문에, 이 둘 다를 포함한다. 내 첫 번째 답은 두 경우 모두에 해당한다. 말하자면, 하나님 자신 외에는 하나님을 사랑하는 다른 어떤 이유도 있을 수 없다. 우리의 사랑에 대한 그의 요구에 관해서라면, 자신을 가치 없는 우리에게 내어주신 그는 마땅히 우리에게서 많은 것을 받으실만하다. 그 자신보다 더 좋은 다른 어떤 선물을 주실 수 있겠는가? 만일, 그렇다면, 우리가 '왜 하나님이 사랑을 받으셔야 하는가'라고 물을 때 우리가 마음속에 첫 번째로 가장 먼저 가져야 할 답은 "그가 먼저 우리를 사랑하셨기 때문이다"라는 것이 그의 요구이다. 특히 우리가 하나님이 그렇게 그의 사랑을 우리에게 쏟으시고, 우리가 그 사랑의 대상이며, 그리고 그 사랑이 얼마나 큰가를 생각할 때, 그는 가장 분명히 우리의 응답하는 사랑을 받으실 만하다. 모든 영혼이 "당신은 나의 하나님이시니, 당신에게 제가 가진 것은 아무것도 아닙니다"라고 고백하는 그를 제외하고는 그는 누구인가?[12] 진실로 자기 자신을 위하여 아무것도 구하지 않는 최상의 자비가 그의 것이다. 하지만 그가 이러한 이타적 사랑을 보이시는 그들은 누구인가? "우리가 원수 되었을 때," "우리가 하나님께 화해되었다"라고 사도는 말한다.[13] 하나님은, 우리가 원수였을 동안에 자유롭게 우리를 사랑하셨다. 그는 우리를 얼마나 사랑하셨는가? "독생자를 주실 만큼"이었다. "하나님은 세상을 사랑하시어 그의 독생자를 주셨다"라고 요한은 말한다.[14] "그는 자가의 아들을 아끼지 않으셨고," "우리 모두를 위해 그를 내어주셨다"고 바울은 말한다.[15] 더욱이 아들은, "이 보다 더

---

12. 시 15(16):2.
13. 롬 5:10.
14. 요 3:16.
15. 롬 8:32.

큰 사랑을 사람은 가질 수 없으니, 그것은 사람이 자기의 친구들을 위해 자기 생명을 내려놓는 것이다"라고 자기 스스로 우리에게 말한다.[16] 이것이 유일하신 그가 죄인들에게, 가장 높으신 분이 가장 낮은 자들에게, 전능하신 그가 약한 자들에게 한 요구이다. 아마도 당신은, "예, 그것은 사람들에게 옳습니다, 그러나 천사는 다를 것입니다"라고 말할지 모른다. 난 그것을 인정한다. 천사들은 우리 인간의 요구를 가지지 않았다는 것을. 비참에 처한 인간을 도우시는 하나님은, 진실로 인간이 그러한 곤궁에 절대 떨어지지 않도록 하신다. 또한 그는 그의 사랑을 인간에게 주셔서 그들의 상실된 정황을 떠나도록 하신다. 동일한 사랑이 천사들을 우리의 타락에 함께 하는 것으로부터 보호하는 것처럼 말이다.

제7장
하나님을 사랑하는 것은 그 열매와 마땅한 보상이 없지 않다. 그리고 인간의 마음은 지상의 것들로 만족될 수 없다.

하나님을 사랑하는 것으로부터 어떤 유익이 생기는가를 살피도록 하자. 우리가 이해할 수 있는 부분은, 그 신비의 단편에 지나지 않는다. 하지만, 이해할 수 있는 바로 그 작은 부분에 대해 말하기를 삼가는 것은 옳지 않다. 조금 전 하나님을 향한 우리의 사랑의 이유와 분량을 말했을 때, 그 질문은 두 가지 방식으로 일어날 수 있다고 말한 바 있다. 하나는, 우리의 사랑에 대한 그의 권리에 관계되는 것이고, 완전하게 훌륭하게는 아니라도 나로서는 최선을 다하여 이미 논했다. 이제 내게는 하나님께서 주실 그 두 번째 의미를 말하는 일이 남았다. '하나님을 사랑함으로 우리가 얻는 유익은 무엇인가?'

하나님은 보상을 고려하지 않고 사랑받으셔야만 하지만, 하나님은 보상 없이 사랑받지 않으신다. 진정한 자비는 결코 빈손으로 남겨지지 않는다. 하지만 사랑은 결코 돈을 목적으로 행해지지 않고,[17] 댓가의 지불을 바라지 않지만, "자기 자신을 추구하지 않는다."[18] 사랑 안에 있는 의지의 경향은 거래가 아니다. 어떤 조건도 그 안으

---

16. 요 15:13.
17. 품꾼(*Mercennaria*).
18. 고전 13:5.

로 들어가지 않는다. 그것은 감정적 기능의 자발적 운동이며, 자유로운 의지의 행동이다.[19] 그러므로 진정한 사랑은 자기-충족적이며, 자기-만족적이다. 그 대상 자체가 보상이 된다. 만약 당신이 그 외의 어떤 것 때문에 무언가를 사랑할 때, 당신이 진정으로 사랑하는 것은 목적이며, 당신의 사랑의 대상이다. 오직 그것과의 관계에서만 당신의 수단들은 높이 평가된다. 바울은 그의 일용할 양식을 위해 설교하지 않는다. 그는 그가 설교할 수 있도록 일용할 양식을 먹는다. 그가 사랑한 것은 복음이지 빵이 아니다.[20] 진정한 사랑은 아무 보상도 바라지 않는다. 하지만 마땅히 그것은 상 받을 만하다. 낮은 수준에서, 우리는 꾸물거리는 사람들에게 보상의 약속을 제공할 수 있지만, 자원하는 사람에게 그런 격려는 필요치 않다.

자유로운 의지로, 원해서 한 일에 대해서 보상 받아야만 한다고 누가 생각하겠는가? 어느 누구도 배고픈 사람을 먹게 만들기 위해, 목마른 사람을 마시게 하기 위해 돈을 주지 않는다. 또 어느 누구도 어머니에게 자신의 아이에게 젖을 물리라고 뇌물을 주지 않는다.[21] 그리고 당신은 사람이 자신의 포도원에 울타리를 치게 하기 위해서 또는 자기의 나무들을 돌보게 하기 위해서 또는 그가 살 곳을 위해 집을 짓게 하기 위해서 그에게 간청하거나 보상을 제안하는 것만큼이나 그것을 이상하게 여길 것이다. 훨씬 더 그렇게 하나님을 사랑하는 영혼은 하나님을 찾고, 다른 어떤 보상도 원하지 않는 것이다. 달리 되는 경우가 있다면, 영혼이 진정으로 사랑한 대상은 하나님이 아닌 다른 것들이라고 확신해도 좋다.

합리적인 존재가 그의 목표들을 위해 더 좋고 더 유용하다고 판단되는 것들을 언제나 추구하는 것은 당연하다. 그리고 더 좋아하는 것을 얻기까지 그는 결코 만족할 줄 모른다. 예를 들어, 예쁜 아내를 가진 사람은 더 아름다운 여인을 찾아 곁눈질하며 주위를 돌아본다. 값비싼 옷을 가진 사람이라면, 그는 보다 더 좋은 것을 원한다. 아무리 부유하다고 해도, 그는 훨씬 더 부유한 사람을 질투할 것이다. 당신은 그런 일을 매일 경험한다. 지주들은 여전히 "소유지를 부쩍부쩍 늘리며", 아무리 많이 소유

---

19. *Affectus est non contractus*, 즉, "계약이 아니라 감정의 문제," A. G. Pegis가 *The Wisdom of Catholicism*, Random House, Inc., New York, 1949, p. 246에서 묘사한 것과 같다.
20. Cf. 고전 9:14-18.
21. Cf. 사 49:15.

했어도 모든 수단을 동원해 그들의 재산을 늘리려고 애쓴다. 넓은 궁궐에 사는 사람들과 왕실에 사는 사람들도 매일같이 집에 집을 확장하면서도 또다시 새로 짓거나 헐거나하면서 직사각형의 집을 원형으로, 원형은 정방형으로 교체하는 일에 열을 올린다. 높은 지위에 있는 사람들 역시 보다 더 높은 지위로 자신들을 끌어올리려고 노력한다. 하지만 그들이 꼭 지위를 올리는 데 성공하는 것은 아니지 않은가? 이러한 예들을 보아도, 절대적인 것은 결코 얻어질 수 있는 것이 아니기에, 그러한 추구에는 쉼도 없고 끝도 없는 법이다. 가장 고귀하고 가장 좋은 것이 아니면 평화를 얻을 수 없는데, 덜 좋고 더 나쁜 것에서는 만족하지 못하는데, 우리는 왜 그것을 이상히 여기는가? 가져봤자 이미 만족시킬 수도, 욕망의 끝자락이라도 없앨 수 없는 것들을 가지려고, 어리석은 것, 지위, 완전한 광기로 우리는 모든 에너지를 쓰고 있다! 이런 소유에는 어떤 평화도 없다. 당신이 무엇을 얻었든지 당신은 여전히 더 많은 것을 원한다. 당신은 항상 갖지 못한 것을 염려하고 있다. 그리하여, 쉼이 없는 마음은 열매 없는 수고로 기진맥진해서, 아무리 많이 포식해도 결코 채워지지 않는다. 또한, 가지지 못한 것을 향한 갈망에서 오는 끊임없는 고통은 그가 가지고 있는 것 안에 들어있는 모든 즐거움을 죽인다. 결국 누가 모든 것을 가질 수 있는가? 작은 것이라도 누구든지 수고에 의해 그것을 얻어야 하며, 이는 소유에 대한 끊임없는 공포이다. 나아가, 소유한 사람은, 비록 언제일지는 몰라도, 가진 것을 잃고 슬퍼하게 될 것을 안다.[22] 이런 식으로 왜곡된 의지는, 최상이라고 생각하는 것으로 자신을 배불리기 위해 채근한다. 하지만 자신의 허영은 스스로를 조롱하며, 자신의 죄악은 굽은 길들의 미로에서 그를 속인다. 만일 당신의 욕망들 전부에 대한 만족이 당신이 찾고 있는 것이라면, 왜 당신은 이러한 다른 것들에 시간을 허비해야 하는가? 당신은 당신의 목적을 향해 긴 길을 가고 있으며, 당신이 있고자 하는 곳에 도달하기 오래 전에 당신 스스로를 조롱할 것이다.[23]

불경건한 자들이 걷는 길은 다람쥐가 쳇바퀴 돌듯이 끝없이 단조롭게 반복되는

---

22. Cf. 전 5:14.
23. *Möror*가 아니라 *mörior*로부터 *moreris*를 "당신은 스스로를 조롱할지 모른다"고 읽는 것을 "나는 연기한다." 이것은 *morior*로부터 *morieris*를 "당신은 죽을지도 모른다"라고 읽는 것을 더 선호하게 만든다. Cf. Williams, *De diligendo Deo*, p. 36과 각주들, 또한 번역, p. 49와 각주.

길이다. 본성적인 면과 어리석음에서 만족을 찾고자 노력하는 그들은, 자신을 완전하게 하고 파괴되지 않게 할, 참된 목적을 이루는 수단을 경멸한다.[24] 그들은 보답이 없는 수고에 에너지를 낭비할 뿐이다. 그들이 아무 것도 성취하지 못하는 이유는, 그들의 감정을 피조된 것들에 쏟은 나머지, 만물의 근원되신 하나님을 찾는 꿈을 꾸기도 전에 피조된 것 모두를 찾아 나서기 때문이다. 그들이 원하는 모든 것을 얻는다면, 무슨 일이 일어나겠는가? 잇따라 보물을 얻는다고 해도 만족하지 못할 것이고, 이제 욕망에 남아있는 유일한 대상은 모든 것의 근원(Cause)이 될 것이다. 우리의 본성의 법은, 이미 가진 것보다 아직 가지지 않은 것에 보다 높은 가치를 두게 하여, 미처 그의 것이 아닌 것들을 위해 그가 지금 가진 것들을 혐호하게 만든다. 그리고 이 법은, 세상과 하늘에 있는 모든 것이 실패로 돌아갔을 때, 마침내 그를, 모든 것의 주님 되시는 하나님, 지금까지 한 번도 가질 수 없었던 그분께로 몰아간다. 하나님을 발견하면, 영혼은 안정을 누린다. 마치 이 세상에서는 어떤 안정도 떠올릴 수 없는 것처럼, 무덤 너머에서는 어떤 불안도 더 이상 그를 괴롭게 하지 않는다. 시편기자와 함께 영혼은 부르짖는다. "내가 하나님께 굳게 붙들리는 것이 좋도다. 하늘에서 당신 외에 누구를 소유하겠는가. 그리고 이 세상에서 당신과 비교하여 가질 만한 것이 없다. 하나님은 나의 마음의 힘이요 영원한 나의 분깃이다."[25] 따라서 내가 말한 바, 처음부터 차례로 그보다 덜한 모든 것들을 찾기만 하면, 영혼은 그 최고의 선에 마침내 도달한다.

하지만, 우리가 하나님께 돌아가기 전에 다른 모든 것들을 그렇게 찾기란 실천적으로 불가능하다. 인생은 너무나 짧고, 우리의 힘은 너무나 제한되어 있으며, 이 세상의 재물을 향한 경쟁자들의 수는 너무나 많다. 그렇게 오랜 여정동안의 열매 없는 수고는, 우리를 소진시키고 말 것이다. 우리는 우리가 바라는 모든 것을 만족시키기를 원하며, 탐나는 모든 것들을 가질 수 없다는 것을 발견한다. 현명하게 보자면, 우리는 경험에 의해서가 아니라 지성에 의해서 선택해야 한다. 우리는 이것을 쉽게 할 수 있고 결과가 있을 것이기 때문이다. 합리적인 마음은 행동에서 육체의 감각보다 빠르며 대단히 통찰력이 있다. 실제로 하나님은 우리에게 그 목적을 위해, 선택에서 감각을 인도하고 이성이 승인한 것을 제외하고는 그들이 만족될 수 없다는 것을 보게 하

---

[24]. 원문은 "소진"이 아니라 "완성"을 강조한다. *fini dico non consumptioni sed consummationi*.
[25]. 시 72 (73):28, 25, 26.

시려고, 이성을 주셨다. 이 사실에서 사도의 조언, "모든 것을 증명하라, 선한 것을 굳게 붙들라,"[26] 즉 이성으로 하여금 이성이 원하는 바로 그만큼만 육체의 감각이 바라는 것을 얻도록 공급하라는 조언이 생겨나는 것이다. 따라서 당신이 만약 짐승들처럼 자신을 감각에 의해 인도되도록 허락하면서 이성을 방관하기만 한다면, 하나님께 올라가는 일, 그의 거룩한 자리에 서는 일은 없을 것이고, 이성이라는 선물은 당신에게 헛된 것이 되고 말 것이다. 이사야는 "그들이 가는 것을 알지 못하는" 자들에 대해 말한다.[27] 그들은 이성에 의해 발걸음이 통제되지 않으며, 길을 따라 달리지도 않는다. 사도의 말을 무시하고 경주에서 이길 기회도 갖지 못한 채 달린다. 모든 것을 다 시도해 봤지만 실패한 때가 되어서야 상을 원하는 그들. 그들이 어떻게 이길 수 있겠는가? 하나님을 찾기 전에 재물을 추구하는 자들의 몫은 끝이 없는 길,[28] 희망이 없는 미로이다.

의인들의 경우는 다르다. 군중이 그들의 끝없는 순환에 종지부를 찍듯 하나님을 모독하는 말을 들으면서 (죽음에 이르는 넓은 길을 찾는 자가 많기 때문에), 왕도를 밟기를 선택한 의인들은, 좌로나 우로나 치우치지 않는다.[29] 예언자들이 "의로운 자의 길은 공의이며, 똑바른 길이 그가 걷는 길이다"[30]라고 말한 영혼들이 바로 이들이다. 그들은 싫증나고 무익한 미로를 피하라는 시기적절한 경고를 받아들인다. 그들의 선택은 의로 가는 지름길을 향한다.[31] 그들은 보는 모든 것들을 움켜쥐지 않고 차라리 그들이 가진 것을 팔아 가난한 자들에게 준다. "복이 있으리라", "정말로 가난한 자들이여, 왜냐하면 하늘 왕국은 그들의 것이기 때문이다."[32] "경주에 참가하는 자들은 모두 달린다,"[33] 그러나 그들 사이엔 차이가 있다. "주님은 의인의 길을 아신다. 그러나 불경건한 자의 길은 멸망할 것이다."[34] "의인이 가진 작은 것이 불경건한 자의 거대한 부보다 더 낫

---

26. 살전 5:21.
27. 사 59:8.
28. 끝없는 회전 *circuitus infinitus*는 실제로 여전히 서있는 것과 매한가지이다.
29. 마 7:13; cf. "왕도", 또는 "왕의 대로": *regiam eligit viam* – 민 20:17; 21:22.
30. 사 26:7.
31. 롬 9:28: *verbum abbreviatum*.
32. 마 5:3; 눅 6:20.
33. 고전 9:24.
34. 시 1:6.

다."³⁵ 왜냐하면, 현명한 사람이 말하고 어리석은 자가 증거 하는 것처럼, "돈을 사랑하는 자는 돈으로 만족하지 못한다."³⁶ 그러나 "의에 주리고 목마른 자들, 그들은 배부를 것이다."³⁷ 의로움이란, 그들의 이성을 사용하는 자들에게, 그들의 영의 본래적이고 본질적인 음식이다. 그러나 돈은, 공기가 빵을 대신해 육체의 필요를 채울 수 없는 것 보다 더 마음의 배고픔을 만족시키지 못한다. 만일 당신이 어떤 주린 사람이 크게 깊은 숨을 들이쉬면서 그의 볼을 바람으로 채워 배고픔을 견디려고 하는 것을 본다면, 그를 미쳤다고 하지 않겠는가? 당신 자신을 이 지상의 재화들로 부풀게 하는 것이 당신의 이성적인 영혼을 만족시킬 수 있다고 생각하는 것은 그만큼 미친 짓이다. 그것들은 영적인 복들이 육체를 만족시키는 것만큼 그 필요를 충족시킬 힘을 갖지 못한다. "주님을 찬양하라, 내 영혼아, 그가 너의 입을 좋은 것들로 채우셨도다".³⁸ 그렇다, 너의 갈함은 선한 것으로 채우시고, 너로 그것을 탐구하도록 격려하시고, 너에게 그것을 주시는 데 항상 첫 번째이시고, 너를 부양하시고, 너를 가득 채우시는 하나님, 그는 너의 소망인 그분 자신을 밝히시고, 스스로 목적이시다.

처음에 나는 우리가 하나님을 사랑하는 이유는 하나님이라고 말했다. 나는 진실을 말했다. 그는 우리 사랑의 원초적 동인이자 궁극적 목표이다.³⁹ 그 자신은 우리 인간의 사랑의 직접 원인이 되신다. 또한 그는 사랑할 능력을 주시고, 소망을 완성에로 이끌어 가신다. 그는 그 자신이 본질적 존재에서 사랑스러우시며, 그 자신을 우리 사랑의 대상으로 주신다. 그는 우리의 더없는 기쁨에서 그를 향한 우리의 사랑이 공허하고 무익하게 되지 않고 솟아나기를 바라신다. 그의 사랑은, 사랑을 위한 우리의 길을 열고, 동시에 사랑의 보상이기도 하다. 얼마나 친절하게 그가 우리를 사랑의 길에서 인도하시는가, 얼마나 관대하게 그가 우리가 드린 사랑을 돌려주시는가, 그는 그를 기다리는 사람들에게 얼마나 친절하신가! 그가 그를 부르는 모든 이들에게 풍요하신 것은, 그 자신보다 더 좋은 것을 그들에게 주실 수 없기 때문이다. 그는 그 자신을 주셔서 우리의 의가 되게 하시고, 그 자신을 우리의 거대한 보상이 되게 하신다. 그는

---

35. 시 36(37):16.
36. 전 5:9.
37. 마 5:6.
38. 시 102(103):1, 5.
39. *Nam et efficiens et finalis.* Cf. Williams, *De diligendo Deo*, p. 40의 매우 유익한 설명을 참고하라.

자신으로 하여금 우리 영혼의 활력소가 되게 하시고, 갇힌 자들을 해방하는데 자신을 내어주신다. 주여, 당신은 당신을 찾는 영혼에게 선하시나이다. 그런데 당신을 찾은 영혼에게 당신은 무엇입니까? 놀라운 것은 어느 누구도 이미 찾지 않은 사람은 당신을 찾을 수 없다는 것입니다.[40] 당신은 우리가 추구하는 것을 찾기를 원하시고, 우리가 찾은 것을 추구하기를 원하십니다. 우리는 당신을 추구할 수도 찾을 수도 있습니다. 그러나 우리는 결코 당신 앞에 당신과 함께 있을 수 없습니다. 비록 우리가 "일찍이 내 기도가 당신 앞에 상달되리이다"라고 말한다 할지라도,[41] 그것이 당신 자신의 호흡에 의해 데워지지 않고 당신 자신의 영으로부터 태어나지 않는다면 그 기도는 차갑고 사랑이 없는 것이 될 것입니다.

우리는 지금 하나님을 향한 우리의 사랑이 완성을 얻는 길에 대해 말해왔다. 계속해서 우리는 어떻게 그 동일한 사랑이 시작되는지를 고찰할 것이다.

제8장
사랑의 첫 번째 단계, 자아를 위한 자아의 사랑[42]

사랑은 자연스러운 감정이며, 모두가 아는 것처럼, 네 가지 중 하나이다.[43] 여기서 그것들을 일일이 명명할 필요는 없겠다. 또한 사랑은 자연스러운 것이기 때문에 본성이 그로부터 자신의 존재를 취한 그분을 처음 사랑하는 것은 참으로 옳다. 그리하여 당연히 가장 첫번째 큰 계명은, "너는 주 너의 하나님을 사랑하라"이다.[44] 비록 우리 본성의 법은 우리에게 그렇게 하나님을 무엇보다 먼저 사랑하도록 가르치지만, 우리의 약함과 허약함은 그 계명에 대한 구속력을 요구한다. 우리의 삶에서 실제로 가장 첫째의 자리를 차지하는 것은 자아 사랑이기 때문이다. 우리는 정말로 자기를 위한 것이 아닌 것에는 아무 감정도 가지지 않는다. "자연스러운 것이 먼저요 그 후에 영적

---

40. Augustine, *Confess.*, XI, ii, 4; cf. Pascal, *Le mystère de Jésus*, in *Pensées*, ed. L. Brunschvicg, p. 576.
41. 시 87:14 (88:13).
42. Letter XI, sec. 8, Eales, *Works*, Vol. I, pp. 172-73과 비교하라; James, *Letters*, no. 12, pp. 46-47; 그리고 *Cant. serm.* 20. Berlière, L'ascèse, pp. 101-02의 논의를 보라; Pourrat, *Christian Spirituality*, Vol. II, pp. 30-33.
43. 베네딕투스의 편집자에 의하면 사랑, 두려움, 기쁨 그리고 슬픔.
44. 마 22:37.

인 것이다"라고 바울은 말한다.[45] 누가 자신의 육체를 미워하겠는가? 그러나 이러한 자기 사랑이 습관적으로 과도하게 흘러, 홍수처럼 둑을 넘고 평야로 넘쳐흐른다면, 그것은 "너는 네 이웃을 너 자신처럼 사랑하라"는 계명에 의해 막아야 한다.[46] 우리의 본성을 나누어 가진 그는 당연히 우리 사랑을 나누어 가지며, 나아가 사랑은 하나님으로부터 우리 본성이 부여받은 것의 일부이기 때문이다. 형제의 관심과 기쁨을 섬기는 것을 귀찮아하는 사람은, 죄짓길 원치 않는다면, 그 자신을 훈련해야 한다. 진실로 같은 사랑을 다른 사람들에게 보이기를 잊지 않을 수만 있다면 그로 하여금 모든 관심을 그 자신에게 보이게 하라! 오 사람이여, 이것이 네 자신의 본성의 법과 훈련에 의해 너에게 부과된 구속이다. 이는 네가 너 자신을 망하게 할 탐욕을 따라 하나님께서 네게 주신 선물들을 원수, 즉 방자하고 제어되지 않는 욕망의 처분에 두지 않도록 하기 위해서이다. 네가 가진 것을 적에게 주기보다 차라리 네 친구에게 주는 것은 진정 올바르고 정직한 일이다. 또한 네가 현명한 사람의 충고를 따라 욕구들을 제어한다면, 네 사랑을 그러한 "영혼에 대항하여 전쟁을 하는 육체적인 탐욕들"로부터 분리시키고 삼가기를 겁내지 않을 것이다. 내 생각에 너는, 네 영혼의 원수에게서 취한 것들은 동료들에게 주는 것에 아무 어려움을 느끼지 않을 것이다. 네가 속된 욕망들에게 굴복하지 않은 것을 네 형제의 필요를 위해 충족시켜 주었다면, 올바르고 균형 잡힌 사랑이 너의 것이다. 그렇게 뻗어나간 하나님의 사랑은 선행이 된다.

하지만, 이웃에게 주는 일들로 인해, 우리 스스로 빈곤해진다면 어떻게 되겠는가? "모든 사람에게 자유롭게 주시고 꾸짖지 않으시며," 그리고 그의 손을 벌려 모든 살아있는 것들을 풍부함으로 가득 채우시는 하나님께 확신을 가지고 나아가는 것 외에 우리가 무엇을 하겠는가? 의심할 여지없이 거의 모든 사람들에게 그들이 필요한 것보다 더 많은 것을 주시는 하나님은 우리의 궁핍을 외면하지 않으실 것이다. "너는 먼저 하나님의 나라와 그의 의를 구하라, 그리하면 이 모든 것들이 너에게 더해질 것이다"라고 그가 말씀하시지 않는가?[47] 그는 자신을 훈련하고 이웃을 사랑하는 자에게 필요한 모든 것들을 주시지 않을 수 없다. 그리고 죄를 너의 유한한 몸에서 왕 노

---

45. 고전 15:46.
46. 마 22:39.
47. 마 6:33; 눅 12:31.

룻 못하게 하고, 그대신 스스로 순결함과 자기-통제의 멍에를 취한다면, 너는 진실로 그의 나라를 추구하며 죄의 폭군에 대항하여 싸우고 있는 것이다. 내가 말했듯이, 우리가 이생의 복을 다른 사람들과 나눠야만 한다는 것은 더더욱, 참으로 옳다.

다른 사람들에 대한 우리의 사랑이 전적으로 옳은 것이 되기 위해서는, 하나님이 그 근원에 계셔야만 한다. 하나님 안에서가 아니면 그 누구도 이웃을 완벽하게 사랑할 수 없다. 또한 하나님을 사랑하지 않는 어느 누구도, 하나님 안에서 그의 동료들을 사랑할 수 없다. 우리는 하나님을 사랑하는 것에서 출발해야 한다. 그럴 때 그 안에서 우리의 이웃을 또한 사랑할 수 있다. 모든 선의 창시자이신 하나님은 이와 같은 방식으로 우리 사랑의 창시자이시면서 우리 본성의 창조자이시기 때문에, 동시에 우리 본성의 유지자가 되신다. 우리의 본성은 유지될 필요가 있도록 구성되었으며, 우리를 만드신 분이 그 필요를 충족시키시는 분이다. 우리는 생존을 위해 그를 의지하며, 그러기에 우리는 존재한다. 우리가 이 사실을 붙들고, 하나님의 선한 선물들을 위해 (하나님이 금지하신!) 우리 자신을 믿지 않도록 하기 위해, 하나님의 헤아릴 수 없고 사랑 넘치는 지혜로, 우리가 어려운 일들을 겪지 않을 수 없도록 정해 놓으셨다. 역경에서 우리는 실패한다. 그러면 하나님이 우리를 도우러 오신다. 그는 우리를 자유롭게 하신다. 그리고 우리는, 가장 적절하게, 그의 이름에 영광을 돌린다. "환난의 때에 나를 부르라. 그러면 내가 너를 듣고 너는 나를 찬양할 것이다."[48] - 이것은 그가 말씀하신 것이다. 이렇게 해서 동물적이고 육체적인 본성에 의해 자신만을 사랑하는 사람은 하나님을 사랑하는 것이 자신의 유익임을 배우기 시작한다. 왜냐하면 오직 그 안에서 (그가 종종 증명하시듯이) 자신을 이롭게 하는 모든 것을 할 수 있다. 그와 떨어져서는 사람은 매우 무능력하다.

제9장
사랑의 두 번째 단계, 그가 주시는 것 때문에 하나님을 사랑함. 세 번째, 하나님이시기 때문에 하나님을 사랑함.

사람은 하나님의 유익을 위해서가 아니라 자신의 유익을 위해 하나님을 사랑하

---
48. 시 49(50):15.

는 것을 시작한다. 다만 그의 한계와 하나님의 도움이 없이는 아무것도 할 수 없다는 사실을 알아야만 한다는 것이 중요하다. 그가 혼자서 할 수 있는 것과 하나님의 도움으로만 할 수 있는 것을 안다면, 모든 위험으로부터 지키시는 하나님께 죄를 짓지 않을 수 있다면, 그 또한 중요하다. 하지만 문제들이 잇달아 닥치고 하나님께 의지하여 매번 구원을 얻는다면, 강철 가슴 속 돌과 같은 그의 마음도 종국에는 감사함으로 녹아내릴 것이 틀림없다. 하나님이 주시는 것으로 인해, 하나님을 사랑하는 마음은 그렇게 나타나기 시작할 것이다.

재차 발생하는 문제들이 우리를 하나님께로 던져넣는다. 그리고 매번 그가 얼마나 친절하신지가 증명된다. 그의 친절하심에 대한 이러한 경험은, 이전의 문제들이 주었던 자극보다 더 강력하게 하나님의 순수한 사랑에의 충동을 제공한다. 우리는 주님이 거기 계신다고 여인에게 들었던 사마리아인들과 함께, "당신이 말한 것 때문이 아니라 우리가 직접 그를 들었고 이분이 참으로 세상의 구주이심을 알기 때문에 이제 우리는 믿는다"[49]고 말한다. 우리는 우리의 본성적 자아와 육체의 욕구를 향해 이렇게 말한다. "우리가 지금 하나님을 사랑하는 것은 너희들의 요구들 때문이 아니라 주님이 얼마나 자비로우신지를 우리가 스스로 맛보았고 알기 때문이다." 이렇게 우리 육체의 필요들은, 그것이 얼마나 값진 것인가를 우리에게 가르치면서, 기쁨으로 자선을 선포하는 일종의 언어가 된다. 그리고 일단 이것이 학습되면, 우리는 이웃을 사랑하라는 명령에 순종하는 것에 아무런 어려움도 느끼지 않는다. 사랑하는 사람은 이와 같이 진정으로 사랑한다. 그렇게 하면서 그는 하나님의 것들을 사랑한다. 그는 순수하게 그리고 자기-유익 없이 사랑하며, 베드로가 말하듯 사랑의 순종 안에서 그의 마음을 깨끗하게 하고, 즉시 하나님의 순수한 명령에 순종할 것이다. 그는 올바르게 사랑하며, 이것을 명령 자체로 그의 마음 안에 간직한다. 그는 참되고 순수하고 올바른 사랑을 조건부로 제공하지 않기에 그 사랑은 하나님께 받아들여질 만하다. 단순히 공허한 말에서가 아니라 행위와 진실에서 보이기 때문에 그것은 참된 사랑이다. 값없이 받은 그가 값없이 주기 때문에 그것은 올바른 사랑이다. 하나님 자신의 사랑의 성품을 갖는 사랑은 더 이상 자신의 것이 아니라 그리스도의 것들을 추구하는 이것이

---

49. 요 4:42.

다. 바로 그가 우리의 것을 - 또는 차라리 우리를 추구하셨던 것처럼, 그리고 결코 그 자신의 것을 추구하지 않으셨던 것처럼 말이다. "오 하나님께 감사를 드리자. 그는 자비로우시기 때문이다." 이는 그를 사랑하는 자들에게만 아니라 자신 안에서 자비로우시고 선하신 사랑이 말하는 바이다. 단순히 자아를 위해서가 아닌, 하나님을 위해서 하나님을 사랑하는 것이다. "당신이 그에게 친절을 베푸실 때 그가 당신을 찬양하리로다"[50]라고 노래한 시편기자는 아직도 두 번째 단계에서 하나님을 사랑하는 것이다. 세 번째 단계는 순전히 하나님이시기 때문에 하나님을 사랑하는 것에 있다.

제10장
사랑의 네 번째 단계, 자아를 사랑하는 것마저 오직 하나님의 유익을 위해서 사랑함[51]

사랑의 네 번째 단계를 얻는 그는 행복하다. 그는 하나님의 유익을 위해서 자신을 사랑한다! "당신의 공의는, 오 하나님, 하나님의 산들과 같습니다." 산은 네번째 단계의 사랑이며, 하나님 자신의 "높은 언덕"이고, 강하고 비옥하고 풍부한 산이다. 누가 이러한 주님의 산으로 올라갈까? "내게 비둘기와 같은 날개가 있다면, 날아가 쉬련만," 그 사랑스러운 평화의 장소에서! 여기서의 체류가 그렇게 길어야만 하는 나에게 저주가 있으라! 언제 이 살과 피, 이 유한한 진흙덩이, 이 지상의 형체가 거기 위에 도달할까? 언제 나는 이러한 종류의 사랑을 알고, 언제 내 영혼은 그의 사랑에 취해, 자신을 잊고, 그래, 다만 깨진 용기와 같은 자신을 알고, 그래서 하나님을 향해 깨끗하게 밖으로 가서, 그에게 헤치며 나아가, 그 영이 하나님의 것과 하나가 될까?[52] 과연 언제 쯤 시편기자의 고백, "내 육신과 내 마음이 쇠하나 하나님은 나의 생명의 힘이요 영원한 나의 분깃이로다"라는 말이 내 자신의 것이 될 수 있을까?[53] 여기서의 이 유한한 삶에서 드물게는 단 한번, 지극히 짧은 순간 동안 만이라도 이런 사랑을 맛보도록 허락된 자는 행복하다! 이처럼 정신을 잃는 것이 단순히 인간적인 기쁨이 아니듯이, 마치 거의 존재하기를 모두 멈추는 것처럼 자기 자신을 비우는 것도 그

---

50. 시 48:19(49:18).
51. 네 번째 단계에 대한 윌리엄스(Williams)의 요약에 대해서는 *De diligendo Deo*, pp. 46-47과 각주들을 보라.
52. Cf. Augustine, *De quantitate animae*, 74; Williams, *op. cit.*, p. 47과 각주들.
53. 시 72(73):26.

러하다. 그것은 천상의 기쁨이다. 만일 어떤 불쌍하고 유한한 인간이 이와 같이 민첩하고 갑작스런 황홀에 도달한다 해도, 곧 이 현재의 악한 세계가 그를 다시 잡아당기고, 삶의 일상적인 불행이 그를 해하며, 이 죽음의 몸은 그를 내리누르고, 그의 육체의 필요들은 만족을 위하여 울부짖으며, 그의 타락한 본성의 약함은 실패한다. 무엇보다 가장 난폭한 것은, 그의 형제의 필요가 그가 돌아오도록 요구한다는 것이다.[54] 슬프다, 그는 돌아오는 것 밖에는, 자신에게로 그리고 그 자신의 일들에게로 돌아오는 것 밖에는 다른 선택의 여지가 없다. 그래서 슬픔 가운데 그는 부르짖는다. "오, 주님, 나는 마음이 무겁습니다. 나를 맡으소서." 또는 "아 나는 곤고한 자로다. 누가 이 사망의 몸에서 나를 건져낼까?"[55]

　　하나님이 혼자서 모든 것들을 만드셨음을 우리는 성경에서 읽는다. 그의 피조물들은, 그러므로, 자신들을 완전히 그들의 창조주에게 순응하며 그의 뜻에 따라 살아가는 것을 목표로 해야 한다. 그래서 우리는 우리의 사랑을 그에게 고정시키고, 조금씩 우리 자신의 의지를 그의 의지와 맞추어야 한다. 그런데 하나님은, 우리들 혹은 존재하고 있는, 아니면 존재할 다른 어떤 것이 필요해서가 아닌, 그를 기쁘시게 하려고 우리의 즐거움, 욕망의 대상으로가 아니라 그의 의지만을 이루시면서, 모든 것을 스스로 만드셨다. 우리 자신의 요구를 충족하는 것, 우리 자신을 위해서 선택한 행복은 "하늘에서와 같이 이 땅에서도 당신의 뜻이 이루어지이다"라고[56] 매일 우리가 기도 중에 간구하듯, 우리 안에서 우리에 관한 그의 의지가 이루어지는 것으로부터 발견되는 그런 기쁨을 결코 가져다 줄 수 없다. 오 순결하고 거룩한 사랑이여, 상냥하고 사랑스러운 감정이여! 오 의지의 순수하고 결백한 의도여, 그 견해들이 마침내 모두 거룩하기 때문에 드디어 자기-의지를 벗어나서 더욱 더 순수하고, 더욱 더 사랑스러우며, 더욱 더 친절해지는 의지여. 그렇게 되는 것이 신성화되는 것이다.[57] 한 방울의 작은 물은 와인에 섞여, 그 맛과 색을 완전하게 입고 더 이상 따로 떨어져 존재하

---

54. 실천적 필요들에 의한 명상적 요구들의 불가피한 균형에 관하여는 Williams, *op. cit.*, pp. 48-49, 42-43, 그리고 각주들을 참고하라. Cf. 벧전 1:22과 히 13:1.

55. Cf. 사 38:14과 롬 7:24.

56. 마 6:10.

57. *Sic affici, deificari est.* 윌리엄스의 증보된 설명, *De diligendo Deo*, p. 50을 보라, *deificare*에 관해서는 Butler, *Western Mysticism*, pp. 109ff.를 함께 보라.

지 않는다. 녹아서 희고 뜨겁게 달구어진 쇠는 불과 같아서, 그 본래의 형태를 포기한 것처럼 보인다. 태양의 순수한 빛과 함께 쏟아질 때 공기는 변형되어 빛 자체라기보다는 오히려 빛나는 것처럼 보인다. 그렇게 성도들은, 그들의 인간적 사랑이 말로 표현할 수 없이 그들 밖으로 녹아져 나와, 모두 하나님의 의지 안으로 쏟아진다고 말할 수 있다. 그것은 틀림없이 그렇게 된다. 만일 인간 안에 무엇인가 남아 있다면 어떻게 하나님이 달리 "모든 것 안에서 모든 것"이 되실 수 있는가? 그럼에도 우리의 인간적 실체는 남아 있을 것이다: 그러나 다른 형태, 다른 영광, 다른 능력에서 우리는 여전히 우리 자신일 것이다. 언제 그렇게 될까? 누가 거기서 볼까? 누가 그것을 소유할까? "언제 내가 하나님의 존전에 보이게 될까?" 오 주 나의 하나님, "나의 마음이 당신에 대해 말하였고, 나의 얼굴이 당신을 찾았나이다. 당신의 얼굴을, 주여, 내가 찾으리이다." 당신은 내가 당신의 거룩한 집을 볼 것이라고 생각하나이까?[58]

　　주 우리 하나님을 우리의 마음과 영혼과 힘을 다해 사랑하라는 계명은, 마음이 더 이상 육체에 관해 생각할 필요가 없을 때까지 그리고 영혼이 육체의 삶과 능력을 유지해야만 하는 것을 멈출 때까지도, 완벽하게 성취될 수 없다고 생각한다. 우리를 방해하는 걱정들로 부터 영혼이 벗어날 때에만이 영혼은 하나님의 능력에 의해 완전히 강해질 것이다. 이 연약하고 반역하는 틀을 돌보는 것에 열중하며 소진되는 한, 영혼은 그 모든 힘을 하나님께 집중하고 그 시선을 그의 얼굴에 고정할 수 없다. 그러나 영적이고 불멸하는 몸, 완성된 몸,[59] 평화롭고 통일되어 모든 것에서 영에 종속된 몸에서, 영혼은 사랑의 네 번째 단계에 도달하기를 희망할 것이다. 아니면, 인간의 노력에 의해서가 아닌 그가 바라는 하나님의 능력에 의해서, 그 안으로 들어갈 것이다. 어떤 육체의 유혹도 그를 단념시키지 않고 어떤 육체적인 초조함도 그의 주 그리스도의 기쁨에로 자진하여 갈망하며 옮겨가는 것에서 그를 흐트러뜨릴 수 없는 그때, 영혼은 즉시 이 완전한 사랑을 얻을 것이다. 여기서 거룩한 순교자들의 경우는 어떠한가? 라는 질문이 제기된다. 여전히 승리를 얻은 유한한 육체에 있는 동안에 그들은 이 사랑을 부분적으로나마 얻었는가? 모든 의심을 넘어서서 어떤 강력한 사랑의 힘이, 그렇게 현세적인 것들에 대해서는 죽어가면서, 그렇게 그들의 육체를 적에게 드러내고

---

[58]. 시 41:3 (42:2); 26 (27):4; 그리고 기타.
[59]. *In corpore integro*. 이것과 그리고 결론적인 부분과 관련하여 Williams, *De diligendo Deo*, pp. 51–52와 각주들을 보라.

그들의 고통을 개의치 않을 수 있었던, 그 영혼들을 붙들었다. 그러나 정확히 그러하여, 그들의 고난은, 비록 그 근원은 닿을 수 없었다고 하더라도, 어느 정도 그들의 평화를 훼손하는데 거의 실패할 수 없었다. 그러나 우리가 믿기에는, 몸에서 풀려난 영혼들은 끝없는 빛과 빛나는 영원의 저 바다에 완전히 적셔질 것이다.[60]

---

60. *Eterni luminis, et luminose eternitatis*.

PART I
BERNARD
OF
CLAIRVAUX

하나님을 사랑하는 세 가지 방법
(아가서 설교 20)

본문[61]

1. 이 설교를 영적 생활에 대해 한 대가(大家)가 한 말로 시작하겠다. 만일 누가 주 예수 그리스도를 사랑하지 않는다면, 그로 저주받은 사람이 되게 하라.[62] 의심할 여지없이, 그리스도에 의해 실존과 삶과 그 이유를 찾은 자는 전적으로 사랑 받아야 한다. 감사하게도 나는 이 모든 것을 받을 만한 가치가 없다. 오 주 예수여, 당신을 위해 살기를 거부하는 자는 분명히 죽어 마땅합니다. 그리고 그가, 실제로, 죽은 것은, 그 이성을 당신을 섬기는 데 바치지 않는 자는 비이성적이며, 그리고 당신을 위한 것 외에 어떤 것이 되기를 좋아하는 자는 아무 것에도 쓸모가 없으며, 또 아무 것도 아니기 때

---

61. *Cantica canticorum*, Serm. xx, S. J. Eales, *Life and Works*, Vol. IV, pp. 109-15에 의해 Dom. J. Mabillon의 편집으로부터 번역됨. Cf. MPL 183: 867-72. 이것과 이어지는 설교는 R. C. Petry, *No Uncertain Sound*, The Westminster Press, Philadelphia, 1948, pp. 150ff.에서 다시 출판되었다. 허락을 받아 사용됨. Priest of Mount Melleray, *Sermons on the Canticle of Canticles*, 2 vols., Dublin, 1920, pp. 194-206은 훌륭한 번역이다.
62. 고전 16:22.

문입니다. 참으로, 당신이 그에 대해 아시는 것 외에는, 인간이 무엇이란 말입니까?[63] 오 나의 하나님, 당신이 만물을 지으신 것은 당신 자신을 위해서입니다. 그래서 당신을 위해서가 아니라 자기 자신을 위하여 존재하기를 바라는 자는 존재하는 모든 것들 중에 아무 것도 아닌 것처럼 되기 시작합니다. 지혜자는 말합니다. "하나님을 두려워하라 그리고 그의 계명을 지키라 이것이 완전한 사람(사람의 의무)이기 때문이다."[64] 이것이 완전한 사람이라면, 이 사람이 없다면 아무 것도 아닙니다. 오 나의 하나님, 당신께서 황송하게도 이처럼 보잘 것 없는 내게 그리하도록 허락하신 것을 당신에게로 기울이소서. 간청하오니, 내 불쌍한 인생에 속한 날들의 짧은 여생을 전부 당신에게로 취하소서. 그리고 기도하오니, 정신을 잃고 소비한 까닭에 잃어버린 그 모든 시간에 대하여 겸손히 회개하는 마음을 멸시하지 마소서. 나의 날들은 그림자와 같이 저물었고 아무 열매 없이 소멸되었습니다. 그들을 기억하는 것은 불가능합니다. 적어도 나로 하여금 당신의 선하심으로 내 영혼의 비통 가운데 당신 앞에서 서서 당신을 묵상하게 하소서. 지혜는 내 마음의 온전한 소망이요 목적임을 당신은 아십니다. 내 안에 어떤 것이 있다면 그것은 당신을 섬기는 일입니다. 그러나 오 하나님, 당신은 나의 우둔함을 아십니다. 그것이 만일 내 무지를 깨닫는 지혜의 시작이 아니라면, 진실로 이것은 당신의 선물에 의한 것입니다. 기도하오니, 내 속에 그것을 증대시키소서. 나는 당신의 선물들 중 가장 작은 것을 인하여 감사하지 않을 수 없습니다. 그러나 내 안에 부족한 것을 보충하기 위해 애쓸 것입니다. 그래서 내가 내 모든 연약한 힘들로 당신을 사랑하는 것은 당신이 베푸신 이러한 선한 일들 때문입니다.

    2. 그러나 이보다 훨씬 더 나를 감동시키고 흥이 나게 하며 불을 붙이는 사실이 있습니다. 무엇보다 그것은 당신이 마신 잔입니다. 오 자비로우시고 친절하신 예수여, 당신에 의해 착수된 우리 구원의 위대한 사역, 그것이 당신을 향한 사랑의 다른 무엇보다 강한 동기입니다. 그것은 그 자신에게로 내가 드려야 할 모든 사랑을 쉽게 잡아끌고, 내 감정을 더욱 상냥하게 끌어당기며, 그것을 보다 정당하게 요구하며, 그것을 보다 친밀한 유대와 보다 열정적인 힘에 의해서 얻는 것입니다. 이 목적에 이르도록, 전 세계에 대해서 창조주가 그렇게 인내를 요하는 일을 떠맡는다고 생각하시지 않으

---

[63]. 시 143(144):3.
[64]. 전 12:13.

면서, 구주는 많고 위대한 일들을 참으셨다. 처음 사람의 경우 "그가 말씀하시니 그렇게 되었고 그가 명령하시니 견고하게 섰다."⁶⁵ 그러나 나중 사람의 경우 그는 자신의 말을 부인하고, 그의 행동을 심보가 비뚤어진 비평으로 대하며, 그의 고난을 모욕하고, 심지어 그의 죽음을 재연시키는 사람들을 참으셔야 했다. 그러나 보라, 그가 얼마나 우리를 사랑하셨는가를! 이에 더하여 그는, 우리가 그에게 드린 어떤 사랑을 보답하기 위해서가 아니라, 그의 자유로운 선물로 우리를 사랑하셨다. "누가 먼저 그에게 드려서, 그가 다시 갚으시게 하겠는가?"⁶⁶ 복음서 기자 성 요한은 명백히 말한다. "우리가 하나님을 사랑한 것이 아니요, 그가 [먼저] 우리를 사랑하셨다."⁶⁷ 실제로, 그는 우리가 아직 존재하지 않았을 때에도 우리를 사랑하셨다. 우리가 그와 대적해서 저항하고 있을 때 우리를 사랑하셨기 때문에, 그가 더 많이 사랑하셨다. 성 바울이 증언하듯이, "우리가 원수 되었을 때, 우리는 그의 아들의 죽음에 의해 하나님에게로 화해되었다."⁶⁸ 달리 말해, 원수 되었을 때 그가 우리를 사랑하지 않으셨다면, 그는 지금 우리를 친구로 여기지 않으실 것이다. 그렇게, 주님께서 아직 존재하지도 않은 사람들을 사랑하지 않으셨다면, 지금 그들은 그가 사랑하시도록 존재하고 있지 않을 것이다.

    3. 또, 그의 사랑은 다정하고 현명하며 강하다. 그는 우리 육체를 입으셨기 때문에 그의 사랑은 다정하다. 그는 모든 죄에 대해서 자유로우시기 때문에, 그의 사랑은 현명하다. 그리고 그의 사랑은 죽음을 견디는 지점까지 이르렀기에 강하다. 그가 육체 가운데에서 방문한 그들을 그는 육체에서 사랑하신 것이 아니라, 성령의 예견하는 지혜에서 사랑하셨다. 주 그리스도는 자신을 우리에게 보이게 하신 영이시며,⁶⁹ 사람의 것이 아닌 하나님의 열심을 가지고, 첫 아담이 그의 이브에게 느꼈던 것보다 분명히 더 현명한 사랑을 가지고 우리에게 오셨다. 그러므로 그는 육체에서 찾으신 그들을 영에서 사랑하셨고, 그의 능력과 용기에서 구속하셨다. 사람이 되신 창조주를 사람으로서 보는 것은 말로 표현할 수 없는 완전한 달콤함이다. 그러나 그의 지혜에 의

---

65. 시 32(33):9.
66. 롬 11:35.
67. 요일 4:10.
68. 롬 5:10.
69. 애 4:20.

해 그가 죄로부터 [인간의] 본성을 분리시키셨던 한편, 그의 능력에 의해 [그] 본성으로부터 죽음을 추방하셨다. 육체를 취하시며 그는 나에게로 자기를 낮추셨다. 죄의 모든 얼룩으로부터 분리되어, 그는 그 자신의 신성을 보이셨다. 죽음에 내어지셔서 그의 아버지를 만족하게 하셨고, 그래서 당장 자신이 친구들 중 가장 친절하며 신뢰할만한 조언자요 능력 있는 조력자임을 나타내셨다. 나는 완전한 확신을 가지고 나를 기꺼이 구원하셨고, 그 방법을 아셨고, 그것을 수행할 힘을 가지셨던 그분을 신뢰한다. 그분이 찾고 그분의 은총에 의해 부름 받은 영혼이 그에게로 올 때 그가 내쫓으시겠는가? 어떤 폭력도 어떤 기만도 나를 그의 손 밖으로 뽑아낼 수 없기 때문에 나는 두려워하지 않는다. 그는 죽음을 정복하시면서 모든 원수들을 정복하셨고, 옛 뱀, 그리고 세상의 유혹자를 그가 사용했던 기술보다 더 거룩한 기술로 현혹하시면서, 그는 후자보다 더 현명하고 동시에 전자보다도 강하셨다. 그는 진실로 인간의 육체를 취하시고 죄의 외양을 취하셨다. 전자에서 약하고 병고에 시달리는 인간에게 상냥한 위로를 주시고, 후자에서 악마를 속일 덫을 악마로부터 신중하게 감추셨다. 더욱이 우리를 그의 아버지와 화해시키실 수 있도록, 그는 그의 피를 우리 구원의 값으로 쏟으시면서 용감하게 죽음을 겪으셨고 그것을 극복하셨다. 만일 그때에 지엄하신 왕께서 다정하게 날 사랑하지 않으셨다면, 감옥에 있는 나를 찾지도 않으셨을 것이다. 그는 사랑에 지혜를 더하셔서 우리의 압제자를 포위하시고, 인내를 더하사 그의 아버지 하나님의 정당한 진노를 달래셨다. 이것이 내가 당신에게 약속한 사랑의 방법들이지만, 그러나 내가 당신 앞에 그리스도 안에 나타난 것으로서의 사랑을 먼저 제시한 것은 당신이 보다 더 큰 존경으로 그것을 붙들게 하기 위함이었다.

4. 오 그리스도인들이여, 그리스도의 모범으로부터 어떤 방식으로 그리스도를 사랑해야만 하는지를 배우라. 그를 다정하게 사랑하기를, 현명하게 사랑하기를, 강한 사랑으로 사랑하기를 배우라. 그에게서 떨어져서 유혹을 받지 않도록 다정하게 사랑하라. 속임을 받아서 끌려 나가지 않도록 현명하게 사랑하라. 그리고 어떤 힘에 의해서도 그로부터 분리되지 않도록 강하게 사랑하라. 세상의 영광이나 육체의 쾌락이 너를 그에게서 물러나게 할 수 없도록 지혜이신 그리스도 안에서 기뻐하라. 진리이신 그리스도가 너에게 빛을 비추어서 거짓과 실수의 영에 의해 잘못 인도되지 않도록 하라. 네가 역경에 의해 굴복되지 않도록, 하나님의 능력이신 그리스도가 너에게 힘을

주시도록 하라. 자비가 너의 열정을 불태우도록 하고, 지혜가 그것을 다스리고 지도하게 하라. 항상성이 그것을 지속시키게 하라. 그것이 미적지근함에서 자유롭게 하고, 소심하지 않게 하고, 분별에서 부족함이 없게 하라. "너는 주 너의 하나님을 마음을 다하여 영혼을 다하여 그리고 힘을 다하여 사랑하라"고[70] 하나님이 말씀하셨을 때, 그 말씀 안에 세 가지가 모두가 너에게 규정되지 않았는가? 내가 보기에, 만일 어떤 다른 감각이 당신에게 일어나서 그 삼중의 특징을 더 잘 줄 수 없을 것이라면, 마음의 사랑은 감정의 진지함에, 영혼의 사랑은 이성의 목적 또는 판단에, 힘을 다한 사랑은 정신의 항상성과 활기에 응답한다. 그러므로 주 너의 하나님을 마음 전체의 그리고 완전한 감정으로 사랑하라. 그를 이성의 모든 조심과 모든 선견지명(先見之明)으로 사랑하라. 그를 영혼의 완전한 힘과 활기로 사랑하라. 그래서 그를 사랑하기 위하여 너는 죽음조차 두려워하지 않을 것이다. 이 아가서의 후반부의 구절에 쓰인 대로, '사랑은 죽음만큼 강하고, 질투는 지옥만큼 맹렬하다.'[71] 육체적 삶의 거짓된 유혹들을 파괴할 수 있도록 주 예수를 네 마음에 다정하고 즐겁게 받아들이라. 마치 하나의 못이 다른 못을 몰아내듯이 그의 다정하심이 나머지를 정복하게 하라. 너의 이해와 이성에게 그가 현명한 지도자와 안내하는 빛이 되게 하라. 네가 이단자의 기만의 덫을 피하고, 네 신앙의 순수성을 그들의 교활한 장치로부터 보존하기 위해서 뿐 아니라, 네 행동에서 과도하고 혹은 무분별한 격렬함을 피하도록 조심하기 위해서 그리하라. 두려움에 굴복하지도 말고 고난에 의해 소진되지도 말고, 너의 사랑을 용맹스럽고 변함이 없게 하라. 마지막으로, 우리는 다정하게, 지혜롭게, 열정적으로 사랑하자. 우리가 다정하다고 부르는 마음의 사랑은 진실로 상냥하지만, 최소한 그것이 영혼의 사랑과 동반되지 않는다면 쉽게 속이는 것이 될 수 있으며, 반면 후자는, 다시, 비록 그것이 합리적이지만, 용기와 열정이 그것과 함께 하여 힘을 주지 않는다면, 여전히 연약하기 때문이다.

    5. 분명한 예들을 통해 내가 말한 것이 참되다는 것을 인식하라. 제자들이 주님께서 승천하시기 직전에 그가 그들로부터 떠날 것을 말씀하실 때 그들은 어찌할 바를 몰랐다. "만일 너희들이 나를 사랑한다면 너희들은 즐거워해야 할 것이다. 왜냐하

---

70. 신 6:5.
71. 아 8:6.

면 내가 말했듯이 나는 아버지께로 가기 때문이다."[72] 그러면 무엇인가? 그가 떠나시는 것을 슬퍼했기 때문에 그들은 그를 사랑하지 않은 것인가? 그들은 확실히 그를 사랑했다. 그럼에도 그들은 진정으로 그를 사랑한 것이 아니었다. 즉, 그들은 그를 다정하게 사랑했으나, 현명하게 사랑하지 않았다. 그들은 이성적으로가 아니라 육체적인 방법으로 그를 사랑했다. 결국, 그들은 마음을 다해 그를 사랑했으나 영혼을 다해 사랑하지 않았다. 그들의 사랑은 그들의 구원이라는 중대한 일에 대항했다. 그런 이유로, 감정이 아니라 지혜가 부족함을 꾸짖으시면서, 그는 또한 그들에게 말씀하셨다. "내가 가는 것은 너희를 위한 것이다."[73] 당신들도 기억하듯이, 또다시 그가 임박한 죽음에 대해 말씀하실 때, 그를 사랑하여 그가 남기를 원했던 베드로가 그를 저지하려고 애쓰며 대답했다. 그를 향해 주님은, 신중함이 결여되었기 때문에 그를 비난했다는 것을 보여주듯 그렇게 그를 꾸짖는다. 다음 말의 진의는 무엇인가? "너는 하나님의 일을 생각하지 않는구나."[74] 너는 지혜롭게 사랑하지 않는구나, 하나님의 계획에 대항하여 인간적 감정의 충동을 좇는구나 하시며 그는 베드로를 사탄이라고까지 부르셨다. 구주의 죽음을 가로막는 한 그는 비록 부지중이라도 구원의 대적이었던 것이다. 그렇게 잘못을 깨우치고 나서, 슬픈 예언이 다시 그에 의해 이루어졌을 때, 베드로는 더 이상 구주의 죽음을 반대하지 않았고 자기도 그와 함께 죽겠노라고 선언했다. 하지만, 그 약속을 이룰 수 없었던 이유는, 그가 아직 사랑의 세 번째 단계, 우리의 힘을 다하여 하나님을 사랑하는 것으로 이루어지는 그 단계에 도달하지 않았기 때문이었다. 그는 그의 영혼을 다해 하나님을 사랑하는 것을 배웠지만, 여전히 약했다. 그는 그가 무엇을 해야 할지를 잘 알고 있었으나, 그것을 수행하는 것을 가능하게 할 도움을 받지 못했다. 그는 [구원의] 신비에 대해 무지하지 않았지만 순교를 겁냈다. 그 사랑은 명백히 죽음만큼 강하지 않아서, 죽음[의 공포]에 굴복했다. 그러나 후에 그 사랑은, 예수 그리스도의 약속에 따라 위로부터 권능을 부여 받았을 때, 세 번째 단계에 도달하였고, 그는 용기를 가지고 사랑하기 시작하여, 그의 사랑은 유대인의 공회에서 예수의 숭앙할만한 이름을 선포하는 것이 금지되었을 때에도 그것을 금

---

72. 요 14:28.
73. 요 16:7.
74. 막 8:33.

하는 이들에게 단호하게 대답할 만큼 훌륭했다. "우리는 사람보다는 오히려 하나님께 순종해야 한다."⁷⁵ 그 사랑을 위해서 자신의 목숨을 아끼지 않았기 때문에, 드디어 그 때에 그는 진실로 하나님을 그의 힘을 다하여 사랑했다.

"사람은 이보다 더 위대한 사랑을 가지지 못하나니, 그것은 사람이 자기 목숨을 그 친구들을 위해 내려놓는 것이다."⁷⁶ 그리고 비록 그가 실제로 그것을 포기하지 않았을지라도, 그때 그는 그의 목숨을 내려놓았다. 아첨에 의해 이끌려서도 아니고, 기만에 의해 부추김을 받아서도 아니며, 상해와 불법에 의해 그것을 폭력적으로 빼앗겨서도 아니라, 마음을 다하고 영혼을 다하고 힘을 다하여 하나님을 사랑했기 때문이다.

6. 마음의 사랑은 육체의 방식 안에 있기 때문에, 인간의 마음은 육체를 따라 그리스도를 향하며 그가 육체에 계실 동안 행하시고 명령하신 행동들을 향한다는 것을 알아야 한다. 사랑으로 가득 찬 사람은 그러한 주제를 담고 있는 어떤 이야기든지 그것에 쉽게 감동을 받는다. 그가 더 기꺼이 듣기 원하며, 더 주의 깊게 읽고, 보다 종종 기억에 상기시키며, 보다 더 큰 즐거움으로 묵상하는 것은 없다. 그가 기도로 헌신할 때 거기서 새로운 완성을 얻고, 아름답고도 풍부한 희생을 닮는다. 자주 기도하는 만큼 하나님-인간의 모습, 그의 탄생이나 어린 시절, 그의 죽음에 대한 가르침, 부활, 혹은 승천이 그의 앞에 되살아난다. 이 모든 것들 혹은 이와 닮은 모습들이 필연적으로 영혼을 거룩한 사랑에로 고무하고, 육체의 악습을 몰아내며, 시험을 달아나게 하고, 욕망을 잠재운다. 보이지 않는 하나님이 육체에서 자신을 보이게 하시고 사람들 가운데 사람으로 거하신 그 주요한 이유는, 무엇보다 그의 성스러운 몸이, 육체의 방식이 아니고는 사랑할 수 없는 육체를 지닌 사람들을 유익하게 사랑하셔서, 점차 그들을 순수하고 영적인 사랑으로 끌어당기시기 위해서였다. 예를 들어, 예수에게 "보십시오 우리가 모든 것을 버려두고 당신을 좇았나이다"⁷⁷ 하고 말한 사람들이 여전히 이 [처음] 단계의 사랑에 머무르고 있지 않았는가? 그들은 오직 육체로 나타나신 예수를 사랑하기 위해 모든 것을 버렸고, 그래서 그의 유익한 수난과 죽음이 임

---

75. 행 5:29.
76. 요 15:13.
77. 마 19:27.

박했다는 선포를 평정을 가지고 들을 수 없었으며, 그리고 심지어 후에는 깊은 슬픔으로 그의 승천의 영광을 바라보았던 것이다. 이러한 이유로 예수는 그들에게 말씀하신 것이다: "내가 이 일들을 너희에게 말했기 때문에, 너희 마음에 슬픔이 가득 찼구나."[78] 그래서 한동안 그는 육체를 입은 인간으로 나타나신 은총에 의한 모든 육체적 감정으로부터 그들을 뒤로 물리셨고 거리를 두셨다.

7. 그러나 후에 예수님은, "살리는 것은 영이니, 육은 아무 것도 이롭게 하지 못한다"고[79] 말씀하시며 더 고차원적 사랑을 그들에게 제시하셨다. "비록 우리가 육체를 따라 그리스도를 알았을지라도 이제 앞으로 우리는 그를 더 이상 알지 못한다"고[80] 말씀하시고, 그리스도 전에 살았던 예언자들이 그랬듯, '우리 면전에 계신 영은 그리스도 주님'이라고 말했을 때, 그는 이 고차적 단계에 서 있었다. "당신의 그늘 아래 우리가 이방인들 가운데 거할 것입니다"[81] 라고 그가 덧붙인 것은, 자신들이 태양의 열기를 견딜 수 있다고 여기지 않았기 때문에, 적어도 그늘에서 쉬기 시작한 자들의 이름으로 말하고 있는 것으로 보인다. 그리고 육체의 사랑스러움으로 자양분을 받기 때문에, 아직 하나님의 성령의 일들을 인식할 수 없다. 그리스도의 그늘은 그의 육체를 의미하는 것으로 보이는데, 마리아는 그것으로 눈이 흐려졌고,[82] 그것은 마리아에게 성령의 열과 빛을 경감하는 가리개처럼 되었다. 아직 생명을 주시는 영을 받지 못하고 육체로 헌신하는 자와, 또는 적어도, '우리 면전에 계신 영은 그리스도 주님이시다, 그리고 비록 우리가 육체를 따라 그리스도를 알았을지라도 이제 앞으로는 우리는 그를 더 이상 알지 못한다'고[83] 말하는 자들의 방식대로 그를 소유하지 못한 자로 하여금 위로를 받게 하라. 비록 그가 그렇게 완전하게 사랑 받으시지 않을지라도, 그리스도가 사랑을 받으시는 것은, 심지어 육체 안에서도, 성령이 없이는 안 된다는 것이 분명하기 때문이다. 이 헌신의 달콤함은 마음 전체를 점령하고, 육체 또는 육체적인 것들에 대한 모든 사랑으로부터 마음을 완전히 끌어당기고, 그 유혹들로부터 마음을

---

78. 요 16:6.
79. 요 6:64(63).
80. 고후 5:16.
81. 애 4:20.
82. 눅 1:35.
83. 고후 5:16.

지켜낸다. 이것이 이 헌신에 대한 평가이다. 다른 관점에서, 만일 내가 내 주님의 육체를 어떤 관계의 유대 또는 어떤 즐거움을 받기 위해서 더 좋아한다면-그가 육체 안에 거하실 때 나에게 말씀과 본보기로 가르치신 선행들을 거의 수행하지 못하게 하는 방식을 말하는 것이다-, 마음이 분리되었기 때문에 내 마음을 다하여 그를 사랑할 수 없기에, 일부는 그를 사랑하는 데에 드리고, 일부는 내 자신을 사랑하는 데에 드리는 것으로 보일 것임이 분명하지 않은가? "아버지나 어머니를 나보다 더 사랑하는 자는 나에게 합당하지 않으며 아들이나 딸을 나보다 더 사랑하는 자도 나에게 합당하지 않다"고[84] 주님께서 친히 말씀하신다. 따라서 간단히 말하면, 마음을 다해 예수를 사랑하는 것은 그의 가장 신성한 육체를 우리의 감정들 혹은 허영을 우리 자신의 자아 또는 다른 사람의 그것으로 채우는 것보다 더 사랑하는 것을 의미한다. 그것은 본질적으로 육체적이기 때문에, 거기서 나는 똑같이 세상의 영광 또한 이해한다. 그리고 그것을 즐거워하는 사람들은 의심할 여지없이 육체적인 것에 관심을 갖는다.

8. 하지만, 그리스도의 육체를 향한 그러한 헌신은 성령의 선물이며 위대한 선물이다. 그러나 나는 지혜, 의로움, 진리, 거룩함과 선함과 덕, 그리고 무엇이든지 모든 다른 완전함으로서의 말씀보다는 오히려 육체를 귀히 여기는 그러한 사랑을, 최소한 다른 감정과 비교할 때, 육체적이라고 부르지 않을 수 없다. 하나님에 의해 "그가 우리에게 지혜와 의로움과 거룩함과 구원이 되시는" 한,[85] 그리스도는 이 모든 것들이다. 다음의 두 사람이 모두 그리스도를 향해 같거나 비슷한 종류의 사랑을 가지고 있다고 보이는가? 한 사람은 진실로 경건하게 그의 고난을 공감하고 그것에 의해 격렬한 슬픔에 빠지며, 그가 겪은 모든 것을 기억하면서 쉽게 누그러진다. 그는 그 헌신의 상냥함을 먹고, 그것에 의하여 건전하고, 존경할만하고 그리고 경건한 행동을 할 수 있도록 강해진다. 반면, 다른 한 사람은 언제나 의를 향한 열심에 의해 타오르고, 모든 면에서 진리를 향한 불타는 열정을 가지며, 진지하게 지혜를 열망하면서, 삶의 거룩함과 완벽하게 훈련된 인격을 무엇보다도 선호한다. 그는 겉치레를 부끄럽게 여기며, 중상을 혐오하고, 질투가 무엇인지를 알지 못하며, 교만을 몹시 싫어하고, 모든 종류의 세속적인 영광을 피할 뿐 아니라 싫어하고 경멸한다. 그는 자신 안에 있는 마

---

84. 마 10:37.
85. 고전 1:30.

음과 육체의 모든 불결함을 격렬하게 증오하고 끝까지 파괴시킨다. 당연하겠지만, 그는 종국에 악한 모든 것을 거절하며 선한 모든 것을 껴안는다. 이 두 가지 형태의 감정을 비교해 본다면, 후자가 전자보다 우수하다는 것은 자명하지 않은가? 그리고 후자와 비교해볼 때 전자는 육체적인 방식에 속해 있다는 것이 분명하지 않은가?

9. 그러나 육체적 삶이 차단되고, 세상이 경멸되고 극복되게 하는 그러한 사랑은, 육체적일지언정, 선하다. 그것은 앞으로 나아갈 때 합리적이 되고, 영적인 것이 될 때 완성된다. 그리스도를 소중히 여기는 모든 정서에서는 신앙의 균형(*ratio fidei*)을 주의 깊게 생각하여 아무리 분명하게 진리와 닮았을지라도, 이교적이고 악마적인 속임수의 덫에 의해 교회의 순수한 교리로부터 벗어나지 않아야, 그것은 합리적이라고 불린다. 미신과 경거망동과 또는 불규칙한 성향의 열정에 영향을 받아 신중의 영역들을 넘어서지 않도록 우리의 개인적인 행동에서도 이러한 조심성을 분명히 하여야 한다. 내가 이미 말한 것처럼, 이것이 바로 영혼을 다해 하나님을 사랑하는 것이다. 그리고 여기에 성령이 주시는 것과 같은 강한 힘과 강력한 도움이 더해진다면, 아무리 격렬한 환난이나 고생도, 죽음에 대한 공포도, 의로움을 저버리게 할 수 없으며, 그때 하나님은 모든 힘을 다한 사랑을 받으시는데, 그것이 바로 영적인 사랑이다. 내가 보기에 이 이름은 그러한 사랑에만 특별히 어울리는데, 그것을 특별히 특징지으시는 성령의 충만 때문이다.[86] 이러한 고찰은, 신부의 말에 관심을 가짐으로써 충분할 것이다. "그러므로 처녀들은 당신을 굉장히 사랑했다."[87] 우리의 보호자이신 우리 주 예수 그리스도께서 황송하게도 그의 자비의 보물들을 우리에게 주셔서, 이 글이 아버지와 함께 살아계시고 다스리시며, 성령의 일체 안에서 영원히, 그리고 항상 한 분이신 하나님을 상세히 설명할 수 있게 하시기를 바란다. 아멘.

---

86. 사랑의 단계를 육체적인, 합리적인, 영적인 것으로 분류하는 것은(6 이하에서) *On the Love of God*, chs. 8ff.와 *Letter*, XI, 8을 보라; cf. Berlière, *L'ascèse*, pp. 101-03; Pourrat, *Christian Spirituality*, Vol. II, pp. 30-33.
87. Cf. 아 1:2 (3).

PART I
BERNARD
OF
CLAIRVAUX

하나님을 찾는 영혼을 기다리시는 하나님: 그리고 기다리시는 하나님을 찾는 것은 어떻게 이뤄지는가 (아가서 설교 84)

본문[88]

밤이 이르도록 침상에서 내 영혼이 사랑하는 그분을 찾았도다. – 아 3:1

1. 하나님을 찾는 것은 매우 선한 일이다. 영혼의 모든 축복들 가운데 이보다 더 위대한 것은 없다. 그것은 하나님의 선물들 중 으뜸이며, 영혼의 진보의 마지막 단계이다. 어떤 덕도 그것을 앞지를 수 없으며, 그것은 어떤 것에도 자리를 양보하지 않는다. 무엇도 앞지를 수 없는 이 덕에 더할 수 있는 것이 무엇인가? 그리고 모든 덕들 중 극치인 이 덕이 무엇에게 자리를 내주어야 하겠는가? 하나님을 찾고 있지 않는 사람에게는 어떤 덕을 돌릴 수 있으며, 하나님을 찾는 사람에게 어떤 한계를 규정할 수 있겠는가? "항상 그의 얼굴을 구하라"고[89] 시편기자는 말한다. 영혼이 그를 찾았다 해

---

[88]. S. J. Eales, *Works*, Vol. IV, pp. 511-15의 번역에도 있다. Cf. MPL 183: 1184-87. Cf. Petry, *No Uncertain Sound*, pp. 162-67. Cf. 또한 Priest of Mount Melleray, Vol. II, pp. 495-502의 번역도 참조하라.

[89]. 시 104(105):4.

도, 이로써 찾음이 중단되는 것은 아니라고 난 생각한다. 하나님은 발의 움직임이 아니라 마음의 열망에 의해서 추구된다. 그리고 영혼이 하나님을 찾아 행복할 때, 그 거룩한 열망은 꺼지지 않고, 오히려 증가된다. 그 기쁨의 극치가 이 열망을 소멸하는가? 그것은 차라리 불 위에 기름을 끼얹는 것과 같다. 왜냐하면 열망은, 이른바 불꽃이기 때문이다. 이것은 참으로 그러하다. 기쁨은 완성될 것이다. 그러나 그 완성이 열망의 종결이 되는 것이 아니며, 그러므로 찾는 것의 종결이 되는 것도 아니다. 그러니 할 수 있는 한, 하나님을 찾는 이 진지한 사랑이 그에게서 아무 것도 빼앗지 않고 이루어지며, 그를 향한 열망이 마음의 아무 근심이나 괴로움이 없이 되는 것이라고 생각해보라. 그의 현존은 전자를 배제하고, 그의 은총의 풍부함은 후자를 가로막는다.

2. 지금 내가 왜 이러한 서론적인 얘기를 했는지를 주목하라. 당신들 중에 하나님을 찾는 모든 영혼은 하나님이 그를 기다리고 계심을 알아야 하며, 그가 하나님을 찾기 시작하기도 전에 하나님에 의해서 찾아진다는 것을 알아야만 한다. 이러한 지식 없이는 큰 축복이 아니라 큰 해가 발생할지도 모르기 때문이다. 만일, 영혼이 주님의 좋은 선물들로 채워진다면, 그는 그 선물들을 마치 그에게서 받지 않은 것처럼 다루고, 하나님께 영광을 돌리지 않을 수도 있기 때문이다. 이렇기 때문에, 의심할 여지없이 그들에게 주어진 은혜로 인해 사람들 앞에서 매우 훌륭하게 보이는 몇몇 사람들이, 그들의 상황에 마땅한 영광을 하나님께 되돌리지 않는다면, 하나님 앞에서는 가장 작은 자로 여겨진다. 당신을 생각해서 '가장 큰 자'와 '가장 작은 자'라는 부적절한 말을 사용했다. 하지만 그로 인해 내 생각을 최대한 힘 있게 표현하지는 못했다. 내가 주목하고자 했던 그 구분을 보다 분명히 해야겠다. 사람들 중 가장 선한 사람은 다음과 같은 방식으로 가장 악한 사람이 된다고 말해보겠다. 만일 그 사람이, 자기 안에 있는 뛰어난 것에 대한 찬양을 스스로에게 돌린다면, 그는 전에 받았던 칭송의 정도만큼 비난받아 마땅할 것이다. 가장 나쁜 죄악들 중 하나를 저질렀기 때문이다. 혹자는, "내가 그러한 마음을 가질 리가 없다. 나의 나 된 것은 하나님의 은총에 의한 것이라는 점을 나는 충분히 알고 있다. 하지만 사람이 스스로 그가 받은 은총에 대한 영광의 작은 불꽃 하나 취하려 했다 한들, 그 때문에 도둑이고 강도란 말인가?" 라고 말할는지도 모른다. 그렇게 말하는 사람이여, 들으라. "너 자신의 입의 말로 내가 너

를 정죄하노라 너 악한 종아."⁹⁰ 종이 그의 주님에게 속한 영광을 자신에게로 횡령하는 것보다 무엇이 더 악할 수 있는가?

3. 밤이 이르도록 침상에서 내 영혼이 사랑하는 그분을 찾았도다. 영혼은 말씀을 찾는다. 그러나 영혼은 전부터 말씀에 의해 찾아져왔다. 만일 말씀에 의해서 그가 찾아져 오지 않았다면, 영혼이 말씀의 현존으로부터 한번 추방당하거나 버려졌을 때, 영혼은 더 이상 그가 상실한 좋은 것들을 볼 수 있도록 돌아오지 못할 것이다. 우리의 영혼은, 만일 그 자체로 버려진다면, 이리 저리 갈 뿐, 돌아오지 않는 영이다. 도망 다니며 방황하는 영혼에 귀를 기울이라. 그리고 그가 무엇을 불평하는지 무엇을 찾는지 알라. "나는 잃은 양과 같이 길을 잃었습니다. 당신의 종을 찾으소서."⁹¹ 오 사람이여, 당신은 돌아오기를 원하는가? 만일 그것이 당신 자신의 의지에 달려 있다면, 왜 당신은 도움을 간청하는가? 왜 당신은 다른 이로부터 당신 자신 안에 풍부하게 있는 것을 구하는가? 참으로 열망하지만 그것을 실행할 수 없는 것은 명백하다. 비록 돌아올 소망조차 가지지 않은 사람은 언제나 더 멀리 옮겨질지라도, 이리 저리 헤맬 뿐, 돌아오지 않는 영이다. 하지만 돌아오기를 소망하고 찾아지기를 열망하는 영혼도 전적으로 버려지고 포기된다고 말하려는 것은 아니다. 도대체 어디로부터 그 안에 있는 이러한 자진하는 마음이 오겠는가? 내가 실수하는 것이 아니라면, 그 영혼은 말씀에 의해 벌써 찾아졌고, 방문을 받았던 그것으로부터 온다. 말씀은 영혼 안에서 돌아오는 것을 가능하게 하는 선한 의지를 생산하기 위해서 일했기 때문에, 그 방문은 헛되지 않다. 그러나 영혼의 무기력이 매우 크고, 돌아오는 일의 어려움도 매우 크기 때문에 단 한번 찾아지는 것으로 충분하지 않다. 돌아오려는 영혼의 의지는 어떠한가? 만일 그렇게 하도록 하는 힘에 의해 지지되지 않으면 의지는 작용하지 않은 채 누워있다. "하고자하는 것은 내게 있으나, 그러나 내가 찾지 않은 선한 것을 어떻게 행할 수 있는가?"⁹²라고 사도는 말한다. 내가 인용한 구절에서 시편기자가 찾는 것은 무엇인가? 분명히 그는, 찾아지는 것 말고는 다른 어떤 것도 찾지 않았다: 그가 찾아지지 않았다면 그는 찾지 못할 것이다. 다시 말해, 그가 충분히 찾아졌다면 그는 찾지

---

90. 눅 19:22.
91. 시 118(119):176.
92. 롬 7:18.

못할 것이다. 이 후자의 은총이야말로 진실로 그가 구하는 것이다: "당신의 종을 찾으소서."[93] 즉, 그에게 주어진 것을 소망하면, 하나님의 선하신 즐거움에 따라, 그것은 완전하게 얻을 수 있도록 그에게 주어질 것이다.

4. 하지만 이 말은 아직 두 번째 은총을 얻지 못한 영혼, 비록 사랑하는 그분께 가기를 원하지만 그렇게 할 능력이 없는 영혼에게는 해당되지 않는다. 자신이 찾아지기를 원하기 때문에, 일어나서 길거리에서 도시를 배회하고 넓은 길에서 그의 사랑하는 자를 찾는 것.[94] 이런 말이 어떻게 그러한 영혼에게 적용되겠는가? 영혼이 할 수 있는 만큼 이것을 하게 하라. 그가 처음 사랑 받았기 때문에 그가 처음 찾아졌다는 것, 영혼으로 하여금 오직 그것만을 기억하게 하라. 그 때문에 영혼 스스로가 사랑하고, 찾는 일에 전념하는 것이다. 사랑하는 여러분들이여, 그러한 은총들이 그것들을 절실하게 필요로 하는 우리를 곧 기대하도록 또한 기도하자. 나는 당신들 모두를 대상으로 이것을 말하고 있는 것이 아니다. 당신들 중 상당수는 그리스도가 우리를 사랑하신 그 사랑 안에서 걷고 있으며, 마음의 순수성 안에서 그를 찾고 있음을 나는 알고 있다. 하지만 슬프게도, 아직까지 구원하고 보호하는 은총이 그들 안에 있다는 어떤 표식도 보여주지 못하는 사람들, 그러므로 그들의 구원의 어떤 신호도 보여주지 못하는 사람들이 더러 있다. 그들은 주님이 아닌 자기 자신을 사랑하며, 예수 그리스도의 유익이 아니라 자신의 유익을 추구하는 사람들이다.

5. 신부는 "내가 내 영혼이 사랑하는 자를 찾았도다"라고 말한다. 그것은 당신을 먼저 찾으시고 사랑하시면서 기다리신 하나님의 선하심 - 그의 선하심이 당신을 부르고 활동하게 했다는 것을 말하는 것이다. 만일 당신이 먼저 찾아지고 먼저 사랑받지 않았다면, 당신은 그를 전혀 찾지 않고, 그를 전혀 사랑하지도 않을 것이다. 사랑은 찾는 것의 원인이다. 찾는 것은 사랑의 결실이자 분명한 증거이다. 당신은 사랑을 받았기 때문에, 벌을 주시기 위해서 찾아졌을까봐 두려워하지 않는다. 찾아졌기 때문에, 헛되이 사랑받았다고 불평하지 않을 것이다. 이 두 가지 위대하고 실수함이 없는 은총은 각각 당신에게 용기를 주고, 부끄러움과 소심함을 없애고, 감정을 어루만지며, 돌아올 마음이 내키게 했다. 그래서 당신의 영혼이 사랑하는 그를 찾는 데에

---

93. 시 118(119):176.
94. 아 3:2.

그러한 열심과 열정을 내는 것이다. 당신이 처음 찾아지기 전까지는 그를 찾을 수 없었던 만큼, 지금 당신이 찾아졌기 때문에 그를 찾는 것 아닌 다른 일을 할 수 없다.

    6. 다시 한 번, 어떻게 자신이 여기에 왔는지를 결코 잊지 말라. 지금까지 말한 안전한 길을 나 자신에게 더 잘 적용할 수 있는 이유는, 모든 것이 평안했던 첫 신랑을 떠나, 그에게 처음 맹세된 믿음을 깨뜨리고, 다른 사람을 좇아 가버린 그가 바로 당신이 아니었더냐? 그들과 함께 가득 차게 죄를 지었고, 경멸 속으로 떨어졌을 것인데도, 당신은 뻔뻔스럽고 몰염치하게 그토록 교만하고 무례하게 대했던 그에게로 돌아갈 바람을 가진다는 말인가? 무엇이란 말인가? 숨어야만할 때 빛을 찾고, 은총 보다는 채찍을 받기에 마땅한데도 감히 신랑에게로 달려가는가? 만일 당신이 저주하는 심판 대신 당신을 환영하는 남편을 발견한다면 그것은 매우 놀라운 일일 것이다. 영혼이 이러한 비난에 응답하는 것을 듣는 자는 행복하다: 나는 사랑하기 때문에 두려워하지 않으며, 고로 나는 사랑을 받는다. 만일 그가 먼저 나를 사랑하시지 않았다면 나도 역시 사랑할 수 없었을 것이다. 사랑이 없는 자들로 하여금 두려워하게 하라. 하지만 사랑하는 영혼에게는 두려워할 것이 없다. 사랑이 없는 자들은, 상해에 대한 끊임없는 걱정 아래에서 있는 것 말고 달리 할 것이 없다. 나는 사랑하기 때문에, 내가 내 자신의 사랑을 의심하는 것보다 더 내가 사랑받는다는 것을 더 이상 의심하지 않는다. 나를 향한 그의 사랑을 확실히 느끼고 있으므로 나는 그의 얼굴을 두려워할 수 없다. 어떻게 그것을 느끼고 있느냐고 당신이 묻는가? 바로 이것이다: 내가 불행할 때 그가 나를 먼저 찾으셨을 뿐 아니라 나로 하여금 그를 찾도록 하셨고, 내가 계속 확신을 가지고 그를 찾도록 하셨다. 그의 사랑 때문에 내가 응답한 그를 찾는 일에 내가 어찌 응답하지 않겠는가? 내가 그를 멸시했을 때 용서하셨던 그가, 어찌 내가 그를 찾는다고 화를 내시겠는가? 내가 경멸한 그가 나를 찾으셨다. 내가 그를 찾을 때 그가 어찌 나를 경멸하시겠는가? 말씀의 영은 인자하시고 친절하시며, 내게 주시는 그의 인사는 친절하다. 그는 나를 향한 그의 친절을 깨닫게 하신다. 그는 나에게 속삭이시고 나를 향한 말씀의 성실한 사랑을 확신시키시며, 그것은 그에게서 결코 감추어질 수 없다. 말씀은 하나님의 깊은 것을 살피고 그 거룩한 생각이 평화의 생각이요, 복수의 결심이 아니라는 것을 안다. 그의 온화하심을 경험하고 나와 화해하시는 그에게 설득당한 내가 그를 찾는 것 외에 달리 무엇을 하도록 격려될 수 있겠는가?

7. 내 형제들이여, 이 진리에의 생각은 말씀을 통해서 발견된다. 그것에 의해 설득되는 것은 그에 의해 발견되는 것이다. 그러나 모든 사람이 그 말씀을 받을 수 있는 것은 아니다. 우리들 가운데 있는 어린 아이들을 위해 무엇을 해야 할까? 어린 아이들이라 함은 아직 초보자(incipientes)의 단계에 있는 사람들을 말하는 것이지, 이해(insipientes)가 없는 자들을 의미하는 것은 결코 아니다. 그들은 그리스도를 경외하고 다른 사람에게 복종함으로써 이미 지혜의 시작을 소유하고 있기 때문이다. 나는 말한다. 어떻게 아직도 그러한 감정들에 대해 알지 못하는 사람들에게, 신부의 영적 생활이 이와 같은 경험들에 의해 확인된다는 것을 믿게 할 수 있을까? 그러나 나는, 그들이 결코 신임하지 않을 수 없는 분에게 그들을 보낸다. 어떤 친구의 마음 속에 있는 것을 분별하지 못하고, 그래서 믿으려고 하지 않는다는 것을 책 [성경]에서 읽게 하라. 예언서 중 하나는 기록하고 있다. "만일 어떤 사람이 그의 아내와 이혼하고 그녀가 그로부터 가서 다른 사람의 아내가 된다면 그가 그녀에게로 다시 돌아가겠는가? 그러한 땅은 크게 오염되지 않겠는가? 그러나 너는 많은 정부들과 함께 창녀처럼 행동했으며 그럼에도 불구하고 나에게 다시 돌아오는구나 주께서 말씀하셨다."[95] 그것은 주님의 말씀이며, 의심하거나 주저하는 일은 허락되지 않는다. 그들로 하여금 그들이 경험하지 못한 것을 믿게 하라, 그래서 그들의 신앙의 공로에 의해서 언제가 경험의 열매를 얻도록 하라. 이제 나는, 말씀에 의해 찾아져야 하는 것이 무엇이며, 말씀을 위해서가 아니라 영혼을 위해서, 이것을 경험한 영혼이 그를 보다 완전하고 보다 행복하게 알도록 하는데 이것이 얼마나 필수적인지를 충분하게 설명했다고 본다. 다음 강화(講話)에서는 그들을 찾아오신 그리스도에 목마른 영혼들은 어떻게 그를 찾는가에 대해서 다룰 것이다. 우리 앞에 놓인, 영혼이 사랑하는 하나님을 찾는 이 구절들 안에서, 영혼의 신랑이시며 만유 위에 계시고 영원히 복을 받으신 하나님이신 예수 그리스도 우리 주님을 배워야 한다. 아멘.

---

95. 렘 3:1.

II. 빅토르 수도원의 신비주의자들

PART II
THE VICTORINES

PART II
THE VICTORINES

서론

전기적 내용

생 빅토르(St. Victor) 대수도원은 파리에 있는 아우구스티누스 수도회의 고향으로, 기욤 드 샹포(William of Champeaux)에 의해 1108년과 1110년 사이에 세워졌다. 완전한 명상을 추구했던 이곳의 영적인 열심은 강렬한 지적 열정의 형태로 촘촘하게 직조(織造)되었다. 기도처소를 시작할 생각이던 기욤은 파리의 감독의 간청으로 직접 학교를 세우게 되었다. 이 학교는 1113년에 공인되었다. 국제적인 관심이 급증하면서, 지성과 영혼의 조화로운 연합을 위한 이 피난처는 기욤, 대수도원장 길두앙(Gilduin), 그리고 특별히 위그 아래에서 번창했다.

위그(Hugh, c. 1096-1141)는, 플라망이나 작센 사람으로 추정되는데, 약 18세의 나이에 생 빅토르에 왔다. 하메르스레벤(Hamersleben)의 대수도원에서 훈련을 시작했던 그는 생 빅토르에서 훈련을 계속하여 1133년에는 이곳에서 학생들의 지도를 맡게 되었다. 1141년 죽을 당시 그가 누렸던 학문적이고 영적인 많은 작품들과 고귀한 명성과는 달리, 그의 생애에 대해서는 놀랍게도 알려진 것이 거의 없다.

리샤르(Richard)는 출생시기는 분명하지 않지만(c. 1123) 스코틀랜드에서 태어났고, 생 빅토르에서 수사 서약을 했으며 대수도원장 길두앙에게 신앙을 고백했다. "제2의 아우구스티누스"라고 불린 위그로부터 인정받은 제자인 그는, 지식과 훈련된 경건 둘 다로 알려졌다. 1159년에 부수도원장이 되었고 1162년에 수도원장이 되었다. 영국에서 태어났고 훈련받지 않은 대수도원장 어비시어스(Ervisius) 밑에서 봉사하며, 리샤르는 영적 이완과 전례의 타락에 대항해 싸웠다. 이것은 최근에 출판된 작품들에서 새롭고 분명하게 확증된다. 현저하게 명상적인 그의 작품들은 어비시어스의 행정의 외면적 소란으로부터 철저하게 떨어져 있는 내적인 평온을 반영한다. 1172년 그 대수도원장이 쫓겨나고 1173년 리샤르가 죽을 때까지 외적 평화는 단지 몇 개월밖에 존속되지 못했다.

아담(Adam the Breton, d. 1192)은 몇 가지 이유로 "중세의 가장 위대한 시인"으로 명명되어왔다. 그는 1130년경 생 빅토르에 왔다. 그의 전례의 반복 진행은 신비적 명상에 그 가장 고상한 예술적 형태를 부여했다. 시인이자 작가였던 그는, 학문과 경건이라는 빅토르 수도원의 전통 안에 있는 사람으로 우뚝 섰다. 그에게 불후의 명성을 가져다 준 것은 제롬에 관한 연구나 주석 「전집」(Summa)이 아니라, 전례적인 시들이었다. 그의 가장 아름다운 작품들 중 하나는, 1169년 생 빅토르에서 설교한 캔터베리의 대주교 토머스 베켓(Thomas à Becket)의 순교와 시성을 기념하고 있다(1173).

참고 자료

생 빅토르의 지성적이고 영적인 풍조에 관해서는, G. Dumeige, *Richard de Saint-Victor et l'idée chrétienne de l'amour*, Paris, 1952, pp. 11-35; 또한 DS II, 1961 ff.를 보라. 위그에 관한 뛰어난 설명과 참고문헌은 J. de Ghellinck, *Le mouvement théologique du xiie siècle*, Paris, 1948, pp. 185ff. 그리고 그의 책 *L'essor de la littérature latine au xiie siècle*, Paris, 1946, Vol. I, pp. 50ff.에서 발견된다. 중세 성

서연구에서의 그의 역할은 B. Smalley, *The Study of the Bible in the Middle Ages*, Philosophical Library, New York, 1952, pp. 83ff.에서 집중적으로 분석되어 있다. C. H. Buttimer, *Hugonis de Sancto Victore Didascalion, de Studio Legendi*, Washington D. C., 1939를 보라. C. Spicq, *Esquisse d'une histoire de l'exégèse latine au moyen âge*, J. Vrin, Paris, 1944를 주목하라. 위그, 리샤르, 아당에 관해 유익한 소개가 들어 있는 훌륭한 독일어선집은 *Die Viktoriner: Mystische Schriften*, edited by Paul Wolff, Vienna, 1936이다. F. L. Battles, "Hugo of Saint-Victor as a Moral Allegorist," *Church History*, Vol. 18, no. 4 (December, 1949), pp. 220-240은 유용한 연구이다. F. Vernet, "Hughes de Saint-Victor," *Dictionnaire de théologie catholique*, Vol. VII (1922), cols. 240-308을 참조하라. H. O. Taylor, *The Mediaeval Mind*, Harvard University Press, Cambridge, 1949, Vol. II, pp. 86ff., 386ff.에서 암시적으로 다루어진다. Cf. F. Cayré, *Patrologie*, Vol. II, pp. 437ff. 위그의 Opera 는 MPL 175-177에 들어 있다. B. Hauréau's, *Les œvres de Hugues de St.-Victor: essai critique*, 2d ed., Paris, 1886을 참조하라. Gilson, *History*, pp. 633ff.는 빅토르 수도원의 신비주의자들에 대한 훌륭한 참고 자료와 설명을 가지고 있다.

Pourrat, *Christian Spirituality*, Vol. II, pp. 104ff.는 중요하다. 또한 M. Grabmann, *Die Geschichte der scholastischen Methode*, Freiburg i/B, 1911, pp. 229ff.를 주목하라. 현대적 편집의 중요한 자료일 뿐 아니라, 리샤르의 작품에 대한 상세하고 비평적인 분석들과 가장 최근의 연구들로는 특히 Dumeige, *Richard de Saint-Victor*와 J. Chatillon, W. J. Tulloch, 그리고 J. Barthélemy가 편역한 *Richard de Saint-Victor, Sermons et opùscules spirituels inédits: I, L'édit d'Alexandre ou les trois processions*, Paris, 1951이 있다. M. Hugonin의 "통지"와 John of Toulouse 의 설명을 포함하여, 리샤르의 *Opera omnia*, MPL 196을 보라. *Benjamin Minor* 와 *Benjamin Major*의 대부분은 독일어로 된 P. Wolff, *Die Viktoriner*에서 편집되었다. 그리고 또한 위에서 말한 Ghellinck, Smalley, Spicq를 보라. *Dict. de théol. cath.*, Vol. 13 (1937), cols. 2676-2695에서 G. Fritz와 비교하라. J. Ebner, "Die Erkenntnislehre Richards von St. Viktor," *Beiträge zur Geschichte der Philosophie des Mittelalters*, Münster i/W, 1917, Vol. XIX, no. 4는 모범적인 연구이다. J. A.

Robilliard, "Les six genres de contemplation chez Richard de Saint-Victor et leur origine platonicienne," *Revue des sciences philosophiques et théologiques*, Vol. 28 (1939), pp. 229-233은 암시적이다. F. Cohrs, "Richard von St. Viktor," *Realenzyklopedie für protestantische Theologie*, Vol. 16, pp. 749-754를 참조하라. 아당에 관하여는 Wolff, *Die Viktoriner*, pp. 43-44, 308-336; MPL 196: 1421ff.를 보라.

개관

교리적으로는 베르나르에게 공감하면서, 위그는 건전한 상호관계를 위한 독서 또는 가르침, 묵상, 기도, 명상, 그리고 행동을 강조하였다. 신적 사랑의 영원한 기쁨을 우러르면서, 사람은 여기 하계에서의 명상을 자비의 연습에 결합시킨다. 명상은 학습을 전제한다. 무엇을 어떻게 읽을 것인가에 관한 그의 논문인 교육론 「성인전 연구로부터」(Didascalion: de studio legendi, VI, 3)의 한 기본적인 교의(敎義)는, "모든 것을 진정으로 배우는 것은 무익한 것을 배우는 것이 아니다"이다. 이 작품에서 그는 아우구스티누스의 「교리론」(De Docrtina)의 성경의 구조에 관한 다루기 힘든 학문을 상기시킨다. 그는 「기독교 신앙의 성례론」(De sacramentis christiane fidei)을 토대로 그의 신학적 「전집」(Summa)를 세운다. 이들 모두에서 그는, 「노아의 도덕적 방주」(The Moral Ark of Noah)와 「노아의 신비적 방주」(The Mystical Ark of Noah)라는 그의 책과, 디오니시오스에 관한 그의 논평집에서처럼, 아우구스티누스, 그레고리우스, 그리고 신플라톤주의자들의 분명한 영향을 드러낸다. 그의 작품 전체에서 우리는 지성과 영혼의 보편성, 성경과 영적 연구에서 쓰인 인문학의 실용화를 발견한다. 신비주의자 위그는 "예외적인 경험"과 "계시"라는 인위적 범주들에 의지하지 않는다. 영혼에게 명상적 연습들을 통해서 내적 평화와 통일을 어떻게 발견하게 되는지를 가르치면서 그는 자연적인 것으로부터 비유적인 중요성을 추론한다. 물질의 세계는 정신의 세계를 암시한다. 성경은 자연적 현상들에 부착된 신비적 중요성을 가르치는 데에서 정신과 물질의 상응을 터놓는다.

이 선집은 위그가 성경을 우주적 진실을 여는 비유적 열쇠와 신적 작업의 성례를 드러내는 상징적 빛으로 자세히 검토했다는 것을 바르게 강조한다. 그와 함께 우리는 사고, 묵상, 그리고 명상의 길에 유익하게 오를 것이다. 지식과 사랑이 연합된 순례에 우리가 동반하는 것은 중요하다. 거룩한 현존이 최고도로 통치하실 때까지 마음은 검토되어야 하며, 사람과 그의 영혼과의 대화는 겸손하게 관찰되어야 한다. 그가 「노아의 도덕적 방주」(The Moral Ark of Noah)에 붙이는 서문에서 지적했듯, 우리는 사람의 마음에 일어나는 영고성쇠를 근원에까지 추적해야 하며, 그 가운데에 인간의 마음이 어떻게 안정적인 평화로 옮겨질 수 있는지를 보여야 한다. 이것은 하나님을 소유하는 것이며, 하나님에 의해 소유되는 것이다.

위그는 빅토르의 모든 사람들을 위해 명상적 경험을 위해 영혼이 어떻게 준비되어야 하는지에 대한 길을 제시한다. 악으로부터의 도덕적 정화와 선의 설득이라는 길고도 오랜 도제의 시간이 있어야만 한다. 영혼은 점차로 그의 내적 비전을 흐트러뜨리는 감각적 실재와 형상들의 영역으로부터 멀어지는 법을 배워야만 한다. 궁극적으로는, 그것이 더디더라도, 영혼은 자신 안으로 다시 들어가고 자기-지식을 경험하며, 마침내 그를 넘어서 계신 하나님에게 가는 길에서 자신을 초월하는 것을 배울 것이다. 위그의 방법은 성례적 삶, 전개된 신비한 우주, 창조와 회복에 시위된 하나님의 사랑, 외적인 그리고 내적인 지식에 의해서 준비되는 사랑의 연습이라는 방법이다.

위그로부터, 리샤르는 자기-검토와 자기-지식이라는 유산을 받아들인다. 그의 작품 「소(小) 베냐민」(Benjamin Minor)은 명상에 이르는 길을 개관한다.[1] 영혼은 고통스럽게 그의 감정들로부터 해방될 것과 감각적 형상들의 감옥으로부터의 석방되기를 추구한다. 천천히 영혼은 그의 이성을 신중하게 사용하는 법을 배운다. 그 이성을 사용하면서, 영혼은 그것의 "보이지 않는 것들" 안에서 하나님 자신의 형상과 거울을 발견한다. 자신 안에 있는 아름다움을 감탄스럽게 바라보면서, 영혼은 그것 너머에 있는 것을 분간하기 위한 열망을 점점 더 느낀다. 영혼은 자신을 더 잘 알기 시작하며 그것의 숨겨진 마음 속 깊은 곳에 반영된 신성의 영광을 점점 더 올바르게 인식하기 시작한다.

---

1. 이 논문은 MPL 196:1-64에 있다. 또한 많은 부분이 Wolf, *Die Viktoriner*, pp. 34-36, B1 ff.에 있다.

바로 그때, 마치 섬광처럼, 하나님 자신의 시간에, 순전히 댓가 없는 거룩한 명상으로 돌입하게 된다. 레아, 실바(Zilpah), 빌하(Bilhah)와 같은 다산의 배우자들과 자식을 생산하는 일에 수년의 시간을 보낸 후, 드디어 라헬과의 결혼생활에서도 열매가 열리는 것처럼. 그녀는 처음에 요셉을 낳았는데, 요셉은 참된 선을 분간하는 이성의 신중함을 대표한다. 그 후에야 베냐민이 태어난다. 명상은 영의 마지막 열매이기 때문에, 그 막내아들에 의해서 상징된다. 미덕들의 훈련과 예비적인 하나님의 선물들을 상징하는 형은 그보다 앞서야만 한다. 이것은 명상적 열매를 위한 영의 준비이다. 영혼은 경건한 실재들을 비추는 하나의 거울이다. 그러나 그것은 완전하게 깨끗해질 때에만 경건한 것들을 비출 수 있다. 「소 베냐민」(Benjamin Minor)은, 그의 목표로서 명상을 위한 영혼의 준비를 개관하면서, 신비적 최고점의 특징을 짧게 설명한다. 이성은, 이 지점에 이를 때까지 그의 역할을 다한 후에, 마침내 명상적 경험에 의해 폐기될 것이다. 이것은 옛 것을 능가하고 심지어 그 반대편에 있는 전적으로 다른 종류의 지식을 가져온다.[2] 따라서 명상은 바로 「대(大) 베냐민」(Benjamin Major)의 주제이다.[3]

이 작품은 보에티우스(Boethius)가 제안한 세 가지 유형으로부터 세분화 되었다고 보이는 여섯 가지 종류에 우선 관심을 둔다.[4] 외부로부터 내부로, 내부로부터 위로, 그리고 초월하는 영혼의 진보의 순서가 나온다. 리샤르에 의해 채택된 보에티우스의 기본적인 분류에 의하면, 인간의 영은 지각할 수 있는 것(Sensibles), 이해할 수 있는 것(Intelligibles), 그리고 인식할 수 있는 것(Intellectibles)을 묵상한다. 이 세 가지는 각각 두 종류를 포함하면서 확장되는데, 가장 첫 번째이며 가장 낮은 단계는 (1) 보이는 것과 (2) 그것을 위한 이성에 선취이다. 두 번째이고 그보다 높은 그룹은 (3) 보이는 것들과의 유사성에 의한 보이지 않는 것들의 속성과 (4) 인간의 영 뿐 아니라 천사의 일들에 관심을 갖는다. 세 번째이자 가장 고차적인 그룹은 (5) 신적 본성과 (6) 삼위일체이다.[5]

리샤르는 그의 책 「대 베냐민」(Benjamin Major)의 1권 6장에서, 명상의 유형을 아래로부터 위로 다음과 같이 개관한다. (1) 오직 상상에 의한 상상 (2) 이성에 의한 상상 (3) 상

---

2. *Benjamin Minor*, caps. 86–87; in MPL 196:61–64.
3. MPL 196:63–202; Wolff., *op. cit.*, pp. 35ff., 197ff.
4. 상기한 참고 자료 중 로빌리아르(Robilliard)의 논문을 보라.
5. 리샤르의 사상에 대한 가장 심오한 분석은 상기한 에브너(Ebner)의 논문이다. 여섯 종류에 대해서는 Ebner, *op. cit.*, pp. 105–20을 보라. 특히 *Benjamin Major*, MPL 196:70–73, Book I, chs. 6–7은 적절하다.

상에 의한 이성 (4) 이성에 의한 이성 (5) 이성 위에 있으나 이성과 반대되지 않음 (6) 이성을 초월해 있으며 심지어 이성에 반대됨.

그의 책 1권 7장에서 리샤르는 보에티우스의 오래된 범주들을 지각할 수 있는 것, 이해할 수 있는 것, 그리고 인식할 수 있는 것으로 교정한다. 이와 함께 그는, 자신의 상상(imagination)과 이성(reason)과 지성(intelligence)을 6장의 여섯 부분으로 나누어진 세 부분류와 함께 상호교차하며 결합시킨다. 지각할 수 있는 것의 세계는 상상과의 관계에 있는 것으로 간주된다. 보이지 않는 것들의 영역은 주로 이성을 주장한다. 인식할 수 있는 실재들, 삼위일체와 신앙의 성례들의 범위는 이성의 이해력을 벗어나 있으며, 따라서 지성을 최대한 동원한다. 외부의 세계로부터 올라가면서, 영혼은 처음에는 감각적인 것들에 사로잡힌다. 그리고 영혼은 보이지 않는 실재들을 처음으로 포착한다. 이성에 보다 날카롭게 초점 맞추면서, 영혼은 그 자신의 깊이를 측량하고 거기서 찾은 보다 완전한 신성의 반영을 명상한다. 최종적으로, 자신을 넘어서서 가며 그 관심을 하나님께 집중하면서, 영혼은 이제 인식할 수 있는 것들의 영역에서 지성의 힘을 불러 모은다. 영혼은 바로 그 명상을 획득하는데, 그것은, 한동안 이성에 천착하지만, 신적 본성과 "삼위일체"에 대한 참된 지적인 주시에서 마침내 이성을 탈피한다. 우리는 여기서 완전하게 아우구스티누스적인 그리고 신플라톤적인 사조를 분명하게 체감한다.[6]

명상의 "양식들"은 「대 베냐민」(Benjamin Major)의 다섯 번째와 마지막 권의 주요 관심사이다. 서로 충돌함 없이, 이들은 실제로 여섯 유형들과 함께 작용될 수 있다. 이 양식들은 세가지이다. 첫째, 정신의 팽창 또는 확장(dilatatio mentis), 둘째, 정신의 고양(sublevatio mentis), 그리고 셋째, 정신의 소외(alienatio mentis), 혹은 정신의 이탈(excessus mentis).[7]

첫째 양식인 '팽창'은 가장 단순하고 가장 일반적이다. 새로운 영적인 각성에 도달한 묵상에서 영혼은 즉시 그것이 숙고하는 대상을 껴안는다. 아직은 순전히 본성적인 수준이다. 두 번째 양식인 '고양'에 의하면, 지성은 위로부터는 가르침을 받고, 다른 한편으로는 인간의 한계를 완전히 초월한 대상들(metas industriae humanae transcendit)에 도

---

6. DS II, 1963.
7. MPL 196:167ff.에서 참고.

달한다. 하지만 영은 여전히 보통적인 기능의 수준을 버리지 않은 상태이다. 대립적인 양식인 세 번째 "소외" 또는 이탈(excessus)에서, 영혼은 정상적인 한계를 깨고, 이성을 초월하여 있는 실재들에 도달할 뿐 아니라 그것의 의해 완전히 흡수된 채, 기능들은 마비되고 외부 세계와 자신에 대한 의식을 상실한다.[8]

이 세 가지 양식에 있어서, 첫 번째는 인간의 활동의 결과이다. 세 번째는 이 활동의 통제 바깥에 자리하며 오직 신적 은총의 작업으로부터 발생한다. 두 번째는 신적 은총과 인간적 노력의 동시적 활동의 결과이다.

마침내, 명상의 네 번째 "단계들"이 나타난다. 이것은 리샤르의 책 「격렬한 사랑의 네 단계에 관하여」(On the Four Grades of Violent Love)에서 비롯된다.[9] 첫 번째 단계는 상처 내는 사랑의 단계(caritas vulnerans)이다. 물론 상처들의 준거는 아가서 (4:9; 5:7)의 사랑하는 자에 의해 지지된다. 두 번째는 싸매고 통합하는 사랑(caritas ligans)이다. 세 번째는 황홀의 사랑, 즉 정신의 이탈(excessus mentis, caritas languens)이다. 네 번째(caritas deficiens)는 일종의 그리스도의 형상이다. 영혼은 하나님의 영광을 위해 자신을 완전히 경멸한다. 베르나르에게서와 같이, 행동은 명상에게 왕관을 씌운다. 리샤르는, "격렬한 사랑"의 네 번째 단계에서 발견되는 사랑의 완성을 설명하지 못했다는 점에서 종종 비판을 받아왔지만, 믿을 만한 연구들이 자세한 증거자료를 갖고 리샤르의 사상 안에 있는 이러한 외향적이고 사회화하는 사랑을 반박의 여지 없이 증명해 보여주고 있다.[10]

「대 베냐민」(Benjamin Major)에서 분석된 명상적 황홀은, 「네 단계들」(Four Grades)에서 빅토르의 이상이 제시했고 「소 베냐민」(Benjamin Minor)이 예시했던 것들로는 표현이 되지 않는 이타적인 사랑을 묘사하는 데 이른다.

---

8. 소외(alienatio) 또는 이탈(excessus)에 대해서는 *Benjamin Major*, V, 5ff., MPL 196:174ff.; Ebner, *op. cit.*, pp. 100ff., 108ff.를 보라. 또한 상기한 *Trois processions*, pp. 68-73, 80-82, 94ff., 100ff.,와 각주들; DS II, 1963-64를 보라.
9. MPL 196:1207-24: *De quatuor gradibus violentae charitatis*에서 참고.
10. 훌륭한 연구인 Dumeige, *Richard ... et l'idée chrétienne de l'amour*, 특히 pp. 110ff., 그리고 마지막 단계에 관하여는 pp. 148-53을 보라. Cf. MPL 196:1214ff., 1220-24.

PART II
THE VICTORINES

위그 (c. 1096-1141)

위그: 빛의 영역과 역할[11]

XI. 빛이 삼 일 낮을 비추었다. 그리고 그것은 왜 태양보다 먼저 만들어졌는가?

그러므로, 어느 누구도 어떻게 태양이 만들어지기 전에 낮이 있을 수 있었는가? 하고 질문하지 말아라. 태양이 만들어지기 전에, 빛이 먼저 있었기 때문이다: "그리고 하나님이 빛을 보시니 좋았더라 그리고 빛을 낮이라 칭하시고 어둠을 밤이라 칭하시니라"(창 1:4, 5). 빛 자체는 태양이 만들어지기 전의 처음 삼일 낮을 이루고 세계를 비추었다. 그러나 빛이 있었음에 틀림없는 그때로부터 즉시 태양이 만들어지지 않고 빛이, 말하자면, 분명한 빛 이전에 있었던 것은 무엇을 의미하는가? 매우 가능하게 혼란은 완전한 빛에 알맞지 않다. 그러나 그것은 약간의 빛을 받아서, 순서와 배열로 어

---

11. 형제 샤를 앙리 부티메르(Brother Charles Henry Buttimer)의 비평적 본문으로부터 번역된 Roy J. Deferrari, *Hugh of Saint Victor on the Sacraments of the Christian Faith (De sacramentis)*, Cambridge, massachusetts, 1951을 아메리카 중세학회(The Medieval Academy of America 간행물 No. 58)의 허락을 받아 사용했다. 이 글은 pp. 16-18에 있으며, Book One, Part One, chs. 11-12에서 가져 왔다 (cf. MPL 176:195-97). 「성례론」(*De sacramentis*)의 신비적 중요성에 관하여는 Wolff, *Die Viktoriner*, pp. 20-25와 pp. 49ff.의 본문을 보라.

떻게 나아가는 지를 볼 수 있다.

XII. 거룩한 일의 성례

죄 안에 있는 한, 모든 영혼은 어둠과 혼란 안에 있다. 따라서 여기에 위대한 성례가 권유된다. 하지만, 먼저 빛이 비추어져서 진리를 향해 그가 자신의 악을 보고, 어둠으로부터 빛을, 악으로부터 선을 구분하게끔 정돈하고 순응하도록 배치시킬 수 없다면, 혼란으로부터 정의의 질서와 형태로의 배치는 이루어질 수 없다. 따라서 혼란 안에 놓인 영혼은 반드시 빛을 필요로 하며, 이러한 이유 때문에 먼저 빛이 만들어져야 한다. 이로써 영혼이 자신을 보고, 그의 혼란의 끔찍함과 수치를 인식하고, 자신을 탈출시키며, 진리의 저 합리적인 성향과 질서에 자신을 적용시키도록 해야 한다. 이제, 그것에 관계된 것은 질서에 놓이고 이성의 모양에 따라 그리고 지혜의 형태에 따라 배치되었으며, "마음이 청결한 자들을 복이 있다 그들이 하나님을 볼 것이기 때문이다"(마 5:8)라는 약속으로 인해, 즉시 정의의 태양이 그것을 위해 빛나기 시작한다. 따라서 첫 번째 빛은 인간 마음의 저 합리적인 세계에서 창조되고, 그것의 혼란은 질서로 바뀌도록 비추어진다. 이후에 이렇게 혼란한 내부가 정화되었을 때, 태양의 분명한 빛이 나타나 그것을 비춘다. 이른바 아름다운 질료와 정의로운 성향을 가지고 깨끗해지고 정화되기 전까지는 영원의 빛을 명상할 수 없기 때문이다.

그러므로 율법이 은총에, 말씀이 영에, 선구자 요한이 그리스도에, 빛이 빛에, 등불이 태양에 선행한다. 그리스도는 그의 인간되심으로 처음 나타나, 후에 그의 신성이 명확해지는 것이다. 도처에서 빛은 빛에 선행한다. 죄인을 정의로 비추는 빛은 정의롭게 된 사람을 축복에로 비추는 빛에 선행한다. 그러므로 태양의 밝음이 분명해지기 전에 빛이 만들어졌다. 낮이 있었다. 빛이 있을 때 삼일 낮이 있었고, 태양은 없었다. 넷째 날에 태양은 비치고, 진정한 빛을 가졌기에 그 날은 밝았으며, 어둠은 전혀 없었다. 그러므로 어떤 영혼도, 이 삼 일 낮이 그 안에 선행하지 않는다면, 태양의 빛을 받아 최고의 진리의 밝음을 명상할 자격이 없다. 이제 첫째 날에 빛이 만들어지고 빛과 어둠이 분리된다. 빛은 낮이라 불리고 낮이 되며, 어둠은 밤이라 불리고 밤이 된다. 둘째 날에 창공이 만들어지고 보다 높은 물과 보다 낮은 물 사이에 위치한다. 그리고 창공은 하늘이라 불린다. 셋째 날에 하늘 아래에 있는 물들이 한 곳으로 모인다. 그리고 마른 땅이 나타나 식물의 옷을 입도록 명령이 내린다.

이 모든 것들은 영적인 사례들이다. 빛은, 그가 자신을 인식하기 시작할 때 스스로와 어둠을 분간하고, 빛을 낮이라 부르고 어둠을 밤이라고 부르며, 더 이상 "악을 선이라 부르며 선을 악이라고 부르는 자들에게 화 있을진저. 빛을 어둠으로 대신하고, 어둠을 빛으로 대신하는 자들에게 화 있을진저"(사 5:20)라고 칭해진 무리들 속에 속하지 않게 하기 위하여, 죄인의 마음에 처음 창조된다. 하지만, 그가 빛과 어둠을 분간하기 시작했을 때, 빛을 낮이라고 부르고 어둠을 밤이라고 부르기 시작했을 때, 즉 그가 그의 악을 이성의 심판에 의해 진실로 정죄하고 선하고 칭찬할만한 빛의 일을 선택하기 시작했을 때, 그의 마음에 창공이 만들어지는 일이 남는다. 그는 위의 물과 아래의 물, 즉 육체의 욕망과 영혼의 욕망을 구분하는 선한 결심을 하도록 강화되어야만 하는데, 이로써, 중재자요 매개자인 그가, 두 가지 서로 적대적인 요소들이 섞이거나 바뀌지 않게 하며, 아래에 있어야 하는 것을 위로, 혹은 위에 있어야만 하는 것이 아래에 놓이지 않게 해야 한다. 마지막으로, 배열 순서의 셋째 날의 일이 이어진다. 육체의 욕망이 홍수가 되어 정해진 경계를 넘지 않도록, 하늘 아래에 있는 물들이 한 곳으로 모인다. 전체로서 사람은, 그의 본성의 지위를 상기하며 이성의 명령에 따라 배치되어, 육체는 영에 종속되며 영은 창조주에게 종속될 수 있도록 모든 욕망을 한 곳으로 모을 수 있다. 그렇게 만들어진 사람은 누구든지 태양의 빛을 받을만한 가치가 있어서, 정신을 위로 향하고 하늘의 것에 욕망을 고정시킬 때, 가장 높은 진리의 빛이 그 위에서 빛을 발해. 더 이상 "거울로 보는 것과 같이 희미한"(고전 13:12) 상태가 아닌, 본래 그 모습대로 진리를 인식하고 알게 된다.

그러나 무심하게 간과되어서는 안 될 것도 있다. "그리고 하나님이 빛을 보시니 좋았더라. 그는 빛을 어둠으로부터 나누시고 빛을 낮이라 칭하시고 어둠을 밤이라 칭하시니라"(창 1:4, 5). 그는 만드시고 보셨다. 그리고 나누시고 부르셨다. 왜 그가 보셨을까? 그는 보시기 전에는 나누기를 원하지 않으셨기 때문이다. 그는 먼저 그것이 선한지를 보셨다. 그리고 그 후에 빛을 어둠으로부터 나누셨다. 그리고 빛을 낮으로 어둠을 밤으로 부르셨다. 그는 모든 그의 일을 판단하실 것이다. 하나님이 보시기에 좋았던 빛에서 된 다른 일들뿐만 아니라 빛을 좋다고 보셨고, 빛과 어둠을 나누셨다. 악한 천사 자신은 때때로 자신을 빛의 천사로 변형하고, 마치 그가 진정한 빛인 것처럼 정신을 속이기 위해 애쓰기 때문에 그렇다. 그러나 이 빛은, 그것이 참으로 빛의 외양을 가지고 있으나 진정한 어둠이기 때문에, 어둠으로부터 나누어질 수 없고 낮이라고 불릴 수 없으며 단지 밤일뿐이다. 그러므로 우리가 즉시 "모든 영을 믿는 것이 아니라, 그들이 하나님의 영인지를 시험하도록 하시기 위해서"(요일 4:1) 하나님은 먼저 빛을 보시고 그것이 선한지를 보셨다. 그리고 우리가 보기에 그 빛이 선할 때, 그때 어둠으로부터 빛을 나누며, 빛을 낮이라고 부르고 어둠을 밤이라고 부르자. 따라서 우리는, 그 빛이 우리의 작업에 선행하여 우리의 일이 빛 가운데 이루어지기를 간절히 바라야할 뿐 아니라, 또 빛 그 자체가 먼저 보여 지고 부지런히 고려되어야만다. 그래서 우리가 보기에 그 빛이 선할 때, 빛을 어둠으로부터 나누고 빛을 낮으로 어둠을 밤으로 부르도록 하자.

위그: 지식의 단계들[12]

합리적인 영혼의 사고(visiones) 양식에는 사고(cogitation), 묵상, 명상이 있다. 지각을 통해서 정신에 들어오든 기억으로부터 일어나든, 정신이 사물의 내용에 접촉되고 사물 자체가 그 형상에 의하여 갑자기 나타났다면, 그것은 사고이다. 묵상은 사고의 줄기차고 현명한 교정이며, 숨겨진 것을 설명하고 감추어진 것을 뚫고 들어가기 위해서 노력하는 것이다. 명상은 정신의 통찰력 있는 자유로운 주목(注目)이며, 발견되는 것은 무엇이든지 그 범위를 망라하여 도처에서 발산된다. 묵상과 명상 사이에는 이러한 차이가 있다. 묵상은 언제나 우리 지성으로부터 숨겨진 것들에 관계되지만, 명상은 우리의 본성이나 능력에 의해서 명백하게 된 것들과 관련이 있다. 묵상은 언제나 한 가

---

12. MPL 175:115ff.에 근거하여 위그의 *Nineteen Sermons on Ecclesiastes*의 처음에서 발췌한 이하의 내용은 H. O. Taylor, *The Medieval Mind*, Cambridge, Massachusetts, 4th ed., 1949, Vol. II, pp. 388-89의 번역에 따른 것이다. 하버드 대학 출판사의 허락을 받아 사용되었다. Cf. Battles, *op. cit.*, pp. 227-28. *De modo dicendi et meditandi* (8-9), MPL 176:879로부터 다른 종류의 인식과 명상에 관한 유사한 구절들을 보라. Cf. Wolff, *Die Viktoriner*, pp. 28ff, 48, 76-81.

지 문제를 들여다보는데 골몰한다. 명상은 많은 것, 심지어 우주까지를 이해하기 위해 넓게 펼쳐진다. 그런 의미에서 묵상은 정신의 어떤 특정한 탐구력이며, 모호한 것들을 조사하기 위해 현명하게 노력할 뿐만 아니라 복잡한 것들을 풀어놓는다. 명상은 모든 것을 볼 수 있도록 열어 놓으면서도 분명한 비전과 함께 모든 것을 이해하는 지성의 예리함이다. 그래서 명상은 묵상이 추구하는 것을 가진다.

두 종류의 명상이 있다. 하나는 초보자들을 위한 명상으로, 피조물들을 숙고한다. 나머지 하나는 완전한 자들에게 속하는 명상인데 창조주를 명상한다. 잠언에서 솔로몬은 묵상을 통해 나아간다. 전도서에서 그는 명상의 첫 번째 단계에 오른다. 아가서에서 그는 자신을 마지막 단계로 옮긴다. 묵상에서 무지는 지식과 싸우며, 진리의 빛은 실수의 안개 속에서처럼 희미하다. 그래서 불이 어렵게 초록빛 나무더미 위에 붙는다. 그러나 그 때에 강한 숨으로 바람을 보내면서, 불꽃은 더 높이 타고, 우리는 그 안에서 타는 불꽃과 함께 연기가 한 가득 위로 올라가는 것을 본다. 습기는 조금씩 사라지고, 타오르는 불은 연기를 헤쳐 없앤다. 그때 승리의 불꽃(victrix flamma)이, 바스락거리는 나무더미를 뚫고 날아가면서 가지에서 가지로 튀어 오르고, 모든 잔가지들 위로 나불거리는 것을 붙잡는다. 그리고 모든 곳을 관통해서 자신 안으로 불꽃이 아닌 모든 것들을 끌어당길 때까지 쉬지 않는다. 타기 쉬운 모든 물질들이 충분히 자신의 본성을 일소하고, 불과 같은 모양이 되어 불의 소유가 된다. 그때 소음은 잠잠하게 되고, 게걸스러운 불은 모두 완화되어 자신의 닮음 안으로 모두 옮겨져, 마음을 가라앉히고 고도의 평화와 침묵에 이르게 된다. 거기서는 자신으로부터 소외되거나 반대되는 것은 아무 것도 없다. 처음에는 불꽃과 연기와 불이 있었다. 그 후에는 연기 없이 불꽃과 함께 불이 있었고, 마침내는 불꽃도 연기도 없는 순수한 불이 있었다.

위그: 영혼의 병을 치유하는 사랑[13]

---

13. *De arca Noe morali*의 서문으로부터 취한 이 본문은 MPL 176:617-20에 있으며 이어지는 본문은 Lib. I, cap. 2, MPL 176:621에서 취했다. 둘 다 H. O. Taylor, *The Medieval Mind*, 4th ed., Cambridge, Massachusetts, 1949, Vol. II, pp. 396-97에 번역

내가 형제들 가운데 앉아 질문을 듣고 응답을 하며, 많은 문제들이 인용되고 예증되었을 그 때에, 나와 그들 모두는 마음의 불안정성과 동요에 대해 심하게 놀라기 시작했다. 모두는 한숨짓기 시작했다. 그들은 나에게, 인간 마음에 그러한 착란을 일으키는 원인이 무엇인지 알려달라고 했다. 어떤 훈련을 숙달해야 그러한 악을 제거할 수 있는지를 제시해달라고도 간청했다. 나는 하나님이 나를 도우시는 한에서, 내 형제들을 만족시키고 권위와 논증으로 어려운 질문들을 풀어내길 진정으로 원했다. 그들이 책상에서 읽을 수 있도록 내 문제를 쓴다면 그들이 매우 기뻐하리라는 것을 나는 알았다.

인간의 마음 안에 있는 격렬한 변화들이 어디로부터 발생하는지를 먼저 보이고, 그 후에 정신이 안정된 평화에서 그 자신을 유지하도록 어떻게 인도될 수 있는가를 보이는 것이 나의 계획이었다. 물론 이것은 인간의 노력이 아닌, 은총으로 이루어져야 마땅할 일임이 분명하지만, 그래도 하나님은 우리가 서로 협력하기를 원하시고 있다는 것을 나는 알고 있다. 그 과정을 통해 우리의 감사는 그만큼 깊어질 것이므로, 우리는 우리의 연약함과 그 회복의 위대함을 아는 것이 좋다.

첫 번째 사람은 죄를 짓지 않았다면 그의 창조주의 얼굴을 항상 명상 중에 볼 수 있도록 창조되었고, 항상 그를 봄으로 해서 그를 사랑하도록 창조되었으며, 사랑함으로 해서 항상 그에게 가까이 밀착되도록 창조되었고, 영원하신 그분에 밀착됨으로 해서 끝없는 생명을 소유하도록 창조되었다. 분명히 인간의 단 한 가지 진정한 선은, 그의 창조주에 대한 완전한 지식이었다. 그러나 그는 주님의 얼굴로부터 추방되었고, 그의 죄 때문에 무지라는 맹목으로 얻어맞았고, 명상의 그 내밀한 빛으로부터 내버려졌다. 그리고 신적인 것의 달콤함을 잊기 시작했을 때, 그의 마음을 지상적 욕망에 기울였다. 난잡한 현세욕 때문에 방랑자가 되고, 죄의식 때문에 도망자가 되어, 모든 사람의 손이 자기를 치고 있다고 느낀다. 모든 유혹이 하나님의 도우심을 상실한 그 사람을 삼킬 것이기 때문이다.

그러므로 하나님의 사랑에 의해 안전하게 된 인간의 마음과 그리고 하나님을 사랑하는 마음은 그 후에 지상적 욕망들을 관통하여 이리 저리로 흐르기 시작한다. 진

되어 있다. 하버드대학 출판사의 허락을 받아 사용되었다. 창조와 회복의 일(*opus creationis et reparationis*)에 대해서는 *De arca Noe morali*, cols. 667, 677 ff.의 Lib. IV, cap. 3, cap. 9, 등을 보라.

정한 선을 사랑할 줄 모르는 정신은 결코 안정될 수 없고 결코 쉬지 못한다. 이 사실에서, 사람이 하나님에게 돌아서서 그에게 부착될 때까지, 불안정과 중단 없는 노동과 동요가 유래한다. 병든 마음은 흔들리고 떨린다. 그 병의 원인은 세상을 사랑하는 것이다. 구제책은 하나님의 사랑이다.

지식과 사랑을 통해 영혼 안에 거하시는 하나님[14]

두 가지 방식으로 하나님은 인간의 마음 안에 거하신다. 지식을 통해서 그리고 사랑을 통해서이다. 그를 아는 모든 사람은 사랑하고, 어느 누구도 알지 못하고는 사랑할 수 없기 때문에, 거주하시는 분은 한 분이시다. 신앙의 숙고를 통한 지식은 구조를 세운다. 덕을 통한 사랑은 색으로 건물을 색칠한다.

위그: 영혼의 가장 깊은 욕망: 사람과 그의 영혼과의 대화[15]

영혼: 하나님을 생각할 때 때때로 나를 감동시키는 그 달콤한 것은 무엇인가? 그 격렬함과 달콤함이 좋아서 나는, 전적으로 자신 밖으로 나가 나도 모르는 그 곳으로 고양되기 시작한다. 갑자기 나는 새로워지고 변화된다. 그것은 말로 표현할 수 없는 건강한 존재(well-being)의 상태이다. 나의 의식은 기뻐한다. 나는 이전에 있었던 시련들의

---

14. MPL 176:621; Taylor, op. cit., Vol. II, p. 397.
15. MPL 176:970의 본문에서 발췌한 Solioquium de arrha animae로부터 "Confessio"의 마지막을 번역한 것이 A. Poulain, The Graces of Interior Prayer, translated from the 6th edition by L. L. Y. Smith et al., London, 1950, pp. 108-109에 있으며 Routledge & Kegan Paul, Ltd., London과 B. Herder Book Company, St. Louis, Missouri의 출판인들의 허락을 받아 사용되었다. Cf. Wolff, Die Viktoriner, pp. 113-14, 그리고 K. Müller, in Kleine Texte, No. 123의 완전한 본문을 참조하라.

기억을 상실하고 내 영혼은 기뻐하며, 내 정신은 더 분명해지고, 내 마음은 불타오르며, 내 욕망들은 충족된다. 나는, 어딘지 모르는 새로운 장소 안으로 옮겨진 것을 느낀다. 나의 내부에서는 마치 사랑의 포옹을 하듯이 무언가를 붙잡는다. 무엇인지 모르지만, 온 힘을 다해 그것을 붙들고 잃지 않기 위해서 애쓴다. 내가 영원히 포옹하기를 원하며, 드디어 내 모든 욕망들의 목표를 찾은 것처럼, 말로 표현할 수 없는 강렬함으로 기뻐 날뛰는 이것을 떠나지 않기 위해 즐겁게 노력한다. 나는 더 이상 아무 것도 추구하지 않는다. 나는 더 이상 아무 것도 바라지 않는다. 내 모든 열망은 내가 도달한 점에서 계속되는 것이다. 그가 나의 사랑하는 자(Beloved)인가? 당신에게 기도하오니, 이가 그인지 말해다오. 그래서 그가 돌아올 때, 떠나지 않고 내 안에 그의 영원한 처소를 세우도록 그에게 마법을 걸 수 있도록 말해다오.

사람: 그렇다. 당신을 방문한 그이가 진정으로 당신이 사랑하는 자이다. 그러나 그는 '보이지 않게, 숨겨져', 이해할 수 없게 온다. 그가 와서 당신을 감동시키나, 보이지 않는다. 그의 현존은 당신에게 암시되거나 이해될 수 없다. 당신에게 그를 맛보도록 하나, 그의 전체에서 자신을 쏟아 붓지 않는다. 당신의 사랑을 끌지만, 당신의 욕망을 채워주지 않는다. 그의 사랑의 첫 번째 열매들을 선사하지만, 그것의 완성에서 나누지 않는다. 당신의 미래의 결혼에 대한 이 가장 확실한 약속에서 보라. 너는 그를 보고 그를 영원히 소유하도록 운명 지어졌다. 그는 네가 알고 있는 큰 달콤함으로 때때로 맛보도록 이미 네게 자신을 내주었기 때문이다. 그러므로 그가 없을 때 너는 자신을 위로해야 한다. 그리고 그가 찾아왔을 때, 너는 항상 기운 나게 할 필요가 있는 네 용기를 새롭게 해야 한다. 오 나의 영혼아, 우리는 이제 충분히 이야기했다. 마지막으로 나는 네게, 주님 밖에는 어느 누구도 생각하지 말며, 어느 누구도 사랑하지 말며, 어느 누구에게도 듣지 말며, 어느 누구도 붙잡지 말며, 어느 누구도 소유하지 말기를 요청한다.

영혼: 그것이야말로 내가 바라는 것이며, 내가 선택한 것이다. 그것은 내가 내 마음의 깊은 곳으로부터 갈망하는 것이다.

PART II
THE
VICTORINES

리샤르 (c. 1123-1173)

리샤르: 명상에 이르는 길

여기, 베냐민이라고 불리는 인간 영혼의 힘과 덕에 관한, 그리고 참된 명상에 이르는 길에 관한 매우 신실한 논문이 있다. 고귀하고 저명한 박사, 위대한 성결과 헌신의 사람, 생 빅토르의 리샤르라고 불리는 이가 썼다.[16]

---

16. 가드너(E. G. Gardner)는 영국 신비주의의 발전에 주요한 영향을 미친 베르나르, 생 빅토르의 리샤르, 그리고 보나벤투라 중에서, 아마도 리샤르가 가장 많은 영향을 미쳤을 것이라고 지적했다. 14세기 영국에서 발생한 「소 베냐민」(Benjamin Minor)을 각색한 수많은 원고들 중 하나는 이 선집의 이중적 목적을 만족시킨다. 분명히 「소 베냐민」의 핵심이 자유롭게 번역, 생략, 그리고 확장되면서 멋대로 의역되었기 때문에, 이 중세 영국의 본문은 보다 집중된 형태로 기형화된 원문을 제시한다. 더구나, 그것은 우리에게 라틴역 리샤르가 자국어인 영어로 된 신비적 전통에 들어온 효과적인 방법들 중 하나를 보여준다. 페프웰(Henry Pepwell)이 인쇄한 이 1521은 C. Horstman, *Richard Rolle of Hampole ... and His Followers*, London, 1895, Vol. I, pp. 162-72에 의해 할레이안(Harleian)의 원고 1002로부터 출판되었으며 E. G. Gardner가 그의 책 *The Cell of Self-Knowledge*, London, 1925, pp. 3-33에서 편역했다. Chatto & Windus의 출판인들의 허락을 받아 사용되었다.

베냐민이라고 불리는 논문[17]

서문

사람들은, 생 빅토르의 리샤르라는 한 위대한 성직자가, 지혜를 연구하며 지은 그의 책에서, 인간의 영혼 안에는 모든 선한 것들의 근원인 하늘 아버지로부터 주어진 두 가지 힘이 있다는 것을 증언하며 말한다. 이성과 감정이 그것이다. 이성을 통해 우리는 알고, 감정을 통해 우리는 느끼고 또는 사랑한다.[18]

이성으로부터 올바른 조언과 신령한 지혜가 솟아난다.[19] 감정으로부터 거룩한 욕망들과 정해진 정서들이 솟아난다. 라헬과 레아가 야곱(Jacob)의 두 아내들이었듯이, 사람의 영혼은 이성으로 아는 것의 빛과, 감정으로 사랑하는 것의 달콤함으로 하나님과 결혼한다. 야곱에 의해 하나님이 이해되며, 라헬에 의해 이성이 이해되며, 레아에 의해 감정이 이해된다. 이 아내들 중 각자는, 즉 라헬과 레아는, 하녀를 데리고 있었다: 라헬은 빌하를, 레아를 실바를 취했다. 빌하는 대단한 말쟁이이며,[20] 실바는 항상 술에 취하고 술을 좋아했다. 빌하가 라헬의 종인 것과 같이, 상상은 이성의 종이라 이해하면 된다. 실바가 레아의 종인 것 처럼, 감각(sensuality)은 감정의 종이다. 두 여종이 여주인에게 매우 필요했듯, 상상과 감각이 없다면, 이 모든 세계는 아무 것에도 소용없을 것이다. 왜 그러한가? 상상이 없이는 이성은 알지 못하고 감각이 없이는 감정은 느끼지 못하기 때문이다. 그리고 상상이 그녀의 여주인인 이성이 해야 할 책임을 적절치 않게 우리 마음의 귀에 외치더라도, 그녀는 여전히 여주인이 아니다. 우리가 기도할 때, 종종 그렇게 많은 여러 나태하고 악한 생각들이 우리 마음에서, 전혀 현명하지 않은 방법으로, 우리의 능력으로 그들을 몰아낼 수 있다고 소리 지른다. 빌하가 형편없는 말쟁이었지 않은가. 감각은 항상 목말라서 그녀의 여주인이 느끼는 모

---

17. 원래 「소 베냐민」(Benjamin Minor)라는 제목은 중세가 명상적 관습들이 불가타역 시 67:28: *Ibi Benjamin adolescentulus, in mentis excessu*: "베냐민이라는 청년이 정신의 엑스타시에 있다"에 근거한다고 보았다는 것을 상기시킨다. 여기에 권위 있는 본문이 있다: "작은 베냐민 그들의 통치자[와 함께]…" (시 68:27). Cf. Gardner, *Cell of Self-knowledge*, p. xiv; Wolff, *Die Viktoriner*, p. 129.
18. MPL 196에 있는 완전한 논문은 cols. 1–640이며, 모두 87장이다. 볼프(Wolff)는 많은 부분인 pp. 131–98을 번역했다. 여기 있는 서문의 처음 부분은 원작의 cap. 3으로부터 가져온 것이다.
19. 즉 영적 통찰력: *spiritualis sensus*.
20. Caps. 5–6: 수다스러운.

든 감정이 여전히 그녀를 만족시키지 못한다. 그녀가 원하는 음료는 육체의, 자연스러운, 세상적인 기쁨들이며, 그것을 더 많이 마실수록 그녀는 더 많이 목마르게 된다. 왜 그러한가? 감각의 탐욕을 채우기에 이 모든 세계는 충분하지 않기 때문이다. 따라서 우리가 기도하거나 하나님과 신령한 것들에 관해 생각할 때, 종종 우리는 쾌히 우리의 감정에서 사랑의 달콤함을 느끼는 것에도 불구하고, 우리 감각의 현세욕을 만족시키는 일에 바쁘기 때문에, 여전히 느끼지 못한다. 항상 그것은 탐욕스럽게 요구하며, 그것에 대하여 우리는 육체적 연민을 가진다. 그래서 실바는 항상 술에 취하며 항상 술을 좋아한다는 것이 잘 입증된다. 레아가 야곱으로 인하여 임신하고 일곱 자녀를 낳았으며, 라헬이 야곱으로 인하여 임신하고 두 자녀를 낳았으며, 빌하가 야곱으로 인하여 임신하고 두 자녀를 낳았으며, 그리고 실바가 야곱으로 인하여 임신하고 두 자녀를 낳았던 것처럼, 감정은 하나님의 은총을 통해서 임신하여 일곱 가지 덕을 낳았고, 또한 감각도 하나님의 은총을 통해서 임신하여 두 가지 덕을 낳았다. 그리고 이성은 하나님의 은총을 통해서 임신하여 두 가지 덕을 낳았고, 상상도 하나님의 은총을 통해서 임신하여 두 가지 덕 또는 두 가지 주시(注視)를 낳았다. 그 자녀들의 이름과 덕은 다음과 같은 비유에 의해 알려져야 한다.

남편: 세속적으로는 야곱, 영적으로는 하나님. 야곱의 아내들: 레아는 감정, 라헬은 이성. 레아의 하녀 실바는, 이해하자면, 감각, 그리고 라헬의 하녀 빌하는, 상상.

야곱과 레아의 아들들은 일곱이며 다음과 같다. 르우벤(Reuben)은 고통의 두려움, 시므온(Simeon)은 죄의 슬픔, 레위(Levi)는 용서의 희망, 유다(Judah)는 의의 사랑, 잇사갈(Issachar)은 내적 달콤함의 즐거움, 스블론(Zebulun)은 죄의 증오, 디나(Dinah)는 정해진 수치를 상징한다.

야곱과 레아의 종 실바의 아들들은 다음과 같다. 갓(Gad)은 절제, 아셀(Asher)은 인내.

야곱과 라헬의 아들들은 다음과 같다. 요셉(Joseph)은 신중, 베냐민(Benjamin)은 명상.

야곱과 라헬의 종 빌하의 아들들은 다음과 같다. 단(Dan)은 오는 고통에 대한 한숨, 납달리(Naphtali)는 오는 기쁨에 대한 한숨.

야곱과 그의 아내들과 그들의 여종들과 자녀들은 이러한 비유로 드러난다. 이제 그들이 어떤 방식으로 주어지며, 어떤 순서로 주어지는 지 보자:

첫째, 레아의 자녀들에 관해서이다. 그녀가 첫 번째로 임신한 여인이기 때문이다. 레아의 자녀들은 인간의 영혼 안에 있는 정해진 감정들, 혹은 느낌들로 밖에는 이해할 수 없다. 왜냐면, 만일 그들이 정해지지 않았다면, 그들은 야곱의 아들들이 아닐 것이기 때문이다. 또한 덕은 인간의 영혼 안에 정해진, 그리고 정확히 재어진 느낌 외에는 아무 것도 아니기 때문에 레아의 일곱 자녀는 일곱 덕들이다. 영혼 안에 있는 사람의 느낌은 정해져 있다. 마땅히 있어야 할 것들로 이루어져 있을 때 영혼 안에 있는 사람의 느낌은 정해진다. 그것이 마땅히 되어야 할 만큼일 때 그것은 정확히 재어진다. 사람의 영혼에 있는 이러한 것들은 지금 정해지고 정확히 재어질 수도 있고, 지금 정해지지 않고 정확히 재어지지 않을 수도 있으나, 그들이 정해지고 정확히 재어질 때, 그때 그들은 야곱의 아들들 중에 계수된다.[21]

제1장[22] 두려움의 덕은 감정에서 어떻게 일어나는가

레아가 야곱에게 낳은 첫 번째 아이는 르우벤, 즉 두려움이다. 시편에 이렇게 기록 되어있다. "지혜의 시작은 우리 주 하나님을 두려워하는 것이다."[23] 이것은 사람의 감정에서 가장 처음 느껴지는 덕이며, 이것 없이는 다른 것들을 가질 수 없다. 따라서, 그러한 아들을 가지기를 바라는 사람은 누구든지, 마땅히 부지런히, 때때로 그가 행한 악을 주시해야 한다. 한편으로 자신의 죄가 얼마나 큰지를, 다른 한편으로는 심판자의 권능을 생각해야 한다. 그러한 숙고로부터 두려움이 솟아나며, 그래서 르우벤은 그래서 "봄(Sight)의 아들"이라고 옳게 불린다.[24] 마땅히 오는 고통을 보지 못하고 죄 짓기를 두려워하지 않는 사람은 전적으로 맹인이다. 르우벤이 봄의 아들이라고 불리는 것은 옳다. 그가 태어났을 때 그의 어머니는 "하나님이 나의 굴종을 보셨다"고 부르짖었기 때문이다.[25] 사람의 영혼은 옛날의 죄와 심판자의 권능에 대한 그러한 고찰에서 진정으로 두려움의 감정으로 하나님을 보기 시작하며, 보상으로서의 연민에

---

21. 이상의 내용은 원작의 caps. 1-7에서 편집되었다.
22. Cap. 8.
23. 시 110(111):10.
24. 불리다: *vocetur*.
25. 창 29:32.

의해 하나님께 보이기 시작한다.[26]

제2장[27] 슬픔은 감정에서 어떻게 일어나는가

르우벤이 컸을 때, 시므온이 태어난다. 두려움 뒤에 슬픔이 곧 오는 것은 대단히 필요하기 때문이다. 사람이 마땅하게 받은 고통을 두려워하면 할수록 그가 지은 죄를 더 슬퍼하게 된다. 레아는 시므온을 낳으며 울부짖는다. "우리 주님이 고통 중에 있음에도 불구하고 나를 들으셨다."[28] 그러므로 시므온은 "들음"이라 불린다. 사람이 그의 죄악을 비통 중에 슬퍼하며 경멸할 때, 그는 하나님에게 들려지기 시작하며 하나님 자신의 입의 축복된 선언을 듣는다. "애통하는 자들은 복이 있나니 저희가 위로를 받을 것임이라."[29] 죄인이 회개하고 죄로부터 돌아서는 그 시간에 그는 안전할 것이기 때문이다. 성경은 그렇게 증언하고 있다. 그리고 르우벤으로 인해 시므온이 굴종적이었다면, 그로 인해 르우벤은 회개하고 눈물의 회오를 가진다. 그러나 다윗(David)이 시편에서 증언하듯이, "회개하는 상한 마음을 하나님은 멸시하지 않으신다."[30] 의심할 여지없이 그러한 슬픔은 마음의 참된 위로를 가져온다.

제3장[31] 희망은 감정에서 어떻게 일어나는가

그러나 당신에게 기도하오니, 옛 죄들에 대하여 진정으로 두려워하며 애통으로 슬퍼하는 자들에게 주어지는 위로가 참된 용서의 희망이 아니면 무엇이 되겠습니까? 그것이 야곱의 셋째 아들인 레위이며 그는 "더함"으로 불린다.[32] 다른 두 아들, 두려움과 슬픔이 하나님에게서 사람의 영혼에 주어졌을 때, 의심할 여지없이 이 셋째 아들, 즉 희망은 지체되지 않고 더해질 것이다.[33] 레위의 이야기에서 말하듯이, 그의 두 아들 르우벤과 시므온이 그들의 어머니 레아에게 주어졌을 때, 레위가 더해졌다. 주

---

26. *Per respectum pietatis*; 그러므로 "연민"은 "경건"의 의미에서 사용됨.
27. Cap. 9.
28. 창 29:33.
29. 마 5:5(4).
30. 시 50:19(51:17).
31. Cap. 10.
32. *Additus, vel additio*.
33. 더해짐 (cf. 창 29:34).

어지지 않고 더해졌다는 이 말에 유의하라. 사람은 그의 마음이 두려움으로 상하고 슬픔으로 회개하기 전까지는 용서의 희망을 가정해서는 안 된다. 이 둘이 없이 희망은 가정일 뿐이며, 이 둘이 있는 곳에 희망이 더해진다. 그러므로 다윗이 시편에서 우리 주님께 "내 마음의 많은 슬픔 후에 당신의 위로가 내 영혼을 기쁘게 하였나이다"라고[34] 고백한 것처럼, 슬픔 뒤에 곧 위로가 온다. 따라서 성령이 보혜사(Paracletus), 즉 위로자라고 불리는 것은 종종 그가 슬픔에 가득 찬 영혼을 친절하게도 위로해주시기 때문이다.

제4장[35] 사랑은 감정에서 어떻게 일어나는가

지금부터 하나님과 사람의 영혼 사이에서 성장하기 위한 소박함[36]이 시작된다. 종종 하나님의 방문을 맞고 그의 오심에서 위로를 받는다고 여기며, 때로 말로 할 수 없는 기쁨으로 가득 찬다고 느낀다면, 거기서 불타는 사랑이 시작된다. 레위가 태어난 후, "이제 내 남편이 나에게 연합할 것이다"라고[37] 큰 소리로 외쳤을 때, 레아는 처음 이 소박함과 불타는 사랑을 느꼈다. 우리 영혼의 진정한 배우자는 하나님이기에, 희망과 정직한 사랑에 의해 하나님께 가까이 갈 때, 우리는 하나님께 진정으로 연합된다. 마치 희망 다음에 사랑이 오듯이, 레위 다음에 레아에게 난 넷째 아들 유다가 태어났다. 그를 낳으면서 레아는 "이제 내가 우리 주님께 사죄할 것이다"라고[38] 부르짖는다. 이야기에서 유다는 "고해"라고[39] 불린다. 또한 이 단계의 사랑 안에 있는 사람의 영혼은, 그것을 하나님께 분명하게 드리면서 "이제 내가 우리 주님께 사죄할 것이다"라고 말한다. 사람의 영혼 안에 사랑의 이러한 감정이 생기기 전에, 그가 하는 모든 일은 사랑 보다는 두려움을 위하여 행해진다. 그러나 사람의 영혼은 하나님을 너무도 상냥하고, 자비로우며, 선하고, 정중하고, 참되고, 친절하고, 충실하고, 사랑스러우며, 소박하게 느끼기 때문에, 자신 안에 분명하고 자유롭고 소박하게 드리지

---

34. 시 93(94):19.
35. Caps. 11-13.
36. 일종의 내밀함: *quaedam familiaritas*.
37. 창 29:34.
38. 창 29:35(불가타): *Modo confitebor Domino*.
39. *Confitens*.

않은 어떤 것, 즉 힘이나 속임40 의지까지도 남기지 않는다. 이 고해는 죄에 대해서 뿐 아니라 하나님의 선함에 대해서이다. 사람이 하나님께 그분은 선하다라고 말할 때 그것은 사랑의 위대한 표시이다. 이 고해에 대하여 다윗은 매우 자주 시편에서 말한다. "그것을 하나님께 알려지게 하라, 그는 선하시기 때문이다."41

지금 우리는 레아의 네 아들에 관해 말했다. 이후 그녀는 오랫동안 아이를 갖지 않는다. 진정한 선을 사랑한다고 느낄 때, 사람의 영혼은 그것으로 충분하다고 생각한다. 하지만 그것은 구원에는 충분하지만, 완전을 향해서는 그렇지 않다. 완전한 영혼은 감정에서 사랑의 불로 점화되고 이성에서 지식(knowing)의 빛으로 조명되어야 하기 때문이다.

제5장42 고통과 기쁨을 둘 다 보는 것은 상상에서 어떻게 일어나는가

유다가 자라날 때, 즉 사람의 감정에서 보이지 않는 참된 선에 대한 사랑과 욕망이 일어나고 자라날 때, 라헬은 자녀를 잉태하기를 탐한다. 그때의 이성은 감정이 느끼고 있는 이것들을 알기를 탐한다. 사랑하는 것이 감정의 몫이라면, 아는 것은 이성의 몫이기 때문이다. 감정으로부터 정해지고 정확하게 재어진 느낌들이 솟아난다. 그리고 이성으로부터 올바른 앎과 분명한 이해가 솟아난다. 그리고서 유다, 즉 사랑이 점점 자라날수록 그만큼 라헬은 아이를 갖기를, 말하자면 이성은 앎을 공부한다. 그러나 영적 연구에서 아직 미숙한 육체적인 영혼에게, 보이지 않는 것들을43 아는 것을 시작하는 것과 영적인 것들에 명상의 눈을 고정하는 것이 얼마나 어려우며, 거의 불가능한 일이라는 것을 모르는 사람이 있겠는가? 이유는? 아직 미숙하고 육체적인 영혼은 육체적인 것들 외에는 알지 못하며, 단지 보이는 것들 외에는 그 정신에 들어오지 않기 때문이다. 하지만 여전히 그것은, 가능한 한 내부를 본다. 그리고 영적인 지식에 의해 아직 분명하게 볼 수 없는 것을 그는 상상에 의해 생각한다.

이것이 바로 라헬이 자신에게서보다 그녀의 여종에게서 첫 번째 아이를 갖는 이

---

40. 배움.
41. 시 106(107):1.
42. Caps. 13-14 ff.
43. *Invisibilium. Benjamin Major*, 1, 6, 7을 보라.

유이다. 비록 모든 사람의 영혼이 이성에서 영적인 앎의 빛을 얻을 수 없다고 할지라도, 하나님과 신령한 것들을 상상에서 마음에 붙잡는 것을 즐겁게 생각한다. 우리는 라헬에 의해서 이성을 이해하듯이, 그녀의 여종 빌하에 의해서 상상을 이해한다.[44] 그러므로 신령한 것들에 관하여 생각하는 것은, 어떤 종류든지 그렇다. 만일 그것이 어떤 아름다운 상상으로 우리의 욕망에 불을 지피는 것이라고 해도, 이 세상의 공허한 것들과 현혹하는 것들에 관해 생각하는 것보다 훨씬 더 유익하다는 것을 이성은 우리에게 보여준다. 그러므로 빌하에게 이 둘이 태어난다. 단과 납달리가 그들이다.[45] 단은 오는 고통을 바라보는 것을 의미한다. 납달리는 오는 즐거움을 바라보는 것을 뜻한다. 이 두 자녀는 일하는 영혼에게 매우 필요한 것이며 속도를 더하는 것으로, 전자는 오는 고통을 봄으로 해서 죄의 악한 제안들을 억제하는 데에 필요하고, 후자는 선하게 일하고 우리의 욕망을 타오르게 하는 것에 우리의 의지를 끌어올린다. 오는 고통을 봄으로써 죄의 악한 제안을 억제하는 것이 단에게 주어지듯이, 형제 납달리에게는 다가올 기쁨을 봄으로써 선하게 일하고 거룩한 욕망들을 타오르게 하는 것에 우리의 의지를 끌어올리는 것이 주어진다. 그러므로 거룩한 사람들은, 어떤 불결한 생각이 떠올라 불법한 일에 동요될 때, 그들 정신으로 하여금 다가올 고통을 보게 한다. 그렇게 해서 그들 영혼 안에 어떤 더러운 즐거움이 생기기 전에 그 유혹을 시작에서 약화시킨다. 하나님과 신령한 것들을 좋아하고 그것들에 헌신하는 것이 중단되고 냉담해지는 만큼 자주 (육체와 다른 많은 기술들의[46] 부패 때문에, 이 세상의 것들에 매몰되는 만큼 자주), 그들은 그들의 정신으로 하여금 다가올 기쁨을 보게 한다. 그래서 나태라는 어떤 연약함이나 권태에 이르기 전에 그들의 의지를 거룩한 욕망들로 타오르게 하고, 그들의 유혹을 애초에 파괴시킨다. 그 때문에[47] 단과 함께 우리는 불법적인 생각을 저주했다. 그러므로 그는, 너무도 적절하게, "파멸"이라고 불리는 것이다.[48] 아버지 야곱은 그에

---

44. Caps. 14–16, etc. 빅토르의 신비주의자들이 생각한 이상과 상상의 역할에 관하여는 *Benjamin Major*, 1, 7과 에브너(Ebner)의 주석, *op. cit.*, pp. 29ff., 38ff., 60ff., 105ff.를 보라.
45. Caps. 18ff.
46. 이성들.
47. 때문에, 이유로.
48. *Judicium*, 즉 심판.

대해서 이렇게 말했다: "단은 그의 백성을 생각할 것이다."⁴⁹ 또한, 이야기에서 빌하가 단을 낳았을 때, 라헬은 이렇게 말했다. "우리 주님이 나를 생각하셨다,"⁵⁰ 말하자면, "우리 주님이 나를 나의 자매 레아와 동등하게 하셨다"라는 것이다. 따라서, 이성은 상상이 다가오는 고통을 볼 때, 우리 주님이 그녀를 그녀의 자매인 감정과 동등하게 하셨다고 말한다. 이성은 상상에서 다가오는 고통을 보기 때문에 두려움과 슬픔을 느끼며 그렇게 말하는 것이다. 그 후에 납달리가 온다. 즉 오는 기쁨을 본다. 그를 낳을 때 라헬은 말했다. "나는 내 자매 레아와 같아졌다."⁵¹ 그러므로 납달리는 이야기에서 "비슷함"이라고 불린다.⁵² 그렇게 이성은 자신이 그녀의 자매 감정과 같아졌다고 말한다. 오는 기쁨의 희망과 사랑을 느꼈을 때, 이성은 상상에서 오는 기쁨을 보게 되기 때문이다. 야곱은 납달리에 대해, 그는 "좋은 소식을 주며, 뛰노는 수사슴"이라고⁵³ 말한다. 하늘의 기쁨을 상상할 때, 하늘에 있는 것은 아름답다고 말하는 것이다. 납달리는 우리가 하늘의 기쁨의 가치와 아름다움을 상상할 때마다, 그렇게 훌륭하게 우리의 영혼을 거룩한 것들로 타오르게 한다.

제6장⁵⁴ 절제와 인내의 미덕은 감각에서 어떻게 일어나는가

자매 라헬이 그 여종 빌하에게서 두 서자를 얻고 크게 기뻐하는 것을 레아가 보았을 때, 그녀도 여종 실바를 불러 남편 야곱에게 주어서, 그 여종 실바에게서 두 서자들로 얻고 나서 라헬처럼 크게 기뻐할 수 있었다. 마찬가지로 사람의 영혼에서 이성이 상상의 시끄러운 말다툼을 삼가고 상상을 하나님께 복종 시켜서 그녀의 앞에서 어떤 열매를 맺도록 했을 때부터, 감정은 감각의 욕망과 목마름을 삼가고 자신을 하나님께 복종⁵⁵시킴으로써, 느낌에서 어떤 열매를 맺는 것이다. 그러나 편안한 것들에는 절제하고 불편한 것들에 인내하며 사는 것을 배우는 것 외에 그녀가 어떤 열매를

---

49. 즉, "그의 백성을 심판한다," 창 49:16.
50. 창 30:6.
51. 창 30:8.
52. *Comparatio vel conversio;* cap. 22.
53. 창 49:21: "납달리는 풀어놓은 암사슴이다. 그는 좋은 이야기를 준다." Cap. 23.
54. Caps. 25–26.
55. "아래로 구부리다" 혹은 "복종하다"를 뜻하는 옛 영어 단어의 분사형. Cf. 위클리프의 영역 성경. 창37:8.

맺을 수 있겠는가? 이들이 바로 실바의 자녀인 갓과 아셀이다: 갓은 절제요, 아셀은 인내이다. 갓이 먼저 태어나고 아셀은 그 후에 태어났다. 왜냐하면 우선 신중한 절제로 우리 자신 안에서 조절된 후에, 밖에서 인내의 힘으로 병을[56] 견디는 것이다. 이들이 실바가 슬픔 중에 낳은 자녀들이다. 왜냐하면 절제와 인내에서 감각은 육체적으로 고통당하기 때문이다. 하지만 감각에 슬픈 것은 감정에 더 많은 위로와 축복으로 변한다. 갓이 태어났을 때 레아는 "행복하게"[57] 하고 부르짖었다. 그러므로 갓은 이야기에서 "행복" 또는 "행운"으로[58] 불린다. 감각의 절제는 감정의 행복이라고 말하는 것은 적절하다. 왜 그러한가? 감각이 그녀의 탐욕을 기뻐하지 않을수록, 감정은 그녀의 사랑을 더욱 더 달콤하게 느끼기 때문이다. 또한 아셀이 태어났을 때, 레아는 "이는 나에게 더 없는 기쁨이 될 것이다"[59]라고 말했다. 그러므로 아셀은 이야기에서 "복됨"이라고[60] 불린다. 감각에서의 인내가 감정에서의 지복이라고 말하는 것은 그래서 적절하다. 왜 그러한가? 감각이 겪는 병이 많을수록 영혼은 감정에서 더 많은 복을 받기 때문이다. 그래서 절제와 인내에 의해서 우리는, 오감 중 어떤 것에 의해서 감각을 괴롭히거나 기쁘게 하는, 고기와 술을 삼가고 외적인 고난을 겪는 것을 이해할 뿐 아니라 모든 종류의 육체적인, 타고난,[61] 세상적인 기쁨과 모든 종류의 육체적이고 영적인, 내부 또는 외부의, 합리적인 또는 불합리한 병을 이해한다. 바로 여기서 감각은 그녀의 여주인 감정에게 도움이 되는 열매를 현명하게 맺는다. 그러한 영혼은 많은 평화와 안식을 누리므로 감각의 탐욕에서 술 취하지 않고 거기에서 오는 고통을 호소하지도[62] 않는다. 이들 중 첫 번째는 갓에 의해, 후자는 아셀에 의해 획득된다. 여기서 라헬의 여종이나 레아의 여종이 먼저 그 남편에게 주어진 까닭이 생각되어야 한다. 이유는, 진실로, 상상의 소란스러움이, 말하자면 헛된 생각이 계속 되는 것이 먼저 억제된다면 의심할 여지없이 감각의 탐욕은 조절되지 않을 것이기 때문이다. 의지

---

56. 불안.
57. *Dixit: feliciter* (창 30:11).
58. 행운의 여신 *Felicitas*.
59. 창 30:13.
60. *Beatus*.
61. 자연스러운.
62. 투덜거리다, 불평하다.

가 그를 육체적이고 세상적인 허영에서 삼가는 사람은 헛된 생각을 거의 또는 결코 할 필요가 없다. 또한 부지런히 오는 보상과 고난을 미리 보았지만 이생에서 사람은 결코 완전히 육체의 편안함을 경멸하거나 병을 무서워하지 않을 수 없다. 이 두 여종의 네 아들과 함께 우리 양심의 도시는 어떻게 모든 유혹으로부터 놀랍게 보호되는가. 모든 유혹은 그것이 생각에 의해 안에서 일어나든지 아니면 우리 오감의 어떤 것에 의해 밖에서 일어나기 때문이다. 그러나 안에서는 단이 악한 생각을 고통이 오는 것을 봄으로써 판단하고 저주할 것이다. 그리고 밖에서는 갓이 절제함으로써 거짓된 기쁨을 반대할 것이다. 단은 안에서 갓은 밖에서 깨운다.[63] 또한 그들의 다른 두 형제들이 그들에게 많은 도움이 된다. 납달리는 단과 함께 안에서 평화롭게 하고, 아셀은 갓이 그의 적들을 두려워하지 않도록 한다. 단은 지옥의 무서움으로 마음을 두렵게 하고, 납달리는 하늘의 지복의 약속으로[64] 마음을 품는다. 또한 아셀은 밖에서 그의 형제를 도와, 양자를 통해, 그 도시의 벽이 침범되지 않게 한다. 갓은 평안을 거절하고 아셀은 병을 추구한다. 아셀이 그 정신에 그의 아버지의[65] 인내와 납달리의 약속을 가져올 때, 그의 적을 곧 속이고, 적이 많을수록 그는 극복할 더 많은 문제를 가진다. 그러므로 적들, 즉 이세상의 적들을 을 무찔렀을 때, 그는 자신을 형제 갓에게 돌려 그가 적들을 파괴시키는 것을 돕는다. 그리고 실패하지 않고 있었던 곳으로부터 와서 곧 등을 돌려 달아난다. 갓의 원수들은 육체적 기쁨들이다. 그러나 진정으로, 사람이 그의 절제의 고통에서 인내한다면, 거짓된 기쁨들은 그 안에서 어떤 자리도[66] 발견하지 못한다.

제7장[67] 내적 달콤함의 기쁨은 감정에서 어떻게 일어나는가

적이 달아나고 도시가 평화로울[68] 때, 사람은 자신의 기지를 초월하는 하나님의 숭고한 평화가 무엇인지를 증명하기 시작한다. 그러므로 레아는 갓과 아셀이 그녀의

---

63. 본다.
64. 약속하다: *fovet promissis*.
65. 원문의 이상한 혼동, cap. 33.
66. 거주지.
67. Cap. 36.
68. 평화로운.

여종 실바에게서 태어날 때까지, 자녀를 갖는 일에서 떠났던 것이다. 진실로, 사람이 절제와 인내에 의해서 그의 감각에서 오감의 탐욕과 고통을 삼간다면, 그는 결코 감정에서 하나님과 신령한 것들에 대한 내적인 달콤함과 진정한 기쁨을 느끼지 못할 것이다. 이것이 레아의 다섯 번째 아들인 잇사갈이며, 이야기에서 그는 "보상"이라고 불린다.[69] 그리고 내적 달콤함의 이 기쁨은 보상이라고 정당하게 불린다. 이 기쁨은 하늘의 지복을 맛보는 것이며, 그것은 여기서 시작되는 경건한 영혼의 끝없는 보상이다. 레아는 아이를 낳으면서, "하나님이 나에게 보상을 주셨으니, 내가 아이를 낳도록 내 여종을 남편에게 주었기 때문이다"라고[70] 말했다. 그러므로, 우리의 감각이 모든 종류의 육체적이고 본성적이며 세상적인 기쁨으로부터 절제하며 모든 육체적이고 세상적인 병을 보람 있게 극복하면서 결실을 맺는 일은 선하다. 매우 자비로우신 우리 주님이 우리 감정에서 말할 수 없는 기쁨과 내적인 달콤함을, 하늘나라의 최상의 기쁨과 보답의 진지함을 우리에게 주실 것이다. 야곱은 잇사갈에 대해서 그는 "경계 사이에 거주하는 강한 나귀"라고[71] 말했다. 이 상태에 있는, 감정에서 영원한 기쁨의 진지함을 느끼는 사람이 바로 "경계 사이에 거하는 강한 나귀"와 같다. 왜냐하면 그는 결코 영혼이 하나님께 대한 신령한 기쁨과 즐거움으로 채워질 수 없지만, 이 죽을 인생에 있는 육신의 타락 때문에, 배고픔, 목마름, 추위, 졸음 그리고 다른 많은 병들과 같은 죽을 몸의 짐들을 견뎌내야 하기 때문이다. 따라서 그는 육체에서는 나귀와 같다. 그러나 영혼에서 그는 육체의 모든 고난과 탐욕들을 감각의 인내와 절제에 의해서 그리고 감정의 신령한 기쁨과 달콤함의 풍성함에 의해서 파괴시킬 만큼 강하다. 또한 이러한 상태의 영혼은 죽을 인생과 죽지 않는 인생의 경계 사이에서 거주하고 있다. 경계 사이에 거주하는 사람은 완전히는 아니지만 가까이에 있는 죽음을 버리고, 완전히는 아니지만 가까이에 있는 죽지 않음을 얻는다. 사람이 살아가는 데 고기와 음료와 의복과 같은 이 세상의 재화들을 종종 필요로 하기 때문에 그의 한 발은 이 죽을 세상에 있다. 그러나 가끔이 아니라 자주, 그는 하나님께 대한 신령한 기

---

69. *Merces*, 즉 임금, 보상.

70. 창 30:18.

71. 창 49:14: *Issachar asinus fortis accubans inter terminos;* 즉, 좁은 경계들 사이에 웅크리고 있는, 좁은 통로들 안에 갇힌 – "경계 사이에 누워 있는."

쁨과 달콤함을 매우 풍성하게 느끼기 때문에 그의 다른 발은 죽지 않는 인생에 있다. 그래서 사도 바울이 이 말을 했을 때 그가 느꼈던 커다란 열망을 나는 생각한다: "누가 이 사망의 몸에서 나를 건져내랴?"[72] 그리고 그가 이렇게 말했던 것도 나는 기억한다. "나는 풀려나 그리스도와 함께 있기를 원한다."[73] 그의 감정에서 잇사갈 즉 내적 달콤함의 기쁨을 느끼는 영혼은 잇사갈에 의해서 이해된 것을 한다. 그것은 이 비참한 인생을 버리도록 강요하지만 그럴 수 없다. 그는 복된 인생에 들어가기를 탐하지만, 그럴 수 없다. 그럴 수 있더라도, 그는 아직도 경계들 사이에서 거주한다.

제8장[74] 죄에 대한 완전한 증오는 감정에서 어떻게 일어나는가

그러므로 잇사갈 다음에는 스블론, 즉 죄에 대한 증오가 태어난다. 여기서, 내적 달콤함의 신령한 기쁨이 감정에서 느껴지기 전에는, 인간의 감정에서 죄에 대한 증오가 결코 완전하게 느껴지지 않는 이유를 생각하여야 한다. 여기에 그 답이 있다.[75] 그 때가 되기 전에는 감정에서 증오의 진정한 원인이 결코 느껴지지 않기 때문에 그렇다. 신령한 기쁨의 느낌은 사람에게 죄가 영혼을 해롭게 한다는 것을 가르쳐준다. 그리고 영혼 안에 있는 그 해악은 다소간 느껴지고, 그 후에 그 증오가 다소간 해악으로까지 측량된다. 그러나 영혼이, 하나님의 은총과 오랜 진통에 의해서, 하나님께 대한 신령한 기쁨의 느낌에 이르게 되었을 때, 죄가 그것을 지연시키는 원인이었다는 것을 깨닫는다. 또한 그가, 육체의 타락 때문에, 언제나 신령한 기쁨의 느낌에서 지속할 수 없다면, 죄가 그 타락의 원인이다. 그때 그는 모든 죄와 모든 종류의 죄에 맞서는 강한 증오의 느낌으로 일어선다. 다윗은 우리에게 이 느낌을 가지도록 시편에서 가르친다. "격노하라 그러면 죄 짓지 않을 것이다."[76] 이것이 뜻하는 바는 이렇다. 죄에 대하여 격노하라, 그러나 사람에[77] 대하여는 말라. 사람은 행위에로 움직이지만 죄에로는 아니다. 여기서 이러한 분노와 증오가 사랑에 반대되는 것이 아니라, 사랑은 그것이 어

---

72. 롬 7:24.
73. 빌 1:23.
74. Caps. 40-44.
75. 이유, 원인.
76. 시 4:5(4).
77. 인간의 본성 또는 바탕.

떻게 인간의 자아 안에 그리고 그의 그리스도인[78] 안에 동시에 있게 되는지가 생각되어야 한다. 사람은 그의 본성 안에 있는 죄를 [그가 그의 본성을 파괴시키는 것이 아니라 죄와 죄의 욕심을 파괴시키도록] 증오해야 하기 때문이다. 그리고 심지어 우리 동료 그리스도인들에 대해서도, 우리는 그 안에 있는 죄를 미워해야 하며 그를 사랑해야 한다. 그리고 이러한 증오에 대하여 다윗은 시편에서 이렇게 말한다. "완전한 증오로 나는 그들을 증오하였다."[79] 또 다른 시편에서 그는 "모든 사악한 길을 증오하였다"[80]고 말한다. 이로써 스블론이 태어나기 전에 유다와 잇사갈이 먼저 태어났다는 것이 잘 증명된다. 만일 사람이 그의 감정에서 먼저 사랑과 신령한 기쁨을 가지지 않는다면, 그는 그의 감정에서 죄에 대한 이러한 완전한 증오를 현명하게 느낄 수 없다. 유다, 즉 사랑은 우리가 우리 안에 있는 그리고 형제들 안에 있는 죄를 증오해야 한다고 가르친다. 그리고 잇사갈, 즉 하나님께 대한 기쁨의 신령한 느낌은 왜 우리가 우리 안에 있는 그리고 형제들 안에 있는 죄를 증오해야 하는지를 가르친다. 유다는 우리에게 죄를 증오하고 사람을 사랑하라고 명령한다. 그리고 잇사갈은 우리에게 죄를 파괴하고 사람을 구원하라고 가르친다. 그래서 그러한 사람은 하나님과 신령한 것들 안에서 죄에 대한 완전한 증오와 파괴에 의해 강해질 수 있다. 스블론은 이야기에서 "힘이 거주하는 자리"라고 불린다. 그리고 레아는 그가 태어날 때, "내 남편이 이제 나와 함께 거주하리라"고[81] 말한다. 그래서 우리 영혼의 진정한 남편이신 하나님은 영혼 안에 거하시면서 그의 사랑으로 신령한 기쁨과 달콤함의 감정에서 그를 강하게 하신다. 영혼은 죄와 모든 종류의 죄에 대한 완전한 증오에 의해서 자신과 다른 사람들 안에 있는 죄를 파괴하는 데에 바쁘게 산고를 겪는다. 이것이 스블론이 어떻게 태어나는가를 말해준다.

제9장[82] 정해진 수치는 감정에서 어떻게 일어나고 자라나는가

온총을 통해 완전한 죄의 증오를 느낀다고 해도, 영혼은 죄 없이 살 수 있는가?

---

78. 동료 그리스도인.
79. 시 138(139):21.
80. 시 118(119):104.
81. 창 30:20.
82. Cap. 45.

확실히[83] 그렇지 않다. 어느 누구도 자신을 가정하게 하지 말라. 사도는 이렇게 말한다. "만일 우리가 죄가 없다고 말하면, 우리는 우리 자신을 속이는 것이요, 진실이 우리 안에 없도다."[84] 또한 성 오스틴(Saint Austin)은, 죄 없이 사는 사람은 아무도 없다고 용감하게 말한다. 당신께 기도하오니, 부지중에라도 죄 짓지 않는 자가 누구입니까? 그렇다, 종종 하나님은 그러한 자들이 통탄스럽게 완전히 타락하도록 내버려두시고, 그것에 의해 다른 사람들의 실수를 바로 잡도록 정하셔서, 자신의 타락에 의해서 그들이 다른 이들의 교정에 얼마나 자비로워야할지를 배우게 하신다. 종종 사람들은 그들이 가장 증오하는 같은 죄에 통탄스럽게 빠진다. 죄의 증오 후에 인간의 영혼에서 정해진 수치가 솟아난다. 그래서 스블론 다음에 디나가 태어나는 것이다. 스블론이 죄에 대한 증오를 나타내듯이, 디나는 죄에 대한 정해진 수치를 나타낸다. 그러나 잘 생각해보라. 스블론을 결코 느끼지 않는 사람은 디나를 결코 느낄 수 없다. 악한 사람들은 일종의 부끄러움을 가진다. 그러나 그것은 이러한 정해진 부끄러움이 아니다. 왜 그러한가? 그들이 죄에 대해 완벽한 부끄러움을 가진다면, 그들은 의지와 조언과[85] 함께 습관적으로 죄를 범하지 않을 것이다. 그러나 그들은 영혼 안에 있는 더러운 생각보다 몸에 걸친 더러운 옷을 더 부끄러워한다. 만일 디나를 얻었다고 생각하는 당신이 누구든, 그것을, 더러운 생각이 마음에 있을 때 발가벗겨져서 임금과 모든 왕족들 앞에 서 있는 것만큼 부끄러워할 것인지를 생각해보라. 만일 당신이 더러운 몸보다 더러운 마음을 덜 부끄러워한다면, 그리고 만일 당신의 더러운 마음을 하늘의 임금과 하늘에 있는 그의 모든 천사들과 성도들이 보는 앞에서 부끄러워하는 것보다 사람들 앞에서 당신의 더러운 몸을 더 부끄러워한다면, 당신의 감정에는 아직 정해진 수치가 없다는 것이 확실하다.

지금까지 레아의 일곱 자녀들에 대해서 말하고 그들에 의해서 인간의 영혼 안에 있는 일곱 가지 감정을 이해했다. 그것들은 지금 정해지기도 하고 정해지지 않기도 하며, 지금 측량되기도 하고 측량되지 않기도 한다. 그러나 그들이 정해지고 측량될 때, 그들은 미덕이 된다. 그리고 그들이 정해지지 않고 측량되지 않을 때, 그들은 악덕이

---

83. 틀림없이.
84. 요일 1:8.
85. 고의적 의도.

된다. 그래서 사람은 자녀를 가져서 그들이 정해질 뿐만 아니라 측량되도록 해야 한다. 그들이 마땅히 그러해야할 것으로 이루어질 때 그들은 정해지며, 그들이 마땅히 그렇지 않아야 할 것으로 이루어질 때 그들은 정해지지 않는다. 그리고 그들이 마땅히 그러해야 할 만큼 될 때 그들은 측량되며, 그들이 마땅히 그러해야 할 것 이상이 될 때 그들은 측량되지 않는다. 왜 그러한가? 지나친 공포는 절망을 초래하며, 지나친 슬픔은 사람을 마음의[86] 비통과 중압감에 내던져서, 그 때문에 영적인 위로를 받을 수 없다. 그리고 지나친 희망은 억측을, 난폭한 사랑은 아첨과 고역을,[87] 난폭한 기쁨은 분해와 방종을, 그리고 조절되지 않은 죄의 증오는 난폭함을[88] 초래한다. 그리고 이러한 방식으로 그들은 정해지지 않고 측량되지 않으며 그래서 그들은 악덕으로 변하고 미덕의 이름을 상실하며 야곱 즉 하나님의 아들들 가운데 더 이상 계수되지 않는다. 앞의 비유에서 이미 나타나듯이 야곱에 의해서 하나님이 이해되기 때문이다.

제10장[89] 신중과 명상은 이성에서 어떻게 일어나는가

그래서 다른 모든 덕들을 다스릴 신중의 덕을 갖는 것이 필요하다. 그것 없이는 모든 덕들은 악덕들로 변하기 때문이다. 이것이 늦게 낳은 요셉이며, 그의 아버지는 다른 아들보다 그를 더욱 사랑한다. 왜 그러한가? 신중이 없이는 선을 얻지도 지키지도 못한다. 그것 없이는 어떤 덕도 가지거나 다스리지 못하기 때문에, 그 덕이 유독 사랑받는다고 해도 놀랍지 않다. 그 전에 온 다른 감정의 많은 습관과 많은 고통 없이는 완전한 신중에 이르지 못할 때 비록 이 덕이 늦게 태어난다고 하더라도 무엇이 이상하랴? 그들 모두를 완전히 알고 또는 그들 모두를 충분하게 이해할 수 있기 전에 먼저 우리는 각각의 덕에 그것만으로 익숙해져야 하고, 매우 시들게[90] 그들의 증거를 얻어야 하기 때문이다. 그리고 앞서 말한 대로, 우리가 항상 바쁘게 이 감정들을 느끼고 주시할 때, 우리는 종종 좌절하고 종종 일어난다. 그때, 우리의 잦은 실수에 의해서, 이 덕들을 얻고 지키기 위해서 얼마나 신중해야 하는가를 배운다. 그리고 때때

---

86. 성질.
87. 감언이설.
88. 미침.
89. Caps. 67-87, Ebner, *op. cit.*, pp. 34ff.와 비교하라.
90. 특히.

로, 오랜 사용에 의해서, 영혼은 완전한 신중에 이르고, 그때 요셉의 탄생을 기뻐할 것이다. 이 덕이 사람의 영혼 안에 잉태되기 전에 다른 모든 덕들이 한 일은 신중 없이 한 것이다. 그러므로 앞서 말한 이 감정들 안에서 그의 힘과 그의 분량을 넘어서서 생각하고 시행한 만큼 그는 잘못되고 그의 목적은 실패한다. 그러므로 그들 모두와 마지막에 디나가 태어날 때 종종 있는 더러운 타락과 실패 후에 곧 부끄러움이 온다. 그리고 많은 타락과 실패 후에 그리고 이어 부끄러움이 온 후에 사람은 조언, 즉 가장 즉각적으로 신중함을 얻는 것에 의해 지배되는 것보다 나은 것이 없다는 것을 분명히 배운다. 왜 그러한가? 조언과 함께 모든 것을 하는 사람은 그것을[91] 결코 미리 생각하지 않는다. 강한 자보다 교활한 자가 낫기 때문이다. 그렇다, 나긋나긋한 힘보다 기울임이 나으며,[92] 교활한 자가 승리를 말한다. 레아도 실바도 빌하도 아닌 라헬만이 왜 그러한 아이를 잉태할 수 있었는지를 여기서 명백히 알 수 있다. 전에 말한 것처럼, 이성에서 올바른 조언 즉 라헬의 첫 번째 아들인 요셉에 의해 이해될 수 있는 바로 그 신중이 솟아난다. 처음에 우리의 이성에서 요셉을 내세우며, 우리가 모든 일을 할 때 조언과 함께 한다. 이 요셉은 우리가 가장 동요되는 죄가 무엇인지 알 뿐 아니라, 우리 본성의 연약함도 알고 있어서, 그것이 무엇인지를 묻고 난후 그는 고칠 것이며, 그보다 더 지혜로운 자에게 조언을 구하고, 그 조언을 따라 행할 것이다. 그는 요셉 외에 라헬에게서 난 야곱의 아들이다. 또한 요셉에 의해서 사람은 그의 적들의 속임을 피하는 법을 배울 뿐 아니라 종종 자실을 완벽하게 알게 된다. 그리고 결국 자신을 안 사람은 그 후에 하나님의 형상과 닮음인 그가 하나님을 아는 것에 도움이 된다. 그러므로 요셉 이후에 베냐민이 태어난다. 요셉이 신중을 나타낸다면, 베냐민은 명상을 나타내기 때문이다. 둘 다 한 어머니와 한 아버지에게서 태어났다. 하나님의 은총이 우리 이성을 비춤으로 해서 우리는 우리 자신과 하나님에 대한 완전한 앎 – 즉, 그 후 이생에 주어지는 – 에 이른다. 그러나 요셉이 나고 오랜 후에 베냐민이 태어난다. 왜 그러한가: 우리가 항상 바쁘게 신령한 고통에 있으면서 우리 자신을 알아갈 때, 우리는 하나님을 알고 명상하는 것에로 올려 지지 않을지도 모른다. 그는 헛되이 눈을 들어 하나님을 바라보지만, 아직 그를 볼 수 없다. 처음에 나는 하나님의 영

---

91. 후회하다.
92. 아마도: "악한 힘보다 예술이 더 낫다."

의 보이지 않는 것들을 안다고 생각하기 전에, 사람은 그 자신의 영의 보이지 않는[93] 것들을 보는 법을 배운다고 말했다. 아직 자신을 알지 못하면서 그가 하나님의 보이지 않는 것들을 어느 정도 알게 되었다고 생각하는 사람에 대해서 나는 그가 기만당하고 있는 것이라고 의심한다. 그러므로 사람은 먼저 영혼 안에 있는 하나님의 형상과 닮은 자기 자신을 알기를 힘써야 한다고 나는 충고한다. 거울이 깨끗할 때 거기 비친 모든 것들이 깨끗하게 보이는 것처럼, 하나님을 보기를 원하는 사람은 그의 영혼을 깨끗하게 해야만 한다는 것을 잘 생각하라.[94] 그리고 거울이 더러울 때, 당신은 그 안에서 아무 것도 분명하게 볼 수 없다. 당신의 영혼에 대해서도 그러하다. 그것이 더러우면 당신 자신도 하나님도 알 수 없다. 초가 탈 때, 그 빛에 의해서 초 자체와 다른 것들을 볼 수 있듯이, 당신의 영혼이 하나님의 사랑에서 타오를 때 즉 하나님의 사랑을 향한 욕망을 당신의 마음에서 지속적으로 느낄 때, 당신의 이성 안에 그가 주신 은총의 빛에 의해서 당신은 자신의 무가치함과 하나님의 위대한 선하심을 볼 수 있다. 그러므로 당신의 거울을 깨끗이 닦고 당신의 초를 불이 잘 붙도록 다듬으라. 그러면 당신의 거울이 깨끗하고 당신의 초가 불탈 때 당신의 영혼 안에서 분명한 하나님의 빛이 빛나기 시작하는 것과 당신의 신령한 눈앞에 태양빛이 신령하게 나타나기 시작하는 것을 볼 것이며, 이를 통하여 당신의 영혼의 눈이 열려 하나님과 신령한 것들, 하늘과 하늘의 것들, 그리고 모든 종류의 신령한 것들을 본다. 그러나 이러한 봄은, 하나님께서 이 죽을 인생의 전투 안에서 있는 동안 일하는 영혼에게 특별히 허락하실 때, 이따금 있는 일이다. 그러나 이생 후에 그것은 영속될 것이다. 이 빛은 다윗이 시편에서 다음과 같이 말할 때, 그의 영혼에서 빛났다. "주여, 당신의 얼굴의 빛이 우리 위에 새겨집니다. 당신은 내 마음에 기쁨을 주셨습니다."[95] 하나님의 얼굴의 빛은 그의 은총의 빛이며, 그 빛은 우리 안에서 죄의 어둠으로 손상된 그의 형상을 다시 만드신다. 그러므로 그를 보는[96] 욕망으로 타오르는 영혼은, 그가 바라는 것을 가지기를 원한다면, 베냐민이 잉태되었다는 것을 잘 생각해보라. 그러므로 무엇이 이러

---

93. 앞서 말한 Invisibilia, cap. 71을 보라; Ebner, op. cit., pp. 65 ff., 70ff.
94. Cap. 72.
95. 시 4:7(6-7).
96. 한 원고는 "빛"이라고 읽는다.

한 봄의 달콤함보다 더욱 치료에 도움이 되고,[97] 또는 어떤 것들이 더욱 부드럽게 느껴질까? 확실히 없다. 라헬은 그것을 완전히 잘 알고 있다. 왜 그러한가? 이성은 이러한 달콤함과 비교할 때 꿀 앞에서 담즙이 쓴 것처럼 다른 모든 달콤함은 슬픔이라고 말한다. 그럼에도 불구하고, 사람은 그 자신의 경멸에[98] 의해서 그러한 은총에 결코 이를 수 없다. 왜 그러한가? 그것은 인간의 사막이 없는 하나님의 선물이다. 그러나 비록 그것이 인간의 사막이 아닐지라도 의심할 여지없이 누구도 위대한 학습과 불타는 욕망들이 선행하지 않고서는 그러한 은총을 얻을 수 없다. 그리고 라헬은 그것을 완전하게 잘 알았기 때문에 더욱 더 공부하고, 욕망 위에 욕망을 추구하면서 그녀의 욕망들을 날카롭게 한다. 그래서 마침내, 불타는 욕망들의 풍성함과 그녀의 욕망이 지연되는 것에 대한 슬픔에서 베냐민이 태어나며 그리고 그의 어머니 라헬은 죽는다.[99] 왜 그러한가? 영혼이 욕망들의 풍성함과 사랑의 위대한 증가에 의해서 그 자신 위로 강탈당할 때, 그것은 신성의 빛으로 타오르고, 그때 분명히 모든 인간의 이성은 죽는다.[100]

그러므로 하나님을 명상하는 데에 이르기를, 즉 이야기에서 베냐민 (즉 하나님을 봄)이라고 불리는 그러한 아이를 낳기를 원한다면, 항상 이러한 방식에 습관이 되어야 한다. 당신의 생각과 욕망들을 함께 불러 모으고 그들 가운데서 교회를 이루고 그 가운데에 오직 이 선한 말 "예수"를 사랑하는 것을 배워서, 당신의 모든 욕망들과 생각들이 예수를 사랑하는 것에만 맞춰지도록 하고 끊임없이 여기에 있도록 하라. 그렇게 당신은 시편의 말을 성취할 것이다: "주여, 나는 교회들 안에서 당신을 찬양할 것입니다."[101] 즉 예수를 사랑하는 생각과 욕망 안에서 그러할 것이다. 그때 생각과 욕망의 이 교회 안에서 그리고 이 한 머리의 연구와 의지 안에서 당신의 모든 생각과 욕망과 연구와 의지가, 망각함이 없이 은총에 의해서 당신이 할 수 있는 만큼 그리고 당신의

---

97. 유익한.
98. 기술.
99. 창 35:18.
100. 명상적 엑스타시에 관하여는 빅토르수도원의 신비주의자들 서론의 설명과 특히 *Benjamin Minor*, caps. 86, 87; Benjamin Major, Lib. V, caps. 2ff.; Wolff, *op. cit.*, pp. 35ff., 192 ff.; Ebner, op. cit., pp. 100 ff., 108 ff., 그리고 듀메지(Dumeige)가 *Trois processions*에 붙인 참고자료와 그의 연구를 보라.
101. 시 25(26):12.

약함이 겪을 만큼 많이, 오직 이 주 예수를 사랑하고 찬양하는 것에만 맞추어져 있는지를 보라. 우리 주님의 뜻을 인내함으로 지키면서 항상 자신을 기도와 조언에 유순하게 하라. 당신의 정신이 그것 위로 강탈될 때까지, 하나님과 신령한 것들을 보는 것에서 천사들의 아름다운 음식으로 배불릴 때까지 그리하라. 그래서 시편에 기록된 대로 당신 안에서 성취될 것이다: *Ibi Benjamin adolescentulus, in mentis excessu*,[102] 즉 "어린 아이 베냐민이 정신의 황홀에 있도다." 주의 은총이 당신을 항상 지키시기를 원하노라.[103] 아멘.

---

102. 시 67:28(68:27).
103. 원문에는 적어도 이 형태로는 없을지라도, 이 구절은 *Quartuor gradibus*와 *Trois processions*의 후반부 뿐 아니라 *Benjamin Minor*의 caps. 74-85에 분명하게 관련된다.

PART II
THE VICTORINES

아당

아당: 복음서의 상징들과 그 신비한 목적

거룩한 복음서 저자들에 관하여[104]
오 기뻐하라 성실한 나라여!
하나님 자신의 세대의 씨앗이여!
에스겔의 예언에서 보인
계시에 주목하라:
묵시를 지은 요한

---

104. 아래 본문은 No. CII, "Of the Holy Evangelists,"이며 고티에(Gautier)의 초기 본문을 번역한 D. S. Wrangham, *The Liturgical Poetry of Adam of St. Victor*, Kegan Paul, Trench & Co., London, 1881, Vol. III, pp. 162-690이다. 현재 Routledge & Kegan Paul, Ltd.의 출판인들의 허락을 받아 사용되었다. *Œuvres poétiques d'Adam de Saint-Victor, texte critique par Léon Gautier*, 3d ed., Paris, 1894를 보라. Cf. Wolff, *Die Viktoriner*, pp. 43-44, 307ff., 서문과 다른 보기들로는, Sequences. Cf. MPL 196:1423 ff. 또한 웰너(F. Wellner)의 편집, *Sämtliche Sequenzen: Lateinisch und Deutsch*, 2d ed., Im Kösel-Verlag, Munich, 1955를 참조하라.

그의 증언과 일치한다:
"참으로 증언하노니 나의 참된 펜은 쓴다
내 눈이 참으로 본 것을!"

신성의 발등상 둘레에,
복 받은 성도들과 함께 그 가운데에,
네 생물이 서 있구나,
여러 모양을 하고서.
하나는 독수리와 닮았고,
하나는 사자의 모양을 가졌으며,
그러나 사람 또는 황소가 나타난 것처럼
다른 둘의 각각이 그러하다.

복음서 저자들로서 이 형상들은
형태와 모습에서 모양을 갖춘다,
그들, 그 교리들의 시내는, 자연의
비와 같이, 교회 위에 쏟아 붓는다.

마태, 마가 그리고 누가는 그리는구나,
그분을 또한, 그의 아버지께 순종하며,
더 이상 지체하지 않음으로
당신을 좇아갔습니다. 오 주님!

마태는 사람과 같이 다루어진다,
그것은 사람, 그가 관련되었기 때문이다.
어떻게 하나님에 의해 창조된 사람으로부터,
하나님은, 사람으로서, 내려오셨나.
소의 모양을 입은 누가,

왜냐하면 그의 복음은 처음 선언한다,
그가 율법의 베일을 찢었을 때부터
희생제물을 겨냥하고 목표했다.

마가, 사자, 그의 목소리가 포효한다,
사막에서 울부짖으며:
"모든 죄의 흔적들로부터 너의 마음을 성결하게 하라;
우리 하나님의 길을 준비하라!"
요한, 독수리의 모습을 가졌구나,
사랑의 두 날개로 땅을 떠나,
고고히 날아오르는구나, 하나님의 진리를 이해하며,
빛의 보다 순결한 대기 안에서.

그러므로 짐승의 형태들을
그들의 계시에서 예언자들은
사용한다. 그러나 그들의 적용에서
모든 성스러운 교훈들이 나타난다.
신비한 의미가 아래에 있다
달리는 바퀴들, 또는 날아가는 날개의.
첫 번째 암시하는 것은 일치한다
명상은 날개를 의미한다.

이 네 작가들은 묘사하는구나
그리스도를, 그의 사중의 행동을 그리면서,
그를 보이라 – 당신은 그 말을 들었다 –
그들 각자가 독특하게:
사람 – 여자에게서 나시고
소 – 희생되어 바쳐지시고

사자 – 죽음을 무찌르시고
독수리 – 하늘로 오르셨다.

이 네 시내들, 에덴을 통해 흘러,
물과 생기를 여전히 주는구나,
꽃과 열매들이 거기서 자라나게 하고
웃음과 노래가 풍성하게 하는구나.
그리스도 그 근원, 이 시내들을 내보내는.
높도다 그 근원, 이렇게 아래로 흐르는.
그래서 그들은 초월을 맛본다
성도들에게 가져다 줄 생명의 샘을.

그들의 시내에서 취하리라
우리 사랑의 목마름이 더하게 되리라
더욱 완전하게 배부르도록
더 거룩한 사랑의 완전한 샘에서!
그들이 우리에게 준 교리가
우리를 우리 곁의 죄의 구렁에서 건지기를,
그리고 거룩한 것들에로 우리를 인도하기를,
땅으로부터 위로 오르는 것처럼! 아멘.

III. 프란체스코 다시시

(1182–1226)

PART III
FRANCIS OF ASSISI

PART III
FRANCIS OF ASSISI

서론

전기적 내용

존 버나돈(John Bernardone)은, 후에 프란체스코(Francis)라고 불리는데, 아시시에서 1182년에 태어났다. 1200-1205년까지 군대에 참여했으나 실패하고 1206년경 그의 기사다운 이상은 숙녀 가난(Lady Poverty)의 신봉으로 변하였다. 1206년과 1209년 사이, 그를 자기 부인의 섬김에로 부르는 그리스도의 수난상과 마주쳤다. 그는 하늘의 아버지를 위하여 땅의 아버지와 인연을 끊었다. 그리고 미사에 참여하면서, 사도적 청빈에의 부름에 응답했다. 인노켄티우스 3세(Innocent III)는 1210년에 프란체스코가 소박한 복음의 규칙을 사용하는 것을 엄격하게 한정하여 구두 승인하였다. 이것은 수도회의 기초를 위한 것이 아니었고 프란체스코는 결코 그것을 추구하지도 않았다. 그것은 헌신하는 자발적인 수도자들의 작은 그룹을 위한 안내였다. 클라라(Clare)는 1212년 여성 운동 조직을 촉진하였고, 프란체스코는 1219년에 동방의 십자군을 방문한 후, 1220년에 그의 지도력을 내주었다. 그의 추종자들은 1220년에 수도회로의 변형을 겪었으며, 1221년에 임시적인 규칙을 받았고, 1223년에 공식적인 것이 되었다. 세 번째 수도회가 1221년에 나타났다. 교회에 언제나 충성하고 가난한 그리스도에 언제나 순종하던 프란체스코는 1224년에 성흔(聖痕)을 입었다. 1225년에 "태양의 노래"(Sun Song)를 지었고, 그의 가장 참된 가난의 유산인 영적인 "유언장"을 남기고서 1226년에 죽었다. 1228년에 시성되었다.

개관

프란체스코에게 가난은 완전한 포기를 의미했다. 이것은 자아 전체를 신적인 통일을 껴안는 데에 굴복시키는 것을 요구했다. 하나님과 그의 아들을 사랑하는 데에서 전적으로 통일된 삶은 정신의 단순함과 사랑하는 마음의 연소성을 요구했으며 가난의 길은 그에게 진정으로 많은 것을 암시했다. 그리스도를 사랑하는 것은 가난한 그리스도를 본받는 것을 가리켰다. 이것은 주님이 자신을 완전히 성찬의 희생에서 내버리신 것에 대해서 뿐만 아니라 구원자의 인간적 포기에 대한 회상이었다.[1]

이 선집에 있는 간단한 글들에서, 열렬한 엑스타시의 사랑 안에서의 자아의 희생적인 헌신과 가난에 열중하는 영적 해방의 즐거움이 함께 나타난다. "찬송"은 하나님을 노래한 영적 음유시인의 찬양이다. 이것이 "태양의 노래"에 반영되는데, 이 노래는 창조 세계 전체가 사랑하는 창조주 주위에 모여 있다고 묘사한다. "주기도문 주해"도 포함되는데 이것은 명상적 기도를 찬양한다. "덕을 찬양함"은 유명한데, 그 안에서 가난, 순결, 순종, 겸손 그리고 단순함이, 전적인 사랑 즉 하나님과 그리스도를 섬기기 위해서 부인하는 열정과 상징적으로 관련된다.[2]

이 작품들 각각은 "거룩한 임무"와 그리고 전례적인 교회와 가능한 가장 가까운

---

[1]. 프란체스코의 포기의 주요한 내용은 졸저, *Francis of Assisi: Apostle of Poverty*, Duke University Press, Durham, North Carolina, 1941에서 추적된다. "신비주의와 거룩한 연합"에 관한 더 많은 자료와 이차 문헌은 또한 ch. VII을 보라.

[2]. 본문의 훌륭한 요약과 안내가 P. Gratien, *Les opuscules de Saint François d'Assise*, Paris, 1935에 있다. 이것은 레멘스(P. Lemmens)의 Quaracchi *Opuscula* of 1904와 사바티에(P. Sabatier)의 수많은 연구에 기초하고 있다. Gratien, *Les opuscules*, pp. 121 ff., for the "Laudes et prières"를 보라.

연관을 가진다.³ 각각은 사람들 가운데 있는 사도직으로 하나님 아래에서 살아가는 완전한 공동체적 삶을 찬양한다. "덕을 찬양함"은 여왕 지혜(Queen Wisdom)와 숙녀 가난을 의인화시키면서 그 안에서 금욕적 삶이 안치되는 찬양의 깨어지지 않는 고리를 이룬다. 지혜, 가난, 사랑, 단순함, 겸손, 순종 그리고 나머지가 적어도 함께 소유된다. 그들은 오직 자신에 대하여 죽고 그럼으로써 하나님의 은총의 내주하심을 통해 하나님께 대하여 살아있는 사람에 의해서만 경험될 수 있다. 하늘의 천사들 뿐 아니라 하나님 아버지, 하늘의 여왕 동정녀 마리아, 하나님의 사랑하는 아들, 그리고 성령이 모두 찬양을 받는다.

이들은 우주의 통치자들이며, 그들과의 관계에서 피조 된 생명인 사람과 동물은 모두 정연한 복종가운데 등급 매겨진다. 프란체스코는 그리스도와 그의 궁전과 그의 장막과 그리고 그의 어머니를 사랑하는 사람으로서 이것들과 인격화된 덕들을 "은총과 성령의 조명하심을 통해 충성된 자들의 마음 안에 고취된 것"이라고 환호한다.⁴

프란체스코와 그의 추종자들은 베르나르와 그리스도, 그의 어머니, 그의 포기적 고난에 대한 베르나르의 애정 어린 헌신에 의해 막대한 영향을 받았을 것이다. 그러나 프란체스코는, 이것들 못지않게 복음서와 시편에도 직접적으로 빚을 지고 있다. 그의 영성은, 실제로, 감정적이다. 그의 "유언장"과 그의 초기 복음서의 규칙에서와 같이, 그의 찬송가인 「소곡들」(*Opuscula*)와 심지어 성인전기인 「선집」(*Fioretti*) 안에서도, 성서의 표현과 소박한 사도적인 분위기가 있다.⁵

알베르나 산(Mt. Alverna)에서 프란체스코가 하나님을 만난 엑스타시의 황홀한 만남은 후일 보나벤투라에 의해 취해진, 소멸시키는 감정 상태인 것으로 보인다.⁶ 성흔에서 나타나는 부인(否認)하는 사랑의 번제는 또한 "주님의 기도에 관한 의역"에서도 찬양된다. 알베르나에서 프란체스코는 승리를 얻은, 수난당하는 사랑으로 부인하는 그리스도와 사랑에서 융합되었다. 성흔의 명상적 황홀은 "태양에게 주는 찬미"의 정결한 고난에서 뿐 아니라, "우리 아버지"의 엑스타시의 하나 되는 기도에서 대응물을 갖는

---

3. *Ibid.*, pp. 127 ff., 148 ff.
4. *Ibid.*, p. 150.
5. Petry, *Francis*, chs. 4-6; F. Vernet, *La spiritualité médiévale*, pp. 32 ff.
6. Bonaventure, *The Life of St. Francis*, ed. by T. Okey, London, 1910, ch. 13.

다. "당신의 나라가 오게 하소서. 우리를 은총으로 다스리셔서 우리를 당신의 나라에 오게 하소서. 거기서 얼굴과 얼굴을 맞대고 당신을 볼 것이며 완전한 사랑, 축복된 교제, 그리고 영원한 기쁨을 누릴 것입니다."[7] 그 거룩한 이름과, 거룩한 의지가 하늘에서와 같이 땅에서도 행해지도록 – 사람들 가운데에, 왜냐하면 이들은 거룩한 교제 안에 있기 때문이다 – 기도로 가득 채워지며 찬양된다.

여기서, 그때, 회개하고 포기한 그리고 영적인 찬양에 바쳐진 그 세속의 기사가 사람들 중에 있다. 그는, 이번에는, 주님께 응답하는 그들 자신의 노래를 끌어낸다. 아버지를 찬양하고, 찬양으로 창조주를 영화롭게 하며, 주님의 어머니와 관련하여 인격화된 덕들을 즐겁게 찬미하는 것 – 이 모든 것들은 자유롭게 사랑하고 기뻐하며 찬양하게 된 그 가난한 사람과의 문맥에 있다. 그 거룩한 찬양들은 프란체스코의 추종자들에게 한 "규칙"(1221)에 의해서 운명 지어졌고, 모든 충성스러운 기독교인들에게 한 "편지"에 의해서 운명 지어졌다. 프란체스코는 미사에 출석하는 것과 같이 규범적인 기도의 시간을 유지함으로써 그들을 통합시켰다. 그들은 "가난한 형제들"에게 장려되었고, 사람들에게 설교하는 일에 적절하게 인정받았다. 부인하는 사랑의 사도직은 창조주 하나님, 그 우주의 왕, 그리스도의 아버지를 찬양하는 명랑한 메시지와 구속받은 인간에 대한 명랑한 메시지이다.

"태양의 노래"에서 하나님의 사랑을 달콤하게 노래하면서 그는 때때로 단순한 르네상스식의 자연스러운 감정의 돌발과는 아주 다른 어떤 것을 제공한다. 이것은 차라리 여전히 피조물과 모든 창조세계와 함께 그의 길을 찬미하는 주님의 어릿광대(joculator)이다. 빛과 고난, 고통과 기쁨, 불과 물, 모두가 "하늘의 질서"와 하나님의 변함없으신 사랑의 궤도 안에서 안전한 우주의 정연한 단계들을 선포한다. 프란체스코 자신의 포기하는 사랑의 시와 거룩하게 모범을 보인 그리스도의 가난에 대한 그의 가르침과, 피조 질서를 통해서 하늘의 질서에 이른 그의 글들이, 보나벤투라와 라이문도 룰리오와 수많은 덜 유명한 추종자들에게서, 얼마나 많이 나타나는지를 누가 말할 수 있으랴?

"태양을 찬양함"에서 부인하는 삶은 "규칙"과 "편지" 또는 "사람들에게 설교함"에

---

7. O. Karrer, *St. Francis of Assisi: the Legends and Lauds*, New York, 1947, p. 266.

서 만큼 주요하다. 여기서 또한, 프란체스코가 자신을 부른 대로, 그 작은 광대(idiota), 비전문적인 가수(joglar)의 자유로운 리듬, 일시적인 두려움과 몸의 상처로부터의 갑작스러운 해방, 다정하게 놓여난 사랑의 의기양양한 함성이 자국어로 발표(outbreathings)된다. 이것은 참으로 영이 가난한 자만이 알 수 있는 그러한 기쁨의 메시지이며 다른 이들의 짐을 경감시키는 처방이며, 음유시인의 익살로 모든 시대의 소자들을 회개에로 부르는 찬미이다. 알베르나의 엑스타시, 하나님과 "덕들"을 찬양함, 그의 창조에 대한 기쁨에서 하나님께 드리는 "노래", 이 모든 것이 포기함으로 기쁘게 된 사랑을 연상시키는 찬양들이다. 더구나 그들은 철학자요 행정가이며 신비주의자인 보나벤투라라고 불리는 지오반니 디 피단자(John Fidanza)와 음유시인이며 선교사요 신비주의자인 룰리오(Lull)에게 영적 골자가 될 것이다. 창조의 위계, 신적 사랑의 모범주의, 지오반니 디 피단자의 여정(Itinerarium), 라이문도(Ramon)의 가난 선교가 모두 여기에 상징되어 있다.

"태양을 찬양함"은 실제로 고난과 임박한 죽음에서 터져 나온 승리의 노래 - "찬양의 노래, 사랑의, 기쁨의, 무한하게 선하신 하나님을 인정하는, 그의 모든 창조 안에 있는 이 끝없는 가족의 외침"[8] - 이다.

---

8. Gratien, op. cit., p. 154.

PART III
FRANCIS
OF ASSISI

주기도문 주해[9]

우리 아버지,[10] 우리의 가장 복되시며 거룩하신 창조자, 우리의 구원자이시며 우리의 위로자. 하늘과 천사들과 성도들 안에 계셔서, 그들로 당신을 알도록 빛을 비추십니다. 왜냐하면 당신은, 오 주님, 당신의 거룩한 사랑으로 그들을 타오르게 하는 빛이십니다. 왜냐하면 당신은, 오 주님, 그들 안에 계셔서 그들이 복을 받도록 그들을 가득히 채우시는 사랑이십니다. 왜냐하면 당신은, 오 주님, 가장 높은 선이시며, 가장 영원한 선이십니다. 모든 좋은 것들이 당신에게서 오고, 당신 없이는 그 어디에도 선은 없습니다.

당신의 이름이 거룩히 여김을 받으시오며, 당신에 대한 지식이 우리에게 분명해지게 하소서. 그래서 당신의 사랑이 얼마나 풍성한지, 당신의 약속들이 얼마나 오래 지

---

[9]. 이하의 본문은 *St. Francis of Assisi: The Legends and Lauds*, edited, selected and annotated by Otto Karrer, and translated by N. Wydenbruck, New York, 1947에서 발췌하였다. 런던과 뉴욕의 Sheed & Ward, Inc.의 출판인들의 허락을 받아 사용되었다. 영어 편집의 pp. 261-62가 "형제 태양을 찬송함"을 위해, pp. 265-66이 "덕을 찬양함"을 위해, pp. 266-67이 "주기도문 주해"를 위해 선택되었다. 이것들은 독일어로 편집된 *Franz von Assisi, Legenden und Laude*, Zürich, 1945에 있으며, 위의 순서대로 pp. 520-23; 534-37; 538-41에서 이탈리아어와 독일어로 병행된다.

[10]. "Pater"의 의역은 충분한 이유 없이 "Dubia"로 격하된다. H. Boehmer and F. Wiegand, *Analekten zur Geschichte des Franciscus von Assisi*, 2d edition, Tübingen, 1930, pp. 48-49. Cf. Karrer, *Legends*, p. 260.

속되는지, 당신의 위엄이 얼마나 고귀한지, 당신의 심판이 얼마나 심오한지 알게 하소서.[11]

당신의 나라가 임하소서. 당신이 우리 안에서 당신의 은총으로 다스리소서. 그래서 우리가 당신의 나라에 오게 하소서. 거기서 우리는 당신을 얼굴에 얼굴을 맞대고 볼 것이며, 완전한 사랑, 축복된 교제, 그리고 영원한 기쁨을 누릴 것입니다.[12]

뜻이 하늘에서 이룬 것같이 땅에서도 이루어지이다. 그래서 항상 당신을 생각하며 당신을 우리가 온 마음을 다해 당신을 사랑하게 하소서. 온 영혼을 다해 항상 당신을 바라게 하소서. 온 정신을 다해 우리의 의도들을 당신에게 향하고 모든 것에서 당신의 명예를 추구하게 하소서. 그리고 온 힘을 다해 우리 영의 모든 힘과 우리 몸의 모든 감각을 사용하여 오직 당신을 사랑하는 일에만 쓰게 하소서: 그래서 우리 이웃을 우리 몸과 같이 사랑할 수 있게 하시고 그것이 우리 능력 안에 있는 한 모든 사람을 당신을 사랑하는 일로 이끌어 다른 이들의 선한 일을 기뻐하고 그들의 잘못을 우리 자신의 것과 같이 슬퍼하며 결코 어느 누구든지 비난하지 않게 하소서.

오늘 우리에게 일용할 양식을 주시고, 그것은 당신이 사랑하시는 아들, 우리 주 예수 그리스도이십니다. 그가 우리에게 품으신 사랑과 그가 하신 말씀과 우리를 위해 하신 일과 고난을 겪으신 것을 기억할 때 그러합니다.

그리고 우리가 우리에게 죄 지은 자들을 사하여 준 것 같이 우리 죄를 사하여 주옵소서. 그리고 우리가 완전히 용서하지 않은 것을 오 주님 우리가 용서하도록 하시고 당신의 이름을 위하여 우리가 진정으로 우리의 원수들을 사랑하며, 그들을 위해 당신에게 신실하게 중재하고, 결코 악을 악으로 갚지 않으며, 당신의 도움으로 모든 사람을 돕는 일에 애쓸 수 있게 하소서.

그리고 우리를 감추어진 또는 분명한, 갑작스러운 또는 오래 끄는 시험에 들게 하지 마소서.

그리고 우리를 과거와 현재와 미래에서 악으로부터 구원하소서.

선한 의지와 함께 그리고 보상의 희망 없이 그렇게 될 것입니다.[13]

---

11. *Longitudo promissorum tuorum, sublimitas maiestatis et profunditas iudiciorum.* Boehmer and Wiegand, *op. cit.*, p. 49.
12. *Te visione manifesta, amore perfetto, società, godimento sempiterno.* Karrer, *Franz*, p. 538.
13. *E gratuitamente.* Karrer, *Franz*, p. 540.

PART III
FRANCIS
OF ASSISI

가장 거룩한 처녀에게 관을 씌었으며
거룩한 영혼에게 관을 씌울 덕을 찬양함

만세, 여왕 지혜여,
하나님이 당신의 거룩한 자매 순결한 단순함으로 당신을 구원합니다.
만세, 숙녀 거룩한 가난이여,
하나님이 당신의 거룩한 자매 겸손함으로 당신을 구원합니다.
만세, 숙녀 거룩한 사랑이여,
하나님이 당신의 자매 거룩한 순종으로 당신을 구원합니다.
만세, 당신들 모든 거룩한 덕들이여,
하나님이 당신들을 구원하시기를, 당신들은 하나님으로부터 오고 유래되었습니다.

먼저 죽지 않고는 당신들 중 하나라도 소유할 사람은 이 세상에 없습니다. 하나를 소유하고 다른 사람들을 실족시키지 않는 사람은 그들 모두를 가집니다. 그러나 하나라도 범한 자는 아무 것도 가지지 않으며 모든 것을 범합니다.
각각의 덕은 악과 죄를 혼란스럽게 만들며, 그들을 근절시킵니다. 거룩한 지혜는 사탄과 그의 모든 악의를 꺾습니다. 순결하고 거룩한 단순함은 이 세상과 육체의 모든 지혜를 꺾습니다. 거룩한 가난은 욕심과 탐욕과 이생의 염려를 꺾습니다.[14] 거룩한 겸손은 모든 자만과 세상을 위해 살아가는 모든 사람들과 마찬가지로 세상에 속한 모든 것들을 꺾습니다. 거룩한 사랑은 육체와 악마의 모든 유혹과 육체의 모든 두려움을 꺾습니다. 거룩한 순종은 모든 신체적이고 세속적인 욕망들을 꺾고 사람의 몸을 억제하여, 영과 그의 형제들에게 순종하고 세상의 모든 사람들에게 복종하고 순종하게 합니다. 그리고 단지 사람들에게만 아니라 모든 동물과 야수들에게도 그렇게 되어 하늘에 계신 주님이 허락하시는 한 그들은 그와 함께 원하는 것을 할 수 있습니다. 하나님께 감사를 드릴지어다. 아멘.

만세, 오 거룩한 숙녀, 가장 높은 여왕, 하나님의 어머니, 마리아여, 당신은 영원한 처녀이며 가장 거룩한 하늘의 아버지께 선택되었으며, 그에 의해 그의 가장 거룩하고 사랑하는 아들과 우리의 위로자 성령과 함께 성결하게 되었으며, 당신은 그 안에 있고 있어온 은총과 모든 선의 완전함 안에 있습니다.

만세, 그리스도의 궁전이여. 만세, 그리스도의 장막이여, 만세, 그리스도의 어머니여![15] 만세 당신들, 거룩한 덕들이여, 성령의 은총과 조명하심을 통해서 충성스러운 자들의 마음에 유입되며, 그래서, 믿지 않았던 자들이 신앙의 구성원이 될 것입니다.

---

14. *E le cure de questo secolo.* Karrer, *Franz,* p. 534.
15. *Vi saluto, palagio di Lui ... tabernacolo ... Madre di Lui.* Karrer, *Franz,* p. 536; cf. Boehmer and Wiegand, *op. cit.,* p. 47.

PART III
FRANCIS
OF ASSISI

형제 태양을 찬송함[16]

가장 높으시며, 전능하시며, 자비로우신 주님,[17]
모든 찬송과 존경과 영광과 모든 축복은 당신의 것이며
오직 당신에게만 그들은 제한되며,
그리고 어떤 사람도 당신의 이름을 말할 자격이 없습니다.

찬송을 받으소서, 나의 주님, 이 모든 당신의 피조물들과 함께,
특히 형제 태양 경(卿, Sir)을 인하여.
그를 통하여 당신은 우리에게 낮의 빛을 주시니,
그리고 그는 광대한 찬란함으로 깨끗하고 빛이 납니다,
가장 높으신 당신을 나타내면서.[18]

찬송을 받으소서, 나의 주님, 자매 달과 별들을 인하여
하늘에 지으신, 정결하고 아름다우며 깨끗한.
찬송을 받으소서, 나의 주님, 형제 바람을 인하여,
공기를 인하여, 흐리고 맑은 날씨와 모든 날씨들을 인하여
그들에 의해서 당신은 당신의 피조물들에게 자양분을 공급하십니다.

---

16. 카레(Karrer)는 이것이 "성 프란체스코의 움브리아(Umbria)의 '달콤한' 혀" 안에 잉태되어 있었던 것으로 확실히 알려진 유일한 본문임을 상기시킨다. *Legends*, p. 258. Cf. 죽음에 관한 부가된 설명은 *Speculum perfectionis*, cap. 101의 설명과 cap. 123을 보라. Cf. 전체 본문은 또한 Boehmer and Wiegand, *op. cit.*, pp. 44-45를 보라.

17. *Altissimu onnipotente bon Signore*.

18. *Porta significatione*.

찬송을 받으소서, 나의 주님, 자매 물을 인하여,
그녀는 매우 유용하며 겸손하며, 귀중하며 순결합니다.

찬송을 받으소서, 나의 주님, 형제 불을 인하여,
그에 의해서 당신은 밤을 비추십니다.
그는 아름답고 명랑하며 건장하고 강합니다.[19]

찬송을 받으소서, 나의 주님, 우리의 어머니 지구를 인하여,
그녀는 우리를 지탱하고 다스립니다
그리고 다양한 과일들과 단풍이 든 꽃들과 풀들을 냅니다.
찬송을 받으소서, 나의 주님, 당신의 사랑을 통하여 용서하는 사람들을 인하여
그리고 약함과 환난을 겪는 자들을 인하여.
체념으로 그들을 겪는 자들은 복이 있습니다,
왜냐하면 가장 높으신 당신에 의해 그들은 왕관을 쓸 것이기 때문입니다.

찬송을 받으소서, 나의 주님, 우리의 [자매][20] 육체의 죽음을 인하여,
그로부터 어떤 살아있는 사람도 항상 벗어날 수 없습니다.
치명적인 죄에서 죽는 자들에게 저주 있으라.
당신의 가장 거룩한 의지에서 발견되는 자들에게 복이 있습니다.
그들에게 두 번째 죽음은 아무 해도 가져오지 못할 것입니다.
나의 주님을 찬양하고 찬미하라, 그에게 감사를 드리라
그리고 위대한 겸손함으로 그를 섬기라.

---

19. *Et ello è bello e jocondo e robustoso e forte*.
20. 이탈리아어 원문은 다음과 같다: *per sora nostra morte corporale* – "우리의 자매 육체의 죽음을 인하여." Karrer, *Franz*, p. 522; *Speculum perfectionis*, cap. 120; Boehmer and Wiegand, *op. cit.*, p. 45. Karrer, *Franz*, p. 523은 *Bruder*로 되어 있다.

IV. 보나벤투라

(1221–1274)

PART IV
BONAVENTURE

PART IV
BONAVENTURE

서론

전기적 내용

지오반니 디 피단자는 비테르보(Viterbo) 근처 토스카나(Tuscany)에서 1221년에 태어났다. 네 살의 나이에 프란체스코의 공덕과 중재에 의해서 치유되었다고 알려진 만성병으로부터 회복된 후, 그는 1238년에서 1243년 사이에 프란체스코 수도회에 들어갔다. 파리에 있는 알렉산더(Alexander Hales)의 학생으로, 그는 거기에서 1248년부터 1255년까지 가르쳤다. 그와 토마스 아퀴나스는 세속 군주에 대항하여 종교의 권리를 위해 함께 싸우고 1257년에는 나란히 박사가 되었다. 보나벤투라는 1257년에 그의 수도회의 총회장이 되었고 프란체스코의 가난에 관한 해석이 분분한 시대에 균형 잡힌 행정을 펼쳤다. 1259년에 알베르나 산을 방문한 후 그는 「프란체스코의 생애」(*Life of Francis*)를 썼는데, 그 후 1263년에 수도회에 의해서 승인받았다. 1273년에 추기경과 알바노(Albano)의 감독이 되었으며, 1274년에 리옹(Lyon) 회의에서 죽었다. 1482년에 시성되었고, 1587년에 식스투스 5세(Sixtus V)에 의해 교회의 박사로 선언되었다.

개관

보나벤투라는 학문적 훈련에 전적으로 헌신한 인물로 심정에서는 참된 프란체스코의 수도사이다. 「하나님을 향한 정신의 여정」(Itinerarium mentis in Deum)[1]은 프란체스코 자신의 기본원리를 진실하게 드러내는 주해서이다. 그 소박한 프란체스코의 헌신은 여기서 분명히 포베레요(Poverello)의 엑스타시와 관련된다. 이 작품의 서문은, 보나벤투라의 「프란체스코의 생애」(Life of Francis, ch. 13)와 마찬가지로, 그 자체로 세상적 지혜의 지나친 확장을 그렇게 두려워했던 그 영적 아버지에 대한 영감을 묘사한다. 그러나 프란체스코로부터 연역되는 것은 성흔의 황홀을 지닌 수도하는 그리스도의 제자이다. 보나벤투라 철학의 그리스도 중심주의는 그래서 프란체스코의 직접적인 유산이다.

보나벤투라의 철학은 포베레요의 경험뿐만 아니라 그 자신의 경험인 신비적 경험의 철학으로 불릴 수 있다. 프란체스코가 죽은 지 33년 만에 그 작은 가난한 사람이 성흔을 입었던 같은 곳 알베르나의 고독에서, 「여정」(Itinerarium)의 계획은 보나벤투라에 의해 잉태되었다. 그가 독특하게 영의 활동을 매개하는 사랑을 경험한 것이 그 흔적을 육체에 남겼다. 영과 육체 모두 프란체스코와 그리스도의 동일화를 증명했고, 그 연합이 후일 보나벤투라의 「여정」(Itinerarium)에서 그 거룩한 산에서의 프란체스코의 비전에 대한 상징적 주석이 되었다. 프란체스코의 경험은 철학적 분석을 위해 남긴 여지가 거의 없는 것으로 보인다. 그럼에도 불구하고, 보나벤투라는 그 소박한 열정(élan)을 특별하게 신비스럽게 완성된 철학적 논문을 통해 표현한다. 「프란체스코의 비전」(Franciscan Vision)은, 제임스(James) 신부가 「여정」(Itinerarium)을 번역한 것처럼, 프란체스코의 포기에 대해 참되며, 보나벤투라의 철학적 체계와 그의 신비적 통찰에도 참되다. 그것은 "신비적 경험의 철학"이다.

---

1. 여정 Itinerarium은 P. L. Landsberg in "La philosophie d'une expérience mystique ....," *La vie Spirituelle*, Vol. 51 (1937), Supplément, pp. [71]–[85]와 P. I. Squadrani, in "S. Bonaventura christianus philosophus," *Antonianum*, Vol. 16 (1941), pp. 256–304에서 흥미롭게 분석된다. 본문 자체는 Opera omnia, Quaracchi, 1891, Vol. V, pp. 295–313에 있다. 보나벤투라의 "여정"의 교리와 조명의 단계들에 나타난 신비적 경향에 대해서는 Gilson, *History of Christian Philosophy in the Middle Ages*, pp. 332 ff.를 보라.

그 논문은 십자가형에 처해진 여섯 날개를 가진 천사에 관한 얘기로 구성된다. 이것은 영혼이 하나님을 향해 피조물로부터 올라가고 영원한 평화의 길에 들어가기 위해 준비하는 여섯 개의 조명의 계단을 적절하게 드러낸다. 이 준비는 참된 그리스도인의 지혜에 대한 진보를 실용화한다. 이 길은 물론, 그 십자가에 못 박힌 천사의 불타는 사랑의 길이다. 조명의 여섯 단계들은 하나님의 피조물들로 시작하여 하나님에게까지 이른다. 여기서 다시, "태양의 노래"에서 나타난 프란체스코의 지향이 하나님의 창조의 우주 안에서 진정한 프란체스코의 정신의 살아있는 경험을 축하한다.

사람은 세 가지 기능을 가지고 있다. 그는 자신에게 세 가지 영적 방향 또는 견해(*tres aspectus principales*)를 말한다. 이들 중 첫 번째는 외부세계의 동물적 또는 감각적 인식(*animalitas seu sensualitas*)을 사용한다. 두 번째는 영의 인식인데(*spiritus*), 사람이 자기 자신 안으로 들어가도록 허락한다. 세 번째, 또는 정신(*mens*)은 자신을 초월하는 실재들에 대한 그의 관심을 함축한다. 아우구스티누스는 정신(*mens*)의 감각이 영적인 시야(*oculi mentis, acies mentis*)에 불가분하게 방향 지워졌다고 소개했다. 보나벤투라가 다시 인용한 대로, 정신(*mens*)은 영혼이 자신 너머에 있는 것을 향해, 영적인 것들과 순수한 진리를 향해 기울어진다고 지적한다. 다른 말로, 하나님, 로고스, 그리스도를 향해 기울어진다고 말하는데, 이들은 보나벤투라의 가르침의 바로 그 핵심이다. 세 가지 국면 또는 방향에 각각 두 가지씩, 사람은 영혼의 상승에서 여섯 단계를 얻는다. 그러므로 감각 인식의 범위 안에서 사람은 외부 세계에 투영된 하나님을 본다. *per speculum* 즉, 이 세상의 원인으로서뿐 아니라 *in speculo*, 또는 이 외부 세계에 나타나는 분으로서 본다. 비슷하게, 사람은 그의 내부의 깊이를 측정하는 데에서 거기로부터 그의 창조자요 보존자인 하나님의 형상뿐 아니라 그가 내밀하게 경험한 재-창조자요 재-형성자로서의 그분의 형상도 명상한다. 최종적으로, 영혼은 그 너머에 있는 초월적 존재를 명상할 수 있다. 그분은 형이상학의 "존재"일 뿐 아니라 그리스도가 계시하신 자비롭고 복된 삼위일체 하나님이다.

이 세 가지 근본적인 관심은 생 빅토르의 리샤르의 경우 여섯 가지 상승의 단계로 확장되는데, 보나벤투라는 이에 따라 마침내 일곱 번째의 혹은 뚜렷하게 신비적인 수준에 온다. 여전히 정신적으로 언급할 수 있지만, 마침내 지성을 초월하는 엑스타시의 사랑과 신비스러운 안식일의 휴식의 단계에 도달하게 되었다. 여기서, 디오니시오스와 같이, 그는 말할 수 없는 것을 긍정하는 것보다 평범한 말을 부정함으로 더 잘 묘사할 수 있다.[2]

여기서 특징 지워진 하나님에게로의 상승은, 그 기독교 철학자에 의해서 여섯 단계의 길을 따라 가서 마침내 「여정」(Itinerarium)의 제7장에서 말하는 신비스러운 안식(requies mystica)에 도달한다.[3] 이 점에서 「삼중의 길」(The Triple Way)은 그 요구를 명확히 하고 더욱 더 주목한다.[4] 신플라톤주의, 아우구스티누스 그리고 빅토르 사상의 유산을 간직한 보나벤투라에게 신학은 세 가지 종류로 구성 된다: 상징적, 신학적 (고유의), 그리고 신비적. 상징적 신학은, 모범적인 유형에서, 감각적 현상의 바른 사용과 우주적 유비에 의해 사람의 존재가 하나님께로 올리는 길을 가르친다. 고유의 또는 사색적 신학은 이성을 통해 이해할 수 있는 것들의 올바른 사용을 보여준다. 그것은 믿을 수 있는 것들을 이해할 수 있게 한다. 신비적 신학은 거룩과의 황홀한 연합에 이르는 길에서 다음과 같은 특별한 목표에 직면한다. 그것은 이성을 초월하는 엑스타시와 자기를 초월하는 사랑에 이른다. 여기서 명상적 사랑은 정화, 조명 그리고 완성 또는 완성된 연합이라는 삼중의 위계적인 양식을 따른다.[5]

성령은 삼위일체의 형상에서 영혼의 재-창조를 초래한다. 덕들의 작용에 의해 질서 잡힌 삶은 교정된 능력들을 안다. 성례의 은총은 영혼의 상처에 치유를 가져온다. 완성의 길로 은혜롭게 추진되며 거룩하게 이끌어져서, 영혼은 이제 명상적 고도를 향한 그 마지막 여행을 시작한다.

여기서 알베르나 산의 프란체스코는 그 모델이 된다. 명상적 능력에서 거룩하게 갱신되고 그리스도와의 연합에로 영적으로 새롭게 방향을 잡아, 영혼은 신비적 상승

---

2. *Itin.*, Prolog., 3, cap. 1, 4; Landsberg, *op. cit.*, pp. [77] ff.

3. Cf. Squadrani, *op. cit.*, pp. 260 ff., 282 ff.

4. *De triplica via*는 Auaracchi *Opera*, in *Decem opuscula ad theologiam mysticam spectantia in textu correcta*, 4th ed., 1949, pp. 1-39로부터 다른 신비주의 본문들과 함께 다시 인쇄 되었다. 그것은 R. P. Valentin = M. Breton, *Saint Bonaventure, œuvres ...*, Aubier, Paris, 1943, pp. 115 ff.; *Itinerarium*, pp. 425ff.에서 번역 및 해석된다. R. P. Jean-Fr. Bonnefoy, *Une somme Bonaventurienne de théologie mystique: Le "De triplici via,"* Paris, 1934는 훌륭한 주석서이다. Cf. DS I, 1791 ff.와 D. Dobbins, *Franciscan Mysticism*, New York, 1927. D. Phillips, "The Way to Religious Perfection According to St. Bonaventure's De triplici via," in *Essays in Medieval Thought*, ed. by J. H. Mundy, R. W. Emery, and B. W. Nelson, Columbia University Press, New York, 1955, pp. 31-59를 참조하라.

5. *Itin.*, cap 1, no. 7; Gilson, *History*, pp. 331 ff.; DS I, 1772 ff.

의 세 가지 길을 가로지를 준비가 된다.⁶

엑스타시와 완성에 이르는 세 가지 길이 있다. 그들은 완전한 모범적 적용을 요구하는 삼학과(trivium)이다. "교회의 군사는 교회의 승리에 반드시 따라야 한다." 정화, 조명, 그리고 완성은 위계적 기능을 제공한다. 우주적 유비의 법칙과 하늘의 위계의 법칙에 따라, 그들은 영혼을 적절한 행동들과 뚜렷한 목적에로 명령한다.⁷

세 가지 길은 분명한 초점이 있다. 정화는 죄의 추방을 통해서 평화에 이른다. 조명은 진리와 그리스도를 모방할 것을 강조한다. 완성과 연합의 삶은 사랑으로 신랑을 맞을 준비를 한다. 첫 번째 길은 악으로부터의 철수를 나타낸다. 두 번째는 선의 완성을 상징한다. 세 번째는 최선과 최고에로 의 상승을 분명히 한다. 처음 두 가지 길에서 영혼의 활동은 그 자체로 우세하다. 세 번째 또는 연합의 단계에서는 은총의 활동에 의해 일치되는 영혼의 수동성이 나타난다.⁸

정화의 길에 대해 말하자면, 그것은 활동적으로 죄를 씻는 것으로 이루어진다. 신비스러운 평화는 첫째 조건으로서 양심의 평화를 요구한다. 정화하는 영혼의 가장 깊은 겸손과 덕의 실천뿐 아니라 모든 영적인 훈련들은 정화의 목표들을 만족시킨다. 이들은 묵상, 기도 그리고 명상의 도움으로 진전된다.⁹

조명하는 삶은 묵상, 기도, 명상의 삼중적 길에 따라 그리스도를 모방하는 것을 실천한다. 선물들, 특별한 훈련들, 동정녀에게의 헌신 – 모든 것이 진실한 견해로 자리 잡는다.¹⁰

연합의 길은 신비적 연합의 경지에 이르기까지 사랑을 실천하고 전개한다. 그래서 화약기차는 지혜의 불꽃을 점화하게 된다. 지금까지 영혼의 활동은 주요했다. 이제 연합의 길은 영의 수동성과 은총의 지배하는 활동에 초점을 맞춘다. 이 길은 완성된 사랑을 안다. 그 열매가 신비스러운 지혜이다. 사랑 안에서 그것의 적절한 대상은 그 거룩한 신랑이다. 여기에 묵상의 완전한 범위가 있다. 숭배는 그것의 가장 먼 한계

---

6. *Itin.*, cap. 7, nos. 3–5; *Trip. via*, Prol., no. 1; cap. 1, no 15; cap. 3, nos. 1, 13.
7. *Trip. via*, cap. 3, no. 1; cap. 1, sec. 1; *Itin.*, cap. 4, nos. 6–7.
8. *Trip. via*, cap. 1, nos. 3–9, 12; DS I, 1792.
9. *Ibid.*, cap. 1, nos. 3 ff.; DS I, 1793–1800.
10. *Ibid.*, cap. 1, nos. 10–14.

에 도달한다. 성만찬의 삶은 모든 것들을 관통한다.¹¹

동시대의 학자들은 보나벤투라가 사랑의 독특한 평화와의 관련으로 인간의 지식과 모든 우주를 재구성하는 일을 시도했다고 본다. 보나벤투라 사상의 궁극적인 목표는, 질송도 그렇게 생각한 것처럼, "기독교 신비주의의 한 원리 체계"라고 생각된다. 그의 교리는 "사색적 신비주의의 정점을 찍었으며 그것이 언제나 성취하였던 가장 완전한 종합을 이룬다."¹²

"가톨릭 신비주의의 한 원리 체계"라고 불려왔듯, 보나벤투라의 교리는 그 자체로 프란체스코 자신의 종교적 경험을 박학하게 신학적으로 표현한 것으로 보여진다. 프란체스코의 근본적인 가정들은 보나벤투라의 체계 – 길과 진리와 생명으로서의 그리스도의 말씀에 기초한 체계에서 심오하게 정교화 된다. 그러한 경향이 보나벤투라의 설교 "그리스도 유일한 하나뿐인 주님"에서 의미심장하게 강조된다. 십자가는, 마찬가지로, 참된 생명나무(lignum vitae)가 된다. 그리스도, 그 가난한 갈릴리 사람, 십자가에 달린 구주, 미사에서 제물을 바치는 분이며 또 제물이 된 분, 그는 프란체스코와 보나벤투라에게, 그가 포기의 사랑의 축도(縮圖)인 것처럼, 신비적 경험의 심장이다.¹³

만일 「삼중의 길」(The Triple Way)에서 보나벤투라의 신비 논문을 얻는다면, 매우 탁월하게, 그의 철학적인 「여정」(Itinerarium)에서 바로 명상적 완성에 이르는 단서를 얻는다는 것에 많은 이들이 동의할 것이다.

보나벤투라는 프란체스코 자신의 신비주의를 명료하게 하며, 프란체스코의 원시적 정신을 철학을 통해 주해한 인물이다. 보나벤투라 안에서 그리고 그를 통해서, 라이문도 룰리오의 명상적 경험에서 거대한 역할을 할 위계적 질서화 외에, 모범적인 지침들과 그리스도 중심적인 열정이 표현된다. 질송과 함께 보나벤투라의 작품을 읽으면서, 우리는 "죽은 철학자 아시시의 성 프란체스코가 파리의 그 대학에서 강의하고 있는 것"을 상상할 수 있다.¹⁴

---

11. *Ibid.*, cap. 1, nos. 15-19, cap. 3, nos. 1-14; Dobbins, *Mysticism*, pp. 124-57; DS I, 1810-15, 1818, 1840-42; Bonnefoy, *op. cit.*, pp. 42 ff.
12. *La philosophie de Saint Bonaventure*, 3d ed., Paris, 1953, p. 396; *History*, pp. 331 ff.; DS I, 1841.
13. DS I, 1841-42; cf. Breton, op. cit., pp. 369 ff.의 설교; *lignum vitae*, in *Decem opusc.*, pp. 155 ff.; 또한 Breton, *op. cit.*, pp. 235 ff.
14. *History*, p. 340.

PART IV
BONAVENTURE

하나님을 향한 정신의 여정[15]

제1장 영혼의 상승의 단계들: 창조에 나타난 하나님의 발자국들[16]

1. "눈물의 골짜기를 관통하여 그가 정한 목표를 향해 순례를 시작할 때, 당신에게서 도움을 얻는 사람은 행복합니다."[17] 행복은 최고선을 소유하는 것 외에 아무 것도 아니며, 최고선은 우리 위에 있는 까닭에, 자신을 넘어 초월하지 않는 자는 누구도 행복할 수 없다. 물론, 사람의 이러한 초월은 육체가 아니라 정신과 마음의 초월이다. 인간으로서 스스로를 초월하는 것에 문제가 있기 때문에, 그는 반드시 초자연적인 힘에 의해 도움을 받아야 하며 그를 일으키기 위해서 몸을 구부린 보다 고차적인 힘에

---

15. 제1장과 제7장은 여기서 Father James, *The Franciscan Vision: Translation of St. Bonaventure's "Itinerarium mentis in Deum,"* London, 1937, pp. 13-22, and 69-74로부터 Burns, Oates and Washbourne, Ltd.의 허락을 받아 재출판 되었다. 원문은 Vol. V of the Quaracchi *Opera omnia*, pp. 295-313을 보라.
16. 그 자신이 그렇게 한 것처럼, *vestigia*를 "자취들", "발자국들" 심지어 "흔적들"로 번역한 부적절성에 대해서는 G. Boas, tr., *Saint Bonaventura: The Mind's Road to God*, The Liberal arts Press, New York, 1953, p. 7, 각주 1을 보라. 보나벤투라는, 그가 생각하기에, "예술 작품을 숙고함으로써 그 예술가를 알 수 있다"는 것을 단순히 의미한다. *vestigia*의 분석에 대해서는 Gilson, *History*, pp. 332 ff.와 Squadrani, op. cit., pp. 262 ff.를 보라.
17. 시 83:6-7 (84:5-6).

의해 고양되어야만 한다. 그래서 아무리 한 인간의 내적 행로가 많이 조직되고 진보가 이루어진다고 하더라도, 위로부터의 도움이 동반되지 않으면 아무 소용이 없다. 독실하고 경건한 마음으로 그것을 추구하는 자들에게, 그리고 눈물의 골짜기 안에서 그것을 사모하는 자들에게 신적인 도움은 가까이에 있다. 이것은 열렬한 기도에 의해 이루어진다. 기도는, 그러므로, 하나님을 목표로 삼는 모든 위를 향한 나아감의 원천이며 기원이다. 그런 까닭에, 디오니시오스는 그의 "신비 신학"에서 말하기를, 영혼의 이러한 초월적 작업들을 우리에게 가르치기를 바랄 때, 기도는 첫 번째 조건으로 간주된다고 했다. 그러므로 우리 각자가 힘을 다하여 기도하며 우리 주 하나님께 말하자. "오 주님, 내가 당신의 진리 안에서 걸을 수 있도록 당신의 길로 나를 인도하소서. 내 마음으로 하여금 당신의 이름을 두려워함을 기뻐하게 하소서."[18]

2. 그렇게 기도함으로써 우리는 하나님께로 우리 영혼이 상승되는 단계들을 구분하게 된다. 우리의 현 상태에서, 사물들의 우주는 우리가 하나님을 향해 올라가는 사다리이다. 이 사물들 중에서 어떤 것들은 하나님의 발자국들이며, 어떤 것들은 하나님의 형상이고, 어떤 것들은 물질적이며, 어떤 것들은 영적이고, 어떤 것들은 유한하며, 어떤 것들은 영원하며 그리고, 어떤 것들은 우리 바깥에 있고, 어떤 것들은 우리 안에 있기 때문에, 만일 우리가 전적으로 영적이고 영원하며 우리 위에 있는 그 자신 안에서 모든 사물들의 제일 원리와 원천을 명상하는 데에 이르려고 한다면, 우리는 반드시 물질적이고 유한하며 우리 바깥에 있는 하나님의 발자국들과 함께 시작해서 하나님께 이르는 그 길에 들어선다. 우리는 우리 자신의 영혼 안에서 안으로 들어가는데, 그것은 영원한, 영적이고 우리 보다 더 안에 있는 하나님의 형상들이며, 그리고 이것이 하나님의 진리 안으로 들어가는 것이다. 마침내, 우리는 우리 자신을 넘어 그리고 우리 자신 위로 나아가서 영원하고 탁월하게 영적인 영역에 이르러 모든 것의 제일 원리를 본다. 그것은 그의 위엄에 대한 경건한 명상 가운데서 하나님을 아는 것을 향유하는 것이다.

3. 여기서 광야에서의 삼일간의 여정이 있다. "히브리인들의 주 하나님이 우리를 부르셨다. 우리는 주 우리 하나님께 예배드리기 위해 광야로 삼일 길을 갈 것이다."[19]

---

18. Cap. 1, sec. 1; cf. cap. 7, no. 5 of the *Itin.*; cf. Ps. 85 (86):11; *Trip. via*, cap. 2.
19. 출 3:18.

여기서 또한 창세기에 있는 그 날의 삼중적 조명이 있는데, 주님이 어둠으로부터 빛을 나누셨을 때, 첫 번째는 이른바 저녁이요 두 번째는 아침이요 그리고 세 번째는 정오였다. 또한 사물의 존재도 삼중적인데, 처음에는 물질 안에서, 그 다음은 정신 안에서, 그리고 마지막은 신적 예술 안에서이다. 기록된 것처럼, "그것이 만들어지게 하라 그가 이루시니 그리고 그것이 만들어 졌다."[20] 마지막으로, 그리스도의 존재도 삼중적이다. 그분은 하나님을 향해 가는 길이신데, 즉 물질적으로 영적으로 그리고 신적으로 그러하다.

4. 영혼이 하나님을 향해 나아가는 이 삼중적 진보와 직접적으로 관련하여, 인간의 정신은 세 가지 근본적인 태도 또는 견해를 갖는다. 첫 번째는 바깥의 물질적인 것들을 향한 것이며 이 점에서 그것은 동물적 또는 단순히 감각적이다. 그 다음은 자신 안으로 들어가 자신을 명상하는 것에 있는데, 이것은 영적이다. 세 번째는 위를 향한 일별이 자신을 초월하는 것에 있는데 이는 "mens" 또는 정신이다.[21] 이 세 가지 길에서 인간의 영혼은, 온 정신을 다해, 온 마음을 다해, 온 영혼을 다해 하나님을 사랑할 수 있도록[22] 자신을 하나님을 향해 고양하기 위해서 준비한다. 여기에 그리스도의 가장 높은 지혜가 있기 때문이다.[23]

5. 그러나 앞에서 말한 모든 양식들은 이중적이다. 우리가 하나님을 알파와 오메가로서 생각하게 됨에 따라,[24] 또는 우리가 하나님을 거울 안에서 그리고 거울을 통해서 각각 명상하게 됨에 따라,[25] 혹은 이 명상의 양식들이 각각 다른 것과 결합될 수 있고, 또는 단순히 그리고 순수하게 그 자체로 기능하기 때문에, 이 세 가지 원래의 등급들이 여섯 개로 되어야만 한다. 이것에 대한 상징은 솔로몬의 왕관에 이르는 여섯 단계에서 찾을 수 있다.[26] 이사야가 환상 중에 본 여섯 날개를 가진 천사들에게

---

20. 창 1:3.
21. Cf. Landsberg, *op. cit.*, pp. [77] ff.; Squadrani, *op. cit.*, p. 260.
22. 막 12:30.
23. *Trip. via*, cap. 3, no. 7; cf. Bonnefoy, *op. cit.*, pp. 66 and 54 ff.
24. 계 1:8.
25. "거울을 통해서 그리고 거울 안에서 *per* speculum et *in* speculo"에 관하여는, Squadrani, *op. cit.*, pp. 260 ff. 그리고 Landsberg, *op. cit.*, p. [78]를 보라.
26. 왕상 10:19.

서도 보인다.²⁷ 하나님이 흑암 가운데로부터 모세를 부르신 후의 엿새 동안에서도 볼 수 있다.²⁸ 그리고 마태복음에 나타난 것과 같이, 그리스도가 그의 제자들을 이끌고 산에 오르셔서 그들 앞에서 변형되신 후의 엿새에서도 볼 수 있다.²⁹

6. 영혼이 하나님께로 올라가는 여섯 단계에 상응하는 여섯 가지의 기능 또는 능력이 영혼 안에 있는데, 그것들로 인해, 우리는 깊이로부터 높이로, 외부적인 것들로부터 내부적인 것으로, 유한한 것들로부터 영원한 것들로 감각, 상상, 이성, 이해(intellect), 지성(intelligent) 그리고 최종적으로 정점인 영혼에 이른다.³⁰ 이러한 능력들은 본래 우리 안에 심겨져 있다. 죄로 인해 훼손되었지만, 은총으로 인해 회복된다. 정의에 의해 정결해지고, 지식에 의해 훈련되며 지혜에 의해 완전해져야만 한다.

7. 본래적 상태에서 사람은 하나님에 의해 흐트러지지 않는 명상을 할 수 있도록 창조되었다. 그것 때문에 이성이 "기쁨의 정원" 안에 하나님에 의해 심겨졌다. 그러나 변하기 쉬운 선을 추구하기 위해서 참된 빛으로부터 등을 돌리면서, 그는 자신의 실수로 인해 본래의 상태로부터 경감되고 제거된다. 전 인류는 원죄를 통해 이중적 방식으로 시달렸다. 인간의 정신은 무지에 의해, 인간의 신체는 정욕에 의해 괴롭힘을 받았다. 결과적으로, 그가 은총에 의해 정의로 정욕에 대항하도록 힘을 얻지 못하고, 지식에 의해 지혜로 무지에 대항하도록 힘을 얻지 못하면, 눈이 멀고 아래로 구부러져 어둠에 앉아서 하늘의 빛을 보지 못한다. 이 모든 것은 예수 그리스도에 의해 이루어진다. 그분은 "하나님에게서 나셔서 우리에게 지혜와 정의와 성화와 구속이 되신다."³¹ 그는 하나님의 능력과 지혜이시며 은혜와 진리가 충만한 성육하신 말씀으로, 은혜와 진리의 작자이시다. 그는 순수한 마음, 선한 양심 그리고 거짓 없는 신앙에 사랑의 은총을 주입하셔서 전 영혼을 위에서 말한 삼중적인 면들에 따라 정돈되도록 하신다. 또한 그는 신학의 삼중적 양식에 따라 진리의 지식을 가르치신다. 상징적 신학에 의해 그는 우리가 감각적인 사물들을 올바로 사용하도록 가르치시며, 이른바 고유한 신학에 의해 우리는 이해할 수 있는 것들의 사용을 배우며, 신비 신학에 의해

---

27. 사 6:2.
28. 출 24:26.
29. 마 17:1.
30. Cf. 여섯 등급에 관하여는 빅토르수도원의 신비주의자들에 붙인 서문과 설명을 보라.
31. 고전 1:30.

접촉을 통해서 우리는 말할 수 없는 것들을 향해 높이 고양될 수 있다.³²

8. 그러므로 하나님을 찾고자 하는 자는 누구든지 본성을 훼손하는 것과 같은 그러한 죄를 떠나서 앞서 말한 그의 영혼의 능력들을 훈련하는 데에 전념해야 한다. 기도로 그의 능력을 조화롭게 재조정할 은총을 바랄 수 있다. 거룩한 삶에서 그는 깨끗하게 하는 정의를 구해야만 한다. 묵상에서 빛을 비추어줄 그 지식을 찾을 것이다. 명상에서 완전하게 하는 지혜를 얻을 것이다. 그러므로 은혜, 정의 그리고 지식을 통하지 않고는 어느 누구도 지혜에 이를 수 없는 것 같이, 깨끗하게 보이는 묵상과 거룩한 삶과 신실한 기도에 의하지 않고는 어느 누구도 명상에 이를 수 없다. 은혜가 바른 의지와 깨끗하게 볼 수 있도록 빛이 비추인 이성의 기초인 것처럼, 우리는 우선 기도하고, 거룩하게 살고, 오랫동안 집중적으로 진실의 나타나기를 바라보아야 한다. 그렇게 집중하면서 우리는 신들 중의 신이 시온에서 보이는 그 거룩한 산에 도달하기까지 나아가야 한걸음씩 일어나 나아가야 한다.³³

9. 우리가 내려가기를 바라기 전에, 야곱의 사다리를 먼저 올라가는 것이 당연하기 때문에, 우리가 하나님, 그 최고의 명장(Craftsman)을 향해 올라갈 수 있도록 우리 앞에 거울과 같이 놓인 이 모든 감각적 세계를 붙들고서 밑에서부터 오르는 그 첫 번째 발을 내딛자. 그 길에서 우리는 이집트의 땅으로부터 약속의 땅으로 건너가는 진정한 이스라엘이 될 것이며, 이 세상으로부터 아버지에게로 가는 참된 그리스도인들이 될 것이고, 다음과 같은 부름에 응답하는 지혜를 사랑하는 사람들이 될 것이다. "나를 갈망하는 모든 자들아 내게로 오라, 그러면 너희들은 나의 소산으로 가득 채워질 것이다." "피조된 것들의 위대함과 아름다움으로부터, 그들의 창조자가 보이며 알려질 수 있기 때문이다."³⁴

10. 창조자의 최고의 지혜와 능력과 자비가 모든 피조된 것들 안에 반영된다. 이것은 사람 안에서 외적인 그리고 내적인 감각의 조절에 의해서 삼중적 방식으로 암시된다. 육체의 감각은 정신을 섬기는데, 정신이 합리적인 조사나 온순한 신앙이나 또

---

32. *Scilicet symbolicae, propriae et mysticae ... per mysticam rapiamur ad supermentales excessus*, Opera omnia, V, 298; Bonnefoy, op. cit., pp. 72 ff.
33. *Trip. via*, Prol.과 디오니시오스에 관한 그의 언급들, *Hiér. cél.*, III, 2, VII, 3, IX, 2 and X, etc.; *Hiér eccl.*, I, 2; 위그의 *Didascalion*, Lib. III, cap. 11, etc를 보라. Ps. 83:8 (84:7).
34. 지혜서 13:5.

는 지적인 명상에 전념할 때나 그러하다. 명상에서 그것은 사물의 실제적 실존을 숙고한다. 신앙에서 그것은 사건들의 전개를 조사한다. 그리고 이성에서 그것은 그들의 잠재하는 선-초월성(pre-excellence)을 짐작한다.

11. 첫 번째는, 사물을 그 자체에서 숙고하는 명상인데, 무게와 수와 분량에서 그들을 분간한다. 무게는 그들의 경향을 나타내며, 수는 그들의 독특함을 나타내며, 분량은 그들의 한계를 나타낸다. 여기서 사물은 본질과 덕과 행동에서뿐 아니라 양식과 종류와 순서에서 파악된다. 발자국으로부터 일어나는 것처럼, 그곳으로부터 정신은 창조주의 능력과 지혜와 끝없는 선하심의 지식을 향해 일어난다.

12. 두 번째 견해는 신앙의 견해인데, 우주를 고찰할 때 그것의 기원과 과정과 목표를 계속해서 곰곰이 생각한다. "신앙으로 우리는 세상이 하나님의 말씀으로 창조되었다는 것을 이해한다."[35] 신앙으로 우리는 세 가지 신기원, 즉 자연의, 율법의, 은총이 이러한 순서대로 서로 이어졌다는 것을 안다. 신앙으로 우리는 세상이 최후심판으로 끝날 것을 안다. 처음에 우리는 하나님의 능력을 본다. 두 번째는 그의 섭리를, 마지막으로는 그의 정의를 본다.

13. 세 번째 견해는 이성의 견해인데, 그것이 우주를 조사할 때 어떤 것들은 단순한 존재만을 가지며, 다른 것들은 존재와 생명을 가지며, 또 다른 것들은 존재와 생명뿐 아니라 지식과 분별력을 소유하고 있음을 인식한다. 이것은 우리에게 가장 낮은 것으로부터 가장 높은 것에 이르기까지 실재의 세 가지 수준을 제시한다. 이러한 관점에서 볼 때, 어떤 것들은 단순히 물질적이고, 어떤 것들은 부분적으로는 물질적이고 부분적으로는 영적이며, 또 다른 것들은 완성과 존엄에서 가장 높은 데 위치하고 순수하게 영적이라는 점이 분명하다. 마찬가지로 우리가 보기에 어떤 것들은 지상의 것들과 같이 변하기 쉬우며 부패한다. 다른 것들은 천상의 것들과 같이 변하기 쉬우나 부패하지 않는다. 그리하여 어떤 것은 하늘을 초월한 것들과 같이 변하지도 않고 부패하지도 않는다. 따라서, 이 보이는 것들로부터 인간의 정신은, 그 안에 존재와 생명과 지성이 순전히 영적이고 부패하지 않으며 변하지 않는 상태로 거주하는 하나님의 능력과 선하심과 지혜를 숙고하기 위해서, 위로 올라간다.

---

35. 히 11:3.

14. 이러한 성찰은 하나님의 능력과 선하심과 지혜의 증인으로서 모든 피조물들이 갖는 일곱 가지 조건을 고려함으로써 분명해지고 완전해질 수 있다. 그래서 우리는 만물의 기원, 거대함, 다양함, 아름다움, 충만함, 활동의 이 순서들을 따로 숙고할 수 있다. 사물들의 기원은 6일 동안의 작업에서 보인 그들의 창조와 특징과 영광의 측면에서, 무로부터 모든 것을 지으신 하나님의 능력을 선포한다. 하나님의 지혜는 만물을 분명하게 배열하시고 구분하신다. 하나님의 선하심은 만물을 관대하게 장식하신다. 창조의 거대함은 길이와 넓이와 깊이를 측정함으로, 빛의 발산에서처럼 길이와 넓이와 깊이에서 그 자체를 확장하는 능력의 탁월함을 따라, 또한, 불의 활동에서 명시되는 것처럼 내밀하고 지속적이며 확산되는 활동의 효능에 따라, 우리에게 공간에 의해 제한되지 않으시며, 모든 피조물에게 그의 능력과 현존과 본질에 의해 나타나시는 삼위일체 하나님의 능력과 지혜와 선하심을 절실히 깨닫게 한다. 사물들의 다양함은, 일반적이고 특별하고 개별적인 다양성의 측면에서, 재질과 형식 또는 모양에서, 그리고 효능에서, 인간의 측량을 넘어서서 창조되었는데, 위에서 언급한 하나님 안에 있는 삼중적 조건들의 거대함을 분명하게 넌지시 비추며 보여준다. 사물들의 아름다움은, 그 빛의 다양성과 모습과 색이라는 측면에서 단순하며 혼합되고 조직화된 모습으로, 돌과 금속과 식물과 동물에서처럼 동일한 이러한 세 가지 신적 특질들을 선포한다. 사물들의 충만함은, 그 영원한 이성들(rationes seminales)의[36] 힘으로 형식들로 가득 찬 물질이며, 능력으로 가득 찬 모양들로서 효능을 발휘하도록 되어 있는데, 이러한 동일한 결론을 분명하게 선포한다. 우주에서의 활동은, 그것이 자연스럽든 인위적이든 도덕적이든 간에, 그리고 바로 그 다양성이 실제로 만물에게 존재의 원인과 이해의 기초와 조화의 궁극적 이유가 되는 능력과 예술과 선함의 거대함을 가리키는 것을 드러냄에 따라, 다채롭고 다양한 성격을 지니고 있음을 보라. 창조의 책에서 분간되어야 할 질서는 지속성과 상황과 영향의 측면에서, 즉 처음과 나중, 우월한 것과 열등한 것, 고귀함과 비천함이라는 측면에서 능력의 무한성과 관련 하에 제일 원리의 탁월함과 숭고함과 존엄을 가리킨다. 성경에서 신적인 법과 교훈과 심판의 순서는 신적 지혜의 거대함을 가리키며, 교회의 몸에서 거룩한 성례와 이익과 응보의 순서는 하나님의

---

[36]. "영원한 이성들"; cf. Boas, *op. cit.*, p. 13.

선하심의 보물들을 가리킨다. 순서라는 그 실존은 우리의 손을 잡고 첫째의, 가장 높은, 가장 강한, 가장 현명한, 그리고 가장 선한 것에게로 우리를 이끌어간다.

15. 그래서 널리 퍼지는 사물의 영광을 놓치고 그것을 보기 위해 빛을 비추이지 않은 사람은 누구든지 맹인이다. 천둥에 의해 깨어나지 않는 사람은 귀머거리이다. 그러한 결과들을 보면서 찬양하지 않는 자는 벙어리이다. 그리고 하나님의 그러한 내밀한 현존에서 창조의 제일 원리를 보지 못하는 자는 틀림없이 바보라고 선포되어야 한다. 그러므로 네 눈을 열라. 영적인 들음에 네 귀를 가까이 가져가라. 네 입술을 봉하지 말고 네 마음을 쏟으라. 그래서 모든 피조물들 안에서 하나님을 보고 듣고 찬양하고 사랑하고 찬미하고 존경하도록, 사물의 우주적 틀이 당신을 대항하여 일어서지 않도록 그리하라. 이러한 이유로 전 우주가 어리석은 자들에[37] 대항하여 싸울 때가 올 것이며 그날에 예언자들과 함께 다음과 같이 말할 수 있는 지혜로운 자들은 영광스럽게 될 것이다. "주여, 당신은 당신의 행위로 나를 즐겁게 하시나이다. 나는 당신의 손이 하신 일들을 보고 기뻐하나이다."[38] "오 주님, 당신의 일들은 얼마나 다채로운지. 당신은 그 모든 것들을 지혜로 만드셨나이다. 땅은 당신이 창조하신 것들로 가득 찼나이다."[39]

제7장 명상의 정적

1. 하나님을 소유하기 위해 나아가면서, 영혼은 여섯 단계를 통과했다. 영혼의 여정에서 이 계단들의 숫자는 중요하다. 여섯 계단은 솔로몬의 왕좌와 평화에 다다르며, 진정한 평화의 사람은 예루살렘 성전 안에서와 같이, 그곳에서 안식했다. 천사를 감싼 여섯날개로, 우리는 땅의 것들로부터 올려져, 하늘의 지혜로 빛을 비추인 진정한

---

37. 지혜서 5:21.
38. 시 91:5(92:4).
39. 시 103(104):24.

명상가의 그림을 본다. 안식일의 쉼이 있기 전, 6일 동안의 창조의 수고는 완성되었다. 명상의 정적을 향한 인간의 진보의 이 여섯 단계들을 상기하라. 첫째, 영혼은 바깥의 것들 안에 있는 하나님의 창조적인 능력의 작품들을 감상하기 위해서 그들을 향해 나아가면서 하나님께로 인도되었다. 다음은, 창조세계를 보며 영혼은 세계의 표면 위에 있는 하나님의 발자국들을 보았다. 물질세계는 그 안에서 영혼이 하나님을 보게 하는 거울이다. 세번째로, 영혼은 자신 안으로 주의를 돌리면서 하나님의 창조된 형상으로서의 자신을 숙고하고, 하나님께 도달하기 시작한다. 그리고 더 나아가 새로워진 그의 존재의 거울 안에서 하나님을 주시하기 시작했다. 더욱이, 영혼은 하나님의 얼굴의 빛을 추구하고 그 자신의 진보를 기뻐하면서, 자신 위로 그리고 너머로 눈을 들도록 인도되었다. 그것이 자신의 반사된 빛에서 하나님을 찾을 때까지 어떤 휴식도 가능하지 않았지만, 그것은, 이러한 모든 진보가, 여전히 하나님께로 향한 길 위에 있는 순례자들과 명상의 고도에 오르기 위해서 그들 자신의 노력에 의지해야만 하는 사람들에게 적절한 정도에서 성취되기 때문이다. 영혼이 여섯째 계단에 도달해서 모든 것의 제일의 최고의 원리와 예수 그리스도, 하나님과 사람의 중보자를 명상하기 시작했어야 할 때, 그때 영혼은 너무나 숭고해서 피조된 것들과의 어떤 비교도 불가능하며 너무나 심오하게 신비스러워서 모든 지성적 예민함이 무효한 영적인 것들과 접촉할 것이다. 그때 영혼은 모든 창조의 신비를 넘어서 뿐 아니라 그 자신 밖으로 그리고 자신 위로 쓸려나갈 것이다. 길이요 문이요 사다리이신 예수 그리스도에 의해 이 옮김이 효력이 있을 것이다. 왜냐하면 그는 이른 바, 하나님의 법궤 위에 놓인 자비의 보좌이며 때들로부터 감추어진 성례이기 때문이다.

2. 얼굴을 완전히 자비의 보좌를 향해 돌리고 십자가에 달린 그를 바라보면서, 영혼은 믿음, 희망, 사랑, 헌신, 기쁨, 찬양, 감사, 찬송, 환호 안에서 자신의 유월절, 즉 시간의 것들로부터 영원한 것들로의 옮김, 십자가의 능력에 의해서 홍해를 건너 사막으로 가게 됨을 축하한다. 거기서 영혼은 숨겨진 만나를 맛보기 시작할 것이며, 거기서 그리스도의 무덤에서 안식할 것이며, 모두에게 죽은 자로 보이지만 순례자들은 갈보리 언덕에서 그 선한 강도에게 약속하신 "오늘 네가 나와 함께 낙원에 있으리

라"는⁴⁰ 말씀을 여전히 경험한다.

3. 이것이 고독한 산 위에서 복자(福者) 프란체스코가 본 것으로, 산에서 그는 명상의 엑스타시 안으로 올리어졌고,⁴¹ 그것에 관해서 내가 생각한 것을 여기 적었다. 그에게 여섯 날개를 가진 천사가 십자가에 묶인 채로 나타났다. 이러한 일들이 일어나고 그가 엑스타시 안에서 하나님에 의해 취해졌을 때, 그와 함께 한 무리들에게 나와 많은 다른 사람들이 이러한 설명을 얻었다. 이를 통해, 복자 프란체스코는, 명상적 삶의 완전한 모델인 야곱의 이스라엘로, 말이 아닌 모범의 힘으로, 활동의 삶을 살았던 걸출한 인물로 많은 것을 드러낸다. 하나님은 그 진정으로 영적인 사람을 알베르니아(Albernia) 산 위로, 그러한 명상의 정적과 영혼의 엑스타시를 찾아 추구하도록 초대하셨다.⁴²

4. 그러나 이 옮김이 진실하고 완전하려면, 영혼의 합리화하는 기능적 측면에서, 모든 수고가 멈추어야만 하고 영혼의 깊은 감정이 하나님께로 집중되어야만 한다. 즉 그 안으로 변형되어야만 한다. 이 경험은 너무나 신비하고 숭고해서, 그를 제외한 어느 누구도, 갈망하였지만 그것에 대해 알지 못하고 받지 못했다. 이러한 추구는 그의 존재가 그리스도가 이 땅에 보내주신 성령의 불에 의해 타오른 자에게만 온다. 그러므로 이것은 사도가 말하듯이 하나님의 "숨겨진 것들"이 성령에 의해 드러난 것이다.⁴³

5. 그러므로 영혼이 이러한 황홀경에 도달하는 데에는 본성은 아무 소용이 없으며 인간의 부지런함은 상대적으로 별 가치가 없다. 탐구하는 것 보다는 기름 부음에 많은 주의를 기울이고, 인간의 언어에 대해서가 아니라 기쁨의 내적 경험에 대해서 많은 설명을 하며, 말과 글에 대한 관심을 버리고 사람에게 주시는 하나님의 선물, 그의 성령에 집중해야 한다. 달리 말하면, 인간의 영혼은 그의 눈을 모든 창조된 실재들로부터 돌려 아버지와 아들과 성령의 창조되지 않은 실재들에게 고정시켜야 한다. 디오니시오스는 그런 면에서 정통한 입장을 보여주는데, 그는 삼위일체 하나님에 대

---

40. 눅 23:43.
41. *Cum in excessu contemplationis in monte excelso* ....
42. *Life of Francis*, ch. 13; *Trip. via*, cap. 1, nos. 15-17; cap. 3, nos. 1, 8, 11-14; cf. 창 35:10.
43. 고전 2:10. Cf. Dionysius, *Mystical Theology*, cap. 3, and *Divine Names*, cap. 7, no. 3.

해 다음과 같이 말한다. "오 탁월하며 초월하는 거룩한 삼위일체여, 모든 기독교 철학의 영감이 우리의 걸음을 신비의 말의 알려지지 않은, 숭고한, 그리고 빛나는 고도로 인도합니다. 이러한 고도에서 새롭고 절대적으로 확실하며 변하지 않는 것, 신학의 신비들, 이른바 지나치게 경쾌한 어둠과 조명하는 침묵의 불명료함 안에 감추어진 것들이 발견될 것입니다. 그들의 과도한 빛으로 너무나 휘황찬란한 이곳 고도에서, 사람들은 빛을 비추고 영적인 영혼들은 참된 선의 광휘로 가득 찹니다." 이렇게 우리는 하나님께 아뢴다. 그러나 이 글들이 가리키는 친구에게 우리는 또한 말한다. 친구여, 신비적 비전을 향해 용감하게 위로 나아가며 감각들과 합리화하는 기능의 작동들을 버리고, 보이고 보이지 않는, 존재하고 존재하지 않는 모든 것들을 제쳐 두고, 모든 실재들과 모든 지식을 초월하시는 그분의 통일에 가능한 한 그리고 눈에 보이지 않을 정도로 점착하라. 이 측량 불가능하고 절대적인 영혼의 고양에서,[44] 모든 창조된 것들을 잊고 그들로부터 해방되어, 당신은 당신 위로 올라가 모든 창조를 넘어서서 하나님의 신비스러운 어둠으로부터 번쩍거리는 빛의 광선 안에서 당신을 발견하게 될 것이다.[45]

6. 그러나 만일 당신이 어떻게 그러한 일들이 성취되는지를 알고자 한다면 학식이 아닌 은총을 구하라. 이해가 아닌 욕망을, 근면한 연구가 아닌 탄식하는 기도를, 주인이 아닌 신랑을, 사람이 아닌 하나님을, 명료함이 아닌 불명료함을 구하라. 영혼을 기름 부음과 열렬한 욕망으로 채우며 그 자신 바깥에서 고고히 하나님께로 올라가며 완전하게 불사르는 불과 같은 빛을 구하지 말라. 이 불은 진실로 하나님이시다. 그의 "용광로는 예루살렘 안에 있다."[46] 그것은 지상에서 인간 예수에 의해 그의 가장 열렬한 열정 안에서 점화되었다. 다음과 같이 말할 수 있는 사람은 이 열정을 가진 자다. "내 영혼은 질식을, 내 뼈들은 죽음을 원했다."[47] 그러한 죽음을 선택하는 사람

---

44. Etenim te ipso et omnibus immensurabili et absoluto purae mentis excessu ....

45. *Mystical Theology*, cap. 1, no. 1과 디오니시오스에 붙인 우리의 서론을 보라. *Trip. via*, cap. 3, no. 13과 *Mystical Theology*, caps. 1–5뿐 아니라 디오니시오스의 부정과 긍정의 방법들과의 관계, 그리고 *Hiér. cél.*, cap. 2, no. 3을 주목하라. *Itin.*, cap. 7, no. 5, in the *Opera omnia*, Vol. V, p. 313의 각주 1–3을 보라. Cf. Dionysius the Carthusian, *De contemplatione*, Lib. III, art. I, on Dionysius the Areopagite, *Opera omnia*, Tournai, 1912, Vol. XLI, pp. 263–64, and the *divina caligo*. Cf. "하나님의 신비스러운 어둠으로부터" 나오는 이 빛의 번쩍거림에 관하여는 Bonnefoy, op. cit., pp. 69 ff.,

46. 사 31:9.

47. 욥 7:15.

은 하나님을 볼 것이다. "사람은 나를 보고는 살지 못한다"[48] 라는 말이 의심할 여지 없이 참되기 때문이다. 죽자. 그래서 죽음의 문에 의해 이 어둠 안으로 들어가자. 우리의 근심, 탐욕, 상상의 작업 위에 침묵을 부과하자. 십자가에 못박인 그리스도와 함께 이 세상으로부터 아버지께로 가자. 그래서 그가 우리에게 드러날 때 빌립과 함께 말할 수 있도록 하자. "그것이 우리에게 족합니다."[49] 성 바울과 함께 말씀에 귀를 기울이자. "내 은혜가 네게 족하다."[50] 다윗과 함께 기뻐 날뛰며 부르짖자. "내 육체와 내 마음이 쇠하였습니다. 그러나 하나님은 영원히 내 마음과 내 분깃의 힘입니다."[51] "하나님이 영원토록 찬양을 받으실지어다. 그리고 모든 성도들은 말할지어다. 아멘 그리고 아멘."[52]

---

[48]. 출 33:20.
[49]. 요 14:8.
[50]. 고후 12:9.
[51]. 시 72(73):26.
[52]. 시 88:53(89:52)

V. 라이문도 룰리오

(c. 1232–1315)

PART V
PAMON LULL

PART V
PAMON
LULL

서론

전기적 내용

라이문도 룰리오는 1232년에서 1235년에 마요르카(Mallorca)의 팔마(Palma)에서 카탈로니아(Catalan)의 귀족 부모에게서 태어났다. 1246년경 왕 제이미 2세(King Don Jaimie II)를 섬기기 시작했다. 1257년, 궁정풍의 사랑을 마치고, 결혼했다. 1263년과 1265년 사이의 어느 무렵에 개종했다. 1265년에서 1274년까지 연구와 집필로 시간을 보냈으며, 「명상집」(The great Book of Contemplation)이 1272년과 1277년 사이에 출판되었다. 그의 모든 문필 활동과 여행에도, 그의 생애에 가장 주요한 것은 선교적 목표였다. 그것이, 그의 가르치는 일과, 1276년에 미라마르(Miramar)의 마요르카 대학을 세운 것과, 때때로 교회 회의들과 속세의 신령한 왕자들을 방문한 동기였다. 그는 1275년 이른 시기에 종교적 삶을 시작했던 것으로 추측되며 도미니쿠스회의 사람들과 매우 친밀하게 지냈고 프란체스코회의 제3수도회에서 1292년 또는 1295년에 회원의 지위를 가졌다. 1277년부터 1282년까지 폭넓게 여행했다. 「블랑크베르나」(The Blanquerna)를 시작하던 해인 1283년에 처음 도미니쿠스 총회에 참석했다. 1287년까지는 작은 자들의(Minors') 총회를 방문하지 않았지만 이 책은 프란체스코의 이상을 암시한다. 그는 아시아(1279), 아르메니아(1302), 아프리카(1280, 1292 혹은 1293, 1306, 1314-1315)에서 다양한 선교 활동을 수행하였다. 카탈로니아어와 라틴어로 삼백 권이 넘는 책을 저술하였으며, 그 중에서 「위대한 예술」(Grand Art)은 가장 유명한 책들 중의 하나이다. 학위는 없었지만, 다양한 학문적 능력을 인정받아 1287-1289년, 1297-1299년, 1309-1311년에 파리에서 강의하였다. 1311년에 효과적인 기독교 선교를 준비하는 언어 교습을 주창하기 위해 비엔나 회의에 참석했다. 그의 마지막 선교 여행지는 북아프리카였는데, 투니스의 부기아에서 아랍 폭도들에게 돌을 맞았다. 전해지는 바로는, 거기서 1315년 6월 29일 숨을 거두었다고 하지만, 팔마로 돌아온 1316년 경, 그때의 상처로 인해 죽었을지도 모른다.

참고 자료

영어로 된 가장 훌륭한 전기는 A. E. Peers, *Ramon Lull*, S.P.C.K., London, 1929이다. 익명의 *Vida coetània*, ed., F. D. Moll, Palma de Mallora, 1935를 보라. 라틴어로 된 *Vita*, edited by J. B. Sollier, in the *Acta sanctorum*, re-edited by J. Carnandet, Paris and Rome, 1867, June, Vol. 7, pp. 606-618; 또한 마인스(Mayence) 편집의 *Opera*, Vol. I, pp. 1-12, 이하를 보라. L. Wadding, *Annales minorum*, Quaracchi, 1931-1935, Vols. 4-6을 보라. 1차 문헌은 피어스(Peers)의 책에 완전하게 주어져 있으며, Petry, "Social Responsibility and the Late Medieval Mystics," *Church History*, Vol. 21, no. 1 (March, 1952), pp. 5-7, 16-17에는 특정 설명이 함께 있다. *Opera omnia*, ed., Y, Salzinger *et al.*, 8 vols., 1-6, 9-10, Mayence, 1721-1742와 *Obres*, 14 vols., Palma de Mallorca, 1906-1928에 유용한 작품들이 들어 있다. C. Ottaviano, *L'ars compendiosa de R. Lull*, J. Vrin, Paris, 1930은, 룰리오의 작품들의 연대기적으로 정리하고 있는 귀중한 연구이다. P. Golubovich, *Biblioteca Bio-Bebliografica della Terra Santa*, Quaracchi, 1906, Vol. 1, pp. 361-392는 유용한

약력과 연대기와 문헌들을 제공해준다. 도움이 되는 개요로는 M. P. E. Littré and B. Hauréau, in the *Histoire littéraire de la France*, Vol. 29 (Paris, 1885), pp. 1-386; by E. Longpré in *Dict. théol. cath.*, Vol. 9, no. 1 (Paris, 1926), pp. 1072-1141; 그리고 by P. O. Keicher, "Raymundus Lullus und seine Stellung zur arabischen Philosophie," *Beiträge*, Vol. 7, pts. 4-5 (Münster i/W, 1909), pp. 1-223이 있다. 카탈로니아어로 된 「명상의 예술」(Art of Contemplation)을 새롭게 편집한 본문을 가진 훌륭한 연구로는 J. H. Probst, "La mystique de Ramon Lull et l'art de contemplació" in the *Beiträge*, Vol. 13, pts. 2-3 (Münster i/W, 1914), pp. 1-126이 있다. 룰리오가 본 프란체스코의 사상에 대해서는 Peers, *op. cit.*, pp. 170, 415 ff.를 보라.

개관

라이문도 룰리오는 진정한 프란체스코의 아들이다. 가족과 부와 세상을 떠나는 그의 초기 영적 연상들은 아마도 프란체스코회(Friars Minor)보다는 특별히 도미니쿠스회(Preaching Order)에 방향을 맞추고 있는 것으로 보인다. 그러나 이 수도회들은 그의 영성 초기, 상호보완적 역할을 했던 것으로 보인다.

자주 관찰되는 것처럼, 룰리오는 보나벤투라의 「여정」(Itinerarium)의 길을 거의 흡사하게 따른다. 거기서는, 피조물로부터 사람을 통해 하나님과 그의 속성들로 가는 길 위를 묵상하면서 오르는 위계적 질서가 나타나는데,[1] 이것이 카탈로니아어로 된 소논문인 「명상의 예술」(Art de contemplació)에 묘사된 길이다.[2]

「명상집」(Liber contemplationis, The Great Book of Contemplation)은[3] 하나님께로 가는 상승에서

---

1. DS II, 1991; Probst, *op. cit.*, pp. 2, 7-12.
2. 간략한 카탈로니아어 명상의 예술 *Art de contemplació* (cf. Obres, Vol. 9)와 확장된 마요르카의 본문 *Libre de contemplació en Due* in Vols. 2-8 of the *Obres*에 대해서는 Probst edition, pp. 58-104를 보라.
3. *Liber magnus contempltionum in Deum*의 제목을 가진 라틴어 본문은 마인스 편집의 *Opera omnia*, Vol. 9 (1740)와 Vol. 10 (1742)에 들어 있다. *Obres*, Vols. 2-8, cited in note 2의 카탈로니아어 본문과 비교하라. Peers, *Ramon Lull*, ch. 3을 보라.

의 세 가지 주요한 단계들을 구분한다. 그 중 처음 두 가지는 감각적이고 지적이며 세 번째는 신비적 연합의 경험인데, 이것은 인간인 "사랑하는 자"(Lover)와 신적인 "사랑받는 자"(Beloved)와의 만남의 엑스타시에 의해 성취된다. 이러한 만남은 감정적이면서도 지적인 것이다. "그는 범신론자도, 프로이트파(Freudian)도 아니며, 비정상적인 사람은 더더욱 아니었다."[4]

라이문도 룰리오는, 매우 빈번하고도 배타적으로, 「위대한 예술」(Grand Art)에 포함된 추론들로 인해, 아베로이즘(Averroism)과 비-기독교 신앙들에 반대하는 중세 가톨릭 사상의 주창자로 많이 묘사되어왔음이 분명하다. 그러나 그는 그것 이상이다. 그는 신비주의자이면서 시인이다. 「위대한 예술」(Grand Art)에서 매우 일관되고 논리적이며 기학학적인 도식화에 의지하는 룰리오는, 오히려 다른 이름으로, 그리고 분명하고 단순한 프란체스코의 사람으로 또한 표현되어야만 한다. 보나벤투라와 함께 기독교 진리들을 철학화 할 필요성을 인정했던 룰리오는 보나벤투라와 보조를 맞추면서, 직접적이고 마음을 움직이는 포베레요를 재탄생시키려고 애쓴다. 그러나 프란체스코 자신과 같이 겸손한 자국어 시인의 복장을 입기 위한 경우에는 철학자의 망토를 벗어던지는 것에서 룰리오는, 보나벤투라보다 더 많이, 프란체스코를 계승한다. 그런 면에서, 룰리오는 진정 프란체스코의 사실주의자이자 본보기이다. 프란체스코와 지오반니 디 피단자가 그랬던 것처럼, 그는 명상가인 동시에 활동의 사람이다.[5]

룰리오가 심리학자라고 하지만, 그는 그 이상이다. 그의 신비 작품들은 분명하게 은퇴한 영을 가진 실천하는 음유시인을 묘사한다. 예를 들어 「블랑크베르나」(The Blanuqerna)는, 이 책의 다양한 구절들이 보여주듯, 영적 고백서로서의 특성을 갖고 있다. 궁정 어릿광대나, 사랑하는 자, 혹은 프랑크베르나 자신이든지 간에, 주요한 인물들은 룰리오를 구현하여 제시한다. 라틴어 논문의 장황하고 묵직한 책들에서 신앙을 위해 논쟁하는 룰리오는 여기서 거부되지 않는다. 전기에는 기하학적 설명과 박학한 논증으로 위계들을 찬미했던 반면에, 후기에 들어 자국어로 된 「명상」(Contemplation)과 같은 책에서, 그는 가난과 사랑에 대한 열망이 가득한 프란체스코의 어릿광대이다. 「사랑하는 자와 사랑받는 자」(Lover and the Beloved)와 「명상의 예술」(Art of Contemplation)과

---

4. DS II, 1991; cf. Probst, *op. cit.*, pp. 1-2.
5. Peers, *op. cit.*, pp. 401 ff., 415 ff.

같이 논의의 여지가 없을 정도로 진정한 카탈로니아어로 된 작품들은 이제 영적인 소설, 「블랑크베르나」(The Blanquerna)에서 통합된다. 이것은 프란체스코의 시인이자 신비주의자인 한 사람이, 그러한 신앙을 매우 무게 있게 노래하면서 어디론가 떠나는 것을 묘사한다. 라틴어 본문들에서 두드러지게 발견되는 전형적인 사실주의는, 아우구스티누스적이기도 하며 프란체스코적이기도 한데, 근본적으로는 건전하면서, 지속적인 영향을 미쳤다는 면에서 그렇다. 그러나 자국어 작품들의 시인다운 호소에서 철학자의 변증가의 내적인 비축은 붕괴된다. 룰리오는, 황홀경을 결코 과도하게 강조하지 않으면서도 그의 내적인 탐구, 연모, 그리고 헌신을 기꺼이 드러낸다. 시인이자 신비주의자는 「위대한 예술」(Grand Art)의 융통성 없는 기능공이 아닌, 혹은, 또는 대중의 오해로 인해 반쯤 미친 괴벽스러운 사람으로 나타난다. 그는 정신과 마음의 균형 잡힌 통일로 산문시를 경유하여 자국어의 능력으로 기독교 시대의 심장에 영감을 불어넣었다.[6]

룰리오에게 있어서 신비주의란 차갑게 식어버린 죽은 지식이 아니라, 활동적이고 다양한, 생명 자체와 같이 열정적인 것이다. 이것은 사랑의 언어이자, 최고의 선이고, 가장 절대적인 아름다움이신 창조자를 향한 열정적인 사랑의 토로이다. 엑스타시의 주장이 아무리 억제될지라도, 그 주님의 기사는, 프란체스코와 같이 훈련된 열정의 리듬감 있는 운율로, 그의 실제적인 기쁨을 나눈다. 프란체스코가 그랬듯, 룰리오는 나무들, 빛들, 샘들, 물, 공기, 그리고 모든 살아있는 존재들이 전 우주를 자비롭게 만드시고 다스리시는 거룩한 영에 대해 부르는 찬송을 이끌어낸다. 여기서, 시인, 내적 경험의 화가, 신-인간 세계의 빛과 그림자에서 희미하게 빛나는 천상의 비전들을 꿈꾸는 이 사람은, 포기하는 사랑이라는 통일된 정서로 나타난다.

룰리오의 모든 자국어 작품이 시적인 것을 넘어 순전히 감정적인 것은 아니다. 소책자 「명상의 예술」(Art of Contemplation)이 희미하게 빛나는, 기도로 가득 찬 시적 영감을 표현했다면, 「사랑하는 자와 사랑받는 자의 책」(Book of the Lover and the Beloved)은 형이상학과 조직신학의 기초를 가진다. 룰리오의 다른 모든 작품들에서처럼 이 책들에서도 우리는 지성적인 것과 감정적인 것의 병존을 온당하게 주장할 수 있다. 진정, 신비 생활

---

6. Probst, *op. cit.*, pp. 1-7. 카탈로니아어로 된 본문 *The Blanquerna* in the *Obres*, Vol. 9, pp. 3-490을 보라.

에는 점차적 이행이 있어서, 본래 감정적이든지 혹은 지성적이든지 간에 표현과 경험의 다양성을 설명해준다. 물론 그 정점에는 엑스타시와, 사랑하는 대상과의 진귀한 잠깐 동안의 연합과, 하나님과의 말로 표현할 수 없는 친밀이 있다. 그 아래에는 영혼이 신적인 대상들에 몰두하며 다른 생각들에 의해 마음이 산란하지 않는 반쯤의 황홀경이 있다. 그것은 감정적 비유들을 경유하는 것을 제외하면, 말할 수 없이 매우 고양된 사랑으로 특징 지워진다. 그보다 아래에는 고요의 상태가 있는데, 여전히 지적인 추상적용으로 인해, 신적인 활동이 명상가의 마음에서 다소간 방해를 받는다. 보통의 매일 매일의 정신적 삶은 지워지거나 정신에 의해서 완전히 대체되지 않는다.

그러나 명상적 또는 활동적 삶이 아무리 점진적이라고 해도 룰리오의 일관된 사랑의 심상, 어떤 단계에서든 사랑하는 자와 사랑받는 자의 만남은 항상 분명히 있다. 그의 회심 전에 룰리오는 프란체스코가 한때 멀리 상상한 것과 같은 감각적 사랑의 세계에서 마음대로 움직였다는 것은 진부한 말이다. 그 방랑시인과 음유시인들과 아름다운 여인들의 삶은 그에게 공상적인 진출보다 훨씬 그 이상의 것이었다. 그는 공상의 기사가 아니라 모든 너무나 분명한 육욕성 중의 하나였다. 조금은 덜한 호색적인 배경이 그의 후기의 영적 사랑에 어떤 영향을 미쳤을지에 관한 그 사색이 아무리 이론적이라고 하더라도, 한 가지는 분명하다. 사랑하는 자가 그의 사랑받는 자를 찾는 신비적 사랑은 하늘의 교제로 변화된 진정한 기사도적 실존의 모든 뉘앙스를 가지고 있다는 것이다. 프란체스코와 같이, 라이문도는 영의 음유시인이며 내적 용감(勇敢)의 시인이며 정중한 힘을 가지고 있다. 그는 상냥하지만 냉엄한 십자가에 못박힌 포베레요의 사실주의를 추종하는 프란체스코적인 은둔자이다.[7]

따라서 그의 독자들에게 있어서 라이문도 룰리오는, 자신의 개인적 경험들을 또한 세계의 위계들, 즉 신적 인간적 그리고 자연적 위계들 안에서 드러내는, 묵상하는 은둔자이다. 그의 신비 작품들은 교훈적 도덕주의와 금욕적 훈계들과 신비적 고백들을 혼합한다. 위계적인 은총에서 보다 낮은 세계는 보다 높은 세계를 이해하는 것에 소용이 된다. 그것은 유한한 것으로부터 무한한 것으로의 이행을 허락한다. 자연과 인생의 심오한 함축을 생각하면서 룰리오는 영혼과 인간의 운명을 이해하는 데에로

---

7. Probst, op. cit., p. 7.

나아가며, 거기로부터 하나님과 우주를 향한 그의 장엄한 의도를 아는 데에까지 오른다. 「위대한 기술」(Grand Art)과 「명상집」(The Great Book of Contemplation)에서뿐만 아니라, 「블랑크베르나」(The Blanquerna)와 다른 신비 작품들에서, 라이문도는 그의 원형적인 가정들을 전달한다. 신적인 주님, 그 일자는 인간인 사랑하는 자에게 열정적으로 사랑받으면 받을수록 피조세계로부터 인간의 영혼의 세계를 관통하여 신적 완성의 세계를 향해 오르는 길에서 만나게 된다. 신적 사랑이 길을 비추는 모든 곳에서 그것에 의해 인간의 사랑은 길에서 따라가는 법을 배운다.

요약된 그 길은 갈릴리의 그 가난한 사람, 미사에서 제사장의 손 안으로 내려오시는 자기를 부인하신 주님, 가르치고 선포하고 사랑하며 그의 추종자들에게 불신자들 가운데서 희생적으로 선교하는 복음 전파를 요구하신 모든 생명의 주인의 길이다. 오늘 우리가 「블랑크베르나」(The Blanquerna)에서 보듯이 그렇게 전체 이야기가 전개된다. 「블랑크베르나」(The Blanquerna)에 첨가된 소책자 「명상의 예술」(Art of Contemplation)은 룰리오 신비주의의 가장 전형적인 표현이며, 후의 「사랑하는 자와 사랑받는 자의 책」(Book of the Lover and the Beloved)은 룰리오의 신비주의를 완성하고 설명한다. 「명상의 예술」(Art of Contemplation)은 라이문도의 금욕적이고 신비주의적인 원리들을 더 군더더기 없이 요약한다. 「사랑하는 자와 사랑받는 자의 책」(Book of the Lover and the Beloved)은 아우구스티누스와 프란체스코가 기억, 이해, 그리고 의지의 심리에 귀착시킨 신적 위엄을 찬양한다. 창조자에 대한 명상의 상태에서처럼 본성은 심하게 강탈된다. 적절하게 훈련된 상상을 올바로 사용하면서 사람은 피조물을 명상하면서 모든 물질적인 것들 안에 있는 신적 관여를 발견한다. 이성을 사용하여 영적 대상들 안에서 보이는 이러한 신적인 작업을 찬양하는 가운데, 사람은 의지의 활동에 의해서 창조된 우주 안에 있는 이러한 신적인 관여를 계속해서 받는다. 유사한 위계적인 관심이 「명상의 예술」(Art of Contemplation)에서 고찰된다.

이 책의 모든 장들은 하나님께 드리는 기도들 또는 그의 다스리심의 웅대함에 관한 묵상들이다. 그것들은 성례에 대한, 승인되지 않은 활동인 악덕을 비방하는 거룩한 덕들에 대한 조직적인 숙고이다. 무엇보다도, 사람들로 하여금 초월의 영역 안으로 들어가기 위해 자연과 인간의 내적 세계와 하나님에 대해 묵상하도록 그들을 이끌 수 있는 영에 대한 영적인 보고가 있다.

요약하면, 「블랑크베르나」(The Blanquerna)에서 많이 드러나듯이, 일반적으로 라이문도 룰리오는 프란체스코와 같은 포기의 드라마를 보여준다. 룰리오는 가난한 그리스도의 추종자이며, 인간의 왕들에게는 궁정의 어릿광대이며, 하늘의 대저택에서는 하나님을 찬양하는 정중한 음유시인이자 상냥한 가수이다. 그는 복음의 설교가요 교사이며, 가톨릭의 진리에 대한 논쟁가요 선포자이며, 세상의 불신자들 가운데 있는 하늘의 신사들과 하늘의 여왕을 위한 선교사이며, 가난한 주님과 자비로운 숙녀의 기사이다. 무엇보다도 그는 「명상의 예술」(Art of Contemplation)을 실천한 사람이었고, 「사랑하는 자와 사랑받는 자의 책」(Book of the Lover and the Beloved)의 저자이자 독자며, 교사였다. 그는 정신과 우주와 수도원과 교황직을, 박학한 훈련들과 세상의 언어들을 통해 기독교적 가르침과 복음 전도에 이용하였다. 그는 비전과 영의 내적 운동과 신적인 연합에로 이끄는 영혼의 추진력 있는 감정을 위해 마음을 붙들었다.[8]

---

8. *Ibid.*, pp. 7-30.

PART V
RAMON LULL

블랑크베르나[9]: 룰리오의 이상

제80장 높으신 하나님 안에 있는 영광

교황 블랑크베르나는 추기경들과 함께 추기경 회의에 들어갔는데, 결국 그들의 선행을 통하여 영광이 하늘에 계신 하나님께 돌려질 것이다.[10] 그리고 교황은 추기경들에게, 자신이 하나님께 영광을 돌리기까지 직무를 행하는 것을 그들이 돕도록 기도하고, 지혜로운 방법으로, 사람들에 대한 그들의 임무와 학문의 초심, 모든 영광을 하나님께 돌리는 것을 잊지 않게 하기를 기도한다고 말했다. 왜냐하면 세상은 죄악으로 가득 차게 되어서 어떤 사람이든 그의 의도가 그가 창조된 목적을 직접 지향하고 있는 사람이 드물며 그것을 하도록 창조된 자기의 임무를 간직하고 있는 사람도 드물기 때문이다. 교황이 추기경들과 말하는 동안, 이슬람교도의 사자가 그와 추기경 앞에

---

9. 여기서 사용된 영어 본문은 블랑크베르나 *Blanquerna*의 본문이다: *A Thirteen Century Romance*, translated from the Catalan of Ramon Lull by E. Allison Peers, Longdon, 1925, pp. 322-31, 411 ff., 485-88, 492-96. 자롤드(Jarrolds) 출판인들의 허락을 받아 사용되었다. 카탈로니아어 본문은 Vol. 9 of the *Obres*, Commissio Editora Lulliana, Palma de Mallorca, 1914.
10. *En los cels*.

와서 바빌론(Babylon)의 술탄이 보낸 편지를 내밀었다. 그 편지에는 많은 것들이 적혀 있었는데, 편지에서 술탄은, 교황과 모든 기독교 왕과 왕자들이 바다 건너 성지(Holy Land)를 정복하면서, 무력으로 정복지를 유지하는 예언자 마호메트(Mahomet)의 방식에 의하여 행동하고 있음에 크게 놀랐다고 말했다. 교황과 기독교인들이, 설교와 순교를 통해 세상을 개종시켰던 예수 그리스도와 사도들의 방식을 따르지 않는다는 것, 즉 다른 나라들을 정복하는 일에 앞선 사람들의 방식을 따르지 않는다는 것에 그는 놀랐던 것이다. 하나님이 그들로 하여금 바다 건너 성지를 소유하도록 뜻하지 않으시는 건 바로 그런 이유 때문이라고 그는 말하고 있다.[11] 그 이슬람교도는 이 편지들을 거룩한 로마 교황(Apostolic Father)에게 가져왔고 같은 편지를 기독교 왕과 왕자들에게도 전했다. 교황과 추기경들은 술탄의 말에 대해 깊이 생각했다. 광대 라이문도(Ramon the Fool)는[12] 이렇게 말했다. "신앙(Faith)은 희망(Hope)을 회개(Contrition)에게 보내서, 그녀가 헌신(Devotion)과 용서(Pardon)를 파송해, 결국에는 그녀의 사랑받는 자가 수치를 당하는 곳들에서 그들이 그녀를 존경할 수 있도록 했다"라고 말이다. 하나님의 아들과 사도들이 세상에 있는 어떤 곳에서보다 더욱 아량을 베풀고 경의를 표한 곳에서, 용기(Valor)가 큰 수치를 겪었다고 용기의 어릿광대가 말했던 것이다. 이 말 후에, 한 사자가 궁정에 들어와서 소식을 전하기를, 두 명의 불신자가 어떤 기독교 왕을 살해하도록 매수되었으며, 이제 그들 자신이 잔인한 죽음에 넘겨졌다고 전했다. 그 사자가 이 말을 전했을 때, 용기의 어릿광대(the Jester of Valor)가 말했다. "만일 잘못을 범한 불신자들이 기독교인들이 그들의 주인을 위하여 죽는 것보다 더 많은 헌신을 가지고 자기들의 주인을 위하여 죽는다면, 예수 그리스도가 그들의 고난을 겪기로 뜻하시면서 그의 백성들을 향해 보여주신 겸손과 사랑이 무슨 소용이 있는가?"라고. 광대(the Fool)는 두 명의 추기경들이 말하는 것을 보고 그들이 그의 사랑받는 자(Beloved)에 관해 말한다고 생각했지만, 그들은 싸움 끝에 선출된 두 감독들의 선거에 대해 이야기한 것이었다. 그런 까닭에 광대는 추기경들에게 가장 즐거운 말은 사랑하는 자(Lover)와 사랑받는 자 사이에 있는 그런 말이라고 말했다.

---

11. 우리는 로저 베이컨(Roger Bacon)의 설교하는 선교에 대한 비슷한 관심을 상기할 수 있다.
12. 블랑케르나의 이상과 그 자신의 이상을 나타내는 라이문도의 이중적 역할에 주목하라 – 실제로 같은 은둔적(renunciatory) 주제에 대한 두 가지 투영(投映)이다.

2. 교황은 깊이 감동되어 어떻게 그러한 모범이 거룩한 교회(Holy Church)의 신앙에 주어질 수 있으며 어떻게 그러한 헌신이 이미 있었던 하나님의 영광의 회복을 위해 주어질 수 있는지를 정하기로 했다. 그래서 교황은 사자들을 각지로 보내서 종교의 통치자들과 성전(Temple)과 병원(Hospital)의 지배자들(Masters)이 하나님께 영광을 돌릴 수 있도록 그와 함께 법령 제정에 관해 논의기 위해서 오게끔 했다. 모두가 와서 교황과 추기경들 앞에 섰을 때, 광대 라이문도는 이렇게 말했다. "사랑하는 자와 사랑받는 자가 만났으며 아무 말도 하지 않았다. 그리고 사랑을 표현하는 그들의 눈은 눈물에 젖었다. 그렇게 전자의 사랑은 후자의 사랑과 이야기했다"라고. 용기의 어릿광대는 이렇게 말하기도 했다. "교황(Holy Father)과 추기경들에게 술탄과 그 암살과 관련하여 보고된 것과 관련이 있다. 만일 그것으로부터 아무 것도 유용한 것이 없다면 커다란 잘못이 용기와 피조물들 중 가장 존경할만한 자에게 행해진 것이다. 그는 사랑을 위해 죽으나 사랑받지 못한다. 그러나 사랑하는 자들이 사랑받는 자들에게 말해야 하는 것은 입으로 먹어야 하는 것보다 더 큰 용기로부터 나온다." 광대는 말을 이었다. "어떤 사람이 한 책에 사랑하는 자들과 사랑받는 자들의 이름을 적었다. 사랑하는 자 한 사람이 그에게 그 책에 그가 사랑하는 자의 이름을 적었는지를 물었다. 그러자 쓴 사람이 대답했다. '당신은 사랑의 불로 요리한 음식을 먹었는가? 그리고 당신의 눈물로 당신의 손을 씻었는가? 그리고 당신은 당신이 마신 그 사랑에 취해서 바보처럼 되었는가? 누군가 당신의 사랑받는 자를 위해서 쓸 잉크를 만들 사랑의 재료들을 당신은 가지고 있는가? 이 모든 것들이 그러하지 않다면, 당신의 사랑받는 자는 이 책 안에 적힐 가치가 없다."

3. 이 말 후에 교황과 추기경들과 종교인(Religious)들은, 하나님의 영광을 드높이기 위해서는 학식 있는 모든 수도사들에게 다양한 언어들을 가르칠 임무를 부여받은 탁발수도사들이 있어야 하며, 전 세계에 두루 다양한 수도원들이 지어져야 한다고 명령했다. 그 수도원들은 마조르카(Majorca) 섬 안에 있는 미라마르(Miramar) 수도원의 방식에 따르며, 필요한 만큼 충분하게 제공되고 증여되어야 한다.[13] 이 법령은 교황과 다른

---

13. 룰리오는 계속해서 이 일에 몰두했으며, 1311년 비엔나 회의에 청원하면서 부분적으로 성공을 거두었다. Cf. 그 자료에 대해서는 Petry, "Social Responsibility," *Church History*, Vol. 21, no. 1, pp. 6-7, 그리고 각주 19, pp. 16-17; cf. H. J. Schroeder, *Disciplinary Decrees of the General Councils*, St. Louis, 1937, pp. 395-96, 615-16를 참조하라.

모두에게도 매우 합당하게 보였으므로 교황은 사자들을 불신자들의 땅으로 보내 그 언어 습득을 위한 몇 사람을 데려오도록 하고, 몇몇은 그들과 함께 돌아가 섬들에 있는 다른 사람들을 가르치도록 하며, 라틴어를 배우고 거룩한 가톨릭 신앙의 지식을 얻은 불신자들에게 돈과 의복과 말을 주어서 그들이 자기 고향으로 돌아갔을 때 그들을 돕고 지탱할 기독교인들을 칭찬하도록 했다.

4. 교황은 전 세계를 열두 부분으로 나누고 그를 대표할 열두 명을 임명해서 각자가 자기의 구역 전체를 다니며 그 상황을 파악해 교황에게 알려서, 그로 하여금 전 세계의 상황을 알 수 있도록 했다. 불신자들에게 갔던 사람들이 알렉산드리아와 게오르기아(Georgia)와 인디아(India)와 그리스로부터 수도사인 기독교인들을 데려와서 우리 중에 함께 거주하면서, 그들의 의지가 수도승들의 의지와 결합되고, 그 관계를 통해 다양한 모양으로 서로의 신앙에서 반대되는 특정한 오류들에 대해서 가르침을 받아, 후일 본래의 고향으로 돌아가 사람들을 가르치게 되었다. 하여. 교황은 우리 수도사들 가운데서도 몇몇을 다른 지역 수도사들에게 보내고, 매년 그들의 탁발수도사 중 특정 인원을 다시 그에게 보내도록 명령했다. 우리와 함께 거주하며 우리의 언어를 배우도록 말이다.

5. "사랑하는 아들들이여!" 교황이 수도사들에게 말했다. "유대인과 이슬람교도들이 신앙의 오류 가운데 믿으면서, 하나님께 영광을 돌리기는커녕, 우리 가운데에서 거룩한 믿음을 불신하며 경멸하고 있다. 나는 바라고 요청하노니, 기독교인들의 땅에 있는 유대인들과 이슬람교도들에게 라틴어를 가르치고 성경을 해석하게 할 임무를 맡은 사람들을 두어, 정한 시간 안에 그들로 하여금 배우게 하길 원한다. 그들이 그렇게 하려 하지 않는다면 그들에게 벌이 있을 것이다. 그들이 거룩한 교회의 소유로부터 공급받도록 배우고, 사람들로부터 자유로워지고 다른 모든 이들보다 존경받을 만하도록 배운 후에야, 그들은 자신의 동료들을 개종시킬 것이다. 그들은 진리를 이해하고, 다른 사람들을 개종시키는 데에 보다 적합하게 될 것이다."

6. 교황이 이 말을 할 때, 시종이 말하길, 만일 교황이 이 법규를 제정하면, 기독교인들 가운데 있는 유대인과 이슬람교도들은 다른 곳으로 도망칠 것이고 거룩한 교회의 수입은 축소될 것이라고 했다. 그러자 광대 라이문도가 그 시종에게 말했다. "옛날에 한 남자가 한 여자를 사랑하여 그녀에게 그가 다른 어떤 여인보다도 그녀를 사

랑한다고 말했다. 그리고 그녀가 그에게 왜 그녀를 다른 여인들보다 더 사랑하는가 물었을 때 그는, 그녀가 다른 이들보다 더 아름답기 때문이라고 대답했다. 그녀는 손으로 어떤 방향을 가리키면서 저기에 자기 보다 더 아름다운 여인이 있다고 말했다. 그가 돌아서서 그 방향을 보았을 때 그녀가 말했다. 만일 거기 더 아름다운 여인이 있으면 그는 그 다른 여인을 더 많이 사랑할 것인데, 그것이야말로 그녀를 향한 그의 사랑이 완전하지 않다는 것을 드러낸다고 말했다." 용기의 어릿광대는 하나님보다 더 좋은 것이 있다면 시종은 그것을 하나님보다 더 사랑할 것이라고 말했다. 그래서 그들 사이에, 거룩한 교회의 수입의 감소와 유대인과 이슬람교도가 하나님과 용기를 향해 보인 불경 중에서 어떤 것이 더 하나님과 용기의 영광에 반대되는가에 대한 질문이 있었다.

 7. 교황이 원하는 대로, 그 법령은 제정되었다. 그 후 교황은 성전과 병원의 지배자들에게 하나님께 영광을 돌리기 위해서 어떤 편을 선택할 것인가를 물었고, 그들 모두는, 그들이 이미 그 땅을 보호하고 가톨릭 신앙의 모범을 보여주기 위해 바다 건너 성지 안에 있다고 했다. 어릿광대가 광대 라이문도에게, 그가 그의 사랑받는 자에게 가진 사랑이 그의 사랑받는 자가 그에게 주는 기쁨이 커질수록 비례하여 커지는가를 물었다. 광대는 "만일 내가 그를 더욱 사랑할 수 있다면, 만일 그가 나에게 기쁨을 덜 준다고 하더라도 나는 그를 사랑할 것이다"라고 말했다. 또한 그는, 그의 사랑받는 자를 사랑하는 것밖에 할 수 있는 것이 없기 때문에, 그가 그를 향해 품은 사랑을 크게 할 수도 없다고 했다. 그러나 그가 겪는 시험이 날마다 자라나고 그것들이 점점 커짐에 따라 그가 그의 사랑받는 자를 사랑하는 기쁨도 더욱 증대된다고 했다. 로마 교황이 앞서 두 부류의 지배자들에게 말한 것처럼, 하나님의 영광을 드높이기 위해서 지배자들 모두 법령을 제정해서 수도회(Order)가 세워지도록 하며, 용기의 어릿광대는, 수도회를 만드는 일에 관련된 논쟁으로 인해 용기에게 행해진 불명예에 대해서 불평해선 안 된다고 했다. 아울러, 그들은, 그들의 집과 지배권을 사용해서 학교와 연구할 장소를 만들어, 그들의 기사들로 하여금 「진리를 찾는 간단한 예술」(Brief Art of Finding Truth)을 통해, 간략하나마 논쟁들에 대해 배울 수 있도록 해야 한다고 말했다. 그러면 그들은 거룩한 신앙의 조목들을 입증하고 지배자들과 왕자들과 고위성직자들에게 앞서 말한 그 예술을 통해 조언해줄 수 있게 될 것이라고 했다. 그리고 그

들은 다양한 언어들을 배워서 불신자들의 왕과 왕자들에게 가서 무술의 위업이나 학식에 의해서 한 기사가 다른 기사에게 거룩한 가톨릭 신앙 안에 있는 용기와 어울리는 명예와 진리를 유지하도록 도전할 수 있을 것이라고 했다.[14] 앞서 언급한 그 법령이 그 두 지배자들과 그들의 수도회의 모든 탁발수도사들에 의해 교황에게 헌정되었고, 광대 라이문도가 이렇게 말했다: "겸손(Humility)은 교만(Pride)을 정복했다. 그리고 사랑하는 자는 그의 사랑받는 자에게 말했다: '사랑받는 자여, 만일 당신이 죽는다면, 나는 당신의 무덤에 가서 울 것이다.' 그러자 사랑받는 자가 대답했다: '나의 기념비인 십자가(Cross) 앞에서 울라.' 사랑하는 자는 비통하게 울고 너무나 울어서 그의 눈이 멀게 되고 그러자 지식이 그의 이해의 눈에 분명해졌다고 말했다. 그러므로 그 수도회는 하나님의 영광을 드높이기 위해서 할 수 있는 모든 일을 했다."

8. 앞서 말한 방식대로, 로마 교황은 하나님의 영광의 법령과 관련된 법령을 제정하고 장교들과 선교사들과 사절들을 임명하여 이 명령이 실행되는지를 살피게 했다. 그리고 매일 모든 힘을 기울여 위에서 언급한 법령으로부터 좋은 일들이 일어날 수 있도록 노력했다. 어느 날 광대 라이문도와 용기의 어릿광대는 교황에게 잉크와 종이를 가져와서 그들이 바그다드(Bagdad)의 술탄과 칼리프에게 앞서 말한 법령을 적어 보내서, 그들이 교황의 백성들과 같이 고귀한 백성들을 가졌는지 여부와 그들이 교황이 하늘에 계신 하나님께 영광을 돌리며 용기를 세상에 돌아가도록 하기 위해서 만든 법령만큼 훌륭한 법령을 만들 수 있는지 여부를 알고 싶다고 말했다.

9. 어느 날 주 하나님(Domine Deus)의 추기경이 감독과 그 나라의 모든 왕자들의 통치를 살피기 위해서 사람을 보냈다. 이러한 탐색이 그 땅에서 행해지는 동안, 교황이 감독에게 명령을 내려 그가 매년 교황이 그의 관구에 보낸 오십 명의 타타르인과 열 명의 탁발수도사들을 위해 공급하고, 궁정에서 정해진 것에 따라 타타르인들이 그들의 말을 탁발수도사들에게 가르치고, 탁발수도사들은 그들의 말을 타타르인들에게 가르치게 했다. 그리고 감독은 그들이 살 도시가 없는 수도원을 찾아야 하며, 그리고

---

14. 기사도와 성직자의 미덕의 결합에 관하여는 *Libre del Orde de Cavalleria*를 *Obres*, Vol. 1, pp. 203-94의 카탈로니아어 원문과 고대 프랑스어 번역으로 보라. 그리고 *Libre de Clerecia (Liber clericorum)*을 *Obres*, Vol. 1, pp. 295-386의 라틴어 본문과 프랑스어 번역을 포함하여 보라. 성직자의 미덕에 관한 *Libre de contemplació en Deu (The Great Book of Contemplation)*, Vol. 2, cap. 110, *Obres*, Vol. 4, pp. 45-50과 십자군과 선교와 관련하여 그릇되거나 올바른 종류의 기사도에 관한 cap. 112, *Obres*, Vol. 4, pp. 57-63을 비교하라.

그 수도원은 영구히 증여되어야 한다고 명령했다. 감독은 교황이 그에게 내린 명령을 심히 불쾌하게 여기고 그것에서 발생하는 비용에 대해 통탄했다. 그래서 그 나라의 왕자 앞에서 교황과 추기경들을 폄하했다. 그러나 왕자는 감독을 엄하게 꾸짖고, 그는 전에는 한 번도 그러한 거대한 최선의 능력으로 법령을 만들어서 하나님의 영광을 그토록 드높인 교황과 추기경들에 대해 들어본 적이 없다고 말하고 그 자신이 하나님의 영광을 드높이기 위해서 그리고 교황과 추기경이 그에게 보여준 좋은 모범을 따르기 위해서 학생들이 초래하는 비용을 함께 지불하고 수도원의 비용의 반을 감당하기를 원한다고 말했다. 왕은 교황과 추기경들의 법령을 크게 칭찬하면서 하나님이 그의 종들이 그에게 큰 영광을 돌리고 빗나간 자들이 회개하게 되기를 바라시는 때가 온 것으로 본다고 말했다.

10. 정탐하는 사람은 왕자와 감독이 하는 말을 듣자마자, 그의 주인인 추기경에게 그가 들을 말을 써서 보고하였고, 마찬가지로 그가 얻은 정보에 의하여, 감독이 그의 조카를 위해 이만 파운드를 주고 성을 구입하였다고 썼다. 이 편지들이 추기경 회의에서 교황과 추기경들 앞에서 읽혀졌고, 그 편지를 받은 추기경은 그 왕의 이름을 적어, 도보 여행을 떠나거나 또는 교회가 어떤 왕에게 은혜를 베풀어야 한다면, 그것은 그 왕에게 행해지도록 했다. 교황은 그의 사자를 그 왕에게 보내서 그에게 감사를 표하고 그 성이 그의 것이 되도록 그리고 그가 수도원의 건축에 만 파운드를 내도록 명령했다. 그리고 그는 그 관구의 참사회에게 명령하기를, 만일 감독이 그의 직무를 유지하고 그가 그에게 명령한 기부를 하기를 원하지 않는다면, 그들은 그 대신 다른 사람을 선출하야 하고 그를 폄하한 그 감독은 참사회원의 수입만을 가져야 한다고 명령했다. 광대는 그의 사랑받는 자(Beloved)에게 "내가 당신을 섬긴 시간에 대해 나에게 보상해 달라"고 말했다. 사랑받는 자는 그를 사랑하는 자에게 그(Him)를 향한 그의 사랑과 사랑을 위해 그가 겪은 슬픔을 많게 하고 그에게 말했다: "그들의 주님의 영광을 드높이는 교황과 추기경들을 보라." 그러자 어릿광대는 헌신 편에, 오랫동안 그녀의 적들이 그녀의 주님을 드높이지 않는 것을 애통해하는 용기에게 위로하는 편지를 보냈다.

11. 교황의 거룩한 삶과 그가 행한 위대한 선행의 명성이 전 세계로 퍼져 나갔고, 매일 용기는 증대되고 불명예는 감소되었다. 교황이 세운 법령으로부터 나온 선행은

전 세계를 밝게 비추고, 법령이 자세하게 말해지는 것을 듣는 사람들에게 헌신을 일으켰다. 그리고 전 세상 곳곳에 그것으로부터 만들어지는 과정에 대한 설명이 글로 적혀 전해졌다. 어느 날 교황은 우연히 이슬람교도의 왕에게 성직자이기도 한 학문과 기사 수도회(Order of Science and Chivalry) 소속의 기사를 보냈다. 이 기사는 무력으로 열 명의 기사들을 한 명씩 한 명씩 다른 날에 정복했고, 그 다음에는 그의 논쟁으로 그 나라의 모든 현자들을 정복했고, 그래서 거룩한 카톨릭 신앙이 참되다는 것을 모든 사람들에게 입증했다. 그런 독특한 재능을 가진 사자들에 의해, 그리고 더 많은 이들에 의해, 로마교황에 의해서 제정된 앞서 언급한 법령은 세계를 밝게 비추었다.

12. 우리의 언어를 배우고 우리의 신앙의 이해를 얻은 오십 명의 타타르인들 중에서 삼십 명이 개종하게 되었다. 교황은 그들을 다섯 명의 탁발수도사들과 함께 칸의 궁정으로 파송하였다. 이 삼십 명은 타타르어를 배운 다섯 명의 탁발수도사들과 함께 위대한 칸 앞에 와서 기독교 신앙을 설교하고 그의 궁정의 많은 사람들을 개종시켰다. 그리고 그들이 위대한 칸을 그가 살아온 오류로부터 돌이켜서 그것을 의심하게 만들었다. 그리고 시간이 흐른 다음, 이 의심의 과정에 의해, 그는 영원한 삶에 이르게 되었다.

13. 어떤 나라에 열 명의 탁발수도사들과 함께 종교에 대해 공부하는 열 명의 유대인과 열 명의 이슬람교도가 있었다. 그들이 우리의 거룩한 법과 편지들을 알게 되었을 때 그들 중 절반은 우리의 법으로 개종하고, 아직 개종하지 않은 많은 사람 앞에서 우리의 법을 다른 유대인들에게 전하고, 이슬람교도들에게 우리의 거룩한 기독교 신앙을 전했으며, 그들은 매일 계속해서 그렇게 했다. 그리고 교황의 궁정은 그 능력 안에서 그리고 계속되는 논쟁을 통해서 모든 것을 행했기 때문에, 그리고 진리는 거짓을 압도하는 힘을 가지고 있기 때문에, 하나님은 그 나라의 모든 유대인들과 이슬람교도들에게 은혜를 베푸셔서 그들이 회개하고 세례를 받고 그 거룩한 신앙을 다른 이들에게 전하도록 하셨다. 그런 까닭에 교황 블랑크베르나를 통해 기독교의 신앙에게 행해진 선과 명예는 지혜롭지 못한 자들 안에서 자세히 말해질 수 있다.[15]

---

15. 이 마지막 문단은 룰리오가 교황직과 세속의 통치자들과 학식 있는 기독교인들로부터 고대하던 지지를 바라는 열망에서 기록되지만 결코 얻지는 못했다. Petry, op. cit., p. 7과 각주 19-20, pp. 16-17을 보라.

PART V.
PAMON
LULL

블랑크베르나: 사랑하는 자와 사랑받는 자의 책

서문

블랑크베르나는 기도 중에 하나님과 그의 덕들을 명상하는 방식에 대해서 숙고했으며, 기도를 끝냈을 때 그가 하나님을 숙고한 그 방식을 써 내려갔다. 그는 날마다 이렇게 하여 그의 기도에 새로운 논쟁들을 가져오고, 마침내 많고 다양한 양식들이 나온 후에 「사랑하는 자와 사랑받는 자의 책」(Book of the Lover and the Beloved)을 써서 이 방식들을 간략하게 만들고 짧은 시간 안에 영혼이 많은 방법들에서 반성하는 것을 배우도록 했다. 그리고 하나님의 은총으로 블랑크베르나는 이 책을 시작하여 일 년의 날 수만큼 많은 구절들로 그것을 나누었다. 그리고 각각의 구절은 「명상의 예술」(Art of Contemplation)에 따라, 날마다 하나님을 명상하는 데에 충분하다.

1. 사랑하는 자는 그의 사랑받는 자에게 그(Him)에게 아직도 사랑받아야 할 것이 남아있는지를 물었다. 사랑받는 자는 사랑함으로써 그 자신의 사랑이 늘어날 수 있는 것을 아직 가지고 있다고 대답했다.

2. 사랑하는 자가 그의 사랑받는 자를 찾아가는 길은 멀고 험하다. 그들은 숙고

들, 한숨들, 그리고 눈물들로 붐빈다. 그들은 사랑에 의해 불이 밝혀진다.

3. 많은 사랑하는 자들은 오직 한 사람(One), 그들의 사랑받는 자, 그들 모두를 사랑 안에서 풍성하게 한 자를 사랑하기 위해서 왔다. 그리고 각자는 그 사랑받는 자를 소유하며 그를 생각하면서 매우 기뻐하고 기쁨을 가져오는 고통을 감내했다.

4. 사랑하는 자가 울며 말했다. "이 세상의 어둠이 지나가서 지옥으로 가는 갈들이 더 이상 존재하지 않기까지 얼마나 오래 있어야 하는가? 아래로 흐르는 물이 그의 본성을 변화시켜 위로 올라가는 때는 언제 오는가? 언제 죄 없는 자가 죄 지은 자보다 숫자에서 더 많아질까?"

5. "아! 언제 사랑하는 자가 기쁨으로 그의 생명을 사랑받는 자를 위하여 내려놓을까? 그리고 언제 사랑받는 자는 사랑하는 자가 그를 사랑하는 것 때문에 쇠해지는 것을 볼까?"

6. 사랑하는 자가 사랑받는 자에게 말했다. "태양을 광휘로 채운 당신은, 나의 마음을 사랑으로 채웠도다." 그러자 사랑받는 자가 대답했다: "너는 완전한 사랑을 갖지 않았고, 너의 눈은 그러한 눈물을 흘리지 않았으며, 너는 너를 사랑하는 그를 보기 위해서 여기에 오지도 않았다."

7. 사랑받는 자는 사랑하는 자를 시험하여 그를 향한 그의 사랑이 완전한지를 보았고, 그에게 사랑받는 자의 현존이 그가 없을 때 어떻게 달라지는지를 물었다. 사랑하는 자가 대답했다. "지식과 기억이 무지와 망각과 다른 것과 같다."

8. 사랑받는 자가 사랑하는 자에게 물었다. "내가 너에게 보상한 것을 기억해서 너는 나를 그렇게 사랑했는가?" "그렇다," 사랑하는 자가 대답했다, "나는 당신이 내게 보낸 시험과 기쁨을 구분하지 못하기 때문이다."

9. "말하라, 오 사랑하는 자여!" 사랑받는 자가 물었다. "만일 내가 너의 시련을 두 배로 늘린다면, 그래도 너는 여전히 인내하겠는가?" "그렇다," 사랑하는 자가 대답했다, "그렇게 당신은 나의 사랑을 두 배로 늘릴 것이기 때문이다."

10. 사랑받는 자가 사랑하는 자에게 말했다. "당신은 사랑이 무엇을 의미하는지를 벌써 알고 있는가?" 사랑하는 자가 대답했다. "만일 내가 사랑의 의미를 모른다면, 나는 시련과 비탄과 슬픔의 의미를 알아야만 한다."

13. "말하라, 사랑의 광대(Fool)여! 사랑하는 자 안에 있는 사랑받는 자와 사랑받

는 자 안에 있는 사랑하는 자 중에서 무엇이 더 잘 보이는가?" 사랑하는 자가 대답하며 말했다: "사랑에 의해 사랑받는 자는 보일 수 있고, 한숨과 눈물에 의해 그리고 시련과 비탄에 의해 사랑하는 자가 보일 수 있다."

22. 사랑하는 자가 와서 아무 것도 없는 그에게 사랑을 주는 샘물을 마시니, 그의 슬픔은 다시 배가되었다. 그리고 사랑받는 자가 와서 그 샘물을 마시니, 그의 슬픔이 배가된 자의 사랑이 또한 배가되었다.

23. 사랑하는 자가 아파서 사랑받는 자를 생각했다. 그는 자신을 공로로 먹이고 사랑으로 갈증을 적셔주고 인내 안에서 쉬게 하고 겸손으로 옷 입히며 약과 같이 진리를 그에게 주었다.

24. 그들은 사랑하는 자에게 그의 사랑받는 자가 어디 있는지를 물었다. 그러자 그가 대답했다. "당신들 스스로 창조세계의 모든 고귀함 보다 더 고귀한 집에서 그를 보라. 그러나 또한 나의 사랑과 나의 비탄과 나의 눈물에서 그를 보라."

29. 사랑하는 자와 사랑받는 자가 만났다. 사랑받는 자는 사랑하는 자에게 말했다. "너는 내게 말할 필요가 없다. 오직 너의 눈으로 나에게 말하라. 왜냐하면 그것들은 내 마음을 향한 말들이기 때문이다. 그래서 내가 너에게 구하는 것을 줄 수 있도록 하라."

31. 사랑받는 자는 사랑하는 자를 사랑으로 채우고 그의 환난을 슬퍼하지 않았다. 왜냐하면 그것들이 그를 더욱 깊이 사랑하도록 만들 것이기 때문이다. 그리고 사랑하는 자의 환난이 클수록 그의 즐거움과 기쁨도 크기 때문이다.

42. 사랑의 문의 열쇠들은 묵상과 한숨과 눈물로 치장된다. 그들을 묶는 실은 양심과 회개와 헌신과 만족으로 짜인다. 그 문은 정의와 자비에 의해 지켜진다.

46. 사랑하는 자는 고독을[16] 갈망하여 혼자 살기 위해서 가버렸다. 많은 사람들의 한복판에서 그는 고독했기 때문에 그의 사랑받는 자와 교제를 갖기 위해서 그렇게 했다.

47. 사랑하는 자는 완전히 혼자가 되어 아름다운 나무 그늘 아래 있었다. 그곳을 지나가던 사람들이 그에게 왜 혼자 있는지를 물었다. 그러자 사랑하는 자가 대답했

---

16. MS에 따르면, *Solitat*. 다른 번역들에서는 *soliditat* 대신에 "D". Cf. Peers, Blanquerna, p. 418, 각주와 서문, p. 13.

다. "내가 지금 당신을 보고 당신의 말을 들으니 나는 외롭다. 지금까지 나는 나의 사랑받는 자와 함께 있었다."

54. 바보와 같이 사랑하는 자는 도시를 통해서 그의 사랑받는 자에 대해 노래하며 갔다. 그러자 사람들이 그가 정신을 잃었는지 물었다. "나의 사랑받는 자는," 그가 대답했다, "나의 의지를 앗아갔고 나 스스로 그에게 나의 이해를 내주었다. 그러므로 나에게 남은 것은 기억 밖에 없으며 그것으로 나는 내 사랑받는 자를 기억한다."

57. 그들이 사랑하는 자에게 물었다. "너의 부는 모두 어디에 있는가?" 그가 대답했다. "나는 내 사랑받는 자를 위하여 가난을 견딘다." "그러면 너의 휴식은 어디에 있는가?" "사랑의 아픔에 있다." "누가 너의 의사인가?" "나의 사랑받는 자를 믿는 믿음이다." "그러면 누가 너의 주인인가?" "모든 피조물 안에서 나는 나의 사랑받는 자의 표식들을 본다."

61. 그들이 사랑하는 자에게 어디서 그의 사랑이 처음 시작되었는지를 물었다. 그는 대답했다. "그것은 내 사랑받는 자의 영광에서 시작되었다. 그리고 처음부터 나는 바로 나 자신처럼 내 이웃을 사랑하도록 그리고 기만과 거짓을 사랑하기를[17] 중단하도록 인도되었다."

62. "말하라, 사랑의 광대여! 만일 너의 사랑받는 자가 더 이상 너를 돌보지 않는다면 어떻게 할 터인가?" "여전히 그를 사랑할 것이다," 그가 대답했다. "아니면 나는 죽어야만 한다. 사랑하기를 멈추는 것은 죽음이요 사랑이 생명이기 때문이다."

65. 그들이 사랑하는 자에게 행복이 무엇인지를 물었다. "그것은 슬픔이다," 그가 대답했다, "사랑을 위해 가지는 슬픔."

68. 사랑하는 자가 사랑받는 자에게 말했다. "당신은 모든 것이며 모든 것을 통해서 모든 것 안에서 모든 것과 함께 있다. 나는 당신에게 내 자신 전부를 드려 당신의 모든 것을 가질 것이며 당신은 나의 모든 것을 가질 것이다." 사랑받는 자가 대답했다: "네가 완전히 내 것이 되지 않으면 너는 나를 온전히 가질 수 없다." 그러자 사랑하는 자가 말했다. "나를 온전히 당신의 것이 되게 하라. 그리고 당신은 온전히 내 것이 되게 하라." 사랑받는 자가 대답했다: "그러면, 당신의 아들은 무엇을 가지며, 당

---

17. *Desamar*; Peers, *op. cit.*, p. 420, 각주.

신의 형제와 당신의 아버지는 무엇을 가지는가?" 사랑하는 자가 대답했다: "오 나의 사랑받는 자여! 당신은 매우 위대해서 전체를 풍성하게 할 수 있으며, 자신을 온전히 당신에게 주는 각 사람에게 전체가 될 수 있다."

70. 사랑의 길들은 길고 또한 짧다. 사랑은 분명하고, 밝으며, 순수하고, 섬세하지만 단순하고, 강하고, 부지런하고, 신선한 생각과 낡은 기억 모두에서 풍성하기 때문이다.

79. "말하라, 오 광대여! 언제 사랑이 당신에게 처음으로 왔는가?" "그때," 그가 대답했다, "내 마음이 생각과 욕망, 한숨과 비탄으로 풍족하게 되고 채워졌을 때, 내 눈이 울음과 눈물로 가득했을 때 왔다." "그러면 사랑은 당신에게 무엇을 주었는가?" "내 사랑받는 자의 놀라운 길들과 그의 명예와 그의 엄청난 가치를 주었다."[18] "이것들이 어떻게 왔는가?" "기억과 이해를 통해서 왔다." "무엇을 가지고 당신은 그들을 환영했는가?" "사랑과 희망을 가지고 환영했다." "당신은 그들을 무엇으로 보호했는가?" "정의와 신중과 불굴(不屈)과 절제로 보호했다."

80. 사랑받는 자가 노래하며 말했다: "사랑받는 자를 찬송하기를 부끄러워하거나 그가 가장 슬프게 수치를 당하는 곳에서 그에게 경의를 표하기를 두려워한다면 사랑하는 자는 사랑에 대해 거의 알지 못한다. 환난을 참지 못하는 자도 사랑에 대해 알지 못한다. 그의 사랑받는 자에 대한 신뢰를 잃은 자도 사랑과 희망 사이의 어떤 계약도 하지 못한다."

97. 그들이 사랑하는 자에게 물었다. "너는 어디로부터인가?" 그가 대답했다. "사랑으로부터." "너는 누구에게 속해 있는가?" "사랑에게 속해 있다." "어디서 너는 태어났는가?" "사랑에서." "누가 너를 낳았는가?" "사랑이." "누가 너를 길렀는가?" "사랑이." "너는 어떻게 사는가?" "사랑으로." "네 이름은 무엇인가?" "사랑." "너는 어디로부터 왔는가?" "사랑으로부터." "너는 어디로 가는가?" "사랑을 향해." "너는 어디에서 사는가?" "사랑에서." "너는 사랑 밖에 없는가?" "그렇다," 그가 대답했다, "나는 실수한다. 그리고 내 사랑받는 자에게 죄를 짓는다." "당신의 사랑받는 자 안에 용서가 있는가?" "그렇다," 사랑하는 자가 대답했다, "내 사랑받는 자 안에 자비와 정의가

---

18. *Valors*; Peers, *op. cit.*, p. 423과 각주, p. 175.

있다. 그러므로 나는 두려움과 희망 사이에서 묵는다."

142. 사랑하는 자는 기뻤고 그의 사랑받는 자의 위대함을 즐거워했다. 그러나 후에 사랑하는 자는 과도한 생각과 반성 때문에 슬펐다. 그리고 기쁨과 슬픔 중 그가 무엇을 더 깊이 느끼고 있는지를 알지 못했다.

143. 사랑하는 자는 사랑받는 자에 의해서 기독교 왕자들과 불신자들에게 사자로 보내졌는데, 이는 그들에게 예술(Art)과 요소들(Elements)을[19] 가르쳐서 사랑받는 자를 알고 사랑하게 하기 위한 것이다.

168. 사랑하는 자는 사랑의 감옥 안에 갇혔다. 생각과 욕망들과 기억들이 그를 붙들고 사슬로 묶어서 그의 사랑받는 자에게 도망가지 못하게 했다. 슬픔이 그를 괴롭혔다. 인내와 희망이 그를 위로했다. 그리고 사랑하는 자는 죽었다. 그러나 사랑받는 자가 그에게 그의 현존을 드러냈고 사랑하는 자는 되살아났다.

173. 사랑하는 자가 말했다. "오 사랑하는 너희들이여, 만일 너희들이 불을 가진다면 와서 내 마음에 너의 불을 켜다오. 만일 물이 있다면, 와서 내 눈으로부터 눈물이 시내로 흐르도록 해다오. 만일 사랑의 생각을 가지고 있다면 와서 나의 묵상으로부터 그들을 모아다오."

179. "말하라, 오 광대여! 이들 중 누가 사랑에 대해서 더 많이 알고 있는가? 사랑 때문에 기쁨을 가진 자인가 아니면 시련과 비탄을 가진 자인가?" 그가 대답했다: "전자와 후자 모두가 없이는 어떤 사랑의 지식도 있을 수 없다."

204. 죄와 공로가 사랑하는 자의 양심과 의지 안에서 서로 겨루고 있었다. 정의와 기억은 그의 회오를 많게 했다. 그러나 자비와 사랑은 사랑받는 자의 의지로 용서의 확신을 많게 했다. 그런 까닭에 사랑하는 자의 참회 안에서 공로는 죄와 과오를 정복했다.

218. 사랑하는 자가 그의 사랑받는 자를 만났다. 그리고 그가 매우 고귀하고 능력 있으며 모든 존경을 받을만한 가치가 있는 것을 보았다. 그러자 그는 외쳤다. "사람들 가운데서 당신을 당신이 받아야하는 만큼 알고 사랑하고 존경하는 자가 그렇게 드물다는 사실이 얼마나 이상한가!" 그러자 사랑받는 자가 그에게 대답하며 말했

---

19. 룰리오 자신의 작품들 중 두 가지; Peers, op. cit., p. 432.

다: "사람은 나를 심히 슬프게 했다. 나를 알고 나를 사랑하고 나를 존경하도록 내가 그를 창조했다. 그러나 천 명마다에서 백 명만이 나를 사랑하고 두려워한다. 백 명 중 구십 명은 내가 그들을 지옥에 떨어뜨리지 않을까 하여 나를 두려워한다. 그리고 열 명은 내가 그들에게 준 영광 때문에 나를 사랑한다. 나의 선함과 고귀함 때문에 나를 사랑하는 사람은 거의 없다." 사랑하는 자가 이 말을 듣고 그의 사랑받는 자가 받은 불명예를 인하여 비통하게 울었다. 그리고 말했다: "아, 사랑받는 자여, 당신은 사람에게 얼마나 많은 것을 주고 얼마나 그를 위대하게 높였는가! 그런데 왜 사람은 당신을 그렇게 잊었단 말인가?"

233. 사랑하는 자가 사랑받는 자에게 준 사랑의 표시는 처음에는 눈물이다. 그 다음은 환난이다. 그리고 마지막은 죽음이다. 그리고 이 모든 표시들을 가지고 사랑하는 자는 그의 사랑받는 자를 사랑하는 자들 앞에서 전도했다.

234. 사랑하는 자는 고독 속으로 갔다. 그러자 그의 마음은 생각을, 그의 눈은 눈물을, 그리고 그의 몸은 고통과 금식을 동반했다. 그러나 사랑하는 자가 사람들과의 친교로 돌아왔을 때, 앞서 말한 이러한 것들이 그를 버렸고 그래서 사랑하는 자는 많은 사람들의 무리 안에서 매우 고독하게 남았다.

235. 사랑은 하나의 대양이다. 그 파도들이 바람에 의해 요동친다. 그것은 항구도 해안도 없다. 사랑하는 자가 이 대양에서 죽었다. 그리고 그와 함께 그의 고통도 죽었다. 그러자 그의 완성의 일이 시작되었다.

246. "말하라, 오 광대여! 고독은 무엇인가?" 그가 대답했다. "그것은 사랑하는 자와 사랑받는 자 사이에 있는 위로와 친교이다." "그러면 위로와 친교는 무엇인가?" "그가 그의 사랑받는 자 외에는 아무 것도 기억하지 못할 때 사랑하는 자의 마음속에 있는 고독이다."

258. 사랑받는 자는 사랑보다 훨씬 높이 있다. 그 훨씬 아래 사랑하는 자가 있다. 그리고 사랑은 이 둘 사이에 놓여 있어서 사랑받는 자가 사랑하는 자에게 내려가게 하고, 사랑하는 자가 사랑받는 자를 향해 올라가게 한다. 그리고 이러한 오름과 내림은 사랑의 시작이며 생명이다. 그것에 의하여 사랑하는 자는 고통을 겪고 사랑받는 자는 섬김을 받는다.

281. "전파하라, 너, 오 광대여, 그리고 너의 사랑받는 자에 관해 말하라. 울고 금

식하라." 그래서 사랑하는 자는 세상을 버리고 사랑과 함께 그의 사랑받는 자를 찾기 위해 나갔다. 그리고 그가 수치를 당하는 곳에서 그를 찬양했다.

288. "말하라, 오 광대여! 지혜의 시작은 어디에 있는가?" 그가 대답했다. "신앙과 헌신에 있다. 그들은 이해가 내 사랑받는 자의 비밀을 붙잡기 위해 타고 올라가는 사다리이다." "그러면 신앙과 헌신의 시작은 어디에 있는가?" 그가 대답했다. "내 사랑하는 자 안에 있다. 그는 신앙을 밝게 비추고 헌신에 불을 켠다."

292. "말하라, 오 광대여! 너는 이성이 없는 사람을 본 적이 있는가?" 그가 대답했다. "나는 그의 테이블 위에 많은 잔과 은으로 된 많은 접시와 칼이 있으며, 그의 방 안에 많은 옷과 커다란 침대가 있고, 그리고 그의 금고 안에 어마어마한 부가 있는 어떤 감독을 보았다. – 그리고 그의 궁궐 문들에는 몇 안 되는 가난한 사람뿐이었다."

316. "오 사랑받는 자여 당신이 나를 내 악과 당신의 선 사이에 세웠도다. 당신 편에는 동정과 자비와 인내와 겸손과 용서와 회복과 그리고 도움이 있으라. 내 편에는 회개와 인내와 그리고 기억이 당신의 거룩한 고난(Passion)으로 인한 한숨과 울음과 눈물과 함께 있게 하라."

366. "말하라, 오 광대여! 이 세상은 무엇인가?" 그는 대답했다. "그것은 나의 사랑받는 자를 사랑하고 섬기는 사람들을 가두는 감옥이다." "그러면 그들을 가두는 자는 누구인가?" 그는 대답했다: "양심과 사랑과 두려움과 자기부인과 그리고 회개와 그리고 악한 자들과의 교제이다. 수고는 보상을 알지 못하며, 그곳에 벌이 놓여있다."

블랑크베르나는「명상의 예술」(Art of Contemplation)이라는 책을 써야 했기 때문에,「사랑하는 자와 사랑받는 자의 책」(Book of the Lover and the Beloved)을 끝내기를 원했으며, 우리 주 하나님의 영광과 찬양에 이르도록 그것이 지금 끝났다.

PART V
PAMON
LULL

블랑크베르나: 명상의 예술[20]

제4장 통일에 관하여

블랑크베르나는 그의 사랑을 가지고 하나님의 통일을 명상하는 것으로 생각과 숙고를 돌리고 이렇게 말했다. "지고하신 선이시여! 당신의 선함만이 홀로 무한히 크고 영원하며 능력이 있습니다. 어떤 다른 선도 그만큼 무한하고 영원하며 능력이 한이 없는 것은 없기 때문입니다. 그러므로 오 지고하신 선이시여, 나는 모든 완전함으로 다스리시는 한 하나님 안에서 당신만을 경외합니다. 당신에게서 모든 다른 선이 나고 솟아납니다. 당신의 선은 저절로 그 외의 모든 선을 유지합니다. 당신의 선만이 나의 선의 원천이며 거기로부터 내 모든 선은 영광과 찬송과 섬김을 오직 당신의 선에게만 드리고 복종합니다."

2. "오 사랑의 주님! 당신의 본질에서 처음도 끝도 없이 선으로 가득 차고 모든 완전에서 완벽한 위대함을 당신은 많은 것이 아니라 홀로 한 분이신 하나님과 일치시

---

20. 여기 the Blanquerna 안에 간직된 Art de contemplació의 다양한 카탈로니아어 본문은 Beiträge, Vol. XIII, pts. 2-3, pp. 58-104 안에 있고 지금까지 참조된 프롭스트(Probst)의 것이다.

키십시오. 그 영구성에서 처음이나 끝이 없는 영원은 본질과 미덕에서 처음이나 끝을 가지지 않는 위대함과 매우 잘 조화되기 때문입니다. 그러나 그 자신은 그 모든 완전함에서 처음과 끝 둘 다입니다. 만일 그렇지 않다면, 오 주님, 정의와 완전은 영원에 반대될 것입니다. 만일 지속성에서 처음도 없고 끝도 없는 영원이 유한하고 결정된 양을 가진 본질의 위대함과 일치된다면 말입니다. 그러므로 나의 하나님이시여, 당신은 당신의 정의와 완전과 더불어 한 분입니다. 그것은 당신은 영원히 그리고 홀로 한 분 하나님이라는 것을 내 이해에 알려줍니다."

3. 블랑크베르나의 기억은 하나님의 선하심과 위대하심과 영원성과 의지와 능력을 기억했다. 그의 선하심에 의해 그는 다른 무엇보다 더 선한 능력을 이해했다. 그의 위대하심에 의해, 더 큰 능력을, 영원성에 의해 더 오래 지속되는 능력을, 지혜에 의해 더 현명한 지혜를, 의지에 의해 어떠한 다른 능력보다 더 자비로운 능력을 이해했다. 그러므로 이해가 하나님의 능력을 파악했을 때, 기억은 오직 하나의 능력, 다른 모든 것들 위에 뛰어난 분을 생각했다. 그래서 이해는 하나의 오직 한분인 하나님을 파악했다. 만일 많은 신들이 있다면 이해는 다른 모든 것보다 더 크고 더 고귀한 능력을 파악하는 것이 불가능할 것이기 때문이다.

4. 블랑크베르나는 식물과 사물들 안에서 본성(Nature)이 한 목적을 향해 명령한 덕을 숙고했고, 그의 이해는 모든 것이 본성에서 그 육체 안에 있는 다른 모든 덕을 다스리는 한 가지 덕을 가지고 있음을 파악했다. 그러므로 본성은 각각의 기본적인 육체 안에서 또 하나의 목적이 아닌 한 목적을 향해 자연스러운 욕구를 가진다. 한 목적, 즉 한 완전은 그것 아래 그 밖의 모든 완전들을 가진다. 블랑크베르나가 이것을 숙고하는 동안, 그의 기억은 그의 이해를 낳아 모든 사람이 만들어지고 창조된 목적을 파악하고 어떻게 짐승들과 새들과 식물들과 금속들과 요소들과 하늘들과 별들이 오직 하나의 목적, 즉 사람을 섬기는 목적을 가지고 있는가를 파악했다. 그리고 그것에 의해 능력과 정의와 지혜와 의지의 완전함에 따라 모든 사람이 한 분 하나님만을 드높이고 섬겨야 한다는 것이 드러난다. 만일 많은 신들이 있다면 각각의 신은 그의 완전과 정의와 능력과 지식과 의지에 따라 사람과 피조물들을 많은 목적을 위해 만들고 창조했을 것이기 때문이다. 블랑크베르나가 앞서 말한 방식으로 하나님의 통일에 대해 생각할 때, 그는 스스로 그의 기억과 이해와 의지에서 엄청나게 고양되어짐

을 느꼈다.

5. 사람에게 의지가 주어져서, 그것으로 그는 스스로 그의 성이나 그의 도시나 그의 왕국이나, 또는 그의 소유들이나 그의 아내나 그의 아들이나, 또는 그의 기억이나 그의 이해나 그의 의지나, 그리고 그 밖의 것들을 소유하기를 의지한다. 그리고 상처가 되도록 이것들을 응시하고 있음을 알 때, 그는 그것에 의하여 영광과 영역에서 반대되는 열정으로 옮겨간다. 블랑크베르나가 이 모든 것을 기억했을 때, 그는 하나님의 영광과 영역을 기억하고 만일 세상의 많은 신들과 주들이 있다면 그들의 영광과 영역이 한 분 하나님만의 그것만큼 위대할 수 없다는 것을 파악했다. 그리고 하나님께 가장 높은 영역과 영광이 돌려져야 함이 자명하기 때문에 블랑크베르나의 이해에 하나님은 하나이고 오직 한 분이라는 것이 드러났다. 그리고 그의 이해가 명상의 더 높은 고도에 올라갔기 때문에 그의 의지는 그의 사랑받는 자, 그의 의지의 신랑을 명상하는 열정으로 크게 고양되었다. 그리고 그는 이렇게 말했다:

6. "오 주 하나님이여, 당신 밖에는 다른 하나님이 없다는 것은 참됩니다. 당신에게만 나 자신을 드리고 바쳐서 당신을 섬깁니다. 당신으로부터만 용서를 구합니다. 당신의 것 말고는 넉넉히 주시고 용서하시는 자비가 달리 없기 때문입니다. 진실로 당신에게 나 자신을 낮춘다면 나는 겸손합니다. 내가 당신만의 것이라면 나는 주인입니다. 내가 당신을 위해서 고통을 겪을 수 있다면 나는 내 원수들을 이겼습니다. 내가 어디에 있든지 나의 된 바 모든 것을 가지고 당신에게만 나 자신을 드리고, 나는 허물 많은 죄인은 오직 당신의 것입니다. 오직 당신에게만 용서를 구합니다. 당신만을 믿습니다. 그리고 당신을 위해서만 위험을 불사합니다. 나에게서 무엇이 이루어지든지, 그것은 모두 한 목적 즉 당신의 찬미, 존경, 영광을 향하게 하소서. 당신만을 나는 두려워하오니 당신에게서만 나의 힘이 옵니다. 당신을 위해 나는 울고, 당신을 위해 나는 사랑으로 불타오르며, 오직 당신 외에 다른 주님을 나는 갖지 않을 것입니다."[21]

---

21. 프롭스트의 본문 (cap. Ⅲ. p. 74) 안에 있는 카탈로니아어 본문에서: *"De Vos tot sol e temor, de Vos sol e vigor, per Vos plor e m enamor, e no vull altre Senyor."*

제6장[22] 성육신에 관하여

블랑크베르나는 우리 주 하나님의 거룩한 삼위일체를 기억했다. 그리고 그의 이해는 영광스러운 삼위일체의 영원성과 능력과 지혜와 의지의 위대한 선하심을 통해서 하나님이 인자와 변함없음과 능력과 지혜와 사랑으로 피조물들 안에서 어떻게 일을 하시는지를 파악했다. 그리고 이러한 이유로 그의 이해는 거룩한 인격들 안에 있는 작용에 따라서 하나님이 우리의 본성을 취하시고 그 안에서 그리고 그것을 통하여 그의 거룩한 인격들 안에 가지고 계신 그의 거룩한 덕들과 그의 일을 나타내 보이셨다는 것을 파악했다. 그래서 블랑크베르나와 그 밖의 모든 사람들의 의지가 하나님과 그의 일들을 사랑할 수 있다는 것을 알았다. 그런 까닭에 블랑크베르나는 이와 같이 말했다:

2. "거룩한 덕이여," 블랑크베르나가 말했다, "당신은 선함과 위대함과 영원성과 능력과 지혜와 사랑과 모든 완전함에서 무한하다. 그런 까닭에 위대함과 영원성과 인내에서 무한한 그 밖의 어떤 것이 있다면, 당신은 거기서 위대함과 영원성과 활동과 그리고 그와 같은 것을 통하여 무한하게 일할 수 있을 것이다. 그것이 받을 힘을 가지고 있는 것처럼 당신은 일할 능력을 가지고 있기 때문이다. 그러나 당신의 것을 제외한 모든 덕이 유한한 한, 영원성에서 그리고 무한한 위대함에서 아무것도 시간이나 분량의 시작 없이는 당신의 일의 영향을 받기에 충분하지 않다. 이제 이 모든 것들을 보이기 위해서 당신의 지혜는 다른 모든 피조물들과 창조된 덕들보다 선함과 덕에서 더 위대한 한 피조물을 창조하기로 의지했다. 그리고 바로 당신이 그를 그 피조물과 다른 모든 피조물들보다 더 위대하게 만들 수 있었던 것처럼 당신의 선하심이 그에게 그 밖의 모든 피조물보다 더 큰 덕을 줄 수 있었다는 것을 보이기 위해서, 하나님의 아들은 그 피조물과 함께 사람(Person)이 되기로 의지했다."

3. "당신의 인간적 본성은, 오 주님, 창조된 다른 모든 영광들보다 큰 영광을 가

---

22. 프롭스트의 본문에서 Cap. V, pp. 77–81.

지고 있습니다. 그리고 이것은 그 완전함이 다른 모든 완전함을 능가하기 때문입니다. 그리고 당신의 정의는, 오 주님, 다른 어떤 것보다 더 큰 선하심과 능력과 지혜와 사랑을 가지고 있습니다. 그러므로 그것은 기꺼이 당신의 인간성에 창조된 다른 어떤 본성보다 더 큰 영광과 완전을 줍니다. 그러므로 이것이 그러하기 때문에, 모든 천사와 성도들의 모든 영혼, 그렇습니다, 의로운 자들의 모든 육체가 부활이 일어날 때 당신의 인간적 본성에서 영광을 가지며 그렇게 해서 당신의 신적 본성 안에서 더 큰 영광을 가지도록 일어날 것입니다.

4. 블랑크베르나가 위에서 적은 것들을 오랜 시간 동안 생각할 때, 그는 그의 기억과 이해와 의지가 명상에서 크게 고양됨을 느꼈다. 그러나 아직 그의 마음이 울음으로 목욕할 수 있도록 그의 눈에 아무런 눈물도 주지 않았기 때문에, 블랑크베르나는 그의 마음에 헌신을 더욱 증대시키고 그의 눈을 울음과 눈물로 채울 수 있도록 그의 영혼의 능력을 보다 높이 끌어올리기 위해서 준비했다. 왜냐하면 고도의 명상은 울음과 함께 하지 않으면 병들기 때문이다. 그런 까닭에 블랑크베르나는 그의 기억이 내려와서 이 세상의 악과 비참과 그 안에 있는 죄와 우리 조상 아담이 불순종하면서 그의 창조자에게 범한 커다란 악에 대해서 생각하게 했다. 그리고 인간의 육체를 기꺼이 취하셨을 때와, 그리고 그의 몸(Body)을 가난과 경멸과 괴롭힘과 시련에, 악과 통탄할 죽음에 내어주실 것을 의지하셨을 때의 하나님의 위대한 자비와 관대하심과 겸손과 인내에 대해서 생각하게 했다. 비록 그는 우리의 것과 같이 그러한 아무 잘못도 아무 죄도 없으셨지만 말이다. 블랑크베르나의 기억이 이 모든 것들을 정신에 상기시켰을 때, 그의 이해는 그의 기억을 파악하고 쫓기 위해서 위로 끌어올려졌다. 그리고 그들은 함께 고상한 하나님의 덕들 즉 선하심, 무한성, 영원성, 그리고 그 나머지를 명상했다. 그러므로 의지는 덕들의 고귀함과 예수 그리스도의 본성의 고난과 죽음으로부터 그렇게 많은 헌신을 가지기 때문에 마음에 한숨과 비탄을 주었고, 마음은 눈에는 울음과 눈물을 그리고 입에는 하나님께 대한 고백과 찬송을 주었다.

5. 앞서 말한 방식을 따라 하나님의 아들의 성육신을 명상하면서 블랑크베르나는 오랫동안 울었다. 그러나 그가 울 때, 하나님의 아들이 자신을 인간의 본성에 순응시켰던 바로 그 양식을 표현하기 위해서 상상이 애썼다. 그런데 그가 그것을 상상할 수 없었기 때문에, 이해는 더 이상 지식을 갖지 못했고 블랑크베르나는 의심에 빠

졌다. 그리고 그의 눈물과 한숨도 그의 의심 때문에 중단되었는데 의심은 헌신을 파괴시키고 그것을 사라지게 했다. 블랑크베르나가 그의 생각이 어느 지경으로까지 떨어졌는가를 느꼈을 때, 그는 하나님의 선하심과 능력과 지혜와 완전의 위대함에까지 다시 한 번 그의 기억과 이해를 끌어 올렸다. 그러자 이 덕들의 위대함에서 그의 이해는 하나님이 그 자신에게 인간의 본성을 순응시키신다는 것을 파악했다. 비록 상상은 그것을 알 수도 상상할 수도 없지만 말이다. 하나님은 선하심과 능력과 지혜와 의지에서 상상이 상상하는 것보다 더 크시기 때문이다. 그래서 블랑크베르나는 기억과 이해에서 그가 성육신과 관련하여 가졌던 의심을 허물었다. 그러자 헌신과 회개가 그의 마음으로 돌아왔고, 울음과 눈물이 그의 눈으로 돌아왔으며, 그의 명상은 처음보다 더욱 고상해지고 더욱 뜨거워졌다.

6. 오랫동안 블랑크베르나는 앞서 말한 방식을 따라 하나님의 아들의 성육신을 명상했다. 그리고 그의 정신이 한 문제로 지쳤을 때 그는 다른 문제를 취했다. 그래서 문제를 새롭게 함으로써 그의 정신은 명상을 위한 힘과 덕을 다시 얻을 수 있었다. 그렇게 블랑크베르나는 하나님의 아들의 거룩한 성육신과 수난이 하나님의 선함과 위대함과 영원성과 능력 등에서 얼마나 명예롭게 되었는지를, 그리고 이 세상에서 그가 그의 은총으로 그들이 그에게 드려야 할 영광을 드리지 않은 많은 사람들을 얼마나 영화롭게 했는지를 기억했다. 그 후에 그는 이 세상에 믿지 않는 자들과 하나님이 본래 매우 크게 영화롭게 하신 예수 그리스도의 인간적 본성을 존경하지 않는 자들이 얼마나 많은지를 기억했다. 그들은 그 동일한 본성을 믿지 않고 모독하며 그가 거기서 그 본성을 취하신 거룩한 땅을 차지하고 있다. 그런데 거기서 우리를 영화롭게 하시고 우리가 잃은 최상의 영역을 향해 우리를 회복시키시기 위해서 그가 수난과 죽음을 겪으셨던 것이다. 블랑크베르나가 그의 정신의 힘을 그 문제에 집중한 후에 그의 헌신과 한숨과 눈물과 비탄이 그 안에서 새로워졌고 그의 정신은 높이 날아올랐고 다시 하나님의 아들의 거룩한 성육신을 명상하는 데에까지 높이 날아올랐다. 그러므로 그는 이렇게 말했다: "오 주 하나님, 당신의 거룩한 덕들 안에서 누가 우리의 본성을 그토록 높이 명예롭게 하고 드높였습니까? 당신이 우리 기억과 이해와 의지를 당신의 거룩한 성육신과 수난에서 크게 높이실 때가 언제입니까?"

7. 블랑크베르나의 명상은 그토록 고상해서 그의 영혼의 능력들은 그의 정신 안

에서 서로서로 대화를 나누었다. 기억은 위대한 선함이 위대한 일을 수행하였고 위대한 능력이 위대한 힘을 발휘했다고 말했다. 이해는 위대한 자비와 겸손과 관대함과 사랑이 보다 덜한 덕들을 보다 큰 덕들에 순응시켰다고 대답했다. 그리고 의지는 모든 피조물들 보다 그의 주 예수 그리스도를 사랑해야만 한다고 말했다. 그러나 곧 한 가지에 그는 놀랐다. 즉 예수 그리스도가 얼마나 그의 백성들을 사랑하셨으며 그들을 위해 기꺼이 그렇게 큰 수난을 겪으셨는지, 그리고 하나님이 자신을 기꺼이 어떻게 그토록 낮추셨는지, 그리고 세상에 있는 많은 사람들이 그토록 불신자들이며 우상숭배자들이며 그의 영광에 대해 무지한 자들인지에 놀랐다. 이해가 대답하며 말했다. 의지는 사람으로 하여금 성육신이 존경을 받도록 하기 위해 순교를 원할 정도의 헌신을 가지게 한다. 기억은 불신자들에게 주 예수 그리스도의 거룩한 성육신과 수난을 공표할 정도의 부정할 수 없는 증거에서 하나님이 찬양을 받도록 하나님의 덕들의 고상함을 기억한다.

8. 하나님의 빛에 의해서 블랑크베르나의 영은 빛이 비추어지고 불이 붙었다. 그리고 그는 이렇게 말했다: "오 성육신이여, 오 모든 진리 중에서 가장 큰 진리여, 창조되지 않으시고 창조되신 분이여! 무슨 이유로 당신을 경멸하고 당신을 알지 못하며 당신을 믿지 않는 자들이 당신을 존경하고 믿는 자들보다 점점 더 많아지는 것입니까? 당신은 무엇을 하시려 하나이까? 당신은 그렇게 크고 용서받지 못할 실패들을 벌하실 것입니까? 오, 인자와 사랑과 인내와 겸손이 그렇게 크신 자비로우신 분이여! 당신은 그들을 용서하시겠나이까?" 그래서 블랑크베르나는 울었다. 그리고 그가 하나님의 아들의 성육신을 명상할 때, 두려움과 희망 사이에서 그는 슬퍼하고 기뻐했다.

VI. 마이스터 요하네스 에크하르트

(c. 1260–1328)

PART VI
MEISTER ECKHART

PART VI
MEISTER ECKHART

서론

전기적 내용

"마이스터" 또는 "마스터"라고 불리우는 요한 에크하르트는 고타(Gotha) 근처 호크하임(Hochheim)에서 1260년 경 태어났다. 그는 에르푸르트(Erfrut)에서 도미니크회의 수사가 되었고 쾰른(Cologne)에서 수도회의 대학에 출석했다. 에르푸르트에서 수도원장이 되었고 그 다음 슈린지아(Thuringia) 지방의 교구목사가 되었다. 그의 「특징들에 관한 논문」(Treatise on Distinctions)이나 「가르침에 관한 대화」(Talks of Instruction)는 그 초기 시절에 나온 작품이다. 여기서 영적 무관심(Abgeschiedenheit)의 길 또는 참된, 영적인 무관심과 자기부인이 이미 나타나 있다. 1302년 혹은 1303년 경, 파리에서 석사학위를 받은 후 돌아와 작센(Saxony)의 지방수도회 총장(1303)과 보헤미아(Bohemia, 1307)의 주교 총대리와 전체 독일의 총장(1312)이 되었다. 아마도 1311-1314년까지 파리에 두 번째 있을 때, *Opus Tripartitum*이 나왔다. 그는 탁발수도사이며 설교자로서 1313년 내지 1314년부터 1321년까지 스트라스부르그(Strassburg)에 있었다. 1321년에는 쾰른으로 돌아와, 죽을 때 까지 가르치는 일에 전념하였다. 그는 이단 혐의에 휩싸였고 그의 생애의 마지막 몇 년 동안 그의 가르침에 관해 조사를 받았다. 1327년 혹은, 1328년 경, 그가 죽을 때까지, 그의 교리의 건전성에 관한 수많은 중상에 맞서 자신을 변호했다. 1329년에 교황 요안네스 22세(John XXII)는 그의 저작으로부터 스물여덟 가지의 명제를 정죄했고 이것들 중 열일곱 개는 이단적이고 다른 열한 개는 "분별없는" 것으로 선언했다. 그는 어떤 경우들에서는 "분별없거나" 심지어 "위험했을" 지도 모른다. 그러나 그는 결코 그가 그토록 많을 것을 준 교회에 대해 "불충"하지 않았다.

참고 자료

*Quaestiones Parisienses*와 *Opus triparitum prologi*의 본문과 다른 것들은 라이프치히(Leipzig) 편집의 *Opera omnia*, Vols. 13, 2, etc에 있다. *Meister Eckhart: die deutschen und lateinischen Werke*, edited by K. Weiss, J. Koch, and J. Quint, W. Kohlhammer, Stuttgart-Berlin, 1936의 라틴어 부분에 있는 더 많은 작품들을 보라. 본문과 이차문서들의 완전한 참고문헌은 J. M. Clark, *The Great German Mystics: Eckhart, Tauler and Suso*, Basil Blackwell, Oxford, 1949에서 제공된다. 초기 선집인 F. Pfiffer, *Meister Eckhart*, 1857, 4th ed., Göttingen, 1924 외에 초기 연구인 F. Jostes, *Meister Eckhart und seine Jünger: ungedruckte Texte zur Geschichte der deutschen Mystik*, Freburg (Schweiz), 1895, 그리고 유용한 선집인 O. Karrer, *Meister Eckhart ... Textbuch aus den gedruckten und ungedruckten Quellen ... Jos. Müller*, Munich, 1926에는 에크하르트의 작품의 기본적인 부분들이 수도 없이 편집되어 있다. 설교 선집의 유용한 현대어 번역으로는 H. Büttner, *Schriften und Predigten*, Jena, 1923이 있다. M. de Gandillac, *Maître Eckhart: traités et sermons*, Aubier, Paris, 1942는 도움이 된다. 파이퍼(Pfeiffer)의 본문의 기초적인 번역은 C. de B. Evans, *Meister Eckhart*, 2 vols., John M. Watkins, London, 1924, 1931이다. R. B. Blakney, *Meister Eckhart, a Modern Translation*, Harper & Brothers, New York and London, 1941은 가장 읽기 쉽다. *Die Reden der Unterscheidung*, edited by E. Diedrichs, Bonn, 1913은 편리하다. J. Bernhart, Munich, 1922의 편집과 비교하라. *Meister Eckharts Buch der Göttlichen Tröstung und von dem Edlen Menschen* (*Liber "Benedictus"*), edited by J. Quint, Walter De Gruyter & Co., Berlin, 1952는 훌륭한 비평적 편집이다. A. Daniels, "Eine lateinische Rechtfertigungsschrift des Meister Eckhart," *Beiträge*, Vol. 23, pt. 5 (1923)과 G. Théry, "Edition critique des pièces relatives au procès d'Eckhart ....," *Archives d'histoire doctrinale et littèraire du moyen áge*, Vol. 1 (1926), pp. 129-268 안에 있는 본문들은 가치가 있다. E. Gilson, *History of Christian Philosophy in the Middle Ages*, 755 ff.는 비평적인 편집들과 문헌을 평가하고 있다. F. W. Wentzlaff-Eggebert, *Deutsche Mystik zwischen Mittelalter und Neuzeit*, Berlin, 1944, pp. 301-307에도 또한 문헌들이 요약되어 있다. 아래의 논의들은 질송(Gilson)의 *History*와 그보다 앞선 프랑스어 편집들, 예를 들면 Gandillac, "Tradition et développement de la mystique rhénane: Eckhart-tauler-Seuse," *Mélanges de science religieuse*, Vol. 3 (1946), pp. 37-82의 우수한 논문에 많은 부분을 기대하고 있다. 또한 그의 *Traités*를 보라. 존재와 지성과 통일의 관계에 관한 광범위한 주석들을 가지고 있는 간결하고 핵심적인 본문은 H. Hof, *Scintilla animae*, Lund, 1952, pp. 17 ff., 196-216 그리고 G. Della Volpe, *Eckhart O della filosofia mistica*, Rome, 1952, pp. 101-107에 있다.

개관

마이스터 에크하르트는 기독교 이전 시대 뿐 아니라, 기독교의 전통에 정통했는데, 1313-1314년의 파리의 강의에서는 그의 가장 독창적인 논쟁점들이 나타난다. 나중엔 그가 존재의 문제에 몰두한 것처럼 보일지 모르지만, 처음부터 갖고 있었던 지성의 우선권은 여전히 유효했다. 하나님은 하나님이기 때문에 우리가 아는 것이 아니라, 우리가 알기 때문에 하나님이시다. 그것이 피조물들의 속성으로서 보이는 한, 존재는 하나님 안에 있지 않다. 그가 모든 존재의 원인임에 틀림없듯이 하나님은 전적으로 순전히 그것에서이다. 그 위대한 "나는 있다"는 전적으로 존재보다 앞선다. "처음에 말씀이 있었다"고 한 요한(Johannine)의 말이, 지성을 존재의 모퉁잇돌로 세우는 것과 같이, 그는 지성과 동일화된다. 하나님과 지성의 활동의 동일화를 강조한 것에 어떤 변화가 있었다면, 그것은 주로 우선권을 지성으로부터 통일로 옮긴 것이다. 하나님은 하나이다. 통일은 그의 속성이다. 따라서 통일은 지성의 특권이며 이것은 순수한 지성만이 순수한 통일의 자격을 갖출 수 있다는 것을 의미한다. 하나님은 전적으로 지성적이다 라고 말하는 것은 그러므로 하나님은 하나이다라고 말하는 것과 같다.[1]

비록 에크하르트의 존재론의 정점이 기독교의 삼위일체에서 찾아져야 함이 틀림없지만, 그의 신비 철학의 정수는 그의 본질보다는 그의 앞섬 또는 그의 통일인 신적 존재의 기원에서 발견된다. 그 중앙의 정점은 움직이지 않는 통일성과 휴식과 "바로 그 신성의 사막"인 고독이다. 이것은 "모든 존재의 순수한" 통일이며 하나님-지성은 실제로 성경에 나타난 것과 같이 그것을 향해 앞장서 간다. 그렇게 이해된 신성은 기독교 계시의 삼위일체를 초월한다.[2]

하나님은 하나임(oneness) 때문에 존재를 가진다고 말할 수 있다. 그밖에 어떤 것도 완전한 의미에서 이것들 중 하나를 가질 수 없다. 그렇게 볼 때, 존재는 존재들에 기인하는 것이 아니다. 언제나 생산되고 창조되는 과정에 있는 사람은 "결코 참으로 존재하지 않는다." 그것은 저절로 있지 않기 때문에, 이 정도에서 피조물은 순전히 존재하지 않음이다. 피조성이란 본래 무(無, nulleitas)이다. 그것은 오직 신적 생산력의 표현인 한에서, 그리고 그것이 지성과 지성적인 것들의 본성에 동참하는 정도에서, 존재를 가진다고 말할 수 있다. 사람은 마치 플로티누스의 방식을 따라 지성적 지식을 통해서 일자에게 되돌아간다.[3]

---

1. Gilson, *History*, pp. 438-40.
2. *Ibid.*, p. 440; Gandillac, "La mystique rhénane," *Mélanges*, Vol. 3, pp. 47-48; Serm.: *Expedit vobis*, Pfeiffer, no. 76 (2), pp. 248-49; Blankey, *Meister Eckhart*, pp. 200ff.
3. Gilson, *History*, pp. 440-41. 피조물의 무(無)에 관하여는, 예를 들어, Predigt 4: *Omne datum* (Pfeiffer, no. 40, pp. 134-37), Quint, *Meister Eckharts Predigten, Deutsche Werke*, Vol. 1, pt. 1, pp. 70 ff.,; Blankey, *Meister Eckhart*, pp. 185 ff.

마이스터 에크하르트도 물론 영혼을 영적 실체로 간주한다. 기억과 지성과 의지라는, 하나님이 창조한 기능들은 그 안에서 여전히 더 숨겨지고 뚜렷하게 신적인 요소들과 결합되어 있다. 이것은 "영혼의 요새," "그 작은 성," 또는 "장막"의 경우로 동일화된다. 다시 그것은 "불꽃," 또는 영혼의 "불꽃"(Fünklein), "기초"(Grund), 또는 그것의 "핵"이라고 불린다. 이 신적 지성의 불꽃은 에크하르트의 비난 받은 명제들(1329) 중 하나에 의하면, 그가 가장 부적당한 형태로 소유하기를 거절한 것, 즉 영혼 안에 있는 어떤 것으로서 창조되지 않을 뿐 아니라 창조될 수 없는 것, 그것의 지성이다. 하나님과의 연합을 찾기 위해서, 사람은 단지 자신을 이 영혼의 요새 안에서 성육해야 한다. 여기서 그는 더 이상 떨어져 있는 어떤 것으로서 하나님으로부터 구분되지 않는다. 진정한 신비적 연합이 일어나기 위해서, 사람은 자신을 하나님이 아닌 모든 것으로부터 철저히 떼어내야 한다. 이것은 극도의 단순성과 통일성 안에서 신적 지성의 그것과 같은 그 장막 안으로 참으로 들어가는 것이다. 이렇게 그의 묘실(cubiculum) 안으로 들어가면서, 영혼은 신성만이 소유하고 있는 순수함과 자유를 안다. 이것은 "신성을 향한 가장 깊은 부분의 심연에 의한" 영혼의 매달림이다. 그것은 결코 하나님 바깥에 있을 수 없다. 그러나 그것은 자기를 지향하여 그렇게 그에게서 물러날 수 있거나 또는 그 자신의 심연을 찾아서 그와의 연합을 발견할 수 있다.[4] 이것은 물론 피조물의 무를 넘어서서 하나님을 찾는 것을 의미한다. 모든 것 중에서 오직 가장 고귀한 피조물인 영혼 그 자체는 하나님을 향해 직접 나아갈 수 있다. 하나님을 위한 자기-

---

[4]. Predigt 2: *Intravit Iesus in quoddam castellum* (Pfeiffer, no. 8, pp. 42–47): Quint, *Deutsche Werke*, Vol. 1, pp. 24 ff., 특히 39 ff.; cf. Blakney, *Meister Eckhart*, pp. 210–11; Evans, *Meister Eckhart*, Vol. 1, pp. 35 ff. Cf. Pfeiffer, no. 21: *Qui odit*, p. 89; Evans, *op. cit.*, Vol. 1, p. 67; Karrer, *op. cit.*, p. 90. *Castellum*은 누가복음 10:38과 같은 구절들이 중세의 본문들에서 사용될 때 도시 또는 촌락이라는 문자적 의미를 갖는다. 에크하르트는 그의 시대나 그 이전 시대의 다른 많은 사람들과 같이 그것을 비유적 목적에 적용시켰다. 요새는 12세기 이후의 봉건 사회에서 팽창시키는 역할을 한다. 종교적 상상은 *castrum, castellum, bürgelîn, château, bourgade*, 성, 그리고 요새와 같은 라틴어와 자국어의 사용을 증가시켰다. 이것은 특별히 동정녀 마리아와 연관하여 몸과 마음과 혼에 대한 영적 숙고에 적용되었다. 로버트 그로스테스트(Robert Grosseteste)는 그녀에게서 하나의 *château*, "사랑과 은총의 성"을 보았다. 결코 서양에 알려져 있지 않은 것이 아닌, 알 가잘리(Al-Ghazzali)는 유혹자 사탄(Shaitán)의 흉악한 책략에 맞서서 "마음의 요새"를 방어할 필요성을 강조했다. 성이라는 주제가 에크하르트의 동시대인들에게 낯설지 않았다는 사실은 J. Murray, *Le château d'amour de Robert Grosseteste*, Paris, 1918과 R. D. Cornelius, *The Figurative Castle*, Bryn Mawr, Pennsylvania, 1930과 같은 연구에 의해 증명된다. *Ihyá'al-Ulúm al-Din* (*Revivification of the Religious Sciences*, pt. III, pp. 23–27, 35–38)에서 다루어진 것과 같은 "마음의 요새"에 관하여는 D. M. Donaldson, *Studies in Muslim Ethics*, S.P.C.K., London, 1953, pp. 150 ff.를 보라. 정죄된 명제들에 관하여는, Gilson, *History*, p. 757 등을 보라. G. Théry, *op. cit.*를 또한 보라. 방어에 대하여는, Blakney, *op. cit.*, pp. 269, 289, 298–301과 Daniels, *op. cit.*를 보라.

부인의 사랑은 자기-발견을 의미한다. 자아의 포기와 그것의 순수한 본질의 획득을 향한 영혼의 해방은 영혼의 가장 높은 목표이다. 참된 가난만이 이것을 초래한다. 그것의 가장 완전한 실천은 사람을, 모든 것에 대해 단번에, 그가 홀로, 알고 행하고 어떤 것을 소유하는 활동무대로부터 제거한다. 하나님의 새로운 탄생이 영혼 안에서 이루어질 때 그리고 하나님과 영혼이 공통의 통일이라는 행복을 드러낼 때 예비적 성격의 전통적인 훈련들은 폐지상태로 떨어진다. 모든 것들과 성례들과 심지어 하나님도 이제 포기될 수 있다. 사람은 이미 그의 것이 된 것을 더 이상 연모할 필요가 없다.[5]

하나님과의 그러한 은둔적 연합을 강조하는 것은, 동시에 하나님과 신성, 신(Gott)과 신성(Gottheit)을 날카롭게 구분하는 것이다. 하늘이 땅과 다른 것처럼 하나님은 신성과 다르다. "하나님은 활동한다. 신성은 그렇지 않다." 참된 "귀족", 영적인 "귀족"은 존재, 하나님, 또는 하나님 자신이라는 일상적인 영역 너머로 유혹된다. 마이스터가 "고귀한" 영혼을 하나님을 초월하여 순수한 신성의 심연을 향해 가도록 초대한다는 것은 이런 의미에서이다.[6] 이것은 단순한 신학적 언어의 자만이 아니다. 그것은 차라리, 위-디오니시오스의 경우와 같이, 신적 신비의 긍정적인 확신이, 보다 더 가치 있는 부정 신학의 훈련을 위해 굴복되는 신비적인 길에 의존하는 것이다. 여기서 분리와 자기를 부인하는 가난의 길은, 거룩한 인격들 안의 구분된 영역과 명목상의 특질들과 위격들을 넘어, 제한될 수 없고 분석될 수 없지만 여전히 말할 수 없는 연합에서 일자와 완전한 일직선상에 놓인다.[7]

영혼 안에서의 하나님의 탄생에 있어서 에크하르트와 함께, 기독교 신비주의가 순전히 플라톤주의의 형이상학과 "고행자"의 체념으로 모든 유비를 능가한다는 것이

---

5. Gilson, *History*, p. 442와 각주 27, p. 757; Gandillac, "La mystique rhénane," *Mélanges*, Vol. 3, pp. 54–56; Serm.: *Beati pauperes*, Pfiffer, no. 87, pp. 280 ff.; Evans, *op. cit.*, Vol. 1, pp. 217 ff. Predigt 12: *Qui audit me* (Pfeiffer, no. 96, pp. 309–12), Quint, *Deutsche Werke*, Vol. 1, pt. 3, pp. 192 ff.; Blakney, *op. cit.*, pp. 203 ff. Serm.: *Expedit vobis*, Pfeiffer, no. 76, pp. 238–43; Blakney, *op. cit.*, pp. 197–202.
6. DS II, 1993. Gandillac, *Mélanges*, Vol. 3, pp. 47–48; Serm.: *Nolite timere eos*, Pfeiffer, no. 56, pp. 179 ff.; Evans, *op. cit.*, Vol. 1, pp. 142 ff.; Blakney, *op. cit.*, pp. 224 ff., 특히 225–26; Predigt 12: *Qui audit me*, Quint, *Deutsche Werke*, Vol. 1, pt. 3, pp. 192–93; Blakney, *op. cit.*, pp. 203 ff.; Quint, ed., *Von dem Edeln Menschen*, pp. 67–80과 설명; The Aristocrat, in Blakney, *op. cit.*, pp. 74–81. Cf. *Expedit nobis*, Pfeiffer, no. 76, pp. 241–42; Blakney, *op. cit.*, pp. 200–02.
7. 일하고 활동하는 하나님과 일하지 않고 활동하는 신성에 관하여는 Gandillac, in *Mélanges*, Vol. 3, p. 48. *Nolite timere*, Pfeiffer, no. 56, p. 181, Evans, *op. cit.*, p. 143. "Got wirket, diu gotheit wirket niht ... "

적절하게 주장되어 왔다. 하나님의 사랑으로부터 창조된 피조물은, 그 사랑에 응답한다. 그것은 완전에의 부름을 자발적으로 받아들인다. 오직 피조물을 향하여는 순전히 무가 되고 그의 창조자로부터는 분리 되는 모든 자기-충족이 확고하게 포기된다. 신적 완전의 첫째 조건들은 주어진다. 팔복에 의해 심어진 "재산이 없는 검소함"과 가난이 떠받들어진다. 영혼은 총체적인 자기 비움을 시작한다. 모든 외부적인 것으로부터의 분리가 작동된다. 인간의 의지와 신적 의지 사이의 완전한 동일성이 추구된다.[8]

전문적인 수도사(Religious)는, 예를 들어, 그의 은둔생활의 소명을 결코 충분한 또는 심지어 확실한 완전의 보장을 통해서 발견하지 않는다. 전반적으로 분별할 수 있는 외부세계의 도전 한 가운데에서, 참된 영적 영혼은 그것의 위험을 완전하게 자각하는 가운데 전진할 수 있는 반면, 공공연한 완전주의자는 수도원의 평온의 미묘한 위험들 앞에 쉽게 실패할 수 있다. 선행에 대한 만족감과 성례전-의식의 경험을 경험하는 감각적인 즐거움과 금욕주의자의 왕국의 잘 쌓여진 방벽은, 모두 그들의 고유한 핸디캡을 부과할 수 있다. 이것들은 그 고차적인 길을 통하여 영혼이 하나님을 발견하는 것을 좌절시키는 수단이 될 수 있다. 이것은 공공연한 탐구의 길과 영적 작용의 모든 특정한 양식을 초월한다. 모든 길을 삼가면서, 그것은 모든 길과 모든 양식에 의해 자신의 목적에 도달한다. 영혼의 고귀한 요새 바깥에서 성취된 모든 일들은 죽어 있으며, 그 안에서 성취된 모든 것들이 지금 살아있게 된다.[9]

에크하르트는 모든 일들을 얕보지 않는다. 그는 단지 외적인 덕들을 향한 바리새주의적인 탐구와 "영적 축복"의 위안을 향한 훈련되지 않은 간청에 의해 부추겨지는 사람들을 거부한다.[10] 그래서, 마찬가지로, 그는 가장 단순한 참가를 넘어서서 가장 완전한 소통에 이르는 기도와 성만찬의 삶으로 초대한다. 이것을 염두에 둘 때, 사람은 매우 정당하게 병든 자에게 죽 한 그릇을 주기 위해서 가장 황홀한 명상을 포기할 수 있다. 그는 교회 안에서 뿐 아니라 거리에서도 하나님을 만날 수 있고 동행할 수

---

8. Gandillac, *Mélanges*, Vol. 3, pp. 50-54.
9. *Ibid.*, p. 55; *Talks of Instruction*, nos. 6, 22; *Beati pauperes*, Blakney, *op. cit.*, pp. 227-32.
10. *Talks of Instruction*, no. 19.

있다.¹¹

그것이 아무리 때때로 최고천(最高天)을 드러낸다고 하더라도, 동료에 대한 관심과 기독교의 사랑이 에크하르트의 신비주의에서 커다란 역할을 참으로 하고 있기 때문이다.¹² 마이스터는, 진실로, 자기를 광고하는 인도주의자들을 가차 없이 다룬다. 피조물의 환락주의는, 더구나, 거의 바랄 수 없는 목표이다. 신적 인격들 자체에 대한 숙고는 불가해한 신성에 아낌없이 굴복하는 데서 상실된 것처럼 보일 수 있다. 기독교인들은 확실히 인간의 인격들을 존경하는 자들이어서는 안 된다. 심지어 사람이 되신 하나님의 인성도 장애물과 모호한 이미지를 제공하는 경향이 있다. 예수는, 에크하르트는 우리에게 상기시킨다, 그의 "가버림"의 편의를 변론할 것을 요청받았다고 느꼈다.¹³

그러면 이것은 역사에서의 하나님의 역할과 시간 안에 성육한 그리스도의 역할을 흐리게 하는 것인가? 그 심연의 노출된 신성이 어떻게 피조물을 돌보고 유지할 수 있는가? 에크하르트의 세련된 신비주의는 기껏해야 신적-인간의 내밀성을 필요로 하는 사람들을 위한 차가운 위로가 아닌가?

마이스터 에크하르트는 그의 설교에서 적어도 그러한 이론적 논쟁들에 대한 토론을 피한다. 공허한 사색을 위한 이러한 경향은, 그가 생각하기에, "위대한 목사들의 십자가"이다. 영적 무관심(Abgeschiedenheit), 하나님이 아닌 모든 것으로부터의 분리와 무심한 철회를 낳는 연합은 그에게 있어서 반드시 강조되어야 할 단 하나이다.¹⁴ 하나님과 영혼은 모든 유비를 초월하는 내밀함을 알 수 있다. 다른 사람들이 에크하르트의 전제들에서 무엇을 추론하든지 간에, 그 자신은 결코 피조물을 사랑하는 봉사를 실제로 희생시키지 않는다. 그러한 사랑은 항상 하나님의 사랑으로부터 유래를 가진다. 아무리 초월적이고 철학적일지라도, 신성은 그의 하나님보다 명상하는 영혼에 더 가까운 것은 없다는 그런 것일 것이다. 이 선집의 선별된 내용들은 교훈과 보기를 통

---

11. *Ibid.*, no. 10.
12. 사랑과 영적 무관심(*Abgeschiedenheit*)과 사회화하는 참된 명상적 내면성에 관해서는 *Talks of Instruction*, no. 10, Blakney, *op. cit.*, p. 14를 보라.
13. Gandillac, *Mélanges*, Vol. 3, pp. 56–58. Serm.: *Expedit vobis*, Pfeiffer, no. 76 (1), pp. 238–43; Blakney, *op. cit.*, pp. 197–202. 참고 요 16:7.
14. Gandillac, *Mélanges*, Vol. 3, pp. 57–60. Cf. 무심에 대하여는 Blakney, *op. cit.*, pp. 82 ff.

해 명상적 삶과 활동적 삶을 균형 잡는 것에 대한 에크하르트의 강조를 분명하게 보여준다.[15]

---

15. Clark, *German Mystics*, pp. 20 ff.; Petry, "Social Responsibility," *Church History*, Vol. 21, pt. 1, pp. 7–9와 각주들.

PART VI
MEISTER ECKHART

영원한 탄생에 관한 설교[16]

이 사람은 또한 항상 진리를 가르쳤던 마이스터 에크하르트이다.

내가 속해 있는 아버지의 집에 내가 있어야 합니다. (눅 2:49)

"나는 내 아버지의 일에 종사해야만 한다!" 이 본문은 내가 지금 시간의 한 점에서 일어났으며 매일 영혼의 가장 깊은 곳 – 접근의 길이 전혀 없는 깊숙한 곳에서 일어나는 영원한 탄생을 다루면서 임하려는 토론에 가장 편리하다. 영혼의 핵에서 일어나는 이 탄생을 아는 것은 사람이 그의 아버지의 일에 종사하는 모든 것보다 필수적이다.

아버지의 특질들은 무엇인가? [삼위일체 중에서] 다른 위격들에게보다 더 많은 권능이 그에게 돌려진다. 따라서 어느 누구도 거대한 양의 에너지를 소비하지 않고서는 이 탄생의 경험을 확신하거나 그것에 접근할 수 없다. 그것은 사물들[의 세계]로

---

16. Pfeiffer, no. 3, pp. 18-24에 있는 이 설교는 R. B. Blakney, *Meister Eckhart, A Modern Translation*, New York and London, 1941, pp. 109-17에 번역되어 있다. Harper & Brothers의 허락으로 사용되었다.

부터 감각의 완전한 철수가 없이는 불가능하며 영혼의 모든 기능을 정복하고 그들이 작동하는 것을 중지시키는 데에 거대한 힘이 필요하다. 그들을 안으로 모으는 데에는 많은 힘이 필요하며 그 힘이 없이는 그것은 행해질 수 없다. 그래서 "하늘나라는 침노를 당하며, 침노하는 자가 그것을 힘으로 취한다"고 그리스도께서 말씀하셨다.

이 탄생에 관해 다음과 같은 질문이 생길 수 있다: 그것은 계속 일어나는가 아니면 간헐적으로 – 아직 그가 그렇게 한다는 것을 알면서 사람이 그의 모든 능력을 사물들[의 세계]을 잊는 것에 쏟을 때에만 일어나는가?

어떤 구분들이 만들어져야 한다. 사람은 활동적 지성과 수동적 지성과 잠재적 지성을 가지고 있다. 활동적 지성의 현재는 하나님이든 피조물이든 신적 존경과 영광을 위해 활동 중인 [정신]에 의해 나타난다. 그것은 주로 추진력과 에너지에 의해 특징지워지며 그래서 "활동적"이라고 불린다. 그러나 활동이 하나님에 의해 착수될 때는 항상, 정신은 수동적으로 머물러야 한다. 다른 한편, 잠재적 지성은 양자와 연관된다. 그것은 그것이 무엇을 해야 하는 능력과 하나님이 무엇을 하셔야 하는 능력이라는 정신의 가능성들을 나타낸다. 어떤 경우에, 정신은 그 자신의 주도에서 작동한다. 다른 경우에 정신은 수동적이며 하나님이 곧 일을 시작하시며 그때 정신은 잠자코 있어야 하며 하나님으로 그것을 하시게 해야 한다. 그러나 정신이 시작할 수 있고 하나님이 마치실 수 있기 전에 정신은 무엇이 행해질 지를 미리 알아야 하며 무엇이 될지에 대한 잠재적인 지식을 미리 가져야 한다. 이것이 "잠재적 지성"의 의미이다. 그러나 그것은 매우 무시되며 따라서 그것에서 아무 것도 나오지 않는다. 그러나 정신이 진실로 진지하게 일할 때, 하나님이 응하시며 그는 보이기도 하며 느껴지기도 한다. 여전히, 하나님을 보는 것과 경험하는 것은 영혼에게 너무나 버거운 짐이며 한편 그것은 육체 안에 있으며 그래서 하나님이 간헐적으로 철수(撤收)하신다. 그것이 [그리스도께서] 다음과 같이 말씀하심으로써 의미한 것이다: "잠시 동안, 너희들은 나를 보지 못할 것이다: 그리고 다시, 잠시 동안, 너희들은 나를 볼 것이다."

우리 주님이 제자 세 명을 데리고 산에 오르셔서 그들에게 신성과의 연합에 의해 그의 몸이 변형되는 것을 보이셨을 때 – 그것은 또한 몸의 부활에서 우리에게 이루어질 것이다 – 성 베드로는 그것을 보고 즉시 그것과 함께 거기서 영원히 머물기를 원했다. 사실상, 사람이 좋은 것을 발견하는 한 그는 결코 그것을 떠나기를 원하지 않는다. 사람이 알게 되고 사랑하고 기억하게 된 것을 그의 영혼은 따라간다. 이것을 아셨기에 우리 주님은 때때로 자신을 감추신다. 영혼은 육체의 기본적 형태이며 한번 그것을 얻으면 그것을 유지하기 때문이다. 만약 영혼이 하나님의 선함을 있는 그대로 방해를 받지 않고 안다면, 영혼은 결코 돌아서지 않을 것이며 결코 육체를 향하지 않을 것이다.

바울이 그러했다. 만일 그가 백 년 동안 그가 처음 하나님의 선함을 본 곳에서 머물었다면, 바로 그때 그는 육체로 돌아올 것을 거절하고 그것을 모두 잊었을 것이다. 그래서 신적 선함은 이생에 낯설며 양립할 수 없기 때문에 신실하신 하나님은 그것을 감추시거나 또는 그가 원하실 때 혹은 그가 그렇게 하시는 것이 당신을 위해 가장 유용하고 최선이라는 것을 아실 때 그것을 드러내신다. 그는 믿을 만한 의사와 같다. 물러남은 당신에게 달려 있지 않고 그의 활동이 그것인 분에게 달려 있다. 그는 당신에게 최선이라고 생각하시는 대로 자신을 드러내시거나 숨기신다. 당신이 그를 향해 준비된 것을 그가 아는 대로 그 자신을 당신에게 보이거나 보이지 않는 일은 그에게 달려 있다. 하나님은 본성의 파괴자가 아니라 그것을 완성하시는 분이시며 그래서 그는 당신이 준비될 때 더욱 더 이것을 행하신다.

그러나 너는 말할 것이다: 아, 선한 사람이여, 만일 하나님을 향해 준비되기 위해서 영혼의 기능들에 본성적인 생각이나 활동들로부터 자유롭게 된 마음이 필요하다면, 가르치거나 곤궁에 처한 자들을 위로하는 일과 같이 전적으로 외부적인 사랑의 행위들은 어떻게 되는가? 이것들은 부인되어야만 하는가? 우리 주님의 제자들이 그렇게 끊임없이 몰두했던 행위들, 성 바울이 사람들을 위해서 그가 그들에게 아버지가 된 것처럼 행했던 그토록 많은 일을 우리가 삼가야만 하는가? 우리가 선한 행위들을 하기 때문에 우리는 [신적] 선함을 거절당해야만 하는가?

이 질문이 어떻게 답변될 수 있는지를 보자. 전자[명상]는 선하다. 후자[덕의 행위들]는 필요하다. 마리아는 더 좋은 쪽을 선택함으로 해서 칭찬을 받았다. 그러나 마르다의 삶은 그리스도와 그의 제자들에게 시중들었기 때문에 유용했다.[17] 성 토마스 [아퀴나스]는 활동적 삶은 명상적 삶보다 나으며 그 이유는 그곳에 사람이 그가 명상

---

[17]. Cf. 이 선집에 있는 설교 *Mary and Martha*; 또한 *Fragment*, 14.

에서 받은 사랑을 쏟아 붓기 때문이라고 말했다.[18] 그러나 그것은 모두 하나이다. 우리가 명상의 토양에 심은 것을 우리는 활동의 추수에서 거둘 것이며 그렇게 명상의 목적이 성취되기 때문이다. 하나에서 나머지로 전환이 있다. 그러나 그것은 하나의 목표 – 하나님이시다 –에서 볼 때 그것은 단일한 과정이며 그 후에 그것은 전에 있었던 것으로 돌아간다. 만일 내가 이 집의 한쪽 끝에서 반대 쪽 끝으로 간다면, 그것은 진실이다, 나는 이동하고 있으나 아직 그것은 모두 한 동작이 될 것이다. 그가 행한 모든 것에서 사람은 오직 하나님이라는 한 비전을 갖는다. 하나는 나머지 하나에 기초되어 있고 그것을 완성한다. 명상 안의 통일에서 [사람은 본다] 하나님은 [다양한] 활동의 추수를 보호하신다. 명상에서, 당신은 오직 당신만을 섬긴다. 선한 일들에서, 당신은 많은 사람들을 섬긴다.

많은 사람들에게 하나의 진리를 가르치도록 그리스도께서 세상에 파송하신 성도들의 삶 뿐 아니라, 그리스도의 삶 전체는 우리에게 이 문제를 가르친다. "사랑하는 자여, 말씀을 선포하라!", 성 바울은 디모데에게 말했다. 그가 허공을 치는 들을 수 있는 말씀을 의미했는가? 확실히 아니다! 그는 영혼 안에 숨겨져 있는 타고난 비밀의 말씀을 언급했다. 그가 선포한 것은 이것이며, 그래서 그것은 사람들의 능력들을 가르치고 그것들을 살찌우며 사람들의 행동이 그것을 선포하도록 하고 그의 이웃의 필요를 섬기는 준비를 완전히 하도록 한다. 그것은 생각과 정신과 의지 속에 있어야 한다. 그것은 당신의 행위들을 통해 빛나야 한다. "너의 빛이 사람들 앞에 그렇게 비치도록 하라!", 그리스도께서 말씀하신 것처럼 말이다. 그는 오직 명상적 삶만을 사랑하고 자신들이 그것을 초월했기 때문에 이것을 필요로 하지 않는다고 말하면서 덕의 실천에 관심을 갖지 않는 사람들을 생각하고 계셨다. 그리스도께서 "어떤 씨는 좋은 땅에 떨어져서 백배의 결실을 맺느니라" 하고 말씀하셨을 때, 그는 그러한 사람들을 포함하시지 않으셨다. 그러나 그가 "열매를 맺지 않아 베어 넘겨야 하는 나무"에 관해 말씀하셨을 때 그들을 뜻하셨다.

그러면 당신들 중 몇은 말할 것이다: "그러나, 선생님, 당신이 그렇게 많은 것을 말한 침묵은 어떻습니까?" 많은 생각들이 그 안에 개입된다. 각각의 행위는, 그것이

---

18. *Summa Theol.*, 2a, 2ae, Q. 182, art. 1, Q. 188, art. 6; Butler, *Western Mysticism*, p. 209. I. Mennessier, "Vie contemplative et vie active comparées," *La vie spirituelle*, Vol. 47 (1936), Supplément, pp. [129]–[145].

영적이든 외부적이든, 가르치거나 위로하는 것이든 또는 그렇지 않든, 그 자신의 생각의 양식을 따른다. 그러면 정적은 어디에 있는가? 정신이 계속 생각하고 상상한다면 그리고 의지와 기억이 계속 기능한다면: 이것은 모든 관념작용을 포함하지 않는가? 이를 살피도록 하자.

우리는 이미 수동적 지성과 활동적 지성에 관해 언급했다. 활동적 지성은 외적인 것들로부터 생각을 추상하고 그것들의 물질적인 것과 우연한 것을 제하고 영적인 상대들을 얻도록 그것들을 수동적 지성에게 전달한다. 그러면 수동적 지성은 활동적 지성에 의해 임신하게 되며 이것들을 알고 소중히 여긴다. 그럼에도 불구하고, 활동적 지성이 계속해서 새롭게 빛을 비추지 않는다면 그것은 그것들을 계속해서 알 수 없다. 그러나 이것을 주목하라: 모든 활동적 지성은 자연적인 사람을 위해 일하지만 하나님은 고독한 인격을 위해 또한 훨씬 더 많이 일하신다. 그는 활동적 지성을 제거하시고 자신을 그 자리에 두시고 그것의 완전한 기능을 떠맡으신다.

자, 만일 어떤 사람이 매우 한가하며, 그의 정신이 고요하다면, 하나님은 그것의 일을 시작하시고 [정신의] 기능의 조종자가 되시고 그 자신이 수동적 지성에서 태어난다. 이것이 어떻게 그러한가를 보자. 활동적 지성은 그것이 받지 않은 것을 전달할 수 없으며, 동시에 두 가지 생각을 품을 수도 없다. 그것은 먼저 하나를 그리고 그 다음에 나머지 하나를 취하여야 한다. 비록 빛과 공기에 의해서 많은 형태들과 색채들이 동시에 보인다고 하더라도, 당신은 그들을 오직 하나씩 하나씩 인지할 수 있다. 활동적 지성이 활동할 때에도 마찬가지이다 – 그러나 하나님이 그것 대신에 활동하실 때, 그는 많은 생각들 또는 형상들을 한 번에 생기게 하신다. 그러므로 하나님이 당신을 하나의 선한 행위에로 움직이실 때, 당신의 [영혼의] 기능들은 동시에 선을 향해 조직되고 당신의 마음은 선함에 기울여진다. 선을 위한 당신의 모든 자원들은 형태를 갖추고 동시에 같은 점에 모인다. 이것은 일하고 있는 것이 당신의 정신이 아님을 의심할 여지없이 분명하게 보여준다. 왜냐하면 그것은 그렇게 할 권위도 필요한 자원들도 갖고 있지 않기 때문이다. 차라리 그것은 자신 안에 있는 모든 생각들을 동시에 이해하시는 그분에게서 생겨난 일이다. 성 바울은 말한다: "나는 나에게 힘을 주시는 그분을 통해서 그분 안에서 모든 것을 할 수 있다. 나는 분리되지 않는다." 그러므로 선한 행위들 뒤에 있는 생각들은 당신 자신의 것이 아니라 행위와 생각이 둘 다 그에게서 유래하는 본성의 감독자로부터임을 당신은 알 수 있을 것이다. 그의 것이며 당신의 것이 아닌 것을 당신의 것인 양 주장하지 말라. 그것은 당신에게 잠시 동안 주어져 있지만 그것은, 시간을 넘어, 모든 생각들과 형상들 위에 있는 영원 안에서, 하나님에게서 났다.

그러나 당신은 물을 것이다: "일단 그것이 자연적 기능을 빼앗기고 생각도 하지 못하고 그 밖의 다른 일도 하지 못한다면 내 정신은 어떻게 되는가? 그것은 항상 무언가로 이루어져야 하고 영혼의 기능들은, 기억이든지 이성이든지 혹은 의지든지, 그것을 바탕으로 그들이 일을 할 것들과 연결되어야만 한다."

대답은 이렇다. 정신의 대상과 실존은 본질적이며 부수적이지 않다. 정신은 한 순수한, 침해받지 않는 그 자신의 존재이다. 그것이 진실이나 또는 본질과 맞닥뜨리게 될 때, 곧 그것은 이제 준거점을 가지기 때문에 그의 신탁을 말하도록 이끌리고 말하게 된다. 그러나 만일 지성이 어떤 본질적인 진리를 발견하거나 어떤 근본 원리에 접촉하지 않는다면 그것은 "이것은 이것이며 그러므로 그 외의 다른 것이 아니다"라고 말할 수 있다. 만일 그것이 아무 것에도 사로잡히거나 끌리지 않은 채 계속 탐구하고 기대해야 한다면, 시간이 지날 때 여전히 탐구하고 여전히 기대하면서 그것은 끝까지 계속하기만 할 수 있다.

때때로 일 년 또는 그 이상이 본성에 관하여 그것이 무엇인지에 관한 한 사실을 발견하는 데에 소비된다. 그리고 동일한 기간이 그것이 아닌 것을 베어내는 데에 쓰여야 한다. 어떤 준거점도 가지지 못하기 때문에, 정신은 항상 아무 진술도 할 수 없다. 그것은 진리의 핵심에 관한 어떤 사실적 지식도 가지지 못하기 때문이다. 그것이 정신이 이 생애 동안 결코 쉴 수 없는 이유이다. 하나님으로 하여금 여기서 항상 그렇게 많이 자신을 드러내게 하는 것은, 진실로 그이신 것에 아무 것도 아니다. 영혼의 핵에 진리가 있지만 그러나 그것은 정신으로부터 감추어지고 숨겨져 있다. 그리고 그것이 그러한 한 정신이 쉼에 이르기 위해서 할 수 있는 일은 전혀 없다. 만일 그것이 불변의 준거점을 가진다면 그것은 쉴 수 있을 것이다.

정신은 결코 쉬지 않고 아직도 알려져야 할 것들과 여전히 감추어져 있는 것들을 위해서 계속 기대하고 준비해야 한다. 한편, 비록 그가 하나님이 어떤 분이 아니신 지는 항상 매우 잘 알고 있지만, 사람은 하나님이 어떤 분인지 알 수 없다. 그리고 지적인 사람은 그것을 거절할 것이다. 그것이 준거점을 가지지 못하는 한, 정신은 질료가 형상을 기다리듯이 기다릴 수밖에 없다. 그리고 질료는 형상에서가 아니고서는 쉼을 찾지 못한다. 그렇게 또한 정신은 그 안에 폐쇄된 본질적 진리 – 모든 것에 관한 진리 – 에서가 아니고서는 쉴 수 없다. 본질만이 만족하며 하나님은 정신의 욕심을 일으키고 아무 원인을 갖지 않는 참된 선을 따르고 마침내 그것을 붙들도록 정신을 계속해서 유인하기 위해서 멀리 그리고 더 멀리 철수를 계속하신다. 그래서 아무 것에도 만족하지 못한 채, 정신은 모든 것 중에서 가장 높은 선을 강력히 요구한다.

이제 당신은 말할 것이다: "그러나, 선생님, 당신은 기능들은 모두 정지되어야 한다고 우리에게 종종 말씀하셨는데 여기서 당신은 조용해야할 정신에서 모든 것이 아우성과 탐욕을 일으키게 합니다. 그것이 욕망이든 목적이든 칭찬이든 감사이든 또는 영혼 안에서 상상되거나 발생되는 무엇이든지 간에, 그것은 당신이 말했던 진정한 평화나 완전한 고요일 수 없습니다. 차라리, 정신은 그 평화를 빼앗기고 있습니다."

이것은 대답을 요구한다. 사물들과 그들에 속한 것 모두에 대해 당신이 이기심을 제거하고, 모든 것을 하나님께 옮기고, 그와 하나가 되고, 그를 위해 완전한 신뢰와 사랑에서 모든 것을 포기할 때, 그때 당신의 몫이 무엇이든, 당신에게 접촉하는 것이 무엇이든, 더 좋든 더 나쁘든, 쓰든 달든, 그 중 어느 것도 당신의 것이 아니라 당신은 그것을 맡긴 하나님의 것이다.

나에게 말하라: 말해진 말씀은 누구의 것인가? 그것을 말하는 자의 것인가 또는 그것을 듣는 자의 것인가? 비록 그것이 듣는 자에게 온다고 하더라도, 그것은 여전히 그것을 말하거나 품은 자의 것이다. 설명해보라. 태양이 그 빛을 공기 중에 뿜어내고 공기가 그것을 받아 땅에 전하며, 우리는 그것을 받으면서 한 색을 또 다른 색으로부터 구분할 수 있다. 자, 빛이 공기 중 모든 곳에서 있다고 하더라도, 그것은 진실로 태양 안에 있다. 광선들은 실제로 태양에 의해 방사되며 그것으로부터 – 공기가 아니라 – 나온다. 그것들은 공기에 의해 오직 받아들여지고 비추어질 수 있는 것 위로 전달될 뿐이다.

영혼도 그러하다. 하나님은 그의 아들 또는 말씀을 영혼 안에 낳으셨다. 그리고 그것을 받아, 영혼은 많은 형태로, 욕망이나 좋은 의도나 사랑하는 행위들이나 감사나 혹은 그와 관련된 무엇이든지 그 기능들을 통해, 그것을 전달한다. 이것들은 다 그의 것이지 당신의 것이 아니다. 그가 행하신 모든 일들을 하나님께 돌리며 어떤 것도 당신 자신을 위해 취하지 말라. 기록된 것과 같이: "성령은 말할 수 없는 탄식으로 우리를 위해 중재하신다." 우리 안에서 기도하시는 분은 그이지 우리 자신이 아니다. 성 바울은 "성령에 의하지 않고서는 어느 누구도 예수를 주님이라고 말할 수 없다"고 한다.

무엇보다, 스스로를 위해 아무 것도 주장하지 말라. 쉬라 그리고 하나님으로 하여금 너를 움직이시게 하고 그가 너로 하실 일을 하시게 하라. 행위는 그의 것이다. 말씀은 그의 것이다. 이 탄생은 그의 것이다. 그리고 너의 된 모든 것은 그의 것이다. 네가 자아를, 네 영혼의 모든 행위들과 그들의 기능과 심지어 너의 인격적 본성과 함께, 그에게 굴복시켰기 때문이다. 그때 즉시 하나님이 네 존재와 기능들 안으로 들어오신다. 너는 독특하게 네 자신의 것이었던 모든 것을 상실한 사막과 같기 때문이다. 성경은 "광야에서 외치는 자의 소리"에 관해서 말한다. 이 소리가 네 안에서 마음대로 외치게 하라. 자아와 이 세상에 속한 것들과 관계되는 한 사막과 같이 되라.[19]

아마도, 그러나, 당신은 말할 것이다. "자아와 세상과 관련되는 한 사막과 같이 비우게 되기 위해서 사람은 무엇을 해야 합니까? 단지 기다리고 아무 것도 하지 말아야 합니까? 아니면 – 물론 이것들을 그의 외부에 있는 것으로 여기지 않고 내적으로 하나님으로부터 온 것으로 여기면서 – 때때로 기도하고 읽고 또는 설교에서 듣는 것과 같이 그러한 덕스러운 일을 하며 또는 성경을 공부해야 합니까?"

대답은 이렇다. 미덕의 외적인 활동들은 외부의 사람이 하나님을 향해 방향을 짓고 영적 삶과 모든 좋은 것들을 위해 구분되고 양립할 수 없는 추구들에 의해 그들로부터 방향을 딴 데로 돌리지 않도록 제정되고 정해진다. 그것들은 사람을 그의 높은 소명에 적절하지 않은 것으로부터 삼가게 하기 위해서 제정되며, 그래서 하나님이 그를 사용하고자 하실 때, 그가 조잡하고 부적절한 것들로부터 불러들여질 필요가 없이, 즉시 발견될 것이다. 사람이 외적인 것들에서 더 많은 즐거움을 취할수록 그것들로부터 돌아서는 것은 더 어렵다. 사랑이 강할수록 떠나는 고통은 더 크다.

보라! 기도하기, 독서하기, 노래하기, 조심하기, 금식하기, 그리고 회개하기 – 이

---

19. *Expedit vobis*, Blakney, *op. cit.*, pp. 200–02; *Qui audit*, Blakney, *op. cit.*, pp. 203 ff.

모든 덕의 실천들은 이상하고 불경건한 것들로부터 우리를 붙잡아 지키기 위해서 고안된다. 그래서 만일 하나님의 영이 자기 안에서 일하시지 않는다고 느끼면 그래서 그가 내적으로 하나님으로부터 떠났으면, 그는 더욱 더 선한 행위들을 – 특히 가장 적절하거나 또는 유용하다고 생각되는 – 그 자신의 개인적 목표를 위해서가 아니라 진리를 드높이기 위해서 – 할 필요를 느낄 것이며 그는 모호한 것들에 의해 끌리거나 꾐을 당하기를 원하지 않을 것이다. 차라리 그는 하나님께 점착하기를 바랄 것이며, 그래서 하나님은 다시 한 번 그를 통해 활동하시기를 원할 때, 그를 빨리 찾으실 것이며 멀리서 그를 찾으실 필요가 없다.

그러나 사람이 진정한 영적 경험을 가질 때, 그는 용감하게 외적 훈련들을 놓을 수 있다. 심지어 서약에 의해 그것들에 매여 있는 자들조차도, 심지어 감독이 그를 그것들로부터 놓아주지 않을 지라도 그러하다. 어느 누구도 다른 사람을 하나님께 드린 서약으로부터 해방시킬 수 없다 – 그러한 서약은 사람과 하나님 사이의 계약들이기 때문이다. 그리고 또한, 어떤 사람이 기도와 금식 또는 순례와 같은 많은 서약을 했다면 그는 그때, 수도회에서 단 한 번, 서약으로부터 자유로우며, 그의 매임은 모든 덕과 하나님 자신을 향한다.

나는 그것을 강조하고 싶다. 사람이 많은 것들에 대하여 아무리 많은 것을 서약했다고 하더라도 그가 진정한 영적 경험을 시작할 때 그는 그들 모두로부터 해방된다. 한 주이든 한 달이든 일 년이든 그 경험이 지속되는 한, 하나님은 그 모두를 세고 계실 것이기 때문에 그의 수인(囚人)들인 수도승이나 수녀에게 이 시간 중 어느 것도 상실되지 않을 것이다. 그가 그의 일상적 본성에로 돌아올 때, 그러나, 그로 하여금 각각의 서약을 집행할 적당한 시기가 올 때마다 그 서약들을 완성하게 하라. 그러나 그로 하여금 그가 간과한 것처럼 보이는 시간들을 메울 때를 생각하지 않게 하라. 하나님은 당신으로 하여금 게으르게 하신 어떤 시간도 메우실 것이기 때문이다. 그리고 어떤 피조물의 행위에 의해 그것이 메워질 수 있으리라고 생각해서도 안 된다. 하나님의 최소한의 행위가 모든 인간의 행위를 합친 것 보다 더 많기 때문이다. 이것은 하나님과 성경에 의해 빛이 비추어졌던 학식 있고 계몽된 사람들을 위해 말해진다.

그러나 육체적 훈련[의 의미]을 알지도 못하고 이해하지도 못하는 단순한 사람이 기도와 그 밖의 어떤 것 등을 서원했거나 약속했을 때 그에게는 무엇이 말해져야 하는가? 나는 그를 위해 이렇게 말한다: 만일 그의 서약이 그를 방해하고 만일 그것으로부터 해방되면 하나님께 더 가까이 갈 수 있다고 그가 생각한다면, 그로 하여금 용감하게 그 서약을 포기하도록 하라. 하나님께 더 가까이 가게 하는 어떤 행동도 최선이기 때문이다. 그것이 바울이 다음의 말에서 의미한 것이다: "완전한 것이 오면, 그 때 부분적인 것은 폐지될 것이다."

이것은 입증하기에 쉽다. 왜냐하면 우리는 바깥의 일들보다는 열매들, 내적 진실을 보아야 하기 때문이다. 성 바울이 말한 것처럼 "문자는 죽인다 (즉, 모든 형식적인 실천들), 그러나 영은 살린다 (즉, 진리의 내적인 경험)." 이것을 분명히 깨달으라, 그래서 무엇이 너를 이 내적 진리에로 가장 가까이 인도하든지 너는 네가 행하는 모든 것에서 그것을 따라야 한다. 너의 영으로 하여금 고양되게 하고 풀이 죽지 않게 하며 불타오르되 그러나 여전히 순수하고 침묵하고 조용하게 하라. 네가 필요로 하거나 바라는 것을 하나님께 아뢸 필요가 없는 것은 그가 그것을 미리 다 아시기 때문이다. 그리스도는 그의 제자들에게 말씀하셨다. "너희가 기도할 때 이방인들이 하듯이 헛된 반복을 하지 말라: 그들은 그들의 많은 말 때문에 들려질 것이라고 생각하기 때문이다."

우리가 이 평화와 내적 침묵을 따를 수 있기를, 영원한 말씀이 우리 안에서 말해지며 이해되기를, 그리고 우리가 그와 하나가 되기를, 하나님이여 그리고 말씀과 성령이시여, 우리를 도우소서. 아멘.

PART VI
MEISTER ECKHART

영원한 탄생에 관한 다른 설교[20]

그리고 예수가 열두 살이 되었을 때에 규례대로 … (눅 2:42)

우리는 복음서에서 우리 주님이 열두 살이 되었을 때에 그가 예루살렘에 있는 성전에 마리아와 요셉과 함께 올라갔으며, 그리고 그들이 떠났을 때, 그들이 알지 못하는 사이에 예수는 성전에 남아 있었다는 것을 읽는다. 그들이 집에 도착해서 그를 잃어버렸을 때, 지인들과 이방인들과 친척들 사이에서 그를 찾았다. 그들은 군중 속에서 그를 찾았으나 여전히 찾을 수 없었다. 더구나, 그들은 [성전의] 군중 가운데에서 그를 잃어버렸고 그래서 그들이 왔던 곳으로 되돌아가야 했다. 그들이 출발점에 돌아갔을 때, 그들은 그를 찾았다.

만일 당신이 이러한 고귀한 탄생을 경험할 수 있다면 당신은 모든 군중으로부터 떠나서 출발점, 당신이 나온 [영혼의] 핵으로 돌아가야 한다. 군중들은 영혼의 행위들이며 그들의 활동들이다: 모든 그들의 변형들 안에서의 기억, 이해, 그리고 의지.

---

20. 이 설교는 Pfeiffer, no. 4, pp. 24-30에 있으며, Blakney, *Meister Eckhart*, pp. 118-24에 의해 번역되었다. Harper & Brothers의 허락을 받아 사용되었다. Cf. Evans, *op. cit.*, Vol. 1, pp. 20 ff.

당신은 그들 모두를 떠나야 한다. 지각, 상상, 그리고 자아에서 발견하거나 하려고 하는 모든 것들. 그 후에, 당신은 이러한 탄생을 경험할 수 있다. 그러나 그렇지 않다 해도 어쩔 수 없다. 나를 믿으라! 그는 친구들, 친척들, 지인들 사이에서 발견되지 않았다. 아니다. 그는 이 모든 사람들 가운데서 상실된다.

그곳에서부터 우리는 질문이 생긴다. 사람이, 비록 거룩하다고 할지라도 아직 외부로부터의 지각을 통해서 사람 안으로 들어오는 어떤 특정한 것들을 통해서, 이 탄생을 경험하는 것이 가능한가? 나는 하나님께 대한 어떤 생각들, 예를 들면, 하나님은 선하시고 현명하시고 자비가 많으시며 또는 무엇이든지를 참조한다 – 생각은 이성의 피조물이지만 그러나 거룩하다. 사람은 이것들을 사용하여 [거룩한 탄생의] 그 경험을 말할 수 있는가? 아니다! 진실로 아니다. 비록 [이 생각들이] 모두 선하고 거룩하다고 하더라도, 여전히 그는 그것들 모두를 외부로부터의 그의 감각들을 통해서 얻는다. 만일 거룩한 탄생이 실재와 순수함으로 빛날 수 있다면, 그것은 그 안에 있는 하나님으로부터 홍수처럼 터져 나와야 하며, 반면에 사람 자신의 모든 노력들은 중단되고 영혼의 모든 행위들도 하나님의 처분에 맡겨진다.

이 일[탄생]은, 그것이 완전할 때, 네가 수동적이었던 반면 오직 하나님께 달려 있을 것이다. 만일 당신이 진정으로 자신의 지식과 의지를 버린다면, 그때 확실히 그리고 기쁘게 하나님은 그의 지식을 분명히 빛나게 하시면서 들어오신다. 하나님이 자기-의식을 이루시는 곳에서 너 자신의 지식은 소용이 없으며 자리를 잃는다. 너 자신의 지성이 그것을 향해 일어나서 네가 하나님을 알게 될 것이라고 상상하지 말라. 정말로, 하나님이 네게 거룩하게 빛을 비추실 때, 그것을 초래하기 위한 어떤 자연적인 빛도 필요하지 않다. 이것[자연적인 빛]은 실제로 하나님이 그 자신의 빛을 비추시며 네가 버린 모든 것을 되돌리시되 천 배나 더 전부 그것 모두를 포함하는 새로운 형태로 되돌리시기 전에 완전히 꺼져야 한다.

복음서에 이것을 위한 비유가 있다. 우리 주님이 우물가에서 이교의 여인과 다정하게 말씀을 나누실 때, 그녀는 물동이를 버려두고 도시로 가서 사람들에게 진정한 메시야가 오셨다고 말했다. 사람들은 그녀의 말을 믿지 않은 채 스스로 보려고 갔다. 그때 그들이 그녀에게 말했다: "네 말 때문이 아니라 이제 우리는 믿는다. 왜냐하면 우리 자신이 그를 보았기 때문이다." 그러므로 너는 하나님을 어떤 피조물의 학문이나 네 자신의 지혜를 통해서 알 수 없는 것이 사실이다. 만일 네가 하나님을 거룩하게 알고자 한다면, 너 자신의 지식은 순전한 무지와 같이 되어야 한다. 그 안에서 너는 자신과 다른 모든 피조물을 잊는다.[21]

그러나 아마도 당신은 말할 것이다. "아아, 선생님이여, 그것이 그토록 공허하고 기능이 없이 되어야 한다면 나의 정신이 존재하는 이유가 무엇입니까? 내가 전혀 어떤 것일 리가 없는 이 알려지지 않은 지식을 향해 나의 용기를 바짝 죄는 것이 최선입니까? 내가 어떤 방법으로 어떤 것을 알 수 있다면 나는 무지하지도 공허하거나 알지 못하지도 않을 것이기 때문입니다. 어둠 속에 있는 것이 나의 자리입니까?"

진실로 그렇다. 너는 어두운 곳, 즉 무의식에서 다니는 것이나 다를 바가 없다.

"그러나, 선생님, 모든 것은 가야만 하고 돌아오는 것은 없습니까?"

그렇다. 정말로, 돌아옴은 없다.

"그러면 어두움은 무엇입니까? 그것은 무엇을 뜻합니까? 그것의 이름은 무엇입니까?"

그것은 다름 아닌 "잠재적 감수성"이며 그것은 존재를 필요로 하지도 존재하기를 원하지도 않는다. 그것은 너를 완전해지도록 만드는 것이 가능한 [정도의] 감수성이다. 그것이 그것에게서 돌아가는 길이 나오지 않는 이유이다. 그리고 네가 돌아가지 않으면 그것은 진리를 위하지 않고 세상과 육체와 그리고 악마를 위할 것이다. 그것을 포기하기를 계속 주장한다면 너는 반드시 [영적] 병의 포로가 될 것이며 너에게 그 병이 계속되는 한에서 주장할 수 있을 것이다. 그러므로 돌아서는 것은 있을 수 없고 이 감수성에 도달하고 그것을 성취하기 위해 밀어붙이는 것만이 있을 수 있다. [그 과정에서] 존재의 완전한 완성을 제외하고는 어떤 휴식도 없다. 질료가 형상에 의해 완전해질 때까지 결코 쉴 수 없는 것처럼 정신은 그것에게 가능한 모든 것을 달성할 때까지 쉬지 않는다.

이 점에 관하여 한 이교의 지배자가 말한다. "자연은 그들의 길에서 그 밖의 모든 것을 앞서는 하늘들보다 민첩한 것을 가지지 못한다." 그러나 확실히 사람의 정신은 그 길에서 그들 모두를 따라가 앞선다. 그것이 그의 활동적 능력을 보유하고 그 자신을 보

---

21. Cf. the *Aristocrat*, in Blakney, *op. cit.*, p. 77; Serm.: *Qui audit*, Blakney, *op. cit.*, pp. 200-01.

다 낮은 것들과 보다 조잡한 것들로부터 오는 불결과 분산으로부터 자유롭게 지킨다면, 그것은 높은 하늘을 따라가 앞설 수 있으며 그것이 가장 높은 정점에 이르기까지 결코 속도가 떨어지지 않고, 그리고 하나님이신 최고선에 의해 먹여지고 재워진다.

그러므로 공허하고 알지 못한 채 사람이 자기를 의식하지 않는 어둠에서 홀로 있을 때까지, [모든 실마리를] 추적하고 더듬으면서 결코 그의 걸음을 되돌리지 않으면서, 이 가능성을 추구하는 것은 얼마나 유익한가! 그래서 너는 모든 것인 것을 얻을 것이며 너 자신을 아무 것도 의식하지 않은 채 사막과 같이 만들수록 그러한 상태에 더 가까이 도달하게 된다.[22] 이 사막에 대해서 호세아는 기록한다. "나는 그녀의 마음을 사로잡아 광야로 데려가서 그녀의 마음에 말할 것이다." 영원의 진짜 언어는 자아와 모든 다양성으로부터 소외된, 그 자신이 광야인 사람의 그 영원에서만 말해질 수 있다. 예언자는 이 쓸쓸한 자아로부터의 소외를 갈망했다. 그는 다음과 같이 말했다. "오 내가 비둘기와 같이 날개가 있다면! 그러면 날아가서 쉴 터인데." 어디서 사람은 평화와 쉼을 찾을 수 있는가? 진실로 그가 모든 피조물들로부터 소외되고 쓸쓸하게 된 채, 모든 피조물들을 거절하는 곳에서만 찾을 수 있다. 그래서 다윗은 말했다: "악의 장막에서 커다란 명예와 부를 누리며 살기보다 차라리 내 하나님의 전의 문간에 앉는 것을 나는 선택할 것이다."

그러나 당신은 말할 것이다. "슬프도다. 선생님이여, 사람은 외적으로나 내적으로나 피조물로부터 소외되어 항상 고독해야만 하며, 영혼의 행위들은 그들의 모든 기능들과 함께 모두 폐지되어야만 합니까? 그러면 아주 어려운 처지에 놓일 것입니다. 그 때 하나님이 그를 그의 도움 없이 버려두신다면, 그리고 당신이 지금 말하고자 한 것처럼, 그의 빛을 가져가시고 그에게 말씀하시지도 그 안에서 행동하시지도 않아서 그의 비참을 더하신다면 말입니다. 만일 사람이 그렇게 순수한 무의 상태에 있어야 한다면, 어둠과 소외를 지탱할 수 있도록 만드는 무언가를 하고 있는 것이 낫지 않겠습니까? 그는 기도도 독서도 설교를 듣는 것도 그 밖에 자신에게 도움이 될 좋은 일들을 하지 말아야 합니까?"

그렇다! 완전한 고요와 나태가 네가 할 수 있는 최선이라는 것을 믿어야 한다. 너

---

22. Serm.: *Beati pauperes*, Blakney, *op. cit.*, pp. 227 ff.; 또한 각주 21.

는 그것을 해함이 없이는 어떤 것을 하기 위해서 이 상태로부터 돌아설 수 없기 때문이다. 이것은 확실하다: 너는 부분적으로는 자신을 준비하고 부분적으로는 하나님에 의해 준비되기를 바랄 것이다. 그러나 그렇게 될 수 없는 것은 아무리 빨리 네가 준비하기를 바라거나 생각한다고 하더라도, 하나님은 거기 먼저 도착하시기 때문이다. 그러나 만일 진입의 [거룩한] 일을 위한 준비가 너와 하나님 사이에 공유된다면 – 그것은 불가능하다 – 네가 준비된 것을 보시자마자 하나님은 안에서 활동하시고 쇄도하신다는 것을 알아야 한다. 하나님을 그가 원하는 대로, 그 자신의 편리에 맞추어 일하거나 하지 않는 목수와 같다고 상상하지 말라. 하나님은 그렇지 않으시다. 공기가 깨끗하고 순수할 때 태양이 그 안으로 쇄도하고 망설이지 않는 것처럼, 네가 준비된 것을 알 때 그는 활동하셔야 하며 네 안으로 쇄도하셔야 하기 때문이다. 확실히, 일단 네가 공허하고 무지한 것을 발견하시고서 그가 위대한 일을 하시지 않고 커다란 선으로 네게 기름 붓지 않으신다면, 그것은 하나님 안에서 매우 커다란 결점이 될 것이다.

당국자들은, 같은 점에 대해 기술하면서, 아이를 구성할 질료가 어머니의 몸 안에서 준비될 때 하나님은 즉시 영혼인 살아있는 영 – 육체의 형상 – 을 쏟아 부으신다. 준비됨과 형상을 주심은 동시에 일어난다. 자연이 그의 최고점에 도달할 때 하나님은 은총을 주신다. 인간의 영이 준비될 때, 하나님은 주저하거나 기다리심 없이 그 안으로 들어가신다. 그것은 계시록에서 우리 주님이 사람들에게 말씀하신 것과 같다: "내가 문에 서서 두드리고 기다리노라. 누구든지 나를 안으로 들이면 나는 그와 더불어 먹을 것이다." 너는 여기저기 돌아볼 필요가 없다. 그는 바로 마음의 문에 계신다. 그는 거기 서서 우리가 준비 되어 문을 열고 그를 안으로 모시기를 계속 기다리신다. 너는 마치 그가 멀리 계신 것처럼 소리쳐 부를 필요가 없다. 그는 문이 열리기를 너보다 더 긴급하게 기다리신다. 그가 너에게 필요한 것보다 너는 그에게 천 배나 더 필요하다. [문의] 열림과 그의 들어옴은 동시적이다.

여전히 너는 물을 것이다. "그것이 어떻게 가능합니까? 나는 그의 현존을 알아챌 수 없습니다." 그러나 보라! 그의 현존을 알아채는 것은 너의 능력 안에서가 아니라 그의 것이다. 그가 만족하실 때 그는 자신을 보여주신다. 그리고 그가 그렇게 하기를 원하실 때 그는 자신을 숨기신다. 그리스도께서 니고데모에게 말씀하셨을 때 그는 이것을 뜻하셨다. "바람[성령]은 마음대로 분다. 그리고 너는 그것의 소리를 듣지만 어디로부터 와서 어디로 가는지 말할 수 없다." 그가 말씀하신 것에는 [분명한] 모순이 있다: "너는 듣는다. 그러나 알지 못한다." 사람은 들을 때, 그는 안다. 그리스도는 의미하셨다. "들음으로써 사람은 [하나님의 영을] 받아들이거나 흡수한다. 그는 말씀하시기를 원하셨다. 너는 그것을 알지 못하면서 그것을 받는다. 그러나 하나님은 어떤 것도 공허하게 또는 비어 있게 내버려두지 않으신다는 것을 너는 기억해야 한다. 그것은 하나님의 본성이 아니다. 그는 그것을 견디지 못하신다. 그러므로 네가 그의 현존을 알아채지 못하거나 또는 네가 그것을 전혀 알지 못하는 것이 아무리 크게 보일지라도 사실은 그렇지 않다. 하늘 아래 어떤 빈 곳이 있다면, 크든지 작든지 간에, 하늘은 그것을 자신에게로 끌어 올리거나 혹은 그것을 채우기 위해서 구부릴 것이다. 자연의 주인이신 하나님은 어떤 비어 있는 장소도 참지 못하신다. 그러므로 하나님으로부터 잠깐 동안이라도 돌아서서 결코 그에게 돌아가지 못하는 일이 없도록 조용히 하고 동요하지 말라.

여전히 당신은 물을 것이다. "아아, 선생님, 당신은 이 탄생이 곧 일어나고 [하나님의] 아들이 나에게서 탄생할 것이라고 생각하시는군요. 그러나 그것이 일어났는지를 어떤 표징에 의해서 내가 알겠습니까?"

그렇다! 확실히 그렇다! 세 가지 믿을 만한 표징이 있지만 나로 하여금 그들 중 한 가지를 말하게 하라. 나는 때때로, 시간 안에서 사람이 다양성이나 질료에 의해 방해받지 않는 것이 가능한지를, 질문 받는다. 실제로, 가능하다. 이 탄생이 정말 일어날 때, 온 세상에 있는 어떤 피조물도 너의 길을 방해하지 않을 것이며, 더구나, 그들은 모두 하나님을 향해 그리고 이 탄생을 향해 너에게 길을 가리킬 것이다. 번개의 비유를 들어보라. 그것이 죽일 만큼 벼락 칠 때, 그것이 나무든지 동물이든지 사람이든지 번개가 오는 것을 보면 모두 그것을 향해 돌아선다. 그리고 어떤 사람이 등을 보인다면, 그는 곧 그것에 직면하기 위해서 돌아설 것이다. 한 나무에 달린 수천 개의 모든 잎은 즉시 벼락을 향해 필요한 쪽으로 돌아선다. 그것은 이 탄생을 경험하는 모든 사람들에게도 그러하다. 그들은, 그들을 둘러싸고 있는 모든 것들과 함께, 네가 바라는 대로 땅의 것이지만, 빠르게 그것을 향해 돌아선다. 실제로 전에 방해물이었던 것이 이제 도움이 된다. 네 얼굴은 그렇게 정면으로 그것을 향해 돌아서고 그래서 네가 무엇을 보든지 또는 듣든지 간에, 너는 그것에게서 이 탄생만을 얻는다. 모든 것은 하나님을 상징하며 너는 모든 세계에서 하나님만을 본다. 그것은 마치 사람이 잠시 동안 태양을 직시하는 것과 같다. 그 후에 그가 보는 모든 것은 그 안에 태양의 형상을 가지고 있다. 만일 이것이 부족하면, 만일 네가 하나님을 찾지 않고 모든 곳에서 그리고 모든 것에서 그를 기대하지 않으면, 너는 이 탄생을 필요로 한다.

여전히 당신은 물을 것이다: "이 상태에 있는 동안에 사람은 고행을 해야 합니까? 만일 그렇게 하지 않는다면 그는 무언가를 놓치고 있지 않습니까?"

고행하는 삶의 전부는 금식, 주의, 기도, 무릎 꿇기, 훈련됨, 마모직(馬毛織) 셔츠 입기, 딱딱한 표면에 눕기, 그리고 기타의 그러한 많은 것들 안에 있을 뿐이다. 이것들은 모두 육과 육신이 영에 대해서 끊임없이 반대하기 때문에 고안되었다. 육은 영에 대해 너무나 강해서 그들 사이에는 언제나 싸움 – 영원한 갈등이 있다. 여기서 몸은 대담하고 용감하다. 왜냐하면 그것은 고향에 있으며 세상이 그것을 돕기 때문이다. 이 땅은 그것의 조국이며 그것의 모든 일족들이 그의 편을 든다. 음식, 음료, 그리고 위로들이 모두 영에 반대한다. 여기서 영은 외국인이다. 그것의 종족과 친척은 모두 하늘에 있다. 거기에는 그의 친구들이 많다. 곤궁에 처한 영을 돕기 위해서, 육이 영을 정복할 수 없도록 육의 부분을 약화시키기 위해서, 재갈과 같이 그것을 제어하기 위해서 고행이 육신에 가해지고 영은 그것을 통제할 수 있게 된다. 이것은 그것을 복종시키기 위해서 행해진다. 그러나 만일 네가 그것을 천 배나 더 복종시키게 하기를 바란다면, 그 위에 사랑의 재갈을 물리라. 사랑으로 너는 육체를 가장 빠르게 극복할 수 있고 그것에 가장 무겁게 짐을 지울 수 있다.

그것이 바로 하나님께서 우리를 다만 많은 사랑을 가지고 기다리시는 이유이다. 사랑은 어부의 갈고리와 같다. 갈고리 없이 그는 결코 물고기 한 마리도 잡을 수 없다. 그러나 일단 갈고리를 가지면 어부는 물고기를 확신한다. 비록 물고기가 이쪽에서 당신을 뚫고 지나가더라도 어부는 여전히 물고기를 확신한다. 그래서 또한 나는 사랑에 대해 말한다. 그것에 걸린 사람은 가장 강한 구속에 의해 붙들렸으며 그러나 그 압박은 즐겁다. 이 달콤한 짐을 자신 위에 지고 있는 사람은, 사람에 의해 고안되어온 어떤 거친 법규에 의해 그렇게 하는 것보다, 더 많은 것을 얻으며 그리고 그가 목표하는 것을 향해 더 가까이 나아간다. 더구나, 그는 그에게 일어나는 모든 것을 상냥하게 참을 수 있다. 하나님이 가하시는 모든 것을 그는 기쁘게 취할 수 있다. 이 달콤한 구속만큼 많이 당신을 하나님 자신의 것으로 만들거나 하나님을 당신의 것으로 만드는 것은 없다. 사람이 이 길을 발견할 때, 그는 어떤 다른 것을 구하지 않는다. 이 갈고리에 걸리는 것은 매우 [완전하게] 사로잡히는 것이며 발과 손과 입과 눈과 마음과 그리고 사람인 바, 그리고 그가 가진 바 모두가 하나님 자신의 것이 되는 것이다.

그러므로 원수가 당신을 해치지 않도록 원수를 이기는 데에는 사랑보다 더 좋은 것은 없다. 그래서 기록된다. "사랑은 죽음만큼 강하고 음부보다 더 강하다." 죽음은 영혼을 육체로부터 분리시키지만 사랑은 영혼으로부터 모든 것을 분리한다. 그것은 언제든 어디서든 하나님이 아니거나 하나님의 것이 아닌 것을 견딜 수 없다. 이 그물에 사로잡힌 자 또는 이 방향에 돌아선 자가 하는 일은 무엇이든지 사랑이 그것을 하며 사랑뿐이다. 그 사람이 그것을 하든지 안 하든지는 아무런 차이가 없다.[23]

그러한 사람에게서의 가장 사소한 행위나 기능은, 비록 치명적인 죄가 없이 행해진다고 하더라도 그것은 최소한의 사랑에 의해 특징 지워지는 모든 다른 인간의 실천들을 합친 것 보다, 더욱 그 자신과 모든 사람들에게 유익이 되고 보람이 있으며, 하나님을 더욱 기쁘게 한다. 그의 휴식은 다른 사람의 일보다 더 유익하다.

그러므로 이 갈고리만을 기다리라 그러면 너는 축복 안으로 걸려들 것이며 네가 더 붙들릴수록 너는 더 자유로워질 것이다. 사랑 그 자체이신 그분께서 우리를 도우셔서 우리가 모두 그렇게 붙들리고 자유로워지기를 원하노라. 아멘.

---

23. 하나님과 그의 사랑에 관해서는 *The Book of Divine Comfort*, in Blakney, *op. cit.*, pp. 54–56, 60 ff.를 보라.

PART VI
MEISTER
ECKHART

명상적 삶과 활동적 삶에 관한 설교[24]

마리아와 마르다

성 누가는 그의 복음서에서 우리 주 예수 그리스도께서 어떤 마을에 들어가 마르다라는 여인에게 환대를 받은 일을 이야기한다. 그녀에게는 동생 마리아가 있었는데 동생은 우리 주님의 발밑에 앉아 그의 말씀에 귀를 기울였고 마르다는 우리 주님을 시중들면서 돌아다녔다.

세 가지가 마리아를 예수의 발밑에 앉게 했다. 하나는 그녀의 영혼을 소유하신 하나님의 선하심이다. 두 번째는 깊은, 말로 할 수 없는 갈망이다: 그녀는 이유를 알지 못하는 것을 갈망했으며 무엇인지 알지 못하는 것을 원했다. 세 번째는 그리스도의 입으로부터 나오는 영원한 말씀에 대한 달콤한 위로와 기쁨이었다.

또한 마르다가 우리 주님을 시중들면서 돌아다니게 만든 세 가지가 있었다. 그녀는 아무도 그녀 자신 만큼 그 일을 잘 할 수 있다고 생각하지 않았기 때문에 충분한

---

24. C. de B. Evans, *The Works of Meister Eckhart: Doctor ecstaticus*, Vol. II, pp. 90–98에 의해 번역되었다. John M. Watkins, London, 1931, 1952의 허락을 받아 사용되었다. Cf. Pfeiffer, no. 9, pp. 47–53; Büttner, *op. cit.*, Vol. II, no. 4, pp. 98–108.

근거를 가지고 그 일에 앞장섰다. 다음은 그녀는 가능한 한 사려 깊게 그녀의 외적 일들을 배치할 수 있을 만큼 민감했다. 세 번째는 그녀의 사랑하는 손님에게 합당한 큰 존경이다.

하나님은 모든 사람의 가장 높은, 이성적이고 감각적인 열망을 만족시키실 준비가 되셨다고 박사들은 말한다. 하나님이 우리에게 이성적으로 말하고 또한 감각적으로 말하는 데에 만족을 주시는 것은 하나님의 친구들에게는 두 가지 매우 다른 것들이다. 감각적 만족은 하나님이 우리에게 위로와 기쁨과 만족을 주시는 것을 의미한다. 이러한 것들에 많이 탐닉하는 것은 하나님의 친구들에게, 그들의 내적 삶에 좋지 않다. 그러나 이성적 만족은 영적 본성에서 온다. 이성적 만족에 관하여는 어떤 경향도 영혼의 절정을 쾌락에 탐닉할 정도로 그렇게 낮은 데로 가져갈 수 없다고 나는 생각한다. 이성적 만족은 오히려 쾌락에 정열적으로 반항한다. 사람은 피조물의 복과 저주가 영혼의 절정에 영향을 미칠 힘이 없어질 때 이성적 만족을 즐긴다. 피조물이란 우리가 보는 것 또는 우리가 하나님 아래에 있다는 것을 깨닫는 것을 의미한다.

마르다는 말한다. "주여, 그녀에게 나를 도우라고 말씀하소서." 이것은 분노에서 한 말이 아니며 그것은 그녀를 옥죄고 있는 감정이었다. 그 말은 반쯤 농담이었고 반쯤 진지하였다. 어떻게 그러한가? — 자, 그녀는 마리아가 영혼의 만족을 위한 갈망을 가지고 있음을 본 것이다. 마리아가 마르다를 알았던 것보다 마르다는 마리아를 더 잘 알았다. 그녀가 오래 잘 살았으며 삶은 가장 좋은 이해를 주기 때문이다. 삶은, 하나님 아래서 사람이 이 육체에서 가질 수 있으며 그리고 어떤 면에서는 영원한 빛이 가질 수 있는 것보다 더 확실하게 가질 수 있는 다른 어떤 것보다, 빛과 기쁨을 더 낮게 평가한다. 영원한 빛은 하나님으로부터 분리된 자아가 아니라 자아와 하나님을 알도록 한다. 자아가 그 자신에 의해 보이는 곳에서 같은 것 또는 다른 것을 구분하는 것은 보다 쉽다. 바울은 이것을 분명히 하며 또한 이교 철학자들에게도 그렇게 한다. 바울은 그의 엑스타시에서, 영 안에서 하나님 안에서, 하나님과 자신을 보았다. 그러나 그는 선에 대한 내밀한 지식과 함께 그 자신 안에 있지 않았다. 왜냐하면 그는 그것들을 실천하지 않았기 때문이다. 선을 실천함에 의해서 지배자들은 바울이나 첫 번째 황홀경에 사로잡힌 어떤 성인들보다도 심오한 분별과 몇 가지 덕에 관한 보다 참된 지식을 획득한다.

마르다의 경우도 그러했다. 그래서 그녀는 말했던 것이다. "주여, 그녀에게 나를 도우라고 말씀하소서." 마치 이렇게 말한 것이다: "내 동생은 당신의 발아래 평안하게 앉아서 좋아하는 것만 할 수 있다고 생각합니다. 그녀가 과연 그것이 그러한가를 보게 하소서. 그녀에게 일어나 가라고 명령하소서." 뒷부분은 그녀가 마음속으로 한 말이지만 친절하게 말한 것이다. 마리아는 갈망으로 가득 찼다: 이유를 모르는 갈망이며 무엇인지 알지 못하는 소원이다. 우리는 사랑스러운 마리아로 하여금 영적 이익보다 차라리 그녀 자신의 즐거움을 위해 거가 앉아 있는 것인지 의심하도록 한다. "그녀에게 일어나라고 명령하소서," 마르다는 쾌락으로 더불어 희롱하는 사이에 모든 진보가 멈추지 않도록 두려워하며 말한다. 그리스도는 대답하셨다. "마르다야, 마르다야, 네가 많은 일들로 걱정하고 염려하는구나. 한 가지가 필요하다. 마리아는 가장 좋은 부분을 선택했으며, 그것은 그녀에게서 결코 빼앗기지 않을 것이다." 그리스도께서 마르다에게 이 말씀을 하실 때 그녀를 비난하시지 않고 대답하시고 달래시며 마리아는 그녀가 바랬던 대로 될 것이라고 말씀하신다. 그런데 그리스도께서 "마르다야, 마르다야" 하시며 그녀의 이름을 두 번이나 부르셨을까? 이름을 부르지 않은 사람과 의심스러운 사람이 실족하지 않게 하시기 위해서 사람이 되시기 전에는 하나님은 결코 누구를 이름으로 부르지 않으셨음이 확실하다고 이시도루스(Isidorus)는 말한다. 그리스도의 부름은 그의 영원한 지식을 뜻한다고 나는 생각한다. 피조물의 창조 이전에 빛의 책 안에 있는 변함없는 영원한 실재, 즉 성부, 성자, 성령. 거기에서 이름이 불린 사람들과 그리스도께서 말씀으로 이름을 부른 사람들 중에서는 한 사람도 잃어지지 않았다. 모세는, 예를 들면, 하나님 자신에 의해 "나는 너를 이름으로 알았노라" 하고 말해졌으며, 나다나엘에 관해서 그리스도는 "네가 무화과 나뭇잎들 아래에 있을 때 나는 너를 알았노라" 하고 말씀하셨다. 무화과나무는 하나님이며 그 안에 그의 이름이 영원히 새겨져 있었다. 그래서 그리스도께서 인간의 입에 의해서 영원하신 말씀으로 이름을 부른 자들은 단 한 영혼도 결코 상실되지 않았고 또한 상실되지 않을 것이다.

그는 왜 마르다를 두 번 부르셨는가? 그는 피조물에게 운명 지워진 모든 좋은 것, 일시적이고 영원한 것이 모두 마르다의 것임을 뜻하셨다. 첫 번째 "마르다"는 일시적 일들에서의 완성을 상징했다. 두 번째는 그녀의 영원한 복리를 상징했다: 이것과 관련한 모든 것들에서 그녀는 아무 것도 부족하지 않았다. 그는 말씀하신다. "너는 (많은 일로 근심하며) 염려한다. 너는 일들 가운데에 있다. 그러나 그들은 너를 붙들지 못한다. 염려하는 자들은 아무 것도 그들의 일에서 자신을 방해하지 못하도록 하는 사람들이다. 그들의 일에서 아무 것도 자신을 방해하지 못하도록 하는 사람들은 영원한 빛의 인도를 따르는 사람들이다. 이들은 일들 안에서가 아니라 일들과 함께 있다. 그들은 마치 저 쪽 위에 있는 것처럼 거의 영원의 둘레(경계) 위에 있으며 틀림없이 즐기고 있다. 내가 거의라고 말한 것은 피조물은 모두 수단이기 때문이다. 수단은 이중적이다. 하나는, 그것 없이 나는 하나님께 갈 수 없는데, 일과 소명 또는 시대 안에서의 부름이며, 그것은 영원한 구원을 조금도 방해하지 않는다. (나머지 수단은 무욕이다) 일은 선행을 외적으로 실천하는 것이며 그러나 부름은 분별의 사용을 함축한다. 우리의 감각적 세계의 일들이 우리를 하나님께 더 가까이 인도하여서 그와 더 닮아가도록 하기 위해서 우리는 시간 안으로 데려와진다. 성 바울은 이것을 마음에 두고서 "시대의 구속"과 "악한 날들"에 관해서 말했던 것이다. "시대의 구속"이란 상상에서가 아니라 실질적인 지적 모험에 의해서 정신이 하나님을 향해 계속해서 올라가는 것을 의미한다. 그리고 "시대가 악하다"는 것은 다음과 같이 설명될 수 있다. 낮은 밤을 전제한다. 만일 밤이 없다면 우리는 낮에 대해서 말하지 말아야 한다. 그것은 모두 하나의 빛이 될 것이다. 이것이 바울의 생각이었다. 태양 아래 있는 한 인생은 너무나 짧고 영혼의 영원한 집을 흐리고 어둡게 하는 밤과 교대하도록 되어 있다. 그래서 또한 그리스도께서 권유하신다. "빛이 있을 동안에 일하라." 빛 안에서 일하는 사람은 아무런 장애 없이 곧장 하나님을 향해 올라간다. 그의 빛이 그의 부름이며 그의 부름이 그의 빛이다. 마르다의 경우가 이러했다. 따라서 그가 그녀에게 말씀하신다. "둘이 아니라, 한 가지가 필요하다." 우리가 영원한 빛에 둘러싸여 있을 때 당신과 나는 하나이다: 우리 둘은 하나이다. 하나님 아래에서 모든 것을 넘어 영원의 둘레 위에 서 있을 때 그 불타는 영은 둘이다. 왜냐하면 그것은 수단이 없이는 하나님을 보지 못하기 때문이다. 그것의 지식과 존재 또는 지식과 지식의 대상은 (사이에 아무 것도 없이) 하나님을 보기까지는 결코 하나가 될 수 없을 것이다. 그때 영은, 모든 형태로부터 벗어나서, 하나님인 것으로 보인다.

영원의 둘레가 무엇을 의미하는지를 명심하라. 영혼은 하나님께 이르는 세 가지 길을 가진다. 첫째는 모든 피조물 안에서 하나님을 찾으며 다양한 방법으로 열심히 갈구하고 바쁘게 일하는 것이다. 다윗왕은 말한다. "모든 것 안에서 나는 휴식을 찾았다." 두 번째 길은 길 없는 길이며, 자유로우나 아직 묶여 있고, 자아와 모든 것들을 지나쳐, 의지도 없이, 형태도 없이, 거의 정신을 빼앗긴 채로 높이 들린다. 거기에는 순수한 존재 밖에는 아무 것도 남아 있지 않는 것으로 보인다. 그리스도는 이것에 관해 말씀하신다. "베드로야, 네가 복이 있다: 살과 피가 너를 가르친 것이 아니라 너의 보다 높은 정신 안에서 일한 존재, 그분 안에서 네가 나를 하나님이라고 부른 것이다. 나의 하늘 아버지께서 네게 그것을 보여 주셨다." 성 베드로는 하나님을 보았으나 얼굴과 얼굴을 맞대고 본 것은 아니다. 진실로 그는 하늘 아버지의 능력 안에 붙들려서 모든 창조된 지식을 지나서 영원의 둘레에 이르렀다. 하늘 아버지에 의해 붙잡힌 채 - 사랑스러운 포옹에 - 그의 폭풍우와 같은 힘으로 그는 지각의 모든 것들을 초월하는 열망 안에서 알지 못한 채 위로 옮겨졌다. 그때 베드로는 그 안에서 어떤 유한한 수단에 의해서 전달되지 않고 하늘 아버지-아들의 위격에서 하나님과 사람이 하나가 된 단순한 진리 안에 실린 상냥한 목소리가 위로부터 내려오는 것을 들었다. 나는 감히 말할 수 있다. 만일 베드로가, 셋째 하늘 안으로 붙들려 올라갔을 때의 바울과 같이 후일 그가 그러했던 것처럼, 하나님을 그 자신의 본성에서 가려지지 않은 채로 보았다면 가장 높은 천사의 목소리는 그에게 거칠게 들렸을 것이다. 사람이 실제적 존재로부터 자유롭게 되어서 하나님과 얼굴과 얼굴을 맞대고 설 때 그 영혼의 마음속과 깊은 곳을 보시는 예수께서 필요로 하지 않는 많은 사랑의 말들을 베드로는 쏟아냈다. 성 바울도 어떻게 그가 하나님 안으로 붙들려 올라가서 사람이 말해서는 안 될 말할 수 없는 것들을 들었는지를 말할 때 이것을 넌지시 말한다. 이것으로부터 성 베드로가 영원의 둘레 위에 서 있었으며 그의 그이심(his-ness)에서 하나님을 바라보되 통일성 안에 있지 않았다고 나는 추측한다.

세 번째 길은 길이라고 불린다. 그러나 실제로는 집이다. 그의 그이심에서 얼굴과 얼굴을 맞대고 하나님을 보는 것이다. 그리스도는 말씀하신다. "나는 길이요, 진리요, 생명이다": 그리스도 사람, 그리스도 아버지, 그리스도 영, 세 가지가 - 길과 진리와 생명 - 한 그리스도이며, 모두 그 안에 있다. 이 길 밖에서 피조물은 도움 없이 주변을 돌 뿐이다. 하나님 안으로, 이 길 안에서, 그의 말씀의 빛에 인도되고 그들 양자의 사랑에 의해 둘러싸여서 그것은 표현을 불가능하게 한다. 들으라 그리고 경탄하라! 밖과 안에 있으며, 생각되어지고 생각하며, 보고 보이며, 구원하고 구원받는 것. 그것이 목적이다. 하나의 영원한 본성에서 영은 쉼을 얻는다.

그러나 우리의 논의로 돌아가자. 마르다와 그녀와 함께 한 모든 하나님의 친구들은 – 곤경에서가 아니라 – 일시적인 일들이 하나님과 사귀는 것만큼 좋은 상태에서 걱정하고 근심한다. 왜냐하면 그것은 하나님을 그의 벌거벗은 본성에서 보는 것을 방해하면서 우리에게 일어날 수 있는 가장 좋은 것만큼이나 엄격하게 우리를 하나님께 결합시키기 때문이다. "너는 근심하고 있구나." 그녀의 보다 낮은 능력들을 가지고 근심하며 방해받는다고 그는 말씀하신다. 그녀는 영적 달콤함을 탐닉하는 일에 자신을 내어주지 않았기 때문이다: 그녀는 즐거움을 추구하지 않고 있었다.

우리의 일에는 세 가지가 필요하다. 질서정연하고 정직하며 현명해야 한다. 그 다음의 일을 하는 것을 나는 질서정연하다고 부른다. 정직은 사람이 그 순간 최선을 다한다는 뜻이다. 선행에서 참되고 생생한 기쁨을 느끼는 것이 현명함이다. 이 세 가지가 있는 곳에서 그들은 바로 선한 것으로 생각되며 막달라 마리아의 모든 한가한 갈망들만큼 가깝게 우리를 하나님과 하나로 묶는다.

그리스도는 말씀하신다. "네가 한 가지가 아닌 많은 일들을 염려하는구나." 완전히 단순하고 전적으로 한가한 채로 그녀가 영원의 둘레로 옮겨질 때, 그때 영혼은 무엇이 끼어들어 저 위에 있으면서 누리는 그녀의 기쁨을 망치지 않을까 염려할 것이다. 그녀는 걱정하고 염려할 것이다. 그러나 마르다는 덕에 확고히 서서 마음을 열고 일들에 의해 방해받지 않은 채로 위험하다고 생각한 그녀의 동생이 그녀와 같이 되기를 원했다. 그녀는 가장 고상한 동기들을 가지고 동생에게 영원한 지복과 관계된 모든 것을 염원해주었다. 그리스도는 말씀하신다. "한 가지가 필요하다." 이것은 무엇인가? 그것은 하나님이다. 그가 모든 피조물의 필요이다. 만일 하나님이 그의 것을 거두시면, 모든 피조물들은 망할 것이다. 하나님이 그녀의 영이 영원한 위격들 안에 흡수되는 지점에서 영혼을 거두어 가신다면, 그때 그리스도는 단지 피조물로 남을 것이다. 진정으로 한 가지가 필요하다. 마르다는 자기 동생이 기쁨과 달콤함과 함께 희롱하면서 남지 않을까 두려웠다. 그래서 그리스도는 확실히 말씀하신다. 모든 것이 괜찮다, 마르다야, 그녀는 가장 좋은 부분을 선택했다. 이것은 지나갈 것이다. 피조물에게 생긴 가장 좋은 것은 그녀를 위해 남아있다. 그녀는 너처럼 복을 받을 것이다.

여기서 덕의 교리를 조사해보자. 선한 삶은 세 가지 방식에서 의지의 문제이며, 주로 의지를 하나님께 드리는 문제이다. 왜냐하면 그것을 취하든지 떠나든지 빛들에 부끄럽지 않게 살아야 하기 때문이다. 의지에는 세 종류가 있다. 첫째는 감각적 의지이며 둘째는 이성적 의지이고 셋째는 영원한 의지이다. 감각적 의지는 안내와 적절한 가르침을 필요로 한다. 두 번째는 이성적 의지인데 그리스도 예수와 성도들의 발자취를 따르며 말과 행위와 삶의 길이 모두 가장 높은 목적을 향해 있다. 이것이 충분히 주어지면 하나님은 영혼의 기초에 보다 많은 어떤 것, 즉 영원한 의지와 성령의 친절한 조언을 주실 것이다. 영혼은 말한다. "주여, 나에게 말씀하소서. 당신의 영원한 의지는 무엇입니까?" 그때 만일 영혼이 위의 조건들을 충족시켰다면 그리고 하나님이 그렇게 하시기를 기뻐하신다면, 아버지는 그의 영혼 안으로 영원한 말씀을 불어넣으실 것이다.

우리의 선한 사람들에 따르면 우리는 어떤 기쁨도 우리를 움직일 수 없을 만큼 그렇게 완전하게 되어야 한다. 우리는 복리와 저주에 무관심해져야 한다. 그들은 잘못되었다. 움직여지지 않을 수 있는 성인만큼 그렇게 위대한 성인은 없었다고 나는 말한다. 그러나 한편 거룩한 사람은 이 육체 안에서도 아무 것도 그를 하나님으로부터 빗나 돌아서도록 할 수 없다고 나는 주장한다. 말씀이 기쁨과 슬픔으로 움직일 수 있는 한 너는 불완전하다고 생각하는가? 그렇지 않다. 그리스도는 그렇지 않으셨다. 그가 외칠 때 그는 그것을 증명하셨다. "나의 영혼은 슬픔으로 가득 차서 죽게 되었습니다." 말씀이 그리스도를 아프게 상처 내었다. 한 피조물에게 임하는 모든 저주는 그의 고양된 본성 때문에 신적 본성과 인간적 본성의 복된 연합 때문에 겪은 그리스도가 당하신 저주만큼 그렇게 심각하지 않을 것이다. 똑같은 표지에 의해서 고통이 고통스럽지 않거나 기쁨이 기쁘지 않은 성인은 이제까지 없었고 앞으로도 없을 것이라고 나는 말한다. 때때로 우정과 사랑 안에서 또는 기적에 의해서 - 예를 들면 이교적이라고 불리는 존재 또는 네가 무엇이라고 부르든지 - 사람은 은총으로 가득 채워지고 칭찬이나 비난에 무관심해진다. 그리고 성인들의 경우도 밖으로부터의 어떤 것도 그들을 하나님으로부터 떨어지도록 유인할 수 없다. 비록 마음이 괴로움에 짓눌리거나 좌절했더라도, 의지는 홀로 하나님 안에서 살기를 계속한다. "주여, 나는 당신의 것이며 당신은 나의 것입니다" 라고 말하면서 말이다. 거기에 들어오는 어떤 것도 그것이 하나님의 의지와 하나가 되어서 저 위에 있는 마음의 정점을 침범하지 않는 한 영원한 행복을 감할 수 없다.

그리스도는 말씀하신다. "너는 많은 일로 근심하고 있다." 마르다는 실제로 마르다였다. 그녀의 일은 그녀에게 아무런 방해가 되지 않았다: 일과 부름 둘 다를 그녀는 그녀의 영원한 이익으로 바꾸었다. 그녀는 사실 약점을 가지고 있었으나 항상 그녀의 다른 덕들 외에 본성의 고귀함과 지칠 줄 모르는 근면함이 있었다. 마리아는 그녀가 마리아가 되기 전에는 마르다였다.[25] 그녀는 본성에서가 아니라 이름에서 그러했다. 그녀는 처음으로 학교에서 인생을 배우면서 기쁨과 갈망으로 가득 찼다. 마르다도 실제로 그러했으며 그것이 그녀가 다음과 같이 말한 이유였다. "주여, 그녀에게 일어나라고 명령하소서." 그 말의 뜻은 이러했다. "주여, 나는 그녀가 단지 즐기기 위해서 거기 앉아 있는 것을 좋아하지 않습니다. 나는 그녀가 인생을 배우고 실제로 그것을 소유하기를 바랍니다. 그녀에게 일어나 진정으로 마리아가 되라고 말씀하소서." 그리스도의 발밑에 앉아 있을 동안 그녀는 진정으로 마리아가 아니었다. 마리아는 현명한 조언에 순종하도록 잘 훈련된 사람을 뜻한다. 그리고 순종이란: 분별이 지시하는 것을 의지가 지키는 것이다. 이제 우리의 선한 사람들은 그들이 감각적인 것들이 감각에 실존하지 않는 지점에 도달할 수 있음을 즐겁게 생각한다. 그들은 결코 의지하지 않는다: 수금의 아름다운 가락에 내가 결코 이를 수 없는 것과 같이 어떤 불쾌한 소음도 귀에 감사하게 들려야만 한다. 그러나 우리는 이렇게 많은 것을 기대할 권리가 있다: 이성적이고 형식적인 의지와 함께 결정은 멈추며, 의지는 자유로워지기를 명령하며, 그래서 의지는 "나는 의지한다"라고 대답해야한다고 분별이 말할 때 그러하다. 그때, 자 그리고 보라, 싸움은 평화로 변한다. 사람이 힘든 일로 얻은 것이 마음의 기쁨으로 변하며 그때 그것은 열매를 가득 맺게 되기 때문이다.

다시, 어떤 사람들은 그들이 일들로부터 배제되는 지점에 도달하기를 바란다. 나

---

25. 파이퍼(Pfeiffer)에는 다음과 같이 나와 있다: *Mariâ was ê Marthâ, ê si Mariâ wurde* (p. 53). 뷔트너(Büttner)가 재구성한 본문은 더 명료하다: *Auch Maria musste erst noch eine Martha werden, ehe sie wirklich eine Maria wurde* (p. 106). 이 단락의 의미는 이렇게 보인다: 마르다는 완전한 본래의 모습에서 이미 그녀 자신이다. 그녀는 마리아가 하나의 마리아가 될 수 있기 전에 먼저 하나의 마르다가 되어야한다는 것을 안다. 마르다는 마리아가 더 많은 훈련을 겪어야 한다는 것을 깨닫는다. 그녀는 마리아를 그녀의 진정한 자아에로 데려가는 데에 주님의 도움을 구한다.

는 이것은 불가능하다고 말한다.[26] 제자들은 성령을 받은 후에는 선한 일들을 하기 시작했다. 마리아가 우리 주님의 발밑에 앉아서 그의 말씀에 귀를 기울일 동안에, 그녀는 배우는 중이었다. 그녀는 학교에 단지 삶을 배우기 위해서 갔다. 그러나 그 후에, 그녀가 가르침을 얻고 성령을 받았을 때, 그녀는 섬기기 시작했다. 그녀는 바다를 건너가서 설교하고 가르치고 제자들에게 종과 여자세탁부로서 활동했다. 칭찬할만한 일들을 할 때에야 성인은 성인이며 그 전까지는 아니다. 그때 그들은 영원한 삶의 보물들을 모은다. 전에 행해진 것은 배상과 회개를 경유하고 있다. 어디에서 우리는 이것의 증거를 발견하는가? 그리스도 안에서이다. 그가 사람이 되셨을 때 아주 처음부터 그는 우리의 영원한 행복을 위해 일하고 계셨으며 끝까지 십자가의 죽음에 이르기까지 계속하셨다. 그의 몸의 한 지체가 아니라 그 자신의 독특한 역할을 감당하셨다. 참된 덕의 길에서 우리가 그를 충실하게 따르기를 원하노라. 하나님이여 우리를 그렇게 도우소서. 아멘.

---

26. Cf. *Fragment*, 14, Blakney, *op. cit.*, p. 238 (Pfeiffer, no. 33, pp. 607-08); *Talks*, 6, 10; cf. 이 선집에 있는 첫 번째 설교.

PART VI
MEISTER
ECKHART

고독 그리고 하나님께 도달함[27]

나는 이런 질문을 받았다. "어떤 사람들은 사람들로부터 물러 나와서 혼자 있기를 더 좋아합니다. 그들 정신의 평화는 거기에 달려 있습니다. 그들이 교회 안에서 있는 것이 더 좋지 않겠습니까?" 나는 대답했다. 더 좋지 않다! 당신들은 그 이유를 보게 될 것이다.

사람들과 잘 지내는 사람은 어디에 있든지 그리고 어떤 공동체 안에서든지 잘 지낸다. 그리고 사람들과 잘 어울리지 못하는 사람은 어디에 있든지 그리고 어떤 공동체 안에서든지 잘 어울리지 못한다. 그러나 사람들과 잘 지내는 사람은 하나님이 정말 그 안에 계시며 어디서든 교회 안만큼 도상이나 사람들 사이에서, 또는 외딴 곳이나 또는 감옥에라도 그와 함께 계신다. 그가 진정으로 하나님을 소유하면, 그리고 하나님만을 소유하면, 그때 아무 것도 그를 훼방하지 않는다. 왜 그러한가?

---

27. *Talks of Instruction*, no. 6의 이 번역은 Blakney, *Meister Eckhart*, New York and London, 1941, pp. 7-10의 번역이며 Harper & Brothers의 출판인들의 허락을 받아 사용되었다. 번역된 단어 "고독"은 실제로 영적 무관심 *Abgeschiedenheit*이다. Joseph Bernhart, *Meister Eckhart: Reden der Unterweisung*, Munich, 1922, p. 28; Pfeiffer, *op. cit.*, pp. 547-52를 보라. Cf. 그의 설명, pp. x와 315; 또한 Pfeiffer, *op. cit.*, pp. 483ff. Cf. Serm.: *Beati pauperes*, Blakney, *op. cit.*, pp. 227-32; Pfeiffer, no. 87, pp. 280 ff.

왜냐하면 그는 하나님만을 소유하며 그래서 하나님만을 생각하며 그래서 모든 것은 그에게 하나님 외에 아무 것도 아니기 때문이다. 그의 인격의 모든 일은 하나님을 의미한다. 그의 활동들은 그들의 작자이신 그분 덕분이지 그 자신에 기인하지 않는다. 그는 단순히 대리인에 불과하다. 만일 우리가 하나님 그리고 오직 하나님을 의미하면, 그때 우리가 하는 것을 하시는 분은 그분이시며 아무 것, 즉 공동체든지 장소든지 그를 방해할 수 없다. 그래서 어느 누구도 그를 방해하지 못하는 것은 그가 아무 것도 생각하지 않으며 아무 것도 찾지 않으며 완전한 헌신에 의해서 그와 함께 하나가 된 하나님 외에 아무 것도 기쁘게 생각하지 않기 때문이다. 더구나 하나님은 일들의 숫자에 의해 방해받으실 수 없기 때문에 하나 안에서 하나가 된 그 사람도 방해받을 수 없다. 하나 안에서는 모든 분리된 것들이 통일성에로 모이며 거기서는 차이가 생기지 않는다.

사람은 모든 것에서 하나님을 붙들고 있어야 하며 하나님을 항상 그의 감정과 생각과 사랑 가운데 보유하는 일에 그의 정신을 익숙하게 해야 한다. 네가 하나님에 대해서 어떻게 생각하는지에 주의를 기울이라. 네가 그를 교회 안에서 또는 은밀한 곳에서 생각하는 것과 같이 어디에서나 그를 생각하라. 군중과 낯선 세계의 소란 중에서도 그와 함께 동행 하라. 내가 종종 말해왔던 것처럼, 획일성에 관해 말할 때 사람이 모든 행위들, 장소들, 사람들을 교환할 수 있는 것으로 생각해야 한다는 것을 의미하지 않는다. 그것은 커다란 실수가 될 것이다. 교회가 거리보다 위에 위치하여 장광설을 늘어놓는 것보다 기도하는 것이 훨씬 좋기 때문이다. 그러나 너의 모든 일에서 하나님을 향한 같은 정신, 같은 믿음, 그리고 같은 열심을 유지해야 한다. 내 말을 믿으라, 만일 네가 이러한 종류의 균등을 유지하면, 아무것도 너를 하나님-의식으로부터 분리시킬 수 없다.

한편, 하나님의 현존을 의식하지 않고 이리 저리 그를 얻기 위하여 항상 밖으로 나가야만 하고 어떤 활동과 사람 또는 장소와 같은 특정한 방법들에 의해서 하나님을 찾아야 하는 사람들은, 하나님을 얻을 수 없었다. 그들은 하나님을 소유하지 않고 오직 그만을 찾고 생각하고 사랑하지 않았기 때문에 그들은 쉽게 동요되었고 그래서 악한 공동체뿐만 아니라 선한 공동체도 그들에게 걸림돌이 될 것이다. 길뿐만 아니라 교회도, 악한 행위들이나 말들뿐 아니라 선한 것들도 마찬가지이다. 어려움은 그 사람 안에 있다. 그에게 하나님은 아직 모든 것이 되지 않았기 때문이다. 만일 하나님이 모든 것이면, 그는 하나님을 소유하고 어느 누구도 그를 강탈하거나 그의 일을 동요시키지 못할 것이기 때문에 그 사람은 그가 어디를 가든지 어떤 사람들 가운데 있든지 만사형통할 것이다.

사람이 그를 진정으로 소유할 때, 하나님을 이렇게 진정으로 소유하는 것은 무엇으로 이루어지는가? 그것은 마음에 달려 있으며 하나님을 향한 내적인, 지적인 돌아감에 달려 있는 것이지, 어떤 주어진 방법에 의한 꾸준한 명상에 달려 있지 않다. 그러한 방법을 정신 안에 유지하는 것은 불가능하거나 또는 최소한 어려우며, 심지어 그때조차도 최상이 아니다. 우리 자신을 우리가 생각해온 신(god)으로 채울 필요가 없다. 생각이 정신을 벗어날 때, 그 신(god)도 그것과 함께 벗어나기 때문이다. 우리가 원하는 것은 차라리 어떤 인간의 생각이나 또는 피조물 위에 저 높이 고양된 하나님의 실재이다. 그때 하나님은 사람이 그 자신과 일치된 그로부터 돌아서지 않는다면 사라지지 않을 것이다.

사람이 거룩하신 하나님을 그 모습대로 받아들일 때, 그 안에 하나님의 실재를 소유할 때, 하나님은 모든 것에 빛을 발하신다. 모든 것은 하나님과 같이 맛이 날 것이요 그를 반영할 것이다. 하나님은 항상 그 사람 안에서 빛나실 것이다. 그는 무심과 포기를 소유할 것이며 그의 사랑하는 자, 언제나 현존하시는 주님을 영적으로 볼 것이다. 그는 어떤 사실상의 갈증으로 목마른 사람과 같이 될 것이다. 비록 그가 다른 것들을 생각한다고 하더라도 그는 마시지 않을 수 없다. 그가 어디에 있든지, 그가 누구와 같이 있든지, 그의 목적 또는 생각 또는 일이 무엇이든지, 그 음료에 대한 생각은 목마름이 지속되는 한 떠나지 않을 것이다. 그 목마름이 클수록 음료에 대한 생각은 더욱 생생하고 깊이 자리 잡으며 항상 있고 계속될 것이다. 또는 사람이 그 안에 있는 모든 것을 다해 어떤 것을 사랑한다면 그래서 다른 어떤 것도 그를 감동시키거나 기쁨을 줄 수 없다면, 그때 그가 어디에 있든지 또는 누구와 함께 있든지 그가 무엇을 위해 애쓰든지 또는 무엇을 하든지, 그가 사랑하는 어떤 것은 그의 정신으로부터 소멸되지 않을 것이다. 그는 모든 곳에서 그것을 볼 것이며 그것을 향한 그의 사랑이 강해질수록 그것은 더욱 생생할 것이다. 이와 같은 사람은 결코 피곤하지 않기 때문에 결코 쉬는 것을 생각하지 않는다.

그가 모든 것을 신적으로 생각할수록 – 그것이 본래 그러한 것보다 더욱 신적으로 – 하나님은 그를 더 기뻐하신다. 확실히 이것은 노력과 사랑, 영적 삶의 사려 깊은 개간, 그리고 사물과 사람들을 향한 정신의 모든 태도에 대한 용의주도하고 정직하며 활동적인 감독을 요구한다. 그것은 세상과 사물에서 떠나 고독하게 된다고 해서 배워지지 않는다. 차라리 사람은, 어디에 있든지 누구와 함께 있든지 내적 고독을 배워야 한다. 그의 정신 안에 하나님을 굳게 고정시키는 강한 인상을 얻기 위해서는 사물들을 뚫고 들어가서 거기서 하나님을 찾는 것을 배워야 한다.

그것은 쓰기를 배우는 것과 같다. 이 기술을 얻기 위해서는 아무리 그것이 마음에 들지 않고 또는 어렵더라도, 아무리 그것이 불가능해보이더라도 많은 연습을 해야 한다. 열심히 자주 연습하면, 쓰기를 배우게 되며 그 기술을 얻게 된다. 처음에는 각각의 문자가 분리해서 정확하게 간주되어야 하고, 베껴 쓰기가 반복되어야 한다. 그러나 한번 기술을 습득하면 문자들을 베껴 쓰는 일에 주의를 기울일 필요가 없으며 그것들을 생각할 필요도 없다. 그것이 서예든지 대담한 쓰기이든지, 그는 유연하게 자유롭게 쓸 것이고 그 안에 그의 기술이 드러난다. 쓰는 사람은 그가 그의 기술을 사용하고 있다는 것을 아는 것으로 충분하며, 그리고 항상 그것에 대해서 생각할 필요가 없기 때문에 그는 그것을 사용하여 일을 한다.

그처럼 사람도 그것을 연구할 필요 없이 거룩한 현존과 함께 빛나야 한다. 그는 사물들로부터 본질을 얻어야 하며 사물들을 그 자체대로 버려두어야 한다. 그것은 처음에는, 학생과 그의 기술의 경우처럼, 주의와 정확한 인상을 요구한다. 그렇게 사람은 신적 현존으로 속속들이 배어들어야 하며, 그 안에 계신 사랑하는 하나님의 형상으로 충만해져야 하며, 그래서 그 현존을 그것을 연구함 없이 발산해야 한다.

PART VI
MEISTER
ECKHART

우리 주님의 몸

우리 주님의 몸에 관하여, 얼마나 자주, 어떤 헌신과 어떤 방식으로 사람은 그것에 참여해야 하는가.[28]

    우리 주님의 몸에 참여하기를 원하는 사람들은 감정 또는 헌신이 고조되는 것을 느낄 때까지 기다려서는 안 되며, 차라리 그들로 하여금 [그것을 향한] 자신들의 태도나 경향을 생각하게 하라. 네가 어떻게 느끼는가가 아니라, 차라리 네가 무엇을 받아야 하는가에 그리고 그것에 대한 너의 생각에 중요성을 두라.
    우리 주님께 가기를 원하며 자유로운 마음으로 가기를 원하는 사람은 먼저 그의 양심이 거리낌이 없는 것을 확실히 해야 한다. 둘째로, 그의 의지가 오직 하나님을 향해야 하고 하나님 외에 아무 것에도 즐거움을 취하지 않을 수 있도록 하나님께 집중해야 하며, 그래서 하나님께 인도하지 않는 모든 것들을 기뻐하지 않게 될 것이다. 이것이 사람이 얼마나 하나님으로부터 멀리 떨어져 있는지 가까이 있는지를, 여러모로

---

28. The Talks of Instruction, no. 20의 번역은 Blakney, *Meister Eckhart*, pp. 27–30의 번역이다. Harper & Brothers의 허락을 받아 사용되었다. Petry, "Social Responsibility," *Church History*, Vol. 21, pt. 1, pp. 8–9를 보라.

재면서 검증하는 시험이다. 세 번째 규칙은, 우리 주님에 대한 그의 감정이 각각의 반복된 성찬과 함께 자라나고, 성례에 대한 친밀성이 그에 대한 존경을 경감시키지 않는 것이다.

어떤 사람에게 생명이 되는 것이 종종 다른 사람에게 죽음이 되기도 한다. 그러므로 하나님을 향한 너의 사랑이 자라나고 너의 존경이 소멸되지 않도록 주의하라. 그때, 네가 성찬을 자주 받을수록 너는 더욱 잘 될 것이며 성찬의 건전함과 유익함을 더 많이 발견할 것이다. 그러므로 어떤 말이나 설교가 너를 너의 하나님으로부터 멀어지도록 설득하게 두지 말라. 네가 더 많이 갈수록 더 좋은 것이며, 하나님은 네게 더욱 사랑스러워지실 것이다.

왜냐하면 우리 주님은 사람들 안에서 그들과 함께 하심으로 즐거워하시기 때문이다. 하지만 너는 이렇게 말할 지도 모른다. "예, 선생님, 그러나 나는 너무나 발가벗고 춥고 무력하게 어리석어서 감히 주님께 갈 수 없습니다!"라고. 이에 대해 나의 대답은 이렇다. 그럴수록 너는 더욱 하나님께 갈 필요가 있다고! 그와 하나가 되어 그와 결합될 때 너는 정당화될 것이라고 말이다. 네가 성례에서 발견하게 될 은총은 그 밖의 어디에서도 그렇게 분명하지 않기 때문이다. 거기서 너의 육체적 능력들은 우리 주님의 몸이 현존하는 데에서 오는 비길 데 없는 능력에 의해서 모아지고 집중될 것이며, 흩어졌던 감각들이 조화롭게 함께 가져와지고, 그리고 그들 중 너무 낮게 목표를 가진 여럿은 그들도, 또한, 진정한 제물들처럼, 하나님께 집중하도록 위로 고양될 것이다.

그때 사랑하는 하나님이 그들을 영적인 길들로 조건지우시며, 그들을 임시적인 것들의 방해에서 떼어 놓으시고, 그들을 거룩한 문제들에 기민하게 하시고, 그의 몸에 의해서 그들을 강화시키시고 새롭게 하신다. 우리는 그 안으로 변화되고 때때로 그와 하나가 되어서 그의 것이 우리의 것이 되고 우리의 것이 그의 것이 되도록 해야 하기 때문이다. 우리의 마음과 그의 마음이 한 마음이 되고 우리의 몸과 그의 몸이 한 몸이 되어야 한다. 또한 우리의 감각과 의지와 생각과 기능과 지체들도 그렇게 되어야 한다. 그들은 모두 그 안으로 옮겨져야 하며 그래서 그와 함께 느끼고 육체와 영혼의 모든 부분에서 그를 알게 되어야 한다.

너는 이렇게 말할 지도 모른다. "그러나, 선생님, 저는 가난밖에는 드릴만한 것이 없습니다. 그런데 내가 어떻게 그에게 갈 수 있습니까?"

이럴 수가! 네가 만일 너의 가난을 교환하고자 한다면, 왜 값을 측량할 수도 없는 보물창고로 곧장 가서 부자가 되지 않는가? 네가 관계되는 한, 그의 것이 네가 만족하고 충족하게 될 유일한 보물임을 알아야 한다. 그러므로 너는 이렇게 말해야 한다. "당신의 부가 가난한 나를 채울 수 있도록 나는 당신에게 갑니다. 당신의 닿을 수 없음이 나의 공허함을 채울 것이며, 사람이 생각하는 것 이상으로 당신의 제한되지 않은 신성이 나의 비열하고 망가진 인간성을 채울 것입니다."

그리고 너는 또 이렇게 말하는지 모른다. "그러나, 선생님, 나는 너무나 많은 죄를 지었습니다. 나는 결코 용서받지 못할 것입니다."

나의 대답은 이렇다. 그 이유 때문에 그에게로 가야 한다고 말이다. 그는 너의 잘못을 풍족하게 용서하셨다. 그것은 너의 죄를 위하여 모든 제물들 중에서 가장 좋은 것을 그를 통하여 하늘 아버지께 드릴 무상의 기회이다.

"그러나, 선생님, 나는 하나님께 감사할 수 있기를 바라야 합니다. 그러나 그렇게 할 수 없습니다!"

여전히 그에게로 가라. 우리 주님만이 신적 선하심과 하나님께 드리는 완전하고 의심할 나위 없고 그리고 참된 분량의 감사에 합당하시다. 요컨대 만일 네가 너의 모든 결점으로부터 벗어나서 덕과 은총으로 옷 입기를 원한다면 그리고 기쁨으로 다시 너의 존재의 근원에게 인도되기를 원한다면, 계획을 세워 훌륭하게 그리고 자주 성찬에 참여해서 우리 주님과 결합되도록 하라. 그래서 그의 몸에 의해서 고상해지도록 하라.

실제로 영혼 또한, 모든 천사들이 케루빔이나 세라핌들의 경우도 예외로 하지 않고 아무런 차이를 발견하지 않을 만큼, 우리 주님의 몸에 의해서 하나님께 그렇게 가까이 인도될 수 있다. 왜냐하면 그들이 하나님을 만지는 곳에서 그들은 영혼을 만지며, 그리고 그들이 영혼을 만지는 곳에서 그들은 하나님을 만지기 때문이다. [영혼과 하나님 사이에서만큼의] 그러한 연합은 결코 달리 없었던 까닭은 영혼이 우리를 인간으로 만드는 육체에게 보다 하나님께 더 가까이 있기 때문이다.[29] 그것은 한 방울의 물이 포도주 통 안으로 떨어진 것보다 더 그와 내밀하다. 그것은 여전히 물과 포도주

---

29. Bernhart, *Reden*, p. 68: *Denn die Seele ist viel enger mit Gott vereint, als Leib und Seele* .... Cf. 하나님과 영혼의 근접성에 관한 설명은 Karrer, *Eckhart*, p. 88을 참조하라.

이기 때문이다. 그러나 여기서는 하나는 나머지로 변화되어서 어떤 피조물도 다시는 그들 사이에 있는 차이를 탐지할 수 없다.

여전히 너는 말할 것이다. "이것이 어떻게 가능한가요? 나는 그와 같은 일을 경험한 적이 없습니다!"

그것이 무슨 차이를 만드는가? 네가 덜 경험하고 여전히 그러한 일들을 믿을수록 너의 신앙은 더욱 칭찬할만하고 더욱 독특하며 가치 있게 될 것이다. 왜냐하면 완전한 신앙이란 인간의 환상 훨씬 이상의 것이기 때문이다. 우리 주님을 통하여 우리는 확실한 지식을 얻는다. 진리는 우리가 완전한 신앙 외에 아무 것도 필요치 않다는 것이다. 한 가지가 다른 것보다 더 좋다고 보이는 것은 단순히 우리의 육체적 한계 때문이다. 왜냐하면 한 가지는 다른 것보다 더하지 않기 때문이다. 만일 모든 것에서 네가 같은 믿음을 가진다면, 너는 다른 것만큼 한가지로부터 그만큼 많은 것을 얻고 그만큼 많은 것을 가지게 될 것이다.

너는 또 말할지도 모른다. "나는 여전히 그토록 결함이 있고 그렇게 많은 다른 일들에 매여 있는데, 어떻게 그처럼 위대한 일들을 믿을 수 있겠습니까?"

보라! 우리 주님 또한 그러하셨듯이 네 자신에 대해 두 가지를 지켜야 한다. 그도 또한 각각의 기능을 하는 보다 높고 보다 낮은 능력들을 가지셨다. 보다 높은 능력들로 그는 영원의 지복을 누리셨으며 한편, 동시에, 보다 낮은 능력들로 그는 여기 지상에서 많은 고난과 고투를 겪으셨는데 여전히 이것은 보다 높은 능력들의 기능을 억제하지 않았다. 너도 그러해야 할 것이다. 너의 고등한 기능들은 하나님 위에서 훈련되어야 하며 그에게 위로 바쳐지고 그에게 항상 성별되어야 한다.

더구나, 우리는 고난을 오직 육체와 열등한 기능들과 감각들에 할당하고, 그리고 우리의 모든 힘을 다해 하나님 안으로 영을 자유롭게 던져 넣어야 한다. 영은 고난과 감각들과 열등한 기능들[의 관심]에 의해서 유혹받지 않는다. 고투가 많아지고 언제나 보다 맹렬해지지만 다만 그것의 승리를 확대하고 그것의 영광을 강조할 뿐이다. 유혹이 강할수록 악에의 충동은 더욱 줄기차며, 진정한 사람의 덕은, 일단 그가 그것을 극복하면, 더 많이 하나님을 향하며 하나님께 사랑스러워져 간다. 그러므로 네가 만일 하나님을 귀하게 영접하기를 원한다면, 너의 고등한 능력들이 하나님을 향해 가리키도록 주의를 기울여서 너의 의지가 그의 의지를 추구하고 있게 하라. 그에 대해 네가 생각하는 것을 또한 조심하며 그를 믿는 믿음을 확고히 하도록 주의하라.

사람은 특별한 분량의 은총을 받지 않고서는 이러한 태도를 가지는 것만으로 우리 주님의 몸을 받지 않는다. 그리고 더 자주 그렇게 할수록 더 좋다. 실제로 다른 점에서 보면 잘-조직된 사람의 인생과 같은 그러한 헌신과 숙고로 우리 주님의 몸을 받는 것은 가능하다. 그러한 사람은 천사들 중 가장 낮은 계급 안으로 높이 받아들여질 것이다. 다시, 사람은 받아들여져 두 번째 계급 안으로 올리어진다. 실제로, 너는 여덟째 혹은 아홉째 계급만큼의 가치를 지닌 그것을 받을 수 있다.

그래서 두 사람이 비슷하게 살면서 한 사람은 주님의 몸을 귀하게 받고 한 사람은 다른 사람보다 더욱 그렇게 했다면, 그는 다른 사람에게 눈부신 태양과 같이 되어서 하나님과의 특별한 연합을 가졌을 것이다.

우리 주님의 몸에 이렇게 복되게 참여하고 향유하는 것은 보이는 향유만으로 이루어지는 것이 아니요 배고픈 마음에 의한 신적 조화와 헌신의 영적 참여로 또한 이루어진다. 사람은 지상에 있는 다른 사람보다 은총 안에서 더욱 풍성해질 때까지 이것[이 내적인 음식]을 먹을 수 있다. 사람은 하루에 천 번이라도 그것을 먹을 수 있으며 아프든지 건강하든지 그가 바라는 곳 어디에서나 더 자주 그러할 수 있다. 그는 성례를 준비하듯이 잘-조직된 삶과 그것에 대한 강한 욕망에 의해 그것을 준비할 수 있다. 그러나 사람이 질서 있게 되지 않고 그 욕망도 없다면, 그는 시간 안에서 거룩해지고 영원 안에서 은총을 받을 때까지 그것을 향해 자신을 몰아가며 그것에 꾸준히 힘써야 한다. 주님께서 우리에게 진리와 반드시 필요한 영원한 생명의 사랑을 주시기를 원하노라.[30] 아멘.

---

30. Cf. 외적 의식에 대한 과도한 관심에 관해서는 the Serm.: *Expedit vobis*, Blakney, op. cit., pp. 198 ff.를 참조하라.

PART VI
MEISTER ECKHART

사랑은 게으를 수 없다: 한 단편[31]
(Pfeiffer, 33)

마이스터 에크하르트는 삶에서 외부의 봉사로부터 제외될 수 있는 점에 도달할 사람은 아무도 없다고 말했다. 비록 그가 명상의 삶에 전념하고 있을지라도, 여전히 그는 밖으로 나가서 삶에서 활동적인 역할에 가담하는 것을 억제할 수 없다. 아무 것도 가지지 않은 사람도 그의 의지는 여전히 주는 것에 관대할 수 있으며, 어떤 사람은 거대한 부를 가지고도 아무 것도 주지 않기 때문에 관대하지 못할 수도 있다. 그러므로 시간과 경우가 요구하는 대로 그것들을 사용함이 없이는 어느 누구도 덕을 가지지 못한다. 그래서 명상의 삶에 전념하고 활동들을 피하는 사람들은 스스로를 속이며 잘못된 길에 서 있다. 명상적인 사람은 실제로 그의 명상의 기간 동안 행해져야 하는 행위에 대한 생각조차 피해야 한다. 그러나 그 후에 그는 바쁘게 지내야 한다. 어느 누구도 항상 명상에 전념할 수 있거나 해야 하지 않기 때문이며, 활동적 삶은 명상으로부터의 휴식일 수 있기 때문이다.[32]

---

31. 이 단편은 Blakney, *Meister Eckhart*에서 no. 14, p. 238과 같이 번역되었다. Harper & Brothers의 허락을 받아 사용되었다. 그것은 Pfeiffer, *Meister Eckhart*에 있는 no. 33, pp. 607-08이다.

32. Cf. 선집에 있는 설교 *Mary and Martha*, 또한 *Talks of Instruction*, nos. 6, 10과 같다.

VII. 리처드 롤: 햄폴의 은자

(c. 1300–1349)

PART VII
RICHARD ROLLE:
HERMIT OF HAMPOLE

PART VII
RICHARD
ROLLE

서론

전기적 내용

리처드 롤은 요크셔(Yorkshire)의 피커링(Pickering) 근방에서 1300년 경 태어났다. 옥스퍼드에서의 그의 교육은 그에게 관심을 가진 어떤 요크셔사람에 의해 지불 보증되었던 것 같다. 그 옥스퍼드 대학생은 심각한 전향을 겪었다. 그는 대학을 떠나 일종의 은자 생활을 선택했다. 이것은 한 동안 존 돌턴(John de Dalton, Esquire)의 후원 아래 진행되었을 것이다. 후에 돌턴으로부터 멀어진 후 소르본(Sorbonne)에서 아마 한 동안 수학하였다. 이 시기에 그는 마침내 그가 「사랑의 불」(Fire of Love)와 다른 유사한 작품들에서 묘사한 신비적 희열을 느끼기 시작했던 것으로 보인다. 리치몬드 근처에서 머무는 동안 그는 여성 신비주의자인 마가렛 커크비(Margaret Kirkeby)와의 영적 친교에서 유익을 얻었으며 후에 햄폴(Hampole)에 있는 시토수도회의 수녀회의 지도자가 되었다. 1349년에 아마도 흑사병으로 죽었다.

참고 자료

DS II, 1995를 보라. R. Jones, *The Flowering of Mysticism*, The Macmillan Company, New York, 1939, pp. 211 ff.의 통찰력 있는 연구를 참조하라. 롤의 작품을 고전적으로 편집한 것으로는 C. Horseman, *Yorkshire Writers: Richard Rolle of Hampole and His Followers*, 2 vols., London and New York, 1895-1896이 있다. H. E. Allen, *Writings Ascribed to Richard Rolle, Hermit of Hampole, and Materials for His Biography* (Modern Language Association of America; Monograph Series, III), New York and London, 1927은 그의 작품들을 모아 놓은 권위 있는 책이다. 그녀의 선집의 기본적인 책은 *English Writings of Richard Rolle, Hermit of Hampole*, Oxford University Press, London, 1931인데, 이 책은 뛰어난 서론도 제공한다. 또한 The Form of Perfect Living, transcribed by G. C. Heseltine, Longmans, Green & Co., London, 1930을 포함하여 *Selected Works of Richard Rolle, Hermit*는 매우 유용한 현대어 선집이다. *Incendium amoris*는 M. Deanesly, London, 1915에 의해서 훌륭하게 편집되어 왔다. Richard Misyn이 번역한 *Incendium* 즉 *Fire of Love or Melody of Love*와 *The Mending of Life or Rule of Living*은 F. M. M. Comper and E. Underhill, London, 1914에 의해 편집되고 소개되어 왔다. G. Hodgson은 *The Psalms and Our Daily Work*, London, 1928, 1929를 편집했다.

개관

영국 영성의 학풍이 월터 힐튼(Walter Hilton)을 제외하면 비제도적인 것이라는 주장은 사실이다. 영국 영성의 목적은 실천이다, 영성을 묘사하고 적용하는 것이다.

리처드 롤은 이 학풍의 막을 열었다. 그의 주요 작품들로는 1434-1435년에 리처드 마이신이 번역한 「사랑의 불」(Fire of Love, Incendium amoris)와 「삶의 개선」(Mending of Life)의 두 책과, 「완전한 생활의 형식」(Form of Perfect Living)이 있다. 사색적 신비주의와 생각의 순수한 추상이라는 더욱 세련된 정묘함이 여기서는 최소화 된다. 롤은 명상에 있어서 지적인 접근을 사용한다. 그러나 이 신비적 상태는 영혼과 그의 하나님의 사랑의 연합을 목표로 한다. 삼위일체와 거룩한 위격들의 삶을 향한 충성스러운 헌신은 그 때문에 깊이 배어든다.[1] 연합의 삶 자체는 단순한 지식의 역할을 초월한다. 그러나 하나님과 그리스도의 사랑은 명상적 과제에서 가장 중요하다.[2] 롤은 하늘의 교제로부터 정신을 산만하게 하는 것을 모두 피하는 데에 과도하게 기울여져서 때때로 심지어 자선적인 활동들까지도 금하는 것으로 나타난다. 이 점에서 오해를 불러일으키면서 롤은 "명상"과 "활동"의 대조를 강조하는데, 이것은 힐튼(Hilton)이 그레고리우스와 베르나르를 좇아 "섞인" 또는 "혼합된" 삶을 찬양하는 것과는 현격한 차이가 있다. 롤은 완전한 명상적 집중과 사회적 봉사의 계속적인 요구가 논리적으로 병행할 수 없음을 강조하는 일에 피곤함을 몰랐다. 그러나 명상을 어떤 그리고 모든 사회적 요구들 위에 엄연히 위치시키면서 그는 만만찮은 정도로 다른 사람들을 향한 자선적 관심을 주창했다.[3] 비록 그가 언제나 활동적 삶에 가장 이차적인 역할외의 다른 것이 부여됨을 허락하지 않았지만, 확실히, 자선의 일이 그 안에서 결코 전적으로 결핍되지 않고 있다. 앞으로 언급하겠지만, 그러나, 롤이 제한이 없는 연합을 추구하는 일단의 사람들이 강조했던 명상적 경험 그 자체를 신선하고 아름다운 것으로 여겼다는 증거는 도처에 있다.[4]

그의 작품들에서 그렇게 찬양한 사랑의 경험을 그 자신이 가졌다고 롤은 주장한다. 그는 그 경험을 불과 열 또는 *calor*와 영적 음악 또는 천사들의 그것과 동등한 찬

---

1. *Form*, 12.
2. *Fire*, II, 8; *Form*, 12; *Mending*, 1, 2, 8, 11.
3. *Fire*, I, 13, 21 ff.; *Mending*, 12.
4. *Fire*, II, 5; G. G. Petry, *Egnlish Prose Treatises*, EETS 20, London, 1866에 의해서 롤의 작품으로 오인된 *Epistle on Mixed Life*는 Horstman, *op. cit.*, Vol. 1, pp. 264 ff.에 의해서 월터 힐튼의 작품인 것으로 바르게 인식되었다는 것을 주의하라. Petry, "Social Responsibility," *Church History*, Vol. 21, pt. 1, pp. 10-11과 각주를 보라. Cf. Comper, *Fire of Love*, p. x.

송 즉 *canor*에 비유한다.⁵ 그는 또한 그것을 황홀, *raptus*와 그것에 동반하는 달콤함, *dulcor*에 비긴다. 롤은, 언급될 것이지만, 육체적 감각의 절제를 포함하는 황홀과 감각을 절제하지 않는 황홀을 구분한다. 첫 번째보다 두 번째가 더욱 완전하다. 이 후자가 "명상에 의해서 정신이 하나님 안으로 고양되는 것"을 구성한다.⁶ 학자적인 해명에도 불구하고 그와 반대로, 롤의 신비주의를 단지 감각적인 현상들의 신비주의로 격하시키는 어떤 이론도 포기하는 것이 잘 하는 일이다. 열(calor)와 찬송(canor)와 달콤함(dulcor)도 단지 명상적 삶에서 서로 가끔 서로 섞이는 세 국면 정도로 간주되어서는 안 된다.⁷

사랑의 불(Incendium amoris)은 이 달콤함과 열과 노래의 본질을 분석한다. 롤은 두 종류의 황홀이 있다고 말한다. 하나는 "육신의 느낌 안에서의 사랑에 의한" 육체적 지각들 안에서 넋을 빼앗기는 것으로 구성된다. 다른 하나는, "육체적 지각으로부터 기쁜 또는 두려운 광경으로", 두려워하거나 또는 기뻐하면서, 지각들로부터 어떤 환상으로 넋을 빼앗기는 것이다. 그는 사랑의 황홀을 더 좋아한다. 즉 지각을 빼앗기는 것이 아니라 지각 안에서의 황홀을 포함하는 그 황홀을 선호한다. 영혼을 지각 밖으로 옮겨가는 그러한 황홀은 심지어 몇몇 죄인들도 알아왔다. 그러나 명상을 통해서 정신이 하나님께로 고양되는 그러한 황홀은 하나님을 사랑하는 사람들에게만 예비된 것이다. 여전히, 이것은 다른 것과 마찬가지로 황홀이라고 불리는 것이 적절하다. 황홀(raptus)이라는 용어는 폭력에 의해, 그리고 본성에 반하는 것처럼 보이면서 일어나는 것을 암시하기 때문이다.⁸ 여기서 롤은 분명히 어떤 신비한 엑스타시를 분명히 주장하고 있는데 신비주의를 순수하게 해석해온 사람들은 그를 인정하지 않았다고 알렌(Allen)은 말한다. 언더힐(Underhill)조차도, 예를 들면, 롤의 엑스타시의 주장들을 심하게 편집했다.⁹

육체적 지각들 안에서의 이 사랑의 황홀을, 롤은 현생의 모든 활동들보다 낫다고

---

5. *Incendium*, 14, 15; *Fire*, I, 14–15; Allen, *English Writings*, pp. xxv–xxix; Form, 8; Mending, 12, 11.
6. *Incendium*, 37; *Fire*, II, 7.
7. DS, II, 1996–97.
8. Cap. 37, Deanesly ed., pp. 253–57; *Fire*, II, 7; Allen, *English Writings*, pp. xxviii–xxix.
9. *English Writings*, p. xxix, 각주 1; DS II, 1996.

여긴다. 그것은 그에게 일종의 "'영원한 달콤함을 미리 맛보는 것이다.'"10 알렌은 롤의 신비주의의 핵심이 이 경험 안에 있다고 말한다. 그것은 그의 작품들을 선점(先占)하고 있으며 그의 작품들에 정서적으로 뿌리내리고 있다. 그것은 지각의 용어로 표현되지만 하늘에 순응시킨 영원한 몸의 지각을 유지하는 순수성을 수반한다.11

롤이 초기에 경험한 그 모호하고 가끔 상술되는 세세한 이야기를 여기서 다시 말할 수 없다. 어떻든, 그의 초기의 예비적인 교육과 그리고 옥스퍼드에서의 수학에 이어서, 그는 전환을 경험했는데, 그는 이 전환을 「사랑의 불」(Fire of Love)와 「예수의 이름에 관한 찬사」(Encomium on the Name of Jesus)와 다른 곳들에서 기술하고 있다. 이 심오한 경험의 한 가운데에서 그는 대학에서 도망 나와 은자의 삶을 택했다. 자세한 내용은 후에 준비된 그러나 결코 롤을 위해 사용되지 않은 「직무」(Office)에서 일반적으로 믿을 만한 형태로 상술되고 있다.12

롤은 프란체스코의 가난의 양식을 자신의 시대에서 취하기 위한 일종의 명상적 대안으로 은자의 삶을 선택한 것 같다. 프란체스코의 본보기는 그 이후에도 그러했듯이 그때 그의 정신에 있었음은 매우 분명하다.13 롤의 작품들 여러 곳에서 알렌은 그의 있음직한 영적 여행의 이야기를 모아 완성했다. 이것은 그가 존 돌턴의 후원 아래 있으면서 그의 다소 독단적인 후원자의 불법적인 방법들 때문에 부분적으로 교회에서 어려움을 겪었던 처음 수개월 또는 수년을 추적한다. 분명히, 롤은 자신을 은자의 삶에 엄격하게 제한하지 않았다. 그는, 적어도 어떤 제한된 역할에서, 아마도 이 기간 동안에는 그리고 그의 생애 후반기에는 분명하게 영혼의 목자로서 섬겼던 것으로 보인다.14 이 준비 기간의 일부분은 아마도 소르본에서 보냈을 것이며, 거기서 롤은 아마도 신비 생활을 위한 준비를 했던 18개월의 일부분을 지냈을 것이다. 초기에 그가 겪었던 영적 위기들 중의 하나는 기묘하게 긴박한 육체의 유혹으로부터의 구원

---

10. *Incendium*, cap. 37, Deanesly ed., p. 256.
11. *English Writings*, p. xxix; cf. Rolle, 시 83:6; *Mending*, 11.
12. Cf. Jones, *Flowering*, p. 212; *English Writings*, pp. xiv ff.; *Dict. théol. cath.*, Vol. 13, pt. 2, cols. 2844-46; *Fire*, II, 7. *Encomium*은 Heseltine (*Of the Virtues of the Holy Name of Jesus*), *Selected Works*, pp. 81-85에 있다. *Office*는 F. M. M. Comper, *The Life and Lyrics of Richard Rolle*, J. M. Dent & Sons, Ltd., London, and E. P. Dutton & Co., Inc., New York, 1928, Appendix I, 그리고 Comper, *Fire*, pp. xlv ff.에 있다.
13. Jones, *Flowering*, p. 213; *Mending*, 2-3; Allen, *English Writings*, p. xlv.
14. *English Writings*, xviii, xxi-xxiv; cf. the *Office*; the *Encomium* 등.

을 수반했다. 그 구원은 예수의 이름의 효험을 통해서 오는데, 그 이름을 그는 극한에서 외쳤다. 또한 예수의 이름은 그에게 있어서, 그 후로도 계속해서, 그의 영적 여행에서 독특하게 영예로운 자리를 차지했다.[15] 두 번째 큰 위기는 아마도 그가 돌턴의 후원에서 떠난 직후에 일어난 것 같다. 보다 초기에 하늘의 문이 처음 열렸었다. 이제 그는 신비적 기쁨에 입회하는 두 번째 단계에 들어섰다. 이 기쁨은 그 유명한「사랑의 불」(Incendium amoris)의 제15장(즉, the Fire of Love I. 15)에 묘사되어 있다. 이것은 그가 "열과 달콤함과 노래"의 삼중적 부여 안으로 들어간 것이다.[16]

롤이 육체적 지각을 벗어나서 어떤 비전으로 넋을 빼앗기는 것 보다 육체적 지각 안에서의 사랑의 황홀을 선호한다는 것은 이미 말했다.[17] 롤은 그의 초기 경험에서 이미 어느 정도 천상의 일들에 참여했다고 분명히 믿는다. 그의「영어 시편집」(English Psalter), ch. 16:7에서 그는 하늘이 그의 영혼을 얼마나 부드럽고도 힘차게 잡아당겼는지를 회상한다. 「시편집」(the Psalter), ch. 35:9에서 하나님을 사랑하는 사람들은 명상적 달콤함에 취하며 "그리스도의 사랑에 열정적으로 다가서는 것을 크게 기뻐한다"고 롤은 말한다. 여기서 그가 육체적 불멸의 교리를 논리적으로 결론짓기에 이르렀다고 알렌은 생각한다. 지각과 감정을 파괴하는 것이 아니라 "지각과 감정을 정화시키는 것이" 덕이 할 일이라고 그는 분명히 주장한다. 그의 신비적 환희는 그가 천상의 지복과 천사들의 사귐에 이르렀을 때조차도 변하지 않을 것이라고 처음부터 끝까지 그는 주장한다. 예수의 이름의 기억은 결코 그를 떠나지 않았으며 그것에 의해 일깨워진 감정도 그러했다.[18]

그와 동시대인들 몇몇이 롤에게 가한 거친 비판과 롤 자신이 그의 시대의 영적 인물들 중 몇몇에 가한 비난에 관해서는 여기서 말할 필요가 거의 없다. 그의 주요한 혹평은, 탁발수도사들보다는 특히, 동시대의 성직자들과 수도사들에게 가해진다. 프란체스코회의 사람들을 향하여 롤은 계속해서 상당한 동정을 품었다. 이것은 그가 프란체스코 사상의 고백자들이 소수였던 햄폴에서 머물렀던 사실과 관련될 수 있

---

15. Cf. the *Encomium*과 *Lyrics* 등에 있는 예수의 이름과 그의 고난에 관한 수많은 노래들을 참조하라. Cf. in Heseltine, *Selected Works*, the *Ego dormio, Meditations on the Passion, The Bee*, etc. Cf. 또한 *Mending*, 11과 12.

16. *English Writings*, pp. xxiv-xxviii; cf. the *Office*; *Mending*, 11과 12.

17. *Incendium*, 37; *Fire*, II, 7.

18. *English Writings*, pp. xxx-xxxi.

다. 그는 그 안에서 프란체스코의 고리를 갖는 것을 기뻐했다. 그 또한 일종의 음유시인이다. 예수 그리스도에 대한 그의 시적 토로를 읽으면서 그 포베레요(Poverello)를 생각하지 못할 사람은 없다. 「형식」(Form), 「삶의 개선」(The Mending of Life), 「영어 시편집」(The English Psalter), chs. 9:31-32; 46:9 등에서 나타나는 가난에 대한 그의 사랑은 그것이 프란체스코의 갈망을 바라는 데에서 극화된다. 그가 파리에 있을 동안 신령주의자들(Spirituals)의 영향을 받았던 것으로 보인다. 그가 성직자들을 비판했지만 어떤 분열의 암시도 그의 쪽에서 수반되지 않는다. 그는 자신이 바로 정통이라고 생각한다. 그가 성직자들, 특히, 수도사들(Regulars)에게 잘못이라고 정죄한 것은 어떤 독특한 영적 증언이 결핍되었다는 것이다.[19]

확실히, 롤은 그에게서 일상의 삶에 관심을 가지지 않는 한 염세가를 발견하려는 사람에 의해 심히 오해되어 읽힐 것이다. 이미 지적한 대로, 롤은 사람들의 사회적 임무들을 얕보지 않는다. 그의 작품에서 이것을 위한 자리가 분명히 있다. 그는 가장 높은 명상적 일에 드려진 사람의 사회적 일은 분명하게 삼가는 만큼 그렇게 한다. 여전히, 심지어 여기서도, 그는 어떤 반사회적 존재도 아니다. "사랑은 게으를 수 없다." 그리고 「불」(Incendium) 제34-35장(불, Fire II, 4-5)의 놀랄만한 본문에서도, 그가 찬송(canor), 그의 즐거운 명상적 노래의 그 최고의 엑스타시를 표현하는 것을 도울 친구를 통렬하게 갈망한다. 햄폴에서의 만년에 그는 명상은 언제나 활동을 세우는 것을 추구해야 한다는 평형 상태를 어느 정도 발견한 것 같다.[20]

삶의 개선 또는 생활의 규칙, 1434년에 리처드 마이신(Richard Mysin)이 햄폴의 은자 리처드 롤의 "삶의 교정에 관하여"로부터 번역함: 그리고 지금은 현대 영어로 번역됨.[21]

---

19. *Ibid.*, pp. xvi, xlviii; Mending, 3; Form, 3. 알렌 양은 롤이 파리에서 아마 두 번 정도 체류했을 가능성을 암시하는 몇몇 구절들을 제공한다. 그녀는 그 증거가 그가 거기서 그리고/또는 옥스퍼드에서 보다 엄격한 프란체스코회 사람들과 앙젤룸 다 끌라레노(Angelo da Clareno), 야코포네 다 토디(Jacopone da Todi)와 같은 신령주의자들로부터 발산되는 문학적 영향을 받았음을 나타낸다고 간주한다. 이러한 생각은 아무리 간접적이라고 할지라도 그가 마르실리오 다 파도바(Marsilius of Pauda), 윌리엄(William of Ockham), 그리고 미카엘(Michael de Cesena)과 계속해서 접촉했었던가에 관한 우리 자신의 질문과 거의 같은 결론을 가진다. *English Writings*, pp. 28-33; *Writings Ascribed to Richard Rolle*, pp. 332-35; 490-500을 보라.
20. *Ibid.*, p. liii; Comper, *Fire*, p. x; *Fire*, I, 13, 21.
21. *Fire of Love or Melody of Love and The Mending of Life or Rule of Living*, London, 1914에서 F. M. M. Comper가 편집하고 E.

이 책은 삶의 개선 또는 그 밖의 생활의 규칙에 관한 것이며 총 열두 장으로 구분됨:

제1장: 회개 또는 거룩한 전환
제2장: 세상을 경멸함
제3장: 가난
제4장: 사람의 생활의 질서
제5장: 고난
제6장: 인내
제7장: 기도
제8장: 묵상
제9장: 독서
제10장: 정신의 정결
제11장: 하나님을 사랑함
제12장: 하나님을 명상함

이것들에 관해, 하나님이 주시는 만큼, 우리는 추구할 것이다.

Underhill이 서론을 붙임. Methuen & Co., Ltd.의 허락을 받아 사용됨.

PART VII
RICHARD ROLLE

삶의 개선

제1장 회개

너는 우리 주님께 돌아서기를 지체하지 말아야 하며, 차일피일 그 일을 미루어서도 안 된다. 종종 잔인한 죽음이 지금 돌아가기를 질색하는 가련한 자들을 강탈하고 쓰디쓴 고통이 갑자기 그들을 삼키기 때문이다. 얼마나 많은 세상의 악한 무리들이 거를 속이는지 우리로서는 셀 수조차도 없다.

하나님의 자비는 너무나 크기 때문에, 절대 죄인들에게 의로운 고통을 주시지 않을 것이라고 생각하면서, 그것만을 믿고 죄짓기를 중단하지 않는 것은 참으로 매우 큰 죄이다. "너희들은 그러므로 낮일 동안에 일하라, 아무도 일할 수 없는 밤은 참으로 온다."[22] 그는 이생을 "빛 혹은 낮"이라고 부르신다. 이생에서 우리에게 죽음은 안전하며[23] 죽음의 시간은 참으로 안전하지 않다는 것을 알고, 선한 일을 중단해서는 안 된다. 그는 죽음을 "밤"이라고 부르신다. 거기에 우리들은 매여 있고 지혜는 비껴

---

22. 요 9:4.
23. 확실한; "unsicker," 불확실한.

나고, 그래서 어떤 유익한 일을 이제 할 수 없게 되며, 우리의 한 일들에 따라 기쁨이나 고통을 받을 것이다. 우리가 살아 있을 때 그렇다, 우리의 삶을 영원한 삶에 비유해 볼 때, 그것은 정말 아무 것도 아니기 때문이다.

우리는 우리의 인생을 헛된 것을 사랑하는 데에 얼마나 낭비하는가. 그리고 온종일 태만하게 회개하지도 않고 게으르게 멈춰 서 있다. 주여, 그러므로 우리를 돌이키소서. 그러면 우리가 돌이켜질 것입니다. 우리를 고치소서. 그러면 우리가 낫게 될 것입니다[24]. 진실로 많은 사람들이 낫지 않고, 그들의 상처는 썩고 곪아간다. 오늘 하나님께로 돌아왔다가 내일 떠나가기 때문이며,[25] 오늘 회개를 행하고, 내일 그들의 잘못에로 돌아가기 때문이다. 그러한 일에 관하여 말씀한 바, "우리가 바빌론(Babylon)을 치료하였으나 그것은 낫지 않는다." 왜냐하면 그리스도를 향하여 그것이 진실로 돌아서지 않기 때문이다.[26]

세상과 죄로부터, 악마와 육신으로부터 돌아서지 않으면서 하나님께로 돌아가는 것은 무엇인가? 변할 수 없는 선으로부터 변할 수 있는 선으로, 피조물이 좋아하는 아름다움으로, 악마의 일로, 육신과 세상의 탐욕으로 돌아서지 않으면서 하나님으로부터 돌아서는 것은 무엇인가? 우리가 하나님께 돌아가는 것은 발로 가는 것이 아니라 우리의 욕구들과 방식들을 바꿈으로 가는 것이다.

하나님께 돌아가는 것은 우리의 정신을 날카롭게 하여 그를 향하게 하고, 언제나 그의 말씀과 그의 명령을 생각하여 그 말씀이 우리에게서 행해지도록 하고, 어디에 있든지, 앉아 있든지 서 있든지, 하나님을 두려워함이 우리의 마음에서 떠나가지 않도록 하는 것에서 이루어진다. 여기서 두려워함이란 고통을 가지지 않고, 사랑 안에 서 있는 것이며,[27] 그 두려움으로 우리는 위대하신 왕의 현존에 경의를 표하며, 언제나 아무리 작은 것에서라도 죄를 범하지 않도록 두려워한다. 진실로, 그러한 감정을 가지고 하나님을 향해, 우리는 세상으로부터 진정으로 돌아서게 된다.

세상으로부터 돌려진다는 것은 모든 욕망을 뒤로 하고, 이 세상의 비통을 하나

---

24. 렘 17:14.
25. [ ] 안에 있는 말은 모두 Douce MS. 322에서 추가되었다; Comper, *Mending*, p. 198과 각주 lxxv.
26. 렘 51:9.
27. 요일 4:18.

님을 위해 기쁘게 겪는 것 외에 다름 아니다. 그리고 우리의 영혼이 전적으로 하나님을 향한 채 세상에서 연모되고 추구되는 모든 것들에 대하여는 아주[28] 죽어버릴 만큼[29] 모든 게으른 일들과 세상의 사무들을 잊어버리는 것 외에 다름 아니다. 그러므로 하늘의 소망들에 내어진 채, 그들은 마치 피로를 모르고 하나님을 보듯이 하나님을 바로 그들의 눈앞에서 항상 보는데, 이는 거룩한 예언자가 증언한 바와 같다. *Providebam Dominum in conspectu meo semper*.[30] 즉 "내 눈으로 나는 항상 내 앞에 주님을 보았습니다." 단 한 시간이 아니다. 그들의 마음의 눈앞에 놓인 모든 아름답거나 사랑스러운 지상의 것들이 그러하듯이 그들은 그것을 보고 거기서 기쁨을 느끼며 거기에 사랑이 머물기를 바란다. 예언자들은 말한다. *Oculi mei semper ad Dominum; quoniam ipse evellet de laqueo pedes meos*,[31] 즉 "내 눈은 항상 우리 주님께로 향합니다. 그는 내 발을 덫으로부터 구원하실 것이기 때문입니다." 이것으로, 우리의 내적 눈이 그리스도를 향해 피곤함이 없이 들려지지 않고서는 우리는 유혹의 덫을 벗어날 수 없으리라는 것을 알 수 있다. 우리 마음의 눈이 하나님께 고정되지 못하도록 하는 많은 것들이[32] 있는데 다음과 같다. 부의 풍요, 여인들의 아첨, 젊음의 빛나는 아름다움. 이것은 삼중적 밧줄이며 거의 끊어지지 않는다.[33] 그러나 그리스도가 사랑을 받으시도록 그것들은 끊어지고 경멸되어야 마땅하다.

진실로 중압감이 없이 말할 수 없는 기쁨으로 그리스도를 참으로 사랑하기를 바라는 사람은 – 그를 가두는 모든 것들을 버린다. 이러한 경우에 그는 아버지도 어머니도 그 자신도 남기지 않는다. 그는 어떤 누구의 격려도 받지 않는다. 그는 모든 그의 문자들에게[34] 폭행을 가한다. 그는 모든 장애물들을 타파한다. 그가 할 수 있는 것은 무엇이든 하나님을 사랑하는 데에는 아무 것도 아닌 것으로 보인다. 그는 어리석은 사람처럼 악으로부터 도망치며 세상의 위로를 기대하지 않는다. 확실하고도 전

---

28. 많이.
29. 즉, 핵심에 이르기까지.
30. 시 15(16):8.
31. 시 24(25):15.
32. 방해물들.
33. 전 4:12.
34. 방해자들.

적으로 하나님을 향한 채, 그는 거의 그의 육욕을 잊게 되었다. 그는 모두 내적으로 집중되고 모두 그리스도 안으로 위로 들린다. 사람들에게는 힘겨워 보이지만, 그는 놀랍게도 즐겁다.

하나님께 돌아가리라고 말하면서도, 여러가지 일들이 마음이 붙들려 아직 그러지 못하는 사람들이 많다. 그들의 냉담한 마음을 우리는 슬프게 꾸짖는다. 최소한 그들은, 그리스도의 사랑의 불꽃을 경험했으니, 이내 모든 바쁜 일들을 재치고 하나님을 섬기는 데에로 돌아갈 수 있도록 길을 찾아야 하며, 찾을 때까지 멈춰서는 안 된다.

그들은 때때로 핑계거리를 만들지만, 그것들이 오히려 그들의 죄를 더욱 추궁하는 셈이 된다. 부란 참으로 많은 사람들을 움츠리게 하며 여인들의 아첨은 그들을 현혹시킨다. 오랫동안 성공해온 사람들이 때때로 그것들에 의해 가장 처참한 도랑에 빠진다. 아름다움은 쉽게 사랑받는다. 그리고 자신이 사랑받는다고 느낄 때, 그것은 노력 없이 귀염을 받는다.[35] 선택된 자는 버려지고, 뉘우치고 돌아온 후에 전보다 더 나빠진다. 그래서 그의 이름은 비방을 받고 전에는 가치 있었던 그가 모든 사람들 중에 경멸을 받으며 모든 사람들 중에 미움을 받는다.

그의 몸을 놀라운 날카로움으로 십오 년 동안이나 단련하고도, 그의 시종의 아내와 죄에 빠져, 죽을 때까지 그녀와 헤어지지 않았다고 말하던 사람을 본 일이 있다. 그는 죽어가면서도 그에게 온 사제들을 저주하고 성례를 받기를 거절했다고 한다.

그러므로 새롭게 회개한 이는 죄의 경우에서 벗어나도록 해야 한다. 그리고 모든 의지를 다하여 죄악을 불러일으키는 말과 행위와 보는 것을 삼가야 한다. 불법적인 것일수록 더욱더 버려야 한다.

악마는 그로부터 돌아서서 하나님께 돌아가는 자들을 보면 더욱 신랄하게 비판하며 육신과 세상의 욕망들을 지피기를 중단하지 않는다. 전에 행했던 탐욕들을 정신으로 다시 불러와 회개한 자를 비참하게 만든다. 이미 차갑게 식은 무익한 욕망들을 다시 일으킨다. 이러한 가운데에서, 회개한 자는 씩씩하게 자신을 다잡아 신령한 갑옷을 입고 악마와 모든 그의 유혹과 맞서야 한다. 그래서 육체의 욕망들을 식히고 항상 하나님의 사랑을 바라야 한다. 그리고 세상으로 부터 떠나지 않으면서도 세상을

---

35. 쉽게 고무된다.

경멸해야 한다. 그것에 관해 이제 말할 것이다.

제2장 세상을 경멸함

이 세상을 경멸한다는 것은, 모든 일시적이고 스쳐가는 것들을 사랑하지 않고 이생을 통과하는 것을 의미한다. 이 세상에서 하나님 외에는 아무 것도 찾지 않는 것이다. 모든 헛된 영광과 위로를 돌보지 않는 것이다. 그리고 만일 때때로 부족하더라도 어지간히 참아내며 필요들을 거의 취하지 않는 것이다. 이것이 이 세상을 경멸하는 것이다. 네가 그것을 사랑함으로 인해 죽임을 당하지 않으려거든 이것을 염두에 두라. 그래야 세상은 경멸되고, 애모되지 않을 것이다.

 진실로, 우리가 사랑하는 모든 것을 우리는 숭배한다. 오물을 예배하는 것, 즉 이 세상의 것들을 사랑하는 것은 부정하다. 부유한 구두쇠들은[36] 자신을 가장 더럽고 냄새나는 오물에 노예로 속박시키며, 자신이 스스로 죄의 종임에도, 사람들의 주인이라 불리기를 기뻐한다. 만일 어떤 사람이 사람들의 주인이면, 그것은 다만 그의 부 때문이다. 악에 매인 사람은 심술궂은 의지 때문이다. 그러므로 네 사악한 의지를 버리라 그러면 너는 악마와 죄로부터 자유로워질 것이며 이 세상의 것들을 사랑하지 말라고 가르치는 의의 종이 될 것이다.

 세상을 탐하는 것과 하나님을 사랑하는 것은 진실로 반대되며, 한 영혼 안에 함께 머물지 않는다. 그 장소는 매우 좁아서 하나는 낙오하도록 되어 있다. 더 진실 되게[37] 탐욕을 버릴수록, 너는 더욱 더 많이 하나님의 사랑을 맛볼 것이다. 탐욕이 많을수록 사랑은 덜해진다.

 오 가련한 영혼이여, 모든 것이 현혹적이고 지나가는 것임을 보면서도 너는 이 세상에서 무엇을 찾는가? 너를 가장 기쁘게 하는 것들이 가장 빨리 너를 기만한다. 왜

---

36. 수전노들.
37. 확실히.

너는 이 유한한 것들 때문에 분주한가? 왜 너는 사라질 것들을 향해 그렇게 큰 열망을 가지고 사모하는가? 그들은 얻자마자 사라질 것이라는 것을 너는 보지 못하는가? "그러나 나는 아노니 네가 거하는 곳은 사탄의 권좌가 있는 곳이다."[38] 그것이 네 눈을 가리고 그 거짓으로 너를 조롱했다. 그래서 네가 덧없는 것을 바라고 가증스러운 것을 사랑하며 영구적인 것을 경멸하고 사라지는 것에 끌리도록 했다. 그러므로 거짓된 땅[39] 위에 서 있는 너 자신을 보게 되며, 서 있다고 생각할 때 불 속으로 빠지게 된다.

일시적인 풍요에 거하는 자들은, 그들이 사랑하는 다섯 가지 때문에 현혹 된다. 부에 의해, 존엄에 의해, 의지에 의해, 권력에 의해, 그리고 명예에 의해 그러하다. 이것들은 그들을 죄에 속박시키며 실수 안에 가둔다. 그들은 이러한 탐욕들에 삼켜져, 죽음에 의해서밖에는 결코 풀려나지 못한다. 그러나 그들의 풀려남은 너무 늦어서 끝없는 고통밖에는 남는 것이 없다. 이것은 세상을 경멸하는 것으로부터 하나님의 사랑으로부터 그들 자신에 대한 지식으로부터 하늘왕국을 향한 소망으로부터 그들을 방해한다. 어느 누구도 그 안에 있는 모든 것과 함께 세상을 사랑하기를 중단하지 않는다면 구원받을 수 없다. 그러므로 열이 육체 안에 있을 동안에, 그리고 젊음의 아름다움이 아직 남아 있을 동안에 중단하라.

그러면 그리스도를 사랑하기로 자신을 바친 사람을 기쁘게 하는 것은 무엇인가? 그는 젊음을 경멸하고 그의 힘을 하나님을 향해 쏟을 것이다. 부는 그에게 아무 것도 아니다. 그는 이 아름다움이 헛되며 은총이 기만적이라는 사실에 주의를 기울일 것이다. 나는 하나씩 하나씩 어디에 미칠 것인가? 그는 이 세상에서 그림자처럼 지나가는 모든 것들을 완전히 경멸할 것이다.[40]

오, 육신을 사랑하는 자여, 너는 네 육신에서 기뻐할만한 무엇을 발견하는가? 형태나 모양이 당신을 기쁘게 하는가, 아니면 피부에서 지금 기쁨을 누리고 있는가? 너는 육신의 아름다움이 오물의 덮개이며 부패의 찌기이며 때때로 저주의 원인임을 알지 못하는가? 그러므로 다른 모든 것을 경멸하고 하나님을 사랑하라 그것이면 네게 충분할 것이다. 하나님을 찬양하라. 하나님과 함께 하라. 하나님 안에서 기뻐하라.

---

38. 계 2:13.
39. 기초.
40. 전 7:1(6:12).

그로부터 떠나지 말고 꺼지지 않는 욕망으로 그에게 밀착하라.

세상 자체는 우리에게 비참으로 가득 찬 세상을 경멸하도록 강요한다. 그 안에는 영속적인 악의와 파괴시키는 박해와 부풀어 오르는 저주와 초조하게 하는[41] 탐욕과 죄에 대한 거짓된 비난과 쓰디쓴 중상이 있다. 거기는 모든 것이 혼동되며 질서가 없다. 거기는 의로움이 사랑받지 못하며 진리가 칭찬받지 못한다. 거기는 충성스러움이 불충이고 우정은 잔인하며, 번영하면 서고 고난을 당하면 쓰러진다.

아직 우리를 세상을 경멸하도록 움직일만한 다른 것들은 없다. 시간의 무상함, 이생의 짧음, 안전한 죽음, 불안전한 죽음의 기회,[42] 영속적인 것의 안전함과 현재 있는 것들의 공허함, 다가올 기쁨이라는 진리.

네가 뜻하는 것을 택하라. 만일 세상을 사랑한다면 그것으로 너는 멸망할 것이다. 만일 그리스도를 사랑한다면, 그와 함께 너는 다스릴 것이다.

제3장 가난

완전하기를 원한다면, 가서 네가 가진 모든 것을 팔아 가난한 자에게 주고 와서 그리스도를 따르라.[43] 세상의 것들을 버리고 그리스도의 것들을 좇는 데에서 완전함이 나타난다. 재산을 버린 모든 자들이 그리스도를 따르는 것은 아니다. 재산을 버린 뒤에 그 전보다 더 나빠지는 사람들이 많기 때문이다. 그들은 험담거리를 제공하며, 그들의 이웃의 좋은 명성을 빼앗아버리는 것을 두려워하지 않는다. 그들은 시기로 부풀어 오른다. 그들은 중상으로 이를 간다. 그들은 스스로 다른 사람들 앞에 선다. 그들은 자신의 지위를 찬양하며 다른 모든 사람들을 비난하거나 저주한다. 세상도 하나님도 가지지 못한 악마가 그런 것처럼 속이고 악한 책략으로 끝없는 고난으로 이끌고 있는

---

41. 소진시키는.
42. 어떻게 그것이 들이닥치는지 또는 발생하는지.
43. 마 19:21.

것은 아닌지 생각하라.

내가 말한 것을 이해한다면 너의 가난을 다른 방식으로 취하라. "가서 팔라" 하고 그가 말씀하실 때, 그는 네 욕망과 네 생각의 변화를 의미하신다. 지금 교만한 자는 낮아질 것이다. 지금 분노로 가득한 자는 유순해질 것이다. 전에 시기했던 자는 지금 자비롭다. 전에 탐욕스러웠던 자는 지금 관대하고 신중하다. 그가 불결하다면 이제 그를 모든 악뿐 아니라 모든 종류의 악으로부터 삼가게 하라. 그리고 전에 그가 고기나 술에 과하게 빠졌다면, 이제 금식함으로 그를 고치게 하라. 진실로, 세상을 너무 많이 사랑했던 사람이라면, 이제 그로 하여금 자신을 모두 그리스도의 사랑 안에 모으게 하라. 그리고 그의 모든 마음의 동요를 영원한 것을 향한 한 소망에 동여매게 하라. 그러면 놀랍게도 괴팍스런 가난이 그에게 유익하게 될 것이며 하나님을 위해 그가 겪은 것이 영광스러운 면류관이 될 것이다. *Beati pauperes spiritu, quoniam ipsorum est regnum caelorum.*[44] "영이 가난한 자들은 복이 있다. 하늘나라가 그들의 것이기 때문이다."

영의 가난이란 자신의 연약함을 아는 정신의 유약함 외에 무엇이겠는가? 하나님의 은총에 의하지 않고서는 완전한 안정에 이를 수 없다는 것을 알기 때문에, 사람은 그를 은총으로부터 제한하는 모든 것을 버리고, 그의 욕망을 오직 그를 만드신 분의 기쁨에 둔다. 한 뿌리에서 많은 가지들이 솟아나듯이, 이렇듯 현명하게 취해진 고집스러운 가난으로부터 덕과 생각지도 못한 놀라움이 솟아난다. 영혼을 의복과 바꾼 사람들은 그렇지 않다. 그들이 부를 버린 것처럼 보이지만, 헤아릴 수 없는 악을 모으기를 중단하지 않는다.

교만하고 가난한 사람보다 더 나쁜 것은 무엇인가? 시기심 많은 거지보다 더 저주받을 것은 무엇인가? 네가 만일 참으로 모든 것을 하나님을 위해 버린다면, 네가 버린 것보다 무엇을 더 경멸하는 지를 살피라. 네가 어떤 모양으로 그리스도를 따르는가에 열심히 주의를 기울이라. *Discite, inquit, a me quia mitis sum, et humilis corde.*[45] "나에게서 배우라," 그가 말씀하신다, "나는 마음이 온유하고 겸손하기 때문이다." 그는 "내가 가난하기 때문에 나에게서 배우라"라고 말씀하시지 않는다. 가

---

44. 마 5:3.

45. 마 11:29.

난은 그 자체로는 덕이 아니라 오히려 가련함이다. 가난은 스스로의 힘으로 칭찬받지 않는다. 그것은 덕의 도구이고, 은총을 얻도록 돕는 것이며, 많은 사람들로 하여금 죄를 피하게 해 주는 것이기 때문에 칭찬받는다. 따라서 가난은 칭찬받아야 하고 연모되어야 한다. 비록 사람이 선하더라도 가난은 그로 하여금 칭찬받는 것을 금한다. 가난은 차라리 그를 경멸당하고 무시당하도록[46] 하며, 세상을 사랑하는 사람들 가운데에 버려지게 한다. 그리스도를 위해 이 모든 것을 겪는 것은 매우 필요하다.

우리의 모범이신 그리스도께서 이러한 방식으로[47] 가난한 삶을 사셨다. 부와 그 기쁨에[48] 매인 자들이 천국에 들어가는 것은 어렵다는 것을 그는 아셨기 때문이다.[49]

그러므로 사람들은 가난을 더욱 욕심을 내어 갈망해야 하는 것은 그가 높은 영예와 의의 권세를 그를 위해 모든 것을 버린 자들에게 명령하셨기[50] 때문이다. 그는 말씀하셨다: *Vos qui reliquistis omnia et secuti estis me, sedebitis super sedes duodecim, judicantes duodecim tribus Israel*,[51] 즉 "모든 것을 버리고 나를 좇은 너희들은, 이스라엘의 열두 지파와 같이, 열두 권좌에 앉을 것이다."

고집스러운 가난을 소유하고도 그리스도께서 가르치시는 온유함과 겸손함이 부족한 사람들은, 진실로 모든 부의 풍성함을 가진 사람들보다 더 불쌍하다. 그들은 심판의 날에 사도들의 자리에 합당한 것을 취할 수도 없을 것이다. 그들은 이중의 혼동 즉 육체와 영혼의 저주로 덮일 것이다.[52] 온유함과 겸손함으로 빛나는 사람들은, 비록 그들이 많은 부를 가지고 있을 지라도, 여전히 그리스도께서 생각하실 때 그의 오른편에 놓일 것이다.

참으로 몇몇 사람들은 우리는 모든 것을 버릴 수 없으며 병들었다고 말한다. 우리는 살 수 있도록 필요한 것을 지켜야 한다. 그리고 그것은 합법적이다. 그러나 그들이 하나님을 위해 걱정과 가난과 곤궁을 감히 겪지 않기 때문에, 그들의 가치는 그렇게

---

46. 억눌린.
47. 세상.
48. 기쁨.
49. 마 19:23.
50. 약속했다.
51. 마 19:28.
52. 시 108(109):18.

높지 않다. 그러나 만일 그들이 세상적인 일들과 사무들을 버리고, 지치지 않고 일어나 묵상하고 기도한다면, 하나님의 은총에 의해서 그들은 덕의 높이에 오를 수 있으며 자신을 하늘의 것을 명상하는 데로 고양시킨다. 그들이 가진 부에 완전한 사랑을 주지 않고, 가지고 있으면서도 그것들을 단념한다면 말이다.

주의할 것이 있다. 충분한 것 이상을 추구하는 것은 악한 탐욕이다. 필요한 것들을 뒤로 감추는 것은 잘못이다. 그러나 모든 것을 버리는 것은 완전이다. 그러므로 그들이 닿을 수 없는 높은 것을 보는 동안, 자기가 가진 작은 것들 때문에 자랑하지도 우쭐하지도 않으며 그래서 사람의 생활의 질서에 예의 바르게[53] 오를 수 있다: 그것에 대해 이제 이야기할 것이다.

제4장 사람의 생활의 질서

사람이 의로 옷 입고[54] 하나님을 경배하며, 그 자신과 그의 이웃을 이롭게 하기 위해서는 네 가지가 거론되어야 한다.

첫째, 사람을 더럽게 하는 것이 무엇인가?[55] 죄에는 세 가지 종류가 있다. 즉 생각과 입과 일의 죄이다. 사람이 하나님을 거스르는 것을 생각할 때, 그는 생각으로 죄를 짓는다. 사람이 그의 마음을 하나님을 찬양하고 사랑하는 것으로 채우지 않으면 마음은 다양한 생각으로 [넋을 잃거나 동요되며] 세상 안에서 공허하게 된다. 거짓말할 때 사람은 입으로 죄를 짓는다. 거짓 맹세할 때, 저주할 때, 험담할 때, 잘못을 옹호할 때, 어리석은 말을 하거나 더러운 말을 할 때, 또는 헛된 것들이나 한가한 것들을 가져올 때 그는 입으로 죄를 짓는다. 사람은 여러모로 행위로 죄를 짓는다. 호색, 벌받을 접촉 또는 입맞춤, 자신을 괴팍스럽게 더럽히는 것, 또는 대단한 이유 없이 그

---

53. 적절히, 즉, 질서 있게.
54. 방향을 잡고.
55. 이하는 *The Form of Perfect Living*, ch. 6를 보라.

가 더럽혀질 수 있다고 생각하는 경우들을 야기하거나 유지하는 것, 강도, 도둑질, 사기, 살인, 그리고 여타의 다른 행위로 인해 죄를 짓는다.

둘째, 사람을 깨끗하게 하는 것들은 무엇인가? 이것도 세 가지인데, 앞서 말한 세 가지에 반대 된다. 즉, 하나님을 찬양하고 경배하거나 그를 사랑하는 데에 속하지 않는 생각을 뉘우치고 욕망을 뽑아 버리는 것이다. 입의 고백은 때에 맞아야 하고 꾸밈이 없어야 하며[56] 온전해야 한다. 행위의 충족은 세 가지로 이루어진다. 자신을 거슬러 죄를 지었을 때는 금식한다. 하나님을 거슬러 죄를 지었을 때는 기도한다. 이웃을 거슬러 죄를 지었을 때는 자선한다. 그러나 다른 사람들의 재물로 자선을 베풀어서는 안 되며 되돌려 주어야 한다. 빼앗긴 것이 돌려지지 않는다면 죄는 용서받지 못하기 때문이다.

셋째, 어떤 것들이 마음의 청결을 유지하는가? 그것들도 세 가지이다. 하나님을 생각하는 데에 민첩해야 한다.[57] 모든 사람에게 공통인 잠자는 시간을 제외하고는 하나님을 생각하지 않는 시간은 없어야 한다. 너의 외적인 분별, 즉 맛보고 음미하고 듣고 보는 것을 부지런히 살펴, 그것들이 통제의 고삐 아래 현명하게 제한되도록 하라. 세 번째는 거룩한 법전을 읽는 것, 하나님에 관해 말하는 것, 쓰는 것 또는 어떤 다른 좋은 행위를 하는 것과 같은 정직한 몰두가 있어야 한다.

입의 정결함을 지키는[58] 데 또한 세 가지가 있다. 말의 신중함, 많은 말을 피하는 것, 그리고 거짓말하는 것을 미워하는 것이 그것이다.

일의 정결함을 유지하는 데에도 세 가지가 있다. 식사의 절제, 악한 무리를 떠나는 것, 그리고 종종 죽음을 염두에 두는 것이다.

넷째, 우리가 하나님의 의지에 순응하도록 이끄는 것들은 무엇인가? 그것도 세 가지이다. 피조물의 본보기는 숙고에 의해 얻어진다. 하나님의 선하심은 묵상과 기도에 의해 느껴진다. 하늘나라의 환희는 명상에 의해 어느 정도 얻어진다.

이렇게 현명하게 사는 하나님의 사람은, 흐르는 물가에 심겨진 나무와[59] 같이 될

---

56. 전적인.
57. 생동하는.
58. 보존하다.
59. 시 1:3.

것이니, 그것은 은총의 물결이다. 그는 언제나 덕으로 푸르며, 결코 죄에 의해 마르지 않을 것이다. 그리고 때에 따라 열매를 맺을 것이다. 그는 모범이 되는 선한 일을 할 것이며 하나님을 예배하는 선한 말을 할 것이며, 헛된 영광을 얻기 위해 이것들을 팔지 않을 것이다. 먹을 때에 금식하거나 그 역을 행하는 사람들을 거슬러, 과일이 썩고 나서야 주는 탐욕스러운 사람들을 거슬러, 그리고 그밖에 죽을 때까지 주지 않는 자들을 거슬러, 그는 "때에 따라" 라고 말한다.

그러므로 다음과 같이 말하는 자는 현명하게 기도하는 것이다. *Bonitatem et disciplinam et scientiam doce me*.[60] 즉 "경건,[61] 훈련 그리고 지식이 나를 가르친다." 행동을 바로 하거나 고치는 것 외에 무엇이 훈련이란 말인가? 첫째 그러므로 우리는 훈련에 의해 의로 교육받고 잘못을 수정받아야 한다. 그리고 그 후에 우리가 무엇을 해야 하는지 또는 무엇을 피해야 하는지를 알게 된다. 마침내 우리는 육신적인 일들을 즐기지 않고 영원한, 하늘의, 경건한 일들을 음미할 것이다.[62]

사람이 몹시 바쁜 중에도 자신을 그를 지으신 분의 뜻대로 옷 입히고 덕 안에서 자라며, 확고하게 살고 그리스도를 소망하며 다른 일을 미리 염려하지 않을 때, 그는 그것에 대하여 기뻐해서는 안 되며 자신을 칭찬해서도 안 되며 자신을 다른 사람들보다 낫게 여겨서도 안 되며, 차라리 자신을 가장 더럽고 가장 가련하게 여겨야 한다. 그는 자신 외에 어떤 사람도, 자신 앞에 놓인 다른 모든 사람들을 생각해서는 안 된다. 그는 사람들 중에서 거룩하다고 불리지 않을 것이며, 멸시되어야 마땅하게 여겨질 것이다. 그가 사람들 중에 올 때, 그는 순위에서 가장 마지막을, 평가에서 가장 적은 것을 얻을 것이다. 네가 위대할수록 너는 모든 것에서 더욱 유순해야 하기 때문이며, 그 때 너는 하나님 앞에서 높아지는 은총을 발견할 것이다.[63] 하나님의 힘은 크기 때문에 유순한 자들에 의해 높임을 받는다. 그러므로 그것은 교만한 자에 의해 멸시를 받는데, 그 까닭은 그들이 하나님을 예배하지 않고 자신의 기쁨을 추구하기 때문이다.

---

60. 시 118(119):66.
61. 선함 또는 친절.
62. 골 3:2.
63. Cf. 잠 25:6-7.

참으로 만일 네가 사람들의 평판과, 너의 거룩함과 선함을 보고 사람들이 네게 돌리는 명예와, 이생에서의 명성을 기꺼워한다면, 이미 네 상을 받았다는 것을 잘 알라. 그리고 만일 네가 천사들의 기쁨보다도 사람의 기쁨을 더욱 즐기면서 경탄할만한 회개와 자선을 한 것으로 보인다면, 장차 오는 때에 고통밖에는 아무 것도 너를 위해 예비 되어 있지 않다는 것을 알라. 그러므로 너는 완전히 네 자신을 경멸해야 하고, 전적으로 이 세상의 모든 기쁨을 버려야 하며 하나님의 사랑의 시야 안에서가 아니면 아무 것도 해서는 안 된다는 것을 생각해야 하며, 그래서 당신의 모든 삶이 내적으로나 외적으로나 소리 높여 하나님을 찬양하도록 해야 한다.

고기와 술을 거의 하지 말며 지혜로워야 한다. 네가 먹고 마시는 동안 너를 먹이시는 네 하나님에 대한 기억이 네 마음으로부터 떠나지 않도록 하라. 한 입 한 입 먹을 때마다 그를 찬양하고 칭송하고 영화롭게 하라. 그래서 네 마음이 네 고기보다 하나님을 더욱 찬양하도록 하며, 네 영혼이 어떤 시간에라도 하나님으로부터 떠나지 않도록 하라. 그렇게 함으로, 그리스도 예수 앞에서 너는 면류관을 받기에 합당할 것이요, 고기와 술로 대부분의 사람들을 노리고 현혹시키는 악마의 유혹을 피할 수 있을 것이다. 또한, 무례하게[64] 음식을 취하면 덕의 높이로부터 아래로 던져지게 되며, 혹은 너무 많이 절제해도 그 덕을 깨뜨리게 된다.

먹는 것에 불안정한 사람들이 많아서 항상 너무 적게 먹거나 또는 너무 많이 먹는 것이 사실이다. 그래서 이제는 이렇게 또는 이제는 저렇게 하는 것이 더 낫다고 생각하면서 삶의 형태가 유지되지 못한다. 현명하지 못하고 배우지 못한 사람들은 그리스도의 사랑의 달콤함을 결코 맛보지도 못하고, 오직 무분별한 절제만이 거룩하다고 생각한다. 그들은 거의 먹지 도 않고 그릇된 절제만을 하는데, 사람들 가운데서 자신이 두드러지게 알려지지 않으면, 하나님께 커다란 보상을 받지 못할 것이라고 생각한다.

절제는 그 자체로 거룩한 것이 아니다. 적절히 취해진 절제는 우리의 거룩함에 도움이 된다. 무분별한 절제는 오히려 거룩해지는 것을 막는다. 무분별한 절제는 훈련을 파괴하고, 훈련 없는 덕은 악덕으로 변할 것이다. 절제에서 뛰어난 사람이 있다면, 그는 사람들의 주목과 칭찬을 피해야 하는데, 이는, 아무 것에도 교만하지 않도록 하

---

64. 무절제하게.

여 모든 것을 잃게 되지 않도록 하기 위함이다. 실제로는 가장 최악일 때, 가장 절제하고 거룩하다고 생각하는 사람이 종종 있기 마련이다.

끝없는 사랑의 달콤함을 참으로 맛본 자는, 절제에 있어서 어떤 사람보다 자신이 훨씬 낫다고 절대 생각하지 않으며, 자신을 오히려 낮은 자로 여기고 다른 사람들을 훌륭하게 높일 것이다. 내가 생각하기로, 하나님을 기쁘게 하기에 가장 좋은 일은, 고기와 술을 때와 장소에 따라 맞게 하며, 형편에 따라 적절히 하는 것이다. 그렇게 해야 당신은 괴팍스러워 보이지도 않고, 종교를 꾸며내는 자로도 보이지 않을 것이다.

한 두 사람이 나를 좋게 생각한다 해도, 다른 사람들은 분명 나를 위선자, 혹은 꾸며내는 자로 부를 것이라는 것을 분명히 알고 있어야 한다. 보통의 사람들은 절대 그렇지 않겠지만, 헛된 영광을 탐내는 자들이 늘 있다. 그들은 거의 먹지 않음으로 해서 사람들의 말을 그들에게 끌어오기도 하고, 다른 이들로부터 여러 모양으로 보이도록 고기를 다른 방식으로 조달하기도 한다. 그들의 광기와 완고함이 내게서 떠나갈진저.

진실로, 금식하는 자들은 더 크게 절제하는 사람들을 거의 좋아하지 않는다는 것은 맞는 말이다. 그들이 그렇게 하지 않기 때문에 그렇게 크게 절제하는 것이 마음에 유감이 되는 것이다. 그리고 크게 절제하는 사람들은 다른 사람들이 덕에서 더욱 고매하다고 생각한다. 그들의 뛰어난 덕은 사람들에게 감추어져 있다. 반면, 그들의 덕 즉 절제는 많은 사람들에게서 칭송을 받는다. 그러나 그것이 그리스도 앞에서 온순함과 사랑을 갖추지 않는다면, 그것은 아무 것도 아니다.

진실로, 다른 사람들의 덕이 사람들 눈엔 보이지 않을 때 더욱 큰 것이다. 사람이 하나님께 관하여 얼마나 많은 사랑을 지니고 있는지, 그의 이웃에 대해 얼마나 큰 연민을 지니고 있는지 누가 알랴? 그리고 의심할 바 없이 사랑의 덕은 모든 금식이나 절제 그리고 보이는 다른 모든 일들을 뛰어넘는다. 그리고 종종 사람 앞에서 거의 금식하지 않는 것으로 보이는 자가 그리스도 안에서 그리스도 앞에서 가장 뜨거운 사랑을 가진 자이다.

용감하게 하나님을 사랑할 자는 참으로 굳세야 한다. 큰 병으로 약화된 육신 때문에 사람은 종종 기도할 수 없고 자신을 뜨겁게 바라는 고차적인 것들을 향해 더욱 더 고양시킬 수 없다. 그러니 나는 사람이 과도하게 많은 금식으로 약해지기보다는 차라리 크게 사랑함으로 약해지는 것이 낫다고 본다. 신부가 스스로 말한 것처럼 말

이다: *Nunciate dilecto quia amore langueo*[65] 즉 "나의 사랑에 너 자신을 보이라. 나는 사랑에 목마르기 때문이다."

그러므로 너의 모든 길에 굳건히 서서 네게 제시된 법을 따라 네 삶을 옷 입히라. 그리고 처음에 네가 원하는 것을 얻지 못하더라도 불신하지 말고 다만 남아 있으라. 오랜 습관과 시간에 의해 너는 완전에 이를 것이다.

네가 만일 순례자가 되어, 이생에서 도중에 멈춘 일이 있었다면, 하나님을 향해 항상 눈을 들라. 네 생각이 그에게서 이탈하지 않도록 하라. 네가 하나님에 대해서 생각하지 않은 잃어버린 시간이 있는지 생각하라. 밤에 그를 찬양하며 그의 사랑을 구하라. 자면서도 하나님을 찬양하며 생각하고, 다른 약삭빠른 일들로 그 시간을 채우지 않도록 하라. 헛된 생각으로 흐르지 않게 유의하며, 너를 너무 많은 일들에 내어주지도 말라. 다만 공부하여 정신의 견실함을 얻고 유지해서, 이 세상의 비참함을 꿈꾸지도 말며 거기에서 오는 재물을 무례하게 탐하지도 말라. 역경을 겪는 것을 두려워하는 자는 우리가 세상을 경멸해야 한다는 것을 아직 모르는가. 지상의 것들을 즐기는 자는 영원한 것들에서 거리가 멀다.

모든 역경과 번영은 진실로 힘의 미덕에 속한다. 또한 끝없는 삶을 위해 죽음을 경멸해야 한다. 사랑은 오직 하늘의 것들을 바라는 것이다. 완전하게 사랑하는 자는 진실로 죽기를 기뻐하며 온순하게 삶을 겪어간다. 만일 네가 그리스도의 선물에 의해 그러한 완전을 향해 오르고 있다면 네게 아직 고난과 시험이 없을 수 없다: 이제 이것에 대해 말할 것이다.

제5장 고난

악마는, 수천 명 중에서 한 사람이라도, 완전히 하나님께로 돌아서서 그리스도의 삶

---

65. 아 5:8.

을 좇아 지금 있는 이 세상을 경멸하고 오직 보이지 않는 것들을 사랑하고 그것만을 보며 완전한 회개를 하고 자신을 정신과 육체의 모든 더러움으로부터 깨끗이 하는 것을 보면, 천 가지 성가신 골칫거리와 천 가지 싸움의 술책을 준비하여 그를 하나님의 사랑으로부터 세상의 사랑으로 던져 그를 다시 죄의 더러움으로 채우도록 꾸며서,[66] 적어도 음란한 생각을 하며 하나님을 미워하도록 만든다. 악마는 그를 거슬러 박해와 고난과 중상과 죄에 대한 거짓 비난과 모든 종류의 증오를 일으킨다. 고통이 그를 죽이고 깨트려서 번영이 속일 수 없게 한다.

교활한 마음을 품은 악마는 그의 앞에 와서, 그의 정신에 육체적인 것들의 이미지를 가져다 놓는다. 그는 죄의 환상들을 총동원한다. 그는 과거의 사랑의 오랜 간교함과 환희를 끌어온다. 그는 마음과 육신을 호색의 불로 달아오르게 한다. 그는 가장 적은 것으로 시작하여 마침내 사악함의 최대의 불꽃을 향해 나아간다. 우리가 하나님의 사랑에 의해 그의 조롱으로부터 벗어난 것을 매우 슬퍼하는 만큼 그는 우리에게 모든 종류의 시험과 고통과 고난이 몰아닥치도록 연구하는 것을 막중한 일로서 수행한다.

그는 우리가 받아들인 비육체적이고 달콤하며 가장 순수한 영원한 사랑에서 우리를 떼어놓는 것 말고는 생각하지[67] 않으며 다시[68] 우리를 비참의 구렁텅이에서 더럽힐 생각밖에는 하지 않는다. 우리에게는 말할 수 없이 비참할 일이다.

누가 왕의 맛있는 진미로부터 나와서 돼지의 음식에까지 추락하는 그의 광기를 생각할 수 있겠는가? 그가 미쳐갈수록 자연 그대로의 지혜라는 그 맛있는 음식을 버리고 자신을 육신의 더러움 아래 던지는 것이다. 그들이 하는 일이 폭식과 호색의 더러운 도덕적 타락이 아니며 그들이 그렇게 하도록 먹이는 것이 악마가 아닌가?

그러므로 우리가 대적들의 고난과 시험에 맞서 어떻게 해야만 하는지, 어떻게 맞설 수 있는지를 인내가 우리에게 가르칠 것이다. 이제 그에 대해서 이야기 하도록 하자.

---

66. 고안하다 또는 장치하다.
67. 추구하지.
68. 나중에.

제6장 인내

그리스도를 사랑하는 하나님의 자녀들은, 비이성적인 짐승들의 음식을 탐하는 것을 경멸하고 모든 불법적 탐욕과 세상적인 위로를 멸시한다. 하늘에서[69] 내려오는 음식으로 길러진 사람은, 진실로 그의 소망을 사탄에 의해 움직이는 것들에 두지 않는다. 시험과 고난이 발생하면 영적으로 무장하고 전쟁에 나가야 한다.

시험은 진실로 확고한 신앙과 사랑으로 극복된다. 고난은 진실로 인내로 극복된다. 역경을 선하고 꿋꿋하게 견디는 것 외에 무엇이 인내이겠는가? 그러므로 인내하는 자는 어떤 슬픔 가운데서도 투덜대지 않으며 오히려 항상 예언자와 함께 하나님을 찬양한다.[70] 사람이 그의 괴로움을 인내할수록 그는 하늘에서 더 영화롭게 될 것이다.

그러므로 역경과 고난과 비통과 고통과 병과 목마름 가운데서도 기쁘게 고난을 겪어야 한다. 왜냐하면 이러한 것들에 의해 우리들의 죄가 정결해지고 보상이 증가되기 때문이다. 진실로 우리는 이생에서 [또는 이생 후에 하나님의 사랑과 고난의 불로 태워져야 한다] 정화의 불을 겪든지 지옥에서 가장 비통하게 고통을 당하고 처벌 되든지 할 것이다. 그러니 선택하라. 우리는 이들 중 하나라도 피할 수 없을 것이다. 우리가 하나님께 부착해있다면 기쁨으로 다가올 모든 고난을 피할 수 있다.

그래서 고난은, 우리를 세상을 사랑하는 데서 불러내고, 다른 세상에서 더욱 슬프게 처벌받지 않도록 하기 위해서 우리에게 보내진 것이다. 진실로 우리는 울면서 우리의 탐욕이 저지른 죄를 정결하게 해야 한다. 죄인들이 우리 등 위에 죄를 쌓는다 해도,[71] 그것을 인내하면 죄인들은 우리가 아닌, 그들 자신을 괴롭히게 된다. 그들이 우리에게 적은 고통이라도 줄 때에, 우리에게는 면류관이, 그들 스스로에게는 고난이 있을 것이기 때문이다.

---

69. 요 6:53-58.
70. 시 34(35):28.
71. 시 128(129):3.

죄인들은 이생을 커다란 고난 없이 지나간다. 다가올 시간에 그들에겐 어떤 기쁨도 남아 있지 않게 될 것이기 때문이다. 거룩한 사람들이 고난을 사랑하는 것은, 그들이 홀로 끝없는 삶을 얻을 것을 알기 때문이다. 반대로, 거절당한 자들은 항상 역경 가운데서 불평하며 가능한 한 도망치려 한다. 그들은 보이는 것들에 너무나 많이 내어져, 영원한 것들의 희망을 박탈당했기 때문이다. 그들은 하늘의 풍미를 완전히 잃었기 때문에 오직 바깥의 것들에서 위로를 발견한다.

이성적인 영혼은, 피조물을 사랑하거나 혹은 피조물들을 지으신 분을 사랑하지 않을 수 없다. 피조물을 사랑한다면 하나님을 잃고 사랑하는 것들과 함께 죽음에 이르게 된다. 진실로 그러한 사랑은 처음에는 수고와 경망이요, 중간에는 권태와 비참이요, 그리고 종국에는 증오와 고통이다.

진실로 그의 창조주를 사랑하는 사람은 세상 안에 있는 모든 것들(*omnia quae*)을 버리고 그분만을 완전히 달게 여기며 그분과 함께 말한다. 그분을 생각함으로 그는 생기를 얻는다. 그는 외적 지혜를 걷어차서[72] 죽음이 창문으로[73] 오르지 않도록 한다. 그리고 헛된 것으로 무익하게 점령당하지 않도록 한다. 때때로 그에 대한 경멸과 책망과 조소와 중상이 발생하기 때문에 인내의 방패를 취하고 잘못된 것들을 알기보다는 잊는 데에 더욱 준비되어야 한다. 그는 자기를 미워하고 내던지는 자들이 돌아오기를 기도해야 하며 사람을 기쁘게 하기 위해 염려하지 말고 하나님께 죄 짓지 않을까 두려워해야 한다.

만일 네가 육신으로 시험을 당한다면 그것을 복종시켜서 영이 정복되지 않게 하라. 우리가 동의하지 않는 시험은 참으로 덕을 사용하는[74] 문제이다. 어느 누구도 그가 시험받을 때까지는 자신이 약한지 또는 강한지를 알지 못하기 때문이다. 마찬가지로 평화로울 때 사람은 인내를 요구받지 않지만 나쁜 짓으로 끌려갈 때는 그렇지 않다. 그때 그는 자신이 인내를 가지고 있는지를 본다. 뽑히지 않을 때 많은 사람은 인내하는 것처럼 보이나 부드러운 바람 – 나는 지금 죄가 아니라 교정을 말하는 것이다 – 이 그들에게 닿을 때 그들의 정신은 곧 비통과 진노로 돌아선다. 그리고 그들의 의

---

72. 빗장을 질러 잠그다. 죄다.
73. Cf. 렘 9:21.
74. 연습하는.

지를 거스르는 말을 한마디라도 듣는다면 더 경건하지 못한 두 마디를 되돌려준다. 그러한 자들의 모임에 내 영혼은 가지 않는다.

그러므로 우리 대적의 화살들은 그리스도의 사랑이 가진 온유함과 상냥함으로 약해져야 한다. 비록 통탄스러울지라도 유혹에 내어지는 위치는[75] 약해지지 않는다. 시편이 말하듯이 전투가 클수록 승리와 영광의 면류관이 주어진다. *Beatus vir qui suffert tentationem, quoniam cum probatus fuerit accipiet coronam vitae*,[76] 말하자면, "시험을 견디는 자는 복이 있다. 그가 이겼을 때 하나님이 그의 사랑하는 자들을 위해서 명령하신 생명의 면류관을 받을 것이기 때문이다."

찬양 받을 때 멸시받고, 부유할 때 가난하며, 먹을 때 배고프다면, 네가 완전한 삶 가운데 있다는 것을 의심하지 말라. 네가 정신의 고도에서 아무 것도 아닌 데로 추락하더라도 영혼을 가지고 그것들을 겪으라. 할 수 있는 한 사람들의 칭찬에서 벗어나며 그것을 증오하라. 사람으로부터 칭찬받는 것이 아니라 찬양받을 가치가 있는 것이 가장 찬양받을만하다. 아첨꾼들의 혀는 많은 사람들을 속이고 중상자들의 혀는 많은 이들을 파괴한다. 그러므로 선호와 숭배와 모든 헛된 영광을 경멸하라. 저주와 증오와 험담을 겸손하게 겪으라. 중상과 명성으로, 고난과 분노로는[77] 하늘나라를 향해 서두르는 것을 중단시킬 수 없다.

우리는 종종 타락하지만, 많은 기회들에 의해 가르침을 받아 더욱 강건하게 서게 된다. 강한 자는 두려워하지 않으며 인내하는 자는 고난 가운데서 삼켜지지 않는다. 기록된 바, *Non tristabit justum quicquid ei acciderit*,[78] "의인에게 무슨 일이 일어나든지 그것은 그를 삼키지 못한다." 그러므로 놀랄 것도 없이 너는 모든 시험을 극복할 것이고 모든 중상을 약하게 할 것이다. 너는 너를 괴롭히는 자들이 너보다 더 비참하다는 것을 보게 될 것이다. 그리고 네 정신을 다해 그리스도에게 부착할 것이다.

---

75. 장소.
76. 약 1:12.
77. 보다 나은 본문에 따르면 아마도 "아첨하는"이 더욱 적당할 것이다.
78. 잠 12:21.

제7장 기도

만일 네가 시험이나 고난에 처한다면 즉시 기도로 달려가라. 진실로 분명히 기도하면, 너는 도움을 얻을 것이다.[79] 때때로 험담이 일고 마음이 동요되고 여러 가지 생각이 마음을 강탈하여 하나님을 찬양할 수 없게 된다. 그때 그것은 뜻밖에도 정신이 보다 안정될 때까지 거룩함을 생각하는 좋은 시간이 되어, 너의 기도들이 이루어지게 된다.

진실로 하나님을 사랑하기 위해 세상의 모든 일들을 떠나 항상 거룩한 기도와 묵상에 바쳐진 사람은, 하나님의 은총으로 짧은 시간 안에 그들의 마음이 안정되어 사랑하고 기도할 수 있다고 나는 생각한다. 그들은 이리 저리 흔들리지 않으며, 휴식과 끝없는 평화에 거주한다. 자주 기도에 종사하고 독실하게 시편을 노래하는 것은 마음이 충분히 안정을 얻도록 위로한다.[80] 기도에 힘쓰면 우리는 진정 악마를 물리치고 그들의 매복과 선동을 느슨하게 할 수 있다. 악마는 말 그대로 힘이 없이 되지만, 우리는 강해서 삼켜지지 않고서 계속해 기도한다.

참으로 오랜 훈련을 통해 기도하는 것을 습관화한 사람들은, 때때로 더 많은 달콤함을 얻으면서 더더욱 기도를 열렬히 사모하게 된다. 그러니, 달콤함과 열이 지속되는 한은 기도를 중단하지 않는 것이 좋다. 타락한 육신 때문에 우리는 종종 기도를 중단하지만, 비록 기도가 중단되었다 해도, 성경을 읽거나 어떤 다른 유익한 일을 해서 하나님으로부터 우리의 생각이 흔들리지 않게 하고, 다시 기도로 돌아왔을 때에는 전보다 더 기민해야 한다.

진실로 우리가 다른 아무 것에 대해서도 생각하지 않고 우리의 모든 정신을 하늘을 향해 옷 입히고 우리 영혼을 성령의 불로 타오르게 하는 그때, 우리는 기도를 잘 할 수 있다. 하나님의 선하심의 풍성함이 우리 안에서 참으로 발견된다. 우리 마음의 가장 깊은 골수로부터 하나님의 사랑이 일어날 것이며, 우리의 모든 기도는 소망과

---

79. 약 5:15.
80. 힘을 준다.

열매가 있게 될 것이기 때문이다. 우리는 말을 앞서지 말고 거의 모든 음절을 커다란 부르짖음과 갈망으로 우리 주님께 아뢰어야 한다. 우리의 마음이 뜨거운 불로 타오르기 때문에 우리의 기도 역시 타오르며, 하나님을 볼 때 우리의 입에서 달콤함의 풍미가 드려질 정도로 기도하는 것은 커다란 기쁨이다. 기도하는 동안에 놀라운 달콤함이 기도하는 자에게 주어지기 때문에 기도는 노래로 변한다.

여기서 몇몇 사람들은 기도보다는 차라리 묵상에 주의를 기울이라고 꾸짖는다. 그들은, 불타오르는 하나님의 말씀을 알지 못하며, 기도로 죄의 더러움이 정결해지고 마음이 사랑으로 뜨거워지는 것에 대해 알지 못한다. 그들은 먼저 묵상해야 그들의 마음이 안정될 것이라고 말한다. 그러나 기도로 안정되지 않으면 그들은 후에도 안정되지 않는다.

우리가 하고자하는 대로 마음을 모을 수 없다 해도, 포기해서는 안 된다. 조금씩 기도에서 자라가기를 공부해서 마침내 그리스도께서 우리를 평안하게 하시도록 해야 한다. 그 정도와 방식은 헤아릴 수 없더라도 묵상은 그것에 도움이 된다.

제8장 묵상

그리스도의 수난과 그의 죽음을 묵상하는 것은 선하다. 그리스도가 우리의 회복을 위해서 값없이 정처 없이 다니고 설교하며, 얼마나 많은 배고픔과 추위와 더위와 비난과 저주와 고생을 겪으셨는가를 상기하는 일도 선하다. 무익한 종이 그의 주님과 임금을 따르는 것은 통탄스러운 일이 아니다.

그리스도 안에 산다고 말하는 사람은 참으로 그가 행하신 길을 걸어야 한다.[81] 그리스도께서는 예레미야를 통해 말씀하신다. "나의 가난과 나의 길을 마음에 두며 고민과 심통(心痛)을 마음에 두라"[82] 즉, 슬픔과 비통, 그것에 의해 나는 세상을 떠나

---

81. 요일 2:6.
82. 애 3:19.

아버지께 갔다.

진실로 이것을 마음에 두거나 묵상할 때, 악마를 물리치고 악마가 놓은 덫을[83] 파괴할 수 있다. 묵상은 육신의 시험을 약화시키며, 영혼을 그리스도의 사랑을 향해 달아오르게 한다. 정신을 깨우고 정결하게 하고 정화시킨다. 새롭게 그리스도에게로 돌아오는 자들에게는 다른 어떤 것보다도 묵상이 가장 유익하다고 생각한다. 묵상으로 예수 그리스도의 인성이[84] 나타나며, 묵상을 통해 사람은 계속하여 즐거워하기 때문이다. 묵상 안에서, 그는 기쁨과 슬픔의 문제를 발견한다. 기쁨은 우리를 구속하셨다는 안전함 때문이며, 슬픔은 우리 죄의 더러움 때문이다. 우리 죄 때문에 그토록 귀중한 제물이 희생된 것을 슬퍼하는 것이다. 모든 육신적 방해물들이 [그 인성에 대한] 거룩한 [묵상과 명상]에 의해 소진될 때까지 거칠고 육신적인 영혼은 신성을 명상하는 데로 빼앗기지 않는다.

사람이 정결한 마음을 갖기 시작하고 육체적인 것들의 어떤 형상도 그를 속이지 못할 때, 그는 안전하게 차원 높은 것들에 받아들여지며, [신성]의 사랑으로 놀랍게 즐거워진다. 어떤 이들은 복된 천사들과 그리스도를 즐거워하는 거룩한 영혼들의 기쁨에 관해 참으로 생각한다. 이 생각은 명상에 속한다. 어떤 이들은 사람의 정황과 그의 더러움의 비참에 관해서 생각하고 이생의 허영을 위해서 보이지 않는 즐거움을 잊는 인간의 어리석음을 생각하면서 논쟁한다. 어떤 사람들은 이러한 그들의 생각을 이렇게 설명한다. 그들은 그들의 창조자를 찬양하고 갈망하는 것 외에는 아무 것에도 의지하지 않으며, 이생에서 사람이 할 수 있는 만큼 많이 그를 사랑한다. 이러한 방법으로 갈망하고 의지하며 사랑하는 것에 익숙해지기 전에는, 묵상에 이를 수 없다. 묵상은 실로 다른 것들보다 훌륭한 방법으로, 사람을 가장 명상적으로 만들어준다.

성도들의 일과 습관이 다양한 것만큼, 묵상도 다양하다. 하지만 모두 한 뿌리에서 나왔고 한 목표를 향해 가며 한가지 축복에 이르도록 인도된다. 다양한 방식이라도 한 사랑을 통하기 때문에 하나 안에서도 풍성해진다. 시편은, Deduxit me super semitas justitiae.[85] 즉, "그는 우리를 의의 길로 인도하셨다."라고 말한다. 의는 하나

---

83. 간교.
84. 한 사본은 *humilitas*로, 다른 사본은 *humanitas*로 읽는다.
85. 시 22(23):3.

지만, 영원한 삶의 기쁨에 이르는 길은 많다. 하나의 존재에서 나오지만, 다양한 필요들에 의해 파생되기 때문이며, 하나의 의로움 안에서 다양한 길에 의해 하나님께 인도되기 때문이다. 어떤 이는 낮은 길로 가고 어떤 이는 비천한[86] 길로 가며, 어떤 이는 높은 길로 간다. 고상한 길은 영원으로부터 그리스도를 더욱 사랑하도록 정해진 자에게 주어진다. 그가 다른 사람들보다 더 많이 일했기 때문이 아니며 더 많이 주거나 더 많이 고생했기 때문이 아니라 더 많이 사랑했기 때문이다. 그 사랑은 열이요 달콤함이며, 모든 사람 안에서 휴식을 찾는다.

사람은 여러 길들 중 어느 한 길에서 스스로 시작하지 않는다. 그는 하나님이 그에게 선택해 주신 것을 받아들인다. 때때로 더 높이 있는 것처럼 보이는 자들이 더 낮게 있으며, 그 반대의 경우도 가능하다. 그것은 사람의 외부에서 행해지는 것에 있기 때문이 아니라, 하나님 앞에 있는 영혼의 내면에서 일어나는 일이기 때문이다. 묵상의 성향과 갈망에 따라 그들은 이 길, 혹은 저 길로 옷 입혀진다. 하나님 앞에서 누가 더 하고 누가 덜 한지는 바깥의 모습으로 알려지지 않는다. 따라서 선택된 자들에 대해 의견을 말하는 것은 어리석은 일이다. 그들의 정신을 분명히 알지 못하고서 판단하거나, 그들의 공로에 대한 보상이 덜하다고, 혹은 그렇지 못하다고 말하는 것은 어리석다. 그들 자신이 제대로 알고 있다면, 올바르게 생각할 것이다.

따라서 하나님은 모든 피조물에게 그것을 숨기시어, 누구는 너무 많이 경멸당하게, 혹은 누구는 너무 많이 존중받게 하시지 않는다. 우리가 어떤 사람의 마음을 꿰뚫어 볼 수만 있다면, 냄새나고 더럽다며 경멸받을 많은 사람들이 존중받을 것이며, 우리가 관심조차 두지 않고 보고 싶어 하지도 않던 것들이 가장 사랑스러운 것처럼, 거룩한 천사들처럼 존중받을 것임이 분명하기 때문이다.

하나님은 또한, 좋은 생각과 [하나님께 속한 것으로] 선택된 사람들의 묵상과 그의 은총에 의한 것들을 각 사람의 상태와 조건에 가장 맞게 아낌없이 주신다. 나의 묵상을 당신에게 말해줄 수는 있지만, 나는 당신의 내면의 갈망을 보지 못하기 때문에 당신에게 가장 맞는 효과적인 것을 말해줄 수 없다. 참으로 당신 안에 있는 묵상들이야말로 하나님을 가장 기쁘게 하며 그의 자비가 당신에게 흐르게 하는 데에 가

---

86. 중간의.

장 유익하다고 생각한다.

그래도 처음에는 늘 다른 사람들의 말을 염두에 두는 것이 좋다. 나는 그것을 잘 알고 있다. 진실로 네가 박사들의 가르침을 무시하고 스스로 책보다 더 나은 것을 찾을 수 있다고 생각한다면, 너는 아직 그리스도의 사랑을 맛보지 못한다는 것을 확실히 알라. "하나님이 그들을 가르치셨으니 그러면 왜 나를 가르치시지 않겠는가?"라고 말하는 것은 참으로 어리석다. 이렇게 말하고 싶다. 너는 아직 그들만큼 되지 않았다. 너는 오만하고 억세지만, 그들은 비천하고 온순했다. 그들은 모든 것 아래로 자신을 낮추면서 성도들로부터 지식을 얻는 것 외에 아무 것도 하나님께 구하지 않았다. 그가 그들에게 가르치신 것은 우리가 그들의 책에서 배우도록 하시기 위함이다.

진실로 네가 묵상 중에서 그리스도의 사랑을 갈구한다면, 혹은 그의 찬양이 울려 퍼지기를 원한다면, 생각하건대, 너는 잘하고 있다. 하나님 안에서 달콤하게 느껴지는 생각이 너에게 더욱 유익하다. 달콤함이 없는 묵상은 달콤함이 필요하지 않다고 느끼는 경우를 제외하고는 너를 거의 유익하게 하지 못한다.

제9장 독서

만일 네가 하나님을 사랑하는 데에 이르기를 원하고, 하늘의 기쁨을 향한 갈망으로 타오르기를 원하고, 지상의 것들을 경멸하게 되기를 원한다면, 묵상과 성경을 읽는 일에 태만하지 말라. 그것의 대부분은 악마의 속임을 피하는 방법들을 가르치고 하나님을 사랑하는 것과 명상적 삶에 대해서 말한다. 엄격한 말들은 논쟁하는 자들과 현명한 자들에게 남아서 오랜 동안 거룩한 교리로 사용되어진다.

묵상과 성경읽기는 선에 이르고자 하는 우리에게 많은 유익이 된다. 우리는 독서로 우리의 실수와 선한 행위를 안다. 우리가 해야 할 것과 하지 말아야 할 것이 거기 있다. 그리고 거기서, 대적들의 가장 미묘한 속임수들이 우리에게 노출된다. 독서는 우리의 사랑에 불을 켜며 눈물을 자극한다. 우리가 모든 풍성함으로 독서와 묵상을

기뻐한다면, 우리에게 기쁨의 상이 있다.[87]

그러나 사람들의 존경이나 애호나 칭찬을 바라고 성경의 지식에 열심을 내지 말고, 오직 하나님을 기쁘게 하는 목적으로만 그리하자. 그러면 우리는 어떻게 그를 사랑해야 하는지 알고 우리 이웃들에게 같은 것을 가르칠 수 있다. 우리는 사람들에게 현명한 척 해서는 아니되며, 오히려 현명함을 칭찬받기 보다는 숨겨야 한다. 기록된 바, *In corde meo abscondi eloquia tua, ut non peccem tibe*,[88] 즉 헛되이 또는 허탄한 자랑으로 "당신에게 죄짓지 않도록 내 마음에 당신의 말을 감추었습니다."

그러므로 우리가 말을 하는 이유는 오직 하나님을 찬양하고 이웃을 교화하는 것 뿐이어야 한다. 다음의 말을 우리 안에서 완성하여야 한다. *Semper laus ejus in ore meo*.[89] "그를 찬양하는 것이 언제나 내 입에 있게 하소서." 이는, 우리가 우리 자신의 영광을 추구하지 않고 그리스도를 찬송하는 것을 거슬러 말하지 않을 때 이루어진다.

제10장 정신의 정결

이 아홉 가지에 접촉한 사람에게서 비로소 정신의 정결이 이루어지고 하나님이 보인다. 정결은 이생에서 지닐 수 있다. 그러나, 경미한 죄들로도 사람이 자주 더러워지는 이곳에서 얼마나 완전한 정결이 획득될 수 있는가? 성자들의 발도 지상의 먼지를 끌기 때문에 씻겨야 한다.

진정 "나는 죄로부터 깨끗하다"라고 말할 자가 누구인가? 이생에는 있을 수 없다. 욥은 이렇게 말했다. *Si lotus fuero aquis nivis, et effulserint velut munditiae manus meae, tamen sordibus intinges me, et abominabuntur me vestimenta mea*[90] 즉

---

87. Cf. 시 22 (23):5.
88. 시 118(119):11.
89. 시 33:2(34:1).
90. 욥 9:30–31.

"만일 내가 눈의 물로 씻기고,"(참된 회개를 의미한다) "내 손이 정결함으로 빛이 난다고 하더라도," 순결한 일 때문에, "너는 더러운 것으로 나를 만질 것이다." 피할 수 없는 경미한 죄들 때문에, "그리고 내 의복조차 나를 혐오할 것이다." 말하자면, 내 육신이 나로 하여금 나 자신을 혐오하도록 할 것이다. 그리고 매우 연약하고 실족하기 쉬우며, 이 세상이 좋아하는 아름다움을 사랑할 준비가 되어 있는 감각은 때때로 나로 죄짓게 한다. 사도는 말한다. *Non regnet peccatum in nostro mortali corpore*.[91] "죄가 우리의 죽을 육체를 지배하지 않는다." 말하자면, "죄는 우리 안에서 왕 노릇하지 않으나 없을 수 없다."

그러므로 사람은 이생에서 어떤 정결을 가질 수 있는가? 전에 말한 것과 같이, 자신을 독서와 기도와 묵상을 공부하는 데에 올바르게 사용한다면 그것은 참으로 가치 있고 대단한 일이다. 진실로, 비록 그가 때때로 경미하게 죄를 짓더라도, 여전히 곧, 그의 모든 정신이 하나님을 향하여 옷 입고 있기 때문에, 그것은 파괴된다. 사랑의 열은, 이른바 한 방울의 물이 거대한 불 속으로 떨어지는 것처럼, 참으로 그 안에 있는 죄의 모든 탐욕을 소탕한다.

그러므로 정결하게 된 영혼이 가져야 할 덕은 정신을 하나님을 향해 열중시키는 것이다. 이 단계에서는 모든 생각이 그리스도를 향해 옷 입기 때문이다. 모든 정신은, 비록 그가 다른 사람들에게 말하는 것처럼 보일지라도, 그에게 펼쳐져 있다. 진실로 깨끗한 양심 안에서는 어떤 것도 쓰거나, 날카롭거나, 단단하지 않으며 모든 것이 달콤하고 사랑스럽다. 마음의 정결에서 기쁨의 노래와 달콤한 소곡(小曲)과 즐거운 환희가 솟아난다. 그때 하나님의 놀라운 기쁨이 때때로 완전하게 주어지며, 하늘의 노래가 안으로 흐른다. 이 상태에서 사람은 그가 결코 잃어버리지 않을 사랑 안에 있다는 것을 알게 된다. 그는 큰 공포 없이 살지 않는다 – 고통을 겪지 않기 위해서가 아니라 그의 사랑하는 자에게 죄 짓지 않도록 하기 위해서이다.

나는 스스로 보기에도 대단히 비참하기 때문에, 아직 할 말이 남아 있다. 종종 내 육신은 괴롭힘을 당하고 시험 당한다. 앞서 말한 것 안에, 하나님을 사랑하는 것과 명상적 삶에 대한 내용이 포함되어 있지만, 그 중 어떤 부분들은 그대의 필요와 유

---

91. 롬 6:12.

익을 위해 더욱 특별히 다루어져 설명되어야 한다.

제11장 하나님을 사랑함

오 사랑스럽고 즐거운 빛이여 그것은 만들어지지 않은 나의 창조자입니다. 얼굴과 나의 내적인 눈의 예리함을, 만들어지지 않은 정결함으로 빛나게 하소서. 나의 정신이 불결함으로부터 골수에서 정화되고 은총으로 놀랍게 되어 사랑의 차원 높은 환희로 민첩하게 날아가게 하소서. 그리고 당신의 풍미로 달아올라 예수, 당신을 기뻐하며 앉아서 쉬게 하소서.[92] 그리고 저 하늘의 달콤함으로 황홀하게 되고 보이지 않는 것들을 보면서 안정 되게 하소서. 결코, 경건한 것들이 아니고서는 기뻐하지 않을 것입니다.

오 영원하신 사랑이여, 내 영혼에 불을 붙여 하나님을 사랑하게 하소서, 그래서 그를 껴안는[93] 것 외에 아무 것도 내 안에서 타오르지 않게 하소서. 오 선하신 예수여, 누가 나에게 지금 느껴지지도 보이지도 않는 당신을 느끼게 하겠습니까? 당신을 내 영혼의 내장 안으로 쏟으소서. 내 마음속으로 오셔서 그것을 당신의 가장 정결한 달콤함으로 채우소서. 나의 정신을 당신의 달콤한 사랑의 뜨거운 포도주로 적시어서 모든 병과 천한 비전과 상상들을 잊게 하소서, 그래서 오직 당신만을 소유하며 예수 나의 하나님 안에서 기뻐하며 즐거워하게 하소서. 앞으로는, 달콤하신 주여, 나에게서 떠나가지 마시고 계속해서 나와 더불어 당신의 달콤함 안에 계시옵소서. 당신의 현존만이 내게 위로가 되며 당신의 부재만이 나를 고통스럽게 하기 때문입니다.

오 원하시는 곳에 은혜를 주시는 거룩한 성령이시여, 내 안으로 오셔서 나를 당신에게로 취하소서. 당신의 달콤한 은총으로 지으신 본성을 변화시키소서. 그래서 내

---

92. Cf. *Of the Virtues of the Holy Name of Jesus*, in Heseltine, *Selected Works*, pp. 81 ff.; 또한 *Of Delight in God and Ghostly Gladness*, in Heseltine, *op. cit.*, pp. 104–06.
93. 포옹하다.

영혼이 당신을 사랑하는 기쁨으로 채워지고 이 세상의 모든 것들을 경멸하고 던져버리게 하소서. 내 영혼이 당신으로부터 신령한 선물들을 받게 하시고 노래하는 기쁨으로 표현할 수 없는[94] 빛 안으로 들어가서 거룩한 사랑 안에서 녹아지게 하소서. 나의 신장을 불태우소서. 그러면 내 마음은 당신의 제단 위에 있는 불로 끝없이 타오를 것입니다.

오 달콤하고 참된 기쁨이여, 당신에게 가기를 기도하나이다! 오소서, 오 달콤하고 가장 바라는 분이여! 나의 사랑이여 오소서 그래서 나의 모든 위로가 되소서! 당신을 연모하는 영혼 안으로 미끄러지듯 들어오시고 당신과 함께 달콤한 열도 들어오소서. 당신의 열로 내 마음 전체를 불붙게 하소서. 당신의 빛으로 나의 가장 깊은 부분을 밝히소서. 몸과 영혼의 힘으로 그 노래들을 받을 수 있는 한 나를 사랑의 달콤한 노래로 배불리소서.

이것과 다른 묵상들로 기뻐하라. 그러면 너는 사랑의 골수에 이르게 될 것이다. 사랑은 진실로 사랑하는 영혼을 자신 안에 있지 못하게 하며 사랑하는 자(Lover)에게로 빼앗듯 보낸다. 그래서 영혼은 육체가 살고 느끼며 거하는 곳보다 영혼이 사랑을 행하는 곳에 더욱 많이 있게 된다.

진실로 그리스도의 사랑에는 세 가지가 있으며, 그 중 하나 또는 다른 것에 의해 사랑하도록 택함 받은 사람은 유익하다. 첫 번째는 정복될 수 없는 것이라고 불린다. 두 번째는 분리될 수 없는 것이라고 불린다. 세 번째는 독특한[95] 것이라고 불린다.

사랑이 다른 어떤 욕망에 의해서 정복될 수 없을 때, 진실로 사랑은 무적이다. 그것은 모든 장애들을 제거하며 모든 유혹과 육신의 욕망들을 무기력하게 만든다. 사랑은 인내하면서 그리스도를 위해 모든 슬픔을 견뎌내며, 어떤 아첨이나 어떤 기쁨에 의해서도 정복되지 않는다. 사랑하는 사람에게 모든 수고는 가볍기만 하며, 사랑으로 수고를 이겨내는 사람보다 수고를 더 잘 이겨낼 수 있는 사람은 없다.

정신이 커다란 사랑으로 타오르고 떨어질 수 없는 생각으로 그리스도와 부착되어 있을 때 사랑은 진실로 분리될 수 없다. 참으로 사랑은 그가 정신으로부터 일초라도 사라지는 것을 견디지 못하며 마치 마음에서 그에게 묶여있는 것처럼 그를 생각하

---

94. MS. Bg.: *incircumscriptum*.
95. "이겨내기 어려운", "분리할 수 없는", "남다른"으로 분류하고 있는 *Form*, ch. 8을 보라.

고 연모하며, 그의 사랑에 계속해서 붙들려서 그가 자신을 유한성의 속박으로부터 풀려나게 하며 오직 보기를 소망하는 그에게로만 자신을 이끌어달라고 울부짖는다. 아름다운 이름 "예수"를 그토록 많이 예배하고 사랑하여, 그 이름이 계속해서 그의 정신에 머물게 한다.

따라서 그리스도를 사랑하는 이 마음이, 하나님을 많이 사랑하고 세상을 경멸하는 사람의 마음 안에 있어서 사랑의 다른 욕구들에 의해 정복되지 않을 때, 그것은 고상하다고 불린다. 하지만, 그가 그리스도에게서 떨어질 수 없을 만큼 부착되어서, 언제나 그리스도를 생각하고 어떤 경우에도 그를 잊지 않는다면, 그 사랑은 영속적이며 분리될 수 없는 것이라 불린다. 이것이 고상하고 영속적이라면, 어떤 사랑이 보다 더 고상하고 더 풍성할 수 있겠는가?

독특하다고 불리는 세 번째 단계의 사랑을 보자. 그것은 고상하며, 동시에 고독한 것이다. 그것은 영원히 주재(主宰)하고[96] 아무 동료도 가지지 않는다. 진실로, 우리는 많은 동료들을 가지면서 모든 것에 앞선 한 장소를 여전히 가지는 것이다.

만일, 네가 진실로 하나님의 위로가 아닌 다른 위로를 추구하고 받는다면, 그러다 우연히 가장 높은 것을 사랑한다면, 그것은 아직 독특한 것이라고는 할 수 없다. 가장 가치 있는 것이 무엇을 증가시켜야 할 것인지 주의하라. 그렇다면, 너는 높이 있을 때 고독할 수 있다. 예수 그리스도 안에 있기 위해 모든 위로를 배제시킬 때, 그 사랑을 독특한 정도에 이르렀다고 할 것이다. 그리고, 예수만이 그것을 채울 수 있다.

이 단계에 있는 영혼은 예수만을 사랑한다. 영혼은 오직 그리스도만을 사모하며 그리스도만을 갈망한다. 오직 그만을 바라면서 살며 그를 연모한다. 그 안에서 영혼은 불타오른다. 그의 따뜻함 안에서 영혼은 안식한다. 예수 안에서 달콤하게 된 것을 제외하면 아무 것도 영혼에게 달콤하지 않으며 영혼은 아무 것도 맛보지 않는다. 그의 기억은 포도주 잔치에 흐르는 음악의 노래와 같다. 자아가 영혼에게 (그것 외에) 무엇을 주든지 또는 정신 안으로 무엇이 오든지 간에, 그의 욕구를 채우지 못하거나 그의 뜻과 일치하지 않으면, 그것은 곧바로 뒤에 버려지며 갑자기 경멸된다. 영혼은 그리스도를 사랑하는 데에 봉사하지 않는 것으로 보이는 모든 습관들을 억누른다. 그가 소

---

96. MS. C: 현존하는.

망하는 목표인 그리스도를 향해 달리거나 그에게 인도하지 않는 한 그가 하는 것은 무엇이든지 무익하고 참을 수 없는 것으로 여겨진다. 그리스도를 사랑할 수 있을 때, 그는 가지고자 하던 모든 것을 가졌다고 생각하며, 그리스도 없이는 모든 것이 그에게 역겹고 더러운 밀랍처럼 여겨진다. 그러나 그가 그를 끝없이 사랑한다고 생각하기 때문에 그는 견실하게 살아가며 몸에서나 마음에서나 쇠진되지 않으며 인내하면서 사랑하고 모든 것을 기쁘게 감수한다. 그가 그리스도 안에서 살면 살수록 그는 사랑으로 더욱 뜨거워지며 그리스도를 더욱 닮아간다.

어떤 놀랄만한 고독도 사람들 가운데 살면서 아무 친구도 가지지 못한 그런 사람의 고독에 필적할 수 없다. 사람이 기뻐하되 안으로 빼앗길수록, 그는 바깥일에 덜 몰두하게 된다. 이생의 고달픔과 염려에 의해 방해받지 않는다. 영혼이 고통을 겪을 수 없는 것처럼, 염려에 의해 방해받지 않고 언제나 하나님을 기뻐한다.

내 영혼아, 이 세상을 사랑하는 것을 중단하고 그리스도의 사랑 안에 녹아들라. 그러면 말하고 읽고 쓰고 그를 생각하는 것이 너에게 달콤할 것이다. 그에게 기도하고 언제나 그를 찬양하라. 오 하나님, 당신께 바친 내 영혼은 당신을 보기를 바라나이다! 그녀는 멀리서 울부짖습니다. 그녀는 당신으로 불타며 당신의 사랑으로 나른해집니다. 오 실패하지 않는 사랑이여, 당신이 나를 정복했습니다. 오 영속하는 달콤함과 아름다움이여, 당신이 내 마음을 다치게 해서 지금 나는 삼켜지고 상처를 입었습니다. 기쁨으로 나는 거의 살 수 없고 거의 죽게 되었습니다. 이 썩어질 육신에서 그렇게 위대한 왕의 달콤함을 맛볼 수 없기 때문입니다.

진실로 예수를 바라는 소망에 묶여있던 나의 온 마음은, 이제 사랑의 열로 변하고 다른 기쁨과 다른 형태로 삼켜집니다. 그러므로 오 선하신 예수여, 가련한 자에게 자비를 베푸소서. 연모하는 나에게 당신을 보이소서. 내 상처에 약을 주소서. 나는 아픈 것이 아니라 당신의 사랑으로 나른해지고 있습니다. 당신을 사랑하지 않는 사람은 전부 모든 것을 잃습니다. 당신을 따르지 않는 사람은 정신이 나갔습니다. 그러므로 내가 당신을 뵈올 때까지, 나의 기쁨과 나의 사랑과 소망이 되소서. 오 시온에 있는 신중의 신이여.

사랑은 진실로 모든 덕들 중에서 가장 고귀하고 뛰어나고 달콤해서, 사랑받는 분을 사랑하는 자와 결합시키며 그리스도를 선택받은 영혼과 영원히 결혼시킨다. 그것은 우리 안에 고귀한 삼위일체의 형상을 재형성하며 피조물을 창조자와 가장 닮도록 만든다.

오 사랑의 선물이여, 당신은 모든 것보다 귀하며 천사들과 함께 가장 고귀한 것을 요구합니다![97] 진실로 이생에서 더 많은 사랑을 받은 사람이 하늘에서 더 귀하고 높게 될 것입니다. 오 영원한 사랑의 독특한 기쁨이여, 당신은 그의 모든 것을 모든 세상적인 것들보다 높이 하늘로 빼앗으시며 그것을 사랑의 줄로 묶습니다!

오 귀한 사랑이여, 지상에서 일하지 않는 자는, 그가 그밖에 무엇을 가지고 있든지 당신을 가지지 못합니다. 진실로 당신을 열심히 기뻐하는 사람은 즉시 지상의 것들 위로 들리어집니다. 당신은 영존하시는 왕의 침소에 용감하게 들어갑니다. 당신만이 그리스도를 영접하기에 부끄럽지 않습니다. 그는 당신이 찾고 사랑했던 분입니다. 그리스도는 당신의 것입니다. 그를 붙드십시오, 그가 당신을 영접하지 않을 수 없음은 당신이 오직 그에게만 순종하기를 바라기 때문입니다. 당신이 없는 어떤 일도 그를 기쁘게 할 수 없기 때문입니다. 당신은 모든 것을 향긋하게 만듭니다. 당신은 하늘의 보좌이며 천사들의 우정이며, 놀라운 거룩함이며 지복의 광경이며 그리고 끝없이 계속되는 삶입니다.

오 거룩한 사랑이여, 당신은 얼마나 달콤하며 위안을 주는지. 당신은 깨진 것을 다시 만듭니다! 넘어진 것을 회복시킵니다. 묶여있는 것을 구원합니다. 당신은 사람을 심지어 천사와 같이 만듭니다. 앉아서 쉬는 자들을 일으키고 일으킨 자들을 달콤하게 만듭니다.

이 정도나 단계의 사랑은 순결하고 거룩하고 고집 센[98] 사랑이다. 재화를 위해서가 아니라 자아를 위해서 사랑받는 것을 사랑하며 자신을 모두 사랑받는 것에 묶는다. 외적인 것은 아무 것도 추구하지 않으며 자신으로 즐거워한다.[99] 열렬하고, 달콤한 냄새가 나며, 충심으로 묶인 사랑은 그 자체에 놀랍게 탁월한 방식을 갖는다. 사랑받는 자 안에서 사람은 기뻐하며 [다른 모든 것들을 경멸하고 잊으며], 망각 없이 생각하며, 소망으로 상승하며, 그의 사랑에 빠지며, 계속해서 포옹을 받으며, 입맞춤

---

97. 주장하다.
98. 자발적인.
99. 만족한.

으로 삼켜지고, 사랑의 불 속에서 전부 녹아버린다.

그러므로 참으로 그리스도를 사랑하는 자가, 그의 사랑에서 아무 순서도 지키지 않으며 아무 단계도[100] 욕심내지 않는 것은, 그가 아무리 이생에서 하나님을 열렬히 사랑하고 기뻐할지라도 여전히 하나님을 더욱 더 사랑하기를 원하기 때문이다. 그렇다. 비록 그가 여기서 영원히 살지라도 여전히 그는 항상 사랑에서 멈춰서거나 나아가지 않는 것을 생각하지 않으며, 오히려 그가 오래 살수록 더 많이 사랑으로 불타오를 것이다.

하나님은 참으로 무한한 위대하심이며 우리가 생각할 수 있는 것 이상이시다. 그는 측량할 수 없는 달콤함이며, 그가 지으신 모든 존재들은 상상을 초월한다. 영원 속에서 자신 안에 계신 대로의 그 분은 우리에 의해서 결코 파악될 수 없다. 그러나 이제, 영혼이 그의 창조자를 소망하며 불타기 시작하면, 그는 그 분 원래의 빛을 받을 수 있게 되고, 성령의 선물들에 의해 매우 영감이 넘쳐나고 완전해져서, 유한한 존재들에게 허락된 모든 하늘의 기쁨을 소유하는 것이다. 그 때 영혼은 보이는 모든 것들을 초월하며, 정신의 고도 안에서 영원한 삶의 달콤함에로 고양된다. 영혼이 신성의 달콤함과 창조하는 빛의 따뜻함으로 덮이는 동안, 그녀는 영존하시는 왕께 제사로 드려지며, 받아들여진 채 모두 위로 불타오른다.

오 즐겁고 강하고 삼키며 타오르며, 고집 세고 건장하고 약하지 않은 사랑이여, 당신은 내 모든 영혼을 당신을 섬기는 데로 이끌어 당신 외에는 아무 것도 생각하지 않게 합니다! 당신은 스스로 우리가 사는 모든 것과 우리가 맛보는 모든 것과 우리가 된 모든 것을 요구합니다.[101]

그러므로 그리스도를 우리 사랑의 시작이 되게 하라. 우리가 그를 사랑하는 것은 그 자신을 위해서이다. 그래서 우리는 사랑의 우물인 그를 위해 늘어선 사랑받아야 하는 것은 무엇이든 사랑하며, 그의 손에 우리가 사랑하고 사랑받는 모든 것을 맡긴다. 여기서 진실로 완전한 사랑이 드러난다. 정신의 모든 의도와 마음의 모든 은밀한 일이 하나님의 사랑 안으로 고양된다. 진정한 사랑의 힘과 환희는 매우 커서 어떤 세상적인 기쁨도, 어떤 육신적 상품도 유효하거나 애호되지 않는다.

---

100. 지위.
101. Cf. 롬 14:8.

오 분리될 수 없는 사랑이여! 오 독특한 사랑이여! 악한 자들에게 고난이 없을지라도, [그러한 영혼들에게는] 하늘에서의 어떤 보상도 생각될 수 없을 것이기 때문에, 너는 결코 자신을 너의 사랑(Love)으로부터 조금이라도 늦추어서는 안 된다. 한번 치명적인 죄를 짓는 것보다 생각지 않은 슬픔을 겪는 것이 네게 더욱 견딜만한 것이다. 그러므로 진정으로 다른 어떤 것이 아니라 그를 위하여 하나님을 사랑하고, 하나님을 위해서가 아니면 사랑하지 말라. 그러면 하나님 외에 아무 것도 당신 안에서 사랑받지 않게 된다. 만일 어떤 사람 안에 사람에 대한 사랑이 있다면, 하나님이 어떻게 달리 동일한 것에서 모든 것이 되시겠는가?

오 정결한 사랑이여, 내 안으로 와서 나를 당신 안으로 취하라 그래서 나를 나의 창조자 앞에 드리라! 당신은 좋은 맛이 나는 풍미이며, 좋은 냄새가 나는 달콤함이며, 그리고 기분 좋은 향기이며 깨끗하게 하는 열이며 끝없이 지속되는 위로이다. 당신은 사람을 명상하게 한다. 하늘의 문을 연다. 참소하는 자들의 입을 찢는다. 당신은 하나님을 보이게 하며 수많은 죄를 감춘다. 우리는 당신을 찬양하며 당신을 선포하며 당신에 의해 우리는 세상을 이긴다. 당신에 의해 우리는 기뻐하며 하늘의 사다리를 오른다. 당신의 달콤함 안에서 내 안으로 미끄러지듯 오라. 그러면 나는 나를 칭찬해서 나의 것이 당신 안으로 끝없이 들어가게 하는 것이다.

제12장 명상

명상적 삶 또는 명상은 세 부분, 즉 독서, 기도, 묵상으로 이루어진다. 독서에서 하나님은 우리에게 말씀하신다. 기도에서 우리는 하나님께 아뢴다. 묵상에서 천사들이 우리에게 내려와 우리가 잘못하지 않도록 가르친다. 기도에서 그들은 위로 올라가 우리의 기도를 하나님께 드리고 우리의 유익을 즐거워한다. 그들은 하나님과 우리 사이에 있는 사자들이다.

확신 있는 기도는 하나님으로 옷 입은 정신의 온순한 소망이며 그 기도가 하나님께 상달될 때 하나님은 그것을 기뻐하신다. 하나님과 신령한 것들에 관한 묵상은 그 안에 라헬의 포옹이 있으며 기도와 독서 뒤에 일어난다.

독서는 이성 혹은, 상당한 빛이 우리 위에 새겨지는 것과 같은 진실의 탐구가 포함된다. 기도에는 찬송과 노래와 비상한 주시(注視)와 경이가 속한다. 그러므로 명상적 삶 또는 명상은 기도 안에 있다. 묵상에는 하나님의 감화와 지혜의 이해와 한숨이 속한다.

명상이 무엇인가에 대한 질문을 받는다면, 정의하기는 쉽지 않다. 어떤 사람은 명상적 삶이란 드러나고 숨겨진 것들을 아는 지식 외에 아무 것도 아니라고 말한다. 모든 세상의 일들을 피하는 것이라고 말하는 사람도 있다. 하나님의 편지들을 연구하는 것일 수도 있고, 지혜가 보이는 진리들을 자유롭게 투시하는 것이자 완전히 대단한 경이로움으로 고양되는 것이라고 말하는 사람도 있다. 어떤 사람들은 명상이란 거의 그의 전능함을 주시할 만큼 완전히 온통 뒤덮인 영혼의 어떤 자유롭고 현명한 통찰이라고 한다. 명상이란 하늘의 것들을 기뻐하는 것이라는 정의는 제법 괜찮은 대답인 것 같다. 그 중에 가장 훌륭한 정의를 말하는 사람들은, 명상이란 고양된 정신의 기쁨을 통해 육신적 욕망들이 죽는 것이라고 한다.

나에게 있어서 명상이란 정신 안으로 받아들여진 하나님의 사랑을, 천사들의 찬송의 달콤함으로 즐겁게 노래하는 것으로 보인다. 이것은 완전한 기도와 이생에서의 지고의 헌신의 목적인 환희이다. 이것은 정신 안에 간직한 영존하시는 주님을 향한 신령한 기쁨이며 큰 소리로 터트리는 기쁨이다. 이것은 이생의 모든 행위들 중에서 최후의 가장 완전한 행위이다. 그러므로 시편기자는 말한다. *Beatus vir qui scit jubilationem*,[102] 즉, 하나님을 명상하는 "기쁨을 아는 자는 복이 있으라." 진실로 하나님께 낯선 사람은 아무도 예수 안에서 기뻐할 수 없으며 그의 사랑의 달콤함도 맛볼 수 없다. 그러나 그가 영원한 사랑의 불로 항상 타오르기를 소망한다면, 인내와 온유와 [친절한] 예의를 사모한다면, 그리고 육체와 영혼의 모든 정결로 아름답게 되고 신령한 연고를 바른다면, 그는 명상 안으로 고양될 것이다. 그가 중단 없이 건강한 덕들을 추구하게 하라, 그것에 의해 이생에서 우리가 죄의 모든 비참함으로부터 깨끗

---

102. 시 88:16 (89:15).

해지며 다른 삶에서 모든 고통으로부터 해방되어 우리는 복된 삶을 끝없이 즐거워할 것이다. 그러므로 여전히 이 유배에서 사람은 하나님의 사랑의 즐거운 환희를 맛볼 가치가 있다.

그러므로 기도와 각성으로 너 자신을 순결하게 하는 것을 더디 말라 그리고 거룩한 묵상을 사용하라. 의심할 여지없이 이러한 신령한 수고들과 내적 회개로부터 오는 고생과 울음은 그리스도의 사랑이 네 안에 불붙게 하고 모든 덕과 성령의 선물들이 네 마음 안으로 흘러들게 한다. 그러므로 고집스런 가난으로 시작하라 그래서 이 세상에서 아무 것도 바라지 않고 하나님과 사람 앞에서 절제하며, 순결하게, 온유하게 살라. 아무 것도 가지지 않으면 때때로 부족함을 느끼기도 하지만, 아무 것도 가지지 않도록 뜻하는 것은 위대한 미덕에 속한다. [우리의 탐욕이 아니라 우리의 필요를 볼 때] 우리는 많은 것을 바라지만 [여전히 옳은 것은 아무 것도 가지려고 하지 않는다. 아무 것도 가지지 못한 자가 때때로 많은 것을 탐하는 것처럼 많은 것을 가지고 있는 것처럼 보이는 사람이 옳은 것은 하나도 가지지 못한다. 육체적으로 필요한 것을 제외하고는 그가 사랑하지 않는 것을 가지고 있기 때문이다.]

진실로 가장 완전한 자는 필수품들을 취하여야 한다. 그렇지 않고 가지고 살아야 할 것을 취하기를 거절한다면 그는 완전할 수 없다.

이것이 완전한 사람들이 지켜야 할 방식이다. 모든 세상적인 재화들을 하나님을 위해 경멸하지만 여전히 같은 음식과 의복을 취해야 한다. 언제든지 이것이 부족하면 불평하지 말고 하나님을 찬양해야 한다. 그리고 과잉이 아닌 만큼만 가져야 한다. 영원한 빛의 열로 사람은 더 따뜻해지며 모든 역경에서 더 온순해진다. 꾸미는 것이 아니라 진실로 온순한 사람은 자신을 멸시받아 마땅할 자로 여기며 위해나 비난을 당하더라도 분노하지 않는다. 따라서 계속되는 묵상을 향해 자신을 낮출 때, 그는 하늘의 것들을 명상하는 데로 오르게 되며, 육신의 병을 겪은 것처럼 그의 정신은 깨끗해지고 날카로워지고, 내적인 기쁨으로 달콤하고도 뜨겁게 노래하게 된다. 그가 어떤 외적인 것들을 구하러 갈 때, 그는 교만한 걸음으로 가지 않고 고결한 기쁨으로 즐거워하며 이내 하나님의 사랑의 달콤함을 가지고 간다. 그 달콤함은 이른바 황홀 안에서 정신을 잃는 것이며, 정신을 잃고 놀라울 정도로 즐거워하는 것이다.

진실로 그러한 것이 정당한 방식으로 얻어지는 명상적인 삶이다. 신령한 일들에 오래 몰두하면서 우리는 영원한 것을 명상하는 데에 이른다. 정신의 시야는 하늘의 것을 주시하기 위해 진실로 위로 들리지만, 여전히 어슴푸레하게 보이고 거울로 보는 것과 같으며 분명하지 않으며, 탁 트이지도 않는다. 우리가 믿음으로 살 동안 우리는 이른바 거울과 그림자에 의해서 본다. 진실로 우리의 신령한 눈이 저 영적인 빛에 열중한다고 해도 본래의 저 빛을 있는 그대로 볼 수 없으며, 다만 알려지지 않은 저 빛의 풍미와 열 안에서 그것을 보면서 빛이 거기에 있다는 것을 느낄 뿐이다. 시편에서 이렇게 말한다, *Sicut tenebrae ejus, ita et lumen ejus*,[103] 즉, "그리고 그것으로부터 어둠이 있는 것처럼 그것으로부터 빛이 있다."

비록 참으로 죄의 어둠이 거룩한 영혼으로부터 떠나고 음침한 것들과 불결한 것들이 지나가며 정신이 정화되고 조명된다고 하더라도, 그것이 이 유한한 육신 안에 사는 한 그 놀라운 기쁨은 완전하게 보이지 않는다. 진실로, 거룩하고 명상적인 사람들은 깨끗한 얼굴로 하나님을 주시한다.[104] [거룩한 책을 이해하도록] 그들의 지혜가 열리든지 [혹은 하늘의 문이 그들에게 열린다]. 얻을 수 있는 것은 더 많다. 그들의 정신과 하나님 사이에 있는 모든 것들은 뒤로 물리어지고 그들의 마음이 정화되며 그리고 하늘의 시민들을 주시한다고 혹자는 말할지 모른다. 진실로 몇 사람은 이 둘 다를 받았다.

우리가 어둠에 서서 아무 것도 보지 못하는 것과 마찬가지로 명상은 영혼을 볼 수 없게 밝게 하며 우리는 보이지 않는 빛을 본다. 그리스도 또한 어둠을 그의 안식처로 삼으시고,[105] 우리에게 구름기둥 안에서 말씀하신다. 그러나 느껴지는 것은 완전히 즐거운 것이다. 육신 안에서 지내는 사람은 오직 하나님 안팎에는는 즐거워할 수 없으며, 하나님 외에 또는 하나님을 위한 것 외에 아무것도 뜻하거나 바라지 않을 때, 이것 안에 진실로 완전한 사랑이 있다. 이로써 거룩함이란 마음의 울부짖음이나 눈물 같은 외적인 일 안에 있지 않고 완전한 사랑과 하늘의 명상의 달콤함 안에 있다는 것이 드러난다. 눈물로 녹아진 많은 사람들이 후에 다시 악으로 돌아간 것이 사실이다. 그러나 영원한 사랑 안에서 참으로 기뻐한 사람은 후에 세상적인 일로 자신을 더

---

103. 시 138(139):12.
104. 즉, MS. D.에 따르면 "'계시를 통해 하나님의 기쁨을 주시한다,'" Comper, *Mending*, p. 266, 각주 xci를 보라.
105. Cf. 시 17:12 (18:11).

럽히지 않는다. 문안하고 슬퍼하는 것은 새로운 개종자와 초보자에게, 그리고 배워가는 자에게[106] 속한다. 그러나 즐겁게 노래하고 명상 안에서 전진하는 것은 완전한 자에게만 속한다.

그러므로 오래 동안 회개한 사람은 그의 양심이 잘못한 것 때문에 가책을 받았다고 느끼는 한편 그가 아직 완전한 회개를 하지 못했다는 것을 의심할 여지없이 알고 있다. 그러므로 눈물은 그 사이에 그에게 밤낮으로 먹는 빵과 같을 것이다.[107] 그가 처음 눈물과 한숨으로 자신을 벌하지 않았다면 그는 명상의 달콤함에 이를 수 없을 것이기 때문이다.

명상적 달콤함은 완전한 큰 수고가 아니고서는 얻어지지 않는다. 그리고 그것이 소유되었을 때는 기쁨 때문에 말조차 할 수 없다. 진실로 그것은 사람의 공로에서가 아니라 하나님의 선물에서 온다. 그가 우선 세상의 모든 허영을 완전하게 버리지 않았다면 처음부터 이 날까지 사람은 영원한 사랑의 명상 안에 결코 황홀해진 적이 없다. 더구나, 그가 하늘의 기쁨의 명상에 진실로 이르기 전에 건강한 묵상과 신실한 기도로 항상 훈련되어야 한다.

명상은 달콤하고 바람직한 노동이다. 그것은 일하는 자를 기쁘게 하며 상처내지 않는다. 어느 누구도 기쁨 안팎에서 이것을 갖지 못한다. 기쁨이 올 때 보다, 돌아갈 때 그는 지친다. 오 선한 노동이여, 그것이 유한한 사람들을 옷 입히는도다! 오 고귀하고 놀라운 일이여, 앉아있는 자들을 가장 완전하게 하는도다! 성령의 불이 진실로 태우는 사람은 육체와 정신에 큰 안식을 취하는 것은 당연하다.

많은 사람들이 정신 안에서 안식하는 방법을 진정으로 알지 못하며 헛되고 무익한 생각들을 여전히 버리지도 않기 때문에, 시편에 숨겨진 것을 성취할 수 없다: Vacate, et videte quoniam ego sum Deus[108] 다시 말하면, "세상적인 허영을 피하라 그리고 보라, 나는 하나님이기 때문이다." 진실로 몸의 허영과 마음의 동요는 우리 주님이 얼마나 달콤한지 – 명상의 고도가 얼마나 달콤한지는 맛보일 자격도 없다.

---

106. 즉 진보를 이루는 사람들.
107. 시 41:4(42:3).
108. 시 45:11(46:10).

진실로 명상적인 각 사람은[109] 고독을 사랑하며 더욱 열렬하게 더 자주 그 안에서 아무에게도 방해받지 않고 그의 감정 안에서 훈련될 수 있도록 한다.

그리고 그 때에, 명상적 삶이 활동적 삶보다 더 가치 있고 더 완전한 보상임을 알 수 있다.[110] 하나님에 관한 감동 때문에 모든 명상가들은 고독한 삶을 사랑하며 명상의 달콤함 때문에 특히 사랑으로 뜨거워진다. 명상의 선물에 의해 올리어진 고독한 사람들은 높이 있으며 가장 높은 완전에 닿는다. 이러한 단계를 거치지 않는 경우라도, 명상의 고도까지 오른 상태에서까지 설교자의 직무를 수행하는 것을 중단하지 않는 사람들이 몇몇 있다. 그들은 이러한 여타의 고독들을 지나친다. 명상에서 가장 높으며, 그들의 이웃의 필요에 종사하지 않고 오직 신령한 것들에만 종사하는 그들. 그들의 설교는 *aureola*라고 불리는 면류관을 받는다.[111]

진실로, 매우 명상적인 사람은 보이지 않는 빛을 향하여 커다란 열망으로 고정되어서 종종 바보나 어리석은 사람으로 여겨진다. 그의 정신이 그 근원으로부터 그리스도의 사랑으로 불타오르기 때문에 그런 취급을 받는다. 그것은 그의 몸의 소유를 완전히 변화시키며 그의 육체를 또한 모든 외적인 일들로부터 완전히 분리시켜서, 마치 정신이 나간 사람과 같이 하나님의 자녀로 만든다.

그래서 진실로, 영혼이 모든 자아를 사랑의 끝없는 환희 안으로 모으는 한편, 자신을 내적으로 억류하고 있기 때문에 육체의 기쁨을 추구하러 흘러나가지 않는다. 스스로 애호하는 즐거움으로 내적으로 부양된 그가, 혹여 이렇게 말하더라도 놀랄 것은 없다. "나의 형제여, 내가 밖에서 당신을 찾지 않도록 그리고 당신에게 입을 맞추도록 누가 당신을 나에게 주겠습니까?"[112] 달리 말해, 육신으로부터 풀려나온 나는 당신을 찾기에 합당합니다. 그리고 당신을 얼굴과 얼굴을 대하고 보면서 끝이 없이 당신과 함께 결합될 것입니다. "그러자 이제 사람이 나를 멸시하는구나."[113]

---

109. 즉, "진실로 명상가인 각 사람은…"
110. Cf. Petry, "Social Responsibility," *Church History*, Vol. 21, no. 1, pp. 10-11과 각주들.
111. "*aureal*이라는 말은 일반적으로 신비 작가들에 의해 쓰이는데 독신의 서약을 한 사람들에 대한 보상을 기술할 때 사용된다." Comper, Mending, p. 267, 각주 xciii.
112. 아 8:1.
113. 실제로 R. V.는 말한다: "예, 그리고 어느 누구도 나를 경멸하지 않을 것입니다." 불가타: *et jam me nemo dispiciat.* [?] Comper, Mending, p. 242, 각주 3.

명상적 삶에 내어져서 영원한 사랑으로 충만한 독실한 영혼은 이 세상의 모든 헛된 영광을 멸시하며, 오직 예수만을 기뻐하면서, 탐욕으로부터 벗어난다. 그녀는 하늘이 아닌 이 세상을 사랑하고 향유하는 이러한 것들을 경멸하며, 사랑 안에서 비탄에 잠긴 채 나른해지며, 사랑스러운 천사들의 무리들과 함께 세상의 고난이 해칠 수 없는 기쁨에 내어지기를 간절히 바란다.[114]

우리를 이 낮은 것들로부터 들어 올려 하나님께 바치는 명상의 은총보다 더 유익하고 기쁜 것은 없다. 이 은총은 기쁨의 시작이 아니겠는가? 완전한 기쁨은 은총을 확증하는 것이 아니고 무엇이겠는가? 그 안에 우리를 위한 즐거운 행복과 행복한 기쁨이 있고 영광된 끝없음과 영원한 기쁨이 있어서 성도들과 더불어 살고 천사들과 더불어 거주하게 한다. 그것은 모든 것 위에 있다. 진실로 하나님을 아는 것이며, 그를 완전하게 사랑하는 것이며, 그리고 그의 빛나는 위엄 안에서 그를 보고 기쁨의 노래와 멜로디로 그를 끝없이 찬양하는 것이다.

그에게 예배와 기쁨을 감사의 행위로 세상들 중의 세상에서 돌릴지어다. 아멘.

---

114. 괴롭히다 또는 상처를 주다.

VIII. 하인리히 소이제

(c. 1295–1366)

PART VIII
HENRY SUSO

PART VIII
HENRY SUSO

서론

전기적 내용

소이제는 콘스탄스(Constance)에서 1295년에서 1300년 경 고귀하게 태어났다. 그는 열세 살에 도미니쿠스회의 수도 수사가 되었다. 열여덟 살에 엑스타시의 전환을 경험하고 나서 십년 동안의 엄격하고 금욕적인 자기-훈련을 수행했다. 예비적인 신학 공부를 마친 후 1324년과 1328년 사이에 쾰른(Cologne)에 있는 스투디움 게네랄레(*studium generale*)에 들어갔다. 에크하르트의 문하에서 실제로 공부했는지에 대해선 확실치 않지만, 그는 마이스터의 가르침을 잘 알고 있었고 그것을 유능하게 옹호해냈다. 콘스탄스에 있는 수도원학교로 돌아와, 가르치는 일로 몇 년을 보낸 뒤에, 1343년 혹은 1344년, 공동체가 유형을 겪을 동안 수도원장이 되었다. 그러므로 콘스탄스로부터 교황의 직무정지를 돕기 위해 왔던 네 명의 도미니쿠스회 수도사들 중 하나로서, 그의 복무는 유형(1339-1349)의 중간에 시작되었다. 수도원들은 1339년, 시 의회가 업무를 회복시키는 황제의 판결을 강화시키려는 시도를 반대했다.

1335년 또는 1340년 이후 소이제는 어떤 위기를 겪으면서 완전한 평온(Gelassenheit),

즉 "체념," "포기," 또는 "역경에 직면하여 즐겁게 겪으며 인내하는 것"의 고차적 학교를 위한 그의 금욕적 은둔을 포기했다. 이후 그는, 고립되어 가르치는 일과 저술활동 대신, 설교와 목회의 삶에 주력하면서 살았다. 그는 여러 곳을 광범위하게 순회하며 다녔고, 도미니쿠스회 뿐만 아니라 베긴(Beguine) 공동체, 하나님의 친구들(the Friends of God) 모임에도 갔다. 취리히(Zürich) 공의회원의 딸이자 토스(Toss)의 간호사였던 엘스베스 슈타겔(Elsbeth Stagel)은, 그의 자서전 「종의 인생」(The Life of the Servant)의 핵심을 이루었던 소이제의 생애의 일화들을 기록하였다.

보다 넓은 세상을 향해 자기를 부인하며 진정한 봉사의 삶을 사는 동안, 그는 종종 오해도 받고 그릇된 평가도 받았으며 남의 험담을 일삼는 자들의 희생자가 되었다. 아마도 그가 받은 1348년의 처분이나, 울름(Ulm)으로 보내진 일도 이 때문이었을 것이다. 1354년의 총회에서야 뒤늦게 무죄로 판결을 받은 그는, 1366년 세상을 떠날 때까지 울름에서 살았는데, 예전에 비해서는 우호적인 분위기에서 지방 총회의 호의 아래 지낼 수 있었다.

참고 자료

소이제와 그의 문헌을 다룬 훌륭한 논의가 J. M. Clark, *The Great German Mystics*, Basil Blackwell, Oxford, 1949에서 발견된다. 소이제의 「영원한 지혜에 관한 작은 책」(Little Book of Eternal Wisdom)과 「진리에 관한 작은 책」(Little Book of Truth) Faber and Faber, Ltd., London, 1953을 번역한 클라크(Clark)의 서론과 설명들을 또한 보라. 그의 작품들의 기본적인 편집은 K. Bihlmeyer, *Heinrich Seuse, deutsche Schriften*, Stuttgart, 1907이다. 다른 유용한 본문들을 담고 있는 책들은 H. S. Denifle, *Deutsche Schriften des sel. Heinrich Seuse*, Munich, 1876; A. Gabele, *Deutsche Schriften von Heinrich Seuse*, Leipzig, 1924; *L'œuvre mystique de Henri Suso*, with good introduction and translation by R. P. Benoit Lavaud, 5 vols., Egloff et L. U. F.,

Paris, 1946; 그리고 Le Beinheureux Henri Suso: Œuvres, tr. by Jeanne Ancelet-Hustache, Aubier, Paris, 1943이 있다. 소이제의 *The Little Book of Eternal Wisdom*의 라틴역 본문은 J. Strange, ed., *Henrici Susonis seu frairis Amendi Horologium Sapientiae*, Cologne, 1861이다. M. de Gandillac, in *Mélanges*, Vol. 3 91946), pp. 72-82, 소이제와 타울러의 관계에 관해서는, pp. 60 ff.를 참조하라. "신부"와 "신랑"의 관계에 관한 "지혜"의 모티프에 관한 뛰어난 연구는 J. Bühlmann, *Christuslehre und Christusmystik des Heinrich Seuse*, J. Stocker, Lucerne, 1942이다. Wentzlaff-Eggebert, *Deutsche Mystik*, pp. 118 ff.,와 pp. 309-311을 유의하라. 소이제와 스콜라 사상과 평온(Gelassenheit)의 관계는 J. A. Bizet, *Henri Suso et le déclin de la scholastique*, Aubier, Paris, 1946 그리고 X. de Hornstein, *Les grands mystiques allemands du xive siècle Eckhart, Tauler, Suso*, Fribourg en Suisse, 1922에서 유용하게 고찰된다.

개관

소이제를 "지혜의 기사"라고 부르는 것은 당연하다. 그는 도미니쿠스회의 수사였지만, 우리는 종종 그에게서 프란체스코의 영적 기사도를 연상한다. 십대 후반에 영적인 위기를 거치면서 소이제는 귀부인 지혜(Dame Wisdom)이라는 자비로우신 숙녀를 발견했다.[1] 음유시인의 규칙을 따라, 그는 기사로서의 사랑을 엄격하게 증명했다.[2] 쾰른의 스투디움 게네랄레(studium generale)에서 그는 타울러와[3] 친분을 쌓았다. 그에게서는 에

---

1. 이 서론은 Galdillac, in *Mélanges*, Vol. 3, pp. 72 ff.를 주로 따른 것이다.
2. 그 성서적 짜임 안에서의 "지혜"와 음유시인과의 관계에 대해서는, Bühlmann, *op. cit.*, pp. 30 ff., 42를 보라. 중세에 나타난 "지혜"의 거대한 역할에 관하여는 F. W. Oediger, *Über die Bildung der Geistlichen im späten Mittelalter*, E. J. Brill, Cologne, 1953, pp. 1 ff.를 참조하라.
3. 타울러에 관한 자료는 Petry, "Social Responsibility," *Church History*, Vol. 21, pt. 1, pp. 9-10, 18을 보라. Cf. A. L. Corin, *Sermons de Tauler*, 3 vols., Paris, 1927.

크하르트의 강력한 영향을 발견할 수 있는데, 그는 에크하르트가 갈릴리의 주님의 고된 학교를 피하면서도 금욕하는 체하는 사람들을 경멸한 것에 깊은 감동을 받았다.

    1327년 그의 첫 번째 작품인「진리에 관한 작은 책」(The Little Book of Truth)을 보면, 그를 회심으로 이끈 문제들과 깨달음은, 분명히 그가, 에크하르트에 대해 관심을 갖기 시작하면서 부터였다. 소이제는 진정한 약탈의 역할을 베가르도회(Beghard)의 자유사상가들의 그것과 조심스럽게 구분한다. 그는 병에 의해 약해진 육신의 굴욕을 알고 있었다. 그는 어쩔 수 없이 금욕적 열정을 감소시켰다. 심지어 그는 그의 영적인 지도 학생들을 현혹시킨다는 이유로 고발당한다. 1348년 그가 울름으로 옮겨간 때부터 – 그 이유가 훈련이든지 혹은 그의 대적들을 피해서이든지 – 1366년 죽음에 이르기까지, 그 사이에 변형의 세계가 일어났다. 숙녀 지혜의 신병(新兵), 지상의 마상 창 시합에서 패배한 기사는 진정한 부인(否認)의 학교를 그럭저럭 졸업했다. 그는 설교하고, 여러 가지 삶의 의무들을 충실하게 이행하면서 살았다. 라인에서 그는, 금욕적으로 엄격한 삶보다 더 고된 삶에 자신을 바쳤다. 그는 에크하르트의 학교에서 스승과 그 자신의 지혜와 영광스러운 자기포기를 실제로 만났다. 다른 사람들로부터 받는 저주와 그에 버금갈 만큼 혹독한 고생으로, 그는 마침내 그의 주님의 길에 들어가는 기쁨을 알게 되었다.

    「지혜의 시계」(Horologium sapientiae), 자국어 번역본으로「영원한 지혜에 관한 작은 책」(The Little Book of Eternal Wisdom)는,「종의 인생」(The Life of the Servant)와 더불어 자기 – 탐구와 자기 – 분리에 대한 풍부한 태피스트리를 제공한다. 그 책들은 진정한 평온(Gelassenheit)을 그리고 있다.[4] 소이제의 자서전에서는 프란체스코처럼, 그리스도를 따르기 위해서는 영의 겉모양을 가장하는 것보다 더 많은 것을 해야 한다는 것을 점점 더 깨달았음을 분명히 반영한다. 세상에서 거절당한 격통과 그 자신의 자기고발로부터 그는 그리스도의 학교에서 영적 무욕이라는 진정으로 즐거운 길을 발견해야 한다. 그의 작품들은 우리에게 진정으로 부인된 영의 참된 그림을 제시한다.「생애」(Life)와「영원한 지혜에 관한 작은 책」(The Little Book of Eternal Wisdom)은 그의 영적 순례의 윤곽을 그리는데 가장 중요하고, 그의 활동적 사역에 관한 몇몇의 설교들과 소책자들은 그의 이야기들

---

4. Bühlmann의 색인과 Bizet, op. cit.가 다루는 논의를 보라. 특히 Life, ch. 19와 The Little Book of Truth, chs. 4, 7 등을 보라.

을 확증한다. 에크하르트와 타울러는 공적인 설교와 가르침을 위해 그들의 가장 내적인 자기-계시와 개인적인 경험들을 미뤄둔다. 그들은 신비적 연합과 자주 관련되어 나타나는 비전과 황홀경을 전적으로 비웃지는 않아도 무시하는 경향을 갖고 있다. 그러나 이에 대해 소이제는 덜 조심스럽다. 그 자신의 온건한 자기 분석으로 정결하게 되어, 그리스도 안에서 그 자신의 초기의 힘과 약함을 넘어서서 되었던 것의 은총 안에서 자라난다. 그는, 프란체스코가 십자가에 달리신 분을 찬미하고 칭송한 것과 같은 그러한 시적 환상으로 이것을 증거 한다. 역사의 예수, 학대받은 인물, 십자가에 처형된 주님이 소이제의 모든 묵상 안에 근본적으로 자리한다. 포기의 격통에 내어진 영혼은 즉시 가장 신랄한 슬픔의 경우와 가장 진정한 위로의 예로서 갈보리의 비전을 지속한다.

「진리에 관한 작은 책」(The Little Book of Truth)은 "제자"와 "진리" 사이에서 이루어진 일련의 담화이다.[5] 여기서 소이제의 삶이 지니고 있는 비통한 기쁨과 행복한 슬픔의 완전한 역설이 분명해진다. 피조물인 사람이 어떻게 그것에 머물지 않을 수 있는가에 대한 질문이 있다면 대답은 이렇다. 인간적 국면에서 사람은 피조물과 하나님 둘 다 일 수 없다. 하지만 사람은, 어느 수준에서는, "그가 하나님 안에서 빼앗기기만 한다면," "자신을 잃는 것에서 하나가 될" 수 있는 한편 동시에, 즐기고 명상하는 일을 할 수 있다. 비유해서 말한다면, 보는 과정에 있는 눈은, 실제 보고 있는 그 행동에 의해 보는 것과 하나가 됨으로써 자신을 잃어버리는 한편, 여전히 자신으로 남아있는 것과 같다.[6]

소이제는, 자신의 영적 독립성을 타협하지 않고 "라인강의" 주요한 주제들을 거듭 주장한다. "형상들"과 "개념들"의 초월이 강조된다.[7] 혹자는 잠깐이나마 그가 성찰적 사고를 거부하고 있는 것은 아닌가 하고 생각할 수 있다. 무엇이 모든 것 중에서 가장 중요한 부인의 목표가 되겠는가? 바로 자기-분리이다. 작은 어려움은 어디에 있는가? 생각이다! 큰 어려움은? 자기-의지의 지배이다! 마찬가지로, 기초(Grund)는 순

---

5. 소이제의 대화 안에서 주요인물의 성(性)이 달라지는 것은 대개 상황에 의해 바로잡을 수 있다. 심지어는 때때로 연속된 대화 변화가 일어나기도 하지만 말이다.
6. J. M. Clark가 번역한 Henry Suso, *The Little Book of Truth*의 ch. 5, p. 194를 보라.
7. *Ibid.*, chs. 5, 7 등.

전한 단순함과 "내적 요새"로 정의된다.⁸ 아주 비슷하게 신성 안에서의 인간의 변형과 자기-포기된 사람 안으로 사람의 쏟아짐과 하나님의 쏟아짐이 강조된다. 바울의 모습을 더욱 따르면서, 그리스도 안에 있는 "새 사람"이 강조된다.⁹ 「진리에 관한 작은 책」(The Little Book of Truth)의 제4장은 자기-포기된 사람이 독생자를 통해서 이루어야 할 의미심장한 "돌아옴" 또는 "돌파"에 관한 것이다. 이 사람은 "그 자신의 자아의 무화(無化)를 향해 가라앉는 것처럼 보이며" 변한다.¹⁰ 그러므로 진실로 그렇게 굴복된 자아는 "그리스도와 같아"진다. 그리고 동시에, 그 사람 자신의 존재도 남아 있다. 다른 영광과 능력의 형태를 갖게 되었지만 말이다.¹¹

더욱이 피조물과 거룩한 심연의 이중적 무화가 의미심장하게 강조된다. 디오니시오스는 하나님을 비-존재 또는 무(無), 이른바, 영원한 무로 표현하였다.¹² 소이제의 서문은¹³ 거룩한 존재의 초월과 "다른 모든 것들의 무화"를 다룬다. 사람들은 습관적으로 이 무를 "하나님"이라고 부른다. 그렇게 함으로써 사람은 그 자신의 존재가 이 동일한 무와 하나임을 의식한다. 소이제는 디오니시오스를 경유한 에크하르트의 근원적인 강조를 분명하게 연역하는 한편, 그러한 부정적인 생각에 쉽게 기인하는 이설을 피하기를 바란다. 「진리」(Truth)의 제2장과 제5장에서는 하나님과 신성을 비중 있게 숙고하고 있다. 마치 에크하르트가 신성과 계시의 하나님 사이를 자주 구분한 것을 정정하는 것처럼, "신성과 하나님은 모두 하나다"라고 소이제는 주장한다. 그러나 그는 곧, 에크하르트를 따라서, 신성, 즉 신(Deity)은, 하나님이 그러하신 것처럼, 활동하지도 태어나지도 않는다고 단언한다. 소이제는 말한다. 근본적으로 하나님과 신성은 "하나다."¹⁴

이것은 분명히 신중을 요하는 문제들이다. 에크하르트가 정죄 받은 것을 기억하

---

8. Gandillac, in *Mélanges*, Vol. 3, p. 76; Lavaud, *Œuvre*, Vol. 1, pp. 347-48, nos. 71-72, 또한 pp. 338-39, no. 13 그리고 각주 1; p. 350, no. 85.
9. *The Little Book of Truth*, ch. 4, 특히 pp. 184-85 in Clark.
10. *Ibid.*, p. 184. 제4장 전체는 돌파(Durchbruch)에 관한 것이다.
11. *Ibid.*, pp. 184-85. 하나님과의 연합의 이중적 측면에서 보이며 그 목표에 이르는 금욕적 수단으로서의 돌파(Durchbruch)와 평온(Gelassenheit)의 관계에 관해서는 cf. Bühlmann, *op. cit.*, pp. 127-28, 그리고 Bizet, *op. cit.*, pp. 230ff.; 또한 Gandillac, in *Mélanges*, Vol. 3, pp. 77-78을 참조하라.
12. *Truth*, ch. 1, p. 176, 그리고 디오니시오스의 작품들을 참고하라.
13. Pp. 173-75.
14. Ch. 5, pp. 191, 199; ch. 2, p. 179.

면서 소이제가 조심한 것은 이해할 만하다. 그는 창조된 본질과 창조되지 않은 본질 사이에 있는 차이점을 주장한다. 이것은「진리」(*Truth*)의 제6장에 분명히 나타난다. "야만인" 또는 "거친 사람"에 관한 논의는 베가르도회와 베긴회 그리고 자유로운 영혼의 형제들(The Brethren of the Free Spirit)에 의해 제기된 모든 논쟁들을 상기시킨다.15

소이제는 *Bild*, 즉 "그림," 또는 "형상"에 관한 타울러주의자들의 모호한 토론을 피한다. 그리스도는 아버지의 유일하고 적절한 형상이며, 사람은 형상(*imago*)로 창조되지 않고 오직 형상을 향하여(*ad imaginem*) 창조되었다고 구별하여 말한다. 따라서 그리스도는 독생하신 아들이다. 우리는 그렇지 않다. 그는 아버지의 실제적인 형상이다. 우리는 거룩한 삼위일체의 형상 안에서 형성된다.16

소이제는 더 나아가 그의 제자들에게 진정한 부인을 시작하면서 죄를 범하는 베가르도회의 무모함에 대해 경고한다. 사랑을 바울의 "황홀"보다 위에 두어서 사랑의 몰개인화를 무릅쓰는 에크하르트의 역설에 관하여, 소이제는 타울러보다 더 "나"와 "당신"의 독특한 관계를 강조한다.17

「영원한 지혜에 관한 작은 책」(*The Little Book of Eternal Wisdom*) 제6장에는 "하나님은 얼마나 사랑스러우신지"에 관한 아름다운 글이 들어 있다. 영원한 지혜, 거룩은 자신을, 본래, 포착할 수 없는 선이며, 항상 그리고 영원히 있으며, 결코 말로 표현할 수 없다고 선포한다. 최고의 부인의 행동에서, 그러나, 영원한 지혜는 자기-헌신의 핵심과 이 모든 자기-포기의 사랑의 영적 의미를 인간의 말로 계시하신다. 그는 "태양의 광휘를 옷으로 휘감을...." 것이다.18

지혜는 그의 달콤한 사랑으로 포옹된 채 형상들과 말하여진 말들이 설 자리가 없는 사랑 안에서 "오직 한 분 안으로 쓸려 들어간" "사랑스러운 자들"을 묘사한다. "그들은 선 안으로 쓸려 들어가 버렸는데, 본래 그곳으로부터 그들이 발산되었다." 종(the Servant)은 그 자신이 스스로 지혜로부터 "특별한 사랑과 감정"을 갈구했음을 드러내면서 이에 대해 응답한다. 그는 지혜의 "거룩한 눈"이 그 안에서 "특별한 즐거움"을 취

---

15. Pp. 201-05; cf. E. W. McDonnell, *The Buguines and Beghards in Medieval Culture with Special Emphasis on the Belgian Scene*, Rutgers University Press, 1954.
16. *Truth*, ch. 6, pp. 203-04; Gandillac, *Mélanges*, Vol. 3, p. 77.
17. Gandillac, *op. cit.*, Vol. 3, p. 78.
18. Pp. 71-73.

하도록 했다. 거룩한 지혜의 응답은 다시 보증하고 있다. 그의 사랑은 통일성의 압축 또는 수의 소산(消散)에 종속되지 않는다. 종은 항상 지혜의 가장 깊은 관심을 간직하고 있다. 지혜는, 마치 사랑을 요구하는 다른 사람이 없는 것처럼, 그 종을 전심을 기울여 사랑하고 그에게 자신을 내주었다.[19]

마침내, 고난당하는 그리스도의 인성이 그의 신성에 이르는 단 하나의 확실한 길임이 나타난다. 소이제가 구체적으로 말했듯이, 어느 누구도 그리스도의 인간적 비통의 모범에 끌리는 것에 의하지 않고서는 그 거룩한 고도를 오르거나 명상의 낯 설은 달콤함에 이를 수 없다.[20] 처음 몇 장에서 소이제는 그리스도 자신의 가난의 길을 영탄조로 말한다. 「생애」(Life)에서[21] 그리스도와 함께 하는 학교에 가는 것이 사실상 무엇을 의미하는지를 배운다. 결국은 소이제가 많은 존경을 받게 되었지만, 그의 생애는 대부분 그리스도와 동행하는 쓰디쓴 달콤함을 아는 사람의 고통스러운 기쁨이었다. 아버지께로 가기 위해서 그의 제자들을 떠나면서, 그리스도는 그가 섬기는 분의 뜻을 따라 모든 피조물로부터의 부인이라는 상징을 주신다. 그 고귀한 요청을 받기를 원하는 사람은 "모든 피조물로부터의 순전한 분리"를 예시해야 한다.[22]

---

19. P. 74.
20. *Eternal Wisdom*, ch. 2, pp. 51 ff.
21. Ch. 19.
22. *Eternal Wisdom*, ch. 6, pp. 65-66.

PART VIII
HENRY SUSO

영원한 지혜에 관한 작은 책[23]

본문

제1장
어떻게 어떤 사람들은 그들에게 알려지지 않은 하나님께 끌리는가.

Hanc amavi et exqui sivi a iuventute mea, et quae sivi mihi sponsam assumere.[24]

이 말은 지혜서에 기록되어 있으며, 아름답고 사랑스러운 영원한 지혜에 의해서 말해진 것으로 그 뜻은 이렇다. "나는 젊을 때부터 그녀를 사랑하였고 그녀를 찾았다. 그리고 그녀를 나의 신부로 선택하였다."

아주 젊은 시절 성급한 영혼은 잘못된 길로 빗나갔다. 그때 영적인 상상 안에서, 영원한 지혜가 그를 만나, 그를 거룩한 진리의 올바른 길로 데려갈 때까지 거칠고 부드러운 길을 통해 그를 인도했다. 그리고 그가 받은 놀라운 보호를 기억했을 때, 그

---
23. M. Clark, Henry Suso: *The Little Book of Eternal Wisdom and The Little Book of Eternal Truth*, London, 1953, pp. 47–46 의 번역은 빌마이어(Bihlmeyer)의 본문에 기초하고 있다.
24. 지혜서 8:2.

는 하나님께 이렇게 말했다. "사랑받으시는 이여, 친절한 주님이시여, 내가 아이 때부터, 내 마음은 열렬한 목마름으로 무언가를 찾았습니다. 주님, 그것이 무엇인지 나는 아직도 완전히 이해할 수 없습니다. 주님, 나는 많은 해 동안 그것을 열심히 찾았으나 아직까지 결코 얻지 못한 것은, 그것이 무엇인지 내가 바르게 알지 못하기 때문이며, 여전히 그것은 내 마음과 영혼을 그것을 향해 잡아당기고, 그것 없이 나는 진정한 평화를 결코 발견할 수 없습니다. 주님, 내 젊은 시절의 처음에 나는, 다른 사람들이 그렇게 하는 것을 보고, 그것을 피조물 안에서 찾으려고 했습니다. 그러나 내가 더 많이 찾으려 할수록 나는 그것을 더 적게 발견했으며, 그것에 더 가까이 갈수록 그것은 더 멀리 있었습니다. 나에게 나타난 모든 이미지에 대해서 그것을 완전히 맛보거나 그 안에 자신을 던져 평화를 누리기 전에 한 내적인 목소리가 나에게 말했기 때문입니다. '이것은 네가 찾는 것이 아니다.' 그리고 나는 항상 사물들로부터 이러한 격변을 당했던 것입니다. 주님, 내 마음은 지금 그것을 연모합니다. 그것은 그것을 기쁘게 가지고자 하고, 그것은[25] 종종 그것이 아닌 것을 경험했기 때문입니다. 그러나 그것을 내 마음은 발견하지 못했습니다. 슬프다, 하늘의 사랑받으시는 주님이시여, 내 안에서 자신을 그토록 신비스럽게 느껴지게 만드는 그것은 무엇입니까 또는 그것의 본성은 무엇입니까?"

영원한 지혜의 응답: 너는 아직 그것을 깨닫지 못하느냐? 그녀를 위해 너를 이제 얻기까지 그녀가 너를 사랑스럽게 포옹하지 않았으며, 종종 너의 길에서 너를 돕지 않았느냐?

종: 주님, 나는 그것에 대해서 알지도 못하였고 듣지도 못하였습니다. 그것이 무엇인지 나는 알지 못합니다.

영원한 지혜의 응답: 그것이 놀라운 일이 아닌 것은, 네가 피조물에 친숙해있으며 그녀의 낯설음이[26] 그렇게 만들었기 때문이다. 그러나 이제 네 눈을 열고 내가 누구인지 보라. 그것은 나, 영원한 지혜이며, 그녀를 위해 나의 영원한 섭리의 포옹으로 너를 모든 영원으로부터 선택했다. 내가 너를 길에서 그렇게 자주 도왔다. 내가 너를 버렸다면 너는 나에게서 아주 여러 번 분리되었을 것이다. 너는 언제나 모든 피조물

---

25. 그의 마음.
26. "그녀는 네게 낯선 이이다." Clark, *Eternal Wisdom*, p. 48, 각주 2.

에서 쫓아내는 무언가를 찾는데 그것이 내가 선택한 자들의 진정한 표시이며 나는 그들을 나 자신을 위해서 취하기를 원한다.

종: 친절하고 사랑스러운 영원한 지혜여, 그러면 당신이 내가 그렇게 오래 동안 찾은 것입니까? 당신이 내 영혼이 언제나 얻으려고 애쓰던 그것입니까? 슬프다, 나의 하나님이여, 왜 당신은 이렇게 오래 동안 나에게 당신을 보이지 않으셨습니까? 당신이 얼마나 오래 그것을 지연하셨는지요! 내가 얼마나 많이 싸우면서 고된 길을 걸었던지요!

영원한 지혜의 응답: 내가 그렇게 하였더라면, 너는 네가 지금 깨닫는 대로의 나의 선함을 그렇게 분명하게 깨닫지 못했을 것이다.

종: 아, 측량할 수 없는 선함이여, 당신은 얼마나 상냥하게 당신의 사랑하는 친절을 내 안에 드러내셨는지요! 내가 존재하지 않을 때, 당신은 나에게 내 존재를 주셨습니다. 내가 당신으로부터 떠났을 때, 당신은 나를 떠나지 않으셨습니다. 내가 당신으로부터 달아나고 싶어 할 때, 당신은 너무도 달콤하게 나를 사로잡으셨습니다! 아, 영원한 지혜여, 지금 내 마음이 일천 조각으로 깨뜨려질 수 있다면, 그래서 당신, 내 마음의 기쁨을 포옹할 수 있다면, 그리고 내 모든 날들을 당신과 함께 견실한 사랑과 완전한 찬송으로 보낼 수 있다면, 그것이 내 마음의 소원입니다! 그의 소망을 당신이 그렇게 애정 어리게 고대하는 것인 사람은 진실로 복되기 때문입니다. 그는 당신 안에서만 안식을 찾을 때까지 결코 참된 안식도 누릴 수 없습니다![27] 아, 귀하고 사랑스러운 지혜여, 내가 이제 당신에게서 내 영혼이 사랑하는 자를 찾았사오니, 당신의 불쌍한 피조물을 멸시하지 마소서. 내 마음이 이 모든 세상을 향하여 기쁨과 슬픔으로 완전히 침묵하는지를 보소서! 주님, 내 마음이 당신을 향하여 영원히 침묵해야만 하겠습니까? 내 가련한 영혼이 당신에게 한 마디 말을 하도록 주소서, 오 주소서, 사랑받으시는 주님, 내 온 마음이 그것을 더 이상 혼자 감당할 수 없기 때문입니다. 이 넓은 세상에서, 당신 말고는, 믿을 수 있는 자가 없습니다. 친절하고 귀하고 사랑받으시는 주님 그리고 형제여! 주님, 당신만이 사랑하는 마음의 본성을 보고 알며, 전혀 현명하지 않은 이해로 할 수 있는 것을 사랑할 수 있는 자가 없다는 것을 아십니다. 그러므

---

27. Augustine, *Confessions*, Book I, ch. 1, sec. 1.

로 나는 지금 당신만을 사랑해야 하기 때문에, 내가 당신을 더 잘 알 수 있도록, 내가 당신을 온전히 사랑할 수 있도록 허락하소서.

영원한 지혜의 응답: 자연의 질서에 따르면 만물은 처음 기원으로부터 발산되는데 가장 고귀한 것들로부터 시작하여 가장 저급한 것들에 이르기까지 최고로 발산된다. 그러나 그 기원으로 돌아가는 순서는 가장 저급한 것들로부터 가장 고귀한 것들에 이르기까지 관통하여 일어난다. 그러므로 네가 만일 나의 창조되지 않은 신성에서 나를 보고자 한다면, 나의 고난당하는 인간성에서 나를 알아야만 한다. 그것이 영원한 지복에 이르는 가장 빠른 길이기 때문이다.[28]

종: 그러면, 주님, 나는 오늘 당신의 한이 없는 사랑을 기억하겠습니다. 당신은 그 사랑을 통하여 당신의 고귀한 보좌로부터, 아버지의 심장의 앞자리로부터, 삼십삼 년의 유형과 경멸에 이르기까지 낮아지셨으며, 그 사랑을 나와 모든 사람을 위해 간직하셨으며, 그 사랑을 당신의 끔찍한 죽음의 가장 쓰디쓴 고통으로 거의 모든 사람들에게 드러내셨습니다. 주님, 당신의 무한하신 사랑이 항상 당신에게 가져온 가장 아름다운 형태 안에 있는 영적인 모습으로 당신 자신을 내 영혼에 계시하셨음을 기억하소서.

영원한 지혜의 응답: 내가 더욱 쇠하여질수록, 사랑으로부터 죽음으로 더욱 가까이 가며, 제대로 질서 잡힌 정신에게 나는 더욱 사랑스러워진다. 해가 그의 광선에서, 아름다운 장미가 그의 향기에서, 강한 불이 그의 타는 열기에서 자신을 드러내듯이, 나의 무한한 사랑은 나의 고난의 전적인 비통에서 자신을 드러낸다. 그러므로 내가 너를 위해 얼마나 심오하게 고초를 겪었는지를 전심을 다해 들으라.

제2장
십자가 처형 전에 어떤 일이 일어났는가.

마지막 만찬 후에, 나의 부드러운 마음이 고뇌에 차고 나의 전 육체가 고통으로 얼룩질 때, 나는 산 위에서 쓰디쓴 죽음의 고통에 나를 맡겼으며 그것이 바로 가까웠음을 발견하고 피와 같은 땀으로 뒤덮였다. 나는 적들에 의해 사로잡히고, 거칠게 결

---

[28]. Augustine, *Tract. 13 in Joannem*, 각주 4.

박당했으며, 비참하게 끌려갔다. 밤에 나는 모욕적으로 부당하게 다루어졌다. 욕을 먹고 침 뱉음을 당하고 내 눈은 감기었다. 아침 일찍 나는 가야바(Caiaphas) 앞으로 끌려가서 고발당하고 유죄판결을 받아 죽음에 넘겨졌다. 고통 중에 있는 나를 처음 보았을 때부터 내가 십자가에 달릴 때까지, 말할 수 없는 슬픔이 나의 순결한 어머니에게서 보였다. 그들은 내 반대편에서 무시무시한 눈을 뜨고 잔인한 거한처럼 서 있었고, 나는 그들 앞에 온순하게 한 마리 양처럼 서 있었다. 나, 영원한 지혜는 빌라도 앞에서 흰 옷을 입고 바보처럼 조롱당했다. 내 아름다운 몸은 고통스럽게 망가졌고 회초리의 잔인한 매질을 받아 상했다. 나의 부드러운 머리는 가시로 찔리고 나의 사랑스러운 얼굴은 침과 피로 뒤덮였다. 그리고 저주당한 뒤에 나는 내 십자가를 지고 죽음을 향해 수치스럽게 끌려갔다. 그들은 나를 보고 맹렬하게 울부짖었고 그들의 울부짖음은 그렇게 공중에서 메아리쳤다. "그를 매달아라, 죄인을 매달아라!"

종: 아, 주님, 시작이 그렇게 몹시 고통스러운데, 그것이 어떻게 끝날 수 있을까요? 내 앞에서 그렇게 부당하게 다루어지는 사나운 동물을 보더라도, 나는 거의 참지 못할 것입니다. 그러니, 당신의 고통이 얼마나 내 심장과 영혼을 찌르겠습니까, 그리고 정말 그러합니다!

그러나 주님, 내 마음에 어떤 위대한 경이로움이 일어납니다. 사랑받으시는 주님, 나는 모든 곳에서 당신의 거룩함을 찾지만 당신은 오직 당신의 인간성만을 계시하십니다. 나는 당신의 달콤함을 찾으나 당신은 당신의 비통을 내보이십니다. 나는 당신의 젖을 빨기를 원하나 당신은 내게 싸우라고 가르치십니다. 아, 주님, 당신은 이것으로 무엇을 의미하시나이까?

영원한 지혜의 응답: 누구든 먼저 나의 인간적 비통의 모범을 통해 이끌리지 않는다면 거룩한 고도에 도달하거나 비상한 달콤함에 이를 수 없다. 나의 인간성을 겪지 않고 더 높이 오를수록 그는 더 깊이 추락한다. 사람이 네가 찾는 것을 얻고자 한다면, 내 인간성은 사람이 거쳐야 할 길이며 나의 고통은 사람이 통과해야할 문이다. 그러므로 약함은 그의 주가 용맹스런 용기로 기다리는 장소에서 기사를 유익하게 하지 못하기 때문에, 네 마음의 소심함을 떨쳐버리고 내가 있는 곳에서 기사답게 용기 있는 일들을 시작하라. 내가 너를 나의 갑옷으로 입힐 것은 내 모든 고난이 너에 의해서 네 힘에 따라 겪어져야만 하기 때문이다.

우선 스스로를 용맹스럽게 하라. 네 마음은 너의 약함을 극복하기 전에 네 안에서 종종 죽을 수 있기 때문이다. 그리고 많은 고통스러운 시련이 주는 피와 같은 땀을 흘리며 일하라. 그 안에서 나를 위해 너를 준비시킬 것이다. 나는 네 향기로운 정원에[29] 붉은 꽃잎으로[30] 비료를 줄 것이다. 옛 습관과 대조적으로 사로잡히고 결박될 것이 틀림없다. 너는 종종 너의 대적들에 의해 은밀히 중상을 당할 것이며 공개적으로 수치를 당할 것이다. 사람들이 네게 많은 오명을 씌울 것이다. 너는 네 마음속에 나의 고난을 어머니의 따뜻한 사랑으로 부지런히 간직해야 한다.[31] 네 경건한 삶이 여러 번 가혹하게 판단될 것이며, 네 경건한 삶의 방식은 인간의 방식에 의해 종종 경멸스럽게 조롱당할 것이다. 고생해보지 않은 네 몸은 힘겹고 가혹한 삶으로 매질당할 것이다. 너는 네 성스러운 삶을 박해당하며 비웃음으로 관 씌울 것이다. 후에 네가 너 자신의 의지를 굴복시키고 자신을 버릴 때 너는 나와 함께 십자가의 슬픈 길로 이끌릴 것이며, 마치 너를 영원한 구원으로부터 빗나게 만드는 그러한 문제들 안에 있는 모든 피조물들에 무관한 것처럼 그리고 앞으로는 이 세상에 더 이상 할 일이 없는 죽어가는 사람처럼 될 것이다.

종: 슬프다, 주여, 그것은 나에게 고생스런 일입니다! 내 전체 본성은 이러한 말씀들을 두려워합니다. 주여, 어떻게 내가 항상 이 모든 것을 겪을 수 있겠습니까? 친절한 주님, 한 말씀만 여쭙겠습니다. 당신은 당신의 영원한 지혜 안에서 나를 구원하고 내게 당신의 사랑을 계시하여 그것으로 당신이 당신 자신을 당신의 커다란 고통으로부터 해방시키고 나를 나의 쓴 연민으로부터 해방시킬 다른 어떤 길을 찾을 수 없으셨습니까? 당신의 생각은 얼마나 이상하게 보이는지요![32]

영원한 지혜의 응답: 내가 모든 것을 나의 영원한 섭리에 따라 정하는 바 나의 신비의 잴 수 없는 심연으로 아무도 들어와서는 안 되는 것은 누구도 그것들을 이해할 수 없기 때문이다. 그러나 그 가운데에 아직 이것과 아직 실행되지 않은 많은 다른 것들을 할 능력이 있다. 그러나 피조물의 질서 안에서는 어떤 더한 즐거운 방식도 사용

---

29. 영혼.
30. 고난으로.
31. **어머니와 같은 부드러운 사랑을 가지고.**
32. 롬 11:33.

될 수 없음을 알라. 자연의 주님은 그가 자연에서 무엇을 하실 수 있는지를 고려하지 않으신다. 그는 무엇이 모든 피조물들에게 가장 적합한지를 생각하시고 그것에 맞추어 활동하신다.[33] 사람이 그가 인간성을 취하신 것 안에서 아는 것보다 어디에서 그 거룩한 신비를 더 잘 알 수 있겠는가? 사람이 과도한 즐거움으로부터 기쁨을 잃는다면, 그는 어떻게 참된 영원한 기쁨을 발견할 수 있겠는가? 하나님 자신에 의해 이끌리지 않는다면 어떻게 겪어보지 않은 고되고 멸시받은 삶의 길이 수행될 수 있겠는가? 네가 죽음의 심판 안에 놓여 있는데 그때 다른 누군가가 너를 대신하여 죽음의 강타를 맞았다면, 그는 어떻게 더한 충성과 사랑을 네게 보일 수 있겠는가 또는, 다른 한편, 그는 어떻게 네가 그를 사랑하도록 더 잘 자극할 수 있겠는가? 만일 나의 한이 없는 사랑이, 나의 표현할 수 없는 자비가, 나의 영광스러운 신성이, 나의 가장 자비로운 인간성이, 나의 가장 위로하는 우정이 깊은 사랑을 향해 움직이지 않는다면, 그때 무엇이 그의 돌과 같은 마음을 부드럽게 할 수 있겠는가? 나의 정의를 유지하고, 나의 한이 없는 사랑을 시위하며, 인간의 본성을 고상하게 하며, 나의 선함을 쏟아 부으며, 하늘과 땅을 화해시키는 데에 나의 쓰디쓴 죽음의 그것보다 더 아름다운 방법이 있는지를 모든 피조물들의 아름다운 질서에게 묻겠는가?

종: 주님, 진실로, 나는 그것이 그러함을 실제로 이해하기 시작했습니다. 그리고 어리석음에 의해 눈멀지 않은 모든 자들과 정의가 무엇인지를 생각하는 모든 사람들은 당신에게 동의하고 당신의 아름답고 사랑스런 활동을 다른 모든 것보다 찬양할 것이 틀림없습니다. 그러나 당신을 닮는 것은 게으른 육체에게는 고통스러운 것입니다.

영원한 지혜의 응답: 나의 고난을 닮기를 두려워하지 말라. 하나님이 사람 안에 완전하게 계시면 그러한 고난은 쉬운 일이 되며, 그때 그는 아무 불평도 하지 않는다. 나와 함께 가장 고된 비통을 공유하는 사람보다 더 놀라운 달콤함 안에서 나의 현존을 누릴 수 있는 사람은 없다. 알맹이의 달콤함을 알지 못하는 사람보다 더 껍질의 쓰디씀에 대해서 불평할 사람은 없다. 우리에게 좋은 친구가 있다면 그 싸움의 반은 이긴 것이다.

종: 주님, 당신의 위로하는 말씀이 나를 매우 용맹스럽게 만들어서 당신 안에서

---

33. Thomas Aquinas, *Summa theologia*, pt. 1, q. 3, art. 2.

모든 것을 할 수 있고 겪을 수 있다고 생각됩니다.[34] 그러므로 당신께 구하오니 당신의 고난의 보물창고를 활짝 여시고 나에게 그것들에 대해 더욱 더 말씀해주십시오.

제3장
그는 십자가 위에서 속사람에 관하여는 어떻게 느꼈는가.

영원한 지혜: 내가 무한한 사랑으로, 너와 모든 사람들을 위해서, 십자가의 높은 나무 위에 매달렸을 때, 나의 모든 모습은 가장 비참하게 망가졌다. 나의 맑은 눈은 흐릿해졌고 그 광채를 잃었다. 나의 거룩한 귀는 조롱과 모욕으로 가득 찼다. 나의 고귀한 후각은 악한 악취에 의해 습격당했다. 나의 달콤한 입은 쓰디쓴 목마름으로 채워졌다. 나의 부드러운 촉각은 거친 매질로 메워졌다. 그때 나는 온 세상에서 쉴 곳을 찾을 수 없었고 나의 거룩한 머리는 고통과 괴롭힘으로 숙여졌다. 나의 즐거운 목은 거칠게 꺾였다. 나의 순결한 얼굴은 침으로 더럽혀졌다. 내 뺨의 환한 빛은 핏기 없이 창백해졌다. 보라, 나의 아름다운 모습은 마치 한센병자처럼, 한 번도 아름다운 지혜인 적이 없었던 것처럼 그렇게 훼손되었다.[35]

종: 오 당신은 모든 은총의 가장 매력적인 거울이며, 마치 봄의 아름다움을 보듯이, 당신을 보는 하늘의 영들의 눈은 즐겁습니다. 당신이 죽어갈 때 당신의 사랑받으시는 얼굴을 내가 볼 수 있다면 내가 그것을 나의 충심의 눈물로 덮고 나의 모든 것으로 당신의 아름다운 눈과 당신의 밝은 뺨을 응시할 수 있다면, 그러면 나는 깊은 비탄과 함께 내 마음의 슬픔으로부터 해방될 수 있을 것입니다.

아, 사랑받으시는 주님, 당신의 고난은 어떤 사람들에게 깊이 영향을 주어서 그들은 다감하게 슬퍼할 수 있으며 당신을 위해 신실하게 울 수 있습니다. 아, 주님, 나는 모든 사랑하는 마음들의 대변인처럼 슬퍼할 수 있어서 모든 눈들의 밝은 눈물을 흘릴 수 있고 모든 혀들의 애가를 말할 수 있겠습니까. 오늘 당신의 고난의 격통이 얼마나 깊이 내게 영향을 미쳤는지를 그때 나는 당신에게 보일 수 있을 것입니다!

영원한 지혜의 응답: 일로써 증거하며 나와 함께 고난을 공유하는 자들보다 더나의 고난이 얼마나 그들에게 영향을 미쳤는지를 잘 보여줄 수 있는 사람은 없다. 나

---
34. 빌 4:13.
35. Cf. 사 53:2, 4.

는 차라리 자유로운 마음을 가지기를 원하며 덧없는 사랑에 시달리고 싶지 않다. 나를 위해 영원히 슬퍼하고 하늘에서 언제나 내리는 빗방울들만큼 많은 눈물을 나의 순교 위에 흘리는 것보다 너는 견실하고 부지런하게 내 삶의 모범을 모방하면서 가장 고귀한 것을 쫓아다녀야 한다. 그 눈물들이 아무리 사랑할 만하더라도, 아무리 내게 받아들여질 만하더라도 내가 죽음의 격통을 겪은 것은 누군가 나를 따르기를 바람이었다.

종: 슬프다, 친절한 주님이여, 당신의 온유한 삶과 당신의 사랑하는 고난의 아름다운 모방이 당신에게 그렇게 매우 값진 것인 한, 비록 당신의 말씀에 따르면 나는 둘 다를 해야 하지만, 나는 앞으로 차라리 눈물 가득한 비가(悲歌)보다는 사랑의 모방을 위해 애쓰겠습니다. 그러므로 이 고난에서 어떻게 당신을 닮을 수 있는지 내게 가르치소서.

영원한 지혜의 응답: 천박한 것을 보고 나태한 것을 들으면서 즐기는 즐거움을 파하라. 사랑이 너에게 달콤하게 맛나게 하라 그래서 너에게 불쾌했던 것에서 즐거움을 취하라. 나의 유익을 위해서 모든 몸의 사치를 포기하라. 내 안에서 너의 모든 안식을 추구하고, 육체의 불편함을 사랑하고, 악을 기꺼이 겪으며, 경멸을 소원하고, 너의 욕구들을 포기하며, 그리고 네 모든 정욕을 향해 죽으라. 그것이 지혜의 학교의 시작이며, 그것은 십자가에 못 박힌 내 몸 그 아물지 않고 상처받은 책에서 읽혀질 것이다. 그리고 보라, 비록 그의 능력 안에 있는 것을 사람이 한다고 하더라도, 내가 그를 위해 한 것을 나를 위해 할 수 있는 자가 전 세계에서 누구인가?[36]

---

36. 이 문단과의 관련에서, 소이제의 ch. 7, in *The Little Book of Truth*, Clark ed., pp. 206 ff.를 보라. 거기에서 평온(*Gelassenheit*)가 충분히 다루어진다. Cf. Clark, *The Great German Mystics*, p. 62, 그리고 Bühlmann의 설명과 Bizet, *op. cit.*를 참조하라.

PART VIII
HENRY SUSO

종의 생애:

평온(Gelassenheit)이라는 고차적인 학교[37]

본문

제19장
어떻게 사람이 영적 학교로 인도되어 참된 자기-굴복이라는 지식 안에서 가르침을 받는가.

한번은 아침 기도 후에, 종은 의자에 앉아서 묵상하던 중 황홀경에 빠졌다. 그의 내적 눈에 어떤 고귀한 청년이 그를 향해 와서 그 앞에 서서 말하는 것이 보였다. "너는 저급한 학교에 충분히 오래 있으면서 그 안에서 충분히 오래 동안 너 자신을 훈련했다. 너는 성숙해졌다. 이제 나와 함께 가자! 내가 너를 세상에 존재하는 가장 높은 학교로 데려갈 것이다. 거기서 너는 가장 높은 지식을 배우게 될 것이며 그 지식은 너를 거룩한 평화로 인도할 것이며 너에게 지복의 완성을 향한 거룩한 시작을 가져다 줄 것이다." 그때 그는 기뻐하며 일어섰다. 그 청년은 그의 손을 붙잡고 그를 이끌

---

[37]. 「생애」(Life)의 19장과 22장은 Clark's translation (from the Bihlmeyer text): The Life of the Servant, London, 1952, pp. 55-57, 65-67 안에 있는 것을 여기서 사용하였다. James Clarke & Co., Ltd.의 허락을 받아 사용되었다.

어 어떤 영적인 땅처럼 보이는 곳으로 데려갔다. 거기에는 지극히 아름다운 집이 있었는데 마치 수도사들이 사는 곳 같았다. 거기에서 사는 사람들은 고차적 지식에 관심을 가지고 있었다. 그가 들어갔을 때 친절한 영접과 애정 어린 환영을 받았다. 그들은 선생에게 가서 또한 그의 제자가 되기를 원하고 그래서 그들의 지식을 배우기를 원하는 누군가가 왔다고 말했다. 그가 말했다. "그가 나를 기뻐하는지를 보기 위해서 먼저 내가 내 눈으로 직접 그를 보아야겠다." 그를 보자, 그를 향해 매우 친절하게 미소 지으며 말했다. "그가 갇혀있어야만 하는 비좁은 우리 안에 살면서 오직 참을성 있게 복종한다면, 이 손님은 우리의 고차적 지식을 훌륭하게 정복하게 될 능력이 있다는 것을 나로부터 알라."

종은 그를 거기에 데려간 그 청년에게로 돌아가서 물었다. "아, 내 사랑하는 친구여, 나에게 말해다오, 이 최고의 학교는 무엇이며 네가 말한 이 배움은 무엇인가?" 그 청년이 대답했다. "고차적 학교와 여기서 가르쳐지는 것은 사람의 자아를 완전히 전적으로 포기하는 것 외에 아무 것도 아니다.[38] 즉, 아무리 하나님이, 홀로 또는 그의 피조물에 의해서 그를 향해 활동하시더라도, 사람은 자기-포기 안에서 견뎌야 한다. 그는 항상 기쁨과 슬픔 안에서 그 자신의 것을 포기하는 데에 머물러 있도록 노력해야 하며, 인간의 연약함이 허락하는 한에서 사랑하는 주님이 그의 하늘 아버지께 그러하셨던 것처럼, 오직 하나님을 찬양하고 그에게 영광 돌리는 것을 생각해야 한다."

종이 이 모든 것을 들었을 때, 그는 매우 기뻤으며, 이 지식을 배우리라고 생각했으며, 어떤 것도 그가 얻지 못할 정도로 어려운 것은 없다고 생각되었다. 그는 거기서 살면서 활동적인 일도 찾기를 원했다. 청년은, 그러나, 이것을 금하면서 말했다. "이 배움은 깨뜨려지지 않는 휴식을 요구한다. 여기서 하는 일이 적을수록, 실은 많은 것을 한 것이다." 그는 그러한 종류의 활동으로 사람이 자기 자신을 방해하고 따라서 하나님을 찬양하는 데에 온전히 힘을 다할 수 없음을 말한 것이다.

이 말 후에 종은 갑자기 자신으로 돌아왔는데, 그는 여전히 그전처럼 앉아 있었다. 그는 그 말들에 대해 깊이 생각하기 시작했으며 이내 그들이 그리스도 자신이 가르친 그 순수한 진리들이라는 것을 알아차렸다. 그때 그는 자신과의 내적 토론으로

---

38. *Volkommenen Gelassenheit des Ich*. *The Book of Truth*, chs. 7과 4를 보라.

빠져들어서 말했다. "네 자신을 주의 깊게 살피라 그러면 네가 여전히 너 자신의 노예인 것을 알게 될 것이다. 그리고 실제로 네가 오직 너 자신의 이유들을 위해 수행하는 너의 모든 외적인 활동들에도 불구하고, 바깥으로부터 들이닥친 고난들을 저항할 수 있도록 네가 충분히 준비되지 않았다는 것을 알게 될 것이다. 너는 여전히 풀숲에 숨어 웅크리고 모든 잎들이 떨어져야 움직이는 겁 많은 토끼와 같다. 그래서 너는 이와 같다. 너는 너를 당황하게 만들지 모르는 고난들을 상상하면서 모든 날들을 두려움으로 지낸다. 너의 역경을 목도하기라도 하면 창백해진다. 그들을 직면할 때, 도망가고 만다. 비무장상태로 굴복할 때, 스스로 숨어버린다. 그러므로 칭찬받을 때 너는 웃으며 비난받을 때 너는 슬퍼한다. 네가 고차적 학교를 필요로 하는 것은 참으로 당연하다."

PART VIII
HENRY SUSO

종의 생애:
고난과 십자가의 길

본문

제22장
어떻게 사람은 그의 이웃들에게 건전한 도움을 가져오기 시작하는가.

수 년 동안 그 자신의 종교적 삶을 위해 자신을 헌신한 후에 그는 여러 가지의 계시를 통해 이웃의 영적 복지를 향상시키는 일에 하나님에 의해 휘몰렸다. 많은 영혼들이 이러한 방식으로 도움을 받았지만, 이러한 선행의 결과로서 그에게 닥친 고난들의 수는 끝이 없었다.[39]

하나님은 한때 이것을 하나님의 선택받은 한 친구에게 계시하셨다. 그녀의 이름은 안나(Anna)였으며 그녀는 그의 영적 딸이었다. 한번은 기도 중에 그녀는 엑스타시에 들어가서 그 종이 어떤 높은 산 위에서 미사를 말하는 것을 보았다. 그녀는 그 안

---

39. 「생애」(*Life*)의 제22장에 관하여 그리고 그레고리우스 안에 있는 활동적인 삶과 명상적인 삶에 관하여는 "Briefbuchlein," Brief 9, in Bihlmeyer, *Heinrich Seuse, deutsche Schriften*, pp. 388-89와 각주들, 그리고 "Grosses Briefbuch," Brief 21, in Bihlmeyer, *op. cit.*, pp. 468-69와 각주들을 보라. Cf. Gregory, *Moral*, VI, 18, 57; XXXI, 12.

에서 살아가고 그에게 부착되어 있는 거대한 무리의 사람들을 보았다. 그러나 모두가 같은 위치에 있는 것은 아니었다. 그 안에서 하나님에 관해서 더 많이 가진 사람은 그리스도 안에서 또한 더 많이 살았다. 그리고 그에게 더 가까이 결합되어 있는 사람에게 하나님은 더 많은 것을 돌리셨다. 그가 얼마나 제사장의 손으로 붙들고 있는 그들이 영원한 하나님을 향하도록 하기 위해서 열렬히 기도하는지를 그녀는 보았다. 그리고 그녀는 하나님께 이 환상이 무엇을 의미하는지를 설명해달라고 부탁했다. 즉시 하나님은 이렇게 대답하셨다. "그에게 부착되어 있는 방대한 수의 이 자녀들은 그에게 가르침을 받으며, 그의 말에 귀를 기울이며, 그에게 고백하며, 또는 그에게 특별한 사랑을 가지고 어떤 다른 형태로 그에게 헌신하는 모든 사람들이다. 그는 그들을 내게로 이끌어서 내가 그들의 삶에 한 선한 결과를 가져오도록 하며, 그들이 나의 즐거운 얼굴로부터 결코 분리되지 않도록 한다. 그러나 이것의 결과로서 어떠한 고난이 그에게 일어나든지 간에, 그는 내게서 후하게 보상받을 것이다."

위에서 언급한 고귀한 여종이 영원한 지혜라는 그 종을 알기 전에, 하나님은 그녀에게 그를 보려는 내적 충동을 주셨다. 한번은 그녀가 엑스타시에 있을 때, 환상 중에 그 종이 있는 곳으로 가서 그를 보라는 말을 들었다. 그녀는 말했다. "나는 구름과 같은 형제들 안에서 그를 알아보지 못합니다." 그때 그녀는 들었다. "그는 다른 사람들 중에서도 쉽게 알아볼 수 있다: 그는, 어린아이의 화관처럼, 머리에 둥글게 장식되고 붉고 흰 장미들이 흩뜨린 초록 왕관을 쓰고 있다. 그리고 그 흰 장미들은 그의 순결을 뜻하며, 그 붉은 장미들은 그가 겪어야만 했던 많은 고난들 안에서 견딘 그의 인내를 뜻한다.

"성자들의 머리를 둥글게 그리는 관습에서 둥근 후광이 그들이 하나님 안에서 누리는 영원한 지복을 의미하듯이, 비슷하게 그 장미의 둥근 고리는 하나님을 사랑하는 친구들이, 이 세상에서 군주를 섬기는 기사처럼 그들이 하나님을 섬기는 한, 감당해야만 하는 많은 고난을 의미한다." 그때, 그녀의 환상 중에, 그 천사가 그녀를 그가 있는 곳으로 이끌어갔으며, 그녀는 그의 머리에 둥글게 놓인 그 장미의 둥근 고리에 의해 즉시 그를 알아보았다.

이러한 고난의 시간 동안, 안으로부터 그를 가장 크게 도운 것은 하늘의 천사들의 부지런한 도움이었다. 한번은, 그가 외적 감각들의 능력을 상실했을 때, 그가 많은 무리의 천사들이 있는 곳으로 이끌려가는 것이 환상 중에 그에게 보였다. 그들 중 그와 가장 가까이 있던 한 천사가 그에게 말했다. "네 손을 앞으로 뻗고 보라!" 그가 손을 밖으로 뻗고 보는데 그의 손바닥 가운데로부터 초록 잎들을 가진 어떤 아름다운 붉은 장미가 피어나는 것을 보았다. 그 장미는 아주 커져서 그의 손과 손가락들을 다 덮었다. 그것은 참으로 아름답고 밝아서 그의 눈에 커다란 즐거움을 주었다. 그가 손을 이리 저리 뒤집으니 그 양편에 어떤 사랑스러운 광경이 보였다. 그는 심중에 크게 놀라며 말했다. "아, 사랑하는 친구여, 이 환상이 뜻하는 바가 무엇인가?" 그 청년이 대답했다: "그것은 하나님에 네게 주실 고난 그리고 다시 고난을 의미하며 더욱 더 많은 고난이 따라올 것을 의미한다. 그것들이 양손과 양발 위에 있는 네 개의 장미들이다." 종은 한숨을 지으며 말했다. "아, 친절한 주님, 고난이 사람에게 그러한 고통을 일으키지만 여전히 그들을, 영적인 의미에서, 아름답게 장식한다는 것은 당신의 섭리의 위대한 발현입니다."

IX.

카테리나 다 시에나

(1347–1380)

PART IX
CATHERIUE OF SIENA

PART IX
CATHERIUE
OF SIENA

서론

전기적 내용

카테리나는 1347년 시에나(Siena)의 한 염색업자의 가정에서 태어났다. 다섯 또는 여섯 살의 나이에 그녀는 다양하게 보고 되는 육체적 현상들과 엑스타시들을 동반한 명상적 강림들을 경험했다. 청소년기에 그녀의 가족들이 그녀에게 적당한 결혼을 계획하고 있는 동안, 그녀는 처녀로 남아 거친 금욕생활을 하겠다는 어릴 때의 서약에 고집스럽게 매달려 있었다. 집안에서 엄격하게 격리되어 수년을 보내면서 부모로부터 내키지 않는 동의를 받아낸 카테리나는, 점점 세상 안에서의 헌신된 삶을 받아들이게 되었다. 그동안 내내 마음 속 한 곳에 종교적인 소명을 품게 되었다. 환상 중에 도미니쿠스의 사람을 만난 후에 그녀는 도미니쿠스회의 제3수도회의 참회의 관습을 허락받았다. 그리스도와의 점점 더 친밀한 대화와 그의 구속적 고난과의 황홀한 결합에 점점 더 내맡겨지면서, 그녀는 1367년 카니발(Carnival)의 마지막 날에 그녀의 주님과의 신비적 결혼에 들어갔다. 그녀의 계속되는 황홀경과 신비적 죽음과 성흔은, 개혁이 필요한 것은 분명하지만 오직 그들을 통해서 구원받을 수 있는, 영혼과 교회를 위한 그녀의 고양된 관심을 마찬가지로 증거 했다. 그녀의 경험이 더욱 신비스럽게 되어갈수록 그녀의 사도로서의 임무는 더욱 더 활발해졌다. 1370년 이후 그녀는 기독교 십자군의 대의를 열정적으로 수행했다. 교황과 부름 받은 많은 그리스도인들과 일치하며, 플로렌스(Florence)와 피사(Pisa)와 아비뇽(Avignon)과 로마(Rome)로 여행하면서, 그녀는 바빌론 유수의 종식과 교회와 성직자들과 평신도들이 그리스도를 위해 갑옷을 입을 것을 압박했다. 아비뇽의 유수는 그레고리우스 11세(Gregory XI)가 로마로 돌아오는 것과 함께 기술적으로 종식되었다. 1378년 카테리나는, 우리에게 편집된 형태로 전해지고 있는 그녀의 「대화」(*Dialogue*)를 헌정했는데, 이 헌정은 사실상 서방의 거대한 분열의 시작과 동시에, 그리고 우르바누스 6세(Urban VI)의 지지 하에 펼쳐진 그녀 자신의 수고와 동시에 일어났다. 1372년 종종 교우들에 의해 받아들여지고 1373년에는 카푸아(Capua)의 라이문도(Raymond)의 영적 지도를 받아들이면서, 카테리나는 대중적으로 보고된 기적들을 일으켰는데 그것은 그녀의 섬김의 덕들과 마찬가지로, 점점 상승하며 강해지는 대중적 관심 안에서 소중하게 여겨졌다. 그녀는 1380년에 사망했으며 1461년에 시성되었다.

참고 자료

Th. Deman, "La théologie dans la vie de Sainte Catherine de Sinne," *La vie spirituelle*, Vol. 42 (1935), Supplément, pp. [1]-[24]는 유용한 연구이다. R. Garrigou-Lagrange, "La foi selon Sainte Catherine de Sienne," *ibid.*, Vol. 45 (1935), pp. 236-249; 또한 DS II, 327-48을 비교하라. 카테리나의 작품을 처음 현대 자국어로 편집한 것은 G. Gigli, *L'opere della serafica santa Caterina da Siena*, 4 vols., Siena, 1707이다. 대화 *Dialogo*는 제4권이다. 대화의 다른 편집과 번역들로는 M. Fiorilli, Bair, 1912; I. Taurisano, Rome, 1947; *Le dialogue* by A. Thorold, London, 1896 and 1925가 있다. *Le lettere di S. Caterina da Siena*, based on ed.

by Niccolò Tommasèo가 revised and with additions by Piero Misciattelli, in 6 vols., Florence, 1940으로 다시 출판되었다. 본문을 비평적으로 구성한 첫 번째 책이 *Epistolario di Santa Caterina da Siena*, ed. by Eugenio Dupré Theseider, Rome, 1940이다. *Fontes vitae s. Catharinae Senensis historici*, ed., H. Laurent and F. Valli, beginning with I. *Documenti*, in Siena, 1936은 유용한 자료들이다. 비평적인 연구와 원본문들의 재해석들로는 R. Fawtier, *Sainte Catherine de Sienne: Essai de critique des sources: I. Les sources hagiogaphiques*, Paris, 1921의 귀중한 연구와 II. *Les œuvres de Sainte Catherine de Sienne*, Paris, 1930이 있다. 그의 후기 작품인 "L'expérience humaine," pp. 15-236은 매우 유용한데 이것은 La double expérience de Catherine Benencasa (Sainte Catherine de Sienne), Gallimard, Paris, 1948에서 L. Canet, "L'expérience spirituelle," pp. 237-268과 굳게 결합되어 있다. *Saint Catherine of Siena as Seen in Her Letters*, tr. by Vida D. Scudder, London and New York, 1905는 여전히 도움을 준다. 열세 개의 편지들이 tr. by Louis-Paul Guigues, *Ste. Catheirne de Sienne: La sang, la croix, la vérité*, Gallimard, Paris, 1940으로 출판되었다. A. Grion, *Santa Caterina da Siena: Dottrine e Fonti*, Cremona, 1953은 사용하기에 편리하다. 권위 있는 해석을 지니고 방대한 자료에 근거하고 있는 책들로는 A. T. Drane, *The History of St. Catherine of Siena and Her Companions*, London, 1880, E. G. Gardner, *Saint Catherine of Siena*, London, 1907 그리고 J. Jorgensen, Saint Catherine of Siena, tr. by I. Lund, Longmans, Green & Co., Inc., London and New York, 1938이 있다. 간결하면서도 흥미로운 연구는 M. De La Bedoyere, *Catherine Saint of Siena*, Hollis & Carter, London, 1947이다.

개관

카테리나는 비타협적인 신학적 전제들과 뒤엉킨 맹렬한 정신과 당당한 의지를 보인다. 그녀의 신비스러운 고결함과 영적인 독창력에 접근하는 실마리는 무엇인가? 아마 믿음이 그 대답을 가장 잘 제공할 수 있을 것이다. 그것은 카테리나의 삶과 교리에 생기를 주는 사상이다.

「대화」(Dialogue)의 주요한 본문들은 이 전제를 확증하고 있는 것으로 보인다. 그녀는 신앙의 빛에서 자신의 힘과 항상성을 찾았다고 주장한다. 그녀가 소망하는 것도 신앙의 빛 안에서이다. 그녀는 신앙이 그녀를 순례의 길에서 버리지 않을 것이라는 것을 알고 있다. 이 빛은 그녀에게 길을 보여준다. 그것 없이 그녀는 어두움 안으로 빠졌을 것이다. 믿음 안에서 하나님을 아는 것은 자신을 아는 것에 도움이 된다. 이 신앙의 빛은「대화」(Dialogue) 전체를 통해서 빛나고 있으며 바로 그렇게 이 마지막 장에서도 넘쳐난다.[1]

카테리나에게 죄란 무엇보다 영혼의 눈이 어두워진 것이다. 자기-지식과 하나님의 선함이라는 달콤한 은퇴 안에서 자신을 유지하면서, 영혼은 겸손하게 자신이 무엇인지를 보게 된다. 그것은 자신을 위해서가 아니라 하나님을 위해서 존재하며, 그것이 하나님으로부터 자신의 존재와 게다가 또 모든 은총을 받는다는 것을 깨달을 때 그 사랑의 불은 점점 더 자라난다. 그때 영혼은 죄와 정욕에 대한 거룩한 증오를 품게 된다. 그것은 자신을, 하나님의 사랑 그 최고의 힘을 통하여, 참되고 확실한 덕들에 결합시킨다. 신앙은 모든 사도직의 영혼이며, 거기서 사람은 자기를-주는 사랑으로써 세상을 포옹하기를 추구한다. 그것은 마치 샘에서 채워진 물병과 같다. 근원으로부터 취해진 다음, 그것은 곧 비워진다. 그것은 물속에 잠긴 채 언제나 끌어올려지기 위해서 항상 가득 차 있다. 이웃을 사랑하는 것이 그러하다.[2]

예를 들어,「대화」(Dialogue) 제64장에서 보면, 카테리나의 신비주의가 선교의 신비주의이며 사도직의 신비주의라는 것이 분명해진다.[3] 활동적이고 명상적인 삶이 양립할 수 없다는 거짓은 확실히 그녀에게서는 당연할 수 없는 일이다. 반대로 "자기-지식의 독방"은 세상에서 활동적인 순례를 하며 여행하는 사람과 더불어 간다. 그녀의 종교적 상태는, 그레고리우스와 베르나르의 그것처럼, 혼합된 소명이며, 그녀가 그렇

1.「대화」(Dialogue) (Dial.), ch. 167을 보라. 그리고 Le lettre (Let.), T. 272 (G. go) = Tommaseo and Gigli nos.
2. Dial., caps. 4, 7, 8, 45-46, 51, 63-66 (샘에 관해서는 특히 64), 72-74. Cf. Let., T. 304, G. 345.
3. J. Leclercq, Sainte Catherine de Sienne, Paris, 1947을 보라.

게 많은 교리들을 반영하고 있는 바로 토마스 아퀴나스의 그것이다.

카테리나는 실제로 추상과 변증이라는 함축을 통해 스콜라 철학의 기본원리를 괄목할 만하게 총화하여, 거의 낭만적 언어로 표현된 열정적인 정서에 결합시킨다. 신앙은 그녀에게 있어서 지적으로 방향 지워진 원동력(dynamics)이며 감동시키고 힘을 북돋우는 진실이다.

「대화」(Dialogue)에서 신앙은 세례 때에 받은 빛이며 영원한 생명에 이르는 길을 보여주는 것으로 설명된다.[4] 신앙은 지성의 눈의 학생이다. 그 빛은 우리가 길과 성육하신 말씀인 진리의 가르침을 분별하고 따를 수 있게 한다. 신앙이라는 학생이 없이는 영혼은 눈멀게 될 것이다. 그것은 실제로 눈을 가진 사람과 같은데, 수건으로 덮인 것과 같이 감추어진 것을 보고 있는 학생들이다. 지성은 영혼의 눈이다. 이 눈의 학생은 신앙이다.[5]

카테리나에 의하면, 사람이 가진 독특한 재산은 이성이다. 은총은 소생시키는 내적 추진력을 이성에게 주며, 이성은 초자연적 상태로 올리어져, 믿음과 소망과 사랑의 삶 안에서와 같이 모든 덕들 안에 있는 출구를 발견한다.

이성의 빛이 없이는 어느 누구도 진리의 길을 발견할 수 없다고 하나님은 스스로 선포하신다. 이 이성의 빛은 참된 빛이신 그로부터 직접적으로 보유된다. 만일 이 이성이 하나님이 금하신 죄를 범함으로 인해 박탈되지 않는다면, 지성과 밝은 신앙을 통해 이 빛은 거룩한 세례 안에 있는 그들에게 전달된다. 신앙 안에서 그러므로 전유된 교회의 성례는 영혼의 빛의 길이다. 세례에서 하나님의 아들의 피를 통해, 사람은 신앙의 형태를 받는다. 이 신앙은 일단 주어지면, 이성의 빛과 합하여져서 행동으로 보여진다. 이성과 신앙은 분명히 반대될 수 없다.

이성은 신앙의 빛에 의해 명료하게 되며 진리의 길 안에 있는 삶에 목적을 준다. 이 빛에 의해서 인간성은 그 참된 빛에 이를 수 있는 힘을 받는다. 그것 없이는 어둠 밖에 없다. 이 빛으로부터 비추어진 두 가지 조명이 즉시 필요하다. 첫 번째, 사람은 덧없는 세상의 일들의 허무함을 지각할 수 있게 된다. 영혼은 무엇보다 그 자신의 연약함과 그 안에 있는 악한 법에 의해, 창조자에게 반역하는 경향을 갖고 있다는 것을

---

[4]. *Dial.*, cap. 29.

[5]. *Dial.*, caps. 45, 51; *Let.*, T. 272, G. 90; cf. Garrigou-Lagrange, *op. cit.*

인식해야 하고, 이러한 인식이 없으면 삶의 의미를 이해할 능력이 없다.[6]

영혼은 훈련된 금욕적 사랑에서 그 신앙과 이성을 행사하며 그 자연적 빛과 더불어 초자연적 조명을 은혜롭게 소유할 것이다. 카테리나는 세상을 경멸하고 덕을 포옹하는 일에 자연적 빛을 일으킬 필요성을 강조한다. 그 빛을 통해, 빛이 있는 곳에서 선을 추구할 것이기 때문이다. 그러한 탐구는 하나님께로 인도되는데, 하나님으로부터 선이 나온다. 그러한 추구의 과정에서 사람은, 그의 아들을 선물로 주신 하나님이 보이신 말할 수 없는 사랑을 받아야 한다. 그 아들은 인류의 구속을 위해 그토록 많은 사랑을 주셨다. 이것과 동반하여 처음의 불완전하고 자연적인 빛이 완전하고 초자연적인 빛을 얻을 것이다. 이것이 은총에 의해서 영혼 안에 발산될 것이며, 그것에 덧붙여서 그 안에 있는 선이 작동할 것이다. 그래서 영혼은 모든 곳에서 강화될 것이며, 항상 거룩한 의지와 일치될 것인데, 이 의지는 언제나 우리 인간의 성화를 추구한다. 이로써 그 처음의 빛은, 만일 적당히 전개된다면, 두 번째를 위한 길을 준비한다. 그리고 이것은 우리를 덕의 삶에 결합시킨다.[7]

자기-지식은, 그러므로, 초자연적인 것이 자신을 자연적인 것과 교제하게 되는 데에 이바지한다. 이렇게 자아를 아는 것은, 그러나, 아무리 흥미를 자아낸다고 하더라도 소크라테스(Socrates)의 원칙들을 다소 게으르게 참조하는 것이 아니다. 지식은 덕을 보장하지 않는다. 소크라테스는 원죄와 인간의 이기심을 충분하게 고려하지 않았다. 인간의 죄와 함께 선취특권이 깨어지고 나면, 빛은 이제 영혼 안에서 정결과 개선의 일을 성취하도록 초대된다.

대부분의 사람들은, 인간은 본성적으로 악에 기울 수밖에 없다고 생각하지만, 카테리나는 도덕적 삶의 기초에서도 사람은 선을 바랄 수 있다고 확신했다. 무엇이 인간으로 하여금 선으로부터 빗나가게 하는가? 그것은 자기-사랑이다. 카테리나는 이것 때문에 우리가 선이 없는 곳에서 선을 추구한다고 주장한다. 그것으로 우리는 악에 기울어지지 않는다. 장애물을 치우면, 본성은 그것의 적절한 길을 갈 것이다. 그러나 자기-사랑이라는 잘못된 계산에 의해 잘못 인도되어, 영혼은 자기에게-놓인 어둠 안

---

6. 이하 *Dial.*, cap. 98, 특히 101 전체, 또한 cap. 51, 그리고 일련의 편지들 "A Misser Ristoro di Pietero Canigiani in Firenze," G. 228-32; T. 258, 266, 279, 299, 그리고 301, 특히 마지막을 보라. 또한 T. 272, G. 90을 보라.
7. *Let.*, T. 301; *Dial.*, caps. 99-101; DS II, 342-43.

에서 헤맨다. 그것의 참된 빛이 모호하게 된 채, 영혼은 선이 실제로 거주하는 곳에서 선을 찾는 데에 실패한다. 참된 선을 찾았으나 실패한 영혼은 기적적으로 회복되어 사랑하는 그리스도의 피에 의해 새롭게 방향지어진다. 영혼은 그 자신의 다시 태어난, 다시 발견된 사랑을 가지고 그 거룩한 사랑에 응답하고 있는 자신을 발견한다.[8]

카테리나는 이 주제를 후에 베네딕투스 13세(Benedict XIII)가 된 루나의 추기경 피터(Peter Cardinal de Luna)에게 보낸 편지에서 다시 주장한다.[9] 분명히, 우리가 거룩한 신앙에 포함된 빛의 진리를 아는 것은 구속자의 피에 의해서이다. 이 진리는 지성의 눈을 밝게 한다. 이 진리를 사랑하면서 영혼은 자신이 살찌워짐을 발견한다. 진리를 향한 그 사랑 때문에, 영혼은 진리를 배반하기보다 차라리 죽음을 감수한다. 영혼은 적절한 시기가 올 때 진리를 말하는 것을 망설이지 않는다. 세상적인 사람들은 그 증언을 위협하지 않는다. 그 생명에 대한 어떤 두려움도 영혼의 활동을 자극하지 못한다. 하나님만을 두려워하면서 영혼은 그 생명을 진리에 대한 사랑을 위해 내려놓을 준비가 되어있다. 진리만이 자신의 동료로 타당하다고 확신하면서 영혼은 악에 대한 노골적인 비난을 아끼지 않는다. 타당한 이 귀중한 진주가 모든 이성적 피조물 안에서 분명히 명백해야 하며 교회의 고위성직자들 안에서 틀림없이 그러해야 한다는 것을 알기에 영혼은 용감하게 책망한다. 진리는 자기의 혀를 간수해야 할 때를 또한 안다. 진리의 바로 그 침묵은 인내와 항의의 증인이다. 진리는 하나님을 받들고 영혼의 선함이 가장 틀림없이 발견되는 곳에 관하여 무지하지 않고 분별 있게 깨닫는다. 카테리나는, 결론에서, 추기경 자신이 진리를 향해 열정적으로 참여하여 반드시 진리를 퍼뜨려야 할 거룩한 교회의 신비적 몸 안에서 기둥이 될 것을 간청한다. 진리는 교회 안에 있으며, 진리로부터 분리된 무지한 자들에 의해서가 아니라 진리에 의해 가장 올바르게 감동을 받고 기쁘게 된 사람들에 의해서 행해지기를 바라기 때문이다.

사랑의 발전이라는 교리에서, 카테리나는 어떤 현학적인 교훈도 드러내지 않는다. 그러나 그것이 확실히 성장해간다는 점에서 그 자신의 논리적 완전성을 가지고 있다. 아마 카테리나는 마침내 생명 자체의 힘으로 신학을 흉내 내는 데에 이르렀는지도 모르겠다. 설교자의 몸짓보다 더 적당하게, 그녀의 몸의 태도는, 그녀의 생애 동

---

8. *Let.*, T. 301, 304; Deman, *op. cit.*, pp. [8]–[11]; *Dial.*, caps. 1, 7, 43, 51, 63–66, 73–74, 98, 115–18, 162, 166.
9. *Let.*, t. 284, G. 25.

안 예수의 신비의 그것이 되었다. 성흔이 새겨질 만큼 그러했다. 그러한 흉내는 미숙하지도, 정신 이상의 탈선도 아니다. 이 상징주의는 신학적 술어를 적절하게 이행하는 것이다. 카테리나는 건전하게 양성된 내면성에서 그녀의 가르침을 살면서 실현했으며, 또한 세상의 모든 사람들을 위해 그리스도를 향한 사랑으로부터 나오는 사랑의 헌신이라는 사도직 속에서 살았다.

참으로 그녀의 신비주의는, 사도직의 신비주의이다. 그리스도와 이웃에 대한 그녀의 사랑은 하나님에 대한 사랑과 떨어질 수 없기 때문이다. 그녀는 영적 삶을 신앙 위에 기초를 두게 한다. 이제 신앙은, 하나님과 자아를 더 잘 아는 데로 이끌며 그래서 더 훌륭한 사도직으로 인도한다. 여전히 신앙의 지식 안에서, 더 일반적으로는 영적 생애 전체를 통하여, 실제로 가장 중요한 것은 사랑과 함께 남아있는 것이다. 여기서 그리스도의 모범은 걸출하다. 카테리나에게 있어서 이 사랑은, 빈번한 엑스타시와 성흔으로 인도할 것이다.[10]

---

10. DS II, 1995-96; *Dial.*, caps. 7, 34, 64; *Let.*, T. 242, 272, 301, 304.

PART IX
CATHERIUE
OF SIENA

거룩한 섭리에 관한 논문[11]

본문

1. 하나님의 영광과 이웃의 구원을 위한 갈망으로 고양되어 겸손한 기도로 자신을 단련시키는 영혼이 사랑을 통해 하나님과 영혼이 연합하는 것을 본 후에 어떻게 하나님께 네 가지 요청을 하는가.

하나님을 경외하고 영혼을 구원하기를 바라는 위대하고 애타는 소망으로 고양된 영혼은, 정해진 시간 동안 일상의 덕 안에서 자기-자식의 방에 머물면서[12] 그를 향한 하나님의 선하심을 더 잘 알기 위한 자신의 훈련을 시작한다. 그가 이렇게 하는 것은 지식이 사랑보다 선행하기 때문이며, 그가 사랑에 이를 때에만이 진리를 따르고 진리로 옷 입기 위해 노력할 수 있기 때문이다. 피조물은 오직, 그러한 진리의 맛과 겸손

---

11. 이른바 "논문"이라고 불리는 이것은 그 전통적인 배열 안에서 대화(Dialogo)의 첫 번째 부분을 이룬다. 기글리(Gigli)의 편집에 기초해 있는 이 번역은, Algar Thorold, *The Dialogue of the Seraphic Virgin Catherine of Siena ...*, a new and abridged [from the 1896, London] edition, Westminster, Maryland, 1944, pp. 26-49의 번역이다. Newman Press의 허락을 받아 사용되었다.

12. *Nella cella del cognoscimento di sè.*

하고 끊임없는 기도를 경유하여야만 자신과 하나님을 아는 지식에 기초한 것만큼 밝은 빛을 받을 수 있다. 왜냐하면 기도는, 못 박히신 그리스도의 발자국을 따르는 영혼을 하나님과 결합시키는 데에 있어서 다른 어떤 방법보다 훌륭한 역할을 하고, 갈망과 사랑, 그리고 사랑의 연합에 의해 영혼을 다른 하나의 그 자신(another Himself)으로 만들어주기 때문이다.[13] 다음과 같이 말씀하신 그리스도의 말씀에서 우리는 그것을 분명히 알 수 있을 것이다. "나를 사랑하고 내 계명을 지키는 자에게 나 자신을 보여 줄 것이다. 그리고 그는 나와 하나가 될 것이며 나는 그와 하나가 될 것이다."[14] 여러 곳에서 우리는 비슷한 말씀을 발견하며 그 말씀에 의해서, 진실로, 사랑의 효과를 통하여 영혼은 다른 하나의 그 자신이 될 수 있음을 볼 수 있다. 이것이 보다 분명하게 보일 수 있도록, 하나님의 시녀로부터 들은 내가 기억하고 있는 것을 말할 것이다. 즉, 그녀가 정신의 커다란 고양과 함께 기도 중에 올리어졌을 때, 하나님이 그녀의 지성의 눈에 그의 종들을 위해 간직하신 그 사랑을 감추려하지 않으시고 차라리 그것을 보이시기를 원하셨다. 그리고 다른 것들 가운데에서 그는 말씀하시곤 했다. "네 지성의 눈을 뜨라,[15] 그리고 나를 응시하라, 그러면 나의 이성적 피조물의 아름다움을 볼 것이다. 그리고 내가 영혼에게 준 아름다움들 가운데에서, 그녀를 나의 이미지와 모습으로 창조하며, 밤의 옷 (즉, 사랑의 옷)을 입고, 많은 덕으로 치장하고, 그 덕으로 사랑을 통해 나와 결합된 그 피조물들을 보라. 만일 네가 이 사람들이 누구인가를 묻는다면 나는 대답할 것이다" (하나님의 달콤하고 사랑어린 말로 말할 것이다) "그들이 그들 자신의 의지를 상실하고 부인하며, 나의 것으로 옷 입고, 나의 것에 결합되고, 나의 것에 순응하는 한, 그들은 다른 하나의 나 자신이다." 그러므로, 실제로, 영혼이 자신을 사랑의 감정에 의해서 하나님과 결합시킨다는 것은 사실이다.

그래서 진리를 보다 용감하게 알고 따르기를 원하며 그녀의 소망들을 먼저 그녀 자신을 위해서 들어 올리는 영혼은—영혼은, 그녀가 먼저 자신을 유익하게 하지 않는다면, 즉 그녀 안에서 덕을 얻지 못한다면, 교리에서나 모범에서나 기도에서나 그녀의 이웃에게 아무 소용이 될 수 없다는 것을 알고 있다— 네 가지 요청을 지엄하신 영

---
13. *Un altro sè*.
14. 요 14:21.
15. *Apri l'occhio dell'Intelleto*; cf. *Dial.*, 45, 51; *Let.*, G. 90, T. 272; 그리고 Jorgensen, *op. cit.*, pp. 311–20.

원한 아버지에게 아뢴다. 첫 번째는 그녀 자신을 위한 것이다. 두 번째는 거룩한 교회의 개혁을 위한 것이다. 세 번째는 전체 세상을 위한 일반적인 기도와 특별히, 많은 음탕함과 박해로 거룩한 교회를 거슬러 반역하는 그리스도인들의 평화를 위한 것이다. 마지막 네 번째로 그녀는 거룩한 섭리가 일반적인 일들을 위해 공급되며, 특별하게는 그녀가 걱정하고 있는 어떤 경우들을 위해 공급되기를 간청했다.[16]

2. 하나님이 그녀에게 세상의 궁핍함을 보이셨을 때 이 영혼의 소망은 어떻게 자라나는가.

제일 진리(the First Truth)가 그녀에게 세상의 궁핍함을 보여주고 그것이 하나님께 범죄 하는 어떤 폭풍우 안에 놓였는지를 보여주었을 때, 이 소망은 크고 계속되었으며 훨씬 더 자라났다. 그리고 그녀의 영혼의 영적인 아버지로부터 받은 편지를 읽고 그녀는 이것을 더 잘 이해하게 되었는데, 그 편지에서 그는 하나님께 범죄 함으로 인한 벌과 견딜 수 없는 비탄과 영혼의 손실과 거룩한 교회의 박해를 그녀에게 설명해주었다.

이 모든 것은, 범죄에 대한 슬픔과 하나님이 그러한 커다란 악에 대해 준비하신 것을 기다리는 살아있는 희망의 기쁨으로, 그녀의 거룩한 소망의 불을 밝혔다. 그러한 교제에서 영혼은 기꺼이 자신을 자신 안에서 하나님과 견고하게 결합시키는 것처럼 보이며, 마치 물고기가 바다 안에 있고 바다가 물고기 안에 있는 것처럼, 영혼이 그렇게 하나님 안에 있고 하나님이 영혼 안에 있는 한 그의 진리를 더 잘 알기 때문에, 그녀는 미사를 듣기 위해서 아침의 도래를 소망했다(다음날은 마리아의 축일이었다). 아침이 오고 미사의 시간이 되었을 때, 그녀는 타는 갈망으로 그녀가 익숙한 자리를 찾았다. 그 때 자신에 대한 커다란 깨달음이 있었다. 그녀는 자신의 불완전함을 부끄러워하고, 자신이 세상에 편만하여 일어나는 모든 악의 원인인 것으로 보였으며, 자신에 대한 증오와 불만을 품었다. 그리고 거룩한 정의의 감정을 가지고 그와 더불어 지식, 증오 그리고 정의로 그녀의 죄 많은 영혼을 덮고 있는 것처럼 보이는 더러움들을 깨끗하게

---

16. Dial., cap. 166에 있는 네 가지 요청에 대한 응답을 보라. 이것과 Let., G. 90, T. 272; "Relatione d'una dottrina" = "Documento spirituale" (Gigli, op. cit., Vol. 1, pp. 374–76; Gardner, op. cit., pp. 17–19), 그리고 Grion, op. cit., pp. 357 ff.의 부록에서 다른 관계된 것들을 보라.

하면서 그녀는 말했다. "오 영원하신 아버지여, 나는 나 자신을 당신 앞에 고발합니다. 이 유한한 삶에서 지은 나의 죄를 벌하여 주소서. 나의 죄들이 내 이웃이 견디어야 하는 고난의 원인인 한, 당신에게 간구하오니, 당신의 자비로움으로 나의 인격 안에 있는 죄들을 벌하여 주소서."[17]

3. 어떻게 유한한 일은 영원한 사랑의 감정이 없이는 벌이나 보상으로 충분하지 못한가.

그때 영원한 진리는, 구약에서 제물이 하나님께 바쳐질 때 불이 내려와 그의 마음에 드는 제물을 그에게 잡아당겼던 것처럼, 그녀의 소망을 붙들고 자신에게 더 강하게 끌어당겼다. 그 상냥한 진리는 그 영혼에게 성령의 온화한 불을 내려 보내시고, 그녀는 자신에 대해서 소망한 그 제물을 붙들면서 말했다. "사랑하는 딸아, 영혼이 겪거나 겪을 수 있는 이 모든 고난은 이생에서 한 가지 가장 작은 실수에도 충분치 못하다는 것을 알지 못하느냐? 그것은 무한한 선인 나에게 행해진 죄는 무한한 보상을 요구하기 때문이다. 그러나 이생에서 사람에게 주어진 모든 고통이 다 벌로서 주어진 것이 아니라 죄를 범한 아들을 정화하기 위한 교정으로서 주어진 것임을 네가 알기를 원하노라. 비록 죄와 벌은 둘 다 영혼의 소망에 의해서 즉 참된 회개에 의해서 속죄될 수 있으며,[18] 유한한 고통을 견디는 것을 통해서가 아니라 무한한 소망을 통해서 속죄될 수 있음이 사실이더라도 말이다. 왜냐하면 무한하신 하나님은 무한한 사랑과 무한한 슬픔을 바라시기 때문이다. 나는 나의 피조물들이 두 가지 방식으로 무한히 슬퍼하기를 바란다. 하나는 창조자를 거슬러 그녀 자신이 범한 죄에 대해서 슬퍼하는 것이다. 다른 하나는 그녀의 이웃이 내게 죄를 범하는 것을 보고 그녀가 슬퍼하는 것이다. 이와 같은 것들에 대해, 그들이 무한한 소망을 가지고 즉 사랑의 감정에 의해서 내게 결합되어 있어서 그들이 내게 범죄 하거나 또는 내가 고통당하는 것을 보고 슬퍼하는 한, 그들의 모든 고통은 영적이든 육적이든, 그것이 어디에서 일어나더라도 무한한 보상을 받으며 유한한 벌을 받아야 하는 죄를 만족시킨다. 비록 그들의 일들은 유한한 시간 안에서 유한하게 행해졌지만, 그들이 소망의 덕을 소유하는 한, 그리

---

17. 이것이 이웃과 *lagrime*와 악한 성직자들과 교회의 개혁 등과 맺는 관계를 고찰하라 (*Dial.*, caps. 87-134).
18. *La vera contritione satisfà alla Colpa, alla Pena* (Fiorilli, *op. cit.*, p. 6: *La vera contrizione satisfa a la colpa ed a la pena*).

고 소망과 회개와 그들의 죄에 대한 무한한 불쾌함을 가지고 그들의 고난을 지속하는 한, 그들의 고통은 가치를 가진다. 바울은 다음과 같이 말하면서 이것을 설명한다. "내가 천사의 혀를 가진다고 해도 그리고 미래의 일을 알고 내 몸을 불사르게 내어준다고 해도 사랑이 없으면 그것은 내게 아무런 가치도 없다."[19] 사랑이라는 감정의 조미료가 없다면, 유한한 일들은 벌로서든지 보상으로서든지 유효하지 않음을 그 영광스러운 사도는 이렇게 보여주고 있다.

4. 어떻게 소망과 마음의 회개가 자신과 다른 사람의 죄와 벌을 둘 다 만족시키는가. 그리고 어떻게 때때로 그것은 죄만을 만족시키고 벌은 만족시키지 못하는가.

"사랑하는 딸아, 죄는 이 유한한 시간 안에서, 그와 같이 순수하게 지탱되는 어떤 고통에 의해서 벌해질 수 없음을 나는 네게 보여주었다. 죄는 소망과 사랑과 마음의 회개를 통해서 겪는 고통에 의해 벌을 받는다고 나는 네게 말한다. 그러나 고통을 통하여서가 아니라 영혼의 소망을 통하여서이다. 소망과 모든 덕이 가치가 있으며, 나의 독생자인 못 박힌 그리스도를 통하여 그 자신 안에 생명을 가지는 한, 그만큼 멀리 영혼은 그로부터 그녀의 사랑을 끌어당기고 실제로 그의 덕들을, 즉 그의 발자국들을 따라간다. 다른 어떤 방식에서가 아니라 이러한 방식에서 덕들은 가치가 있으며, 이러한 방식에서, 나의 선함을 아는 데에서 얻어진 그 달콤하고 내밀한 사랑에 의해서 그리고 그의 자아와 그 자신의 생각을 아는 것에 의해 얻어진 마음의 비통과 회개 안에서, 고통은 실수를 만족시킨다. 그리고 이 지식은 죄와 영혼 자신의 육욕에 대한 증오와 불만을 낳는다. 자신의 육욕을 통해 그녀는 자신이 고통을 받아 마땅하며 보상을 받을 만하지 못하다고 생각한다."

그 상냥한 진리는 계속했다. "마음의 회개에 의해서, 사랑과 참된 인내와 진정한 겸손과 더불어, 그들 자신이 고통을 받고 상을 받지 못한다고 생각하면서 영혼은 위에서 언급된 만족을 이루는 인내어린 겸손을 어떻게 견디어 가는지를 보라. 그때 너는, 나의 피조물들이 나를 거슬러 범한 죄에 대한 보상을 받을 수 있도록 내게 고통을 요구하였다. 더욱이 너는 가장 높은 진리인 나를 알고, 사랑하기 위한 의지를 요구

---

19. Cf. 고전 13:1-3.

하였다. 그것에 대해 나는 이것이 그 방법이라고 응답했다. 만일 네가 완전한 지혜에 이르러 영원한 진리인 나를 향유하고, 겸손의 골짜기 안에서 너 자신을 낮춤으로 해서 너 자신을 아는 것 바깥으로 결코 나가지 않는다면,[20] 너는 나와 너 자신을 알게 될 것이며 그것으로부터 필요한 모든 지식을 얻을 수 있을 것이다. 어떠한 덕도, 나의 딸아, 사랑과 사랑의 수양어머니이며 유모인 겸손을 통하지 않고서는 그 자체로 생명을 가질 수 없다. 그때 자기-지식에서 너는 너 자신을 낮추게 될 것이고 너 자신 안에서 네가 심지어 존재하지 않는 것을 보게 될 것이다.[21] 네가 배우게 될 그 존재는 나로부터 나오기 때문이며, 나는 너와 네가 존재하기 이전의 다른 사람들 양쪽 다를 사랑하기 때문이다. 내가 너를 향해 가진 그 말할 수 없는 사랑을 통해서 네가 은총을 향해 재-창조되도록 너를 씻겼으며 그토록 큰 사랑의 불을 가지고 쏟은 나의 하나밖에 없는 아들의 피로 너를 재-창조하였다.[22] 이 피가 자기-지식에 의해서 자기-사랑의 구름을 흩뜨리는 사람에게 진리를 가르치는데,[23] 이것을 그는 다른 방법으로는 배울 수 없다. 그때 영혼은 나에 대한 그의 지식 안에서 말할 수 없는 사랑으로 자신을 타오르게 할 것이며, 그것을 통해서 계속되는 고통 가운데에서도 계속 사랑할 수 있게 된다. 그러나 이 고통은 영혼을 괴롭히거나 영혼에 상처를 주는 고통이 아니라 차라리 그녀를 살찌우는 고통이다. 나의 진리와 그녀 자신의 잘못과 사람들의 배은망덕을 알기 때문에,[24] 그녀는 참을 수 없는 고통을 견디며 그녀가 나를 사랑하는 까닭에 슬퍼한다. 만일 그녀가 나를 사랑하지 않는다면 그녀는 그렇게 하지 않아도 되기 때문이다. 그러므로 이러한 방식으로 나의 진리를 배운 너와 나의 다른 종들이 심지어 죽음에 이르기까지 내 이름에 영광을 돌리고 찬양하기 위해서 말과 행동에서 많은 환난과 상해와 말과 중상을 견디는 것은 당연한 일이다. 그래서 너는 고통을 견디며 겪게 될 것이다. 그러므로 나와 나의 다른 종들은 참된 인내와 너희들의 죄에 대한 슬픔과 나의 이름의 영광과 찬양을 위한 덕의 사랑을 지니라. 네가 만일 그렇게 하면, 사랑의 덕을 통해서 너와 다른 사람들 양쪽 다 만족과 보상을 위해 네가 겪을 고통이

---

20. *Che tu non esca mai del cognoscimento di te.*
21. *Vedendo te per te non essere.*
22. *Sparto con tanto fuoco d'Amore.*
23. *Che s'à levata la nuvola dell'Amore proprio, per lo cognoscimento di sè.*
24. *E la Ingratitudine, e ciechità del Prossimo ....*

충분한 한, 나는 너의 죄와 나의 다른 종들의 죄에 대해 만족할 것이다. 네가 모르는 오점들이 사라질 때, 너는 네 안에서 생명의 열매를 얻을 것이며, 나는 네가 항상 내게 범죄 했던 것을 기억하지 않을 것이다. 네가 나를 향해 가진 사랑과 감정을 통해, 나는 다른 사람들에 대해서도 만족할 것이며, 그들에게 저마다의 경향에 따라 나의 선물이 주어질 것이다. 특별히, 나의 종들의 교리를 받기 위해서, 그들 자신을 겸손하게 존경을 가지고 낮춘 자들은 그들의 죄를 참으로 깨닫고 회개했기 때문에, 나는 그들에게 죄와 벌 둘 다를 면제할 것이다. 기도와 나를 섬기려는 소망을 통해서 그들은 은총의 열매를 받으며, 대개 덕과 은총을 실천한 정도에 따라 받는 그것이 크든 적든 겸손하게 받는다. 그러므로 내가 말하노니 너의 소망들을 통해서 그들은 그들의 죄를 용서받을 것이다. 그러나 절망 중에서 그들의 완고함이 너무 커서 그토록 상냥하게 그들을 회복시키신 그 피를 경멸함으로써 그들을 정죄해서는 안 된다.

"그들은 어떤 열매를 받습니까?

"내 종들의 기도에 의해서 내가 그들에게 정한 열매는 이것이니 나는 그들에게 빛을 주며 그들 안에 내가 깨어있어서 그들의 양심을 지키고,[25] 그들이 덕의 향기를 맡도록 하며, 나의 종들과의 대화를 기뻐하게 하는 것이다.

"때때로 나는 세상이 그들을 있는 그대로 보게 허락한다. 그것의 다양하고 다변적인 열정들을 느끼면서 그것이 얼마나 안정적이지 못한지를 알게 하여, 그들의 소망을 그것 위로 들어 올리게 하고 그들의 원래의 고향인 영생을 추구하도록 하기 위함이다. 그리고 나는 그들을 이것과 다른 많은 방법들로 끌어당긴다. 사랑만으로는 얼마나 많은 길과 방법들을 사용하여 그들을 은총으로 다시 되돌려서 나의 진리가 그들 안에 채워지게 하는지를 눈이 볼 수 없고 혀가 말할 수 없고 마음이 생각할 수 없기 때문이다. 나의 측정할 수 없는 사랑 때문에, 그 사랑으로 내가 그들을 창조하였기 때문에, 나의 종들의 사랑과 소망과 슬픔 때문에, 나는 그들의 눈물과 땀과 겸손한 기도를 경멸하는 자가 아니기 때문에, 나는 그렇게 할 수밖에 없다. 나는 그들에게 영혼의 선함을 위해 이 사랑을 주고, 그들을 잃는 것을 슬퍼하는 자이기 때문에 차라리 그들을 받아들인다. 그러나 대개, 내가 이것을, 그들에게 마땅한 벌의 보상을 위

---

25. *I Cane della Conscientia*.

해 기도하고 그들의 죄를 위해서만 기도하는 다른 자들에게 주지 않는 이유는, 그들의 편에서 보면, 그들은 완전한 사랑으로 나의 사랑과 나의 종들의 그것을 받으려 하지 않기 때문이다. 그들은 그것을, 슬픔을 비통함과 그들이 범한 죄에 대한 완전한 회개와 함께 받지 않고 불완전한 사랑과 회개로 받기 때문에, 다른 사람들처럼 벌의 면제를 받을 수 없으며 오직 죄의 면제만을 받는다. 그러한 완전한 보상은 양 편 모두, 즉 주는 자와 받는 자 모두의 적절한 의향을 요구하기 때문이다. 그들은 불완전하기 때문에 그들의 유익을 위해서 고난을 겪으며, 나에게 그들을 바친 사람들의 소망의 완전함을 얻지 못한다. 내가 네게 그들은 면제를 받았다고 말하는 한, 이것은 진실인 바, 내가 네게 말한 그 방식에 의해서, 즉 양심의 빛과 다른 것들에 의해서, 보상은 그들의 죄를 위해서 주어진다. 왜냐하면, 배우기를 시작하면서, 그들은 그들의 죄의 부패를 토로하고 그래서 은총의 선물을 받기 때문이다.

"이들은 일상적인 사랑의 상태에 있는 자들이기 때문에, 혹 그들에게 문제가 생긴다 해도 그것을 교정의 구실로 받고, 성령의 과분한 관용에 저항하지 않는다. 그들은 그들의 죄에서 벗어날 때, 은총의 삶을 받는다. 하지만 어리석은 자들처럼, 감사도 하지 않고 나를 비롯해 내 종들이 자비로 그들을 위해 행한 수고를 무시하면, 그들에겐 스스로의 멸망과 심판이 따라 올 것이다. 이것은 자비가 부족해서도 아니요, 그 배은망덕한 자들을 위해 은혜를 간구한 사람의 부족함 때문도 아닌, 그 사람 자신의 가련함과 완고함 때문이다. 그는 그의 자유의지로 그의 마음을 덮어 버린 것이다. 그 마음은 피에 의해서만 깨질 수 있다. 금강석으로도, 다른 어떤 방법으로도 깨질 수 없다.[26] 그래서 나는 여전히 네게 이렇게 말한다. 그 마음은 완고하지만, 이 땅에 사는 동안 그는 자유의지를 사용하여 내 아들의 피를 위해 기도하면서, 그 자신의 손으로 그의 마음을 덮은 다이아몬드를 산산이 부술 것이며 그를 위해 지불된 피의 인장을 받을 것이다. 시간을 보내며 미룬다면, 그는 어떤 구제도 받지 못할 것인데, 내가 준 그의 천부의 재능을 그가 사용하지 않았기 때문이다. 나는 그에게 나의 은혜를 기억하도록 기억을 주었고, 진리를 보고 알도록 지성을 주었으며, 그의 지성을 사용하여 나 곧 영원한 진리를 사랑하고 알도록 하였다. 이것은 내가 너희들 모두에게 준 천

---

26. *Del diamante, che se non si rompe col Sangue, non si può rompere.*

부의 재능이고 그것은 나 곧 아버지에 대하여 반드시 열매를 맺어야 한다. 하지만 사람이 그것을 악마와 교역하며 악마에게 팔면, 악마는, 하고자만 하면, 그가 이 세상에서 얻은 모든 것을 빼앗을 권리를 갖게 된다. 그의 기억을 죄의 즐거움으로 채우고, 부끄러운 교만과 탐욕과 자기-사랑과 증오와 이웃에 대한 불친절의 (또한 나의 종들을 박해하는) 기억들로 채우면서, 잘못된 의지의 결과로 이렇듯 비참하게, 그는 자신의 지성을 흐리게 하고 마는 것이다. 그들이 자신들의 죄에 대해 잘못을 뉘우치고 불편하게 생각하면서 만족하지 않는 한, 이러한 자들에게 그들의 끔찍한 냄새와 함께 영원한 고통을 받게 하라. 그러므로 이제 너는 고난이 어떻게, 유한한 고통을 통해서가 아니라, 완전한 회개에 의해 죄를 만족시키는가를 이해했다. 내가 이미 언급했지만, 일반적으로 완전한 회개는, 죄 뿐만 아니라 죄에 따르는 벌도 만족시킨다. 그리고 그들이 죄만을 만족시킨다면, 즉 치명적인 죄를 버려둔 채 그들이 은총을 받고 충분한 회개와 그 벌을 만족시킬 사랑을 또한 충분히 갖지 않는다면, 그들은 연옥의 고통으로 가서 보상의 두 번째와 마지막 방법을 겪게 된다.

"이제 너는, 나 곧 무한한 선에게 결합된 영혼의 소망을 통해서, 크든 적든, 받는 자의 소망과 기도에 의해 획득된 사랑의 정도에 따라 만족이 이루어짐을 알게 되었다. 사람은 내게 잰 그 동일한 자로 그는 자신 안에 나의 선함의 분량을 받는다. 노동은, 그러므로, 네 소망의 불을 증가시키기 위함이며, 언제나 겸손한 목소리로 나에게 울부짖고, 내 앞에서 네 이웃을 위해 계속 기도하도록 하기 위함이다. 나는 이것을 너와 내가 너를 지상에서 드린 네 영혼의 아버지께 말한다. 담대한 용기를 지니라 그리고 네 자신의 모든 육욕을 향해 죽으라."27

5. 그를 위해 기꺼이 고난을 당하는 소망이 어떻게 하나님을 매우 기쁘시게 하는가.

"내가 매우 기뻐하는 것은, 가장 사랑스러운 딸아, 심지어 죽음에 이르도록 영혼의 구원을 위해 모든 고통과 피로를 기꺼이 견디는 소망이다. 영혼이 더 많은 것을 견딜수록, 그녀가 나를 사랑한다는 것을 더 많이 보여준다. 나를 사랑하면서 그녀는 나의 진리를 더 많이 알게 되고 더 많이 알수록 나를 거스르는 죄들에 대해 더 많은 고

---

27. Che virilmente portiate, e morta sia ogni propria Sensualità.

통과 견딜 수 없는 슬픔을 느끼게 된다. 너는 내게 너를 붙들어 주기를, 네 안에서 다른 사람들의 실수를 벌해 달라고 요청했으며, 네가 진정으로 사랑과 빛과 진리에 대한 지식을 구하고 있다고는 말하지 않았다. 그것은 내가 이미 네게, 사랑이 증가하면 슬픔과 고통이 자라나고, 사랑에서 자라난 사람은 슬픔에서 자라난다고 말했기 때문이다. 그러므로 나는 너희들 모두에게 말한다. 구하라 그러면 그것이 네게 주어질 것이다. 나에게 진실로 구하는 자에게 나는 아무 것도 거절하지 않을 것이기 때문이다. 거룩한 자비의 사랑은 영혼 안에서 완벽한 인내와 너무도 가깝게 결합되어 있어서, 나머지가 없이는 영혼을 떠날 수 없다는 것을 숙고하라. 이러한 이유로 (만일 영혼이 나를 사랑하기를 선택한다면) 그녀는 어떤 정황이나 환경에서도 내가 그녀에게 보낸 고통을 나를 위해 견디겠다고 선택해야 한다. 인내는 고난 외에 다른 어떤 방법으로도 증명될 수 없으며, 인내는 말한 것과 같이 사랑과 결합된다. 그러므로 담대한 용기를 지니라. 왜냐하면 그렇게 하지 않을 경우, 네가 나의 진리의 배우자와 충성스러운 자녀가 됨을 증명할 수 없을 것이고, 나의 영광과 영혼들의 구원을 맛보기를 즐기는 자들의 무리 중에 있음을 증명할 수 없을 것이기 때문이다."

6. 어떻게 모든 덕과 모든 결점은 우리 이웃에 의해 획득되는가.

"나는 네가 모든 덕은 네 이웃에 의해 획득되며[28] 마찬가지로 모든 결점도 그러하다는 것을 알기를 원한다. 나를 미워하는 자는 그의 이웃과 그 자신의 주요한 이웃인 자신에게 상해를 입히며, 이 상해는 일반적이고 특별하다. 그것이 일반적인 이유는, 너는 네 이웃을 네 몸과 같이 사랑하고, 영적인 기도로 그를 도우며, 말로 조언하고, 그의 필요에 따라 영적으로 때마다 그를 도와야 하기 때문이다. 네가 아무 것도 가진 것이 없다 해도, 너의 선함으로라도 그렇게 해야 한다. 따라서 사랑하지 않는 사람은 그를 돕지 않는 것이고, 그것은 그에게 상해를 입히는 것이다. 그는 자신으로부터 은총을 단절하고, 그를 위해 나에게 바쳐야할 기도와 달콤한 소망의 유익을 그에게서 빼앗음으로 해서 그의 이웃을 해쳤기 때문이다. 그러므로 사람이 행하는 모든 도움의 행동은 그가 나를 사랑한 그 사랑으로부터 나와야 한다. 이와 마찬가지로,

---

28. *Col mezzo del Prossimo.*

모든 악도 그의 이웃에 의해 행해진다. 왜냐하면, 만약 그가 나를 사랑하지 않는다면, 그는 그의 이웃을 사랑할 수 없기 때문이다. 모든 악은, 영혼이 나와 그녀의 이웃에 대한 사랑을 박탈한 데에서 나온다. 그러므로 사람이 선을 행하지 않는다면, 그는 당연히 악을 행하고 있는 것이다. 그는 누구에게 악을 행하는가? 무엇보다 그 자신에게 이고, 다음은 그의 이웃에게 이다. 나에게는 아니다. 그가 자신에게 행한 것을 나에게 행해진 것으로 계산하지 않는 한, 어떤 악도 나를 접촉할 수는 없기 때문이다. 그 자신에게 죄의 상해를 입히고, 그에게서 은총을 빼앗은 것, 이것은 그의 이웃에게 가할 수 있는 최악의 상해이다. 그는, 그를 위해 나에게 드린 기도와 거룩한 사랑으로 이웃을 도와야 하지만, 이웃에게 주어져야 할 마땅한 사랑의 빚을 지불하지 않고 그에게 상해를 입힌다. 이것이 바로 일반적인 모든 이성적 피조물들에게 주어져야 할 도움이다. 그러나 그것이 가까이 있는 자들, 네 눈 아래 있는 자들에게 주어질 때, 그것은 특별하다. 나는 말한다. 너희들 모두는 말과 교리로, 선행의 모범으로, 네 이웃이 곤경에 처해 있는 것을 보는 모든 상황에서 서로 도와야 한다. 그렇게 하지 않는다면, 네가 보았듯이, 그는 그에게 특별한 상해를 입히는 것이다. 그리고 그는 그에게 행해야 할 선을 행하지 않음으로써 뿐만 아니라, 그에게 적극적으로 상해를 입히고 계속해서 악을 행함으로써 그에게 악을 행한다. 이러한 방식으로 죄는 육체와 정신의 상해를 일으킨다. 정신의 상해는 죄인이 죄를 생각하고 덕을 증오하는 것을 기뻐할 때, 즉 육욕적인 자기-사랑으로부터 즐거움을 취할 때, 앞서 말한 것과 같이 나와 그의 이웃을 향해 가져야할 사랑의 감정을 그에게서 제거함으로써 이미 행해진다. 그가 생각한 후에 그는 하나씩 하나씩 그의 이웃에 대해 죄를 범하는데, 그것은 그의 사악한 육욕적 의지를 기쁘게 하는 다양한 방법에 의하여 이루어진다. 때때로 그는 일반적으로 그리고 특별하게 잔인함을 초래하는 것으로 보인다.

"그의 일반적인 잔인함은 자신과 다른 피조물들을 은총의 박탈을 통한 죽음과 저주의 위험 안에서 보는 것이며, 그나 다른 사람들에게서 사랑의 덕과 증오의 악을 생각하지 않을 정도로 잔인하다. 그렇게 잔인해진 그는, 덕의 모범을 보이지 않는 것에 만족하지 않고 그의 잔인함을 훨씬 더 뻗치기를 원하여서, 그 악한은 사탄의 임무를 빼앗아 그의 능력에 의해서 그의 동료 피조물들이 악덕을 위해 미덕을 포기하도록 유혹한다. 그것이 그의 이웃을 향한 잔인함인데, 그가 자신을 생명을 파괴하고 사망을 주는 도구로 만들기 때문이다. 육체를 향한 잔인함은 호기심에 그 원인이 있는데, 그것은 사람이 그의 이웃을 돕지 못하게 할 뿐 아니라 불쌍한 피조물들을 강탈하면서 다른 사람들의 유익을 빼앗도록 한다. 때때로 이것은 전행적으로 힘을 사용하면서 행해지고, 어떤 때는 그의 이웃에게 그 자신의 손실과 유익과, 때로는 실제로 그 자신의 인격을 무르도록 강요하는 협잡과 사기에 의해 행해진다.

"오 비참한 잔인함의 악이여, 만일 사람이 그의 이웃을 향한 친절함과 자비심으로 돌아서지 않는다면 그것은 그것을 행하는 사람에게서 모든 자비를 빼앗는구나!

"때때로 그 죄인은 살인을 부르는 비방을 쏟아낸다. 그 이웃의 인격을 거스르는 외설스러운 말을 하고, 그것 때문에 그는 악취로 가득한 야만스러운 짐승이 되며, 한 사람만을 타락시키는 것에 그치는 것이 아니라 사랑을 가지고, 혹은 대화하면서 그에게 접근하는 사람은 누구든지 타락시킨다.

"교만은 누구를 거슬러 악을 초래하는가? 이웃이다. 사람이 자신의 명성을 사랑함으로써 자신의 자아가 그보다 자신을 더 훌륭하게 생각하면서 이웃을 미워하게 된다. 그리고 이런 방식으로 이웃에게 상해를 입힌다. 어떤 사람이 권좌에 있다면, 그는 불의와 잔인함을 낳으며 사람들의 육체에 대한 소매상인이 된다. 오, 가장 사랑스러운 딸아, 나를 거슬러 행해지는 죄를 슬퍼하고 이 시체들을 위해 울라, 그리고 그들의 죽음의 사슬이 풀리도록 기도하라!

"이제 보라, 모든 장소에서 모든 부류의 사람들에게서 이웃을 거스르고 그를 매개하는 죄가 항상 발생한다. 죄는 언제나 은밀하든 공공연하든 다른 방식으로는 생길 수 없다. 은밀한 죄는 네가 이웃에게 주어야 하는 것을 박탈할 때 발생한다. 공공연한 죄는 내가 네가 말한 바와 같이 죄를 적극적으로 행하는 곳에서 발생한다. 그러므로 나를 거슬러 행해진 모든 죄는 이웃을 매개하여 행해진다는 것은 참으로 진실이다."

7. 덕은 우리 이웃에 의해 어떻게 성취되는가, 그리고 어느 정도로 어떻게 피조물 안에서 나타나는가.

"나는 네게, 모든 죄가 어떻게 이웃에 의해 행해지는가를, 네게 말한 원리, 즉 모든 덕에 빛을 주는 사랑의 감정을 사람들이 박탈당했기 때문이라는 원리로 설명했다. 같은 방법으로, 이웃을 향한 사랑과 감정을 파괴시키는 자기-사랑은 모든 악의 원칙이요 근원이다. 모든 추문과 증오와 잔인함과 모든 종류의 환난이 이 사악한 자기-사랑의 근원으로부터[29] 나와서 전 세계를 타락시키고 거룩한 교회의 신비적 몸과 기독교 신자들의 우주적 공동체를 약화시켰다. 따라서 모든 덕이 발견되는 곳은 이웃 안에서 그를 사랑하는 것에서라고 나는 네게 말했다. 사랑이 참으로 모든 덕에 생명을 주는 까닭은, 어떤 덕도 나에 대한 순수한 사랑인 사랑 없이는 획득될 수 없기 때문이라고 나는 네게 진실로 말했다.

"그러므로 우리가 위에서 말했던 것처럼 영혼이 자신을 알 때, 그녀가 지체들 안에 묶여 있고 언제나 영을 거슬러 싸우는 사악한 법을 알게 되기 때문에, 그녀는 겸손해지고 그녀 자신의 육욕적 감정을 증오한다. 그녀는 자신의 육욕을 증오함으로 일어나, 그것을 이성의 발굽 아래 짓부순다. 그녀는 열심을 다해 나에게서 받은 많은 은총으로 모든 것을 자신 안에서 다시 생각하면서, 자신 안에서 관대한 나의 선함을 발견한다. 자기가 얻은 자기에 대한 지식은 자신을 어둠으로부터 끌어내어 참된 지식의 빛으로 고양시킨 나의 은총에 의한 것임을 알게 된 그녀는, 겸손하게 그것을 나에게로 돌린다. 어떤 매개 없이, 동시에, 자신이나 자신에게 생기는 어떤 유익의 매개가 아니라 그녀가 나를 사랑하는 데에서 품은 덕의 매개로, 그녀는 나의 선함을 인식하고 그것을 사랑한다. 그녀는, 죄를 증오하고 덕을 사랑하지 않고서는 어떤 방법으로도 나에게 훌륭하고 받아들여 질만 할 수 없다는 것을 알기 때문이다. 그렇게 사랑의 감정을 품을 때, 그녀는 비로소 그녀의 이웃을 위한 열매를 낳는다. 그것은 진리 안에서 나를 사랑하는 것 말고는 다른 어떤 길로도 그녀가 자신 안에 품은 진리로부터 행동할 수 없기 때문이고, 그녀는 동일한 진리 안에서 이웃을 섬긴다.[30]

"나를 사랑하는 것과 그녀의 이웃을 사랑하는 것은 하나이며 같은 것이다.[31] 다른 것일 수가 없다. 영혼이 나를 사랑하는 한, 그녀가 이웃을 사랑하는 그 사랑은 나로부터 나오기 때문이다. 이것이 내가 네게 준 방법이며 그것을 가지고 네가 너의 덕을 실행하고 증명하게 한 것이다. 네가 나에게 아무 유익한 일을 할 수 없다면, 너는

---

29. *Perversa radice.*
30. Cf. *Dial.,* cap. 98; *Let.,* T. 56, 301; Guigues, *op. cit.,* pp. 278 ff.
31. *È una medesima cosa.* Cf. *Let.,* T. 242; *Dial.,* 64, 66.

그것을 네 이웃에게 해야 하기 때문이다. 그것이야말로, 네가 이웃을 위해 많은 열매를 맺고, 나에게 기도하며, 땀과 사랑스러운 소망으로 나를 경외하고 영혼의 구원을 추구하면서, 나를 은총으로 네 영혼 안에 소유하고 있다는 것을 증거한다. 진리로 무장한 나의 영혼은, 전 세계를 섬기는 일을 결코 중단하지 않는다. 소망 없이 고난만을 견디는 것은 죄를 벌하는 데에 충분하지 않다고 말하면서 내가 위에서 보인 것처럼, 받는 자의 의향과 주는 자의 열정적인 소망에 따른 다소간 특별한 경우에서 또한 전세계를 섬기는 일을 결코 중단하지 않는다.

"그녀가 진정으로 자신을 사랑하고, 그 소망을 전 세계의 구원을 향해 뻗고, 그것의 필요에 응하면서 내 안에서 하나가 되는 이 사랑의 유익을 깨달았을 때, 은총의 삶을 얻는 덕을 품고 자신에게 선을 행하는 한, 그녀는 특별히 그의 이웃의 필요에 그녀의 눈을 고정시키도록 애쓸 것이다. 그녀가 사랑의 감정을 통해 일반적인 모든 이성적 피조물의 상태를 발견할 때, 그녀는 내가 그녀에게 행사하도록 맡긴 다양한 은총들에 의하여, 곁에 있는 사람들을 돕는다. 그녀는 교리, 즉 말로 그 사람이 누구이든지 고려하지 않고 진지하게 상담하면서 돕거나, 선한 삶의 모범으로 돕는다. 이 모두는 그녀의 이웃이 거룩하고 존경할 만한 삶을 함양할 수 있도록 주어진다. 이것과 셀 수 없이 많은 덕들이 이웃에 대한 사랑 안에서 행해진다. 그러나 비록 내가 그것들을 그렇듯 다양한 방식으로 주었더라도, 즉 모두를 하나에게가 아니라, 한 사람에게는 이 덕을, 다른 이에게는 다른 덕을 주었더라도, 그들 모두를 가져야 하나를 가질 수 있다. 왜냐하면, 모든 덕들은 서로 결부되어 있기 때문이다. 따라서 내가 한 가지 덕을 준 많은 경우들 안에 이른바 다른 것들 중에서 주요한 것이 있음을 알라. 즉 한 사람에게 나는 주요하게 사랑을 줄 것이고, 다른 사람에게는 정의를, 다른 사람에게는 겸손을, 누구에게는 생동하는 신앙을, 다른 사람에게는 신중이나 절제나 인내를, 다른 사람에게는 불굴의 의지를 줄 것이다. 나는 이것들과 많은 다른 덕들을 많은 피조물들의 영혼 안에 공평하게 둔다. 그러므로 영혼 안에 위치된 특별한 것이 그 덕의 주요한 대상이 된다. 그녀가 말할 때 다른 덕들보다 오히려 이 덕의 경향을 가진 영혼은, 이 덕의 결과에 의해서 자신에게 다른 모든 덕들을 끌어당기는데, 그 이유는, 말해왔던 것처럼, 모든 것이 사랑의 감정 안에 함께 묶여 있기 때문이다. 영적인 것들의 경우뿐만 아니라 일시적인 것의 경우에도, 덕의 많은 선물과 은총 안에 그렇게 함께 묶여 있다. "일시적"이라는 말은 사람의 육체적 삶을 위해 필요한 모든 것들을 지칭하는 것이다. 이 모든 덕들을 나는 공평하게 주었다. 한 영혼 안에 모든 덕을 다 주지 않은 이유는, 사람이 그의 친구를 사랑하기 위해서는 부득이 물질을 가지도록 하기 위해서이다. 나는 사람들이 몸과 영혼 둘 다를 위해 필요한 모든 것을 가지도록 쉽게 창조할 수 있었다. 하지만 사람으로 하여금 다른 사람을 필요로 하고, 그래서 그들이 서로 나로부터 받은 은총과 선물들을 실행하는 나의 봉사자가 되기를 나는 바란다. 서로 의지하든지 그렇지 않든지, 그는 사랑의 행동을 하지 않을 수 없다.[32] 그러나 그 행동이 나를 사랑하는 것을 통해서 되지 않는다면 은총과 관련되는 한 그에게 아무 유익이 없다는 것을 기억해라. 내가 사람들을 나의 봉사자로 만들고, 그들을 다양한 위치와 여러 지위에 두어서 사랑의 덕을 사용할 수 있도록 했다는 것을 명심하라.

"그러므로, 내 집에는 많은 저택들이 있으며, 내가 사랑 말고는 다른 어떤 것도 바라지 않는다는 것을 네게 보이는 이유는, 나를 사랑하는 것 안에서 이웃을 사랑하는 것이 채워지고 완성되며 그 법이 준수되기 때문이다. 내게 이 사랑으로 묶여있는 자만이 그의 삶 안에서 소용될 수 있다."

8. 어떻게 덕은 그들의 반대자들에 의해 증명되고 강화되는가.

"지금까지 나는 사람이 어떻게 그의 이웃을 섬기며 그 섬김에 의해서 어떻게 그가 나를 향해 가지고 있는 사랑을 보여줄 수 있는가를 가르쳤다.

"더 나아가, 사람은 이웃으로부터 상해를 입을 때 그 이웃에 대한 인내를 증명할 수 있음을 말하고자 한다.

"유사한 예를 들자면 사람은, 그는 교만한 사람에게 그의 겸손을, 불신자에게 그의 신앙을, 절망하는 사람에게 그의 참된 희망을, 불의한 자에게 그의 정의를, 잔인한 자에게 그의 친절을, 성마른 사람에게 그의 온유와 자비를 증명한다. 선한 사람들은 이웃에게 그들의 모든 덕을 행하고 증명하고, 악한 사람들은 그들의 모든 악을 그러한 식으로 증명한다. 이렇게 보자면 겸손도 교만 위에서 증명된다고 볼 수 있다. 겸손한 사람은 교만을 소멸한다. 교만한 사람은 겸손한 사람에게 아무런 해도 끼칠 수

---

32. *Che voglia l'Uomo, o nò, non può fare, che per forza non usi l'atto della Carità. Cf. Let.*, T. 301, 304.

없기 때문이다. 나를 사랑하지도 않고 나에게 소망을 두지도 않는 악한 사람의 불신앙은, 나에게 충성스러운 사람에게도 아무런 해를 끼칠 수 없다. 그의 불신앙은 나를 사랑하면서 희망과 신앙을 간직한 사람의 그것을 경감시키지 않는다. 오히려 불신앙은 신앙을 강화시키며, 그가 그의 이웃을 향해 느끼는 사랑 안에서 차라리 그것을 증명한다. 불신자는 나와 나의 종에게 희망을 두지 않기 때문에 불충성하고, 나를 사랑하지 않기 때문에 그의 희망과 소망을 차라리 그가 사랑하는 전부인 육욕에 두는 것이다. 그는 나를 충성스럽게 사랑하지도 않고, 나에게 희망도, 구원을 향한 추구도 두지 않기 때문에, 충성스러운 나의 종은 그것을 보는 한, 그를 내버려두지 않는다. 신앙의 덕은 이렇게, 또 다른 방식으로도 증명된다. 나의 종은, 신앙의 덕을 증명할 필요가 있는 자들에게 그의 신앙을 자신과 그의 이웃 안에서 증명하며, 그러한 정의는 사악한 자의 부정의에 의해서도 경감되지 않고 오히려 정의로운 사람의 정의로 증명된다. 같은 식으로, 분노와 시기와 초조함과 증오의 때에 오히려 나의 종들의 자비와 친절과 인내의 덕, 즉 사랑과 영혼 구원을 향한 열망이 드러난다. 내가 말하거니와, 덕은 악을 선으로 갚는 자들 안에서 증명될 뿐만 아니라, 선한 사람은 화난 자의 마음에 증오와 원한을 쫓아버릴 불타는 사랑의 숯을 돌려주어, 오히려 증오로부터 자비가 나오도록 하는 것이다. 이것은, 악한 자의 결함을 참고 채우면서 분노를 견디는 자, 그 안에 있는 사랑과 완전한 인내의 덕에 의한 것이다. 만일 네가 불굴의 의지와 인내의 덕을 지킨다면, 상해로든 아첨으로든, 진리와 교리로 부터 사람을 빗나가게 하려 그치지 않고 노력하는 악한 자들의 상해와 중상을 인내함으로, 그 덕은 증명될 것이다. 따라서 영혼 안에 품은 불굴의 의지는 강력한 인내로써, 외적으로 그의 이웃에게 자신을 증명한다. 불굴의 의지가 반대자들의 시험을 통해 자신을 증명해 보일 수 없다면, 그것은 참 진리의 진정한 덕이 되지 못할 것이다."

X. 얀 반 로이스브로에크

(1293–1381)

PART X
JUN VAN RUYSBROECK

PART X
JUN VAN RUYSBROECK

서론

전기적 내용

로이스브로에크는 1293년에 태어났으며 열한 살의 나이에 브뤼셀(Brussels) 근처에서 성 귀딜르(St. Gudule)의 수사신부인 그의 삼촌의 도움을 받으며 공부를 시작했다. 분명히 중세 라틴과 독일의 신비주의자들에 대한 공부가 포함되어 있었을 것이다. 1317년경 안수를 받고, 주교 대리, 즉 성 귀딜르 대학 교회의 성직자들을 위한 목사라는 직함을 받았다. 약 이십오 년간 사역하는 동안, 그는 자유로운 영혼의 형제들(the Brethren of the Free Spirit), 베가르도회, 베긴회, 그리고 비슷한 다른 그룹들과 갈등을 겪었으며, 그의 후기 작품들에서는 그들과 정면으로 맞서야 했다. 1343년에 그의 삼촌인 힝카에르트(Jan Hinckaert)와 쿠덴베르그(Francis van Coudenberg)사제와 함께 그로에넨다엘(Groenendael)에 명상주의자들의 공동체가 설립될 수 있도록 도왔다. 초기에 이 단체는 파리에 있는 빅토르수도회의 사람들과 연결되면서 아우구스티누스 수사들의 규칙의 영향 하에 들어가게 되었는데, 쿠덴베르그가 수도원장이었고 로이스브로에크가 부원장이었다. 1381년 세상을 떠날 때까지 로이스브로에크는 그의 저서들과 생활들을 통해, 명상과 행동의 연합, 그리고 규범적인 시간과 일하는 헌신의 연합을 견지했다. 그의 시적인 비전과 타인에 대한 봉사는 하나로 "하나님을-보는 삶"을 향해 나아갔다. 공동생활형제단의 설립자인 흐로테(Gerard Groote)와 다른 많은 사람들에게, 그는 "나태해질 수 없는" 그리스도인의 사랑을 증언했다.

참고 자료

로이스브로에크의 원고와 그의 삶과 작품에 관한 활자 자료들에 대한 비평적 연구로는 M. D'Asbeck, *Documents relatifs à Ruysbroeck*, Lerous, Paris, 1931이 있다. 중추가 되는 연구로는 W. DeVresse, *De Handschriften van Jan van Ruusbroec's Werken*, 2 vols., Ghent, 1900-1902가 있었다. 「작품」(Werken)은 J. B. David, in 6 vols., Ghent, 1858-1868에 의해서 처음 비평적으로 제시되었다. *De origine monasterii Viridisvallis una cum vitis B. Joannis Rusbrochii, in Analecta Bollandiana*, Vol. 4 (1885), pp. 257 ff., ed. by H. Pomerius는 옛날의 본문들이다. L. Surius, *Opera omnia*는 작품들의 라틴어 번역으로 유명하며 1552년부터 1692년까지 네 번의 편집으로 쾰른(Cologne)에서 출판되었다. 근본적인 연구인 *Jan Van Ruusbroec, Leven en Werken*, Antwerp, Amsterdam, and Malines, 1931은 L. Reypens에 의한 로이스브로에크의 신비주의 연구와 모든 언어로 된 귀중한 참고문헌을 포함했다. 그 다음해에는 결정적인 *Ruusbroec Werken*, 4 vols.가 Dr. J. B. Poukens, S. J., and Dr. L. Reypens, S. J. - revised 1944 - 에 의해 주로 편집되어 출판되었다. *Vanden Blinckenden Steen*, 또는 *The Sparkling Stone*은 Vol. III, 1947, pp. 3-41이다. 현대의 번역들은 *Œuvres de Ruysbroeck l'Admirable*, done from the Flemish by the Benedictines of Saint-Paul de Wisques, 1912 - 를 포함한다. J. A. Bizet, *Ruysbroeck, Œuvres choisies*, Aubier, Paris, 1946은 매우 유용하다. 플랑드르 말에서 영어로 매우 적절히 번역된 것은 *The Adornment of the Spiritual*

Marriage; The Sparkling stone; The Book of Supreme Truth, translated by C. A. Wynschenk Dom, John M. Watkins, London, 1916, 1951; *The Seven Steps of the Ladder of Spritiual Love*, tr. by F. Sherwood Taylor, Dacre Press, Westminster, 1944, 1952; 그리고 *The Spiritual Espousals*, tr. by Eric Colledge, Faber & Faber, Ltd., London, 1952이다. 가치 있는 연구들로는 E. Underhill, *Ruysbroeck*, London, 1914; A. W. D'Aygalliers, *Ruysbroeck l'Admirable*, Paris, 1923; 그리고, 비록 신플라톤주의의 영향을 강조하고 있기는 하지만, M. D'Asbeck, *La mystique de Ruysbroeck l'Admirable*, Leroux, Paris, 1930이 있다. St. Axters, *La spiritualité des pays-bas*, J. Vrin, Paris, 1948은 A. Hyma, *The Brethren of the Common Life*, Wm. B. Eerdmans Publishing Company, Grand Rapids, Michigan, 1950이 그러한 것처럼 암시적이다. 제르송(Gerson)의 논쟁에 대해서는 A. Combes, Essai *sur* la critique de Ruysbroeck par Gerson, 2 vols., Paris, 1945, 1948을 보라. 보다 중요한 책으로는 J. Stelzenberger, Die Mystik des Johannes Gerson, Breslau, 1928과 원래의 본문과 문헌을 참고한 J. L. Connolly, John Gerson, Reformer and Mystic, B. Herder, St. Louis, 1928이 있다.

개관

로이스브로에크의 신비주의는 어떤 점에서 신플라톤주의와 아우구스티누스, 빅토르 수도회의 사람들과 라인 학파와의 내밀한 관계를 보여준다. 에크하르트에게서 많은 영향을 받긴 했지만, 그는 그의 초기 작품들이 갖고 있는 위험한 의미들을 후기의 책들에서 분명하게 수정했다. 그의 「영적 결혼의 치장」(Adornment of the Spiritual Marriage)의 세 번째 부분에 있는 표현 중 몇몇은, 전적으로 정당화되지는 않았지만, 강력한 논적 장 제르송(Jean Gerson)에 의한 심각한 공격을 불러일으켰다. 거기에는, 예를 들면, 가능성과 얼굴과 얼굴을 맞대는 직접성과 관련하여 하나가 된 환상에 관해 상대적으로 부주의한 진술들이 있었다. 현재의 삶 안에서 거룩한 본질을 명상적으로 보는 것에 대해서, 범신론이라는 비난을 포함한 다양한 비난들을 촉발했다. 1330-1336년의 토론과 교황 베네딕투스 12세(Benedict XII)의 중재에 의해 어느 정도 조정이 도출되었을 수 있었겠지만, 형태와 해석의 이러한 전환은 「불꽃을 튀기는 돌」(The Sparkling Stone)과 「최고의 진리에 관한 책」(The Book of Supreme Truth)에서 소개되었다. 전자 (제10장)에서 그는 "어떤 피조물도 그의 창조된 본성을 상실하는 지점에까지 또는 하나님이 되는 지점에까지 이르거나 거룩해질 수 없다"고 단언했다. 「불꽃을 튀기는 돌」(The Sparkling Stone)은 책의 첫 아홉 장에서 「영적 결혼」(Spiritual Marriage)의 처음 두 책을 요약했다. 10-14장은 영적 결혼(Spiritual Marriage)의 세 번째 책의 문제, 즉 명상을 그와 같은 입장으로 반복하고 있다.

일종의 독특한 종합 안에 놓인 로이스브로에크의 세 가지 전통적인 요소는 본받음, 내향 그리고 연합의 삶이다.[1]

본받음의 기초는 삼위일체의 교리 안에 있다. 거룩한 삶은, 삼위일체 본성의 통일성으로부터 세 위격이 나오는 데에서 기인하여, 일종의 흐름과 역류, 팽창과 수축의 운동을 뜻한다. 또한 그 세 운동은 공통된 결실 안에서 통일성을 향해 되돌아온다. 본받음의 개념에 의하면, 피조물의 영생이란 이러한 흐름과 역류에 참여하는 것이다.

심지어 영혼의 구조도 신적 모델 위에서 추정된다. 이것은 물론 아우구스티누스의 교리이다. 세 가지 주요한 기능 – 기억, 지성, 그리고 의지 – 은 자신들의 본성적 기원을 영의 통일성으로부터 취한다. 이 통일성은 초자연적으로 소유됨이 틀림없다. 사람은 마침내 자신 안으로 내려간다. 그는 영혼의 바닥에서 하나님의 형상을 발견한다. 영혼은, 타자성이 없이는 아니지만, 명상의 정점에서 "차별 없는 연합"에 이를 때까지 그 거룩한 세 위격들의 삶에 자신을 결합시켜야 한다. 그래서 신적 본질에 결합되어 그것은 "소유"에 이른다. 이것이 매우 강조된 "사랑의 실천 없이는" 가능하지 않은 "공동의 삶"이다. 그것에 의해 인간의 삶은 삼위일체의 삶 그 안으로 인도된다. 그것은 「불꽃을 튀기는 돌」(The Sparkling Stone, 제14장)과 「영적 사랑의 사다리의 일곱 계단」(The Seven Steps of the Ladder of Spiritual Love)에서 대단히 웅변적으로 소개하고 있는 이 "공동의 삶" 위에 놓여있다.[2]

---

1. DS II, 1999. Cf. Reypens, "Connaissance mystique de Dieu," DS, Fasc. 20-21 (1955), cols. 906-09.
2. *The Ladder*, 6th and 7th steps, pp. 55 ff.; Bizet, *op. cit.*, pp. 68 ff. 로이스브로에크가 신플라톤주의와 아우구스티누스와 라인지

로이스브로에크에게 있어서 명상은, 당시 라인지역의 학파들처럼, 경험의 절정을 의미한다. 경험에 대한 서술은 교리적으로 기초되고 영적으로 전개된다. 또한 깊은 감정적 요소들의 결핍이 없다. 그러나 에크하르트의 그것처럼 대단히 지성화되지는 않는다. 아마 로이스브로에크는 영적 분리의 기술적 국면에 에크하르트나 타울러보다는 관심을 덜 기울인 것으로 보인다. 그는 우리에게 소이제의 경험적 자질들을 더욱 순화된 형태로 상기시킨다.[3]

내향의 역할에 관하여 그는, 중세 세계가 아우구스티누스와 그의 「고백록」(Confessions)에 의해 시작된 내향적 방법의 감각을 얼마나 많이 잃고 있었는가를 주목하였다. 많은 신비주의자들이 얼마나 많이, 좁은 길을 걷는 영혼의 진보 그 계속적인 변화를, 경험하며 실제로 지키기 보다는 비유적인 변화를 향한 점진적 자원으로 삼았는지를 주목했다. 야곱의 사다리와 솔로몬의 권좌, 사랑의 여섯 등급에 대한 관습적인 호소, 일곱 가지 덕, 삼중의 방법들이 그러하다. 로이스브로에크는 이것들을 폄하하지 않는다. 그는 오히려 자신의 저서 「사다리」(Ladder)에서와 같이, 실제로 그런 개념들을 많이 이용했다. 그의 개인적 경험 안에서는 여전히, 그가 가톨릭 전통을 실천하는 것에서처럼, 그는 아우구스티누스의 내향성이라는 감각을 다시 밟아갔다.[4]

혹자는 아우구스티누스의 「고백록」(Confessions, VII, x, 16)에 있는 내향적 방법이 후에 로이스브로에크에 의해서 다시 적용되었다고 기대할지도 모른다. 아마도 플라톤주의와 신플라톤주의 책들을 공부하면서, 아우구스티누스는 내향성의 기술을 배웠을 것이다. 그들의 도움으로 그는 하나님에 대한 신속한 지적 명상을 이루었다. 자신의 말로는, "그인 것의 갑작스런 비전"에 도달한 것이다. 자신 안으로 돌아가라는 훈계를 받고 그는 하나님에게 이끌리어 그 자신의 영혼의 비밀스러운 벽장에 들어갔다. 거기서 그는 "영혼의 눈 위에서, 지성 위에서, 결코 변하지 않는 빛"을 보았다. 산발적이지만 누적된 로이스브로에크의 내향성에 관한 언급은 그 자신의 작품에서 아우구스티누스의 이러한 강조를 나타낸다. 여기서 그의 관심은 "감각 세계의 산만한 주의로부

방의 사상적 조류와 관련하여 영혼의 구조와 내향성을 종합한 것에 관해서는 Father Reypens, "Âme (Structure)," in DS I, 453-55를 보라.

3. DS II, 1999-2000.
4. Bizet, op. cit., pp. 64 ff.; St. Axters, op. cit., p. 53; The Sparkling Stone, chs. 1-3, 13.

터" 내적으로 돌아선다.⁵ 의식은 "생각 너머에 있는 초의식의 영역 안으로" 들어간다. 그것은 감각 세계의 변두리로부터 "인간의 개성이 본질적 세계로부터 피어나는" 존재의 중심과 영혼의 바닥을 향해 돌아간다.⁶

로이스브로에크가 말하는 신비적 경험의 단계들은 쉽게 동일화할 수 있다. 활동적인 삶은 정결과 윤리적 정화의 길을 선물한다. 여기에 자기-훈련의 봉사와 자기-정복의 범위가 있다. 내적 삶은 활동적인 삶의 윤리적 정화에 대립되는 것으로서, 조명과 지적 정화의 하나이다. 여기서의 목적은 바른 비전과 바른 생각이며 바로 그렇게 바른 행동의 목적은 활동적인 길 안에서 가장 중요하다. 더욱더 진보된 단계들에서의 내적 삶은 연합과 명상의 길을 넓게 한다. 그러나 연합의 삶의 정점은 "초본질적인 삶"으로 불리어지는 것 안에서 발견된다.⁷

"공동의" 또는 "실천적인" 삶에 대한 강조는 「불꽃을 튀기는 돌」(The Sparkling Stone) 제14장에서 가장 아름답게 서술된다. 로이스브로에크의 작품 중에서, 「일곱 계단」(The Seven Steps)에서 제시된 것과 같은 명상적 삶의 첫 번째와 두 번째 "순간들"을 능가하는 것은 거의 없다. 그는 "공동의 삶" 뿐만 아니라 신적-인간의 호흡과 흐름과 역류를 감동적으로 분석한다. "활동과 휴식 사이에서 사랑과 결실이 살고 있다," 이것은 그의 아름다운 글들 중 하나에 지나지 않는다. 거기서 묘사되는 공동의 초본질적인 삶의 특징은 「영적 결혼식」(The Spiritual Espousals)과 「불꽃을 튀기는 돌」(The Sparkling Stone)의 그것과 동등하게 취급되어야 한다.⁸

로이스브로에크는 신비적 경험을 세 가지 통일성들의 관점에서 다루는데, 각자는 세 길 중 하나를 통하여 촉진된다.⁹ 보다 낮은 육체적 통일성은 그 외적 일들의 실천과 함께 활동적 삶의 길을 살아간다. 영적 통일성은 신학적인 덕과 예수 그리스도의

---

5. Underhill, *Ruysbroeck*, pp. 152, 80.
6. *Ibid.*, p. 146.
7. 즉, "존재보다 더한 것" – *Overwesen*. Cf. Underhill, *Ruysbroeck*, pp. 164 ff. 이 "초본질적인 명상"에 관해서는, *The Spiritual Espousals*, Book III, p. 179; *The Adornment of the Spiritual Marriage*, p. 167; *Werken*, Vol. I, p. 239, II. 7-8: *eenen overweselijcken scouwene* ....를 보라.
8. "공동의 삶"에 관하여는 Colledge, *The Spiritual Espousals*, pp. 36, 48, 132, 158-60; *The Ladder*, pp. 55-63, 특히 58 등을 보라.
9. 이하 Petry, "Social Responsibility," *Church History*, Vol. 21, pt. 1, pp. 12-13, 18-19의 일차문헌을 보라. Cf. D'Aygalliers, *op. cit.*, pp. 286 ff.

모방에 의해 자신을 표현하며 내적 삶의 길 안에서 걷는다. 숭고한 통일성은 우리를 모든 생각과 의도를 뛰어넘어 하나님 안에서 쉬게 하며 명상을 목표로 하는 초자연적 삶이다. 활동적 삶은 덕이 높은 하나님의 사람들을 요구하며 신적 연합 – 매개나 수단을 가진 연합을 미리 맛보게 할 것이다. 내적 삶은 하나님과 피조물을 함께 매개나 수단이 없는 연합 안으로 가져온다. 명상적 삶 안에는 그리스도가 그의 축성의 기도 안에서 말한 것과 같은 그러한 구분이나 차이가 없는 절정의 연합이 있다. 이것은 지식과 사랑과 기쁨에 의해 따라오는 한동안의 엑스타시이다. 여전히, 그것은 순전히 수동적이거나 가장 고요한 상태는 아니다. 「영적 결혼의 치장」(Adornment of the Spiritual Marriage)과 「불꽃을 튀기는 돌」(The Sparkling Stone) 사이에서, 로이스브로에크는 범신적인 침해와 이단적인 "수동성"을 거슬러 보다 더 세밀하게 경계하기에 이르렀다. 그는 보다 더 "실천적 삶"을 강조한다. 일을 많이 함으로 자신을 상실하는 사람들은, 실천적 요구들로부터 떨어져 나와 명상적 휴식 안에서 자신을 고립시키는 사람들과 같은 범주에 속한다.

들이쉼과 내쉼의 영적 법에 호소하면서, 하나님은 우리를 뒤로 붙들어놓지 않으시고 그에게로 가까이 당긴다. 그러나 이후에 하나님의 성령은 사랑과 선한 일의 실천을 위해 우리를 다시 내쉰다. 우리가 원래 그렇듯이, 여기서도 우리는 낡은 공기를 내쉬고 신선한 공기를 들이쉰다. 사람은 활동하지 않는 기쁨에 들어간다. 그 다음 밖으로 나와 하나님의 영에 항상 결합된 채로 선한 일을 실천한다.

로이스브로에크에 의해 활동적 삶과 구분된 이 실천적 삶은, 충분히 중요하게 "공동의" 삶으로 명명된다. 은총에 의해 고취된 활동적 삶은 본질적으로 인간의 의지의 일이다. 공동의 삶은 반대로 하나님께만 의지한다. 「불꽃을 튀기는 돌」(The Sparkling Stone)의 웅변적인 제14장의 제목은 "하나님을 명상하고 결실하는 데로부터 나오는 공동의 삶에 관하여"이다. 여기서 로이스브로에크는 활동적 삶과 명상적 삶의 균형을 맞춘다. 언더힐이 말한 것처럼, "신적 실재를 향한 그의 황홀한 강조는 정열적이고 사랑이 가득한 관심을 가지고 그가 사람들의 세상을 향해 돌아서는 것에 의해 상쇄되었다."[10]

---

10. Underhill, introduction to *Spiritual Marriage*, pp. xv-xvi.

마찬가지로, 로이스브로에크의 신비주의와 교회론이 서로를 지지하며 분명하게 한다고 말하는 것은 옳다. 그는 어머니 교회의 인간적 실수와 제도적 부끄러움을 알고 있다. 그러나 그는 또한 그것의 베드로적인 기초와 사도적 능력, 질서, 그리고 궁극적인 무적성을 알고 있다. 그는 어머니 교회의 위계와 사도직과 성례를 믿는다. 성례는 하나님의 사랑의 통로이며 눈에 보이지 않는 은총의 보이는 형태이다. 신랑 그리스도의 매일의 오심이다. 사랑하는 마음으로 바라는 성례는 "굳건히 남아서 영생으로 나아가려는" 자에게 필요하다. 어머니 교회로부터 로이스브로에크는 세상의 인간을 섬기라는 위임을 받는다. 그는 그가 시작한 네 가지 길을 따라 참으로 나아간다. 그리스도와 모든 성도들을 향하여, 죄인들과 모든 사악한 사람들을 향하여, 고난을 향하여, 자신과 모든 선한 사람들을 향하여.

PART X
JUN VAN RUYSBROECK

불꽃을 튀기는 돌[11]

본문

서문

거룩한 교회의 가장 완벽한 상태에서 살고자 하는 사람은 선하고 열정적이며, 내적이고 신령하며, 바르게 하나님을 보며, 공동의 모든 것을 향해 흘러나가는 사람이 되어야 한다.[12] 이 네 가지 것들이 한 사람 안에 있을 때, 그 사람은 언제나 완벽하다. 은총이 더해지면서 그는, 계속해서 하나님과 모든 사람 앞에 모든 덕과 진리를 아는 것으로 자라난다.

제1장
세 가지를 통해 사람은 선하게 된다.

---

11. 플랑드르 말로부터 번역한 것이 C. A. Wynschenk Dom, edited by Evelyn Underhill, *John of Ruysbroeck: The Adornment of the Spiritual Marriage ... The Sparkling Stone ... The Book of Supreme Truth*, London, 1916, 1951, pp. 181–221이다.
12. *The Adornment of the Spiritual Marriage*, 즉, *Die Geestelike Brulocht*, in the *Werken*, Vol. I, pp. 103 ff.의 분류.

선한 사람을 구성하는 세 가지를 이제 들으라. 첫째, 선한 사람이 반드시 가져야 할 것은 죽을 죄의 비난이 없는 깨끗한 양심이다. 선한 사람이 되기를 바라는 누구든지 그가 처음 죄를 범했을 때로부터 계속 자신을 마땅한 분별로 살피고 시험해야 한다. 그리고 거룩한 교회의 교훈과 관습에 따라 이 모든 죄들로부터 자신을 깨끗이 해야 한다.

선한 사람에 속하는 두 번째의 것은, 모든 일에서 하나님과 거룩한 교회와 그 자신의 고유한 확신에 복종해야 한다는 것이다. 그리고 이 세 가지 각각에 대하여 그는 동일하게 복종해야 한다. 그러면 그는 근심과 의심 없이 살 것이며 그의 모든 행위들에서 언제나 내적인 비난 없이 살 것이다.

모든 선한 사람이 해야 할 세 번째의 것은, 모든 행위들에서 그는 다른 것들보다 우선해서 하나님의 영광을 마음에 새겨야 한다는 것이다. 그의 사업이나 여타의 많은 일들로 인해 하나님을 눈앞에 언제나 소유하지 못하게 된다 해도, 최소한 하나님의 가장 귀한 의지에 따라 살려는 의지와 소망이 그 안에 세워져 있어야 한다.

보라, 이러한 방식으로 이 세 가지 것들이 소유될 때, 사람을 선하게 만든다. 그리고 이 셋 중 하나라도 결여한 사람은 누구든지 선하지도 하나님의 은총 안에 있지도 않다. 그러나 사람이 그의 마음에 이 세 가지 점들을 성취하려고 결심한다면, 그가 전에 아무리 악한 사람이었다 할지라도, 그 순간 그는 선하게 되고 하나님을 받아들이게 되며, 하나님의 은혜로 충만하게 된다.

제2장
세 가지를 통해 사람은 내적으로 된다.

더욱이 이 선한 사람이 보다 내적이며 신령한 사람이 되고자 한다면, 그는 세 가지를 더 가져야 한다. 첫째는 형상들로 방해받지 않는 마음이다.[13] 둘째는 그의 소망 안에 있는 영적인 자유이다. 셋째는 하나님과의 내적인 연합의 느낌이다.

이제 자신이 경건하다고 생각하는 모든 사람들로 하여금 자신을 관찰하게 하라. 형상들이 없는 마음을 가진 사람은, 애정으로 어떤 것을 소유하지 않으며, 어느 누구

---
13. Cf. the *Spiritual Marriage*, Bk. II, chs. 1-4; *Werken*, Vol. I, pp. 144 ff.

에게 들러붙지도 않으며, 의지의 애정을 가지고 그와 교제하지도 않을 것이다. 순수하게 하나님의 영광에 목적을 두지 않는 모든 교제와 모든 애정이 사람의 마음에 형상들을 초래하는 것은, 그들이 하나님으로부터 나지 않고 육체로부터 났기 때문이다. 그래서 사람이 영적으로 되려면 그는 모든 육신의 욕망들과 사랑들을 버려야 하고, 갈망과 사랑을 가지고 하나님에게만 부착되어야 하며, 그것으로 그를 소유해야 한다. 이런 과정을 통해 모든 상상들과 피조물들을 향한 모든 무절제한 사랑은 버려진다. 그리고 하나님을 사랑하는 이 소유는 사람을 불경건한 형상들로부터 내적으로 자유하게 만든다. 하나님은 영이시며, 그에 대해 어느 누구도 자신에게 참된 형상을 만들 수 없기 때문이다. 확실히 이 실천 안에서 사람은 그를 돕는 좋은 형상들을 붙들어야 한다. 주님의 수난과 그를 보다 큰 헌신으로 떨쳐 일어나게 해 주는 모든 것들이 그러하다. 그러나 하나님을 소유할 때, 사람은 하나님이신 형상이 없는 벌거숭이에까지 침잠해야 한다. 이것이 신령한 삶의 첫 번째 조건이며 기초이다.

두 번째 조건은 내적 자유이다. 이를 통해 사람은, 모든 내적인 훈련에서 자신을 하나님을 향해 일으킬 수 있으며, 형상들과 방해들로부터 자유롭게 된다. 감사와 찬양으로, 예배로, 신실한 기도와 불타는 사랑으로, 하나님의 은총의 도움을 희망하며 열망과 사랑으로 행해진 모든 것들 안에서, 그리고 내적 열심을 통한 모든 경건한 연습으로 자유롭게 된다.

내적 연습을 통하여 그는 세 번째 상태에 도달한다. 그것은 그가 하나님과의 신령한 연합을 느끼는 것이다. 내적 훈련에서 하나님을 향해 형상이 없이 자유롭게 오르며, 하나님의 영광 외에 다른 아무 것도 의미하지 않는 사람은 누구든지 하나님의 선하심을 맛보아야 한다. 그는 안으로부터 하나님과의 참된 연합을 느껴야 한다. 그리고 이 연합 안에서 내적이고 영적인 삶이 완성된다. 이 연합 안에서, 바라는 능력이 계속해서 새롭게 격려되고, 새로운 내적 활동을 향해 일어나기 때문이다. 그리고 각각의 행동에 의해서 영은 새로운 연합을 향해 일어난다. 활동과 연합은 영속적으로 그들을 갱신한다. 활동과 연합 안에 있는 이 영속적인 갱신이야말로 경건한 삶이다. 그러므로 너는 지금 어떻게 사람이 도덕적인 덕들과 바른 의도를 통해서 선하게 되는지를 볼 수 있다. 그리고 어떻게 그가 내적인 덕들과 하나님과의 연합을 통해서 신령하게 되는지를 볼 수 있다. 언급된 이것들이 없으면, 그는 선할 수도 신령할 수도 없다.

제3장
세 가지를 통해 사람은 하나님을 보게 된다.

나아가 이 신령한 사람이 이제 하나님을 보는 사람이 되고자 한다면, 그에게는 세 가지 다른 조건들을 가져야 한다는 것을 너는 알아야 한다. 첫째는 그의 존재의 기초가 한없이 깊다는 것과,[14] 그가 그것을 이 방식으로 소유해야 한다는 것을 느끼는 것이다. 두 번째는 그의 내적 연습이 사람이 가지 않은 것이라는 점이다. 세 번째는 그의 내주는 거룩한 결실이라는 점이다.

나는 다른 누구에게 말하고 있지 않기 때문에, 이제 영 안에 살고자 하는 너는 이해하라. 영적인 사람이 느끼는 하나님과의 연합은 그 영에게는 한없이 깊은 것, 즉 측량할 수 없이 깊고 높으며 길고 넓은 것이다. 영은 사랑을 통하여 깊은 곳 안으로 자신을 던지고 높은 곳 안으로 오르며 긴 것 안으로 피한 것을 알아차린다. 그리고 자신이 넓은 곳 안에서 방황하고 있음과 무지인 지식 안에서 살고 있음을 느낀다. 또한 연합의 내밀한 감정을 통해서 자신이 통일성 안으로 녹아들고 있는 것을 느낀다. 모든 것에 대해 죽는 것을 통해서 하나님의 생명 안으로 녹아들고 있는 것을 느낀다. 자신이 하나님과 한 생명이 된 것을 느끼는 것이다. 이것이 진정 하나님을 보는 삶의 기초요, 첫 번째 특징이다.

여기에서 두 번째 특징이 일어나는데, 그것은 이성 위에 있는 연습이며 조건이 없다. 거룩한 통일성은, 하나님을-보는 모든 영혼들은 사랑 안에서 그것을 소유하기 시작하는데, 그 거룩한 위격들과 모든 사랑하는 영들을 그의 자아 안으로 영원히 끌어당기고 초대한다. 그리고 이 내적 당김은 사랑하는 자들의 사랑의 정도와 훈련의 방법에 따라 다소간 각각 다르게 느껴진다. 자신을 이 내적 당김에 내어주고, 그 안에서 자신을 지키는 자는 누구든지 죽을 죄 안으로 떨어질 수 없다. 그러나 자아와 모든 것을 버리고, 그가 그 자신의 것으로 어떤 것도 더 이상 소유하지 않고 모든 것이 결여되었기 때문에 자신이 끌어당겨짐을 느끼지 못하는 하나님을-보는 사람은 항상, 벌거벗고 형상들로 방해받지 않은 채, 그의 영의 가장 깊은 부분 안으로 들어갈 수 있다. 거기서 그는 계시된 한 영원한 빛을 발견하며 이 빛 안에서 거룩한 통일성의 영원

---

14. Cf. "사막" 그리고 "심연"에 관하여는, 에크하르트 등을 참조하라.

한 요구를 느낀다. 그는 자신이 영원한 사랑의 불인 것을 느끼는데, 그 불은 다른 모든 것보다 하나님과 하나 되기를 갈망한다. 그가 내적 당김이나 요구에 굴복할수록 그것을 더 많이 느낀다. 그것을 더 많이 느낄수록 그는 하나님과 하나 되기를 더 많이 갈망한다. 그 갈망은 하나님에 의해서 그에게 요구된 빚을 지불하도록 강요한다. 거룩한 통일성의 영원한 요구는 영 속에 영원한 사랑의 불을 켠다. 비록 영은 그칠 새 없이 빚을 지불하지만, 영원한 불타오름은 그 안에서 계속 된다. 그 통일성 안에 있는 변형 안에서 모든 영들은 그 자신의 활동에 실패하며, 자신들이 하나님의 단순한 통일성 안에서 불타오르고 있는 것만을 느낀다. 그 외의 것은 느끼지 못한다. 측정할 수 없는 빛 안에서, 이성보다 위에 있으며 사람이 가보지 않은 사랑 안에서 자신을 유지하는 사람이 아니고는, 이 하나님의 단순한 통일성은 아무도 느낄 수 없고 소유할 수 없다. 이 초월적 상태에서 영은 자신 안에서 영원한 사랑의 불을 느낀다. 그리고 이 사랑의 불 안에서, 처음도 끝도 발견하지 못한 채, 자신이 이 사랑의 불과 하나라고 느낀다. 영은, 그것의 사랑이 영원하기 때문에, 자신 안에서 타오르기를 영원히 계속한다. 영은 하나님의 통일성 안으로 당겨지고 변화되기 때문에, 계속적으로 더욱 더 사랑 안에서 타오르는 것을 느낀다. 만일 그러한 자기 자신을 보게 된다면, 자신과 하나님 사이에 있는 구분과 다름이 없음을 발견할 것이다. 불타오르는 곳에서는 차이도 구분도 없게 되어서, 이제 통일성 밖에는 아무 것도 느끼지 못한다. 하나님의 사랑의 불꽃은 그 자아 안에 포용할 수 있는 모든 것을 불사르고 삼키기 때문이다.

그러므로 너는, 내적으로 당기는 하나님의 통일성이란 영원한 결실, 즉 아버지와 아들과 그 안에 사는 모든 것들 안에서 사랑스럽게 안으로 당기는 헤아릴 수 없는 사랑임을 알게 될 것이다. 그 사랑 안에서 우리는 불타며, 영원히 불타오를 것이다. 그 안에 모든 영들의 축복이 놓여있기 때문이다. 그러므로 우리 모두는 우리의 삶을 헤아릴 수 없는 심연 위에서 발견해야 하고, 헤아릴 길 없는 깊이 안으로 뛰어들어 그 안에서 침잠해야 한다. 또한 동일한 그 사랑을 가지고 올라가. 포착할 수 없는 높이 위에서 우리 자신을 초월해야 한다. 사람이 가보지 않은 사랑 안에서 헤매고 길 잃어야 하며, 측정할 수 없는 하나님의 사랑의 넓이 안에서 스스로를 잃어버려야 한다. 그리고 그 안에서 우리는 앞으로, 우리 자신 바깥으로, 하나님의 선하심과 풍성하심의 알려지지 않은 황홀 안으로 달아날 것이다. 거기서 우리는 녹아 없어져 영원히 하나님의 영광 안에서 방황하며 체류할 것이다. 보라! 나는 이 각각의 형상들로 하나님을 보는 사람들에게 그들 존재와 연습을 보이지만, 어느 누구도 그것들을 이해할 수 없다. 명상적 삶은 가르칠 수 있는 것이 아니기 때문이다. 하지만, 영원한 진리가 자신을 영 안에 계시하는 곳에서, 필요한 모든 것이 알려지고 배워진다.

제4장
불꽃을 튀기는 돌, 그리고 하나님의 비밀의 책에 적힌 새로운 이름

그러므로 우리 주님의 영이 성 요한이 기록한 하나님의 비밀의 책 안에서 말씀하신다. 이기는 그에게 그가 말씀하신다. 자신과 다른 모든 것을 이기고 정복하는 자에게, 내가 감추어진 만나, 즉 어떤 내적인 숨겨진 맛과 하늘의 기쁨을 주어서 먹게 할 것이다. 또한 그에게 불꽃을 튀기는 돌을 줄 것인데,[15] 그 돌 안에는 새로운 이름이[16] 새겨져 있고, 그것을 받은 자들 외에는 아무도 그것을 알지 못한다. 이 돌은 조약돌이라고 불리는데, 그것은 아주 작아서, 밟아도 해치지 않기 때문이다. 이 돌은 하얗게 빛나며 불꽃처럼 붉다. 그리고 그것은 작고 둥글며 모든 면이 매끄러우며 매우 가볍다. 불꽃을 튀기는 이 돌은 우리 주 그리스도 예수를 의미하는데, 그는 그의 신성에 따라, 영원한 빛에서 나온 빛이자 하나님의 영광에서 나온 광선이며, 그 안에 모든 것들이 사는 흠 없는 거울이기 때문이다. 이제 모든 것을 이기고 초월하는 그에게 불꽃을 튀기는 이 돌이 주어진다. 그것을 가지고 그는 빛과 진리와 생명을 받는다. 또한 이 돌은 맹렬한 하나의 불꽃과 같은데, 영원한 말씀의 맹렬한 사랑이 모든 사랑하는 영들이 사랑 안에서 무(無)가 되기까지 불타오르게 하는 사랑과 의지를 가지고 온 세상을 가득 채웠기 때문이다. 이 돌은 아주 작아서, 비록 발로 밟는다고 해도 거의 느낄 수 없다. 이것이 바로 calculus 즉, "디딤판"이라고 불리는 이유이다. 이것은 성 바울에 의해 우리에게 분명해진다. 하나님의 아들은 자신을 비우고 자신을 낮추고 그

---

15. *Werken*, Vol. III, p. 9, II, 18 ff.: *ende Ic sal hem gheven ... een blinckende steenken, ende in dien steenken eenen nuwen name ghescreven....* Surius translates, *Op. om.* (1609), cap. IV, p. 514: *et dabo ei calculum candidum, in calculo nomen novuum scriptum....* 로이스브로에크는 계속해서 이 작은 돌을 een terdelinc, "디딤판"으로 언급하며, 라틴어에서 보면, "*calculus*(돌)로부터 나온 calculus(조약돌)과 *calx*(손가락 관절, 발뒤꿈치)로부터 나온 *calcare*(밟다) 사이에 있는" 관계를 제안한다. Underhill, ed., *The Sparkling Stone*, p. 187, 각주 1. *Œuvres*, III, p. 238, 각주 1. Cf. D'Asbeck, *La mystique*, p. 228.
16. 첫 번째 이름은 세례에서 주어진 것이다. 새로운 이름은 명상에서 받은 것이며 각각의 영혼에 의해 등록된 완성의 정도에 비례한다. *Œuvres*, p. 227.

위에 종의 형상을 취하시고 죽기까지, 심지어 십자가의 죽음에까지 순종하셨다고 그는 말한다. 그 자신은 예언자의 입을 통해서, 벌레요 사람이 아니며, 사람들의 비난거리이자 사람들의 혐오거리라고 말한다. 그는 자신을 시간 안에서 아주 작게 만들어서 유대인들이 그를 그들의 발아래에 밟게 했다. 그러나 그들은 그를 느끼지 않았다. 그들이 하나님의 아들임을 알아보았다면, 감히 그를 십자가에 못 박지 않았을 것이기 때문이다. 그는 그를 충분히 사랑하지 않는 모든 사람들의 마음에서 여전히 보잘 것 없으며 무시당한다. 이 고귀한 돌은 완전히 둥글고 매끄러우며 모든 면이 반반하다. 그 돌이 둥글다는 것은 우리에게 거룩한 진리야 말로 처음도 끝도 없다는 것을 가르쳐준다. 그 돌이 매끄럽고 모든 면이 반반하다는 것은 우리에게 거룩한 진리야 말로 모든 것을 고르게 저울에 달며 각자에게 그의 공로에 따라 준다는 것을 가르친다. 그가 주는 것은 각자와 함께 영원히 있을 것이다. 이 돌의 마지막 특징은 특별히 가볍다는 것이다. 아버지의 영원한 말씀은, 그것이 그 힘에 의해서 하늘과 땅을 가지고 있음에도 불구하고, 아무 무게도 가지지 않기 때문이다. 그리고 모든 것들에게 똑같이 가까이 있다. 어느 누구도 그것에 도달할 수 없는 이유는, 그것이 높이 있으며 모든 피조물보다 앞서며 그것이 의지하는 곳에서 그것이 원할 때 자신을 계시하기 때문이다. 그 가벼움 안에서 우리의 무거운 인간적 본성이 모든 하늘들보다 높이 올라갔으며 아버지의 우편에서 왕관을 쓰고 앉으신다.

보라, 이것이 하나님을 보는 사람에게 주어지는 불꽃을 튀기는 돌이며, 이 돌 안에 새겨진 하나의 이름은, 그것을 받는 자 외에 아무도 모른다. 하나님을 향해 돌아오는 영들은 모두 이름을 받는다. 각자는 특별하게, 봉사의 고귀함과 사랑의 고고함에 따라 받는다. 우리가 세례에서 받은 순결한 첫 번째 이름만이 우리 주 예수 그리스도의 공로로 치장된다. 그리고 우리가 이 순결한 이름을 죄를 통해 상실했어도, 우리가 여전히 하나님을 따르기를 의지한다면 – 특히 그가 우리 안에서 일하기를 바라시는 세 가지 일에서 – 우리는 성령 안에서 한 번 더 세례를 받는다. 그리고 그것에 의해, 우리는 우리와 영원히 함께 할 새로운 이름을 얻는다.

제5장
하나님이 모든 사람들 안에서 공동으로 행하시는 일과 다섯 종류의 죄인들

우리 주님이, 만일 그들이 거기에 복종한다면, 모든 사람들 안에서 행하시는 그 세 가지 일들이 무엇인지 이제 들으라. 하나님이 모든 사람들 안에서 공통으로 행하시는 첫 번째 일은, 그들 모두를 예외 없이 자신과의 연합을 향해 부르시고 초대하신다는 것이다. 그리고 죄인이 이 부름을 따르지 않는 한, 그는 그 후에 따르는 다른 모든 선물들을 받지 못할 것이 틀림없다.

나는 모든 죄인들을 다섯 가지로 분류하고자 관찰했다. 첫 번째 종류는, 선행에 무관심한 모든 사람들이다. 그들은 육체의 편안함과 감각의 탐욕으로 세상적인 일과 다단한 마음 안에서 살기를 더 좋아한다. 그 모든 것들은 하나님의 은총을 받기에 적당하지 않으며, 은총을 받는다 해도 그것을 유지할 수 없다.

두 번째 종류는, 기꺼이 그리고 일부러 죽을 죄 안으로 떨어지고도 여전히 선을 행하며, 주님을 두려워하고 경외하면서 살며, 의로운 자들을 사랑하고 그들의 기도를 소망하고, 거기에 신뢰를 두는 사람들이다. 그러나 하나님으로부터 돌아선 것, 그리고 하나님께 대한 사랑과 하나님께로 다시 돌아가는 것을 막는 죄에 대한 사랑이 있는 한, 이들은 하나님의 은총을 받을 가치가 없는 자들로 남아있다.

죄인들의 세 번째 종류는 모든 불신자들과 믿음 안에서 죄 짓는 자들이다. 그들이 아무리 선한 일을 행해도, 아무리 생명들을 인도해도, 진정한 믿음이 없는 그들은 하나님을 기쁘시게 할 수 없다. 진정한 믿음은 모든 거룩함과 모든 덕들의 기초이기 때문이다.

네 번째 종류에는 두려움도 부끄러움도 없이 죽을 죄 안에 사는 사람들이 속하는데, 그들은 하나님과 그의 선물들에 주의를 기울이지 않고 모든 덕들을 무시한다. 그들은 모든 신령한 삶이 위선이요 기만이라고 생각한다. 그리고 그들은 마치 하나님도 천국도 지옥도 없는 것처럼 생각한다. 지금 알고 소유하는 것들 외에 다른 것들은 알고 싶어 하지 않기 때문에, 하나님 또는 덕들에 관해서 말하는 사람들에게는 거의 귀를 기울이지 않는다. 보라, 그들은 성령을 거슬러 죄를 짓기 때문에, 그러한 모든 것은 하나님에 의해 거부되고 멸시된다. 여전히 그들은 회개할 수 있다. 그러나 이런 일이 일어나기란 어렵고 거의 일어나지 않는다.

다섯 번째 종류의 죄인들은, 하나님의 영광과 그들 자신의 구원을 위해서가 아니라 거룩한 이름을 얻기 위해서 또는 어떤 덧없는 것들을 위해서, 밖으로 선을 행하는 자들이다. 비록 그들이 밖으로는 거룩하고 선하게 보이더라도, 안에서는 그들은 거짓되며 하나님으로부터 떨어져 나가고, 하나님의 은총과 모든 덕을 결여한다.

보라, 나는 너에게 다섯 종류의 죄인들에 대해서 보여주었는데, 그들 모두는 내적으로 하나님과의 연합을 향해 부름 받았지만, 죄를 섬기면서 죄인으로서 남아있는 한, 하나님이 그 안에서 일하시기를 바라는 모든 좋은 것들에 대해 그들은 귀멀고 눈멀고 맛도 못보고 느끼지 못하게 된다. 하지만 언제든지 자신 안으로 들어와서 자신을 고찰할 때, 그의 죄악 된 생활에 대해 스스로 불쾌하게 느낀다면, 그때 그는 하나님께 가까이 끌어당겨진다. 만일 그가 하나님의 부름과 말씀에 순종하고자 한다면, 그는 그 자신의 자유의지에 대해 죄를 떠나고 회개할 것을 결단해야 한다. 그래서 그는 하나님과 한 목적과 한 의지를 이룰 수 있고, 하나님의 은총을 받는다.

우리는 모두 하나님에 대해서 이렇게 생각한다. 첫째, 그는 그의 자유로운 선하심으로 모든 사람을 차별 없이 그와의 연합을 향하여 부르시고 초대하신다는 것이다. 둘째, 그러기에 우리는 하나님의 선하심을 이해한다. 그가 은총을 통해서 어떻게 하나님의 부르심에 순종하는 모든 사람들을 향해 흘러나가시는가를 이해한다. 셋째, 우리가 자신을 모든 길에서 부인하고, 하나님의 은총을 따라 그것이 우리를 인도하는 고도에까지 좇아갈 때, 하나님과 한 생명과 한 영이 될 수 있다는 것을 우리는 자신 안에서 분명하게 발견하고 이해한다. 하나님의 은혜는 모든 사람 안의 질서에 따라, 그가 그것을 받아들일 수 있는 정도와 방식에 따라 일하시기 때문이다. 따라서 하나님의 은총의 우주적인 일하심을 통해서 모든 죄인은, 그가 그것을 원하면, 필요한 분별과 힘을 받을 수 있으며, 죄를 떠나 덕을 향하여 돌아설 수 있다. 모든 선한 사람은, 하나님의 은혜에 복종한다면, 하나님의 은총의 그 숨겨진 협동을 통해서 모든 죄를 극복할 수 있고 모든 유혹들에 저항할 수 있고 모든 덕들을 이행할 수 있고 가장 높은 완전 안에서 견딜 수 있다. 우리가 우리 된 모든 것과 우리가 받은 모든 것은, 밖에서든 안에서든 모두 하나님의 값없는 선물이기 때문이다. 우리가 그를 기쁘시게 하려면 우리는 그것에 대해 그에게 감사하고 찬양해야 하며, 그것으로 그를 섬겨야 한다. 선한 사람들에게는 덕에 도움이 되고 덕의 근원이 되는 하나님의 선물들이 많다. 그러나 악한 자들에게는 죄에 도움이 되고 죄의 경우가 되는 것이 많다. 건강, 아름다움, 지혜, 풍요, 세상적인 위엄이 그것이다. 이것들은 하나님의 선물들 중 가장 낮고 가장 귀함이 적은 것들이다. 하나님은 그것을 모든 사람들의 유익을 위해 주시며, 그의 친구들과 그의 적들에게, 선한 자들과 악한 자들에게 주신다. 선한 자들은 이것들을 가지고 하나님과 그의 친구들을 섬기지만, 악한 자들은 그들 자신의 육신과 악마와 세상을 섬긴다.

제6장[17]
삯군들과 하나님의 충성된 종들의 차이

이제 명심해야 할 것이 있다. 어떤 사람들은 하나님의 선물들을 삯군으로서 받지만 다른 사람들은 하나님의 충성스러운 종으로서 받는다. 모든 내적 일, 즉 사랑과 의도에서, 감정에서, 내적 생활의 모든 실천에서 삯군과 충성된 종이 구별된다.

이것을 잘 이해하라. 그들 자신의 이익이나 보상을 위해 자신을 과도하게 사랑하여 하나님을 섬기지 않는 모든 사람은, 자신을 하나님으로부터 분리시키고 구속과 자신의 자아 안에서 살아간다. 모든 일에서 그들은 자신을 추구하고 목적으로 삼기 때문이다. 기도와 선행으로 일시적인 것들을 추구하거나, 자신의 유익과 이익을 위해서 영원한 것들을 쫓아 노력할 수도 있지만, 이 사람들은 과도하게 자신을 향해 기울어져 있다. 그것이 그들이 항상 자신과 더불어 사는 이유인데, 그들은 그들을 하나님과 그의 사랑받는 자들을 하나로 묶는 거룩하고도 참된 사랑을 결여하고 있기 때문이다. 비록 이 사람들이 법과 하나님과 거룩한 교회의 계명을 지키는 것처럼 보일지라도, 그들은 사랑의 법 안에서 지키는 것이 아니다. 그들이 하는 모든 것은 사랑으로부터가 아니라, 정죄 받지 않기 위한, 순전히 필요에 의해서다. 그들은 내적으로 불충하기 때문에 감히 하나님을 신뢰하지 않는다. 그들의 전체의 내적 삶은 의심과 두려움과 고통과 비참이다. 영생의 오른편을 보며 그것을 잃지 않을까 두려워하고, 지옥의 영벌의 왼편을 보며 그것을 얻게 되지 않을까 두려워하기 때문이다. 두려움을 떨치기 위해서 한 그들의 모든 기도와 수고와 선행은 그들에게 도움이 되지 않는다. 자신

---

17. 최종적으로, "충성스러운 종들," "비밀의 친구들," 그리고 "숨겨진 아들들," 즉 *Ghetrouwe knechte* (caps. 6과 7, *Werken*, III, 14 ff.), *Heimelijcke vriende* (caps. 7과 8, *Werken*, III, 16 ff.), 그리고 *Verborghene sonen* (caps. 8–9, *Werken*, III, 18 ff.)로 분류하기 위한 배경. Cf. D'Asbeck, *La mystique*, pp. 229–32. 정화, 조명 그리고 명상과의 관계에 관해서는 Bizet, *Œuvres*, pp. 64ff.를 참조하라.

을 지나치게 사랑할수록, 그들은 지옥을 더 두려워하게 된다. 이것으로부터 너는 지옥에 대한 그들의 두려움이 자신의 것을 추구하는 자기사랑으로부터 나온다는 것을 알게 된다.

예언자이자 설교자가 말한다. 주님을 경외하는 것이 지혜의 시작이다. 그러나 이것이 영원한 축복의 상실을 숙고하는 곳인 오른편에서 실행되는 그 두려움을 의미하지 않는다. 이 두려움은 모든 사람이 복을 받기 위해서, 즉 하나님을 보기 위해서 자신 안에 가진 자연스러운 경향으로부터 일어나기 때문이다. 그러므로 비록 사람이 하나님께 불성실하더라도, 여전히 그가 진정으로 안으로부터 자신을 관찰할 때마다, 스스로 자아로부터 나와서 하나님이신 축복을 향하여 기울어지고 있는 것을 느낀다. 그리고 이 축복을 잃을까봐 그는 두려워한다. 그는 하나님보다 자신을 더 사랑하고 전적으로 자신의 유익을 위해 축복을 사랑하기 때문이다. 그러므로 그는 감히 하나님을 신뢰하지 않는다. 여전히 이것은 지혜의 시작이신 하나님에 대한 두려움이며 하나님의 불충한 종들을 향한 어떤 법이다. 그것은 사람이 죄를 떠나서 선을 좇아 애쓰며 선한 행위들을 하도록 강요하며, 그리고 이러한 것들은 사람이 밖으로부터 하나님의 은총을 받고 그의 충성스러운 종이 되게 준비시킨다.

그러나 하나님의 도움으로 그가 자신의 자아를 극복할 수 있는 바로 그 시간으로부터, 말하자면 그가 자신으로부터 아주 분리되어서 하나님께 대한 충성에서 그가 필요로 하는 모든 것을 버릴 수 있을 때, 보라, 이것으로도 그는 하나님을 매우 충분히 기쁘시게 하여 하나님은 그에게 그의 은총을 부으신다. 은총을 통해서 그는 진정한 사랑을 느낀다. 그리고 사랑은 의심과 두려움을 던져 버리고 사람을 희망과 신뢰로 채운다. 그는 충성스러운 종이 되고 그가 하는 모든 것에서 하나님을 의미하고 하나님을 사랑한다. 보라, 이것이 충성스러운 종과 삯군 사이에 있는 차이이다.

제7장
충성스러운 종들과 하나님의 비밀의 친구들의 차이

우리는 이제 충성스러운 종들과 하나님의 내적 친구들 사이에 있는 커다란 차이를 고찰해야 한다. 하나님의 은총과 도움을 통해서, 충성스러운 종들은 하나님의 계명을 지키기를, 모든 덕들과 훌륭한 행동으로 하나님과 거룩한 교회에 순종하기를 선택했다. 이것은 외적인 또는 활동적인 삶이라고 불린다. 그러나 하나님의 내적 친구들은 계명 외에 하나님의 되살아나게 하는 권고들을 따르기로 선택한다. 그리고 이것은, 사람이 하나님 밖에서 탐욕과 사랑으로 소유할 수 있는 모든 것을 기꺼이 버리면서, 그의 영원한 영광을 위하여 하나님을 사랑하며 내적으로 그에게 밀착하는 것이다. 그러한 모든 친구들을 하나님은 내적으로 부르시고 초대하시며, 그들에게 내적 실천의 특징들과 경건한 삶의 숨겨진 많은 길들을 가르치신다. 그러나 그는 그의 종들을 바깥으로 보내셔서 그들이 모든 봉사와 모든 종류의 외적인 선행으로 그와 그의 집에 충성하게 하신다.

    보라, 그러므로 하나님은 그의 은혜와 도움을 각 사람에게 적성에 따라 주신다. 즉 외적인 선행에서든지 사랑의 내적인 실천에서든지, 그가 하나님과 이루는 조화의 방식에 따라 주신다. 만일 그가 하나님을 향해 내적으로 완전히 돌아서지 않는다면 누구도 내적 실천을 행하거나 느낄 수 없다. 사람의 마음이 나누어지는 한, 그는 바깥을 보며 마음이 불안정하며 쉽게 일시적인 것으로 기뻐하고 슬퍼하면서 휩쓸리게 되는데, 이것들이 여전히 그 안에 살아있기 때문이다. 그리고 비록 그가 하나님의 계명에 의하여 산다고 하더라도, 내적으로 그는 어둠 안에서 살며, 내적인 훈련이 무엇인지도 어떻게 이것들이 실천되어야 하는지도 알지 못한다. 그러나 마음에 하나님을 소유하고 있는 것을 알고 느끼며 그가 행하는 모든 것에서 그의 가장 귀중한 의지를 완수하기를 바라기 때문에, 이것으로 그는 만족한다. 그때 그는 자신이 그의 의도에서 위선으로부터 자유롭다는 것을 알고 봉사에서 충성스럽다는 것을 안다. 그리고 이 두 가지에 의해서 그는 자신에게 만족한다. 하나님의 도움으로 그가 덕을 외적으로 활발하게 실천하기를 선택했기 때문에, 그에게는 순수한 의도를 가지고 행한 외적인 선행들은 다른 어떤 외적인 선행들보다 더욱 거룩하고 더욱 유익하게 보인다. 그러므로 그가 섬기는 분을 내적 사랑을 가지고 섬기기보다는 외적 행위들의 다양성 안에서 스스로 실천한다. 그리고 그것은, 그의 마음이 그가 위해서 일하는 하나님으로 채워지기보다 그가 하는 일들로 더욱 채워지는 이유이다. 그의 일 안에 있는 형상들을 향한 이 경향을 통해서, 그는 외적인 사람으로 머무르며 하나님의 권고를 좇을 수 없다. 그의 실천은 내적이기보다 외적이며, 영에 속하기 보다 감각에 속하기 때문이다. 비록 그가 진실로 외적인 일들에서 충성스러운 하나님의 종일지라도, 하나님의 비밀의 친구들이 경험한 것은 그로부터 숨겨지며 그에게 알려지지 않는다. 이것이 철저하고 외적인 사람들이 내적이고 명상적인 사람들을 항상 정죄하고 비난하는 이유인데, 그들은 마음속으로 이들이 게으르다는 생각을 품고 있기 때문이다. 마르다가 우리 주님에게 그녀의 동생 마리아에 대해서 그녀가 봉사하는 일에서 자기를 돕지 않는다며 불평한 이유이기도 하다. 그녀는 자신이 많은 봉사와 많은 유익한 일들을 하고 있으며 그녀의 동생은 한가하게 앉아서 아무 것도 하지 않는다고 믿었다. 그러나 우리 주님은 그들 사이에서 그의 생각을 말씀하시고 결정하셨다. 그가 마르다의 부지런함을 비난하지 않으신 것은 그녀의 봉사가 선하고 유익한 것이기 때문이다. 그러나 그녀의 사랑을 꾸짖으셨는데, 그녀가 많은 외적인 일로 고민하고 낙담했기 때문이다. 그는 마리아의 내적 훈련을 칭찬하시고, 한가지면 족하다 말씀하시면서 그녀가 좋은 쪽을 택하였고 그것은 그녀에게서 **빼앗기지** 않을 것이라고 말씀하셨다.

　모든 사람에게 필요한 한 가지는 거룩한 사랑이다. 좋은 쪽은 하나님을 향해 사랑으로 부착하는 내적 삶이다. 막달라 마리아는 그것을 선택했고 이것은 하나님의 비밀의 친구들에 의해 선택되는 것이다. 그러나 마르다는 외적인, 봉해지지 않은, 활동적인 삶을 선택했다. 그것은 다른 측면으로, 거기서 사람은 하나님을 섬기지만 그 섬김은 아주 완전하지도 아주 선하지도 않다. 이쪽이 바로 하나님의 충성스러운 종들에 의해 사랑으로부터 선택된다.

　너무나 내적이기를 원해서, 행동하지도 섬기지도 않으려고 하고 심지어 그들의 이웃이 도움을 필요로 할 때에도 그렇게 행동하는 몇몇 어리석은 사람들이 발견된다. 보라, 이들은 하나님의 비밀 친구들도 아니고 충성스러운 종들도 아니다. 그들은 모두 거짓되고 속이는 자들이다. 그의 계명을 지키지 않는 사람은 아무도 하나님의 권고를 따를 수 없기 때문이다. 모든 하나님의 비밀의 친구들은 친구인 동시에, 필요한 곳 어디에서든지 충성스러운 종들이다. 그러나 모든 충성스러운 종들이 비밀의 친구들이 아닌 것은, 거기에 속한 실천은 그들에게 알려져 있지 않기 때문이다.

　이것이 하나님의 충성스러운 종들과 비밀의 친구들 사이에 있는 차이이다.

제8장
비밀의 친구들과 하나님의 숨겨진 아들들의 차이

그러나 나아가 우리는, 비밀의 친구들과 하나님의 숨겨진 아들들 사이에서 한 가지 더 미묘하고 내적인 차이를 발견한다. 이 둘은 모두 내적 훈련에 의해 자신을 하나님의 현존 안에서 유지한다. 그러나 비밀의 친구들은 언제나 도달할 수 있고 도달하는 모든 것들 중에서 가장 선하고 고귀한 것으로서의 하나님을 향해 사랑으로 밀착하기를 선택했기 때문에, 그들의 내향성을 하나의 부속물로서 소유한다. 그것이 그들이 자신과 자신의 활동성을 가지고 형상이 없는 벌거숭이를 향해 침투해 들어갈 수 없는 이유이다. 그들은 하나님과 자신들 사이에 있는 형상들과 매개물들로서, 자신의 존재와 자신의 활동성을 가지기 때문이다. 그리고 비록 그들이 밀착된 사랑으로 하나님과 하나가 되었다고 느끼지만, 아직 이 연합 안에서 그들은 하나님과 자신들 사이에 있는 차이점과 다름을 항상 느낀다. 그 벌거벗은 그리고 길이 없는 곳 안으로 단순하게 들어가는 것을 그들은 알지도 못하고 사랑하지도 못한다. 그러므로 그들의 최고의 내적 삶은 항상 이성과 방식들 안에 머무른다. 그리고 비록 그들이 생각될 수 있는 모든 덕들에 대한 분명한 이해와 분별을 가지고 있다고 하더라도, 열린 마음으로 거룩한 밝음 안으로 들어가는 단순한 출발은 그들에게 알려져 있지 않다. 비록 그들이 강력한 불 안에서 하나님을 향해 고양되는 것을 느낀다고 하더라도, 여전히 그들은 자신의 자아의 어떤 부분을 유지하고 사랑의 통일성 안에 있는 무를 향하여 소멸되지도 타지도 않는다. 그들이 언제나 하나님을 섬기면서 살고 영원히 그를 기쁘시게 하기를 바란다고 해도, 그들은 하나님 안에서 그들의 영의 모든 자아를 향해 죽지 않을 것이며, 그로부터 하나님이 형성하신 삶을 받지 않을 것이다. 밖으로부터 오는 모든 위로와 안식을 아무 것도 아닌 것으로 여긴다고 해도, 그들은 여전히 하나님의 선물과 자신의 내적 일들, 그리고 그 안에서 느끼는 위로와 달콤함에 대해서는 크게 평가한다. 따라서 그들은 길 위에 머물며, 벌거벗은 그리고 길이 없는 사랑 안에 있는 최고의 지복을 얻을 수 있기 위해 자신을 향하여 전적으로 죽지 않는다. 그리고 비록 그들이 선명한 분별력으로 하나님께 사랑으로 완전히 밀착되는 것과 하나님의 현존 안으로 통과해 들어가는 모든 내향의 길과 상향의 길을 실천하고 파악할 수 있다고 하더라도, 여전히 끝도 없고 시작도 없으며 길도 없고 방식도 없는 초본질적 사랑 안에서의 그 길이 없는 지나감과 영광스러운 방황은 발견될 수 없으며 그들에게 숨겨진 채로 그리고 알려지지 않은 채로 남는다.

따라서 하나님의 비밀의 친구들과 숨겨진 아들들 사이에는 커다란 차이가 존재한다. 그 친구들은 이럭저럭 하나님을 사랑하고 하나님을 향해 상승하면서 사는 것 외에는 아무 것도 느끼지 않기 때문이다. 그러나 아들들은 보다 높은 지경에서, 결코 있지 않은 어떤 단순하고 죽음과 같은 지나감을 경험한다.

주님의 친구들의 내적인 삶은 위를 향하여 노력하는 사랑의 실천이며, 그 안에서 그들은 자신들의 자아와 함께 영원히 남아있기를 바란다. 그러나 사람이 어떻게 모든 실천 위에 있는 벌거벗은 사랑을 통해 자아로부터 자유롭게 된 후 하나님을 소유하는지에 대해서는 알지 못한다. 그들은 항상 위로는 하나님을 향하여 참된 신앙 안에서 힘쓰며, 하나님과 영원한 축복을 신실한 희망으로 기다리며, 완전한 사랑을 통해서 하나님께 단단히 묶이고 고정되는 것이다. 그리고 선한 일들이 그들에게 일어나는데, 그들이 하나님을 기쁘게 하고, 하나님은 그들에게 정중하시기 때문이다. 하지만 이 모든 것들에도, 여전히 그들은 영생을 확신하지 못한다. 자신과 모든 자아를 향하여 전적으로 죽지 않았기 때문이다. 그러나 그들은 무엇보다 하나님을 향한 실천에서 살고 견딘다. 하나님을 향해 돌아서는 모든 사람들을 하나님은 영원히 선택하시고 그들의 이름을 그들의 일들과 함께 하나님의 섭리의 생명책 안에 영원으로부터 새기신다. 그러나 다른 것들을 선택하고 그들의 내적 얼굴을 하나님이 아닌 죄를 향해 돌리고, 그 가운데에 견디는 자는(그들이 전에 행한 일시적인 의로움 때문에 그들의 이름이 새겨지고 하나님께 알려진다고 하더라도), 죽기까지는 견디지 않았기 때문에 생명책으로부터 그들의 이름은 지워지고 말소되며, 결코 하나님을 맛보거나 덕으로부터 솟아나는 열매도 맛보지 못할 것이다. 그러므로 우리는 자신을 부지런히 관찰하며 안으로부터는 내적 사랑을, 바깥으로부터는 선한 행위들을 가지고 하나님을 향한 우리의 돌아섬을 아름답게 해야 한다. 우리는 희망과 기쁨 안에서 하나님의 심판과 우리 주 예수 그리스도의 오심을 기다릴 수 있다. 우리가 자신을 부인하고 우리의 행위 안에서 모든 자아를 부인할 수 있다면, 우리는 우리의 벌거벗고 형상이 없는 영으로, 모든 것을 초월하게 될 것이다. 매개물 없이 하나님의 영으로부터 나서 이끌려 벌거벗음 안으로 인도된다. 그때 우리는 정말로 하나님의 아들들인 것을 확실히 느낀다. 하나님의 영에 의해 인도되는 많은 자들, 그들이 하나님의 아들들이다. 사도 성 바울은 이렇게 말한다.

그럼에도 불구하고, 모든 선하고 충성스러운 사람들이 하나님의 아들들인 것을 알아야 한다. 그들은 모두 하나님의 영으로부터 나고 하나님의 영이 그들 안에 살기 때문이다. 그리고 그는 그들을 각자의 능력에 따라 덕과 선한 일을 향하여 감동시키시고 각성시키시며, 그들은 그것으로 하나님을 매우 기쁘시게 한다. 그들의 밀착과 실천의 불균형 때문에 나는 몇몇 하나님의 충성스러운 종들을 부르고, 비밀의 친구들을 부르고, 숨겨진 아들들을 부른다. 그렇지만 그들은 모두 종들이요, 친구들이요, 아들들로서 모두 한 하나님을 섬기고 사랑하는 자들이다. 오직 하나님의 자유로운 영에 의해 살고 일하기 때문이다. 하나님은 그의 명령에 모순되는 것이 아니라면, 그의 친구들이 하는 일들을 묵인하고 허락하신다. 하나님의 권고에 의해 묶인 자들에게는 이 묶임 또한 명령이다. 따라서 그의 명령들을 지키지 않는 자를 제외하고는 누구도 하나님께 불순종하거나 모순되지 않는다. 그러나 우리는 하나님이 성경과 거룩한 교회와 양심에게 명령하시고 금하신 일들을 저지르고 또한 방치한다. 그러면 하나님께 불순종하게 되는 것이고 그의 은총을 잃게 된다. 만일 우리가 가벼운 죄들 안으로 떨어진다면, 이것은 하나님과 우리의 이성 둘 다에 의해 겪어지는데, 우리는 그들을 완전히 경계할 수 없기 때문이다. 그러므로 그러한 실패들이 우리를 불순종하게 만들지 않는 것은 그것들은 하나님의 은총도 우리의 내적 평화도 쫓아내지 못하기 때문이다. 그럼에도 불구하고, 우리는 항상 그러한 죄들에 대해 그것들이 설혹 아무리 작을지라도 슬퍼해야 하며, 모든 힘을 다해 그것들을 경계해야 한다.

네게 처음부터 말해왔던 것은 바로 이것이다. 모든 사람은 모든 것 안에서, 하나님과 거룩한 교회와 그 자신의 양심에 순종해야 할 필요가 있다는 것이다. 내 말에 의해 누구도 부당하게 공격받기를 바라지 않기 때문이다. 이 말로 마무리하겠다.

제9장
우리는 어떻게 하나님의 숨겨진 아들들이 되며, 하나님을 보는 삶에 이를 수 있는가.

나는 여전히 어떻게 우리가 하나님의 숨겨진 아들들이 되며 하나님을 보는 삶에 이를 수 있는지 알기 원한다. 이것에 관하여 나는 다음의 내용을 깨달았다. 전에 말했던 것처럼, 우리는 항상 모든 덕 안에서 살고 주의해야 하며, 모든 덕들을 넘어 이 생을 버리고 하나님 안에서 죽어야 한다. 왜냐하면 우리는 죄에 대해 죽고 덕의 삶 안으로 하나님에게서 태어나야 하며, 우리 자신을 부인하고 영원한 삶 안으로 하나님 안에서 죽어야 하기 때문이다. 이것에 관하여는 아래의 교훈들이 뒤따른다.

만일 우리가 하나님의 영에서 태어난다면, 우리는 은총의 아들들이다. 그래서 우리의 전체 삶은 덕들로 치장된다. 그로써 우리는 하나님께 모순되는 모든 것을 극복한다. 성 요한은 하나님에게서 난 것은 무엇이든지 세상을 이긴다고 말한다. 이 탄생 안에서 모든 선한 사람들은 하나님의 아들이다. 하나님의 영은 그들 각각을 특별히 그에게 준비된 그가 행할 수 있는 덕과 선행을 향해 불을 붙이고 각성시킨다. 그들은 모두 공동으로, 특별하게는 각자가 그의 사랑의 정도와 그의 실천의 고귀함에 따라 하나님을 기쁘게 한다. 하지만 그들은 어떤 덕을 이루었다고도 하나님을 소유했다고도 영생을 얻었다고도 느끼지 않는다. 여전히 죄로 돌아가 실패할 수 있기 때문이다. 이것이 내가 그들을 아들이 아닌, 종과 친구라고 부르는 까닭이다. 그러나 우리가 자신을 초월하고 하나님을 향해 올라가면서 아주 단순해질 때, 사랑은 사랑을 포용하고, 모든 덕의 실천보다 높이 있는, 우리가 영적으로 태어난 우리의 기원에서, 벌거벗은 사랑이 우리를 붙든다. 거기서 우리는 멈추고 우리의 자아가 하나님 안에서 죽는다. 이 죽음에서 우리는 하나님의 숨겨진 아들들이 되며, 우리 안에서 새로운 생명을 발견하게 된다. 그것이 영생이다. 이 아들들에 대해서 성 바울은 말한다. 너는 죽었으며 그리고 너의 생명은 그리스도와 함께 하나님 안에 숨겨져 있다.

이것에 대한 설명은 다음과 같다. 우리가 하나님께 다가갈 때, 우리는 자신과 모든 우리의 일을 하나님께 드리는 영속적인 제사로 가져가야 한다. 하나님의 현존에서 우리는 자신과 우리의 일을 버려야 한다. 사랑 안에서 죽은 우리는, 모든 피조물로서 하나님의 초본질적인 풍요 안으로 나아간다. 거기서 우리는 자신을 향해 영원히 죽으면서 하나님을 소유하게 될 것이다. 이것이 바로 하나님의 영이 거룩한 비밀의 책에서 주 안에서 죽은 사자(死者)들은 복이 있다고 말씀하신 이유이다. 적절하게도 그는 그들을 복된 사자라고 부르는데, 열매 맺는 하나님의 통일성 안에서 그들은 자신을 향해 영원히 죽고 상실되기 때문이다. 그리고 그들은 동일한 통일성의 안으로 끌어당기는 변형을 통하여 항상 새로운 사랑 안에서 죽는다. 하나님의 영은 말씀하신다. 그들은 안식하며 그들의 행위들은 그들을 따라온다. 은총의 평범한 상태에서 우리가 하나님으로부터 나서 경건한 덕의 삶 안으로 들어갈 때, 우리는 하나님께 드리는 제사로서 우리 앞에 놓인 일을 수행한다. 그러나 우리가 죽어 영원하고 복된 삶 안에 있는 하나님 안으로 돌아가는 길이 없는 상태에서는, 우리의 행위가 우리를 따라오는데, 그것들이 우리와 함께 하나의 삶이기 때문이다. 우리가 덕을 통해 하나님을 향해 갈 때, 하나님은 우리 안에 거주하신다. 그러나 우리가 우리 자신과 다른 모든 것들로부터 나올 때, 그때 우리는 하나님 안에 거주한다. 우리가 믿음, 소망, 사랑을 가지자마자 우리는 하나님을 받고 그는 우리 안에 은총으로 거주하시며, 우리를 그의 충성스러운 종들로서 그의 계명을 지키기 위해 밖으로 보내신다. 우리가 기꺼이 그의 권고를 따르자마자 그는 우리를 그의 비밀의 친구들로서 다시 안으로 부르신다. 그리고 우리가 세상에 반대되어 살자마자 곧 우리를 그의 아들로서 공공연하게 이름을 부르신다. 하지만, 우리가 하나님을 맛보고 우리 자신 안에서 영원한 생명을 느끼고자 한다면, 우리는 이성보다는 느낌을 가지고 하나님 안으로 나아가야 한다. 거기서 우리는 완전히 자신을 비우고 살아야 하며 형상들로부터 자유로워져서 사랑에 의해 우리 지성의 단순한 벌거벗음 안으로 고양되어야 한다. 우리가 사랑으로 모든 것들 너머 위로 향하고, 무지와 어둠 안에서 모든 관찰을 향해 죽을 때, 그때 우리는 아버지의 형상이신 영원한 말씀을 통해서 지어지고 변형된다. 우리 영의 한가로움 안에서, 우리는 마치 태양의 빛이 공기에 침투되듯이 우리를 휘감으며 우리에게 침투하는 이해할 수 없는 빛을 받는다. 이 빛은 헤아릴 수 없는 응시 이상의 어떤 것도 아니다. 그것이 우리를 본다. 그리고 우리가 보는 것, 그것이 우리이다. 우리의 생각과 생명과 존재는 단순성 안에서 고양되고 하나님이신 진리와 하나가 되었기 때문이다. 그러므로 이 단순한 응시에서 우리는 하나님과 한 생명이며 한 영이다. 나는 이것을 바로 명상적 삶이라고 부른다.[18] 우리가 사랑을 통해서 하나님께 밀착되자마자, 우리는 더 좋은 쪽을 실천한다. 그리고 우리가 우리의 초본질 안으로 응시할 때, 우리는 하나님을 완전히 소유한다.[19] 이 명상 안에 길이 없는 실천, 말하자면, 삶의 무화가 묶여 있다. 우리가 우리 자신 밖으로 나와서 어둠과 한 없이 깊은 길이 없는 곳 안으로 들어가는 곳에서 하나님의 영광의 단순한 광선이 영속적으로 빛나며, 거기서 우리는 바닥까지 내려지고, 그것은 우리를 우리 자신 밖으로부터 초본질과 사랑의 골몰 안으로 끌어당

---

18. 즉, *een scouwende leven. Werken*, III, 24, II, 31–32. Cf. Augustine, *De quant. animae*, cap. 33.
19. *Daer wij met minnen ane Gode cleven...maer daer wij aldus in overwesene staren, daer besitten wij Gode gheheel. Ibid.*, p. 24, II, 32–35.

긴다. 사랑 안으로 가라앉는 우리는, 길이 없는 사랑의 실천에 묶여 있다. 사랑은 게으를 수 없고,[20] 그녀의 존재의 근저 안에서 사는 깊이를 알 수 없는 풍요를 철저히 찾으며 철저히 맛본다. 이것은 달랠 수 없는 굶주림이다. 얻을 수 없는 것을 영속적으로 추구하는 것. 이것은 물결을 거슬러 헤엄치는 것이다. 사람은 그것을 떠날 수도 없고 그것을 붙잡을 수도 없으며, 그것 없이 살 수도 없고 그것을 얻을 수도 없으며, 그것에 대해 침묵할 수도 없고 그것에 대해 말할 수도 없다. 그것은 이성과 이해 위에 있고 모든 피조물들을 초월하기 때문이다. 우리는 그것에 도달하거나 그것을 따라잡을 수도 없다. 그러나 우리는 자신 안에서 산다. 거기서 우리는 부단히 활동하는 사랑으로 우리를 몰아가고 불붙이는 하나님의 영을 느낀다. 그리고 우리는 우리 자신 위에 산다. 우리는 하나님의 영이 우리를 우리 자신 밖으로 끌어당기는 것을 느낀다. 우리를 그의 자아, 즉 우리와 하나이자 우리가 다른 어떤 것들 보다 더 깊고 넓게 소유하고 있는 초본질적 사랑[21] 안에 있는 무를 향해 불붙이는 것을 느낀다.

    이 소유는 영원한 삶의 모든 선한 것들을 단순하고 한없이 깊게 맛보는 것이다. 그리고 이 맛봄 안에서, 결코 움직이지 않는 신성의 깊은 고요 안에서,[22] 우리는 이성 위로 또한 이성 없이 삼켜진다. 이것이 참되다는 것을 우리는 스스로의 느낌에 의해서만 알 수 있다. 이성도 실천도, 이것이 어떠한지 어디서 왔는지 무엇인지 알 수 없기 때문이다. 그러므로 뒤따르는 실천은, 항상 길 없이, 방법 없이 남는다. 우리가 맛보고 소유한 한없이 깊은 선을 우리는 붙잡을 수도 이해할 수도 없다. 우리는 혼자 힘으로 혹은 우리의 실천으로 그 안으로 들어갈 수도 없다. 따라서 우리는 자신 안에서 가난하며 하나님 안에서 풍요롭다. 자신 안에서 배고프고 목마르지만, 하나님 안에서 술에 취하고 배부르다. 자신 안에서는 바쁘나 하나님 안에서 한가하다. 그래서 우리는 영원토록 머무를 것이다. 그러나 사랑의 실천 없이 우리는 결코 하나님을 소유할 수 없다. 달리 생각하거나 느끼는 자는 누구든지 속임을 받는다. 그러기에 우리는 완전히 하나님 안에서 살며, 거기서 하나님을 향하여 사랑 안에서 스스로 실천한다. 비록 우리가 전적으로 하나님 안에서, 자신 안에서 살지만, 여전히 그것은 오직 하나

---

20. *Want minne en mach niet ledich sijn....* Werken, III, 25, l. 12.
21. *In die overweselijcke Minne....* Ibid., l, 25.
22. *Boven redene ende sonder redene in die diepe stilheit der Godheit....* Ibid., II, 30-31.

의 생명이다. 그것은 우리에게 이중적이며 반대되는, 즉 가난함과 풍요, 배고픔과 배부름, 바쁨과 한가함 등의 철저한 모순으로 느껴진다. 이것 때문에 이제로부터 영원히, 우리의 가장 높은 명예가 묶여 있다. 우리는 완전히 하나님이 될 수도 없고, 창조된 우리 존재도 잃을 수 없기 때문이다. 불가능한 일이다.[23] 우리는 전적으로 하나님과 끊어진 채 남아 있었고, 비참했고 복을 받지 못했다. 동시에 하나님 안에서 그리고 우리 자신 안에서 전적으로 살고 있다고 느낀다. 이 두 느낌 사이에서 우리는 하나님의 은총과 우리의 사랑의 실천 외에 다른 것을 발견하지 않는다. 우리의 가장 고상한 느낌으로부터 하나님의 밝음이 우리 안으로 비추며 우리에게 진리를 가르친다. 모든 덕을 향해, 하나님을 향한 영원한 사랑 안으로 우리를 움직이게 한다. 만일 우리가 쉬지 않고 근원 안으로 돌아가 이 밝음을 따르면, 우리는 거기서 우리의 영이 꺼지는 것을, 단순하고 깊이를 알 수 없는 사랑 안으로 회복할 수 없이 침잠하는 것만을 느끼게 될 것이다. 우리의 단순한 응시와 함께 거기서 계속해 살 수만 있다면 우리는 그것을 항상 그렇게 느낀다. 우리가 우리 자신 밖으로 나가면, 하나님 안에서 우리의 골몰과 변형은 영원 안에서 쉼 없이 계속되며, 그리고 하나님은 사랑의 침잠 안에서 우리의 것이 되기 때문이다. 사랑의 골몰 안에서 우리가 하나님을 소유한다면 – 즉, 우리가 우리 자신을 향하여 잃어진다면 – 하나님은 우리 것이며 우리는 그의 것이다. 그리고 우리는 하나님이신 우리 자신의 소유 안에서 스스로 영원히 그리고 회복할 수 없이 가라앉는다. 이 골몰은 본질적이며, 사랑의 상태와 밀접하게 결부되어 있다. 그것은 잠을 자든 깨어있든, 우리가 알든 모르든 그렇게 계속된다. 그래서 그것은 우리에게 보상의 어떤 새로운 정도를 얻게 하지 않으며, 그러나 우리를 하나님과 우리가 받은 모든 선한 것 안에서 유지시킨다. 이 침잠은 강과 같은데, 그것은 쉼이나 돌아감 없이 항상 바다 안으로 흐른다. 바다가 강의 고유한 안식처이기 때문이다. 마찬가지로, 우리가 하나님만을 소유할 때, 우리의 존재의 침잠은 그것이 속한 사랑과 함께 앞으로 흐르고, 돌아옴 없이 우리가 소유한 고유한 안식처, 깊이를 알 수 없는 경험 안으로 흘러간다. 우리가 항상 단순하게, 항상 동일한 기억을 가지고 명상할 수 있다면, 우리는 항상 동일한 경험을 가진다. 이 골몰은 모든 덕 위에 있으며 사랑의 모든 실천

---

23. *Niet God werden ende onse ghescapenheit verliesen, dat es ommoghelijc. Ibid.*, p. 26, ll. 19–20.

위에 있다. 그것은 우리 자신으로부터 나와서, 분명한 기대를 가지고, 우리 바깥에 있으며 마치 우리의 복됨을 향하듯이 우리가 기우는 것을 향해 다름 또는 차이 안으로 영원히 가는 것이기 때문이다. 우리는 우리가 자신인 것과 다른 무언가를 향해 영원한 동경을 느끼기 때문이다. 그리고 이것은 하나님과 우리 자신 사이에서 우리가 느낄 수 있는 가장 내적이고 은밀한 구분이며, 그것 너머에는 더 이상 어떤 차이도 없다. 그러나 여기 어둠 안에서, 한없이 깊은 무지 안에서 우리의 이성은 눈을 뜨고 산다. 이 어둠 안에서 한없이 깊은 광휘가 숨겨진 채 머무르는 것은, 그것의 압도적인 심오함이 우리의 이성을 눈멀게 하기 때문이다. 하지만 그것은 우리를 단순성 안에서 휘감고 우리를 변화시킨다. 그리고 하나님에 의해 우리는 우리의 자아 밖으로, 우리가 축복을 소유하고 하나님과 하나인 사랑의 골몰 안으로, 나아간다.

우리가 하나님과 하나가 될 때, 우리 안에 회복의 지식과 활동적인 사랑이 거주한다. 우리의 지식 없이 하나님을 소유할 수 없으며, 사랑의 실천 없이 하나님과 연합될 수도 그와 하나로 남을 수도 없기 때문이다. 우리가 지식 없이 복을 받을 수 있다고 말한다면, 지식 없는 일개의 돌도 복을 받을 수 있다는 말이 된다. 만일 내가 모든 세상 위에 군림하고도 그것을 알지 못한다면, 그것이 어떻게 나를 유익하게 하겠는가? 그러므로 우리는 우리가 맛보고 소유하고 있는 것을 항상 알고 느낄 것이다. 그리고 이것은 그리스도 자신에 의해 증명되는데, 주님은 우리에 대해 그의 아버지께 이렇게 말씀드린다. 이것은, 그가 말씀하신다, 그들이 당신, 오직 참 하나님과 당신이 보내신 예수 그리스도를 아는 영생이다. 그리고 이것에 의해 너는 우리의 영원한 삶이 분별과 함께 지식으로 이루어진다는 것을 이해하게 된다.

제10장
우리는 어떻게, 하나님과 하나과 되면서도, 하나님과 다른 자로 영원히 남아야만 하는가.

비록 내가 전에 우리는 하나님과 하나이며, 우리가 거룩한 책을 통해 그렇게 배웠다 해도, 여전히 우리는 영원히 하나님과 다르고, 그로부터 구분되어야 한다.[24] 이것이 성경이 우리에게 가르치는 바이다. 우리는 하나님과 하나이자 다르게 구분되어야

---

24. *Wij een ander von Gode eewelijc bliven moeten....* Ibid., p. 28, ll. 29-30.

하는 존재라는 것, 우리는 우리 안에서 그 둘 다를 이해하고 느껴야 한다.

그러므로 나는 말한다. 하나님의 얼굴로부터, 우리의 가장 고상한 감정으로부터, 우리에게 사랑과 모든 덕들의 진리를 가르쳐주는 밝음이 우리의 내적 존재의 얼굴 위로 비친다. 특히 우리는 이 밝음에서 하나님과 우리 자신의 네 가지 방식으로 느끼도록 가르침을 받는다.

첫째, 우리는 그의 은총 안에서 하나님을 느낀다. 마치 태양이 그의 광휘와 열에 의해서 전 세계를 밝히고 기쁘게 하고 열매를 맺게 하는 것처럼, 그렇게 하나님은 우리에게 그의 은총을 행하신다. 그는 그에게 순종하기를 바라는 모든 사람을 밝게 하고 기쁘게 하고 열매를 맺게 하신다. 하지만 우리가 우리 안에서 하나님을 느끼고 그 사랑의 불을 항상 타오르게 하려면, 우리 자신의 자유의지에 대해서 네 가지 방식으로 그 불을 붙이게 도와야 한다. 우리는 자신의 내향성을 통하여 그 불과 하나가 되어 거주해야 한다. 우리는 자신으로부터 모든 선한 사람들을 향하여 충성과 형제애를 가지고 나아가야 한다. 우리는 참회하며 모든 선한 행위들에 전념하고 부적절한 탐욕들에 저항하면서 낮아져야 한다. 그리고 우리는 이 불의 불꽃을 가지고 헌신과 감사와 찬양과 열렬한 기도를 통해서 우리 자신 위로 올라가야 하며, 곧은 의도와 지각 있는 사랑으로 하나님께 항상 밀착되어야 한다. 그렇게 해야만 하나님은 우리 안에 그의 은총으로 계속 거하신다. 이 네 가지 길 안에 우리가 이성으로 할 수 있는 모든 실천이 포착되고, 이 실천 없이는 아무도 하나님을 기쁘게 할 수 없다. 이 실천 안에서 가장 완전한 자만이 하나님께 가장 가까이 있는 자가 될 것이다. 따라서 모든 사람에게 이것은 필요하다. 그리고 명상적 사람들만이 그것을 뛰어 넘을 수 있다.[25] 첫 번째 방법으로 우리가 하나님께 속하기를 원한다면, 우리는 하나님을 우리 안에서, 그의 은총을 통해 느껴야 한다.

둘째, 우리가 하나님을 보는 삶을 소유할 때, 우리는 자신이 하나님 안에서 살고 있음을 느낀다. 그리고 우리가 자신 안에서 하나님을 느끼는 그 삶으로부터 우리의 내적 존재의 얼굴 위로 우리의 이성을 밝히며 우리 자신과 하나님 사이에 있는 매개물인 밝음이 앞으로 비친다. 밝아진 이성으로 우리 스스로 이 밝음 안에서 거주하면,

---

25. *Scouwende menschen. Ibid.*, p. 30, l. 1.

우리는 우리의 창조된 삶이 끊임없이 스스로 그것의 영원한 삶 안에 골몰하는 것을 느낀다. 그러나 우리가 단순한 시야를 가지고 우리 자신 밖으로 기꺼이 기울며 우리의 가장 높은 삶을 향해 이성보다 위에 있는 밝음을 따라갈 때, 거기서 우리는 하나님 안에서 우리 전 자아가 변화되는 것을 경험한다. 그것에 의해 우리는 자신이 하나님 안에 전적으로 휘감아져 있음을 느낀다.

이제 세 번째 방식의 느낌이 뒤따라온다. 자신이 하나님과 하나가 됨을 느끼는 것이다. 하나님 안에서의 변화를 통해서 우리는 자신이 우리의 영원한 축복의 그 깊이를 알 수 없는 심연 안에 삼켜짐을 느끼는데, 그 가운데에서 우리는 결코 더 이상 우리 자신과 하나님 사이에 있는 어떤 구분도 찾을 수 없다. 우리가 우리의 가장 높은 느낌 안으로 고양되고 끌어당겨지자마자, 우리의 모든 능력들은 본질적인 결실 안에서 게으르게 된다. 그러나 우리의 능력들이 무 안으로 사라지지 않는 것은, 그때 우리의 창조된 존재를 상실하기 때문이다. 그리고 우리가 기울어진 영과 뜬 눈을 가지고 성찰 없이 게으르게 되는 한, 우리는 명상하고 열매를 맺을 수 있다. 하지만 우리가 느끼고 있는 것이 무엇인지를 증명하고 이해하려고 애쓰는 바로 그 순간, 우리는 이성 안으로 다시 떨어지며, 거기서 우리는 우리 자신과 하나님 사이에 있는 구분과 다름을 발견하고, 하나님을 우리 자신 밖에서, 불가해성 안에서 발견한다.

그러므로 구분의 네 번째 방법은, 우리가 하나님과 우리 자신을 느끼는 것이다. 이것에 의해서 우리는 자신이 하나님의 현존 앞에 서 있는 것을 발견한다. 그리고 우리가 하나님의 얼굴로부터 받는 진리는 전적으로 우리의 것이며 그가 우리를 완전히 그의 것이 되도록 의지하는 것이다. 그리고 하나님이 완전히 우리 것 이라고 느끼는 그 순간에, 우리 안에 너무나 배고프고 깊고 공허한 붙잡음과 열렬한 갈망이 일어난다. 하나님이 그가 주실 수 있는 모든 것을 주셨더라도, 그가 자신을 주시지 않는다면 달래지지 않을 갈망이다. 우리는 그가 우리의 속박 받지 않은 갈망에 자신을 주시고 자신을 양보하셔서, 우리가 바랄 수 있는 모든 방식으로 그를 누릴 수 있게 하셨지만, 그리고 그를 보면서 이것을 알게 하셨지만, 여전히 우리는 부족하다. 우리가 맛보는 것은 바다 전체에서 한 방울의 물과 같다. 이것은 우리의 영을 분노로, 열과 끊임없이 활동하는 사랑으로 터지게 한다. 맛볼수록 우리의 갈망과 우리의 배고픔은 더욱 커지기 때문이다. 전자는 후자의 원인이기 때문이다. 우리는 헛되이 싸우는 것일 뿐이다. 삼킬 수 없는 거대함을 우리는 먹고 살고, 얻을 수 없는 무한함을 쫓아 사모하기 때문이다. 우리는 하나님 안으로 들어갈 수도 하나님이 우리 안으로 들어오실 수도 없다. 이것은 사랑의 길들여지지 않은 분노 안에서 우리가 우리 자신을 부인할 수 없기 때문이다. 그러므로 우리 자신과 하나님 사이에서 사랑을 실천하는 것은 하늘의 번개처럼 번쩍일 정도로 뜨겁다. 그리고 여전히 우리는 그 열정에서 소멸될 수 없다. 이 사랑의 폭풍에서 우리의 활동은 이성 보다 위에 있으며 길은 없다. 사랑은 그것에게 불가능한 것을 갈망하며 이성은 사랑이 바르다고 가르치지만, 그러나 이성은 사랑에게 조언할 수도 그녀를 단념시킬 수도 없기 때문이다. 우리가 내적으로 하나님이 우리의 것이 되심을 인지하는 한, 하나님의 선하심은 우리의 뜨거운 갈망을 어루만지신다. 거기로부터 사랑의 야성이 솟아난다. 하나님으로부터 쏟아지는 어루만짐은 야성을 동요시키고, 영원한 사랑을 사랑해야 한다는 우리의 행동을 촉구하기 때문이다. 그러나 안으로 끌어당기는 어루만짐은 우리를 우리 자신 밖으로 끌어당기고 통일성 안에서 용해되고 무화되도록 우리를 부른다. 그리고 이 어루만짐 안에서 우리는 하나님이 우리가 그의 것이 되도록 의지하심을 느낀다. 그러므로 우리는 자신을 부인하고 우리의 축복을 행하기 위해서 그를 떠나야 한다. 그러나 그가 우리를 쏟아 붓는 만짐에 의해서 어루만질 때, 그는 우리를 우리 자신을 향해 두고, 우리를 자유롭게 하며, 그의 현존 안에 우리를 두고, 영 안에서 기도하는 것과 자유 안에서 질문 하는 것을 가르치고, 우리에게 우리가 붙잡을 수 있을 정도의 다양한 방법으로 그의 이해할 수 없는 풍요를 보여주신다. 그러므로 그 안에서 우리는, 위로와 기쁨, 우리가 생각할 수 있는 모든 것을 끝없이 발견한다. 이렇게 풍요로운 우리의 느낌이 그가 우리의 것이 되고 우리 안에 영원히 거하심을 보여줄 때, 영혼의 모든 능력들, 특히 바람직한 능력이 우리 자신을 연다. 하나님의 은총의 강물들이 앞으로 흐르고 우리가 그것을 더 많이 맛볼수록, 우리는 맛보기를 더 많이 갈망한다. 맛보기를 갈망하고 갈망할수록, 우리는 그와의 접촉 안으로 더 깊이 쇄도한다. 하나님과의 접촉으로 더욱 더 깊이 쇄도할수록, 그의 달콤함의 홍수가 우리 안으로 우리 위로 더 많이 흘러넘친다. 우리가 그렇게 더 많이 흠뻑 적시고 **빠질**수록, 우리는 하나님의 달콤함, 이해할 수 없고 깊이를 알 수 없는 그것을 더욱 잘 느끼고 알게 된다. 예언자는 말한다. 주님이 달콤하신 것을 오, 맛보라 그리고 보라. 그러나 하나님의 달콤함은 측량할 수 없기 때문에, 그는 그가 얼마나 달콤한지 말하지 않는다. 그러므로 우리는 그것을 붙잡을 수도 삼킬 수도 없다. 이것은 또한 아가서의 신부의 말로 입증 된다. 나는 큰 환희와 함께 그의 그늘에 앉았으며, 그리고 그의 열매는 달콤했다.

제11장
성도들의 밝음과 우리가 이생에서 도달할 수 있는 최고의 밝음 사이에 있는 커다란 차이

성도들의 밝음과 우리가 이생에서 얻을 수 있는 최고의 밝음 또는 깨달음 사이에는 커다란 차이가 있다. 왜냐하면, 우리의 내적 황야를 비추는 것은 겨우 하나님의 그늘이며, 약속된 땅의 높은 산들 위에는 그늘이 없기 때문이다. 여전히 그것은 하나의 동일한 태양이고 광휘이며, 그것은 우리의 황야와 높은 산들을 동시에 비춘다. 성도들의 상태는 투명하고 빛나며, 그들은 매개물 없이 밝음을 받는다. 그러나 우리의 상태는 여전히 유한하고 거칠며, 그늘을 일으키는 장애물이 세워져 있다. 그 그늘은 우리의 이해를 매우 어둡게 만들어서, 우리는 성도들처럼 하나님의 일들에 대해 분명히 알 수 없다. 우리가 그늘 안에서 사는 한 우리는 태양을 본래대로 볼 수 없다. 우리는 거울을 통해서 희미하게 본다고 사도 바울은 말한다. 여전히 그늘은 햇빛에 의해 매우 밝게 되어 우리가 우리의 유한한 상태에 유익한 모든 덕들과 모든 진리들 사이에 있는 차이점을 인식할 수 있도록 한다. 그러나 만일 우리가 태양의 밝음과 하나가 되고자 한다면, 우리는 사랑을 따라서 우리 자신에서 나와 그 길 없음 안으로 들어가야 한다. 그때 태양은, 감긴 눈을 하고 있는 우리를 그 자신의 밝음 안으로 끌어당길 것이며, 거기서 우리는 하나님과의 통일성을 소유할 것이다. 우리가 우리 자신을 느끼고 이해하자마자 우리는 우리의 유한한 상태의 범위 안에 있는 명상적 삶 안에 거한다.

구약성서에 따르면, 유대인들의 상태는 차갑고 밤과 같았으며 그들은 어둠 안에서 걸었다. 이사야는 그들이 사망의 그늘의 땅에 살았다고 말한다. 죽음의 그늘은 원죄로부터 나왔다. 그러므로 그들은 모두 하나님 없이 살아야 했다. 그리스도인의 믿음 안에 있는 우리의 상태는 비록 아직 선선한 아침 시간과 같지만, 그래도 우리에게 그날은 밝았다. 우리는 빛 안에서 걷고 하나님의 그늘 안에 앉아 있게 될 것이다. 그리고 그의 은총이 우리 자신과 하나님 사이에서 매개물이 될 것이다. 그것을 통해 우리는 모든 것들을 이겨내고 모든 것들을 향해 죽으며 방해 없이 하나님의 통일성 안으로 통과해 들어갈 것이다. 그러나 성도들의 상태는 따뜻하고 밝다. 그들이 정오 안에서 살고 걸으며 활짝 뜬 밝게 된 눈을 가지고 태양의 밝음을 보는 것은 하나님의 영광이 그들 안으로 흐르고 그들 안에서 흘러넘치기 때문이다. 그리고 각자 그의 밝게 된 정도에 따라 거기에 모든 영들에 의해 함께 모인 모든 덕들의 열매들을 맛보고 안다. 그들이 통일성 안에서 삼위일체를, 삼위일체 안에서 통일성을 맛보고 알며 그곳에서 하나 된 자신들을 아는 것은 가장 고상하고 모든 것을 능가하는 음식이다. 그것은 그들을 취하게 하고 그들로 하여금 그것의 자아 안에 머무르게 한다. 이것이 바로 사랑의 책에서 신부가 원했던 그것이다. 그녀는 그리스도에 관해서 말한다. 나에게 말해다오, 오 너 내 영혼이 사랑하는 자여, 너는 어디에서 먹는지, 너의 양떼들을 어디에서 정오에 쉬게 하는지, 그것은 성 베르나르가 말한 것처럼 영광의 빛 안에서이다. 여기서 아침 시간과 그늘 안에서 우리에게 주어진 모든 음식들은 하나님의 영광의 정오 안에서 오는 음식을 미리 맛보는 것에 불과하다.

우리 주님의 신부는 하나님의 그늘에 앉음으로 영화롭게 되었다. 그의 열매는 그녀에게 달았다. 우리가 하나님이 우리를 안으로부터 만지시는 것을 느낄 때마다, 우리는 그의 열매와 그의 음식을 맛본다. 그의 만지심은 그의 음식이기 때문이다. 그의 만지심은, 내가 전에 말했던 것처럼, 안으로 당기고 밖으로 쏟는[26] 두가지 모두이다. 그가 안으로 당길 때, 우리는 전적으로 그의 것이 되어야 한다. 그것에 의해 우리는 죽는 것과 보는 것을 배운다. 그러나 그가 밖으로 쏟을 때, 그는 전적으로 우리의 것이 되기를 의지하신다. 그때 그는 우리에게 덕의 풍성함 안에서 사는 것을 가르치신다. 그의 안으로 당기는 만지심 안에서, 우리의 모든 능력은 우리를 버린다. 그때 우리는 그의 그늘 아래에 앉는다. 그의 열매가 우리 혀에 달콤한 것은, 하나님의 열매는 하나님이 우리 영 안에 내보내신 하나님의 아들이기 때문이다. 이 열매는 우리 입맛에 아주 무한히 달콤해서 우리가 그것을 삼킬 수도 그것을 소화할 수도 없다. 오히려 그것이 우리를 자신 안으로 흡수하고, 우리를 자신과 함께 소화한다. 이 열매가 우리를 안으로 당기고 만질 때마다, 우리는 다른 모든 것들을 포기하고 버리고 극복한다. 이 모든 극복 안에서, 우리는 영생을 주는 숨겨진 만나를 맛본다. 내가 말했던 바로

---

26. *Intreckende ochte uutvloevende.... Ibid.*, p. 35, l. 15.

그것을 우리는 받는다. 창세전부터 우리의 새로운 이름이 기록된 불꽃을 튀기는 돌. 그것 말이다.

이것은 그것을 받는 자만이 아는 새로운 이름이다. 자신이 하나님과 영원히 하나가 되었다고 느끼는 사람은 누구든지 그의 덕과 내향성과 연합의 분량에 따라 그의 이름을 소유할 것이다. 모든 사람이 그의 이름을 얻고 영원히 그것을 소유하도록, 하나님의 어린 양되신 우리 주님의 인성은 죽음에까지 자신을 넘겨주셨다. 그리고 우리를 위해 선택받은 자들의 모든 이름이 기록되어 있는 생명책을 여셨다. 그 이름들은 하나님의 아들이신 생명책과 하나이기 때문에 지워질 수 없다. 그분의 죽음이 우리를 위해 그 책의 인장을 깨뜨렸고, 그래서 모든 덕들이 하나님의 영원한 섭리에 따라 완성되었다. 각 사람은 자신을 극복하고 모든 것들을 향해 죽을 수 있을 정도로 그를 안으로 끌어당기는 아버지의 만지심을 느낀다. 그때 그는 아들이신 타고난 열매의 달콤함을 맛본다. 이 맛봄으로 성령은 그에게 그가 하나님의 상속자인 것을 가르치신다. 세 가지 내용으로 어느 누구도 모든 면에서 다른 사람과 같지 않다. 즉, 각 사람은 따로 이름 지어졌으며 그의 이름은 계속해서 새로운 은혜와 새로운 덕의 행위를 통해 새로워질 것이다. 모든 무릎이 예수의 이름 아래 꿇게 될 것은 그가 우리의 유익을 위해 싸우시고 정복하셨기 때문이다. 그리고 그는 우리의 어둠을 밝게 하셨고 가장 최고의 정도로 모든 덕들을 성취하셨다. 그래서 그의 이름은 다른 모든 이름들 위에 높이 고양되는데, 그는 모든 선택받은 자들 위에 있는 왕이요 왕자이기 때문이다. 그의 이름 안에서 우리는 불리고 선택되며 은혜와 덕으로 장식되고 하나님의 영광을 기대한다.

제12장
다볼산 위에서의 그리스도의 변화

베드로와 야고보와 요한이 예수님을 다볼산(Mount Thabor) 위로 따라갔듯이, 그리스도의 이름이 우리 안에서 높여지고 영광을 받기 위해서, 우리는 그를 우리의 벌거벗은 지성의 산까지 위로 따라가야 한다. 우리말로 다볼은 "빛의 증가"를 의미한다. 우리가 진리를 아는 데에서 베드로와 같고 세상을 이기는 데에서 야고보와 같으며 의로움 안에서 덕을 소유하는 은총의 충만함에서 요한과 같이 되자마자, 예수는 우리를 우리의 벌거벗은 지성의 산 위로 숨겨진 고독에까지 데리고 오르시며 자신을 신적인 밝음의 영광 안에서 우리에게 계시하신다. 그리고 그의 이름 안에서 하늘에 계신 그의 아버지는 우리에게 그의 영원한 지혜의 생명책을 펼치신다. 그리고 하나님의 지혜는 우리의 벌거벗은 환상과 우리 영의 단순성을 구분이 없는 모든 선한 것들의 길이 없고 단순한 열매 안에서 포옹하신다. 그리고 여기에 정말로 보는 것과 아는 것, 맛보는 것과 느끼는 것, 본질과 생명, 소유하는 것과 존재하는 것이 있다. 그리고 이들 모두는 하나님 안에 있는 우리의 초월 안에서 하나이다. 이 초월 앞에 우리는 모두 그 자신의 특별한 길 안에서 각자 놓여 있다. 우리의 하늘 아버지는 그의 지혜와 선함을 특히 그의 삶과 실천의 고귀성에 따라 각자에게 부여하신다. 그러므로 우리가 다볼산 위에 즉 우리의 벌거벗은 생각의 산 위에 예수와 함께 항상 남아있는다면, 우리는 계속해서 새로운 빛과 새로운 진리가 자라남을 경험한다. 우리는 항상 은총을 쏟아 부으시며 우리를 통일성 안으로 내적으로 끌어당기시며 우리를 만지시는 아버지의 음성을 듣기 때문이다. 아버지의 목소리는 우리 주 예수 그리스도를 따르는 모든 사람들에 의해 들려지는데, 그는 모두에게 말씀하셨기 때문이다. "이들이 나의 선택받은 아들들이요, 그들 안에서 나는 매우 기뻐한다." 이 선한 기쁨을 통해서 각 사람은 하나님이 그에 대하여 기뻐하시는 정도와 방법에 따라 은혜를 받는다. 거기로부터 우리가 하나님을 기뻐하고 하나님이 우리를 기뻐하시는 것 사이에서의 진정한 사랑의 실천이 일어난다. 그래서 각 사람은 그의 이름과 그의 임무와 그의 실천의 열매를 맛본다. 여기에 세상 안에서 사는 사람들로부터 숨겨진 모든 선한 사람들이 산다. 이들은 하나님 앞에서 죽어 있으며 아무 이름도 갖지 못하고 그러므로 그들은 실제로 사는 사람들에게 속한 것을 느낄 수도 맛볼 수도 없기 때문이다.

 하나님의 밖으로 쏟는 만지심은 우리를 영 안에 있는 생명으로 되살아나게 하며, 우리를 은총으로 채우고, 우리의 이성을 밝게 하고, 우리에게 진리를 알고 덕을 분별하는 것을 가르치고, 우리를 하나님의 현존 안에서 안정적으로 유지하는데, 우리가 모든 맛봄과 모든 느낌과 하나님의 선물들의 모든 쏟아 부음을 우리 영들이 우리를 실패시키는 것 없이 견딜 수 있게 하는 그러한 거대한 힘을 가지고 그렇게 하신다. 그러나 안으로 당기는 하나님의 만지심은 우리로 하여금 하나님과 하나가 되어, 우리 자신으로부터 나아가 축복, 즉 아버지와 아들을 한 열매 안에서 껴안는 영원한 사랑 안으로 죽을 것을 요구한다. 그러므로 우리가 예수와 함께 우리의 벌거벗은 생각의 산 위로 올라갈 때, 우리가 그를 유일하고 단순한 응시로, 내적 즐거움으로, 열매 맺는 기울임으로 따라간다면, 우리는 하나님의 통일성 안으로 우리를 태우시고 녹이시는 성령의 맹렬한 열을 느낀다. 우리가 아들과 하나 되고, 우리의 처음을 향하여 사랑스럽게 돌아설 때, 우리는 우리를 만지시고 안으로 우리를 당기시는 아버지의 음성을 듣기 때문이다. 그는 그의 모든 선택받은 자들에게 영원한 말씀 안에서 말하신다. 이것은 나의 사랑하는 아들이요 그를 내가 매우 기뻐하노라. 너는 아들과 더불어 아버지가, 아버지와 더불어 아들이 이것에 관해 영원한 만족을 품었다는 것을 안다. 아들은 자신 위에 우리의 인성을 취하여 죽고, 그들의 시작을 향해 모든 선택한 자들을 되돌렸다.

우리가 아들을 통하여 우리의 기원 안으로 고양되자마자, 우리는 우리를 안으로 끌어당기시고 우리를 영원한 진리로 깨우치시는 아버지의 음성을 듣는다. 진리는 우리에게 하나님의 광활하게 열린 선한 즐거움을 보여주는데, 그 안에서 모든 선한 즐거움이 시작되고 끝난다. 거기서 우리의 모든 능력들은 우리를 좌절시키고 우리는 우리 자신으로부터 우리의 넓게-열린 명상 안으로 떨어지며, 삼중의 통일성을 사랑으로 포옹하면서 모든 하나와 하나인 모두가 된다. 우리가 이 연합을 느낄 때마다 우리는 하나님과 한 존재이며, 생명이고, 축복이다. 거기서 모든 것은 성취되고 모든 것은 새로워진다. 우리가 하나님 사랑의 넓은 포옹 안으로 세례 받을 때, 각자의 기쁨은 아주 크고 특별해서, 다른 누구의 기쁨에 대해서 생각할 수도 돌볼 수도 없다. 각 사람은 스스로 사랑의 열매이며, 자신의 것 너머에 있는 어떤 것도 추구할 수 없고 감히 추구하지도 않기 때문이다.

제13장
우리는 어떻게 하나님의 열매를 가져야 하는가.

사람이 하나님의 열매를 가지고자 한다면, 세 가지가 필요하다. 참된 평화, 내적 침묵, 그리고 사랑의 충실이다.

자신과 하나님 사이에서 참된 평화를 찾고자 하는 사람은 누구든지 자유로운 마음을 가지고 하나님을 사랑하며, 하나님의 영광을 위해 그가 부적절하게 사랑하는 또는 그가 소유하는 또는 소유할 수 있는 하나님의 영광에 모순되는 모든 것을 부인해야 한다. 이것이 모든 사람에게 필요한 첫 번째 일이다.

두 번째 일은 내적 침묵이다. 사람은 그가 늘 보거나 들은 모든 것들의 형상들로부터 공허해지고 자유로워져야 한다.

세 번째의 일은 하나님을 사랑하며 그에게 충실하는 것이다. 이 충실함은 그 자체로 열매이다. 자신의 유익이 아닌, 순수한 사랑으로 하나님께 밀착하는 누구든지 하나님을 진리 안에서 향유하며 그가 하나님을 사랑하고 하나님이 그를 사랑하신다는 것을 느낀다.

여기에 또 다른 세 가지가 있는데, 훨씬 더 고상하며, 사람을 세우고, 그것을 그렇게 만드는 것이 그의 선한 의지라면, 그가 하나님을 계속해서 향유하고 느낄 수 있게 한다.

첫 번째는 사람이 향유하는 그 안에서 안식하는 것이다. 즉, 사랑하는 자에 의해서 사랑이 압도되고 사랑하는 자에 의해서 사랑이 소유되는 곳 안에서, 벌거벗은 본질적 사랑 안에서 안식하는 것이다. 거기서 사랑은 사랑하는 자와 사랑에 빠지며, 소유 안에서 그리고 안식 안에서 각자는 다른 것에 대해 전부이다.

이제 두 번째가 뒤따른다. 이를테면, 하나님 안에서 잠드는 것이다. 즉 영이 스스로를 흡수하여, 어떻게 그렇게 되었는지, 어디서 그러한지 혹은 그것인 것 안에 있는지 구분하지 못할 때이다.

거기로부터 말로 표현될 수 있는 즉, 영이 그 안으로 그것이 이성을 가지고 들어갈 수 없는 어둠을 볼 때인 마지막의 것이 따라온다. 그리고 거기서 그것은 자신이 자신을 향하여 죽고 상실된 것을 느끼며 하나님과 차이 없이 그리고 구분 없이 하나임을 느낀다. 그리고 그것이 자신이 하나님과 하나임을 느낄 때, 그때 하나님 자신이 그것의 평화와 그것의 향유와 안식이다. 이것은 사랑과 열망이 그것을 요구할 때마다 사람이 축복 안에서 자신을 향해 죽으며 덕 안에서 다시 사는 깊이를 알 수 없는 심연이다. 보라! 네가 이 여섯 가지를 네 안에서 느낀다면 그때 너는 내가 가진 또는 가질 수 있는 앞서 말했던 모든 것을 느낀다. 그리고 너의 삶이 본성에 따르는 만큼 내향성은[27] 너에게 쉽고 명상과 열매는 너에게 준비된다. 이 풍요함으로부터 처음에 내가 네게 말한다고 약속했던 공동의 삶이 온다.

제14장
명상과 하나님의 열매로부터 오는 공동의 삶

하나님에 의해서 고도로부터 세상 안으로 보내진 사람은, 진리로 가득 차고 모든 덕들에서 풍요롭다. 그는 자신의 것이 아니라 그를 보내신 그의 영광을 추구한다. 그는 모든 것에서 정의롭고 진실하며, 하나님의 풍요 안에 정해진 부유하고 관대한 기반을 소유한다. 그러기에 그는 항상 그를 필요로 하는 사람에게 자신을 주어야 한다. 그의 재산인 성령의 살아있는 샘은 결코 고갈될 수 없기 때문이다. 그는 하나님의 살아 있는 기꺼운 도구가 되며, 그와 함께 하나님은 그가 의지하시는 모든 것을 그의 의지와 방식대로 행하신다. 이 행위들을 그는 자신의 것으로 여기지 않으며, 모든 영광을 하나님께 돌린다. 그는 준비되어 하나님이 명령하시는 모든 것을 덕 안에서 기꺼이 행하며, 하나님이 그에게 일어나도록 허락하신 모든 것을 겪고 견디는 데에서 강하고 담대하다. 그는 이것을 통해 우주적 삶을 소유하는데, 명상과 행동에 대해 동일하게 준비된 자이기 때문이고 그 둘 모두에서 완전하기 때문이다.[28] 하나님을 보는 사람 말고는 아무도 이 우주적 삶을 가질 수 없다. 자신 안에 내가 지금까지 묘사한 것과 같은 여섯 가지의 단계를 가진 사람 외에는 아무도 하나님을 명상하고 향유할 수 없다. 그러기에, 자신이 명상적이라고 착각하는 모든 사람은 속임을 당하며, 여전히 피조물을 부적절하게 사랑하고 실천하며 소유한다. 형상들로부터 완전히 비워지기도 전에 하나님을 향유한다고 생각하거나, 향유하기도 전에 안식하고 있다고 생각하는 자들도 마찬가지이다. 그러한 사람들은 속임을 당한다. 우리는 우리 자신을, 열린 마음과 평화로운 양심과 벌거벗은 명상으로, 위선 없이 진지하게, 하나님을 향해 진리 안

---

27. *Ende in uwen inkeere.... Ibid.*, p. 40, ll. 31–32.
28. *Ende hier-omime heeft hi een ghemeyn leven; want hem es scouwen ende werken even ghereet, ende in beyden es hi volcomen. Ibid.*, p. 41, ll. 17–19. "공동적 삶"과 활동적인 것들과 명상적인 것들을 둘 다 섬기는 자로서의 "공동의" 즉 "고귀한" 사람의 양면 가치에 관한 더 이상의 고찰은 Bizet, ed., *Le royaume des amants*, pt. 5, sec. 5, pp. 176–78; *Dat Rijake der Ghelieven*, V, 5, *Werken*, I, pp. 99–100을 보라. 생 빅토르수도회의 리샤르의 격렬한 사랑의 네 번째 단계와의 관계에 대하여는 D'Asbeck, *La mystigue*를 보라.

에서 합당하게 행해야 한다. 그럴 때 우리는 덕으로부터 덕 위로 위로 오를 것이며, 하나님을 볼 것이며, 그를 향유할 것이며, 내가 네게 보여준 방식으로 그 안에서 그와 함께 하나가 될 것이다. 이것이 우리 모두 안에서 행해지도록 하나님 우리를 도우소서. 아멘.

XI. 독일 신학

(14세기 후반)

PART XI
GERMAH THEOLOGY

PART XI
GERMAH
THEOLOGY

서론

생애와 참고 자료

이 작품은 아마도 14세기 후반에 쓰였을 것이다. 1361년에 사망한 타울러(Tauler)가 작가에 의해 높이 인정받고 있다. 익명의 작품은 후대의 편집자에 의해서 「프랑크푸르트 사람」(The Frankfurter)으로서 언급되고 있다. 이 책은 어떤 주어진 문제에 대해 협동해서 쓴 책은 아닐 것이다. 그것은 초기의 영적 "페이지들"나 "담화들"의 묶음을 후대에 모은 것일 것이다. "튜턴 기사, 사제, 그리고 프랑크푸르트에 있는 튜턴 기사들의 집의 관리인"에 의한 것이든지 아니든지, 이 책은 호소력을 지니고 있다.

    Wentzlaff-Eggbert, *Deutsch Mystik*, pp. 160 ff., 324-325에는 문헌들과 초기의 편집들과 함께 소개하는 자료들이 있다. 루터의 1518년의 편집과 1497년의 원고에 기원을 두고 있는 것은 H. Mandel, Leipzig, 1908, 그리고 *Der Franckforter* (*Eyn deutsch Theologia*), ed. by Willo Uhl, Bonn, 1912의 본문들이다. 그 마지막 책은 현대의 편집인 Jos. Bernhart, *Der Frankfurter, Eine deutsche Tehologie*, Hermann Rinn, 1922 and 1947의 기초가 되었다. 1497년의 Bronnbacher MS., following the edition of Dr. Franz Pfeiffer (Stuttgart, 1851, and Gütersloh, 1923)를 가치 있게 현대적으로 실용화한 것은 *Das Buch vom vollkommenen Leben: die Theologia Deutsch, Thalwil-Zürich*, 1947, by K. F. Riedler이다. 이것은 한 현대어 본문, pp. 7-152 뿐만 아니라 *Urtext*, pp. 183-316과 유용한 설명들을 포함한다. 특히, 루터가 1518년에 편집한 *Eyn deutsch Theologia*를 *Vorrede*와 함께 보라. Bernhart의 본문과 일치하는 Susanna Winkworth의 번역이 Willard R. Trask의 서론과 설명과 함께 *Theologia Germanica*로 Pantheon, New York, 1949에 출판되었다.

개관

처음에 있는 장들은 영적 완성이라는 목표와 그것에 이르는 길을 다룬다. 명상적 소명이라는 주장을 굳힌 후에, 세 가지 길이 진술된다. 정화(Reinigung), 조명(Erleuchtung), 연합(Vereinigung)이 그것이다.(제14장)[1]

뒤에 나오는 장들은 연합에 이르는 길과 *Vergottung*, 즉 "신화," 또는 "신격화"의 특징을 언명한다. 그러나 이것은 이생에 있는 동안 영혼이 초기에(제8장) 묘사된 신비적 연합(unio mystica) 안으로 덧없이 상승하는 것이 아니다. 여기서 이상의 그리스도에 의해 정해진 현재에서의 그와 같은 존재 안으로 사람의 삶이 전환된다. 이러한 그리스도와의 일치(Christiformity)는 확실히 근사하게만 실현될 수 있을 뿐이다. 그리스도와 그를 따르는 자는, 그럼에도 불구하고, 이 책에서 가장 중대한 문제이다.(cf. 제7-14장)

정화와 조명과 연합의 신비적 단계들 위로 그리스도를 따르는 것에 관한 가르침(Nachfolge Christi)가 더욱 사색적이고 고요한 전조로 어렴풋이 나타난다. 이것은, 비록 그것이 이면에서는 때때로 이것을 떠날지라도, 사람이 세상적인 삶에 더 활발하게 매일

---

1. Benhart edition, pp. 157-58. *Urtext*, cap. XIV (Lat. XIII), p. 211을 보라. Cf. Dionysius, *Hiér. Cél.*, ch. III, 그리고 이 선집의 서론에 있는 아레오파기테스를 참고하라. 디오니시오스와 신플라톤주의자들이 *Die Theologia Deutsch*, chs. 8, 14와 가지는 관계에 대해서는 *Mystical Theology*, chs. I, V, 그리고 pp. 160-62, 166에 있는 리들러(Riedler)의 설명을 참조하라.

참여하는 것을 결코 떨쳐버리지 말라는 안내이다. 거기에는 상황에 따른 활동과 정숙의 어떤 균형이 있으며 이것은 의심할 나위 없이 루터에게 호소하였다.(제26장) 그것은 일을 헛되이 강조하지 않는 진정한 의로움에의 요청이다. 작가가 규칙과 질서를 경멸하지 않음은 분명하다. 완전한 사람들은, 그러나, 법보다 더 높이 산다. 그들은 일할 것이고, 어떤 다른 목적이 아니라 오직 선을 바랄 것이다. 저자는 우리에게 "축복은 어떤 피조물이나 피조물의 활동 안에 놓인 것이 아니라 오직 하나님과 그의 일하심 안에 놓여 있다"는 것을 상기 시킨다. (제9장)

「독일 신학」(German Theology)의 중심점은 의지와 자유의 문제이다. 여기에는 이중적 개념이 포함되어 있다. 우선 자기의지(Eigenwille)의 개념인데, 그것은 독립적인 노력 안에서 하나님과 반대편에 서는 것이다. 그러나 인간의 의지(Willenskraft)의 가장 깊은 능력 안에서 하나님 자신이 일하시며 의지 하신다.(제51장) 하나님 안에 있는 의지의 자유라는 후자의 개념은 하나님과 그 안에 보존된 자아 안에서 심화된다. "내"가 소유한 의지에 의해 하나님의 일하심을 방해하는 것에 대한 기본적인 경고가 주어진다. 하나님으로 하여금 그 안에서 모든 일들을 하고 수행하도록 하지 않으려는 영혼은, 그 자신의 존재에 의해 전적으로 소유되어, 하나님을 방해하는 것이다. 그는 그 영혼 안에서 "홀로 그리고 방해 없이 일을 수행 하실" 수 없다.(제3, 4, 51장)

하나님은 사람에게 완전한 결정의 자유를 주신다. 그는 아무도 강요하지 않으신다. 그는 사람으로 하여금, 그것이 선하든 악하든, 그가 원하는 것을 하게 하신다. 그는 선과 악 사이에서, 그 자신의 자기의지와 하나님의 의지 사이에서 결정해야 한다. 하나님은 영혼에게 말씀하시며 거룩한 의지로부터 통과된 모든 것이 합법적이라는 것을 상기시키신다. 그러나 인간이 소유한 의지로부터 솟아나는 모든 것은 영원한 의지를 거스른다.(제50장) 만일 자기-의지가 그토록 하나님과 영원한 의지에 반대된다면, 왜 하나님은 그것을 창조하셨는가? (제4, 15, 16장 등) 이 질문에 대답하면서, 작가는 참으로 겸손하고 계몽된 사람에게 하나님의 비밀들을 강제할 어떤 소망도 부인한다.(제51장) 그리고 그는 두 번째 종류의 의지, 즉 자기의지가 아니라 경건한 능력(göttliche Kraft)으로서의 의지의 원래 형태(die Urform, die "Idee")를 분석하는 데에로 나아간다. 이성(또는 인식)과 의지는 사람을 피조물보다 위에 둔다. 이것들은 하나님의 직접적인 선물들 가운데에 있다. 경건한 의지의 창조(Willenschaffung), 하나님에 의해 피조물 안에 의지가 창조된 것은 하나님 자신의 의지가 그의 완전한 일을 하시도록 하기 위한 것이다. 사람의 의무는 그 자신의 자기의지를 부정한 채, 경건한 능력이 그 안에서 점점 더 자유롭게 되도록 하는 것이다. 사람은 그때 자신을 하나님께 순응시키고 그로 하여금 인간의 영혼 안에서 매개되지 않은 채 일하실 수 있게 한다.

사람 안에 있는 영원한 의지와 그 안에서의 인간의 역할, 그리고 주로 하나님 안에 있는 그 고유한 기원과 활동에 대한 고찰이 아름답게 다루어진다.(제51장) 하나님께로부터 솟아나고 그에게로 돌아가는 의지는 모든 지상의 자유들 중에서 가장 진정으로 자유롭다. 그것은 영혼의 고귀성(Adel)이다. 분명히 진정으로 자유로운 것은 어느 누구에게도 그 자신의 것으로 사칭될 수 없다. 그것을 그 자신의 것으로 만들기 위해 애쓰는 사람은 슬프게도 죄를 범하는 것이다. 그러나 모든 자유로운 것들 가운데 아무 것도 그 의지만큼 자유롭지 않다. 스스로 그것을 소유하려고 노력하는 사람, 그 자신의 자유로운 고귀성과 본성으로부터 그것을 잡아떼는 사람은 악을 저지르는 것이다. 이것이 정확하게 악마와 아담과 모든 그들의 추종자들이 한 일이다. "그러나 고귀한 자유 안에 그 의지를 두는 사람은 의를 행하는 것이며, 그리고 이것이 그리스도와 그의 모든 추종자들이 하는 일이다."(제51장)[2] 의지에게서 이 고귀한 자유를 빼앗고 그것을 이기적으로 도용하는 것에 대한 벌은 진실로 무시무시하다. 이 일을 행하는 자는 걱정, 불만, 투쟁으로 괴롭게 된다. 그러나 의지를 자유로운 상태에 두는 사람은 만족, 평화, 안식, 현세와 영원의 축복을 알고 있다.

「독일 신학」(Theologia Deutsch)은 현재의 삶 동안에 있는 사람을 하늘과 지옥 사이의 세계 안에 위치시킨다. 그는 이들 중 그가 원하는 어느 쪽으로도 돌아설 수 있다. 그 자신의 소유의지를 더 많이 불러일으킬수록 그는 더 많은 지옥과 해로움을 가질 것이다. 자기의지를 덜 실증할수록 그는 지옥으로부터 더 멀어지고 그가 있게 될 천국에 더 가까워질 것이다(제51장).

그러나 사람의 진정한 신화(Vergottung)는 그리스도를 닮는 삶이다. 이것은 슬픔과 자기 부인이라는 짐을 가지며, 수동성을 겪으면서(in leidender Weise) 살고, 행동에서는 적

---

2. *Theologia Germanica* (Bernhart–Trask), p. 213.

극적인 길(in tuender, diender Weise)을 걷게 된다(제26장).³ 일련의 장들 전체는⁴ 그리스도의 삶과 신화의 과정 안에 있는 자가 그것을 모방하는 것을 강조한다. 주님의 삶은 모든 면에서 본성과 자아와 "나 됨"에 가장 쓰디썼다(제20장). 거기서 자아와 나 됨으로부터 벗어나는 길이 줄곧 강조된다. 그것은 그리스도의 일에 따르는 훌륭한 일을 강조한다. 그가 일한 것처럼 이것은 그에 의해 일하기 위해서 준비된다. 물론, 사람은 이 준비를 향하여 자신이 무언가를 해야 한다. 수동적일뿐 아니라 능동적인 자질들이 요청된다.(제22-23장)

그리스도와 함께 그것을 초월해서 가는 것만 아니라 순종, 가난, 법 아래서의 삶이 필수적이다.(제26장) 꾸준한 절제는 그리스도가 그를 하나님과의 거룩한 연합을 향해 이끄는 것을 통해 사람을 신화시키는 것이다.(제52-54장) 바깥의 일들을 경멸하고 그들을 향해 제한되는 것에 대한 이중적 경고가 도처에 있다. 작가는 사람이 그 균형을 유지하는 방식에 반복해서 주의를 돌린다. 사람이 규칙과 질서와 법을 초월해 살면서 "거짓된 자유로운 영혼들"의 부끄러운 반도덕주의를 범하지 않는 길 말이다.⁵

저자는 항상 수동적 고난과 능동적 활동 사이의 균형을 유지하려고 노력한다.(제23-29장) 그는 실제적으로 그리스도께서 그의 죽으심 전에 결코 고통을 초월하시지 않았다고 진술한다.(제29장) 그의 추종자들 또한 죽음에 이르도록 고통을 겪을 것을 기대한다. 그렇게 또한 그들은 모든 법과 일과 선한 행위들 너머에 놓여있는 삶에 완전하게 이르기를 기대하지 않는다. 사람은 이것들을 통해서 그들 너머에 놓여 있는 어떤 것에 이를 수 있다는 것은 일리가 있다. 그러나 그리스도는 이것들을 경멸하지 않았고 그의 추종자들도 그렇게 하지 않는다.⁶

「프랑크푸르트 사람」(Frankfurter)은, 에크하르트와 라인의 학파처럼 피조물의 감정과 헛된 일들을 넘어 일어설 필요가 있다는 것을 알고 있다. 그것은 또한 하나님의 의지에 밀착하는 것과 삶의 활동적 의무에 적극적으로 동참하는 것을 결합시켜야 할 필요성도 알고 있다. "이미지"를 그렇게 빨리 버리는 것에 대한 온건한 경고가 있다.(제13

---

3. Uhl의 본문은 이러하다: "yn leydender weyss und ettwan yn thónder weyss und auch yn diender weyss" (p. 29).
4. Caps. 51-54, 또한 18-20, 26 등.
5. Cf. caps. 26, 30, 39 그리고 43.
6. 특히 caps. 25 그리고 30.

장) 그리스도의 삶은 가장 비통하고 가장 달콤하며, 가장 귀중하고 가장 좋은 것으로 여겨진다.(제18, 20장) 「프랑크푸르트 사람」(Frankfurter)은 우리에게 반드시 있어야 하는 어떤 외적인 일들을 행하는 것을 상기시킨다.(제21장) 그것은 하나님의 손아래에서 조용히 그리고 "수동적으로 그리고 때때로 능동적으로" 모든 것에 순종하는 방법을 말한다.(제23장)[7] 저자는 어떻게 사람이 자신에 대해서 본래 아무것도 아닌 존재로 여겨야 하는지를 또한 말하고 있다.(제26장) 이것으로부터 사람은 자신이 하나님이 그와 다른 모든 피조물들을 위해 행하셨고 또 행하실 모든 것에 전적으로 합당하지 않음을 발견하기에 이른다. 그는 자신이 "수동적으로 그리고 가끔 또한 능동적으로, 하나님과 하나님의 도움 안에 있는 모든 피조물들에게 빚지고 있음을 발견하고, 자신을 그들을 섬겨야 할 자로서" 여긴다.(제26장)[8] 더 나아가 그는 어떻게 그리스도가 실증한 가난과 겸손의 삶이 진정한 겸손과 덕의 일들을 배제하지 않는지를 상기시킨다. 그리스도는 십계명을 경멸하거나 무가치한 것으로 놓지 않으셨다. 여전히 그들을 지키는 것은 충분하지 않다. 우리는 보다 높고 선한 것, 서기관들과 바리새인들이 초월하는 의를 향해 돌진해야 한다.

제27장은 모름지기 사람은 살아있는 한 항상 일을 해야 하는 법인데, 아무 것도 할 것이 없다고 생각하는 사람들을 훈계한다. 그러나 우리는 하나님과의 연합이 어떤 인간의 능력 안에, 그의 일 또는 그의 절제 안에, 배움 또는 지식 안에 놓여있다고 생각해서는 안 된다. 또한 피조물과의 결합 안에도 연합은 존재하지 않는다.(제27장; Lat. 25)

피조물 안에 있는 질서, 규칙, 분량의 문제는 계속해서 제기되는 주제이다. 사람은 네 가지로 다르게 분류되는데 이것에 각각 다르게 반응한다. 그들 중에는 "자유로운 영혼들"이 있다. 저자는 "거짓된 빛"과 그 표시를 포함하여 광범위한 분야를 두루 다룬다.(제39-40장) 일찍이 시작된 사랑이라는 주제를 전개하면서, 그는 어떻게 사랑이 참으로 신화된 사람 안에서 그 결실에 이르는지를 나타내며, 어떻게 그것이 그리스도 안에 있어서 조화를 이루며 그의 동료들 안에서도 조화를 이루는지를 보여준다.(제43,

---

7. *Theologia Germanica*, pp. 152-53.

8. Ibid., p. 157. *Eine deutsche Theologie*, p. 183: *auf leidende und bisweilen auf tätige und auch auf dienende Weise*. Cf. Riedler, *Urtext*, p. 236: *in lîdender wîse und etwan in tûnder wîse und ouch in diender wîse*.

41장) 사랑 안에서 사는 이 질서와 법의 준수는 그리스도를 향하고 있으며, 그가 이 세상에서 사는 동안 인간의 관심의 일부를 주장하기를 결코 중단하지 않는다.(제27장) 참으로, 아무 일도, 말도, 어떤 창조된 것 혹은 준수도 우리를 구원할 수 없다는 것을 사람은 기억해야만 한다. 그래도 여전히 삶은 계속되어야 하며, 우리는 행하는 것과 절제하는 것 둘 다를 해야 한다. "특별히, 우리는 자고 깨며, 걷고 멈춰 서며, 말하고 침묵하며, 먹고 마시며, 그와 같은 일을 훨씬 더 해야 한다. 우리가 살아있는 한 그렇게 되어야 한다."(제27장)[9]

전체적으로, 작가는 타울러와 같이, "거짓된 빛들," "자유로운 영혼들," 그리고 다른 이들을 공격한다. 그는 자신들이 성경과 가르침과 성례와 그리고 나머지 모든 카톨릭의 삶과 전승 위에 있다고 생각하는 이러한 도덕률 폐기론자들을 공격한다.(제25장) 이 "영적 교만의 지위"는 "거룩한 그리스도교회의 현명한 질서와 법과 교훈과 … [그리고] 성례"를 무시하며 "그렇다, 그들을 비웃는다…"[10] 「프랑크푸르트 사람」(Frankfurter)은 또한 자신들을 "모든 일과 말보다 그리고 규칙과 법과 질서보다 위에 있다고" 여기는 사람들을 공격한다.(제40장)[11] 물론, 우리가 모든 규칙과 질서를 넘어야 하고 넘어설 수 있을 때가 있다. 그러나 이 점에서는 오해라는 실질적 위험이 있다. 그리스도는 그가 그들 모두를 완전하게 하신다는 점에서 그리스도인의 생활 "위에 서시고" 모든 덕과 규칙과 질서 위에 서 계셨다. 작가는 바울과 함께 성령과 하나님의 아들들에게서 쫓겨난 자들이 그들을 기다리게 하고 그들이 무엇을 할지를 말해주는 법 아래에 있지 않다고 인정한다. 그리스도는 벌써 이렇게 하셨다. 그렇기 때문에 각자가 그의 매일의 삶에서 그리스도의 추종자가 되어야 한다.(제19, 26, 30장)

더구나, 앞에서 말한 사랑의 역할은 동료 의식이라는 외적 활동을 크게 함축하고 있다. 선을 사랑하고 하나님을 사랑하는 것은 모든 것들을 향한 사랑과 또한 이웃을 사랑할 필요성을 시위한다. 만일 사람이 그의 이웃을 사랑하기만 한다면 모든 사람은 하나가 될 것이다. 그러나 작가는 이생에서의 인간의 사랑과 협동이 가지는 실제적 한계를 알고 있다. "거짓된 빛들"은 오직 하나님께만 속해있다는 교만한 자기사

---

9. *Theologia Germanica*, p. 163.
10. *Ibid.*, p. 156.
11. *Ibid.*, p. 186.

랑을 사칭한다. 이것이 하나님과 그의 유일한 지위를 거슬러 일어나는 루시퍼와 적그리스도의 역할이다. 그리스도를 참으로 따르는 자들은 그가 자신의 영혼을 사랑하면 그것을 잃게 된다는 것을 안다. 참되고 완전하게 사랑하는 사람은 모든 선과 위로와 사랑과 기쁨을 주님 안에서 발견한다.(제40장)

저자는 자기합리화와 자기의지의 현혹성에 대해서 경고하며(제20장) 과도한 자유에 대해서도 경고한다. 사람은 이생에서 은총의 그리스도 안에 완전히 참여할 수 없다.(제16장) 어느 누구도 그리스도에게 완전히 순종하는 데에 이를 수 없다. 그러나 모든 사람은 이른바, 그 자체로, "진실로 신성하며 신성화되기" 위해서 그것에 매우 가까이 접근할 수 있다.[12]

---

12. *Ibid.*, p. 143. *Bernhart, op. cit.*, p. 165: dass er göttlich und vergottet heisst und ist.

PART XI
GERMAH THEOLOGY

독일 신학(Theologia Germanica)

[14세기 후반]

본문

제7장[13]

사람이 영혼과 시간을 들여다보는 두 가지 영의 눈, 그리고 어떻게 전자는 후자에 의해 방해받는가.

그리스도의 영혼은 두 개의 눈, 즉 오른쪽 눈과 왼쪽 눈을 가졌던 것에 대해 어떻게 기록되고 말해지는지 기억해보자.[14] 처음에 그리스도의 영혼이 창조되었을 때, 그는 오른쪽 눈을 영원과 신성에 고정시키고 신적 본질과 영원한 완전을 완전하게 향유하고 직관하면서 움직이지 않고 있었다. 그렇게 움직이지 않고, 외적인 사람에게 항상 일어나는 모든 사고들과 수고, 고생, 고통 그리고 아픔에 의해 방해받지 않았다.

---

13. 사용된 번역은 Susanna Winkworth의 번역이며 J. Bernhart의 현대 독일어 번역과 일치되게 편집된 것으로 서론과 설명들을 갖추고 translated by Willard R. Trask, New York, 1949, pp. 123-37, 201-25로 출판되었다. Pantheon Books, Inc., New York, 그리고 Victor Gollancz, Ltd., London의 허락을 받아 사용됨.
14. 내향과 외향의, 상향과 하향의 영혼의 다방면의 관심을 상징함; 또는, 에크하르트와 함께, 위로는 하나님을 얼굴을 보고 아래로는 지각 세계를 보는 그것의 능력을 명시함. Cf. Riedler, *op. cit.*, 각주 18, p. 158; Bernhart-Trask, *Theologia Germanica*, p. 232.

그러나 왼쪽 눈을 가지고 그는 피조물을 보고 그 안에 있는 모든 것들을 인지하며, 피조물들 사이에 있는 차이점을 주목했는데, 피조물들은 더 선하거나 더 악하며, 더 고귀하거나 더 비천했다. 그에 따라 그리스도가 정하신 외적인 사람도 그러했다. 그러므로 그리스도의 내적 사람은 그의 영혼의 오른 쪽 눈에 의해, 그의 신적 본성을 완전히 누리며 완전한 지복과 기쁨과 영원한 평화 안에 있었다. 그러나 외적 인간과 그리스도의 영혼의 왼쪽 눈은 완전한 고생과 모든 환난과 아픔과 수고 안에 있었다. 그리고 이것이 그러한 종류 안에서 내적인 오른 쪽 눈은 외적 사람에게 항상 닥친 모든 수고와 고생과 슬픔과 고뇌에 의해 움직이지 않고 방해받지 않고 접촉되지 않은 채 있었다. 그리스도가 그의 외적 사람에 따라 기둥에서 매질 당했을 때, 그가 거룩한 십자가 위에 매달렸을 때, 여전히 그의 영혼 또는 내적 사람은 오른쪽 눈에 의해 거룩한 기쁨과 지복을, 그것이 그의 승천 이후에 가졌던 것과 같이 또는 그것이 지금 가지고 있는 것과 같이, 완전히 소유한 채 있었다. 같은 방식으로, 그의 외적 사람 또는 왼쪽 눈에 의한 영혼은 그것의 일과, 외적으로 이루어야 했던 모든 것 안에서 그의 내적인 눈에 의해 결코 막히거나 방해 받거나 문제가 생기지 않았다.

이제 사람의 창조된 영혼도 두 개의 눈을 가진다. 하나는 영원 안으로 보는 능력이며, 다른 하나는 시간과 피조물 안으로 보고, 앞서 말한 것과 같이, 그것들이 서로 어떻게 다른지를 파악하고 육체에 생명과 필요한 것들을 주고 그것을 최상으로 질서 잡히게 하고 조절하는 능력이다. 그러나 사람의 영혼이 가진 이 두 눈은, 그들의 일을 즉시 수행할 수 없다. 그러나 만일 영혼이 오른쪽 눈을 가지고 영원 안으로 보면, 그때 왼쪽 눈은 그것의 모든 행위로부터 중단하고 절제해야 하며, 그리고 마치 그것이 죽은 것처럼 되어야 한다. 이제 만일 왼쪽 눈이 그것의 외적인 일을 수행하면, 즉 시간과 피조물과 함께 일하면, 그때 그 오른쪽 눈은 그것의 일 안에서, 즉 그것의 명상 안에서 막히는 것이 틀림없다. 그러므로 전자를 가진 누구든지 후자를 가게 두어야 한다. 어느 누구도 두 주인을 섬길 수 없기 때문이다.

제8장
어떻게 사람의 영혼이 아직 육체에 있는 동안에 영원한 지복을 미리 맛볼 수 있는가.

영혼이 아직 육체 안에 있는 동안에 영원 안으로 일별을 던질 정도로 그렇게 높이 오르는 것이 가능한지, 거기서 영원한 생명과 영원한 지복을 미리 맛볼 수 있는 것이 가능한지가 질문되어 왔다. 이것은 공동으로 부인된다. 그리고 어떤 의미에서 진정으로 그렇다. 그것은 진실로 영혼이 육체와, 거기에 공헌하고 부속하는 일들과, 시간과 피조물을 응시하고, 그것에 의해서 어두워지고 선점되고 마음이 산란한 한에서, 그럴 수 없기 때문이다. 만일 영혼이 그러한 상태를 향해 일어나면 그는 모든 이미지들에 대해 아주 순수하고 전적으로 발가벗기며 벌거벗어야 하며,[15] 모든 피조물들로부터, 그리고 무엇보다 그녀 자신으로부터 완전히 분리되어야 하기 때문이다. 이제 많은 사람들은 이것이 이 일시적 세상 안에서는 행해지지 않고 불가능하다고 생각한다. 그러나 성 디오니시오스는, 우리가 디모데에게 보낸 그의 편지 안에 있는 그의 말에서 발견하듯이, 그것이 가능하다고 주장한다. 그는 말한다.[16] "하나님의 숨겨진 것들을 보기 위해서, 너는 지각과, 육신의 일들과, 지각이 파악할 수 있는 모든 것과, 그녀 자신의 능력에 대해 이성이 내놓을 수 있는 모든 것과, 창조되고 창조되지 않은 것들 둘 다를 버려야 하며, 너의 자리를 너 자신의 완전한 포기 위에 잡으며, 앞서 말한 것들을 모두 잊어버리고, 그이신 그와 모든 본질과 모든 지식 위에 있는 그와의 연합 안으로 들어가야 한다." 이제 그가 이것을 시간 안에 가능하다고 생각하지 않았다면, 왜 그가 이 일시적 세상 안에 있는 우리들에게 그것을 가르치고 명령했겠는가? 어떤 지도자는 성 디오니시오스의 이 구절에 관해 논평하면서, 그것이 전적으로 가능하며 진실로 매우 자주 사람에게 일어나서 그가 의지할 때마다 영원 안으로 볼 수 있을 만큼 그가 그것에 훨씬 익숙해질 것이라고 말했다는 것을 또한 알라. 처음에 어떤 일이 매우 어렵고 낯설고 전혀 불가능한 것처럼 보일 때, 그가 모든 그의 힘을 부으며 그것에 힘쓰고 그 안에서 견디면, 그가 처음에 불가능하다고 생각했던 것은 후에 매우 가볍고 쉬운 일이 될 것이다. 그것이 좋은 결말을 가지지 않으면 처음에는 소용이 없기 때문이다.

그리고 이 고귀한 일별들[17] 중에서 단 하나가, 여느 피조물이 수행할 수 있는 모

---

15. 지성과 상상과 지각들에 의해 사용된 모든 종교적 매체들. *Theologia Germanica*. pp. 233, 89, 100.
16. *Mystical Theology*, I, 1.
17. *Ein einziger dieser edlen Blicke....* (Riedler, *op. cit.*, pp. 24, 162). 신비주의자들의 *cognitio matutina* (*Morgenschau*) 즉, 하나님 안에 있는 그것의 이상적인 존재 안에 있는 세상에 대한 지식 vs. *die cognitio vespertina* (*Abendschau*), 즉 그 안에서 사람이 하나님을 추구하는 창조의 문제를 참조하라.

든 것보다 비교할 수 없을 만큼 더 선하고 더 가치 있고 더 고상하고 더 하나님을 기쁘시게 한다. 사람이 충심으로 그의 온 의지를 가지고 돌아서서 시간 위로 오르면서 그의 영이 하나님의 영 안으로 가라앉는다면,[18] 그때 항상 그로부터 떠났던 모든 것들이 한 순간에 회복된다. 그리고 만일 사람이 하루에 천 번 이것을 하고자 한다면, 매번마다 신성하고 참된 연합이 일어날 것이다. 그리고 이 달콤하고 거룩한 일 안에 이 일시적인 세상 안에서 있을 수 있는 가장 참되고 순수한 연합이 있다. 그것에 도달한 자는 아무 것도 더 요구하지 않기 때문이다. 그는 지상에서 하늘의 왕국과 영생을 찾았기 때문이다.

제9장
어떻게 사람이 하나님이 그와 더불어 하고자 하시는 것 또는 어떤 목적으로 그가 그를 사용하실지 아는 것이 그가 하나님이 일하신 모든 것 또는 모든 피조물들을 통해 일하신 모든 것을 아는지 보다 더 선하고 더 유익한가. 그리고 어떻게 지복은 오직 하나님 안에만 놓여있고, 어떤 일 안에나, 피조물들 안에는 놓여있지 않은가.

모든 덕과 선, 그리고 심지어 하나님 자신이신 저 영원한 선은, 그가 그의 영혼 바깥에 있는 한, 결코 사람을 덕스럽게, 선하게, 복되게 만들 수 없다는 것을 우리는 진실로 명심하고 알아야 한다. 즉, 그가 지각들과 이성들을 가지고 외적인 것들을 찾아다니며, 자신 안으로 물러나서 그 자신의 삶, 그가 누구인지 그리고 무엇인지를 알게 되지 않는 한에서 그러하다. 그리고 그와 같은 것이 죄와 악에 대해서도 사실이다. 죄와 악의 모든 양식은, 그들이 우리 바깥에 있는 한, 우리를 악하게 만들지 않는다. 즉, 우리가 그들을 범하지 않거나 또는 그들에게 동의하지 않는 한 그러하다. 그러므로 비록 선하고 거룩한 사람들이 일하고 겪은 것을 우리가 묻고 배우고 알며, 또한 하나님이 그들 안에서 그들을 통하여 어떻게 의지하시고 일하셨는가를 우리가 묻고 배우고 안다고 하더라도, 우리가 누구인지, 우리의 삶은 어떠하고 무엇인지, 하나님은 우리 안에서 어떤 분이시며 우리 안에서 어떤 일을 하시는지, 그는 우리로부터 무엇을 가지실 것인지, 어떤 목적을 향해 그가 우리를 사용하시고 또는 사용하지 않으실

---
18. *Einsenkt in Gottes Geist.* Bernhart, *op. cit.*, p. 144.

것인지를 우리가 우리 자신 안에서 알고 인식하고 이해하는 것이 천 배나 더 나을 것이다. 자신을 진실 안에서 완전히 아는 것은 모든 배움보다 낫기 때문이다. 그것은 가장 고귀한 배움이다.[19] 만일 네가 자신을 잘 안다면, 네가 자신을 모르고 하늘들과 모든 행성들과 별들과 모든 풀들의 덕과 모든 인류의 육체적이고 지적인 틀과 모든 동물들의 본성을 알고 더 나아가 하늘 안에 그리고 땅 위에 있는 모든 사람들의 모든 기술들을 가지는 것보다, 너는 더 선하고 하나님 앞에서 더 칭찬받을 만하다. 하늘로부터 한 음성이 있어 말하기를 "사람아, 너 자신을 알라" 라고 말해졌기 때문이다. 그러므로 이런 속담도 또한 있다. "안에 있는 것이 훨씬 더 선하지 않았더라면 밖으로 나가는 것이 결코 그렇게 선할 수 없다."[20]

더 나아가, 너는 영원한 복이 오직 한 가지 안에 놓여 있고, 그 밖의 다른 것 안에는 전혀 없다는 것을 알아야 한다. 그리고 만일 사람 또는 영혼이 항상 복을 받으려면, 단 한 가지가 영혼 안에 있을 것이고 있어야 한다. "그러나 그 한 가지가 무엇인가?" 나는 대답한다. 그것은 선이다. 혹은 선하게 된 것이다. 그리고 여전히 이 선으로도 또는 저 선으로도 그것을 우리는 이름 붙이거나 보거나 보일 수 없다. 그러나 그것은 모든 선이며 모든 선 위에 있다. 더욱이 그것은 영혼 안에 들어올 필요가 없는데, 그것은 벌써 거기에 있지만 다만 그것이 인식되지 않기 때문이다. 우리가 그것을 향해 간다고 말할 때, 우리가 그것을 찾고 그것을 느끼고 그것을 맛본다는 것을 의미한다. 그리고 이제 그것은 하나이기 때문에, 통일성과 단일성이 다양성보다 훨씬 낫다. 축복은 많은 것과 다양성 안에 놓여있지 않고 하나와 하나임 안에 놓여있기 때문이다. 그리고 간략히 말하면, 축복은 어떤 피조물이나 피조물들의 일 안에 있지 않지만 그것은 오직 하나님과 그의 일 안에 놓여있다. 그러므로 나는 오직 하나님과 그의 일을 시중들고, 모든 피조물들을 그들의 일과 함께, 무엇보다 나 자신을 가도록 한다. 그리고 하나님이 모든 피조물들 안에서, 혹은 통하여 그렇다. 그의 것인 모든 선한 것들과 함께 하나님 자신이 항상 행하신 또는 항상 행하실 모든 일들과 놀라움들은, 이것들이 내 바깥에서 존재하고 또는 행해지는 한, 결코 나를 복되게 만들 수 없다. 그러나 오직 그것들이 내 안에서 존재하고 행해지는 한, 내 안에서 사랑받고 알려

---

[19]. *...in der Wahrheit, das ist über alle Wissenschaft: es ist die höchste Wissenschaft.* Bernhart, *op. cit.*, p. 146.
[20]. *Von Abegescheidenheit* in F. Pfeiffer, *Meister Eckhart*, p. 485, ll. 13-14를 보라.

지며 맛보이고 느껴진다.

제10장
어떻게 완전한 사람들은 영원한 선을 향해 그의 손이 사람에게 향하는 것이 되는 것 외에 다른 어떤 소망도 가지지 않는가. 그리고 어떻게 그들은 지옥의 공포와 천국의 소망을 잃었는가.

이제 유의하자. 깨달은 사람들, 참된 빛을[21] 가진 사람들이 있는 곳에서, 그들은 그들이 바라거나 선택하는 모든 것이 모든 피조물들이, 피조물들로서 항상 바라거나 선택하거나 안 것들에 대해 아무 것도 아니라는 것을 깨닫는다. 그러므로 그들은 모든 욕망과 선택을 부인하고 자신들과 모든 것들을 영원한 선에 위임하며 복종한다. 그럼에도 불구하고 그들 안에는 영원한 선을 향한 그들의 진보와 그들의 접근을 돕는 갈망, 즉 보다 더 근접한 지식과 더 따뜻한 사랑과 순수한 즉각성과 전적인 순종과 복종에 이르려는 갈망이 있다. 그래서 모든 깨달은 사람들은 말할 것이다. "나는 영원한 선을 향해 그 자신의 손이 인간을 향하는 것이 기꺼이 될 것이다." 그리고 그들은 자신들이 그것에 미치지 못할까 늘 두려워하며, 모든 사람의 구원을 바란다. 그러나 그들이 이것보다 훨씬 높이 있어서 소망하며 그것을 자신들에게로 취하지 않는 것은, 이 소망이 인간의 일이 아니라 영원한 선에 속한 것이라는 것을 그들이 잘 알고 있기 때문이다. 아니, 선한 것 중 아무 것도 어느 누가 자기 자신의 것으로 돌릴 만큼 교만할 수 없는 것은, 그것이 오직 영원한 선에게 속해 있기 때문이다.

더욱이, 이 사람들은 아주 자유로운 상태에 있어서 그들은 벌 또는 지옥에 대한 공포와 보상 또는 천국에 대한 희망을 상실했다. 오히려 그들은 영원한 선을 향한 순수한 복종과 순종 안에서, 자유롭게 주어진 그리고 강하게 느껴진 사랑 안에서, 살아간다. 이것은 완전하게 그리스도와 또한 그의 추종자들과 몇몇 더한 사람들과 몇몇 덜한 사람들 안에 있었다. 그리고 영원한 선이 항상 우리를 가장 고귀한 것을 향해 안내하고 있으며 그런데 우리가 그것의 아무 것도 가지지 못할 것이라는 것은 슬프고 부끄럽다! 영 안에서의 진정한 가난보다 무엇이 더 낫고 더 귀중한가? 그리고 그것이 우

---
21. Cf. "참된" 빛과 "거짓된" 빛의 대조에 관해서는, cap. 40을 참조하라.

리 앞에 놓였을 때, 우리가 그것의 아무 것도 가지지 못하고, 우리 자신과 우리 자신의 것들을 항상 찾아다니고 있는 것이다. 우리는 항상 우리의 입을 설탕으로 칠하고, 우리 자신 안에서 즐거운 맛과 기쁨과 달콤함을 맛보려고 한다. 그러할 때, 우리는 매우 기뻐하며, 우리가 잘못되지 않았다고 생각한다. 그러나 우리는 아직 완전한 삶으로부터 먼 길을 떨어져 있다. 하나님이 우리를 영적이든 본성적이든 더 높은 어떤 것을 향해 위로 끌어당기시고 그의 위로와 모든 달콤함을 우리에게서 거두실 때, 우리는 쇠진하고 곤경을 겪으며 어떤 길로도 우리의 정신을 그것을 향해 가져갈 수 없기 때문이다. 그리고 우리가 하나님을 잊고 우리의 실천을 중단하며, 우리가 아주 잃어졌다고 상상한다. 이것은 큰 과실이요 나쁜 표징이다. 참으로 하나님 또는 영원한 선을 사랑하는 사람은, 가질 때와 가지지 못할 때, 달콤할 때와 비통할 때, 기쁠 때와 슬플 때, 마찬가지로 사랑하기 때문이다. 그는 오직 하나님의 영광과 하나님께 속한 것을 추구하며 그는 그것을 영적인 것 안에서도 본성적인 것 안에서도 추구하지 않고 따라서 그는 모든 것 안에서 모든 시절에 마찬가지로 흔들림 없이 있다. 이것에 의해 모든 사람으로 하여금 어떻게 그가 하나님, 그의 창조자와 주님을 향해 서있는지 판단하게 하라. 아멘.

제11장
어떻게 이 잠깐 있는 세상에서 의로운 사람이 지옥으로 옮겨져 거기서 아무 위로도 받을 수 없는가. 그리고 어떻게 그는 지옥에서 꺼내져 천국으로 옮겨지고 거기서 더 이상 아무 고통을 받을 수 없는가.

그리스도의 영혼은 그것이 하늘로 오르기 전에 지옥으로 내려가야 했다. 그래서 사람의 영혼도 또한 그래야 한다. 그러나 어떤 방식으로 이것이 일어나는지 명심하라. 사람이 그가 누구이며 무엇인지 참으로 인식하고 주목하고 자신이 매우 전적으로 사악하고 악하고 그가 하나님과 피조물로부터 항상 받아오고 또는 받을 수 있는 모든 위로와 친절을 받을 만한 가치가 없다는 것을 발견할 때, 그는 자신에 대한 매우 깊은 실망과 경멸 안으로 떨어지고 자신이 이 세상에 살기에는 무가치하다고 생각하며, 그래서 하늘과 땅의 모든 피조물들이 그에 대항하여 일어나 그에게 그들의 창조주의 원수를 갚고, 그를 벌하고 고문하는 것처럼 그에게 보인다. 그리고 그는 그것조차 받을 만한 가치가 없는 것으로 그에게 여겨진다. 그리고 그가 영원히 상실되고 정죄되며 지옥에 있는 모든 악한 영들의 발등상인 것처럼 보이며, 이것이 바르고 정당하며 그렇게 자주 그리고 그렇게 많은 방법으로 그의 창조자 하나님을 거슬러 범한 그의 죄에 비교할 때 모두가 아무 것도 아닌 것으로 보인다. 그러므로 또한 그는 하나님으로부터 혹은 하늘과 땅에 있는 어떤 피조물로부터 어떤 위로 또는 면제를 바라지 않을 것이며 감히 바라지도 않는다. 그러나 그는 위로되지 않고 놓여나지 않는 것을 기꺼워하며 즐거워하고, 그의 정죄와 고통에 대해 슬퍼하지 않는다. 그것은 바르고 정당하고 하나님께 모순되지 않으며, 하나님의 의지에 따른 것이기 때문이다. 그러므로 그것이 그에게 기쁘며, 그는 그것에 대해 아무 말할 것이 없다. 그 자신의 죄와 사악함 외에 아무 것도 그를 슬프게 하지 않는다. 이것들은 하나님께 불의하고 모순되며 그러므로 그는 영 안에서 슬퍼하고 괴로워하기 때문이다. 이것이 죄에 대한 참된 회개가 의미하는 것이다. 그리고 이 일시적인 세상 안에서 이런 방식으로 지옥으로 들어간 사람은 후에 하늘의 왕국으로 들어가며, 거기로부터 이 일시적 세상에서 덧없는 것들로부터 항상 오고 또는 올 수 있는 모든 환희와 기쁨을 능가하는 미리 맛봄을 얻는다. 그리고 사람이 그렇게 지옥에 있는 동안, 하나님도 피조물도, 아무도 그를 위로할 수 없다. 기록된 대로, "지옥에는 아무 구속이 없다." 이 상태에 대하여 혹자는 말했다.

"쇠진하면서, 죽어가면서,
나는 위로받지 못한 채 산다.
저주 받는구나 나는
밖에서, 안에서.
아무도 기도하게 하지 말라
내가 구속되기를!"

이제 하나님은 사람을 이 지옥 안에 버려두시지 않는다. 그러나 그는 그를 자신에게로 데려오시며, 그 사람은 더 이상 오직 영원한 선이 아닌 어떤 것을 바라지도 개의치도 않으며, 영원한 선이 참으로 귀중하고 금보다 더욱 귀하여 아무도 그것의 지복과 위로와 기쁨과, 그것의 평화와 안식과 만족을 헤아리거나 표현할 수 없다. 그러므로 그 사람이 오직 영원한 선이 아닌 다른 것을 사랑하지도 추구하지도 바라지도 않으며, 자신이나 자신의 것들을 추구하지 않고 오직 모든 것 안에서 하나님의 영광만을 추구할 때, 그는 영원한 선의 기쁨과 지복과 평화와 안식과 위로에 참여하게 되고 – 이것보다 더 귀한 것은 없다 – 그 사람은 그 후로 하늘의 왕국 안에 있다. 이 지옥과 이 천국은 이 일시적인 세상 안에 있는 사람에게 두 개의 선하고 안전한 방법이며, 그것들을 끝까지 여행하는 자는 행복하다.

이 지옥을 향하여 죽을 것이다
그러나 천국이 옳소! 하며 지탱할 것이다.

여전히 명심해라. 그가 이 지옥에 있을 때, 아무 것도 그를 위로하지 않으며 그가 언제나 해방되거나 위로 받으리라고 믿을 수 없다. 그러나 그가 천국에 있을 때, 아무 것도 그를 괴롭힐 수 없다. 이 지옥 후에 그가 위로 받고 해방 되며, 이 천국 후에 그가 괴롭힘 당하고 어떤 위로 없이 남겨질 것임도 여전히 사실이다. 이 지옥 또는 이 천국은 종종, 그것이 어디로부터 오는지 그리고 그것에 그에게 오는지 또는 그로부터 떠나는지 알지 못하여 스스로 그것을 향해 아무 것도 할 수 없는 그러한 방식으로, 그에게 닥친다. 천국도 지옥도 그는 자신에게 주거나 또는 자신으로부터 취할 수 없으며, 그는 자신으로부터 만들거나 추방할 수 없다. 그러나 기록된 대로, "영은 그것이 원하는 곳으로 불며, 너는 그 소리를 듣는다." 말하자면, 그것은 현재하지만, 너는 어디로부터 그것이 오는지, 어디로 그것이 가는지를 알지 못한다. 그리고 사람이 이 두 가지 상태 중 하나 안에 있을 때, 그것은 그와 잘 지내며, 그는 천국에 있는 만큼 지옥에서 안전할 수 있고, 사람이 지상에 있는 한, 그가 종종 전자에서 후자로 지나가는 것이 가능하다. 그렇다, 여러 번 낮과 밤의 공간 안에서 그리고 그 자신의 행함이 전혀 없이 가능하다. 그러나 사람이 이 두 가지 중 어느 것 안에도 있지 않을 때, 그는 피조물과 함께 이야기하며, 이리로 저리로 요동치고, 그가 어디에 있는지 알지 못한다. 그러므로 그로 하여금 그의 마음 안에서 그들 중 어떤 것도 결코 잊지 않게 하라.

제12장
그리스도가 그의 제자들에게 남기신 참된 내적 평화는 무엇인가.

많은 사람들은 그들이 평화도 안식도 가지지 못한다고 말한다. 그들은 매우 많은 십자가와 시험과 고통과 슬픔을 가지고 있어서 그것들을 통하여 그들이 항상 어떻게 되는지 알지 못한다. 이제 이것을 올바르게 고려하고 무게를 재는 사람은 참된 평화와 안식이 바깥의 것들에 놓여 있지 않음을 분명히 인식할 것이다. 만일 그렇다면, 일이 그의 의지와 애호에 따라 진행될 때 악한 영은 또한 평화를 누릴 수 있을 것이지만, 그런 일은 어떤 경우에도 없기 때문이다. 주님은 예언자를 통해서 선포하시고 있기 때문이다. "악한 자들과 불충한 자들에게는 어떤 평화도 없다." 그러므로 우리는 그리스도가 "나의 평화를 너희들에게 남기고, 나의 평화를 너희들에게 준다"고 말씀하시면서 그의 사랑하는 제자들에게 남기신 그 평화가 무엇인지 고려하고 알아야 한다. 이 말씀들에 의해서 우리는 그리스도가 육체적이고 외적인 평화를 의미하시지 않았다는 것을 알 수 있다. 그의 사랑하는 제자들은, 그를 사랑하고 따르는 모든 사람들과 함께, "이 세상에서 너는 환난을 당할 것이다"라고 그리스도 자신이 말씀하신 것처럼, 처음부터 줄곧 커다란 고난과 박해와 순교를 경험했기 때문이다. 그러나 그리스도는 저 참되고 내적인 마음의 평화를 의미하시는데, 그것은 여기서 시작되고 이후로 영원히 계속된다. 그러므로 그는 "세상이 그것을 주는 것과 같지 않다"고 말씀하셨으며, 그것은 세상은 거짓되고 그녀의 선물들로 속이기 때문이다. 그녀는 많은 것을 약속하고 거의 실행하지 않는다. 더욱이 곤란과 십자가 없이 언제나 안식과 평화를 누리고 모든 일이 항상 그의 의지에 따라 진행되는 사람은 지상에 아무도 없다. 여기서 겪어야 할 무언가가 항상 있으며 네가 원하는 대로 그것을 고려하라. 그리고 네가 하나의 역경으로부터 벗어나면, 아마 두 개의 다른 것들이 그 자리에 올 것이다. 그러므로 너 자신을 기꺼이 그들에게 주라, 그리고 다만 어느 누구도 네게서 빼앗을 수 없는 마음의 참된 평화를 추구하라, 그러면 너는 모든 역경을 극복할 수 있을 것이다. 모든 역경과 십자가, 모든 압박과 고난과 비참과 자기비하와, 더 있을법한 것들을 통해서 깨트려지는 평화는, 그리스도의 사랑하는 제자들과 그의 추종자들이 그랬던 것처럼, 그 안에서 즐거워하고 인내할 수 있다. 이제 사람이 그의 모든 근면과 힘을 거기에 기꺼이 준다면, 그는 매우 빨리, 피조물에게 가능한 만큼, 하나님 자신이신 저 참되고 영원한 평화를 알게 될 것이다. 전에 그에게 썼던 것이 달게 될 것이므로, 그의 마음은 항상 모든 것 가운데에서 동요되지 않을 것이며 그리고 이생 후에 그는 영원히 지속되는 평화를 얻게 될 것이다. 아멘.

제13장
어떻게 사람은 종종 이미지를 너무나 빨리 버리는가.

진리와 지식이 그들에게 그곳에서부터 그 길을 보여주기 전에 이미지를 너무나 빨리 떠나는 몇몇 사람들이 현 시대에 있다고[22] 타울러는 말한다. 그래서 그들은 거의 또는 아마도 후에 그 진리를 바르게 이해할 수 없다. 그들 자신의 이해에 고착되어 깃털이 다 나기 전에 날기를 바라는 그러한 사람들을 아무도 따르지 않을 것이다. 그리스도도 그렇게 하지 않으셨는데, 그들은 한 번의 비행으로 하늘에까지 오르고 싶어 한다. 부활하신 후에 그는 사십일 동안을 완전히 그의 사랑하는 제자들과 머무르셨다. 아무도 하루에 완전해질 수 없다. 사람은 먼저 전적으로 자신을 부인해야 하며, 하나님의 유익을 위해서 기꺼이 모든 것을 버려야하며, 그 자신의 의지와 그의 모든 본성적 경향들을 포기해야 하며, 모든 죄와 악한 길들로부터 자신을 철저하게 정화시키고 청결하게 해야 한다. 이것 후에 그가 모범과 교훈, 현명한 권고와 가르침을 받아들이게 하고, 독실하고 완전한 하나님의 종들이 그에게 권고하게 하고, 그 자신의 지도를 따르지 않게 하라. 그래야 그 일이 이루어지고 좋은 결과에 이르게 될 것이다. 사람이 모든 일시적인 것들과 피조물들로부터 자유롭게 되어 그것들을 뛰어 넘을 때, 그는 후에 명상의 삶 안에서 완전에 이르게 될 것이다. 전자를 가지는 자는 후자를 놔주어야 하기 때문이다. 다른 길은 없다.

제14장
사람을 진정한 완전으로 인도하고 데려가는 세 가지 단계

이제 그가 먼저 자신을 청결하게 하고 정화하고 자유롭게 하지 않으면 아무도 조

---

22. 즉, "교회가 헌신을 향해 제공하는 묵상시키는 형상들의 세계를 너무나 빨리 포기하는 것은 위험하다." Bernhart-Trask, *Theologia Germanica*, p. 235. Cf. 에크하르트의 명령, *alle Bilder zu lassen und in den Grund einzugehen*에 관해서는 Riedler, *op. cit.*, p. 165, 각주 37을 참조하라.

명될 수 없다는 것을 명심하라. 그리고 더 나아가, 그가 먼저 조명되지 못하면 아무도 하나님과 하나가 될 수 없다. 그리고 세 가지 길이 이에 상응한다. 첫째는 정화, 둘째는 조명, 셋째는 연합이다. 정화는 시작과 회개와 같은 것에 속하며, 세 가지 방식으로 일어난다. 죄에 대한 회개와 슬픔에 의해, 완전하고 자유로운 고백에 의해, 완전한 참회에 의해서이다. 조명은 자라남과 같은 것에 속하며, 마찬가지로 세 가지 방식으로 일어난다. 죄의 거부에 의해, 덕과 선한 행위들의 실천에 의해, 그리고 역경과 환난에 대한 기꺼운 인내를 통해서이다. 연합은 완전과 같은 것에 속하며, 또한 세 가지 방식으로 발생한다. 마음의 순수함과 단순함에 의해, 경건한 사랑에 의해, 그리고 하나님, 모든 것들의 창조자를 명상함에 의해서이다.[23]

제44장
어떻게 자기의지 외에는 아무 것도 하나님을 거스르지 않으며,[24] 어떻게 그 자신의 것으로서의 그의 최선을 추구하는 사람은 그것을 찾을 수 없는가. 어떻게 사람은 저절로 어떤 선한 일도 알지 못하며 할 수도 없는가.

"그러면, 하나님과 그 참된 선을 대항하는 어떤 것이 있는가?"라고 질문한다면, 그 대답은 틀림없이 "아니다"이다. 마찬가지로 영원한 의지에 의해 의지되는 것과 다르게 의지하는 것이 아니고는, 하나님 없이는 아무 것도 없다. 이제, 영원한 의지는 영원한 선이 아닌 아무 것도 의지되거나 사랑을 받지 않도록 의지하신다. 그리고 그렇지 않은 것이 있는 곳에는 그를 거스르는 무언가가 있다. 그리고 이러한 의미에서 하나님이 없는 사람은 하나님을 대항한다는 것은 참이다. 그러나 진실로 하나님 또는 그 참된 선을 대항하는 것은 아무 것도 없다.

우리는 하나님이 말씀하신 것처럼 그것을 이해해야 한다. "나 없이 의지하거나 또는 내가 의지하는 대로 의지하지 않거나 또는 내가 의지하는 것과 다르게 의지하는 자는 나를 대항하는 것이다. 나의 의지는 아무도 나와 다르게 의지하지 못하는 것이기 때문이며, 나와 나의 의지가 없이는 아무 의지도 없으며, 내가 없이는 존재도 생명

---

23. Bernhart (p. 158)의 본문은 이러하다: *in göttlicher Liebe und in Betrachtung Gottes....* Riedler의 *Urtext*(p. 211)는 이러하다: *in götlicher liebe und in beschowunge gotes....*

24. *Eigenwille*.

도 없고, 이것도 없고, 저것도 없기 때문이다. 그래서 또한 나와 나의 의지가 없으면 아무 의지도 없다." 바로 그렇게 진실로 모든 본질들은 그 완전한 본질 안에 있는 본질 안에서 하나이며, 모든 선들은 그 하나 안에서 하나이며 그 하나가 없이는 존재할 수 없다. 그래서 마찬가지로 모든 의지도 그 하나의 완전한 의지 안에서 하나이며, 그 하나가 없이는 아무 의지도 없을 것이다. 그리고 다른 것은 무엇이든지 부정하며, 하나님과 그의 의지에 반하며, 따라서 그것은 죄이다. 그러므로 하나님의 의지가 없는 모든 의지, 즉 모든 자기의지는 죄이며, 자기의지에서 오는 모든 것들도 그렇다. 사람이 그의 자기의지와 그의 것으로서 그의 최선을 추구하고 그 자신의 유익을 위하는 한, 그는 결코 그것을 찾을 수 없다. 그가 이것을 하는 한, 그는 자신을 추구하며 그가 스스로 가장 선하다고 상상하기 때문이다. 그리고 그는 최선이 아니기 때문에, 그가 자신을 추구하는 한 그는 최선을 추구하지 못한다. 그러나 나로부터 또는 나, 나를, 나의 것으로서 또는 나의 유익을 위해서가 아니라 선의 유익을 위해서 그리고 오직 선을 사랑하기 위해서 선을 찾고, 사랑하고 추구하는 사람은 누구든지 그것을 발견한 것인데, 그는 그것을 바르게 찾기 때문이다. 그리고 그것을 다르게 찾는 자는 죄를 범한다. 참되고 온전한 선이 자신을 찾고 사랑하고 추구하며, 그렇게 해서 그것이 자신을 찾는 것은 진실로 이 현명한 길 안에서이다.

    어떤 사람이나 어떤 피조물이 그것이 그 자신에 대해 어떤 것을 알고 또는 성취할 수 있다고 생각하고, 그리고 무엇보다 그것이 어떤 선한 일을 알고 또는 성취할 수 있다고 상상하면서, 그 때문에 그것은 하나님의 손에서 많은 것을 받을 만하고 그와 더불어 잘 될 수 있으리라고 생각할 때 그것은 커다란 어리석음이다. 바르게 생각된다면, 이것은 하나님을 크게 모욕하는 것이다. 그러나 참되고 완전한 선은 더 좋은 것을 알지 못하고 일을 기껏해야 그를 위해서 순서 짓는 그 어리석고 단순한 사람 안에서 그것을 간과하며, 그리고 하나님은 그에게 그가 받을 수 있는 만큼의 많은 선한 것들을 기쁘게 주신다. 그러나 우리가 앞서 말한 것처럼, 그가 바뀌지 않은 채 있는 한 그는 그것을 발견하지도 받지도 못한다. 나 됨과 자아는 벗어버려야 하며,[25] 그렇지 않으면 그는 결코 그것을 찾거나 발견할 수 없기 때문이다.

---

25. Bernhart, p. 239: *denn die Ichheit und Selbstheit muss hineweg....*

제45장

어떻게 그리스도의 삶이 있는 곳에 그리스도가 또한 있으며, 어떻게 그리스도의 삶은 이제껏 있었던 또는 있을 수 있는 가장 선하고 가장 귀중한 삶인가.

그리스도의 삶을 알고 인정하는 자는 또한 그리스도를 알고 인정한다. 그리고 같은 방식으로, 그 삶을 알지 못하는 자는, 그리스도 역시 알지 못한다. 그리스도를 믿는 자는 그의 삶이 이제껏 있었던 가장 선한 그리고 가장 귀중한 삶이라고 믿는다. 그리고 사람이 이것을 믿지 않으면, 그는 그리스도 역시 믿지 않는다. 그리고 그리스도의 삶이 사람 안에 있는 한, 그리스도는 그 안에 있으며, 전자가 덜할수록 후자도 덜하다. 그리스도의 삶이 있는 곳에 그리스도 또한 계시며, 그의 삶이 없는 곳에, 그리스도도 계시지 않기 때문이다. 그러나 그리스도의 삶이 있는 곳에서 그 사람은 성 바울과 함께 말해야 한다. "내가 사는 것은, 여전히 내가 아니라, 오직 그리스도가 내 안에 사신다."[26] 그리고 이것이 가장 귀중하고 가장 선한 삶이다. 그것을 가진 사람 안에는 하나님 자신이, 모든 선함으로, 계시고 거주하시기 때문이다. 그보다 더 나은 삶이 어떻게 있을 수 있겠는가? 우리가 순종과 새로운 사람과 진정한 빛, 그 참된 사랑에 대해서 또는 그리스도의 삶에 대해서 말할 때, 그것은 모두 같은 것이다. 그리고 이것들 중 하나가 있는 곳에 그것들 모두가 있으며, 하나가 부족하거나 결핍된 곳에, 그것들 중 아무 것도 없는 것은, 그들이 모두 진리와 본질에서 하나이기 때문이다. 이 모든 것들이 그 안에서 태어나고 생명에 이르게 하는 그 수단, 다른 것이 아니라 그것에만 우리의 모든 힘을 다해 밀착하자. 그리고 그것을 방해하는 모든 것을 맹세코 부인하고 벗어나자. 그것을 거룩한 성례 안에서 받은 사람은 틀림없이 그리고 참으로 그리스도를 받았다. 그리고 그것에서 더 많이 받을수록 그리스도를 더 많이 받았으며, 그것에서 더 적게 받을수록 그리스도를 더 적게 받은 것이다.

제46장

어떻게 전적인 만족과 참된 안식은 어떤 피조물 안에서가 아니라 하나님 안에서만 발견될 수 있는가. 그리고 어떻게 하나님께 순종하려는 사람은 또한 모든 피조물에

---

26. 갈 2:20.

수동적으로 순종해야 하며 하나님을 사랑하려는 사람은 또한 모든 것을 사랑해야 하는가.

"하나님 안에서 만족을 찾는 것에 찬성하는 사람은 충분한 만족을 갖는다"는 말이 있는데 이것은 참이다. 여기저기에서 만족을 찾는 사람은 하나님 안에서 그것을 찾지 못한다. 그것을 하나님 안에서 찾는 사람은, 이것 또는 저것이 아니라 모든 것인 것 안에서를 제외하고는, 다른 것 안에서 그것을 찾지 못한다. 하나님은 하나이고 하나임에 틀림없으며, 하나님은 모든 것이며 모든 것임에 틀림없다. 그러므로 하나인 것과 하나가 아닌 것은 하나님이 아니다. 그리고 모든 것인 것과 모든 것이 아닌 것과 모든 것 위에 있는 것은 하나님이 아니다. 하나님은 하나이며 하나 위에 있으며, 모든 것이며 모든 것 위에 있기 때문이다. 그러므로 하나님 안에서 만족을 찾는 자는 그의 만족은 하나이며 하나 안에 있는 모든 것이다. 그리고 그에게 하나가 모두가 아니며 모두가 하나가 아닌 자는, 그리고 그에게 어떤 것과 아무 것도 아닌 것이 하나와 같은 것이 아닌 자는 하나님 안에서 만족을 찾을 수 없다. 그러나 그것이 그런 곳에서 참된 만족이 있을 것이며, 다른 것은 없을 것이다.

정말로, 자신을 전적으로 하나님께 드리고 그에게 순종하려는 사람은 또한, 반항하거나 또는 자신을 방어하거나 또는 어떤 회피 없이, 자신을 모든 것들에게 수동적으로 맡기고 그들에게 순종해야 한다. 그리고 하나 그리고 하나로서 안에서 모든 것에 그렇게 맡기지 않고 순종하지 않는 사람은 하나님께 맡기고 순종하지 않는다. 이것을 우리는 그리스도 안에서 본다. 하나님을 경험하려는 사람은 하나 안에서 모든 것을 겪어야 하며, 어떤 고난도 결코 거절하지 않는다. 그러나 이것이 그리스도인 것이다. 고통을 거부하며 그것을 견디기를 거절하는 자는 하나님을 경험하지도 경험할 수도 없다. 말하자면, 우리는 힘 또는 싸움에 의해, 의지에서나 행위에서 어떤 피조물 또는 일에 저항할 수 없다. 그러나 우리는 정말로 죄 없이 고통을 막고 또는 그것을 피하고 그리고 그것을 모면할 수 있다.

이제, 하나님께 밀착하려는 사람은 하나이자 모든 것이며, 모든 것이 그 하나 안에 있기 때문에 그 하나가 모든 것인 그 하나 안에서 모든 것들을 사랑한다. 그리고 그 하나 안에서와 다르게, 그 하나의 유익을 위해서, 이것 또는 저것, 어느 정도를 사랑하는 사람은 하나님을 사랑하지 않는다. 그는 하나님이 아닌 어느 정도를 사랑하며 따라서 그는 그것을 하나님보다 더 사랑하는 것이기 때문이다. 그러나 하나님보다 더 또는 하나님과 똑같이 어느 정도를 사랑하는 자는 하나님을 사랑하지 않는다. 하나님만이 오직 사랑받으셔야 하고 사랑받으실 것이며, 진실로 오직 하나님 외에 아무 것도 사랑받아서는 안 되기 때문이다. 그리고 그 참된 빛과 그 참된 거룩한 사랑이 사람 안에 거주할 때, 그는 오직 하나님 외에 다른 아무 것도 사랑하지 않는다. 그는 하나님을 선으로서 그리고 선의 유익을 위해서 사랑하며, 하나로서 모든 선을 그리고 모든 것으로서 하나를 사랑하기 때문이다. 진실로, 모든 것은 하나이며 하나는 하나님 안에서 모든 것이기 때문이다.

제47장
질문: 우리가 모든 것을 사랑해야 한다면, 우리는 또한 죄도 사랑해야 하는 것은 아닌가?

여기서 혹자는 질문할 것이다. "만일 우리가 모든 것을 사랑해야 한다면, 그러면 우리는 죄도 또한 사랑해야 하는가?" 나는 대답한다. "아니다." 우리가 "모든 것들"이라고 말할 때 우리는 선한 것들을 의미한다. 그리고 존재하고 있는 덕분으로, 모든 것은 선하다. 이러한 의미에서 아무 것도 악하지 않고 또는 선하지 않다. 그러나 죄는 하나님이 하시는 것과 다른 것을 의지하고 바라고 사랑하는 것이다. 그리고 의지하는 것은 본질이 아니며, 따라서 그것은 선하지 않다. 어떤 일은 오직 그것이 하나님 안에 그리고 하나님과 함께 있는 한에서 선하다. 이제 모든 것들은 그들의 본질을 하나님 안에 가지며, 그리고 그들 자신 안에서보다 하나님 안에서 더욱 진실하며, 따라서 모든 것들은 그들의 본질에서 선하다. 그리고 만일 하나님 안에 그것의 본질을 갖지 않은 어떤 것이 있다면, 그것은 선하지 않을 것이다. 이제 보라, 하나님을 거스르는 의지하는 것과 바라는 것은 하나님 안에 있지 않다. 하나님은 하나님을 거슬러서 또는 하나님과는 달리 의지하실 수도 바라실 수도 없기 때문이다. 그러므로 그것은 악이며 또는 선이 아니며, 또는 단순히 아무것도 아니다. 하나님은 또한 행위를 사랑하시고, 그러나 모든 행위를 사랑하시는 것은 아니다. 그러면 어떤 것인가? 그 참된 빛의 가르침과 지도로부터 그리고 그 참된 사랑으로부터 일어나는 그러한 것들이다. 이것들로부터 일어나는 것은 영과 진리 안에서 일어나며 그리고 거기로부터인 것은 하나

425

님의 것이며 그를 매우 기쁘시게 한다. 그러나 거짓된 빛과 거짓된 사랑으로부터 일어나는 것은 모두 악이다. 그리고 특별히 일어나고 된 것 또는 방임된 것은, 하나님의 의지와 그의 사랑이 아닌 어떤 다른 의지와 바람과 어떤 다른 소망으로부터 이루어졌거나 또는 경험된 것은 악이다. 이것은 하나님 없이 그리고 하나님을 거스르며, 그렇게 일어났으며, 하나님의 일에 모순되며, 그리고 모두 죄이다.

제48장
어떻게 우리는, 거룩한 진리를 참으로 알고 경험할 수 있기 전에, 거룩한 진리의 어떤 것들을 미리 믿어야 하는가.

그리스도는 말씀하셨다. "믿지 않고 믿으려고 하지 않거나 또는 믿을 수 없는 자는 상실되고 정죄를 받을 것이다."[27] 그것은 진실로 그렇다. 이 일시적인 세상 안으로 오는 사람은 지식을 가지고 있지 않기 때문이다. 그리고 그가 먼저 믿지 않는다면 그는 지식에 이를 수 없기 때문이다. 그리고 그가 믿기 전에 알고자 하는 사람은 결코 참된 지식에 이르지 못한다. 우리가 여기서 복된 신앙의 항목들을 이야기하는 것이 아닌 까닭은, 모든 사람이 그것들을 믿고 그것들이, 그가 죄인이든지 구원받았든지, 악하든지 선하든지 간에, 모든 그리스도인들에게 공통적이기 때문이다. 우리가 먼저 믿어야 한다는 것은, 먼저 믿지 않고서 우리는 지식에 이를 수 없기 때문에, 진리에 적합하다. 알고 배우는 것이 가능한 것은 그것이 알려지고 또는 배워지기 전에 믿어져야 하며, 달리는 너는 결코 참된 지식에 이르지 못할 것이다. 이것이 그리스도가 뜻하신 그 믿음이다.

제49장
자기-의지, 그리고 어떻게 루시퍼와 아담은 자기-의지를 통하여 하나님으로부터 떨어졌는가.

지옥 안에는 자기의지 만큼 그렇게 많이 다른 것에서 나온 것이 없다고 말해진다. 지옥은 자기의지 말고는 아무 것도 아니며, 자기-의지가 없다면 아무 악마도 아무 지

---

27. Cf. 막 16:16.

옥도 없을 것이다. 루시퍼가 하늘로부터 떨어졌으며 하나님과 같은 것으로부터 돌아섰다고 말해질 때, 그것은 그가 그 자신의 의지를 가졌으며 영원한 의지와 더불어 하나의 의지에서 있지 않았다는 것 말고 다른 것을 의미하지 않는다. 그것은 낙원 안에서의 아담과도 마찬가지로 그러하다. 그리고 우리가 "자기의지"라고 말할 때, 우리는 의미한다. "하나님의 하나 그리고 영원한 의지가 의지하시는 것과는 다르게 의지하는 것이다."

제50장
어떻게 이 잠깐 있는 세상이 낙원이며 천국의 바깥뜰이 되는가, 그리고 어떻게 그 가운데에 단 하나의 금지된 나무, 즉 자기-의지가 있는가.

그러나 무엇이 낙원인가? 있는 모든 것들이다. 있는 모든 것들은 선하고 즐겁기 때문이다. 그러므로 그것은 낙원이라고 불리며 정말로 그러하다. 낙원은 하늘의 바깥뜰이라고도 불린다. 바로 그렇게, 거기 있는 모든 것이 틀림없이 영원한 것의 그리고 영원의, 특히, 우리가 시간과 일시적인 것들과 피조물 안에서 하나님과 영원에 대해 알고 인식할 수 있는 것의 바깥뜰이다. 피조물들은 하나님과 영원에 이르는 일종의 안내자요 길이기 때문이다. 그러므로 이 모두가 영원의 바깥뜰 또는 앞뜰이다. 따라서 그것은 낙원이라고 불리는 것이 마땅하며, 진실로 그러하다. 그리고 이 낙원 안에서, 한 나무와 거기 열리는 열매들을 제외하고, 그 안에 있는 모든 것들은 합법적이다. 말하자면, 거기 있는 모든 것 안에서 오직 한 가지 즉, 자기-의지, 또는 그 영원한 의지가 의지하시는 것과 다르게 의지하는 것 외에 아무 것도 금지되지 않으며 아무 것도 하나님께 모순되지 않는다. 이것을 마음에 간직하라. 하나님은 아담에게 즉 모든 사람에게 말씀하시기 때문이다. "만일 그것이 너의 의지로부터가 아니라 나의 것으로부터 일어난다면, 너이고 또는 네가 하고 또는 네가 방임하는 무엇이든지 또는 일어나는 무엇이든지 모두 합법적이며 금지되지 않았다."[28] 그러나 너 자신의 의지로부터 일어난 모든 것은 영원한 의지에 거스른다. 일어난 모든 일들이 영원한 의지에 거스른다는 것이 아니라, 그러나 그것들이 어떤 다른 의지 또는 영원하고 거룩한 의

---
28. 창 2:16 ff.

지로부터와 다르게 일어날 때 그러하다는 말이다.

제51장
그것이 그렇게 그에게 반대되는 것을 보시면서도, 무슨 까닭으로 하나님은 자기-의지를 창조하셨는가.

　이제 혹자는 물을 것이다. "이 나무의 자기의지는 그렇게 하나님과 영원한 의지에 반대되는 데도 불구하고 무슨 까닭으로 하나님은 그것을 창조하시고, 그것을 낙원 안에 두셨는가?" 대답은 이렇다. 사람 또는 피조물이 하나님의 은밀한 권고와 의지를 이해하고 알고 그래서 하나님이 무슨 까닭으로 이것을 하시고 또는 저것을 하지 않으시는지 등을 알고 싶어 하는 자가 바라는 것은 무엇이든 아담과 악마가 행한 것과 같은 것을 바라는 것이다. 그리고 이 욕망이 지속되는 한, 진리는 결코 그에게 알려지지 않을 것이며, 그 사람은 바로 아담이고, 악마와 같다. 이 욕망은 사람이 아는 것과 그 안에 있는 영광을 취한 것 외에는 기인하는 바가 없기 때문에 이것은 순전한 교만이다. 진정으로 겸손하고 깨달은 사람은 하나님께 그가 그의 비밀을 그에게 계시해야 한다고 바라지 않으며 또는 무슨 까닭으로 하나님이 이것 또는 저것을 하시고, 또는 그러한 것을 막으시거나 허락하시는지 등을 묻지도 않는다. 그의 모든 관심은 하나님만을 기쁘시게 하는 것이며, 자신 안에서는 아무 의지도 가지지 않은 채 무와 같이 되어 영원한 의지가 그 안에서 살도록 하여 어떤 다른 의지에 의해서 방해받지 않은 채 그를 완전히 소유하고 그것의 권리가 어떠하든지 그에 의하여 그를 통하여 영원한 의지에게 주어지는 것이다.

　그러나 이 질문에 대한 또 하나의 대답이 여전히 있는 것은 우리는 다음과 같이 말하기 때문이다. 어떤 피조물 안에 있는 가장 귀하고 즐거운 것은 인식 또는 이성 그리고 의지이며 이 두 가지는 서로 결합되어 있다. 전자가 있는 곳에 또한 후자가 있다. 그리고 이 두 가지가 없다면, 어떤 이성적인 피조물도 없고 오직 야수들과 야수성만이 있을 것이다. 그리고 그것은 커다란 손실일 터인데, 그때 하나님은 우리가 앞서 말한 것에 대해서 일하시는 데에 그의 마땅한 권리를 가지실 수도 그의 소유물들을 두실 수도 없으며, 그런데 그것은 여전히 그가 완성시키시기 위해 반드시 있어야 하며 필수적이다. 이제 보라, 인식과 이성은 의지와 함께 창조되었고 수여되었다. 그리고 그것은 의지와 또한 그 자신을 가르쳐야 하며, 인식도 의지도 저절로 있지 않으며, 그들 중 아무 것도 그 자신의 유익을 위해서 자신을 사용하거나 자신을 이롭게 할 수 없다. 아니, 그들은 그로부터 그들이 나온 그의 것이며, 그에게 그들은 복종하고, 그 안으로 다시 흘러가고, 그들 자신 안, 즉 그들의 자아 안에서는 무가 될 것이다.

그러나 여기서 너는 특히 의지에 관하여 어느 정도 더욱 고려해야 한다. 하나님 안에 원래 그리고 본질적으로, 모든 일과 일하는 것으로부터 별개로 있는 영원한 의지가 있으며 그리고 그 동일한 의지가 사람 또는 피조물 안에 일하고 의지하면서 있는데,[29] 그것은 그 의지에 속하며 그것이 의지할 그것의 소유물이기 때문이다. 이것이 그렇지 않다면, 그것이 달리 무엇을 하겠는가? 그것이 해야 할 어떤 일이 없다면 그것은 헛될 것이기 때문이다. 그리고 이것은 피조물이 아니고는 일어날 수 없다. 그러므로 피조물이 있어야 하고 하나님은 그들을, 그 의지가 그들 안에서 가지는 그리고 그들 안에서 그것의 고유한 일을 수행하는 목표에까지, 가지실 것이며, 하나님 안에 있는 그 의지는 일과는 별개이며 구분되어야 한다. 그러므로 피조물 안에 있는 그 의지는, 그것을 우리는 창조된 의지라고 부르는데, 그 영원한 의지만큼 진정한 하나님의 의지이며, 피조물의 자산이 아니다. 하나님은 피조물 없이는 일과 변화를 의지하실 수 없기 때문에, 따라서 피조물 안에서 피조물과 더불어 이것을 하는 것은 그를 기쁘시게 한다. 그러므로 피조물은 이 동일한 의지를 가지고 의지해서는 안 되며, 그러나 오직 하나님만이 이 의지를 가지고 일하실 것이며, 그리고 이 의지는 인간 안에 있으며 여전히 오직 하나님에게 속해 있다. 그리고 어떤 사람 또는 피조물 안에서든지 그것은 순수하고 온전하며, 그 의지는 사람에 의해서가 아니라 하나님에 의해서 행사되며, 따라서 그것은 자기-의지가 아니며, 그리고 사람은 하나님이 의지하시는 것과 다르게 의지하지 못한다. 그 사람이 아니라 하나님 자신이 그 안에서 의지하시며, 그리고 그 의지는 영원한 의지와 하나이며 그것 안으로 흘러 나갔기 때문이다.

그러나 사람은 여전히 사랑하는 것과 혐오하는 것, 기쁨과 고통 등의 지각을 유지한다. 의지가 일하는 어디서든지, 사랑받는 것 또는 혐오되는 것이 틀림없이 있기 때문이다. 만일 그의 의지에 따라 일들이 진행된다면, 사람은 그것을 사랑하고, 그리

---

29. Cf. cap. 31 그리고 활동하시는 하나님(*Gott*)과 활동하지 않으시는 신성(*Gottheit*) 사이에서의 에크하르트의 전형적인 구분. Riedler, *op. cit.*, p. 173, 각주 76.

고 그것들이 그렇지 않는다면, 그는 그것을 혐오하며, 그리고 이 사랑하고 혐오하는 것은 마찬가지로 사람에게서 나오지 않고 하나님에게서 오기 때문이다. 이제 그 의지는 사람에게서 나오지 않고 하나님에게서 나오므로, 따라서 사랑하는 것과 혐오하는 것 또한 그의 것이며, 오직 하나님께 모순되는 것을 제외하고는 어떤 것도 불평되지 않는다. 이제, 그 의지가 이러하므로, 인식과 이성과 자원과 사랑과 사람 안에 있는 무엇이든지 그러하다. 그것들은 모두 하나님에게서이며 사람에게서가 아니다. 그리고 의지가 모두 하나님께 굴복되는 어디서든지, 그 나머지는 확실히 마찬가지로 굴복되며, 그리고 하나님이 그의 권리를 가지고 사람의 의지는 자기-의지가 되지 못한다. 보라, 그러므로 하나님이 의지를 창조하셨고 그것이 자기-의지가 되도록 하지 않으셨다.

이제 악마 또는 아담, 말하자면, 거짓된 본성이 와서, 이 의지를 자신 안으로 취하고 같은 것을 그 자신의 것으로 만들고, 자신과 그 자신의 목적을 위해서 그것을 사용한다. 이것은 망치는 일이며 잘못된 것이고, 아담이 먹은 그 사과 한 입이며, 이것은 하나님을 거스르는 것이기 때문에 금지되어 있다. 그러므로 얼마나 오래 항상 있든지 어디에서든지 자기의지가 있는 곳에 참된 사랑과 참된 평화와 참된 안식은 결코 오지 않는다. 이것을 우리는 사람과 악마 둘 다에서 본다. 그래서 이 자기의지가 다스리는 곳, 말하자면, 사람이 자신을 향한 그 의지를 사칭하고 그것을 자신의 것으로 만드는 강탈자인 곳에는 참된 축복이, 시간 안에서든 영원에서든, 결코 일어나지 않는다. 만일 자기의지가 시간 안에서 복종되지 않고 사람이 그것을 시간 밖으로 가져간다면, 그것은 결코 정복당할 수 없다고 예견할 수 있다. 거기서 갈등도 평화도, 휴식도 축복도 항상 성장에 이르지 못할 것이라는 점은 사실이다. 이것을 우리는 악마에 의해서 본다. 피조물 안에 아무 이성도 또는 의지도 없다면, 하나님은 알려지지 않고 사랑받지 않고 칭송되지 않고 경외되지 않으실 것이고 틀림없이 그렇게 되지 않으실 것이며, 모든 피조물은 아무 것에도 쓸모없이 되고 하나님께 아무 소용도 없게 될 것이다. 보라, 따라서 그 질문은 답변된다. 그리고 (하나님 앞에 여전히 부족하고 이로운) 이 많은 말들과 긴 고찰들에 의해서 그들의 길을 고치도록 인도되는 사람들이 있다면, 이것은 하나님을 매우 기쁘시게 할 것이다.

자유로운 것을 아무도 그의 소유라고 부르지 못하며, 그것을 자신의 소유로 만드는 사람은 잘못을 범하는 것이다. 이제, 모든 자유로운 것들 가운데, 아무 것도 그 의지보다 또는 의지만큼 자유롭지 못하며, 그것을 자신의 소유로 만들고, 그것의 고귀한 자유 안에, 그것의 자유로운 고귀함과 자유로운 본성 안에 머무르기 위해서 그것을 겪지 않은 사람은 통탄할만한 잘못을 범하는 것이다. 이것이 악마와 아담과 모든 그의 추종자들이 하는 것이다. 그 의지에게서 그것의 고귀한 자유를 빼앗고 그것을 그 자신의 것으로 만드는 누구든지, 반드시 그의 응보로서, 걱정과 곤경, 불만과 불안과 투쟁과 쉬지 못함과 모든 종류의 비참으로 괴로워할 것이 틀림없으며, 이것은 시간 안에서와 영원히 남아있을 것이고 지속될 것이다. 그 의지를 그것의 자유로운 본성 안에 두는 사람은 만족과 평화와 안식과 축복을 시간 안에서와 영원히 누린다. 그 안에서 의지가 빼앗기지 않고 그것의 고귀한 자유 안에서 계속되는 사람이 있는 곳은 어디서든지, 아무 구속도 알지 못하는 참된 자유인이 있다. 그 사람에 대해서 그리스도는 말씀하셨다. "진리가 너희를 자유롭게 하리라." 그리고 직후에 말씀하셨다. "아들이 너희를 자유롭게 하면, 너희는 진실로 자유로워질 것이다."

그리고 이제 명심하라. 그 의지가 그것의 자유를 향유하는 어떤 사람 안에서든지, 그것은 그것의 고유한 일 즉, 의지하는 것을 한다. 이제 그것이 의지하는 대로, 방해받지 않고, 선택한다면, 그것은 항상 모든 것 안에서 가장 고귀하고 가장 선한 것을 선택하며, 고귀하지 않고 선하지 않은 모든 것은 그것에 반대되며 그것을 괴롭히고 신음하게 만든다. 그 의지가 더욱 자유롭고 방해받지 않을수록 선하지 않고 불의하고 악하고, 간단히 말하면 모든 종류의 사악함과 죄이고 죄라고 불리는 모든 것에 의해 더욱 고통 받으며, 그들은 그것을 더욱 괴롭히고 신음하게 만든다. 이것을 우리는 그리스도 안에서 본다. 그 안에 있는 그 의지는, 그것이 결코 어떤 사람 안에도 있지 않았고 있지 않을 것이기 때문에, 자유롭고 방해받지 않고 빼앗기지 않았다. 마찬가지로 그렇게 그리스도의 인간적 본성은 모든 피조물 중에서 가장 자유롭고 유일했으며, 여전히, 어떤 피조물이라도 언제나 느끼는, 가장 깊은 슬픔과 고통과 죄에 대한, 즉 하나님을 거스르는 모든 것에 대한 분개를 겪었다.

그러나 사람들이 자유를 그들 자신에게로 사칭하고 그만큼 어떤 슬픔 또는 죄와 하나님을 거스르는 것에 대한 분노를 느끼지 않으며, 그러나 우리는 아무 것도 주의하거나 염려하지 말아야 하며, 심지어 지금, 시간 안에서 그리스도가 그의 부활 후에 되셨던 것처럼 된다고 말할 때 – 참되고 거룩한 빛으로부터 솟아나는 참되고 거룩한 자유는 전혀 없고, 그러나 본성적이고 거짓되고 속이는 빛으로부터 솟아나는 본성적이고 불의하고 거짓되고 속이는 자유만이 있다.

자기의지, 즉 피조물의 소유인 이 의지가 없다면 마찬가지로 어떤 소유물도, 소유된 어떤 것도 없을 것이다. 천국에는 소유된 아무 것도 없으며, 그런 까닭에 천국에는 만족과 참된 평화와 그리고 모든 지복이 다스린다. 천국에 어떤 것을 소유한 체하는 사람이 있다면, 그는 즉시 지옥 안으로 떨어질 것이며 악마가 될 것이다. 그러나 지옥에서 각자는 그 자신의 의지를 가질 것이며, 지옥에는 순수한 비참과 재앙이 다스린다. 그것은 또한 이 일시적 세상 안에서도 그러하다. 그러나 지옥 안에 자기-의지가 없으며 아무 의지도 다른 어떤 것도 소유하지 않은 사람이 있다면, 그는 지옥에서 나와 천국 안으로 올 것이다. 이제, 이 일시적인 세상 안에서, 사람은 천국과 지옥 사이에 있으며 자신을 그들 중에서 그가 의지하는 것을 향해 돌릴 수 있다. 자신의 것이 많을수록 지옥과 재앙의 것이 더 많으며, 자신의 자기-의지의 것이 적을수록 지옥의 것이 더 적고 그리고 천국에 더 가까워지기 때문이다. 그리고 사람이 이 일시적 세상 안에서 전적으로 자기-의지 없이 또는 그 자신의 다른 어떤 것이 없이 되고 그 참되고 거룩한 빛과 사랑에 의해 조명된 채 떠나고 자유롭게 된다면, 그의 것은 진실로 하늘의 왕국일 것이다.[30] 그의 소유의 어떤 것을 가지거나 의지하거나 원하는 사람은 스스로 소유되며, 그의 소유의 아무 것도 소유하지 않고 원하지 않으며 아무 것도 가지기를 바라지 않는 사람은 떠나고 자유하며 아무 것에 대해서도 소유되지 않는다.

여기서 말한 모든 것을 그리스도는 삼십삼 년 동안 말씀으로 가르치시고 행위로 이루셨다. 그리고 그는 우리에게 그것을 아주 간략하게 가르치신다. 그는 말씀하신다. "나를 따르라." 그러나 그를 따르고자 하는 사람은 모든 것을 버려야 하는데, 그 안에서 모든 것이, 그 밖의 어떤 피조물 안에서 그들이 결코 있지 않았고 결코 있지 않을 것처럼, 그만큼 전적으로 버려지기 때문이다. 더욱이, 그를 따르고자 하는 사람은 십자가를 져야 하며, 그 십자가는 그리스도의 삶 외에 아무 것도 아닌데, 그것은 모든 본성을 향해 쓰디쓴 십자가이기 때문이다. 그러므로 그는 말씀하신다. "모든 것

---

30. *...ihm wäre das Himmelreich gewiss.* Bernhart, *op. cit.*, p. 255.

을 부인하지 않고 십자가를 지지 않는 사람은 나에게 합당하지 않으며 내 제자가 될 수 없고 나를 따르지 않는다."[31] 그러나 거짓되고 자유로운 본성은 그것이 모든 것들을 버렸다고 상상한다. 여전히 그것은 십자가 중 아무것도 가지려고 하지 않으며, 그러면서 그것을 이미 충분히 가졌으니 그것이 더 이상 필요하지 않다고 말한다. 그래서 그것은 속임을 당한다. 그것이 십자가를 맛보았다면, 그것은 결코 그것을 버리지 않을 것이기 때문이다. 그리스도를 믿는 사람은 여기 적힌 모든 것을 믿어야 한다.

제52장
어떻게 우리는 그리스도의 두 가지 말씀을 받아들여야만 하는가: "나로 말미암지 않고서는 아버지께로 올 자가 없다," 그리고 "아버지가 이끄시지 않고서는 나에게로 올 자가 없다."

그리스도는 말씀하신다. "나로 말미암지 않고서는 아버지께로 올 자가 없다."[32] 이제 어떻게 우리가 그리스도를 통해서 아버지께 왔는지를 명심하라. 자신과, 안이든 밖이든, 그에게 속한 모든 것에 대해서, 그 안에 놓여서, 의지도 소망도, 사랑도 갈망도, 바람도 생각도 그의 마음 안에서 솟아나지 않을 것이며 또는 그 안에서 어떤 거처를 가지지도 않을 것인 한, 만일 하나님 자신이 그 사람이면 하나님께 속하며 그를 만족시킬 그러한 것을 제외하고, 그 사람은 주목하여 볼 것이고, 그렇게 다스릴 것이고 자신을 보호할 것이다. 그리고 그가 하나님께 속하지 않으며 그를 만족시키지도 않는 어떤 것이 그 안에서 일어나고 있는 것을 깨닫게 될 때마다, 그는 할 수 있는 한 철저하고 빠르게 그것에 저항해야 하며 그것을 뿌리 뽑아야 한다. 그리고 그것은 바로 우리의 외적 행동과도 또한 그러할 것인데, 그가 행하든지 삼가든지, 말하든지 침묵하든지, 잠에서 깨든지 자든지, 가든지 멈춰 있든지, 요컨대, 그의 모든 길과 걸음 안에서, 그 자신의 일을 하든지 다른 사람들의 일을 하든지, 그 안에 어떤 것도, 내적으로나 외적으로나, 자라나거나 사는 것을 그가 겪지 않도록 또는 하나님께 속하고자 하는 것이 아닌 다른 어떤 것도 그 안에서 또는 그를 통해서 행해지지 않도록, 그래서 하나님 자신이 그 사람이라면 그에게 가능하고 그에게 만족하도록 하기 위해서, 끝까

---
31. 마 10:38; 눅 14:27.
32. 요 14:6.

지 그는 이 모든 것들을 살필 것이다.

보라! 그 안에서 그것이 그러한 사람은, 그가 안에 가지거나 밖에서 행한 무엇이든지 모두 하나님으로부터 난 것이며, 그리고 그 사람은, 우리가 그것을 이해하고 그것을 시작할 때, 그리스도를 그분의 삶에서 따르는 사람이 될 것이다. 그리고 그러한 삶을 영위한 사람은 그리스도를 통해서 출입하는 것은, 그가 그리스도의 추종자이기 때문이다. 그러므로 또한 그는 그리스도와 함께 그리고 그리스도를 통해서 아버지께로 간다. 그리고 그는 또한 그리스도의 종이 되는 것은, 그를 따르는 사람은 그가 또한 말씀하신 것처럼 그의 종이기 때문이다. "누구든지 나를 섬기면, 그로 하여금 나를 따르게 하라."[33] 마치 그가 "나를 따르지 않는 자는 나를 섬기지도 않는다"고 말씀하신 것처럼. 그러므로 그리스도의 종이요 추종자인 사람은 그리스도가 계신 바로 그곳, 즉 아버지께 이르게 된다. 그렇게 그리스도 자신이 말씀하신다. "아버지, 저 나의 종들이 나 있는 곳에 나와 함께 있기를 원하나이다."[34] 보라, 이 길 안에서 걷는 사람은 "문에 의해 안으로 양 우리 안으로 들어간다", 즉 영생 안으로, "그리고 그를 향해 문지기가 문을 연다."[35] 그러나 다른 길 안에서 걷거나 또는 그가 그리스도를 통하지 않고 다르게 아버지께 또는 영원한 축복에 이를 수 있다고 상상하는 사람은 속임을 당한다. 그는 바른 길 안에서 걷지 않으며, 바른 문에 의해서 안으로 들어가지도 않기 때문이다. 그러므로 그에게 문지기는 문을 열지 않는데, 그리스도가 그를 이름 지으신 것처럼, 그는 강도이며 살인자이기 때문이다. 보라, 이제 사람이 무법한 자유와 면허 안에서 선과 악, 질서와 무질서 등을 무시하면서 살 수 있는지를 생각하라. 그렇게 살면서 그가 바른 길 안에서 걸으며 바른 문에 의해 들어가는지를 잘 생각하라! 그러한 부주의는 그리스도 안에 있지 않으며 그것은 그의 참된 추종자들 중 누구 안에도 있지 않다.

제53장
다른 말을 숙고함: "아버지가 이끄시지 않고서는 나에게로 올 자가 없다."

---

33. 요 12:26.
34. 요 17:24.
35. 요 10:1, 3.

그리스도는 더 말씀하신다. "아버지가 이끄시지 않고서는 나에게로 올 자가 없다."[36] 이제 명심하라. 아버지에 의해서, 나는 완전하고 단순한 선을 이해하는데, 이 선은 모든 것이며 모든 것 위에 있고, 그것 없이 그리고 그것 외에 어떤 참된 본질도 참된 선도 없으며, 그것 없이 어떤 선한 일도 행해지지도 않았고 행해지지도 않을 것이다. 그것이 모든 것이라는 점에서, 그것은 모든 것 안에 그리고 모든 것 위에 있음에 틀림없다. 그리고 그것은 피조물이, 피조물로서, 파악하고 이해할 수 있는 그런 것들 중에 하나일 리가 없다. 피조물이, 피조물로서 파악하고 이해할 수 있는 것은 무엇이든지 그 피조물의 본성과 일치하기 때문이다. 그것은 어떤 것, 이것 또는 저것이며 마찬가지도 모든 피조물이다. 이제 단순하고 완전한 선이 어떤 것, 이것 또는 저것이라면, 피조물은 그것을 이해하기 때문에, 그것은 모든 것이 아니며, 모든 것 안에 있지 않으며, 또한 완벽하지 않다. 그러므로 우리는 그것을 또한 "무"라고 이름 붙인다.[37] 그것에 의해서 피조물이, 피조물이기 때문에, 파악하고 알고 생각하고 또는 이름 붙이는 모든 것들 중에서 아무 것도 아니라는 것을 의미한다. 이제 보라, 이 완전하고 이름을 붙일 수 없는 것이 사람 안으로 흘러들어 나갈 수 있게 하고, 그 사람 안에 독생하신 아들을 자신을 흘러 보내며, 그 안에 있는 그 자신, 우리는 그것을 아버지라고 부른다.

이제 어떻게 아버지가 사람들을 그리스도에게로 이끄는지 들으라. 이 완전한 선의 다소가, 환상이나 엑스타시에서의 경우처럼, 사람의 영혼에 발견되고 드러날 때, 그 사람 안에서 그 완전한 선함을 향해 가까이 가고 자신을 아버지와 결합하려는 열망이 생겨난다. 그리고 이 열망이 강해질수록 더 많은 것이 그 사람에게 드러난다. 그리고 그 사람에게 더 많은 것이 드러날수록 그는 더 많이 끌어당겨지기를 열망한다. 그런 식으로 사람은 영원한 선함과의 연합을 향해 끌어당겨지고 부름을 받는다. 그리고 이것은 아버지의 끌어당기심이며, 따라서 그 사람은 그를 당기시는 그에게서 가르침을 받으며, 그래서 그리스도의 생명에 의해서 가지 않고는 그는 그 연합에 이를 수 없다. 보라! 이제 그가 내가 전에 얘기한 그 삶을 입는다.

---

36. 요 6:44.

37. *Darum nennt man es auch Nichts* (Bernhart, p. 259). Cf. Riedler, *op. cit.*, p. 143과 p. 154는 cap. 1과 관련되어 있다. Cf. Bernhart-Trask, *Theologia Germanica*, p. 114 그리고 서론, pp. 96 ff.

이제 그리스도의 그 두 가지 말씀을 다시 생각하라. 전자는 "나로 말미암지 않고서는 아버지께로 올 자가 없다." 위에서 말한 것처럼, 나의 삶을 통해서이다. 후자는 "그가 나의 아버지에게서 움직여지거나 끌리지 않고는 아무도 나에게 올 수 없다", 즉 그는 내 삶을 그 위에 취하지 않고 나를 따르지 않는다. 단순하고 완전한 선에서이다. 그것에 대해서 성 바울은 말한다. "완전한 것이 올 때, 그러면, 부분적인 것은 폐기될 것이다." 말하자면 이 완전함이 어떤 사람 안에서든지 알려지고 느껴지고 맛보아져서, 이 일시적인 세상 안에서 있는 한, 그 사람에게 모든 창조된 것들은 진실로 그들이 그러한 것처럼, 완전한 것과 비교될 때 아무 것도 아닌 것으로 보인다. 그 완전한 것 외에는 또는 없이는 참된 선도 참된 본질도 없기 때문이다. 그러므로 완전한 것을 가지고 인식하고 사랑하는 사람은 누구든지 모든 선한 것을 가지고 인식한다. 그러므로 그는 다소간 어떤 것을 원하든지 또는 그에게 "부분적인" 것인 것을 원하든지, 모든 부분들은 그 완전한 것 안에 그 하나의 본질 안에 결합되어 있는 까닭이다.

여기서 말해진 것은 전적으로 외적 생활에 관한 것이다. 그것은 진정한 내적 생활을 향한 길이요 또는 접근이다. 그러나 내적 생활은 이런 방식으로 시작된다. 이 일시적 세상 안에서 가능한 한에서 일단 사람이 영원한 것을 맛보면, 모든 창조된 것들과 그 자신조차도 그에게는 아무 것도 아닌 것처럼 된다. 그리고 그가 진실로 완전한 것만이 모든 것이며 모든 것 위에 있다는 것을 깨달을 때, 그는 본질, 생명, 인식, 지식, 능력 등과 같이 그러한 모든 선한 것의 원인을 완전한 선에만 돌리며, 아무 피조물에도 돌리지 않게 되어야 한다. 그러므로 사람은 아무 것도, 본질도 생명도, 지식도 능력도, 하는 것도 삼가는 것도, 우리가 선하다고 부를 수 있는 어떤 것도 자신에게로 사칭하지 않게 된다. 그러한 것이 그의 내적 생활의 첫 번째 시작이다. 그리고 그 후에, 하나님 자신이 사람이 되시며, 그래서 하나님이 아닌 또는 하나님에게서 나지 않은 아무 것도 남지 않으며, 어떤 것을 자신에게로 사칭하는 아무 것도 남지 않는다. 그러므로 하나님 자신이, 즉 그 하나의 영원한 완전함만이 오직 사람 안에서 있고, 살고, 알고, 일하고, 사랑하고, 의지하고, 행하고, 삼간다. 그러므로 그것은 진실로 그렇게 되어야 하며, 그것이 달리 되는 곳에서, 그것으로 하여금 개선되고 고쳐지도록 하라.

그리고 선한 길 또는 접근은 최선이 항상 가장 사랑 받으며, 최선을 선택하며, 그것에 밀착하고, 그것에 자신을 결합시키기를 기대한다. 첫째, 피조물 안에서이다. 그러나 피조물 안에서 무엇이 가장 선한가? 확신되기는 그 안에서 영원하고 완전한 선함과 거기로부터 있는 것, 즉 거기에 속한 모든 것이 가장 분명하며 가장 많이 일하며, 가장 인정받고 가장 사랑받는다. 그러나 하나님에게서 나온 것, 그에게 속한 것은 무엇인가? 나는 대답한다. 정의와 진리와 함께 우리가 선하다고 부를 수 있는 무엇이든지이다. 그러므로 피조물 가운데 사람이 그가 인정할 수 있는 가장 선한 것에 밀착하며, 그것을 향해 견실히 유지하며, 배신하지 않을 때, 마침내 영원한 선이 모든 창조된 선 위에 있는 측량할 수 없고 셀 수 없이 완전한 선이라는 것을 인정하고 맛보게 될 때까지 그는 시간이 지날수록 더 좋아진다.

이제, 최선의 것이 우리에 의해 가장 사랑받아야 하며 우리가 그것을 따라가야 한다면, 하나의 영원한 선은 무엇보다, 홀로 사랑받아야 하며 우리는 오직 그것에 밀착되어야 하며 우리 자신을 그것에 할 수 있는 한 많이 결합시켜야 한다. 이제, 우리가 모든 선한 것들의 원인을 하나의 영원한 선에 돌려야 한다면, 우리가 정의와 진리로부터 그래야 하는 것처럼, 그렇게 우리는 정의와 진리로부터 그것을 우리의 시작과 진보와 완성에 돌려야 하며, 그래서 아무것도 사람 또는 피조물에게 남아 있지 않게 된다. 그것은 진실로 그렇게 되어야 하며, 사람들로 하여금 그들이 의지하는 것을 쓰고 읊게 하라. 그것은, 진실로 거기에서 나온 방식으로, 결코 인간의 입술에 의해 말해지지 않았고, 품을 수 있도록 인간의 마음 안으로 들어가지도 않았다.

이 우리의 긴 담화를 짧게 되밟으며 선언한다. 오직 하나님과 거룩한 것, 즉 하나의 영원하고 완전한 선을 제외하고는 정의와 진리 안에서 그 자신에게로 사칭하거나 또는 바라고 의지하고 사랑하거나, 모든 것 안에서 어떤 것을 추구하거나 할 아무 것도 사람 안에 없다. 그러나 사람 안에 하나님 자신이신 그 영원하고 완전한 선 외에, 혹은 그 이상의 다른 어떤 것이 있어서, 그것이 무엇이든지 간에, 그가 다소 자기에게 사칭하거나 또는 의지하고 찾아 애쓰며 이것 또는 저것을 바라면, 이것은 너무나 많은 커다란 잘못이며 그 사람을 완전한 삶으로부터 막는다. 그런 까닭에, 그가 먼저 모든 것들을 무엇보다 먼저 자신을 버리지 않는다면, 그는 결코 완전한 선에 이를 수 없다. 아무도 하나가 다른 하나에 모순되는 두 주인을 섬길 수 없기 때문이다. 하나를 가진 자는 다른 것을 가게 두어야 한다. 그러므로 만일 창조자가 안으로 들어오면 모든 피조물은 떠나야 한다. 이것에 대해 명심하라.

제54장
어떻게 사람은 그 자신의 것을 영적인 것이든 자연적인 것이든 어떤 것에서 찾을 것이 아니라 오직 하나님께만 영광을 돌려야 하는가. 그리고 어떻게 그는 영생 안으로 올바른 문 즉 그리스도를 통하여 들어가야만 하는가.

만일 사람이 그의 손이 사람을 향할 때 거기에 이르러 하나님께 이른다면, 그로 하여금 그것으로 만족하게 하고 더 추구하지 않게 하라. 이것이 나의 충실한 권고이며 여기에 나는 자리하고 있다. 말하자면, 그로 하여금 하나님과 그의 계명을 항상 그리고 모든 것 안에서 매우 철저하게 순종하기 위해서 자신을 단련하고 익숙하게 하여 그의 영 안에서도 본성 안에서도, 반항하는 어떤 것이 남아 있는 것을 그가 발견하지 않도록 하라, 그러면 그의 전 영혼과 육체는 그 모든 지체들과 함께 하나님이 그들을 창조하신 바를 향해 기꺼이 준비될 것이다. 그의 손이 사람을 향하고 있을 때처럼 기꺼이 준비될 것이다. 사람의 손은 매우 온전하게 그의 능력 안에 있어서 눈 깜짝할 순간에도 그가 의지하는 대로 그것을 움직이고 돌린다. 그리고 우리가 그것을 다르게 발견할 때, 우리는 우리의 모든 근면을 다해 우리의 상태를 고쳐야 한다. 그리고 이것은 두려움이 아닌 사랑으로부터 나와야 하며, 모든 것 안에서 무엇이든 우리는 우리의 목적을 하나님께 고정하고 그의 영광과 찬양만을 추구해야 한다. 우리는, 영적인 것 안에서도 본성적인 것 안에서도, 우리 자신의 것을 추구해서는 안 된다. 그리고 진실로 그것이 우리와 함께 잘 지낸다면, 그렇게 되는 것이 필요하다. 그리고 모든 피조물들은 바르고 진실하게 이것을 하나님께 특히 사람에게 돌리는데, 그것은 하나님의 명령에 의해 그에게 모든 피조물이 순종하게 되며 그의 종들이기 때문이며, 그래서 그가 오직 하나님께 순종하며 섬기도록 한다.

이것을 또한 마음에 두라. 사람이 아주 높이 올라 그의 목적에 이르렀다고 상상하거나 설득될 때, 그때가, 악마가 재를 뿌리고 그의 씨앗을 뿌리고 있지 않도록, 그리고 본성이 그 안에서 평화와 기쁨을 추구하고 위로를 받고 안식하고 그래서 그가 진정으로 경건한 삶에 전적으로 낯설고 그것과 전쟁을 벌이는 그 어리석은 무법한 자유와 부주의에 떨어지지 않도록, 그가 조심해야 할 때다. 그리고 이것은 (우리가 말했던 것처럼 그리스도이신) 바른 길과 바른 문에 의해 안으로 들어가지 않고 또는 들어가기를 거절하며, 그가 다른 문과 다른 길에 의해서 그 최고의 진리에 이를 수 있다고 상상한 사람에게 일어날 것이다. 아마 그는 심지어 그가 거기에 이르렀다고 생각할지도 모르지만, 그러나 틀림없이 그는 이르지 못했다. 그리고 우리의 증인은 그리스도인데, 그는 말씀하신다. "나를 통하지 않고 다르게 들어가는 자는 안으로 오지 못하며 최고의 진리에 이르지 못하고, 그러나 그는 도둑이요 살인자다."[38] 도둑인 것은, 그가 하나님에게서 오직 하나님에게만 속한 존경과 영광을 빼앗았기 때문이다. 그는 그것들을 자신에게로 사칭하고, 자신을 추구하고 목적한다. 그가 살인자인 것은, 그가 그 자신의 영혼을 살해하고, 하나님이신 그녀의 생명을 빼앗았기 때문이다. 육체는 영혼에 의해서 사는 만큼, 바로 그만큼 영혼은 하나님에 의해서 살기 때문이다. 더욱이, 그는 그를 따르는 모든 사람들을 그의 교리와 본보기에 의해서 살인한다. 그리스도는 말씀하시기 때문이다. "나는 나 자신의 의지가 아니라 나를 보내신 하늘에 계신 내 아버지의 의지를 행하러 왔다."[39] 그리고 다시 말씀하신다. "왜 너는 나를 주여, 주여 하고 부르면서, 내가 말한 것들을 하지 않느냐?"[40] 마치 이렇게 그는 말씀하신다, "그것은 너에게 영생에 아무 도움이 되지 않는다." 그리고 다시, "주여, 주여 하며 나에게로 오는 모든 자가 천국에 들어가는 것이 아니다. 그러나 하늘에 계신 내 아버지의 뜻을 행하는 자가 들어갈 것이다."[41] 그리고 그는 또한 말씀하신다, "네가 영생을 얻고자 한다면, 하나님의 계명을 지키라."[42] 그러나 무엇이 하나님의 계명인가? 그것들은 이것이다: "모든 것 안에서 네 마음을 다해 하나님을 사랑하고, 네 이웃을 네 몸과 같이 사랑하라."[43] 인간의 순종보다 하나님께 더 사랑스러우며, 인간에게 더 유익한 것은 없다. 그에게는, 참된 순종으로부터 만들어진 한 가지 선한 일이 순종에 반대되는 자기-의지로부터 만들어진 십만 가지보다 더 사랑스럽다. 그러므로 이 순종을 가진 사람은 아무 것도 두려워할 필요가 없는 것은, 그가 바른 길 안에 있으며, 그리스도를

---

38. 요 10:1.
39. 요 6:38.
40. 눅 6:46.
41. 마 7:21.
42. 마 19:17.
43. 눅 10:27; 마 22:37 ff.

따라가기 때문이다.

    그러므로 우리가 자신을 부인하고 포기하고, 하나님을 통해 모든 것을 버리고, 우리 자신의 자기-의지를 향해 죽고, 오직 하나님에게 그리고 그의 의지를 향해 살도록, 우리를 도우소서, 그의 의지를 그의 하늘 아버지의 의지를 향해 포기하신 – 영원히 모든 것 위에 복되신 예수 그리스도, 우리의 사랑하는 주님이시여. 아멘.

여기서 프랑크푸르트 사람(Frankfurter)은 끝마친다.
주님께 찬송과 영광을
그리고 고귀한 여왕이며 처녀,
마리아, 하나님의 어머니에게 아멘.
코스마스(Cosmas)와 다미아니(Damian)
복된 순교자들의
날에 1497년.
1497년

Sit laus vitam humilianti in semetipso.

XII. 쿠에스의 니콜라우스
(1401–1464)

PART XII
NICHOLAS OF CUSA

PART XII
NICHOLAS OF CUSA

서론

전기적 내용

니콜라우스(Nicholas krebs)는 모젤강(Moselle)의 선주(船主)의 아들로 쿠에스(Cusa)에서 1401년에 태어났다. 1413년에 데벤테르(Deventer)의 공동생활형제단 아래에서 배우기 시작하여, 하이델베르크(Heidelberg, 1416-1417), 파도바(Padua, 1417-1423), 로마(1423), 그리고 쾰른(1425)에서 계속해서 공부했다. 1426년에 교황 특사인 추기경 오르시니(Cardinal Orsini)의 비서가 되었다. 사제직까지 올라가서 1430년경에는 코블렌즈(Coblenz)에 있는 생 플로랭(St. Florin)의 지구(地區) 수석 사제가 되었다. 1431년에 바젤(Basel)에서 울리히 폰 만데르쉬트(Ulrich von Manderscheid)의 관심을 대변하도록 위임 받고, 1432년 콘실리아 대학(Conciliar college)에 들어갔다. 여기서 그는 후스파와의 협상에 참여했으며, 「카톨릭의 일치」(Catholic Concordance, 1433)를 썼다. 그는 동서 연합을 추구하기 위해 1437년에 콘스탄티노플에 파견된 사절단의 일원이었다. 1438년에 교황 측으로 가면서, 그는 1448년까지 제국의회에서 에우게니우스 4세(Eugenius IV)의 전권대사로서 봉사했다. 1440년의 「학식 있는 무지」(On Learned Ignorance)와 1453년의 「하나님을 봄」(The Vision of God)을 저술하는 사이에 1448년에는 추기경이 되었는데 세인트 피터 인 체인스(St. Peter in Chains) 성당이 그의 명의상의 교회였다. 1457년 이후 브릭센에서 지기스문트 공(Duke Sigismund of Tirol)과 감독 권한의 문제로 부딪치고 그의 만년을 유형 당한 채 학문적 연구에 종사하며 보냈다. 그는 토디(Todi)에서 1464년에 죽었다.

참고 자료

E. Vansteenberghe는 *Dictionnaire de théologie catholique*, Vol. 11, pt. 1 (1931), cols. 601-612에 훌륭한 논문을 썼다. 이것과 그의 전기, *Le cardinal Nicolas de Cues*, Paris, 1920을 비교하라. H. Bett, *Nicholas of Cusa*, London, 1932는 유용하다. J. Lefèvre d'Étaples of Paris, 1514가 편집한 세 권으로 된 *Opera omnia*는 3 vols. in I, by Henri Petrus in Basel, 1565에 출판되었다. E. Hoffmann-R. Klibansky-G. Kallen, published by F. Meiner, at Leipzig의 비평적인 *Opera omnia*에서 *De docta ignorantia*가 Vol. I (1932)이며, *the Apologia doctae ignorantiae*가 Vol. II (1932)이다. 기본적인 가치가 있는 책들은 P. Rotta, *De docta ignorantia* … Bari, 1913과 A. Petzelt, Nicolaus von Cues, *Texte seiner philosophischen Schriften* (based on the 1514 and 1565 editions), W. Kohlhammer, Stuttgart, 1949, with Vol. I, including both the *De docta* and the *Apologia*이다. 현대어로 번역한 책들로는 L. Moulinier, *De la docte ignorance*, Felix Alcan, Paris, 1930, Fr. G. Heron, *Of Learned Ignorance*, Routledge & Kegan Paul, London, 1954, 그리고 M. de Gandillac, *Œuvres choisies*, Paris, 1942가 있다. The Vision of God를 훌륭하게 번역한 것은 Vansteenberghe의 *La vision de Dieu*, Paris, 1925, 그리고 이 책과 바젤 본문에 광범위하게 근거한 E. G. Salter의 *Nicholas of Cusa: The Vision of God*, J. M. Dent & Sons, Ltd., London, and E. P. Dutton & Co., Inc., New York, 1928이다. 완전한 설명을 가진 훌륭한 독일어 본문은 E. Bohnenstaedt, *Von Gottes Sehen*, F. Meiner,

Leipzig, 1942, 1944이다. 필요불가결한 문헌 연구에는 M. de Gandillac의 *La pjilosophie de Nicolas de Cues*, Aubier, Paris, 1941, revised edition, *Nikolaus von Cues*, L. Schwann, Düsseldorf, 1953, 그리고 E. Hoffmann, *Das Universum des Nicolaus von Cues*, Heidelberg, 1930이 포함된다. Bohnenstaedt와 P. Wilpert가 신비주의에 관해 쓴 논문들과 coincidentia oppositorum in J. Koch, *Humanismus, Mystik und Kunst in der Welt des Mittelalters*, Cologne, 1953을 보라. Wentzlaff-Eggebert, op. cit., pp. 150-160, 320-323을 보라.

학식 있는 무지 *On Learned Ignorance*와 디오니시오스의 신학이 하나님을 봄 *The Vision of God*과 가지는 관계에 대해서는 위의 솔터(Salter)의 번역, pp. xiff.을 보라 그리고 "복잡"과 "설명"에 대해서는 pp. xxv ff을 보라. Gilson, *History*, pp. 534-40 은 계몽적이다. 쿠에스의 "편지들"과 그의 친구들은 Vansteenberghe, "Autour de la docte ignorance," *Beiträge*, Vol. 14, pt. 2, pp. 107 ff.를 참조하라. 학식 있는 무지로서의 지식과 무지의 일치와 하나님을 보는 것과 사랑과 믿음의 관계에 관해서는 Letter 4 (1452), pp. 111-113을 보라. 긍정과 부정의 신학을 둘 다 능가하는 것으로서의 디오니시오스의 신비 신학과, "연계의 신학"과 모든 모순을 지우는 일치의 구름 안에서가 아니고는 하나님을 신비스럽게 보는 것이 불가능하다는 것에 관해서는, Letter 5 (1453), pp. 113-117; 또한 Vansteenberghe, *Vision*, pp. xvi-xvii을 보라. 쿠에스는 이 전체의 신비 신학과 이 하나님을 봄을, 무한성이 모순과 "끝이 없는 끝"의 일치인 한에서, 절대적인 무한성 자체 안으로 들어가는 것으로서 설명한다. 어느 누구도 무한성인 일치의 구름 또는 안개 안에서가 아니면 하나님을 신비스럽게 볼 수 없다(*et nemo potest Deum mistice videre nisi in caligine coincidencie, que est infinitas*), p. 116. 신비 신학에 관한 작은 책, 이 실천적 논문(*hanc praxim experimentalem*)을 쿠에스는 테게른제(Tegernsee)의 베네딕투스 수도회에 보내려고 했는데 그것이 「하나님을 봄」(*The Vision of God*)이다. 이 소책자는, 사색적인 섬묘함을 제의하는 것과는 거리가 먼데, 영적 탐구의 취미를 자극하고 신비 신학의 경험적 지식을 주입하는 것을 솔직하게 의도하였다(*omnia scibilia quodam experimento venari poteritis, maxime in mistica theologia*). Vansteen berghe, "Correspondance," *Beiträge*, Vol. 14, pt. 2, p. 116; *Vision*, pp. xvii ff.

개관

쿠에스의 전기 작가는 그를 기질로는 형이상학자로 직무로는 신학자로 소명에서는 사도로 동정적으로 평가해왔다. 니콜라우스의 「학식 있는 무지」(On Learned Ignorance)는 그의 사상과 방법의 주목할 만한 종합을 이룬다. 그는 순전한 변증법과 유명론자의 가설을 똑같이 넘어선다. 그는 형이상학과 신학에 의해 추구된 실제에 동의한다. 그럼에도 불구하고, 그는 그것에 도달하려는 정신의 시도에 날카로운 제한을 둔다. 어떤 것에 대해서도 완전한 진리를 주장할 수 없는 그의 무능함을 인간은 잘 알고 있기 때문에 그것이 인간성이 할 수 있는 최고의 과학을 구성한다. 이것이 쿠에스가 신비적 환상, 즉「하나님을 봄」을 준비하면서 그렇게 비중 있게 의지하고 있는 "학식 있는 무지"이다.

쿠에스는 우리가 가장 잘 아는 것은 우리가 아무 것도 모른다는 사실이라는 소크라테스의 확신에 동의한다. 이 모순은 한편의 진리와 다른 한편의 지식 사이에 있는 분리로부터 뻗어 나온다. 절대적이고 하나이며 무한히 단순한 진리와 부끄럽게 대조되면서, 지식은 자신이 필연적으로 상대적이며 복잡하며 유한하다는 것을 드러낸다. 우리가 완전하게 알 수 없는 것들 가운데 하나님 자신이 계시며, 그는 절대적인 최대한이며 더 이상 감할 수 없는 통일성이다. 또한 사물의 본질 즉 그들의 정수도 알기 어려운데, 그들에 관한 진리는 하나님 안에 있다. 모든 지식은 제한되며 근사치이다. 모든 과학은 결국 확정적이지 않다.[1]

그래서 이성 너머에 있는 진리를 추구하는 것이 필수적이다. 이 단순하고 절대적인 최대한, 이 무한한 진리는 우리의 이해 너머에 있다. 이성적 지식은 분명하게 감각적 지식보다 우월하다. 그러나 이해는, 마치 그것이 독특한 감각의 복합성 앞에서 좌절을 경험하는 것처럼, 모순을 해결하지 못하는 어떤 이성적 과정의 불능에 의해 자신이 방해받는 것을 발견한다. 감각과 이성과 지성의 교호작용에 의해 이해된 모든

---
1. *Doct. ign.*, I, 1–3.

것들은 매우 다양해서 그 안에 있는 어떤 동등함도 불가능하게 한다. 다양성의 정확한 반대 명제인 최대한의 동등성은 완전히 우리의 이해 너머에 있다.[2] 사람이 진리에 이르기 위해서, 절대적으로 단순한 그 유일한 최대한을 포착하기 위해서, 바로 그가 자신을 감각의 혼동시키는 가지 위로 고양시키듯이, 그는 어느 정도, 산만한 이성과 상상을 초월해야 한다. 사람은 감각, 상상 또는 이성에 의해 그것의 자연스러운 추가물들과 함께 획득한 모든 것들을 배출하거나 뱉어내도록 강요된다. 그는 단순한 직관으로 그 최대한을 붙들어야 한다. 절대적이고 지적인 존재를 붙잡기에 석설한 지성은 사람이 단순성 또는 "모순들의 일치"를 얻도록 해준다. 지성은 그래서 단순한 직관에 의해 차이들과 다양성들과 그리고 수학적 이해들 위로 고양될 수 있다.[3]

최대한의 통일성이 삼위일체임에 틀림없는 이유를 이해하려고 하는 철학은 분명히 상상 또는 이성으로부터 어떤 도움을 기대할 수 없다. 최대한과 최소한의 일치를 향한, 모순들의 일치를 향한 쿠에스의 호소는, 그러므로, 기본적으로, 신비적 사색 또는 명상 보다 덜한 평범한 이성의 문제이다. 그것은 본질적으로 신앙의 근본적인 이론을 기본적으로 개척하는 초이성적 실재들에 관한 개관에 의해 구성될 것이다. 신앙은 지성적인 모든 것들을 포함하거나 끌어안는다. 이해는 복잡하고 쌓인 것들을 확실히 하거나 표명한다. 지성은 신앙으로부터 방향을 얻는다. 신앙 자체는 이해에 의해 확장되며, 이해는 신앙 없이는 불가능하다. 가장 완전한 신앙은 진리 그 자체인 예수 위에 기초를 둘 것이다.[4]

그러한 사색은 아름답거나 유익한 것이 되기보다 덜 참된 것으로 생각될 것이다. 그들은 신앙과 사랑에 의해 영혼을 신비의 어둠 안에서 어렴풋이 감지하는 진리에 접근하도록 초대하는 매력적인 조망을 영혼 앞에 펼쳐놓을 것이다. 하나님의 말씀이자 능력인 예수를 믿음으로 날마다 살아가는 가장 겸손한 사람들은 이성과 지성 너머 순수하고 단순한 사고의 세 번째 하늘 안에 있는 그 단순성 안으로 사로잡힐 수 있다.

본성적으로, 이 단순한 사고는 이성적 언어 안에서 적당한 표현을 찾지 못할 것이다. 쿠에스는 비교와 상징으로 돌아갈 것이다. 그는, 그것이 아무리 부적절할지라도,

---

2. *Ibid.*, I, 4.
3. *Ibid.*, I, 10.
4. *Ibid.*, III, 11.

기하학적 설명에 호소할 것이다.5 지성의 단순한 눈이 하나님을 추구해야 하는 것은 모순 너머에 있다. 이것은 하나님이 존재하지 않음이 그 자체에 대항할 수 없는 존재이시기 때문이다. 그것은 곧 무한히 큰 것인 동시에 무한히 작은 것이며, 최소한과 일치하는 최대한이다.6 이것은 행동, 가능성(*possest*)와 일치하는 능력이다. 우리 눈에 복합적인 신적 속성은 신적 본질 안에서 일치한다. 원은 통일성과 단순성의 완벽한 형태이다. 모든 신학은, 그러므로, 이른바, 원형이다.7 부정의 신학은 긍정의 신학보다 우월하다.8 양자보다 더 나은 것은 둘을 결합하는 것이다. 그들은 연계의 신학 안에서 일치한다.9 하나님은 하나도 아니고 셋도 아니다. 그는 셋이 일치하는 통일성이다. 그는 하나인 셋(*unitrine*)이며, 삼위일체(*triune*)이다.10

모든 것은 하나님 안에 있다. 그는 그의 무한한 단순성 안에 모든 것을 복잡하게 하고 포함하고 또는 끌어안으며, 동시에, 그는 모든 것 안에 있다. 그는 모든 것을 확실히 하거나 또는 표명한다. 복잡(*complicatio*)는 해명(*explicatio*)와 일치한다.11

하나님의 섭리는 모순들을 하나로 만들며, 그리고, 결과적으로, 아무 것도 그를 벗어날 수 없다. 이 섭리는 세상의 중심인 동시에 주변이다. 그것은 모든 곳에 있는 동시에 아무 곳에도 없다. 한 마디로, 그것은 다르지 않음(*non aliud*)이다.12

하이델베르크의 신학 교수인 요한 벵크(John Wenck)는 그의 책, 「알려지지 않은 책」(*De ignota litteratura*)에서 쿠에스는 범신론자임을 증명하려고 노력한다. 쿠에스는 그의 책, 「학식 있는 무지에 대한 변론」(*Apologia doctae ignorantiae*)에서 그에게 직접적으로 답한다. 모든 것들은 하나님 안에서 원인 안에 있는 원인된 것들로서 있기 때문에, 원인된 것이 그 자체로 원인이기는 거의 불가능하다.13 그러면, 쿠에스의 직접적인 신비 경험에 영

---

5. *Ibid.*, I, 1, 12.
6. *Ibid.*, I, 4.
7. *Ibid.*, I, 21.
8. "긍정"에 관해서는 *Ibid.*, I, 24 그리고 "부정"에 관해서는 I, 26.
9. *De filiatione Dei*, Petzelt, *op. cit.*, I, 235.
10. *Doct., ign.*, I, 19.
11. *Ibid.*, II, 3. 라틴어 *complicatio*는 "접히는 것" 즉 "싸는 것," 덮는 것, 포함하는 것, 엉키는 것을 말한다. *Explicatio*는 "펼치는 것," 전개하는 것, 설명하는 것, 확실히 하는 것을 의미한다.
12. *Doct. ign.*, I, 22; II, 11-12.
13. *Per hoc enim, quod omnia sunt in Deo ut causata in causa, non sequitur causatum esse causam. Apo. D. I.*, fol. 37 v., Petzelt, *op. cit.*, I, 285.

향을 미친 것으로서 이것은 모든 것 중에서 무엇인가? 그리스도와 교회와 신앙과 그리고 나머지 중에서 무엇인가?

피조물들의 정점에, 천사들을 제외할 경우, 인간의 본성이 발견되는데, 그것은 본래 지적 본성과 감각적 본성을 뒤얽히게 만든다. 죄에 의해 우주의 상승 운동은 자신이 방해받고 뒤로 몰리는 것을 발견한다. 그것은 하나님께 다시 장착된 우월한 존재로서가 아니고서는 생길 수 없었다. 이 존재가 그리스도였으며, 그는 절대적인 최대한인 동시에 모순된 최대한이었다. 그는, 자연과 은총뿐 아니라 신성과 인간성이 일치하는 인격 안에서, 창조주이자 피조물이었다. 그의 인간성은 다른 사람들의 그것처럼 단순히 개인적이지 않았다. 예수는 완전한 사람, "최대한의" 인간이었으며 그 안에는 인간의 본성이 모든 종류의 능력과 뒤얽혀 있었다. 최대한의 사람으로서, 그러므로, 그는 순전히 자연스러운 방법으로 태어날 수 없었다. 아버지는 동정녀인 어머니의 도움과 함께 "그의 아들을 성령을 통하여 인간의 본성으로 옷 입혔다." 그의 수난과 죽음에서 모든 사람들의 죄가 집중되고 극복되었다. 그의 최대한의 인간성은 사랑에 기초된 신앙의 가치 있는 연합 안에서 그에게 부착된 모든 사람에 대하여 승리의 운명을 가능하게 만들었다. 그 자신의 고유한 목적을 성취하기 위해서, 그러므로, 사람은, 신앙과 행위에 의해서, 그를 가능한 한 가깝게 그리스도와 결합시켜야 한다. 충성스러운, 할례 받은, 세례 받은, 그리고 그 안에서 죽음으로 옮겨진 사람들은 마찬가지로 그 안에서 새로운 생명으로 다시 살아난다. 그리스도는, 그러므로, 사물들의 고유한 질서 안에서 그리고 시간의 완성 안에서, 본성적 매개(natura media)로서, 자신 안에서 모든 본성들을 "복잡하게 하며" 또는 "표명하며" 그래서 전 우주를 완성이라는 최고의 가능한 정도를 향하여 이끌어가는 것으로 나타났다. 그 안에서 최대한과 최소한은 일치한다. 최대한의 겸손은 최고의 칭찬에 결합된다.[14]

신비 신학 자체에 관하여, 니콜라우스는 "학식 있는 무지" 안에서 그 출발점을 보았다. 그는 "모순들의 일치"를 하나님이 구름 속에 자신을 숨기시는 낙원의 현관과 동일화하였다. 이것 너머로, 신앙과 환상의 영역이 뻗어나간다고 쿠에스는 말한다. 신앙은 거기서 안내자로서 봉사해야 한다. 그것은 모든 지성을 "확실히 하거나" 또는

---

14. *Doct. ign.*, III, 2–6.

"표명하기" 때문에 그것은 지성의 시작이다. 소망은 거기서 사람이, 말하자면, 잠으로부터 철야의 상태로, 듣는 것으로부터 보는 것으로 건너가는 곳인 "단순한 지성"으로 고양되는 순간까지, 열정을 가지고 앞으로 나아가게 해야 한다. 여기서 사람은, 바울과 같이, 엑스타시 안에서 넋을 잃으며, 말로 할 수 없는 직관에 들어간다.[15]

쿠에스가 말하는 신앙은 사랑에 의해 이미 형성된 신앙이었다. 그러나 신비의 길을 묵상할 정도로, 그는 어떻게 일치의 벽 너머로 영혼을 고양시키는 데에 사랑의 길이 가장 편안하고 가장 확실한 길인지를 더 잘 이해한다. 왜냐하면 하나님은 자신을 그를 사랑하는 자들에게, 그가 사랑하는 자들에게 알리시기 때문이다.

그의 수도원 친구들이 신비적 상승이 모든 지식을 배제하고 오로지 사랑에 의해 획득되어야 하는지를 질문했을 때, 그는 아니다! 라고 말했다. 그래서 그는 샤르트르 빈센테(Chartreux Vincent d'Aggsbach)를 반대하여 제르송(Gerson)의 편을 들었다. 하나님은 진리와 선의 모든 일치 너머에 계신다. 한편, 완전한 사랑은 용기와 내용의 일치보다 위에 있다. 성경에 의하면, "사랑 안에 거하는 자는 내 안에 거하며 그리고 나는 그 안에 거한다." 그러므로 하나님을 사랑하는 것과 하나님을 아는 것은, 하나가 다른 하나 없이는, 나아가지 않는다. 그들은 오직, 하나가 되기 위한 한도에서 섞인다.[16]

「봄」(Vision)과 「학식 있는 무지」(On Learned Ignorance)에서 발견되는 하나님의 경험은 말로 표현할 수 없는 달콤함이며 지적으로 조직된 기쁨의 그것이다. 이 작품들의 주제는, 「설교들」(Sermons)와 많은 논문들의 주제처럼, 그리스도 안에서 세계의 건전한 일에 계시된 하나님의 사랑의 번역가능성이다.[17] 그리스도와 일치될 필요와 그 능력은 그의 설교적 권유들을 열정적으로 절제하게 한다. 학자, 교사, 작가, 설교가, 과학자, 철학자, 공의회주의자, 감독 그리고 추기경으로서의 그의 수고의 즐거운 짐은 그리스도를 통해 열린 명상적 길을 그리스도와 함께 추구하는 활동적 길에 적용하는 것이다.

이해의 시작인 신앙의 길, 그것에 의해 바울이 전에는 그에게 감추어졌던 그리스도를 보게 된 학식 있는 무지, 신앙에 의해 자신을 그리스도에게로 일으키는 자에게

---

15. *Ibid.*, III, 11.
16. 귀중한 연구인 Vansteenberghe, "Autour de la docte ignorance," in *Beiträge*, Vol. 14, pts. 2-4 (Münster i/W, 1915), pp. 1-220, 그리고 특히 the "Documents," 즉, "Correspondance," pp. 107 ff.를 참조하라. 특히, "Corresp.," nos. 4, 5, 9, 16을 보라.
17. F. U. Scharpff, *Wichtigste Schriften*, Freiburg, i/B, 1862 그리고 the *Excitationum ex sermonibus*, in the Basel *Opera* 안에 있는 이용하기 편리한 자료들을 보라. 또한 이 선집 안에 있는 설교들을 주목하라.

자신을 드러내는 진실들 – 이들 모두는 신자를 그리스도와 하나로 만드는 환상과 명상이 그것과 함께 자신을 행동에 투자하는 거룩한 지혜의 일부이다.

    쿠에스는 세상의 추수할 밭 안으로 천상의 환상을 쫓아갔다. 이것은 교회와 그녀의 성례전과 그녀의 위계와 그녀의 선포된 복음을 일시적인 세상 안에 있는 영원한 왕국의 종들로서 찬미하는 그의 작품들 안에서 가장 잘 증명된다. 여기에, 그러므로, 생명의 빵, 즉 생명을 주는 빵 그리스도는 신앙에 의해서만 얻어질 수 있으며, 신앙은 마찬가지로 복음의 선포와 의롭게 하는 주인을 요구한다.

PART XII
NICHOLAS OF CUSA

학식 있는 무지[18]

본문

제1권 제1장

어떻게 "아는 것"은 "모르는 것"인가.

거룩한 은총에 의해서, 모든 것 안에 각자의 본성적 조건이 허락하는 방식대로 더 선해지려는 어떤 본성적 욕망이 있으며, 그 안에 판단력을 타고난 존재들이 이 목적을 향해 움직이며 필요한 도구들을 가지고 있는 것을 우리는 본다. 이것은 지식의 목적과 일치하며 그래서 그것을 향한 갈망은 공허하지 않으며 그것은 그 자신의 본성의 올바른 균형 안에서 휴식에 이를 수 있게 된다. 만일, 우연히, 그것이 다르게 된다면, 병이 입맛을 빼앗고 단순한 의견이 합리적인 것을 왜곡할 때와 같이, 그것은 반드시 사고로부터 생긴다. 이 이성은 건전하고 자유로운 지성이며 그것은 만족할 줄을 모르고 내적인 질문으로부터 모든 것을 조사함으로 참된 것을 얻기를 원하며, 그것

---

18. P. Rotta, 1913의 본문에 근거하고 있는 이 번역은 James Bruce Ross의 것이며 그는 Mary Martin McLaughlin과 함께 *The Portable Medieval Reader*, New York (Copyright, 1949, by The Viking Press)를 편집하였다.

이 그것을 사랑스러운 포옹으로 파악할 때 그 참된 것을 알게 되는데, 우리는 모든 건전한 정신들이 거절할 수 없는 것의 완벽한 진리를 의심하지 않기 때문이다.

이제 조사하는 모든 사람들은 불확실한 것을 비례의 제도에 의한 믿을 만한 가정(假定)에 비교함으로써 판단한다. 모든 조사는, 그러므로 상대적이며, 비례의 방법을 사용하기에 그 조사의 대상들이 어떤 근접한 비례적 환원에 의해 그 가정에 비교되는 한, 견해의 판단은 쉽다. 그러나 만일 우리가 많은 매개물들이 필요하다면, 그때 어려움과 곤란이 발생할 것이다. 이것은 수학에서 잘 알려져 있으며, 거기서 처음 가정들은 잘 알려진 처음 원칙들을 쉽게 참조하며, 그러나 나중의 것들은, 그들이 처음의 것을 매개할 필요가 있기 때문에, 훨씬 더 많은 어려움을 준다. 모든 조사는, 그러므로, 쉽든지 어렵든지 상대적인 비례로 이루어져 있으며, 그리고 그것이 무한한 것이, 그것은 무한한 것으로서 모든 비례를 벗어나기 때문에, 알려지지 않는 이유이다.

이제 비례는, 어떤 것 안에서 그것은 차이와 함께 동의를 표시하기 때문에, 수(數) 없이는 이해될 수 없다. 수는, 결과적으로, 비례에 의해 받아들이는 모든 것을 포함한다. 수는, 그러므로, 오직 양 안에서 비례를 만드는 것이 아니라, 어떤 방식으로, 본질이든 우연이든, 동의할 수 있거나 구분할 수 있는 모든 것들 안에서 비례를 만든다. 그러므로 피타고라스(Pythagoras)는 모든 것이 수의 힘을 통해 구성되며 이해된다고 열정적으로 생각했다. 그러나 물질적인 것들 안에 있는 복합성을 정밀하게 하는 것과 알려지지 않을 것을 향해 알려진 것을 적용하는 것은 인간의 이성을 훨씬 더 능가하며, 그것이 소크라테스에게 그가 그의 무지 밖에는 아무 것도 알지 못한다[19] 것처럼 보였으며, 그리고 그 매우 현명한 솔로몬도 모든 것은 어렵고 말로 해결할 수 없다고 단언했던 것이다. 그리고 거룩한 영의 또 다른 사람은 지혜는 또한 지성의 자리이며, 살아있는 것들의 눈으로부터 숨겨져 있다고 말한다. 만일, 그러므로, 그 매우 심오한 아리스토텔레스(Aristotle)가 그의 「제일 철학」(First Philosophy)에서 확언한 것처럼, 태양을 보려고 시도하는 부엉이처럼, 본성에 가장 분명한 것들 안에서 그러한 어려움이 우리에게 생기는 것이 사실이라면, 우리 안에 있는 거룩한 것은 틀림없이 공허하지 않기 때문에, 우리는 우리가 무지하다는 것을 알 필요가 있다. 만일 우리가 이 결말에 완전히

---

19. *Nihil scire, nisi quod ignoraret....*

이른다면, 우리는 "학식 있는 무지"를 얻게 될 것이다.[20] 사람은 아무 것도 아니며, 무지 그 자체 안에서 매우 학식 있는 것이 발견되며, 그것이 그의 특징이며, 그리고 어떤 사람이 그 자신의 무지를 더 많이 알수록 더 많이 학식 있게 될 것이라는 것을 아는 가장 열정적이며 가장 완전한 사람들조차 그러하기 때문이다. 학식 있는 무지의 이 목적에 관해서 나는 몇 마디 말을 쓰는 수고를 맡았다.

제1권 제2장
이하(以下)에 대한 개괄적 설명.

가장 위대한 교리, 무지의 교리를 다루기에 앞서, "최대의 존재의 속성"(maxmitas)이라는 본성을 취하는 것을 숙고할 필요가 있다. 이제 나는 "최대한"을 아무 것도 그보다 더 클 수 없는 것이라고 부른다. 충분은 진실로 어울리는 것이다. 그것은 통일성이 "최대의 존재의 속성"과 일치하는 이유이며 그리고 그것은 또한 실재이다. 이제 만일 그러한 통일성이, 모든 관계와 모든 구체성을 넘어, 우주적으로 절대적이라면, 그것은 절대적인 "최대의 존재의 속성"이기 때문에 아무것도 그것에 반대될 수 없다는 것은 사실이다. 그래서 그 절대적인 최대한은 모든 것이며 그 안에 모든 것이 있는 것인데, 왜냐하면 그것이 최대한이기 때문이다. 그리고 아무 것도 그것에 반대되지 않기 때문에, 동시에 최소한이 그것과 일치한다. 그런 까닭에 그것은 모든 것 안에서 그러하다. 그리고 그것이 절대적이기 때문에, 그때 그것은 실제로 모든 가능한 존재이며, 사물들로부터 아무 제한도 겪지 않으며 모든 것 위에 제한을 부과한다.

이 최대한을, 모든 나라들이 확실한 신앙에 의해 그것을 또한 하나님으로 받아들이는데, 나는, 인간의 이성에 관한 나의 첫 번째 책에서, 비록 이해할 수 없지만, 홀로, 다가갈 수 없는 빛 안에 사시는 그 하나에 의해 인도되어 찾으려고 수고할 것이다.

둘째로, 최대의 존재의 절대적 속성은 절대적 실재이며, 그것에 의해 모든 존재들이 그들인 바이기 때문에, 그렇게 존재의 우주적 통일성도 절대적 최대한이라고 불리는 것으로부터 오며, 따라서 그의 통일성이, 진실로, 그것 없이 있을 수 없는 복수 안

---

20. *Doctam ignorantiam assequemur.*

에 제한되어 있는 우주로서 구체적으로 존재한다. 이 최대한은, 진실로, 비록 그것의 우주적인 통일성 안에 그것이 모든 것을 포옹하고 있어서, 절대적인 것에서 나오는 모든 것이 그것 안에 있고 그리고 그것이 모든 것 안에 있더라도, 그러나, 그 안에 그것이 있는 복수 바깥에 생존을 가지지 않는데, 왜냐하면 그것은 그것이 그것으로부터 자유로울 수 없는 구체성이 없이는 존재하지 않기 때문이다. 우주로서 나타나는 이 최대한에 관하여 나는 나의 두 번째 책에서 몇 마디 말을 보탤 것이다.

셋째로, 최대한은 숙고의 세 번째 순서가 필요하다는 것을 보여줄 것이다. 우주는 오직 복수 안에서 구체적으로 존재하기 때문에, 그 안에서 우주가 그것의 실현과 그것의 목적에서 둘 다 가장 크고 가장 완벽하게 존재하는 다양한 것들 자체 안에서 우리는 그 최대한을 추구할 것이기 때문이다. 그리고 이 우주는 자신을 우주의 목적인 절대적인 것과 결합하기 때문에, 그것은 가장 완전하고 우리의 모든 능력 너머에 있는 목적이기 때문에, 나는 아래에서, 우리가 예수의 영원히 복된 이름에 의해서 부르는, 구체적인 동시에 절대적인 이 최대한에 관해 예수 자신이 영감을 주시는 대로 몇 마디 말을 보탤 것이다. 내가 말하려고 하는 것의 의미를 얻고자 하는 사람은 단어들 자체의 힘보다, 단어들의 비례를 주장하기 보다는 차라리 지성을 높이 여겨야 하는데, 단어들은 그렇게 위대한 지적 신비들에 적절하게 조화될 수 없기 때문이다. 나의 손이 더듬을 보기들을 일종의 초월적인 양식 안에서 사용하는 것이 필요하며, 그래서 독자는 지각할 수 있는 것들을 옆으로 치워두고 단순한 지성을 향해 즉시 일어나야 한다. 비록 진리를 정확하게 이해할 수 있지 않지만, 그것을 즉시 명백하게 만들면서 학식 있는 무지의 뿌리를 노출시키기 위해서 나는, 내가 할 수 있는 한 분명하게, 어떤 거친 양식을 피하면서, 이 방식을 평범한 재능으로 추구하는 것에 자신을 적용시켰다.

제1권 제3장
정확한 진리는 이해할 수 없다.

무한이 유한에 비례하는 것은 없다는 것은 본래 명백하기 때문에, 능가하는 어떤 것과 능가되는 어떤 것을 발견하는 곳에서 단순한 최대한에 도달하지 못한다는 것이 이것으로부터 가장 명백해지는데, 능가하는 것과 능가되는 것은 유한한 것들인 반면 단순한 최대한은 반드시 무한하기 때문이다. 어떤 문제가 주어지더라도, 그것이 단순한 최대한 자체가 아니라면, 더 큰 것이 주어질 수 있다는 것은 명백하다.

그리고 우리는 속성이 정도들을 허락하며 그래서 일치와 차이라는 점에 의하여 속(屬)에서, 종(種)에서, 장소에 대하여, 영향에 대하여, 시간에 대하여, 비슷한 많은 것들로, 어떤 것이 다른 것에 보다 한 가지에 보다 일치한다는 것을 알기 때문에, 더 유사한 대상들은 여전히 무한한 수 안에 존재할 수 없다는 점에서 볼 때, 사람이 두 개 이상의 대상들이 비슷하고 일치한다고 생각할 수 없음은 명백하다. 분량들과 대상들로 하여금 그럴 수 있는 한 동등하게 평가되도록 하더라도, 항상 차이들이 있다. 그러므로 우리의 유한한 지성은 유사성의 방법에 의해서 사물들의 진리를 정확하게 이해할 수 없다. 어떤 분리될 수 없는 본성 안에 존재하는 진리는 또한 어느 정도가 아니며, 진정한 자신이 아닌 모든 것을 정확히 재는 것은 불가능하기 때문이다. 그러므로 원이 아닌 것은 나눌 수 없는 어떤 것으로 된 존재인 원을 잴 수 없다. 그러므로 이해는, 그것은 진리가 아닌데, 그러한 정밀성을 가지고 진리를 결코 얻지 못하며 그것은 무한한 것에 의해서 더욱 정밀하게 얻어질 수 없다. 그것의 진리에 대한 관계는 다각형의 원에 대한 관계와 같기 때문이다. 다각형 안에 새겨진 천사들의 숫자가 클수록 그것은 더욱 원과 같이 될 것이며, 그러나 그럼에도 불구하고, 비록 누군가가 그 천사들을 무한히 늘린다고 하더라도 그것이 원과의 동일성 안으로 무너지지 않는다면, 그것은 결코 원과 같이 될 수 없다. 그러므로 우리가 그것을 있는 그대로 정확하게 이해할 수 없다는 것을 아는 것을 제외하고는 참된 것들에 관해 우리가 아무 것도 알지 못한다는 것은 분명하다. 절대적으로 필요하며 그 자체 보다 많거나 적을 수 없는 진리는 자신을 가능성으로서 우리의 이해에 제시한다. 그러므로 존재들의 진리인 사물들의 본질은 그것의 순도에서 획득될 수 없다. 모든 철학자들은 그것을 추구했지만 누구도 그것을, 있는 그대로, 발견하지 못했다. 그리고 우리가 이 무지를 더 심오하게 배워갈수록 우리는 진리 그 자체에 더 가까이 갈 것이다.

제3권 제11장
신앙의 신비들.
우리 선조들은 한 목소리로 신앙은 이해의 시작이라고 단언한다. 모든 훈련에서 어떤 것들은 첫째 원칙들로서 전제되는데, 그것은 오직 신앙에 의해 파악되고 그것으로부터 다뤄지는 문제들에 대한 이해가 솟아나기 때문이다. 자신을 지식에로 일으키기를 원하는 모든 사람은 반드시 그것 없이 그가 자신을 일으킬 수 없는 것들을 믿어야 한다. 이사야가 말한 것처럼, "네가 믿지 않으면, 너는 이해하지 못할 것이다." 신앙은, 그러므로, 그녀 안에 이해할 수 있는 모든 것들을 포함한다. 이해는 신앙에 대한 설명이다. 이해는, 그러므로, 신앙에 의해 방향지우며, 그리고 신앙은 이해에 의해 전개된다. 건전한 신앙이 없는 곳에는 참된 이해가 없다. 원칙에서 잘못되고 기초에서 약한 것이 어떤 결론에 이를지는 명백하다. 예수이신 진리 자체보다 더 완전한 신앙은 없다.[21] 하나님의 가장 탁월한 선물이 완전한 신앙이라는 것을 누가 이해하겠는가? 하나님의 말씀이 육신이 되신 것을 믿는 믿음은, 우리가 하나님의 아들들이 될 수 있도록, 우리를 진리에로 인도한다고 사도 요한은 말한다. 그것이 그가 그의 서론에서 간단히 보여주는 것이며, 그래서 그는 그리스도에 대한 수많은 책들을 이해는 신앙에 의해 조명된다는 이 믿음을 가지고 열거한다. 그러므로 그는 마침내 이 결론에 이르고 말하기를, "이것들은 네가 예수가 하나님의 아들이심을 믿도록 하기 위해서 기록되었다."

단순성 안에서 굳게 지탱되는 예수에 대한 가장 달콤한 신앙은 상승의 단계들에 의해서 앞서 말한 원리, 무지의 원리에 따라 뻗어나가며 전개된다. 가장 크고 가장 심오한 하나님의 비밀들은, 그들이 아무리 현명할지라도 세상에서 떠도는 자들에게는 숨겨지고, 예수를 믿는 작고 겸손한 자들에게 드러난 것은, 예수는 그 안에 지혜와 학문의 모든 보물들이 봉해져 있으며, 그 없이는 아무도 어떤 것도 할 수 없는 분이기 때문이다. 그는 그에 의해서 하나님이 하늘과 땅에 있는 모든 것들에 대한 권세를 가지고 홀로 바로 그 시대들과 가장 고귀한 것을 창조하신 말씀이요 능력이기 때문이다. 그는 이성과 견해와 지식이 상징들에 의해 보다 잘 알려진 것을 통해서 알려지지 않은 것으로 우리를 인도하는 이 세상에서 알려질 수 없기 때문에, 이 예수는 오직 증거들이 멈추고 신앙이 시작되는 곳에서 파악될 수 있으며, 그것에 의해 우리는 단순성 안에서 정신을 빼앗기고 모든 이성과 지성을 넘어 가장 단순한 지성의 삼층천 안에서 우

---

21. *Ubi igitur non est sana fides, nullus est verus intellectus....Nulla autem perfectiori fides quam ipsamet veritas, quae Iesus est. Doct. ign.*, III, 11, *Opera omnia*, I, 152 (Kallen).

리는 그의 영적 몸 안에 있는 그를 명상할 것인데, 영 안에서 그리고 다만 세상에 속하지 않은 세상 안에서, 오직 하늘에서 그리고 이해할 수 없게 하는 이유는 그가 그의 무한한 탁월성 때문에 이해될 수 없다는 것을 이해하기 위해서이기 때문이다.

그리고 이것이 저 학식 있는 무지이며 그것에 의해 가장 복된 바울 자신은 일어나서 그가 전에 오직 지식으로만 알던 그리스도를 보았다. 그는 언제 그가 그를 향해 위로 더 높이 올리어졌는지를 알지 못했다. 그러므로 그리스도를 믿는 우리는 학식 있는 무지 안에서 그리스도이신 저 산을 향해 인도되는데, 우리의 동물적 본성이 그것에 이르는 것을 방해하며, 우리가 지성의 눈을 가지고 그것을 파악하려고 노력할 때 우리는 안개 속으로 떨어지며 오직 이 안개가 우리에게서 그 산을 감추고 있다는 것을 알 뿐인데, 그 위에는 오직 이해가 풍성한 사람들만이 살 수 있기 때문이다.[22] 만일 우리가 이것에 우리 신앙의 위대한 견고함을 가지고 접근하면, 우리는 눈으로부터 지각의 세상 안에서 방황하는 사람들을 빼앗기며, 그래서 내적 들음으로 우리는 하나님의 위엄의 목소리와 뇌성과 그 무시무시한 표시들을 인식하며, 곧 모든 것들이 복종하는 주님 자신을 깨달으며, 그의 걸음의 불멸의 흔적 안에서 계단들을 올라가면서, 나는 거룩한 피조물들과 같은 것을 알지 못한다. 그리고 유한한 피조물들이 아니라 그의 예언자들과 성도들의 거룩한 음성과 표시 안에 있는 하나님 자신의 목소리를 들으면서, 우리는, 마치 이성의 구름을 통해서인 것처럼, 그를 보다 분명하게 명상한다. 그래서 신자들은, 보다 불타는 열망을 가지고 계속해서 일어나면서, 그것의 단순성 안에 있는 지성을 향해 위로 끌려간다. 마치 잠으로부터 깨어남으로 듣는 것으로부터 보는 것으로 가듯이, 모든 지각 세계를 지나쳐 그 목소리에 대한 모든 들음과 모든 가르침 너머에 있기 때문에 드러날 수 없는 그것들이 보이는 곳으로 끌려가는 것이다. 만일 거기서 드러난 것이 표현되어야 한다면, 바로 그렇게 볼 수 없는 것이 거기서 보이는 것처럼, 표현할 수 없는 것이 표현될 것이고 들을 수 없는 것이 들릴 것이기 때문이다. 모든 시대를 통해서 복된 예수는, 그가 진리이기 때문에, 모든 지성의 목적이다. 그는 생명이기 때문에 모든 감각의 목적이다. 그는 실재이기 때문에 궁극적으로 모든 존재의 목적이다. 하나님과 사람으로서 모든 창조된 존재의 완성이 모든

---

22. Cf. *Doct. ign.*, I, 24, 26, 그리고 Vansteenberghe, in *Beiträge*, Vol. 14, pt. 2, "편지," no. 5, pp. 113–17. Cf. Dionysius, *Mystical Theology*, I, 1 ff.

말의 한계 때문에 거기서 이해할 수 없게 들린다. 모든 말은 그로부터 나와서 그에게로 돌아가기 때문이다. 모든 말은 그것의 목적으로서 교화, 따라서 그, 지혜 자체이신 그를 가진다. 그 말들은 성경 안에서 대표되며, 하늘들은 하나님의 말씀에 의해 지탱된다. 그러므로 모든 창조된 것들은 하나님의 말씀의 표시들이다. 모든 물질적인 말은 영적인 말씀의 표시이다. 모든 영적인 부패할 수 있는 말의 기원은 부패할 수 없는 말씀이며 그것은 이성이다. 말씀이 육신이 되었기 때문에, 그리스도는 모든 이성들 중에서 성육하신 이성이다. 그러므로 예수는 모든 것의 목적이다.

자신을 신앙에 의해서 그리스도를 향해 일으키는 그에게 정도에 따라 자신을 드러내는 사실들도 그러하다. 이 신앙의 거룩한 효능은 설명될 수 없으며, 그것이 위대하다면, 그것은 그 신자를 예수에게로 결합하여 그가 예수 자신과의 통일성 안에 있지 않는 모든 것 위에 있도록 하기 위함이다.

PART XII
NICHOLAS OF CUSA

하나님을 봄[23]

본문

제19장
어떻게 예수는 하나님과 사람의 연합인가.

나는 당신에게 말할 수 없는 감사를 드립니다, 오 하나님이여, 내 영혼의 빛과 생명이시여. 사도들과 가톨릭 교회가 가지고 있는 가르침에 의해 즉, 어떻게 당신, 사랑하시는 하나님은 당신 자신에게서 사랑스러운 하나님을 얻는가, 그리고 어떻게 당신, 얻은-사랑스러운 하나님은 절대적인 중보자인가에 의해 나는 이제 신앙을 이해했기 때문입니다. 당신, 사랑하시고 의지하시는 하나님은 그들 모두를 당신, 사랑스러운 하나님 안에 포옹하기 때문에, 존재하고 존재할 수 있는 모든 것이 사라지는 것은 당신을 통해서이기 때문입니다. 당신이, 오 하나님이여, 의지하고 생각하는 모든 것은 당신, 사랑스러운 하나님 안에 포옹되어 있기 때문입니다. 아무 것도 당신이 그것을

---
23. 이 번역은 E. G. Salter, *Nicholas of Cusa: The Vision of God*, 1928, pp. 92–130의 것이며 J. M. Dent & Co., London (E. P. Dutton & Co., New York)의 허락을 받아 사용되었다.

있도록 의지하지 않으시면 존재할 수 없습니다. 그러므로 모든 것들은 존재의 근거나 이유를 당신의 사랑스러운 구상 안에 가지며 그들 모두의 유일한 원인은 그것이 당신을 기쁘시게 한다는 것입니다. 사랑스러운 것을 제외하고는 아무 것도 사랑하는 자를, 사랑하는 자로서, 기쁘게 할 수 없습니다. 당신은, 오 사랑스러운 하나님이여, 하나님 그 사랑하시는 아버지의 아들인 것은, 당신 안에 그 아버지의 모든 기쁨이 있기 때문입니다.

당신 또한, 오 사랑하시는 하나님이여, 아들이 아버지로부터 나듯이 당신으로부터 사랑스러운 하나님이 나셨기 때문에, 당신이 하나님, 당신의 아들 사랑스러운 하나님의 사랑하시는 하나님이시라는 이유에 의해 모든 존재들의 아버지이십니다. 당신의 구상은 독자이며, 그 안에 모든 것이 있고 당신의 연합과 당신의 구상은 거기로부터 일어나는 행동과 작용이기 때문입니다. 그 행동과 작용 그 안에 모든 것들의 활동과 전개가 존재합니다. 그러므로 당신, 사랑하시는 하나님에게서 사랑스러운 하나님이 나시고, 이 세대는 하나의 구상이며, 바로 그렇게 당신, 사랑하시는 하나님으로부터 나오며, 당신의 구상, 당신에게서 태어난 사랑스러운 하나님으로부터 당신의 행동과 구상 즉, 함께 짜인 그 결속과 당신과 당신의 구상을 하나로 결합시키는 하나님이 나오며, 바로 그렇게 사랑하는 행동이 사랑 안에서 사랑하는 자와 사랑받는 자를 하나로 묶습니다. 이 결속은 성령이라고 불립니다. 성령은 움직임과 같으며 움직이는 것과 움직여지는 것으로부터 나오기 때문입니다. 그러므로 당신, 하나님 성령 안에서 모든 것이 전개되며, 바로 그렇게 그들은 당신, 하나님 아들 안에서 품어집니다.[24]

그때 나는 나를 조명하시는 하나님이 어떻게 하나님 아버지의 모든 것들이 그의 이성과 구상과 원인과 또는 모범 안에서와 같이 당신, 하나님 아들 안에 있는지를, 그리고 어떻게 아들이, 그는 이성이기 때문에, 모든 것들을 중재하는지를 깨닫습니다. 그의 손 안에 있는 움직이는 힘에 의해서 그가 마음에 간직한 금고라는 결과를 주는 장인으로부터 우리가 배우듯이, 당신, 하나님 아버지가 모든 것들을 행하시고 영 또는 움직임이 이성의 구상이라는 결과를 주는 것은, 이성과 지혜에 의해서이기 때문입니다. 그러므로 나의 하나님이여, 나는 어떻게 당신의 아들이 모든 것들의 연

---

24. Cf. *complicatio*와 *explicatio*, 즉 "포옹"과 "전개"에 관해서 이미 인용한 *Doct. ign.*, II, 3 그리고 M. De Gandillac, Koch 등의 작품들을 참조하라.

합을 중재하여 모든 것이 당신 안에서 당신의 아들의 중재에 의해 안식을 찾도록 하는지 파악하게 됩니다. 그리고 복된 예수, 사람의 아들은 당신의 아들에 가장 밀접하게 결합되어 있어서, 사람의 아들이 당신, 하나님 아버지에게, 당신의 아들, 절대적 중재자의 중재에 의하지 않고서는, 결합될 수 없습니다.

　이러한 것들을 주의 깊게 고찰하면서 가장 높은 곳으로 정신을 빼앗기지 않고자 하는 자가 누구입니까? 당신, 나의 하나님은 나, 불쌍하고 가련한 이에게 이렇게 대단한 비밀을 드러내셔서, 이해될 수 있고 중재자인 당신의 아들 안에서가 아니면 사람이 당신, 아버지를 이해할 수 없다는 것과, 당신을 이해하는 것은 당신과 결합되는 것임을 내가 알게 하셨습니다. 그러므로 사람은 연합의 수단인 당신의 아들을 통해서 당신에게 결속될 수 있습니다. 어떤 사람 안에서든지, 당신에게로 매우 밀접하게 짜인 인간의 본성은, 중재자에게 그것보다 더욱 결합될 수 없는 것은, 중재가가 없이는 그것은 당신에게 결합될 수 없기 때문입니다. 그러므로 그것은 가장 밀접한 정도로 중재자에게 결합되어 있으며, 여전히 그것은 중재자가 되지 않습니다. 그러므로, 비록 그것이 중재자가 되지 않는다고 하더라도(그것은 중재가 없이는 당신에게 결합될 수 없기 때문입니다), 그것은 여전히 절대적인 중재자에게 그토록 결합되어 있어서 아무 것도 그것과 당신의 아들, 절대적인 중재자 사아에서 중재할 수 없습니다. 만일 어떤 것이 인간의 본성과 절대적 중재자 사이에서 중재할 수 있다면, 인간의 본성은 그때 당신에게 가장 밀접한 정도로 결합될 수 없을 것이기 때문입니다.

　오 선하신 예수여, 나는 당신 안에서 인간적 본성이 하나님 아버지에게 가장 밀접하게 연결되어 있으며, 저 가장 숭고한 연합을 통해서 그것이 하나님 아들, 절대적인 중재자에게 연결된 것을 파악하게 됩니다. 당신은 사람의 아들이기 때문에 인간의 아들 됨은 당신, 예수 안에서 가장 높은 정도로 하나님의 아들 됨에 결합되며, 따라서 당신이 하나님의 아들과 사람의 아들로 바르게 불리는 것은, 당신 안에서 아무 것도 그 둘 사이를 중재하지 않기 때문입니다. 하나님의 아들이신 그 절대적인 아들 됨 안에 모든 아들 됨이 포옹되며, 그리고 거기에 당신의 인간의 아들 됨, 예수가 최고로 결합됩니다. 따라서 당신의 인간의 아들 됨은 하나님의 아들 됨 안에서, 그 안에 포옹된 것으로서 뿐만 아니라 이끄는 것 안으로 이끌어진 것으로서 그리고 실체를 주는 것 안에 있는 구현된 것으로서, 생존합니다. 따라서 당신, 예수 안에는 사람의 아들과 하나님의 아들 사이에서 가능한 아무 분리도 있을 수 없습니다. 분리의 가능성은 연합이 가장 밀접한 것으로 이루어지지 않았다는 사실에서 일어나는데, 그러나 연합이 가능한 가장 밀접한 것에서 이루어진 곳에서는 아무 중재자도 존재할 수 없습니다. 따라서 분리는 결합된 것 사이에서 아무 것도 중재할 수 없는 곳에서는 발생할 수 없습니다. 그러나 결합된 것이 결합시키는 것 안에 남아있지 않는 곳에서는 그 연합은 가능한 가장 밀접한 것이 아닙니다. 연합된 것이 분리되어 있는 곳에서보다 연합된 것이 연합시키는 것 안에 있는 곳에 보다 더 밀접한 연합이 있으며, 분리는 완전한 연합으로부터의 철회이기 때문입니다.

그러므로 당신, 나의 예수 안에서, 나는 어떻게, 연합된 것이 연합시키는 것 안에 남아있는 가장 완벽한 연합에서와 같이, 당신이 사람의 아들인 것에 따른 인간의 아들 됨이 당신이 하나님의 아들인 것에 따른 하나님의 아들 됨에 안에 존재하는지를 봅니다. 영광이 당신에게, 오 하나님이여, 세세토록 있을지어다!

제20장
어떻게 예수는 신적 본성과 인간적 본성의 연합으로 이해되는가.

오 다함없는 빛이여, 그것에 의해, 인간의 본성이 나의 예수를 통해서 당신의 거룩한 본성과 결합되는 완전한 연합은 결코 무한한 연합에 이를 수 없다는 것을 당신은 내게 보이십니다. 그것에 의해 당신, 하나님 아버지가 하나님 당신의 아들에 결합된 연합은 하나님 성령이며, 그러므로, 그것이 절대적이고 본질적인 동일성에 이르렀기 때문에, 그것은 무한한 연합입니다. 인간의 본성이 하나님의 본성에 결합되었을 때 그것이 그렇지 않은 것은, 유한한 것이 무한한 것에 무한하게 결합될 수 없는 것과 같이 인간의 본성은 하나님의 본성과의 본질적인 연합 안으로 통과할 수 없기 때문이며, 그것이 무한한 것과의 동일성 안으로 들어가고자 한다면 무한한 것이 그 안에서 실증될 때 유한한 것이기를 멈춰야 하기 때문입니다. 그러므로 그것에 의해 인간의 본성이 하나님의 본성에 결합되는 이 연합은 이럭저럭 인간의 본성이 그렇게 보다 더 높이 끌릴 수 없는 그만큼의 정도로 인간의 본성의 최고도에서 하나님의 본성에 끌리는 것에 다름 아닙니다. 그러므로 인간의 본성과 하나님의 본성의 이 연합은, 가능한 가장 큰 상태라는 의미에서, 그 정도에서 가장 크며, 그러나 그것은, 하나님의 연합이 그런 것처럼, 순수하고 단순하게 가장 크고 부한한 것이 아닙니다.

그러므로 당신의 아낌없는 은총을 통해서 나는 당신, 예수, 사람의 아들 안에서 하나님의 아들을 보며, 하나님의 아들 안에서 아버지를 봅니다. 이제 당신, 사람의 아들 안에서, 나는 하나님의 아들을 보는데, 당신이 똑같이 이들 둘 다이기 때문이며, 그리고 끌어당겨진 당신의 유한한 본성 안에서 나는 끌어당기는 무한한 본성을 봅니다. 절대적 아들 안에서 내가 절대적 아버지를 보는 것은, 아버지가 보이지 않는다면 아들은 아들로서 보일 수 없기 때문입니다. 나는 당신, 예수 안에서 모든 아들 됨의 진리인 하나님의 아들 됨을 보며, 그것과 똑같이 가장 높은 고귀한 인간의 아들 됨을 보는데, 그것은 절대적 아들 됨의 가장 근접한 형상이기 때문입니다. 그 형상처럼, 그것과 모범 사이에는 어떤 더 완전한 형상도 놓일 수 없으며, 진실로, 그것에 대해 그것이 형상인 대상에 가장 가까운 존재를 가질 수 없으며, 바로 그렇게 당신의 인간적 본성이 신적 본성 안에 존재하는 것을 나는 파악하게 됩니다.

따라서 나는 당신의 인간적 본성 안에서 내가 신적 본성 안에서 본 모든 것을 봅니다. 그러나 나는 당신의 인간적 본성 안에서 신적 본성 안에서 신적 진리 자체인 그 속성들이 인간적 외관으로 존재하는 것을 봅니다. 내가 당신 예수 안에서 인간적 외관으로 존재하는 것을 본 것은 신적 본성을 닮음이며, 그러나 그 닮음은, 어떤 더 위대한 닮음도 존재하거나 상상될 수 없는 그런 정도로, 매개물 없이 모범에 결합되어 있습니다. 당신의 인간적 또는 이성적 본성 안에서 나는 이성적인 인간의 영이 가장 밀접하게 절대적 이성인 하나님의 영에 결합되어 있는 것을 보며, 그리고 그렇게 인간의 지성과 당신의 지성, 예수 안에 있는 모든 것이 하나님의 지성에 결합되어 있는 것을 봅니다. 당신, 예수는 하나님으로서 모든 것을 이해하며, 그리고 이런 의미에서 이해하는 것은 모든 것이기 때문입니다. 사람으로서 당신은 모든 것을 이해하고, 그리고 이런 의미에서 이해하는 것은 모든 것의 닮음입니다. 사람은 오직 닮음에 의해 사물을 이해하기 때문입니다. 돌은 인간의 이해 안에 그것의 고유한 원인 또는 본성 안에서의 것으로서 존재하는 것이 아니라 그것의 특정한 이상과 닮음 안에서의 것으로서 존재합니다. 그러므로 당신, 예수 안에서 인간의 지성은 신적 지성 그 자체에 결합되어 있으며, 바로 그렇게 가장 완전한 형상이 그것의 원형의 진리에 결합되어 있습니다. 만일 내가 기능공의 정신 안에 있는 금고의 이상적인 형태와 가장 완벽하게 그의 이상을 수반하면서 그 장인에 의해 만들어진 금고의 종류를 고찰한다면, 나는 어떻게 그 이상적인 형태가 그 종류의 진리이며 그리고, 진리가 형상에게 결합되듯이, 오직 이 한 장인 안에서 그것은 그것에 결합되는지를 알게 됩니다. 그래서 당신, 예수, 장인들 중의 장인 안에서 나는 모든 것들의 절대적 이상과, 그것과 함께 종류 안에서 그것을 닮은 것이 가장 높은 정도로 결합되어 있는 것을 봅니다.

당신의 지성은 동일하게 진리와 형상이며, 그리고 당신은 동일하게 하나님과 피조물이며, 동일하게 무한자와 유한자이기 때문에, 나는 당신, 선한 예수를 낙원의 벽 안에서 봅니다. 그리고 당신이 벽의 이편에서 보이는 것이 불가능한 것은, 당신이 창조하시는 하나님의 본성과 창조된 인간의 본성 사이의 결속이기 때문입니다.

그럼에도 불구하고, 당신의 인간적 지성과 어떤 다른 사람의 그것 사이에서 나는 항상 차이를 인식합니다. 어떤 사람도 사람에 의해 알려진 모든 것을 알 수 없는 것은, 어떤 사람의 지성도, 형상이 진리에 결합되어 있는 만큼, 그렇게 모든 것의 모범에 결합될 수 없기 때문입니다. 그러나 그것이 더 가까이 결합될 수 없을수록 실제로 그 안에 더욱 놓여 있으며, 그래서 실제로 현존하는 모든 것이 그것의 실제성을 끌어내는 사물들의 모범에 그것이 접근한다면, 그것은 그렇게 많이 이해하지 못하고 여전히 많은 것을 이해할 수 있을 것입니다. 그러나 당신 안에서 인간적 본성이 완전히 완벽하게 그리고 가장 전적으로 그것의 모범에 결합되어 있기 때문에, 당신의 지성은 실제로 사람에게서 파악된 모든 것을 이해합니다. 이 연합에 의해서 당신의 인간적 지성은 모든 창조된 지성을 완전한 이해 안에서 능가합니다. 그러므로 모든 이성적 영들은 당신의 훨씬 아래에 있으며, 그리고 당신, 예수는 그들 모두의 주인이고 빛이며, 그리고 당신은 완전이며, 그리고 모든 것들의 완전함이며, 그리고 당신에 의해 그들은, 그들의 중재자에 의한 것으로서, 절대적 진리에 이릅니다.

제21장
지복은 예수 없이는 가능하지 않다.

오 예수여, 당신은 완성의 마지막 단계 안에서와 같이 그 안에서 모든 피조물들이 안식하는 우주의 목적이며, 당신은 이 세상의 현자들에게 전혀 알려지지 않습니다. 당신에 대해서 우리는 여전히 가장 참된 많은 반제들을 단언하는 것은, 당신은 동일하게 창조자요 피조물이며, 동일하게 끌어당기고 끌어당겨지는 분이며, 동일하게 유한하고 무한한 분이기 때문입니다. 그것들은 이것이 가능하다고 믿는 것을 어리석다고 선언하며, 그리고 그것 때문에 그들은 당신의 이름으로부터 도망치고 그것에 의해 당신이 우리를 비추신 당신의 빛을 받지 않습니다. 그러나 자신들이 현명하다고 여기면서 그들은 영원히 어리석고 무지하고 눈이 먼 채로 있습니다. 여전히 만일 그들이 당신이 그리스도이며 하나님과 사람인 것을 믿고, 그렇게 위대한 주님의 말씀과 같은 복음의 말씀들을 받고 다루고자 한다면, 그때 마침내 그들은, 거기 숨겨진 당신의 말씀들의 단순성 안에서 그 빛과 비교해 볼 때 다른 모든 것들은 두꺼운 어둠과 무지 외에 아무 것도 아니라는 것을, 가장 분명히 볼 것입니다. 그러므로 이 가장 은혜롭고 생명을-주는 계시에 도달하는 사람들은 오직 겸손한 신자들뿐입니다. 만나 안에 있었던 것처럼 하늘의 양식인 당신의 가장 거룩한 복음 안에 모든 욕망을 만족시킬 달콤함이 감추어져 있으며, 그것은 오직 믿고 먹는 사람에 의해 맛보아질 수 있습니다. 만일 어떤 사람이 그것을 믿고 받는다면, 당신이 하늘로부터 내려 오셨으며 당신 홀로 진리의 주인이시기 때문에, 그는 진리를 증명하고 발견할 것입니다.

오 선하신 예수여, 당신은 기쁨의 낙원 안에 있는 생명나무이십니다. 그리고 아무도 당신의 열매로부터가 아니고는 저 바람직한 생명을 먹을 수 없습니다. 당신은, 오 예수여, 낙원으로부터 추방되어 그들의 자양물을 그들이 수고하는 땅으로부터 찾는 아담의 모든 아들들에게 금지된 음식입니다. 그러므로 모든 사람은, 기쁨의 낙원 안에 있는 생명의 음식을 맛보기를 바란다면, 외람됨의 옛 사람을 벗어버리고 당신의 원형을 따라 겸손의 새 사람을 입어야 합니다. 새 사람의 본성과 옛 사람 아담의 본성은 하나이지만, 그러나 옛 사람 아담 안에서 그것은 동물적입니다. 당신, 새로운 아담 안에서 그것은 영적입니다. 왜냐하면 당신, 예수 안에서, 그것은 영이신 하나님께 결합되어 있기 때문입니다. 그러므로 그가 그 자신과 당신에게 공통적인 인간적 본성에 의해서 당신, 예수가 공유하신 그의 본성 안에서 그가 낙원 안에 계신 하나님 아버지에게 가까이 끌어당겨질 수 있는 것처럼 바로 그렇게 모든 사람은 한 영 안에서 당신, 예수께 결합되어야 할 필요가 있습니다. 이제 하나님 아버지와 당신, 예수, 그의 아들을 보는 것은 낙원 안에 있는 것이며, 영원히 지속되는 영광입니다. 낙원 밖에 머무는 사람은, 하나님 아버지도 당신, 예수도 낙원 밖에서 발견될 수 없기 때문에, 그러한 환상을 가질 수 없기 때문입니다.

그러므로 사지가 머리에 결합되듯이 당신, 예수에게 결합된 모든 사람은 지복을 얻게 됩니다. 아무도 아버지에 의해서 이끌리지 않으면 아버지에게 갈 수 없습니다. 아버지는 당신의 인간성, 예수를 그의 아들에 의해서 끌어당기시며, 그리고 당신, 예수에 의해서 모든 사람들을 끌어당기십니다. 당신의 인간성, 예수가 그것에 의해 아버지가 그것을 끌어당기시는 방법까지 만큼, 하나님 아버지의 아들에게 결합되는 바로 그만큼, 모든 사람의 인간성은 항상, 그것에 의해 아버지가 모든 사람들을 끌어당기시는 하나의 유일한 수단까지 만큼, 당신 예수에게 결합됩니다. 그러므로 당신, 예수가 없으면 어떤 사람이 지복을 얻는 것은 불가능합니다. 당신은 예수이며 아버지의 계시입니다. 아버지는 모든 것에 보일 수 없으며 오직 당신, 그의 아들에게만 보이고, 그리고 당신 후에, 당신과 당신의 계시를 통해서 그를 보기에 합당하다고 여겨진 사람에게 보이기 때문입니다. 당신은, 그러므로, 복된 자들 각 사람을 결합시키는 분이며, 그리고 복된 자들 각 사람은, 결합된 것이 결합시키는 것 안에 있듯이, 당신 안에서 존재합니다.

이 세상의 현자들 중 아무도 그가 당신을 알지 못하는 동안에 참된 지복을 얻을 수 없습니다. 복된 자들 중 아무도 당신, 예수 없이는 낙원에 계신 하나님을 볼 수 없습니다. 반제들은 복된 자들 안에서, 바로 당신, 예수 안에서와 같이, 참되게 되는 것은, 그가 당신에게 이성적인 본성적인 그리고 유일한 영 안에서 결합되어 있기 때문입니다. 모든 지복의 영은, 생명을-주는 자 안에서 되살아난 것처럼, 당신 안에 존재하기 때문입니다. 모든 지복의 영은 보이지 않는 하나님을 보며 당신, 예수 안에서 접근할 수 없고 영원하신 하나님께 결합되어 있습니다. 그러므로 당신 안에서 유한한 것은 무한한 것에 결합되고 그리고 연합 너머에 있는 것에 결합되며, 그래서 이해할 수 없는 것이 가장 즐겁고 무진장한 지복인 영원한 열매 안에서 소유됩니다. 나에게 자비로우소서, 예수여, 자비로우소서, 그래서 나에게 당신을 베일을 벗은 채 보게 하시고, 그래서 나의 영혼이 치유되게 하소서!

제22장
예수는 어떻게 보시고 어떻게 일하셨는가.

정신의 눈은 당신, 예수를 바라보는 데에서 만족될 수 없는데 그것은 당신이 정신이 그릴 수 있는 모든 아름다움의 완성이기 때문이며, 이 초상에서 나는 당신의 바로 그 경이롭고 놀라운 시력을 추측합니다, 모든 것 위에 복된 예수여. 당신, 예수는 이 지각의 세상에서 걸으시는 동안 우리의 것과 같은 육신의 눈을 사용하셨기 때문입니다. 우리 사람들이 하듯이, 그것들을 가지고 당신은 한 대상과 다른 대상을 보셨습니다. 당신의 눈 안에는, 동물의 육체 안에 있는 민감한 정신처럼, 그 기관에게 알려주는 어떤 영이 있었기 때문입니다. 그 영 안에는 그것에 의해 당신, 주님이 한 빛깔로 된 한 대상과 다른 빛깔로 된 다른 대상 사이에서 보고 구분하시던 분별의 고상한 능력이 있었습니다. 그리고 여전히 더, 당신이 보셨던 사람의 얼굴과 눈들의 모양으로부터 당신은 그 영혼의 감정들 – 분노, 기쁨, 슬픔에 대해 바르게 판단하셨습니다. 그리고 여전히 더 세심하게 당신은 사람의 마음 안에 감추어진 것을 거의 없는 것과 같은 표시들로부터 파악하셨습니다 (얼굴에, 특히 눈에, 어떤 방식으로든 보이지 않는 것은 아무 것도 마음에 품어지지 않기 때문이며, 그러므로 얼굴은 마음의 전령입니다). 이 모든 표시들에 의해 당신은 어떤 창조된 영이 할 수 있는 것보다 훨씬 더 진실하게 영혼의 가장 깊은 곳에 이르셨습니다. 이해력 있는 사람들이 몇 마디 단어들로부터 그것을 전개하기 위해서 전체의 긴 이야기를 필요로 하는 어떤 생각을 파악하는 것처럼, 그리고 학식 있는 사람들이, 그들의 눈으로 책 한 권 전체를 서둘러 읽고 그 작가의 전체 의도를 마치 그들이 그것을 숙독한 듯이 이야기할 수 있는 것처럼, 바로 그렇게 당신은, 비록 가장 미미한 것이더라도, 어떤 한 가지 표시로부터, 그 사람의 모든 생각을 파악하셨습니다.

당신, 예수는 이런 방식의 시야로 과거와 현재와 그리고 앞으로 올 모든 사람들의 모든 완전함과 민첩함과 그리고 예민함을 능가하시며, 그리고 여전히 이 시력은, 육신의 눈이 없이는 그것이 완성되지 않았기 때문에, 인간적이었습니다. 그럼에도 불구하고, 그것은 엄청났고 놀라웠습니다. 길고 세밀한 조사 후에 전에는 보이지 않았으나 그 시대에 새롭게 고안된 특징들과 표시들 아래에 있는 작가의 정신을 읽을 수 있는 사람이 있다면, 당신, 예수는 모든 표시와 특징 아래에 있는 모든 것들을 파악하셨기 때문입니다.

만일, 우리가 읽은 대로, 한 번에 눈 안에 있는 어떤 표시에 의해서 심문자의 생각을 알고 심지어 그 구절을 자신에게 반복할 수 있는 그런 사람이 있다면, 당신, 예수는 한 번 보는 것으로부터 그 정신의 모든 생각을 파악하는 모든 사람들보다 더 훌륭한 기술을 가지셨습니다. 나 자신은 한 귀머거리 여인이 그녀의 딸의 입술의 움직임으로부터 모든 것을 읽고, 마치 그녀가 그것을 들은 것처럼, 그것을 이해하는 것을 본 일이 있습니다. 그러한 일이 귀머거리와 벙어리인 사람들 그리고 표시에 의해 이야기하는 종교적인 사람들 사이에서 오랜 연습에 의해 가능하다면, 당신, 예수는 주인들 중의 주인으로서 알려진 모든 것을 실제로 알고 계시며, 우리에게 보이지 않는 가장 미미한 눈짓들과 표시들로부터 마음과 그것의 생각들에 대해 보다 완전하게 참된 판단을 내리셨습니다.

그러나 당신의 인간적 시력은 비록 유한하고 한 기관에 제한되었더라도 가장 완전하였으며, 절대적이고 유한한 시력이 이것에까지 결합되었습니다 – 그 시력에 의해 당신은, 하나님으로서, 모든 것들과 각각의 것을 동일하게, 있을 때뿐만 아니라 없을 때도, 미래뿐만 아니라 과거도 보았습니다. 그러므로 예수 당신은 당신의 인간적 눈을 가지고 보이는 것과 같은 그러한 우연들을 보았고, 그러나 당신의 거룩한 눈을 가지고 사물들의 실체를 절대적으로 보았습니다. 아무도 당신, 예수 없이는 육신 안에서 항상 사물들의 실체 또는 본질을 보지 못합니다. 당신만이 가장 참되게 영혼과 영과 사람 안에 있는 무엇이든지를 보셨습니다. 사람 안에서 이해의 기능이 동물의 보는 기능과 연결되는 것처럼, 사람은 동물과 같이 볼 뿐 아니라 사람으로서 분별하고 판단하며, 그렇게 당신 예수 안에서 절대적 시력이 사람의 이해의 기능 안으로 연결되는데, 이해는 동물의 시력 안에서 분별입니다. 사람 안에서 동물의 시력의 기능이, 자신 안에서가 아니라 이성이 있는 영혼 안에서 존재하며, 전체의 형태 안에서처럼, 당신, 예수 안에 시력의 지성적 기능이, 자신 안에서가 아니라 절대적 시력의 기능 안에서 존재합니다. 오 가장 달콤한 예수여, 당신의 시력은 얼마나 경이로운지요!

때때로 우리는 그가 누구인지 인식하기 위해서 주의하지 않는 행인을 응시합니다. 그래서 우리는 그 행인의 이름을 그것을 묻는 사람에게 말해줄 수 없습니다. 비록 그가 우리가 아는 사람이며 그리고 우리가 누군가가 지나갔다는 것을 깨닫는데도 말입니다. 우리의 분별의 기능을 적용시키지 않았기 때문에, 우리는 그를 사람과 같은 힘이 아니라 하나의 동물적 힘으로서 보았습니다. 그것에서 우리는 우리의 기능들의 본성이 비록 그들이 일개 인간의 형태 안에 묶여져 있다고 하더라도 여전히 분명히 살고 있으며 분명한 일을 가지고 있다는 것을 배웁니다. 바로 그렇게 당신, 한 분이신 예수 안에서 나는 인간의 지적 본성이 어느 정도 같은 형태로 하나님의 본성에 결합되어 있는 것과 같은 방식으로 당신은 사람으로서 많은 일을 행하셨고, 그리고 하나님으로서 사람이 할 수 있는 것 너머에 있는 많은 놀라운 일들을 행하셨다는 것을 나는 파악합니다. 가장 사랑하시는 예수여, 지적 본성은 지각의 그것과 관련하여 볼 때 절대적이며, 그리고 지각의 본성이 그런 것처럼 유한하지 않고, 지각의 보는 기능이 눈에 묶여 있는 것처럼 한 기관에 묶여있지 않습니다. 그러나 하나님의 기능은 측량할 수 없이 더욱 절대적이며 지적 기능 너머에 있습니다. 인간의 지성은, 그것이 행동 안에서 표현을 찾기 위해서는, 형상들이 필요하며 형상들은 지각없이는 지닐 수 없고 지각은 육체 없이는 존재할 수 없습니다. 그리고 이것 때문에 인간의 지성의 기능은 제한되며, 앞에서 말한 것들을 요구하는 대단치 않은 것입니다. 이제 하나님의 지성은 필연성 그 자체이며 독립적이고 아무 것도 요구하지 않습니다. 아니, 그것 없이 그들은 존재할 수 없기 때문에, 차라리 모든 것들이 그것을 요구합니다.

나는 어떻게 판단을 내리는 과정에서 이리로 저리로 달리며 찾는 추론적인 기능이 판단하고 이해하는 기능과 별개의 것인지를 더 주의 깊게 고찰합니다.[25] 우리는 개가 이리로 저리로 달리며 주인을 찾고 그를 발견하고 그가 부르는 소리를 듣는 것을 봅니다. 이 뛰어다님은 어떤 동물에게 본성적이며, 개 안에서 특히 완성된 정도로 발견됩니다. 이 추적에서 그들의 더욱 완벽한 종류에 따라 훨씬 더 예민한 다른 동물들이 있으며, 사람 안에서 이 추적은 지적 기능과 가장 가까이 근접합니다. 그러므로 그것은 헤아릴 수 없는 정도의 완전함으로, 동물의 다른 종류들이 우리에게 보이듯이, 지적인 것들보다 낮은 수준에 있는 많은 것들을 끌어안으면서, 지각들 안에서 완성의 정상이 됩니다. 자신에게 고유한 완성의 정도를 공유하지 않는 어떤 종류도 없기 때문입니다. 정도에 따라 각자는 그의 한계 안에서 넓은 공간을 가지며 그 종류들의 각각은 다양한 방식으로 그 종류에 참여하고 있음을 우리는 봅니다. 같은 방식으로 지적인 본성은 거룩한 본성보다 낮은 수준에서 셀 수 없이 많은 정도를 가집니다. 그러므로 지적 본성 안에 지각의 모든 정도의 완성이 포함되는 것처럼, 지성과 지각

---

25. *Doct. ign.*, I, 2-4.

의 것이 동일하며, 다른 모든 것들도 그러합니다. 그래서 당신, 나의 예수 안에서, 나는 모든 완성을 봅니다.

    당신은 모든 완전한 사람이기 때문에, 나는 당신 안에서 지성이 지각들 중에서 최고의 기능인 이성적인 또는 추론적인 기능에 결합되어 있는 것을 봅니다. 그러므로 나는, 방 안을 밝히는 초가 방 안에 놓이듯이, 모든 벽들이 비록 거리의 정도에 따라 다르나 전체 건물 안에 놓이듯이, 당신의 지성이 그것의 고유한 자리로서의 당신의 이성 안에 놓인 것을 봅니다. 우리 자신 안에서 지성은, 마치 태양의 빛이 앞서 언급한 초에 결합되는 것처럼, 주인의 말씀이 받아들여지는 곳임을 우리가 증명하듯이, 마침내 나는 당신 안에서 거룩한 말씀이 최고의 지성에 결합되고 말씀이 받아들여진 자리가 그 지성 자체인 것을 봅니다. 태양의 빛이 이 세상을 비추는 것처럼 하나님의 말씀은 지성을 비추기 때문입니다. 그러므로 당신, 나의 예수 안에서 나는 지성의 빛에 의해 조명된 지각들의 생명을 파악합니다. 빛으로서의 지성의 생명은 비추는 것과 비춰지는 것입니다. 그리고 거룩한 생명은 오직 비추는 것입니다. 나는 당신의 지적인 빛 안에서 바로 그 빛의 근원 즉, 진리이며 모든 지성을 비추는 하나님의 말씀을 보기 때문입니다. 당신은 그렇게 피조물인 동시에 복된 창조자이기 때문에, 당신만이, 그러므로, 모든 피조물들 중 가장 높습니다.

제23장
예수께서 죽으셨을 때 그의 생명과의 연합은 어떻게 유지되었는가.

    오 예수여, 정신의 가장 맛있는 음식이여, 낙원의 벽 안에서 내가 당신을 응시할 때, 당신은 나에게 얼마나 놀랍게 보이는지! 당신은 인간이 된 하나님의 말씀이며 그리고 당신은 신성화된 사람이기 때문입니다. 이른바 하나님과 사람이 합성된 분이 여전히 당신이 아닙니까? 구성 요소들 사이에서 어떤 비율이 그것 없이 어떤 구성도 있을 수 없기 때문에 필수적인데, 그러나 유한과 무한 사이에는 어떤 비례도 없습니다. 당신도, 부합이 하나를 다른 것이 되게 한다는 의미에서, 피조물과 창조자의 부합이 아닙니다. 인간의 본성은 거룩하지 않으며 거룩한 본성도 인간적이지 않기 때문입니다. 거룩한 본성은, 실재 그 자체이기 때문에, 변덕스럽지 않으며, 그것은 다른 본성으로 변화될 수도 없습니다. 어떤 본성도 거룩한 본성과의 연합에 의해서 다른 본성 안으로 가로지를 수 없습니다. 그것의 진리에 결합되었을 때의 형상의 경우에서 설명한 것과 같습니다. 형상은, 불변성 자체인 그 자신의 진리에 결합되었기 때문에, 그렇게 결합되었을 때 다른 것이 된다고 말해질 수 없으며 차라리 자신을 다름으로부터 철회한다고 말해져야 합니다.

　가장 달콤한 예수여, 당신도 하나님과 인간 사이에 있는, 이 둘 사이에 양쪽에 참여하는 어떤 매개적 본성이 놓이는 것은 불가능하기 때문에, 매개적 본성으로 되어 있다고 말해질 수 없습니다. 신적 본성은, 그것은 전적으로 그리고 절대적으로 완전하기 때문에 공유될 수 없으며, 그 방식으로 당신, 복된 예수도 하나님도 인간도 될 수 없습니다. 그러나 나는 당신, 주 예수가 모든 이해 너머에 있는 한 위격임을 봅니다. 왜냐하면 당신은 하나의 그리스도이며, 같은 방식으로 나는 당신의 인간적 영혼이, 그 안에 있음에도 불구하고 어떤 인간의 영혼 안에서와 같이, 하나인 것을 보며, 나는 부패로 기울기 쉬운 지각의 본성이 지적이고 부패하지 않는 본성 안에 존재하면서 있었던 것을 봅니다.

　영혼은 부패하기 쉬운 것과 부패하지 않는 것의 합성물이 아니기 때문에, 지각의 본성도 지성의 본성과 하나가 아닙니다. 그러나 나는 지적인 영혼이 감각력이 있는 기능을 통해서 육체와 결합되고, 그것이 육체를 소생시키는 것을 파악합니다. 사람의 지적 영혼이 육체로부터 분리됨이 없이 육체를 소생시키는 것으로부터 떨어져 있다면 그 사람은, 생명이 정지되었기 때문에, 죽어있는 것입니다. 그리고 여전히 그의 육체는 지성이 그의 생명이기 때문에 생명으로부터 분리되지 않습니다. 그것은 그의 시력에 의해 접근하는 누군가를 분별하기 위해 집중하여 노력하는 사람이 다른 생각에 빠져서, 비록 그의 눈이 그것을 향해 있음에도 불구하고, 그의 집중을 그 추적에서 거두어들일 때와 같습니다. 그 사람의 눈은 그때, 비록 그것이 정신의 분별하는 집중으로부터 분리되어 있지만, 그의 정신으로부터 분리되지 않습니다. 그러나 빼앗긴 그 상태가 그의 분별을 되살리는 것을 중단할 뿐 아니라 그의 지각을 되살리는 것도 중단한다면, 그의 눈은 그것이 되살아나지 않았기 때문에 죽을 것입니다. 비록, 그럼에도 불구하고, 그것이 존재를 주는 형태인 지적 형태로부터 분리되지 않는다고 하더라도, 그것은 마른 손이 전체의 몸을 하나로 만드는 형태에 결합된 채로 있는 것과 같습니다.

성 아우구스티누스가 말했던 것처럼 생명을 주는 영을 그들의 육체로부터 거두는 기술을 가진 사람들이 있으며 그들은 감정이 없이 죽은 것처럼 보입니다. 그러한 경우에, 지적 본성은 그 육체가 전과 다른 형태로 존재하지 않기 때문에 육체에 결합된 채로 있습니다. 오히려 더, 되살리는 능력이 존재하기를 멈추지 않는 동안에 그것은 같은 형태를 지니고 같은 육체에 있을 뿐 아니라 그것은 또한 지적 본성과의, 그것이 실제로 자신을 육체에까지 뻗치지 못함에도 불구하고, 연합 안에 있습니다. 사람은 그런 경우에 그가 소생시키는 생명을 결여했기 때문에 참으로 죽은 사람과 같이 되며, 그는 여전히 그것의 영혼인 그것의 생명으로부터 분리된 죽은 육체가 아님을 나는 인식합니다.

 그러므로 나는, 가장 자비로우신 예수여, 하나님이신 절대적 생명이 당신의 인간적 지성에 그리고 그것에 의해 당신의 육체에 분리될 수 없이 결합되어 있음을 봅니다. 그 연합은 누구도 더 가까이 있을 수 없는 그러한 것이기 때문입니다. 분리될 수 있는 모든 연합은 누구도 더 가까이 있을 수 없는 연합보다 훨씬 열등합니다. 그러므로 당신의 거룩한 본성이 당신의 인간적 본성으로부터 분리되었고 여전히 당신의 정신으로부터도, 그것 없이 인간의 본성은 존재할 수 없는 당신의 육체로부터도 분리되었다는 것은 결코 참되지 않았으며, 항상 참될 수 없습니다. 비록 당신이 참으로 죽음을 경과했을지라도, 여전히 당신은 참된 생명으로부터 결코 분리되지 않았습니다. 성 오스틴(Austin)이 말한 그 사제가 육체로부터 되살리는 것을 거두고 그것을 영혼 안으로 끌어당기는 어떤 능력을 가지고 있다면, 마치 방을 비추는 초가 살아있고, 그 빛의 중심을 향해, 방으로부터 분리되지 않은 채, 그것에 의해 방을 밝히는 광선들을 잡아당기고, 그리고 이 잡아당김이 다름 아닌 그 광선들을 흘러 보내는 것을 중단하는 것인 것처럼, 그러므로 만일 당신, 예수가 (당신은 살아있는 빛들 중에서 가장 자유롭기 때문에) 당신의 소생시키는 영혼을 취하고 내려놓는 능력을 가졌다면 얼마나 놀랍습니까? 당신이 그것을 내려놓기로 의지했을 때 당신은 죽음을 경험했고 당신이 그것을 되찾기로 의지했을 때 당신은 당신 자신의 힘으로 부활하셨습니다.

 이제 육체를 소생시키고 생기 있게 하는 지적 본성은 인간의 영혼이라고 불립니다. 그리고 영혼은 인간의 지성이 그것을 되살리기를 중지할 때 제거된 것으로 말해집니다. 지성이 되살리는 그것의 기능을 멈추고, 그리고, 그것과 관련하여 자신을 육체로부터 분리시킬 때, 그것은 따라서 순수하고 단순하게 분리되지 않습니다.

이 생각들을 당신이 불어넣으셔서, 예수여, 당신은 당신 자신을 나에게 가장 무가치한 자에게 내가 그것을 이해할 수 있는 한에서 보이시며, 그래서 나는 어떻게 당신 안에서 유한한 인간적 본성이 불멸성을 입게 되어 같은 인간적 본성을 공유하는 모든 사람이 당신 안에서 부활과 거룩한 삶에 이르는지를 알게 됩니다. 당신, 예수 안에서 – 당신, 홀로 모든 것을 행하시며 가장 후히 주시고 비난하지 않으시는 분 안에서 우리의 본성 안에 있는 모든 것을 우리가 발견한다는 사실을 아는 것보다 무엇이 더 달콤하며 무엇이 더 즐거울 수 있겠습니까? 오 말할 수 없는 사랑스러운-친절함과 자비이시여! 선의 자아이신 당신, 하나님은 당신의 무한한 자비와 관대함을, 당신이 우리에게 당신 자신을 주시지 않는다면, 만족시킬 수 없습니다! 우리는 당신에게 가까이 갈 수 없기 때문에 당신이 당신 위에 우리의 본성을 취하시는 것에서가 아니었다면 이것은 우리 받는 자들을 위해서 더욱 어울리게 더욱 가능하게 될 수 없었을 것입니다. 그러므로 당신은 우리에게 오셨고 예수, 영원히 복된 우리의 구원자라고 불리십니다.[26]

제24장
어떻게 예수는 생명의 말씀인가.

당신 자신의 가장 좋고 훌륭한 선물에 대하여, 나의 예수여, 나는 당신이 생명의 말씀을 선포하시고 당신을 듣는 자들의 마음에 거룩한 씨앗을 풍성하게 뿌리시는 것을 명상합니다. 나는 영에게서 나온 것들을 깨닫지 못한 사람들이 당신에게서 떠나가는 것을 봅니다. 그러나 나는 영혼을 되살리는 교리의 달콤함을 이미 맛보기 시작한 제자들이 남아있는 것을 봅니다. 이들 모두를 대신해서 모든 사도들 중에 저 왕자이며 지도자인 베드로가 어떻게 당신, 예수가 생명의 말씀을 가지셨는지를 고백했고 어떻게 생명을 추구하는 사람들이 당신에게서 떠나가는지를 의아하게 여겼습니다. 엑스타시 안에서 바울은 당신, 예수로부터 생명의 말씀을 들었고 그 후에 박해도 검도 육체의 배고픔도 그를 당신에게서 분리시킬 수 없었습니다. 생명의 말씀을 맛본 누구

---

26. *Ibid.*, III, 4-8, 11.

도 당신에게서 떠나갈 수 없습니다. 곰이 일단 꿀의 달콤함을 맛본 후에 누가 곰에게서 꿀을 떼어놓을 수 있겠습니까? 삶을 완전히 즐겁게 만드는 진리의 달콤함은 얼마나 큰지요! 그것은 절대적 달콤함이기 때문에 모든 육체적 달콤함을 능가하며 모든 맛에 의해 소망되는 모든 것이 거기서부터 흘러나옵니다! 사랑스러운 모든 것은 그것 때문에 그것이 사랑받는 까닭에 무엇이 사랑보다 강하겠습니까? 제한된 사랑의 구속이 때때로 아주 강해서 죽음의 공포가 그것을 갈라놓지 못한다면 그곳에서 모든 사랑이 솟아나는 그 사랑이 맛보아질 때의 구속은 얼마나 강하겠습니까? 당신의 병사들 중 어떤 이들에 의해서 그들의 잔인한 고통이 아무 것도 아닌 것으로 여겨지는 것을 내가 이상하게 여기지 않는 것은, 예수여, 그들에게 당신이 당신 자신, 생명을 미리 맛보게 하셨기 때문입니다. 오 나의 사랑 예수여, 당신은 충성된 자들의 밭에 생명의 씨앗을 뿌리셨으며 당신의 피의 증언으로 그것에 물을 주었고, 육체의 죽음으로 진리는 이성적 영의 생명이라는 것을 보이셨습니다. 그 씨앗은 옥토에서 자라났고 열매를 맺었습니다.

 당신은 나에게, 주여, 어떻게 내 영혼이 내 육체에 대하여 그 속으로 생명을 불어넣고 주입하는 생명의 빵이 되는지를, 그러나 당신에 대하여, 오 하나님, 그것은 생명이 아니라 이른바 생명의 가능성뿐임을 보이십니다. 이제 당신은 우리의 청원을, 그것이 가장 기대하는 믿음 안에서 된 것이라면, 들어주실 수밖에 없습니다. 그래서 당신은 나에게, 그 아이는 자라나기 때문에, 실제적 연습 안에서 성장하는 능력을 가진 아이 안에 있는 영혼이 있다는 생각을 불어넣으십니다. 그 아이는 느끼기 때문에, 그는 또한 실제적 연습 안에서 파악하는 능력을 가지고 있습니다. 더욱이 그는 상상하는 능력을 가지고 있으며 그러나 아직 실제적 연습 안에서와 같지 않습니다. 그리고 추론하는 능력을 가지고 있으며 그것에 대한 연습은 아직 훨씬 멀리 있는 것과 같습니다. 그는 또한 지적인 능력을 가지고 있으며, 그러나 그것은 전개되는 데에 훨씬 더 연기됩니다. 그러므로 우리는 하나이며 동일한 영혼이, 마치 사람이 그가 영적인 사람이 되기 전에는 동물적인 사람이었던 것처럼, 먼저 실제적 연습 안에서 보다 낮은 능력들을 가지며, 그리고 후에 보다 높은 능력들을 가진다는 사실을 발견합니다.

 동일한 방식으로, 우리는 영으로도 불릴 수 있는 어떤 광물의 힘이 땅 속에 존재하며, 돌에서 광물이 되는 능력을 가지거나 또는 소금이 되는 능력을 가지거나, 또는,

다시, 금속이 되는 능력을 가지며, 그래서 돌들과 소금들과 금속들이 다양하기 때문에 그만큼 영들도 다양하다는 것을 발견한다. 비록 금이라는 광물의 영은 오직 하나임에도 불구하고, 그것이 태양 또는 하늘의 영향을 통해서 줄곧 더욱 더 정련되면서 마침내 어떤 요소에 의해서도 부패될 수 없는 그런 본성으로 된 금으로 형성된다. 그리고 그것이 태양의 물질적 빛을 아주 많이 닮았기 때문에, 그것 안에서 가장 주요하게 하늘의 부패함이 없는 빛이 비치며 흐르는 것이다. 우리는 성장하는 영과 지각력이 있는 영에 대해서 같은 것을 발견하다. 지각력이 있는 영은, 사람 안에서, 하늘들의 동기와 영향력 있는 능력에 가장 밀접하게 순응하며, 그 영향 아래에서 그것은 완전한 행동 안에 있을 때까지 증가하고 또 증가한다. 그러나 그것은 육체의 능력으로부터 밖으로 당겨지기 때문에, 그것의 완성은 그것이 의존하고 있는 육체의 완성의 실패와 함께 중단된다.

마침내, 그의 완성된 행동 안에서 육체에 대해서 독립적이며, 그의 지각력이 있는 능력에 의해 거기에 결합되어 있는 지적인 영이 있다. 이 영은 육체에 대해서 독립적이며 천상의 육체들의 영향에 종속되지 않는다. 그것은 지각력이 있는 영에 대해서 독립적이며 그리고 하늘들의 움직이게 하는 능력에 대해서도 그러하다. 그러나 천상의 육체들의 움직이게 하는 능력이 제일 동인에게 종속되어 있듯이, 지성인 이 움직이게 하는 힘도 또한 그러하다. 그러나 그것이 지각력이 있는 능력에 의해 육체에 결합되어 있기 때문에, 지각들이 없이는 그것은 완성에 이르지 못하며, 지각의 세계로부터 그것에 도달하는 모든 것은 지각들이라는 매개에 의해서 그렇게 하는 것이다. 그러므로 이런 종류의 아무 것도 처음에는 지각들 안에 존재하지 않았던 지성 안에 존재할 수 없으며, 그러나 지각들이 순수하고 완전할수록 상상은 명백하고 추론하는 이성은 좋은 상태에 있으며, 그것의 지적인 작용 안에 있는 지성은 덜 손상되며, 더욱 분명히-보이게 된다.

그러나 지성은 생명의 말씀을 먹고 살며 그것의 영향 아래에서, 특별한 몸을 움직이는 힘과 같이, 그것이 세워진다. 그러나 하늘의 영향에 종속된 영들이 다양한 방식으로 완성에 이르는 것처럼, 다른 형태로 그렇게 된다. 그리고 지성은, 형상이 그것이 모범의 진리를 따라 질문했음에도 불구하고 완전해지지 못하는 것처럼, 우연히 지각력이 있는 영에 의해서가 아니면 완성되지 못한다. 십자가에 달리신 이의 형상은,

예를 들어, 헌신을 고취시키지 못하며, 그러나 헌신이 고취되도록 기억에 불을 붙인다. 지적인 영은 하늘의 영향에 의해 제한되지 않고 절대적으로 자유롭기 때문에, 만일 그것이 자신을 신앙을 통해서 하나님의 말씀에 복종시키지 않는다면, 완성에 이르지 못한다. 아무 통제도 받지 않는 자유로운 영혼은 신앙에 의해서 자신을 주인의 말씀에 복종시키지 않는다면 완전해질 수 없는 것과 마찬가지이다. 그는 주인에게 신뢰를 가지고 그에게 귀를 기울일 필요가 있다. 지성은 하나님의 말씀에 의해 완성되며, 그리고 성장하며, 그리고 계속해서 더욱 더 잘 받아들이게 되며 총기 있게 되고 그리고 그 말씀을 더 닮아간다.

거기에 그것이 존재를 가졌던 말씀으로부터 나오는 이 완성은 부패하는 완성이 아니라 오직 하나님처럼 되는 것이다. 금의 완성과 같이, 그것은 부패하는 것이 아니라 오직 하늘의 형태로 된다. 그러나 모든 지성은 자신을 신앙에 의해 하나님의 말씀에 복종시키고 가장 밀착된 집중으로 가장 높으신 주인의 그 내적인 가르침을 들어야 하며, 그리고, 주님이 그 안에서 말씀하시는 것을 들음에 의해서, 그것은 완전하게 될 것이다. 당신, 예수, 오직 하나뿐인 주님이 생명의 원천에 다가오는 모든 사람들에게 신앙의 필요성을 선포하시고 신적 능력이 신앙의 정도에 따라 안으로 흘러든다는 것을 보여주신 것은 이것을 위해서였습니다.

당신은 오직 두 가지 – 신앙과 사랑을 가르치셨습니다. 오 구원자 그리스도여.[27] 신앙에 의해 지성은 말씀에 접근합니다. 사랑에 의해 그것은 거기에 결합됩니다. 그것이 더 가까이 접근할수록 그것은 능력 안에서 더 증대됩니다. 그것이 더 많이 사랑할수록 그것은 스스로 빛 안에서 더욱 세워집니다. 그리고 하나님의 말씀이 그 안에 있습니다. 그것이 안에서 그를 발견할 것이기 때문에, 그것은 자신 바깥에서 그것을 찾을 필요가 없으며, 그리고 신앙에 의해 그에게 접근할 것입니다. 그리고 말씀은 그의 빛의 교제에 의해서 신앙을 증가시킬 것이기 때문에 기도에 의해 그것은 그에게 더욱 가까이 갈 것입니다.

당신의 빛에 의해서 내가 이렇게 멀리까지 왔으니, 예수여, 나는 당신에게 감사드립니다. 당신의 빛 안에서 나는 내 생명의 빛을 봅니다. 어떻게 당신, 말씀이 모든 신

---

27. *Ibid.*, III, 9, 11; 또한 이 선집 안에 있는 쿠에스로부터의 설교들.

자들 안으로 생명을 주입시켜 당신을 사랑하는 모든 사람을 완전하게 하는지를 나는 봅니다. 선하신 예수여, 어떤 가르침이 당신의 것보다 항상 더욱 간결하며 더욱 효과적이겠습니까? 당신은 우리를 설득하셔서 오직 믿게 하십니다. 당신은 우리에게 명하셔서 오직 사랑하게 하십니다. 하나님을 믿는 것보다 더 쉬운 것이 무엇입니까? 그를 사랑하는 것보다 더 달콤한 것이 무엇입니까? 당신의 멍에는 얼마나 기쁜지, 당신의 짐은 얼마나 가벼운지, 당신은 하나뿐인 선생이십니다! 당신은 신자에게 어려운 아무 것도, 사랑하는 자가 거절할 수 있는 아무 것도 요구하지 않으시기 때문에, 이 가르침에 순종하는 자들에게 당신은 모든 그들의 소망을 약속하십니다. 당신이 당신의 제자들에게 하신 약속들이 그러하며, 그리고, 당신은 진리가 아니고는 약속할 수 없는 진리이기 때문에, 그것들은 모두 참됩니다. 아니 더욱이, 당신이 약속하신 것은 다름 아닌, 완전하게 될 수 있는 모든 것의 완성이신 당신 자신입니다. 당신에게 찬송이, 당신에게 영광이, 당신에게 감사를 드림이 세세토록 있을지어다! 아멘.

제25장
어떻게 예수는 완성인가.

주여, 당신이 완전하게 하신 인간의 영에 당신이 전달하시는 것은 무엇입니까? 만물 안에서 일하시는 분은 그이기 때문에, 그것은 그의 존재 안에서 절정에 달한 모든 능력 중의 능력이요 완성 중의 완성인 당신의 선한 영이 아닙니까? 그것은 태양의 힘이 사물들을 자라게 하는 영 위로 내려가면서 완성을 향해 그것을 움직이고, 그래서 하늘의 열기가 주는 바로 그 기쁘고 본성적인 원숙하게 함에 의해서 그것은 좋은 나무 위에 열린 좋은 과일이 될 수 있습니다. 바로 그렇게 당신의 영은, 오 하나님이여, 선한 사람의 지적인 영 위로 와서, 거룩한 사랑의 열기에 의해, 그것의 잠재적인 능력을 완성을 향해 원숙하게 하며, 그래서 그것은 그에게 가장 만족스러운 열매가 됩니다.

주여, 우리는 능력에서 무한한 당신의 하나의 영이, 한 사람에게는 한 방식으로 그 안에서 그것은 예언의 영을 생산하며, 다른 사람에게는 다른 방식으로 그 안에서 그것은 통역의 기술을 생산하며, 여전히 다른 사람에게 그것은 지식을 가르치고, 그리고 그렇게 다양한 방식으로 다른 사람들 안에서, 다양한 방식으로 받아들여지는 것을 봅니다. 그의 선물들은 다양하며, 그리고 그것들은 지적 영의 완성들이며, 마치 태양의 동일한 열기가 다양한 나무들 위에 달린 다양한 열매들을 완성에 이르게 하는 것과 같습니다.

주여, 당신의 영은 영들 중의 영이며 움직임 중의 움직임이기 때문에 그것은 어떤 영 위에 결여될 수 없으며, 그리고 그것이 전 세계를 채우는 것을 나는 인식합니다. 그러나 그것은 지적 본성에 의해 하늘을 움직이고 그리고 움직임에 의해 그 아래에 존재하는 모든 것들을 움직이는 지적인 영을 가지지 않은 것과 같은 그러한 모든 것들을 지도합니다. 그러나 지적 본성의 경향과 처분을 그는 오직 스스로 보유합니다. 그는 이 본성을 자신에게 결혼시켰고, 그 안에서, 거주하는 집 안에서와 같이 그리고 진리의 하늘에서와 같이, 그는 안식하기로 선택했습니다. 저절로 진리를 붙들 수 있는 것은 오직 지적 본성뿐이기 때문입니다.

당신의 유익을 위해서 모든 것을 만드신 당신은, 주여, 이 모든 세상을 지적 본성의 유익을 위해서 창조하셨습니다. 화가가 다양한 빛깔들을 섞어서 충분히 자신을 그릴 수 있도록 해서 그 안에서 그의 예술이 쉬며 즐거워할 수 있는 그 자신의 닮음을 소유할 수 있게 되며, 그리고 그의 유일한 자아가 다양해지지 않도록 그는 최소한 가능한 한 가지 방식 안에서 즉, 자신을 가장 닮은 닮음 안에서 다양해지도록 해야 합니다. 그러나 영은 그의 무한한 능력을 닮은 것은 오직 많은 것 안에서 완전하게 제시될 수 있기 때문에 많은 모양들을 만드시며 그리고 그것들은 모두 지적인 영들이며 모든 영에 도움이 됩니다. 만일 그것들이 셀 수 없을 정도로 많지 않다면, 당신, 무한하신 하나님은 최상의 형태로 알려질 수 없었을 것이기 때문입니다. 모든 지적인 영들은 당신, 나의 하나님 안에서 다른 것들에게 계시되어야 할 어떤 것들을 그들이 당신, 그들의 하나님께 가능한 최상의 형태로 도달하기 위해서 인식하기 때문입니다. 그러므로 사랑으로 가득 찬 이 영들은 또 다른 그들의 비밀들을 계시하며, 그리고 그것에 의해 사랑받는 자에 대한 지식이 증가되고, 그리고 그를 향한 연모와 기쁨의 달콤함이 불타오릅니다.

여전히, 오 주 하나님, 당신은 당신이 그의 친구들 위로 기름 부으셨으며 그리스도인 당신의 아들, 예수가 없이는 당신의 일을 완전한 완성에까지 가져갈 수 없습니다. 그의 지성 안에서, 그가 다양화될 수 없는 최종의 그리고 전적으로 완전한 하나님의 형상이며 그러한 최고의 형상은 오직 하나이기 때문에, 창조될 수 있는 본성의 완성은 휴식하게 됩니다. 그러나 모든 다른 지적인 영들은 그 영의 매개를 통한 닮음이며, 그리고 더 완전해질수록 그들은 그것을 더 닮게 됩니다. 그리고 하나님의 형상의 최종의 완성 안에서와 같이 모두 그 영안에서 쉬게 되며, 그의 형상의 닮음을 그들은 얻었으며, 그래서 어느 정도 완성에 도달합니다.

그러므로 당신이 주시는 것에서, 오 나의 하나님이여, 나는 이 전체의 보이는 세계와 모든 성경과 나를 도와 당신을 아는 지식에서 진보하게 하는 모든 섬기는 영들을 소유합니다. 그렇습니다, 모든 것들이 나를 떨쳐 일으켜서 당신에게 돌아오게 합니다. 모든 성경은 오직 당신을 나타내기 위해 애쓰며 그리고 모든 지적인 영들은 오직 당신을 추구하고, 그들이 발견한 만큼 당신에 대해서 많이 계시하는 것에서 자신들을 훈련시킵니다. 당신은 나에게 무엇보다 주님으로서, 길과 진리와 생명으로서 예수를 주셨으며, 그래서 아무것도 나에게 절대 부족하지 않도록 하셨습니다. 당신은 나를 당신의 거룩한 영에 의해 강화시키십니다. 그를 통해서 당신은 생명, 거룩한 열망들의 선택을 고취하십니다. 당신은 나를, 영광 안에 있는 생명의 달콤함을 미리 맛보게 하심으로, 당신을 사랑하도록 이끄십니다, 오 무한한 선이시여! 당신은 나를 내 자신 위로 빼앗으셔서 당신이 그 위로 나를 부르신 그 영광스러운 장소를 내가 미리 볼 수 있게 하십니다. 당신은 나에게 많은 진미들과 가장 맛있는 음식들을 보이시며, 그리고 그것들은 자신들의 빼어난 맛으로 나를 유혹합니다. 당신은 나에게 풍성한, 생명의, 기쁨의, 미의 보물들을 보도록 허락하셨습니다. 당신은 거기로부터 본성에서와 기술에서 동일하게 모든 바람직한 것들이 흘러나오는 샘의 덮개를 벗기셨습니다. 당신은 아무 것도 비밀로 하지 않으십니다. 당신은 사랑과 평화와 안식의 통로를 숨기시지 않으십니다. 모든 것들을 당신은 당신이 무로부터 창조하신 일개의 비참한 피조물인 내 앞에 펼치십니다.

그러므로 나의 그리스도의 고약들의 달콤한 냄새 안에서 왜 내가 지연하며 왜 내가 달리지 않겠습니까? 왜 내가 나의 주님의 기쁨 안으로 들어가지 않겠습니까? 무엇이 나를 억제하겠습니까? 만일 당신에 대한 무지와 감각의 세상의 공허한 기쁨이, 주여, 나를 뒤로 잡아당기는 것이라면, 그것들은 더 이상 나를 억제하지 못할 것입니다. 나는 (당신이 내게 그렇게 소망하도록 하셨기 때문에), 주여, 세상이 나를 떠나기를 바라는 까닭에 이 세상의 것들을 떠나기를 바라기 때문입니다. 나는 목적을 향해 서두릅니다. 나는 나의 길을 다 마쳤으며, 나는 미리 그것과 작별을 나눌 것이며, 나는 나의 면류관을 향해 숨을 헐떡입니다. 나를 끌어당기소서, 주여, 그가 당신에 의해서 끌어당겨지지 않고는 아무도 당신에게 올 수 없기 때문입니다. 그렇게 당겨지도록 허락되면, 나는 이 세상으로부터 자유롭게 될 것이며 영광스러운 생명의 영원 안에서 당신, 절대적인 선에게 결합될 것입니다.

    아멘.

PART XII
NICHOLAS OF CUSA

성찬에 관한 설교[28]

본문

그리스도는 생명을 주는 생명이며 우리의 생명은 음식 없이 보존될 수 없기 때문에, 생명을 주는 자인 그는 그것을 보존하는 자이다. 그러므로 그는 생명의 빵이다. 그리고 그가 생명의 빵 또는 음식이기 때문에, 이 빵은 신앙에 의하지 않고서는 얻을 수 없다.[29] 생명을 주는 것은 성령이기 때문이다. 성령은, 더욱이, 그리스도의 교리가 가르치는 대로, 그것이 어디로부터 오는지 또는 어디로 가는지 알려질 수 없다. 그러나 만일 우리가 생명을 얻고자 한다면 우리는 생명의 성령에 도달해야 하며, 지식 없이는 이것을 얻을 수 없기 때문에, 이것은 지식 보다 위에 있는 즉 신앙의 덕에 의해 성취되는 것이 합당하다. 영생을 얻기에 합당한 이 신앙은, 더욱이, 의기양양하며 투쟁

---

28. 이하의 설교들은 *Excitationum ex sermonibus*, IV, 444-45, 그리고 *Cusanus Texte*, I, 2-5, *Vier Predigten in Geiste Eckharts...*, ed. by Koch, Winter, Heidelberg, 1937, pp. 92-98로부터 각각 Miss Dorothy Ann Freeman에 의해 번역되었으며, R. C. Petry, *No Uncertain Sound*, Philadelphia, 1948, pp. 289-294로부터 가져왔다. 그것들은 Westminster Press의 허락을 받아 사용되었다.

29. Cf. 신앙의 역할에 관해서는 *Doct. ign.*, III, 11, *Visio Dei*와 여기 부착된 다른 설교를 참조하라.

적이며 그리스도에게 순종한다. 그것은 지성을 사로잡아 그것이 승리를 얻으며 덕스럽게 되도록 한다.

덕은, 그러나, 역경을 거치지 않고는 완전해지지 않는다. 그러므로 이 신앙은 덕 안에서 완전해지고 강해지기 위해서 어려움을 견뎌야 하며, 역경이 많을수록 그것의 덕은 더 커진다. 그러나 신앙이 영과 그 영의 영생 안에서 그것이 도달하는 그렇게 위대한 덕으로부터 나는 것이 필요하다면, 그것은 가장 덕스럽고 그래서 가장 승리해야 함이 틀림없다. 그러므로 극복되어야 할 방해물들은 필연적으로 가장 분명하다. 그리고 신앙을 반대하는 가장 분명한 것은 지각 안에 거주하는 확실성이다. 먼저 지각 안에 존재하지 않는 아무 것도 지성 안에 존재할 수 없기 때문에, 지성을 사로잡아 그것이 지각이 보여주는 것의 반대편을 믿도록 하는 것이 특별히 신앙의 덕의 의무이다. 그러므로 그리스도는 자신을 생명의 빵으로서 우리들의 것을 분간하는 그 영들에게 주시며, 그들은 지각할 수 있는 것들에 대한 승리를 통해서, 신앙을 통해 사로잡히도록 자신들을 넘겨주며, 지각이 부인하는 것이 참되다고 의심 없이 믿는다. 그러한 결과는, 참으로, 오직 이것으로부터 발생하는데, [영이] 그가, 그것이 그를 한 사람으로 보지만, 하나님의 아들이라고 믿는 것이다. 이 신앙의 결과에서 그것은 아들이 그에게는 불가능한 것이 없는 하나님의 말씀으로서 선포하고 전파하는 것 모두를 믿는다. 그러나 지각의 판단에 의해 불가능한 것으로 보이는 것일수록 그것은 하나님에게는 더욱 가능한데, 이 전능성과 위대한 영광의 선언을 위함이다. 이 신앙은, 더욱이, 그것이 영원한 생명의 말씀이기 때문에 복음의 빵이 생명의 지식을 가지고 있으며 또한 그것이 생명을 위한 유일한 양식이기 때문에 성육하신 말씀의 정당성이 무리들에게 선포하고 의롭게 하는 [그것의 두 가지 국면에서] 것임을 보여준다. 그러므로 이 목적을 위해 신앙 안에서 외관을 극복함으로써 그리고 지각할 수 있는 세상의 반대편에서 생명의 빵을 만지기 위해서는 언제나 이 고투를 가지는 것이 필요했다. 이 자양물은 항상 우리들에게 필요하기 때문에, 그래서 또한 가장 강한 믿음이 그것을 얻기 위해 필수적이다. 이러한 이유로 그가 이 세상으로부터 막 떠나려고 할 때, 그리스도는, 그의 현존이 우리가 생명을 얻는 데에 공헌하는 그러한 방식 안에서, 시간의 끝까지 우리와 함께 거하시겠다고 약속하셨다. 그리고 그가 그것은 특히 생명의 획득에까지 이른다고 보았기 때문에, 그는 자신, 영적 생명의 양식을 물질적 형태 즉 빵과 포도주의 형태를 지니고 있는 지각할 수 있는 외형 아래에 감추었다. 그가 영적 생명의 참된 양식을 빵과 포도주를 먹고 영양을 공급받은 몸, 즉 살과 피로된 몸 안에 숨겨진 참된 양식을 지녔을 때, 이와 같은 방식으로 그 자신이 물질적으로 나타났다. 그러므로 이 세상으로부터 떠날 때, 그는 우리에게 성례전을 남겼고, 성례전 안에서 정신을 지탱하는 그가 지각할 수 있는 성례전적 표시들 아래에 숨겨져 있는 것이다. 바로 그렇게, 그가 몸 안에서 이 땅위를 걸어 다니는 동안, 그는 살과 피 안에 숨겨진 생명의 양식을 지니고 있었다. 그래서 물리적 육체를 살찌우는 바로 그 음식들 안에서 영은, 썩을 수 있는 만나의 원기 회복이 거두어질 때, 신앙을 통해서 하늘로부터 내려오는 썩지 않은 빵의 음식에 의해 영양을 공급받는다. 그러므로 위가 그 자신의 열에 의해 자신을 회복하기 위해서 썩을 수 있는 만나의 빵으로부터 음식을 섭취하듯이, 신앙은 그 자신의 불에 의해 자신이 생명 안에서 살기 위해서 살아있는 영을 빵 안으로 불어넣는다. 그러므로 그 자신이 아버지에 의해 보냄을 받고, 생명의 지탱을 위해 섬기고 자신을 그 자양분으로 제공하면서, 그가 가진 생명의 말씀으로 섬긴 것처럼, 그는 사도들과 제자들과 그들의 계승자들을 시대의 마지막까지, 그 자신이 아버지에 의해 보냄 받은 것과 같은 방식으로, 그들도 또한 생명의 말씀 안에서 생명의 양식을 섬기고 그리스도 자신을 물질적 음식의 형태 안에서 생명의 자양분으로서 바치도록 한다. 그러므로 너는 어떻게 생명의 유지가 마치 봉헌 안에서와 같이 설교 안에서 섬겨지는지를 본다. 그리고 설교는 가장 달콤한 그 봉헌과 그리스도의 신비의 몸에 대하여 얼마나 열매를 맺고 얼마나 자주 참여하는가에 비례하여 훨씬 더 완전해진다.

 이 제도의 원인을 생각해보자. 처음에 하나의 목적이 언급되었는데, 즉 그리스도가 우리와 함께 계셔서 신앙을 통해 우리가 생명의 영양물에 참여할 수 있도록 하는 것이다. 그리고 그는 무리를 정의롭게 하고 세상의 생명을 위해 주어지며 지각에는 닿을 수 없는 것으로서 우리와 함께 계시기 때문에, 우리는 강한 신앙을 통해서 보이는 외형 아래 포함된 보이지 않는 무리들의 헌납 안에서 생명에 참여할 수 있다. 우리가 특별히 기억해야 할 그 제도의 다른 하나의 원인이 있다. 그리스도는 빵을 가지시고 감사하면서 그것을 깨트려 그의 제자들에게 주시면서 말씀하셨다. "받아서 먹어라. 이것은 너희를 위하여 주는 나의 몸이다. 나를 기억하면서 이것을 행하라"(cf. 마 26:26; 눅 22:19). [그러므로] 그는 그가 그들에게 생명을 주시기 위해서 그의 참된 몸이 그들을 위해 주어져야 한다는 것을 보이기를 원하셨다. 그리고 그의 몸으로 만든 빵이 하나이며 나누어져서 모두에게 제공되고 그것에 참여하는 각 사람을 활기 있게 하듯이, 또한 포도주도 그러하다. 그 자신이 생명과 신앙의 몸 [둘 다]이기 때문에, 그리스도, 그 활기 있게 만드는 생명이 신도들의 전체 몸을 신앙의 통일성 안에서 하나로 묶으시는 바로 그것처럼, 바로 그렇게 그는 이 성례를 제정해서, 그 안에서 그 자신이 생명의 음식이 되고, 이 하나의 빵에 참여하는 자들이 그리스도의 한 몸이 되며 하나의 생명의 음식에 의해서 활기를 띠게 된다. 그리스도는, 그러므로, 이것을 기억하며 그 자신이 생명이며 자신을 충실한 자들을 위하여 주시고 그 빵이 성별되며 충실한 자들에게 주어지기를 원하셨다. 충실한 자들에 대해서는, 그러므로, 성례전의 빵 안에서 그가 그리스도의 몸에 참여하며 그래서 자신이 그를 위한 그리스도의 희생을 기억하는 것을 보이는 것이 요구된다. 이것을 그리스도의 신비한 몸과의 통일성 안에서 [그는 해야 하며], 그는 신앙의 빵을 통해서 그리스도의 실존의 몸 안에 참여한다. 그리고 그 신비한 몸과 함께, 그는 그리스도의 통일성 안에 참여하는데, 그리스도는 성례 안에서 취해진다.

네 이웃에 대한 사랑은 그것이 또한 하나님 안에 있지 않으면 충분하지 않으며, 성례의 실존은 구원을 위해 필요하며, 그래서 네가 그리스도와 그리스도의 머리의 몸의 통일성 안에서 한 몸이 되도록 하는데, 그렇지 않으면 네가 살 수 없기 때문이다. 그러므로 네가 이 통일성의 성례를 받아 네가 그러한 한 몸 됨이 구원을 위한 필연성이라는 것을 믿는다는 것을 공공연하게 보여야 한다는 것은 옳다.

PART XII
NICHOLAS OF CUSA

"유대인의 왕으로 나신 그가 어디 계시는가?"

마태복음 2장 2절 (주현절에: 브릭센(Brixen)에서, 1456년)

본문

9. 바울은 우리가 나그네이기 때문에, 우리는 하나님 안에 존재하고 그 안에서 움직인다고 말했다. 나그네는 그의 이름과 그의 존재를 길(Way)로부터 취한다.[30] 그 무한한 길 안에서 걷거나 움직이는 나그네는, 그가 어디에 있는지 질문 받는다면, 말한다. "길 위에." 만일 어디로 움직이는지 질문 받는다면, 대답한다. "길 안에서." 만일 왜 움직이는지 질문 받는다면, 말한다. "길 때문에." 그리고 만일 어디로 가는지 질문 받는다면, 말한다. "길(way)로부터 길(Way)로." 따라서 그 무한한 길은 나그네의 장소라고 불리며 이것은 하나님이다. 그러므로 그것 밖에서는 어떤 나그네도 발견되지 않는 이 길은 시작도 끝도 없는 실존이며, 그것으로부터 나그네는 그인 것과 또는 그가 가지고 있는 것을 취하며, 그것을 통해서 그는 나그네이다. 여행자가 길 위에 있는 나그네가 되기 시작한다는 사실은 그 무한한 길 자체에 아무 것도 더할 수 없으며, 그것은

---

[30]. 라틴어 *Viator*와 *Via* 그리고 독일어 *Pilger*와 *Wege*의 역할에 관하여는 Koch, *Vierte Predigten*, cols. 92 Lat., and 93 Ger.를 보라.

이 길 안에 어떤 변화도 만들지 않는데, 그것은 그 길이 영원하며 움직이지 않기 때문이다.

10. 그러므로 어떻게 하나님의 말씀이 자신을 길로 선포하는가를 주의하라. 살아있는 지성은 길 위에 있는 또는 생명의 말씀 안에 있는 나그네이며 그 길로부터 그는 그의 존재와 그의 이름을 취하고 그 길 안에서 그는 움직이기 때문에, 너는 이것을 이해할 수 있다. 만일 움직이는 것이 사는 것이면, 그 움직이는 길은 생명이며, 그래서 그것은 살아있는 나그네의 살아있는 길이다. 길로부터 나그네는 그의 생명을 받고, 그리고 그 살아있는 길은 그의 장소이며, 그는 그 안에서 그것을 통하여 그것을 향하여 움직인다. 정당하게, 그러므로, 하나님의 아들은 자신을 길과 생명이라고 부른다.

11. 그러나 이것 또한 유의하라. 생명인 이 길은 또한 진리이다. 그 살아있는 나그네는 그가 여행하는 것에서 살아있는 기쁨을 취하는 합리적인 영이다. 그는 그가 어디로 가는지를 알고 있기 때문이다. 그는 그가 생명의 길 안에 있고 이 길이 진리라는 것을 아는데, 진리는 그의 생명의 가장 기쁘고 불멸하는 음식이기 때문이다. 그것을 통해 그는 그의 존재를 가지고 그것에 의해 그는 지탱된다. 그러므로 또한 진리인 이 살아있는 길은 게다가 하나님의 말씀이며 그 자신 하나님이며 길 위에서 걷는 "사람들의 빛"이다. 걷고 있는 나그네는, 그가 어디에서 방황하는지를 모르고 있는 사람처럼, 그가 어둠 안에서 걷는 것을 방해하는 어떤 다른 빛을 필요로 하지 않는다. 그러나 생명과 진리인 길은 또한 조명하는 빛이며 그리고 이 빛은, 자신이 "생명의 빛"임을 보여주기 때문에 살아있다.

12. 모든 사람들은 같은 방식으로 이 세계에 들어오지만, 그러나 그들은 모두 같은 형태를 따라 살지 않는 것은, 비록 사람들이 다른 동물들과 같이 벌거벗은 채 태어나지만, 그들은 보다 더 편안하게 살기 위해서 자신을 재단사의 기술에 의해 옷 입히기 때문이다. 또한 그들은 조리된 음식들과 집들과 말들과 보다 나은 삶을 위해서 자연에 기술을 더하는 많은 그러한 것들을 이용한다. 이 기술들을 우리는 그들을 발견한 사람들로부터 커다란 선물 또는 호의로 받는다. 그러므로 비록 많은 사람들이 많은 비참함, 슬픔, 그리고 압박 안에서 많은 것을 겪으며 살아가는 반면 다른 사람들은 기쁨과 영광 안에 사치스러운 삶을 영위하지만, 여전히 우리는 사람은 다양한

기슬 또는 은총들에 의해 자연이 주는 것보다 더 큰 평화와 기쁨을 삶에서 얻을 수 있다는 것을 올바르게 단언한다. 많은 사람들이 자연적 능력 또는 거룩한 영감을 통해서 생활의 개선을 위해 다양한 기술을 발전시켜왔던 것이 사실이다. 어떤 이들은 씨를 뿌리고 밭을 갈고 사업을 하는 기계적인 기술을 발전시켜 왔다. 다른 이들은 정치학과 경제학의 법칙들을 저술해냈다. 그리고 여전히 다른 이들은 덕스러운 삶을 기뻐하는 삶의 예의와 방식을 통해서 자신들을 길들여서 자신들을 평화롭게 조절하는 윤리학을 발전시켰다. 그럼에도 불구하고, 이 기술들 중 어느 것도 영을 섬기지 않으며, 차라리 그것들은 무엇에 의해 사람이 이 세상에서 평화롭고 고요하며 칭찬을 받을 만한 덕스러운 삶을 살 수 있는가를 제안한다.

13. 그러므로 이 기술들에 신적 권위와 계시에 근거한 종교가 추가되어 사람이 그를 두려워하고 그와 우리의 이웃을 사랑함으로써 하나님께 순종하도록 이끈다. 그는 현세에서의 길고도 잔잔한 삶과 하늘에서의 즐겁고 거룩한 삶을 얻기를 소망하며 생명의 수여자이신 하나님의 은총을 구한다. 참된 생명에 대해서 실패하는 종교의 다른 모든 형태들과 대조되면서, 영원한 생명으로 가는 길은 우리에게, 예수, 하나님의 아들, 하나님의 아들들이 향유하는 하늘의 삶의 본성을 우리에게 알게 하시는 그분을 통해서, 우리가 하나님의 아들 됨과 우리가 그것을 성취하도록 하는 방법을 얻을 것이라는 확신을 계시하셨다.

그러나 이 세상에서 잘 사는 것에 대한 기술이 다양한 통찰에 의해 다양하게 드러나고, 이것들이 더 분명할수록 미래의 삶을 내다보고 미래를 위해서 현재를 가지런히 하는 것, 또한 그러한 종교는 더욱 완벽하져서 멀리서 미래를 예시하는 예언자들에 의해 다양하게 계시되어왔다. 그리고 아무도 상상에서가 아니고는 미래의 삶을 보지 못하기 때문에, 그러므로 하나님과 우리에게는 미래인 저 하늘의 삶으로부터 우리 인간의 본성 안으로 오신 그분만이 완전하게 종교 또는 그것을 향한 길을 보여주실 수 있었다. 이분이 우리의 예수시며, 그는 하늘로부터 와서 우리가 본성을 통해서 보다 그를 통해 생명을 가지고 더욱 풍성하게 살도록 하셨으며, 이것이 어떻게 성취될 수 있는지를 "행하고 가르치기 시작하셨고", 그리고 말씀하셨다. 나를 따라오는 자마다, 어둠 안에서 걷지 않고, 생명의 빛을 가질 것이다 (요 8:12). 또한 본성의 길이신 그는 그 자신이, 그러므로, 은혜를 얻는 데에 이르는 길이셨다.

14. 예수는, 그러므로, 본성 또는 은총의 모든 움직임이 안식에 이르는 장소이다. 그리스도의 말씀 또는 가르침, 명령 또는 그의 행동의 모범은 홀로 불멸하시는 하나님의 생명이신 영원한 생명에 대한 환상 또는 포착이다. 그리고 이 생명은 창조된 본성의 생명보다 더욱 풍성하다. 그러나 아무도 자신을 통해서 아버지에게 인도하는 은총의 길 안으로 들어갈 수 없다. 그는 문을 통해 들어가야 한다. 자신이 그 문이라고 선포하신 그리스도는 또한 길이다. 충성스러운 그리스도인은, 사랑을 통한 믿음의 행위에 의하여, 문을 통해 들어가서 길 안에서 자신을 발견한다. 그 문은 신앙이다. 그 길은 사랑이다. 그러므로 그리스도를 믿는 것은 문과 길 둘 다가 된다. 하나님 아버지의 말씀은 우리를 무존재로부터 존재 안으로 부르시고, 마침내 지적 삶이 향유하는 그러한 존재에까지 부르시는데, 그것이 그 자신의 존재를 이해하기 때문이다. 육신이 되신 말씀은 은총을 통해서 이 지적 삶을 그 말씀과의 친교로 부르시며, 그 친교를 통해서, 그것은 아버지의 샘 안에서 하나님의 아들들 안에 심겨진 그의 거룩한 삶의 달콤함을 맛본다.[31]

---

31. Cf. *Doct. ign.*, III, 4-11, 그리고 the *Visio Dei*, chs. XIX ff.

XIII. 카테리나 다 제노바

(1447–1510)

PART XIII
CATHERINE OF GENOA

PART XIII
CATHERINE OF GENOA

서론

전기적 내용

카테리나는 제노바(Genoa)의 피에스키(Fieschi) 귀족 가문에서 1447년에 태어났다. 이 뛰어난 교황당원들은 교황, 추기경, 감독, 그리고 세속적 관리들을 사회에 오랫동안 배출해 왔다. 처음부터 경건했던 카테리나는 열세 살에 그녀의 자매의 모범을 따라 한 수도회에 가입하기를 원했다. 그녀가 어리고 가족이 반대했기 때문에 그녀는 받아들여지지 않았던 것으로 보인다. 몇 년 후에 그녀의 아버지가 죽자, 그녀의 오빠는 가문들의 외교적인 연합을 위해 1463년, 그녀를 황제당의 귀공자인 줄리아노 아도니(Giuliano Adorni)와 결혼시켰다. 이 방자한 젊은이와의 불행한 연합 후에, 그녀는 1474년에 전향적인 엑스타시의 경험을 하게 되고, 뒤이어 그녀를 결혼의 의무로부터 해방시키겠다는 그의 약속을 받아내었다. 그녀의 인생은 엄격한 금욕 행위와 오랜 시간의 기도와 참회의 철야, 그리고 자비로운 숙녀들(Ladies of Mercy)과 함께 병자와 빈자들을 섬기는 일에 바쳐졌다. 생 라자루스(St. Lazarus)에 있는 희망 없는 병자들이 그녀의 사랑어린 봉사들을 매우 잘 알게 되었다. 이십오 년 후에 영적 지도자 없이 그녀는 사제 카타네

오 마라보토(Cattaneo Marabotto)를 그녀의 고해신부로 삼았다. 그녀의 남편은, 그녀가 전향한 직후 프란체스코 제3수도회에 받아들여졌으며, 그녀의 자비의 소명에 함께 했다. 그녀 자신이 프란체스코 제3수도회의 일원이 되었을 개연성이 있다. 그녀는 수년 동안 병자들의 감독자로서, 후에는 제노바 병원의 주임 신부로 봉사했다. 그녀와 그녀의 남편은 그들의 만년을 이 기관의 초라한 임대 숙소에서 보냈다. 여기서 1497년부터 1498년까지 그녀는 마지막 병중에 있는 그를 간호했다. 하나님을 향한 불타는 사랑과 그녀의 추종자들을 향한 사랑의 희생적 수고에 점점 더 내어지던 그녀는 1510년에 죽었다. 그녀는 1737년에 시성되었다.

참고 자료

카테리나의 자료들, 생애, 교리, 그리고 영향에 대한 훌륭하고 간결한 요약은 P. Debongnie in the *Dictionnaire d'histoire et de géographie ecclésiastiques*, ed., A. Baudrillart et al., Vol. 11 (Paris, 1939), cols. 1506-1515이다. 보다 난해한 비평적 취급들로는 Umile da Genova, O. M. Cap., and M. Viller in DS II, 290-325, 그리고, 전자에 의한 "L'opus Catharinianum et ses auterus," in the *Revue d'ascétique et de mystique*, Vol. 16 (1935), pp. 351-380이 있다. 매우 논쟁적인 작품인 Baron F. von Hügel, *The Mystical Element of Religion as Studied in Saint Catherine of Genoa and Her Friends*, 2 vols., J. M. Dent & Sons, London, and E. P. Dutton & Co., Inc., New York, 1908, 1923은 필요불가결하다. 이른바, *Opus Catharinianjum*의 *editio princeps*는 *Libro de la Vita mirabile e Dottrina Santa de la Beata Caterinetta da Genova*, Antonio Bellono, Genoa, 1551이다. 이것은 52장 안에 「생애」(*Life*)와 「연옥」(*Purgatory*)를 분리하지 않은 채 포함하며, 두 부분으로 된 「대화」(*Dialogue*)를 포함한다. *Vita di B. Catherina*가 A. Maineri의 편집으로 1737년에 제노바에서 출판되었다. 이 선집의 편집자가 이용할 수 없는 본문은 P. Valeriano da Finale (Finalmarina), *Trattato* *del Purgatorio di Santa Caterina da Genova*, Genoa, 1929(1666년 프랑스어로 번역된 후 관습적으로 대개 17장으로 되었던 것을 거슬러 19장으로 나눔)였다. 독일어로 된 유용한 선집은 L. Sertorius, *Katharina von Genua: Lebensbild und geistige Gestalt ihre Werke*, Kösel-Pustet, Munich, 1939이다. Pourrat, *Christian Spirituality*, Vol. II, pp. 286 ff.를 보라.

개관

카테리나의 신비 교리는 그 중심을 사랑에 있다. 그래서 「생애」(*Vita*)와 「대화」(*Dialogue*)는 정화와 조명의 길들을 마침내 순수한 사랑의 동일함 안에서 하나가 되는 삶에 이르는 것으로서 묘사하고 있다. 이것은 영혼에게 있어서 단순히 어떤 참여의 행동이 아닌 모든 자기사랑의 실제적인 무화와 하나님 안에서의 진정한 변형을 포함한다. 영원한 지복을 위해 창조되었지만 자기를 사랑함에 의해서 그것의 목적으로부터 빗나간 영혼은 하나님이 그것을 다시 자신을 위해서 주장하시며 그를 후미에 붙들고 있는 모든 것을 불사르시도록 하기 위해서 세 가지 정화의 단계를 필요로 한다. 첫째, 영혼은, 내적이든 외적이든, 자기사랑을 살찌우고 신성을 거스르는 반항을 키우는 모든 장애물들로부터 적극적으로 분리되는 것을 통해서 하나님과 함께 한다. 둘째, 영혼은 수많은 영적 위로를 향유한다. 하나님 안에 자신을 고정시키고, 영혼은 독서와 묵상과 명상을 통해 그 안에서 항상적으로 즐거워한다. 그 가운데에 그것은 신적 비밀과 달콤한 자양물 안에서 교훈을 발견한다. 그래서 하나님 자신과의 꾸준한 몰두를 통해서 거룩한 것 안에서 그것은 자신을 변형시켜간다. 셋째, 영혼은 내적으로든 외적으로든 자신 밖으로 태어난다. 그것은 아는 것과 발견하는 것 또는 행하는 것을 초월하며 하나님이 그 안에서 일하시는 것에 완전히 주의를 기울인 채 거룩한 것의 둔한 도구처럼 된다. 주님은 이제 영혼에게 그의 모든 보물들과 그를 온통 휘감고 있는 현존과의 몰두를 향한 열쇠를 친절하게도 하사하신다. 신적 사랑의 불타는 광선들이 그로부터, 겉으로는 그 길 안에 있는 모든 것을 불사를 만큼, 실제로는 그와의 연합을 향한 모든 장애물들을 제거할 만큼, 그렇게 침투하는 능력으로 발산된다. 이 마지막 단계가 완전하게 전개된 것이 카테리나가 저술하고 있는 연옥이다. 여기서 그녀는 신비스러운 믿음 안에서 그녀의 의식 상태를 자신 안에서 거룩하게 행해진 고난에 빌려주며, 이제, 그것에 의해 그녀는 이미 연옥의 정화 안에 있는 영혼들의 고통과 동화된다.[1] 연옥의 영혼들 안에서 그녀에게 보인 연옥의 형태를 그녀는 그 자신의 정신 안에서 느낀다. 그녀는 자신의 영혼이 현재의 몸 안에서 "연옥 안에 있는 것으로서" 느낀다. 그것은 "진정한 연옥인 것처럼 그것과 같이 형성되지만, 그러나 육체는 그것을 견뎌내고 죽지 않을 정도이다. 여전히 조금씩 그것은 육체가 죽을 때까지 자라난다."[2]

혹자는 이 궁극적인 연옥에 대한 카테리나의 설명 안에서 두 가지 대립되는 힘들 사이에서의 압박에 의해 영혼 안에 발생된 고뇌를 눈치 챘다. 하나는 그의 지복의 대상인 하나님을 향해 그것을 끌어당기며, 다른 하나는 그 자신의 불완전을 향해 끌어당기며 상충을 일으킨다. 하나님의 순수성과 그녀 자신의 불결함 사이에서 주고받는 카테리나의 긴장, 즉 그녀 자신의 고난이 연옥의 고난의 조건에 실질적으로 기인하는 것에서, 우리는 카테리나의 영적 교리가 벌써 한창 활동 중이라는 것을 발견한다.

연옥 안에서 영혼들은 어떤 언어로도 묘사할 수 없을 만큼 또는 어떤 지성으로도 이해할 수 없을 만큼 커다란 고통을 겪는다(제2, 8장). 하나님이 그의 특별한 은총에 의해서 이것을 가능하도록 하지 않으셨다면, 영혼은 그것의 최소한의 격통도 이해할 수 없을 것이다. 분명히, 창조된 상태로 돌아가기 위해 정화를 겪는 영혼은 완전한 정결을 바라는 자신의 소망을 끌 수 없는 자신을 발견한다. 그것의 기쁨에 넘친 본능으로 중단 없이 자라나면서, 그것의 최종적인 정화의 길에 놓인 어떤 격렬한 장애도 "맹렬한 사랑"을 가지고 내리누르며 돌진한다. 이것을 향한 장애들은 견딜 수 없는 것처럼 보인다. "그것이 더 많은 것을 볼수록, 그것의 고통은 더욱 극도에 달한다."(제3장)

카테리나에게 있어서 연옥 안에 있는 자들의 아름다운 고뇌는 하나님과의 의도된 지복에 대한 영혼의 지식과 거기 이르기 위해서 아직 겪어야 할 고통 때문에 그

---

1. *Purgatory*, chs. 1, 9, 17 (19); *Dialogue* (*Dial.*), pt. II, chs. 2, 6, 8, 10, 그리고 III, 13; *Vita*, ch. 30을 보라. *Purgatory*는 제목 없이 제1장 등과 같은 소론의 형태로 계속해서 언급될 것이다. 17- (그리고 19-)라는 상이한 장으로 장의 편집들이 이루어져 있다. Hügel, *Mystical Element*, on purgatory, Vol. I, pp. 283-94; Vol. II, pp. 230-46.
2. *Purgatory*, 17 (19).

것 위에 부과된 지연의 실현 사이에서 격렬한 대조를 이룬다.(제3장) 영혼 안에서 거룩한 것을 향한 만족할 줄 모르는 배고픔을 일으키는 것이 이것이다. 그 성도는 그 하나의, 모든 사람들에 의해서 열렬하게 사모되는 '모든 것을 만족시키는 빵'이라는 상징적인 표현 아래에서 이것을 묘사한다.(제6장)

영혼에게 있어서 하나님은 그녀의 인생의 빛 또는 태양과 같다. 그는 영혼에게 불가항력적인 행동을 실행하시며, 비록 그녀가 죽지 않을지라도, 그녀를 파괴시키는 것처럼 보일 만큼 뜨거운 사랑의 광선들에 의해 그녀를 끌어당기신다.(제9(11)장) 이것은 "그것이 하나님 안에서 변형되게 하여 자신을 마치 하나님과 다르지 않은 것처럼 보게 한다." 카테리나는 빛의 광선들과 한 줄기의 광선들이 거룩한 사랑으로부터, 가능하다면, 육체뿐만 아니라 영혼 역시 파괴시키는 것처럼 보이는 그러한 힘과 침투로 영혼을 향해 나아가는 것을 본다. 영혼은, 그것이 하나님 안에 있는 한, 물론, 파괴될 수 없다. 그것이 자신 안에 집중하는 만큼, 그것은 말소될 수 있다.(제10(12)장)

카테리나는 어떻게 죄의 녹이 하나님이 영혼 안으로 들어오시는 데에 실질적인 방해가 되는지를 드러낸다. 육체의 녹은 태양 광선의 완전한 반사를 막는다. 그래서 뒤덮인 것이 이 광선들에 반응할 수 없는 이유는 빛을 바르게 비추는 태양의 잘못 때문이 아니라 그 덮개가 어려움을 개입시키기 때문이다. 그 덮개는 한번 타버리면 태양의 침투하는 영향을 향해 활짝 열린다. 장애가 더 많이 불탈수록 태양 광선을 향한 반응은 더 커진다.(제2장)

분명히, 연옥의 고통은 극도로 비참하다. 연옥 안에 있는 영혼들의 마음을 읽는 카테리나의 심리는 아마도 이 "연옥의 시"의 가장 인격적인 부분일 것이다. 기쁨과 슬픔이 뒤얽히며 결합된다. 카테리나는 그러한 고통의 강도를 헤아리거나 또는 묘사하는 것조차 생각할 수 없다.(제2(3)장) 이 끔찍한 고통들에는 삼중적 원인이 있다. 첫째는 이 영혼들이 그들 안에서 하나님을 기쁘시게 하지 않는 것들을 보았기 때문이다. 둘째는 영혼을 그것을 향해 부르는 거룩한 사랑을 보지만, 이 거룩한 사랑에 반대되는 죄로 인한 장애가 있음을 알기 때문이다.(제12(11, 14)장) 이 영혼들의 사랑은 장애를 경험할 때 고통을 낳는다. 하나님이 그들을 더 완전하게 사랑할 수 있게 하실수록 그들의 고난은 더욱 더 아름다워진다.(제12장) 셋째, 영혼의 생득권인 운명을 추구하는 것 안에 있는 지연이다. 그 목적을 향한 헐떡이는 소망 안에서 그렇게 좌절된 슬픔, 그 길 안

에 놓인 이 방해가 영혼에게는 어떤 경우에도 참을 수 없는 고통이다.(제17(19)장)

카테리나는 고통의 강도가 연옥의 고난의 과정에서 경감된다는 것을 부인한다. 고통은 줄어들지 않으며, 단지 그것을 겪는 시간이 줄어든다.(제2(3)장) 정화가 진행되면서, 영혼이 하늘, 그 목적에 더욱 가까이 접근할수록 그 슬픔의 강도는 더욱 상승된다. 자연스럽게, 그러므로, 영혼의 해방 직전의 연옥의 마지막 날들과 시간들은 모든 것 중에서 가장 비참하다.(제17장)

고통이 이렇게 커지는 이유는 이중적이다. 하나님을 아는 지식이 커질수록 소망과 고통이 증대 된다.(제3장) 그것을 더 많이 인지할수록, 그것의 고난은 더 커진다. 하나님과의 연합의 지연은, 그 완성이 전개되는 동안 고통을 증가 시킨다.(제12, 13 (14)장) 기쁨과 슬픔이 연옥 안에 있는 영혼 안에 공존한다. 그들은 그들이 가장 큰 격통을 겪을 때 가장 큰 행복을 안다. 하나는 다른 하나를 방해하지 않는다.(제12 (14)장) 이 공존의 외식(外植)은 영혼이, 아무리 그것이 클지라도, 자신의 고통보다 거룩한 의지를 더욱 달성한다는 사실 안에 놓여 있다.(제17(19)장) "하나님께 죄짓기보다는 자신이 죽게 되기를 바라는 사람은 죽음과 그 고통을 느끼지만 하나님의 빛에 의해 그에게 거룩한 영예를 육체의 죽음보다 더 높이 여기는 열심이 주어지며, 그래서 하나님의 계명을 아는 영혼은 그것을, 비록 그들이 끔찍하더라도, 모든 가능한 내적이고 외적인 고통보다 더 높이 여기는데, 그 이유는 이것이 느껴지거나 상상될 수 있는 모든 것을 초월하시는 하나님의 일이기 때문이다."(제17(19)장) 결과적으로, 이 영혼들은 꾸준히 증가하는 매우 커다란 기쁨을 아는 이유는, 죄의 녹이 조금씩 감소되기 때문이며, 영혼이 자신을 정결하게 하는 정도로 하나님이 자신을 드러내시기 때문이다.(제2장)

연옥 안에 있는 영혼은 하나님을 강도 높게 사랑한다. 사랑하는 하나님은 사랑하는 영혼을 일종의 달콤한 폭력을 가지고 그에게 끌어당기신다. 그는 영혼을 용해시키는 사랑의 불을 점화하고 먹이고 자극하는 신비한 힘인 그이다.(제9-11(12, 11)장) 반복하자면, 사랑은 영혼을 창조된 처음 상태로 그것을 상기시키기 위해서 영혼을 변화시킨다. "끊임없이 그는 그것을 자신에게로 끌어당기며 그것 안으로 불을 내쉬면서, 그것이 나온 상태 즉, 그것이 창조된 순수한 청결로 그가 그것을 인도할 때까지 그것을 가게 두지 않는다."(제9(12)장) 그는 영혼이 불처럼 그것을 불사르는 이 변화를 바라는 소망으로 아프게 한다. 그는 그것의 불완전함으로부터(그것이 그것을 깨닫지 못한 채) 그것을 구원함으로써 그것을 기품 있게 하고 정결하게 하는데, 그가 이러한 불완전함을 파괴할 때까지 영혼에게 이것을 보이지 않는다. 그는 그것 안에서 이기주의의 모든 자취들을 능가함으로써, 그것 안에서 자신만을 통하여 "그가 그것을 벌주는 이 마지막 사랑의 행동…."을 낳음으로써 그것을 복종시킨다. "사랑의 마지막 행동은 인간의 도움 없이 하나님에 의해서 행해진다." 영혼의 불완전함은 아주 많아서 만일 이것들이 그것에게 드러난다면, 그것은 절망으로 뒷걸음칠 것이다. 그러나 다 타버린 후에 이 결함들은 하나님에 의해서 영혼에게 보인다. 그러므로 그것은 그것의 불완전함을 불사른 사랑의 불을 켜는 신적 행동을 볼 수 있다.(제11장) 그것은 계속해서 슬퍼하는 바로 그때 기뻐한다.(제12장)

그리스도인의 완전은 전적인 자기포기에 의해 얻어진다는 원칙은 분명히 단정된다. 카테리나는 우리에게 묘사하기를, 이것이 행해질 때, 영혼은 자신이 거룩한 자비를 받을만한 자격이 전혀 없으며 하나로 만드는 사랑의 일에 자신을 드리는 것이 전적으로 불가능하다는 것을 알고 있다고 말한다. 그것은 이제 변화시키고 정화시키는 사랑을 향해 즉각적으로 일어난다. 연옥은 강요된 감옥이기를 멈춘다. 그것은, 차라리, 희망했던 정화가 되고, 의지가 있으며 열망으로 추구되는 것이 된다.(제16-17, 9(18, 9)장) 연옥 안에 있는 영혼의 이 자기포기는 하나님 자신의 의지에 그들을 완전하게 일치시키면서 자신을 분명히 한다.(제5(6-7)장)

이 완전한 자기 부인과 영혼의 의지를 하나님의 의지와 일치시키는 것으로부터 나오는 행복한 결과는 확실하며 예측할 수 있다. 영혼은 거룩한 선의 일에 그의 시선을 고정한다. 그것은 지상적 이기주의의 마지막 잔재들을 벗어버린다. 그것의 유일한 일은 하나님 안에 있다. 정화 자체는, 이른바, 무의식적이다. 영혼은 마치 그것이 그녀 자신의 일인 것처럼 그것을 기뻐하지 않는다. 그것은 그녀 자신의 포기를 무효화하는 것이다. 그녀는 하나님과의 보다 더 완전한 연합을 경험하기 위해서 정화를 기뻐한다.(제12(15)장) 이기적 자만이 완전히 파괴되면서, 영혼은, 그것이 하나님의 뜻임을 알기에, 자발적으로 이러한 고통을 겪으며, 그것이 그 능력을 가지고 있더라도 그것을 경감시키지 않을 것이다.(제16-17(18)장) 이 정화하는 자기-포기는 영혼을 자신에 대한 완전한 망각을 향해 이끈다. 또한, 그것이 그 자신의 죄를 위해 이 고통을 얼마나 겪는지를 생각할 수 없다. 그것은, 단번에 모든 것에 대해, 거룩한 심판 안에서 자기가 지은 죄들의 의미와 그들의 정화의 필요성을 보았다. 결과적으로, 그것은 자신을 전적으로 하나님을 향해 포기하면서 완전히 자신을 잊는다. 모든 것에서 그의 뜻을 성취하는 것을 행복해하며, 영혼은 자기가 죽지 않았기 때문에 고통이 영원한 사랑과의 연합을 늦춘다는 것을 오직 안다.(제1(1)장)

영혼이 사랑을 완전한 정도로 획득하고 자기를 완전히 부인한 결과로서, 그것은 연옥의 감옥으로부터 자유롭게 되기를 소망하지 않는다.(제17(15)장) 포기의 마지막 열매는, 자신이 복된 삶에 무가치하다고 여기면서, 죄가-쌓여 낳은 영혼을 부패시키는 현세적 오욕의 모든 지난 자취로부터 정화되는 것이다.

영혼 안에 있는 자들이 겪는 고통과 지옥에 떨어진 자들이 겪는 고통을 비교하는 것에 관해 무슨 말을 할 수 있을까? 영혼이 하나님의 현존 안에서 무가치함을 자각하는 것은 연옥 안에 있는 사람에게는 일종의 심히 비참한 슬픔을 의미한다. 지옥과 연옥의 고통은 그 강도와 폭력에서 고난의 지속과 죄의 문제에서보다 덜 차이가 난다. 지옥에 있는 자들은 죄와 함께 영원한 고통을 겪는다. 연옥에 있는 자들은 죄 없이 유한한 고통을 겪는다. 더욱이, 연옥 안에 있는 영혼들의 고통은, 그들이 겪는 고난의 필요성과 정당성을 인식하게 만드는 거룩한 의지에 그들이 완전히 일치하는 것에 의해서 그러하듯이, 그들을 살리는 속죄의 소망에 의해 누그러진다. 한편, 저주받은 자들에게 특징적인 사탄의 반항이라는 정서는 분노와 더한 고뇌로 그러한 모든 것을 보지 못한다(제3, 4장).

PART XIII CATHERINE OF GENOA

연옥에 관한 논문[3]

본문

어떻게 그녀가 자신 안에서 느낀 신적인 불에 그것을 비교함으로써 이 영혼은 연옥이 어떤 것이며 거기에 있는 영혼들은 얼마나 고난당하는지를 이해했는가.

제1장

연옥 안에 있는 영혼들의 상태, 그들은 어떻게 모든 자기 사랑으로부터 면제 되는가.

이 거룩한 영혼은[4] 자신이 여전히 육체 안에 있으면서 하나님의 맹렬한 사랑에 의해 연옥 안에 있음을 발견했는데, 이 연옥은 그녀가 이생에서 벗어날 때 그녀가 진정으로 사랑하는 하나님이 보시기에 합당하게 되기까지 그녀를 태우고 그녀 안에 있는 정화될 필요가 있는 것은 무엇이든지 깨끗하게 했다. 이 사랑의 불에 의해, 그녀는 자

---

[3] 1737년의 편집에 기초한 번역은 Charlotte Balfour and Helen Douglas Irvine, *Saint Catherine of Genoa: Treatise on Purgatory; The Dialogue*, 1946, pp. 17-35의 그것이다. Sheed & Ward, Inc., New York and London의 출판인들의 허락을 받아 사용됨.

[4] 이 말과 제4장과 9장의 제목은, 실제로, *Trattato* 자체의 최종 형태와 같이, 분명히 다른 방면으로부터 온 것이다.

신의 영혼 안에서 연옥에 놓여 이생에서 제거할 수 없는 죄의 모든 녹과 얼룩을 정화시키는 충성스러운 자들의 영혼의 상태를 이해했다. 그리고 거룩한 불에 의해서 이 사랑의 연옥 안에 놓인 이 영혼은 그 거룩한 사랑에 결합되어 그녀 안에서 행해진 모든 것에 만족했기 때문에, 그녀는 연옥 안에 있는 영혼들의 상태를 이해했다. 그리고 그녀는 말했다.

연옥 안에 있는 영혼들은, 내가 이해하기에, 거기 있을 수밖에 없으며, 이것은 그 안에서 정의롭게 행하시는 하나님의 명령에 의한 것이다. 그들은 그들의 생각을 자신들에게 돌릴 수 없고, "내가 범한 그러한 죄 때문에 내가 여기 있는 것이 마땅하다," 또는 "내가 그 죄들을 짓지 않았더라면 나는 지금 낙원으로 갈 텐데," 또는 "저 사람이 나보다 더 빨리 떠날 것이다," 또는 "내가 그보다 더 빨리 떠날 것이다"라고 말할 수도 없다. 그들은 자신에 대해서도 다른 자들에 대해서도, 선하든 악하든, 어떤 기억도 가질 수 없으며 그 때문에 그들은 보통 겪는 것보다 더 큰 고통을 겪게 될 것이다. 하나님의 명령 안에 있는 자들은 매우 행복하며, 그들이 가장 큰 고통 안에서 자신들에 대해 생각할 수 없는 것이 그를 기쁘게 하는 것처럼 그를 기쁘게 하는 모든 것을 그가 행할 것이다. 그들은 오직 거룩한 선함의 행위만을 볼 뿐이며, 그것은 사람을 그것에게로 자비롭게 인도하여 그가 더 이상 그에게 닥칠 고통 또는 선을 조금도 보지 않도록 한다. 그들은 그들의 죄 때문에 고통 가운데 있다는 것을 볼 수 없다. 어떤 자죄(自罪)가 있을 수 없는 곳에서 존재할 수 없는 사실상의 불완전이 그것 안에 있기 때문에 그들은 그들의 정신 안에 그 광경을 붙들 수 없다.

오직 한번, 그들이 이생으로부터 지나갈 때, 그들은 그들이 겪은 고난의 원인을 본다. 그들이 결코 다시 한 번 그것을 볼 수 없는 것은 거기에 자아가 있을 것이기 때문이다.[5] 그러므로 사랑 안에 있기 때문에, 어떤 현실적 잘못에 의해 그것으로부터 떠날 수 없으며, 순수한 사랑의 순수한 의지 없이는 그들은 더 이상 의지할 수도, 바랄 수도 없다. 그 연옥의 불 안에 있기 때문에, 그들은 순수한 사랑인 거룩한 명령 안에 있으며, 아무 것으로도 그곳에서부터 떠날 수 없는 까닭은 그들이 받은 능력 때문에 죄 짓는 능력을 빼앗겼기 때문이다.

---

5. "그렇지 않으면 자아가 들어갈 것이다 (vi saria una proprietà)." Hügel, op. cit., Vol. I, p. 283.

제2장

연옥 안에 있는 영혼들의 기쁨은 무엇인가. 그들이 하나님을 어떻게 항상 더욱 더 뵈옵는지를 보여주기 위한 비교. 이 상태를 말하는 것의 어려움.

낙원에 있는 성도들의 행복을 제외하고는 어떤 행복도 연옥 안에 있는 영혼의 행복과 견주어서 가치 있게 여겨질 수 없다고 나는 믿는다. 하나님이 이 영혼들 안으로 흘러드실수록 그리고 그의 들어오심을 방해하는 것이 더욱 더 많이 소멸될수록 이 행복은 날마다 자라난다. 죄의 녹이 그 방해물이며 불은 녹을 태워 없애서[6] 영혼이 신적 유입에 자신을 더욱 더 활짝 열도록 한다. 덮여 있는 것은 태양의 광선들에 반응할 수 없다. 그것은 항상 빛나고 있는 태양의 어떤 결점 때문이 아니라 그 덮개가 방해물이기 때문이다.[7] 만일 그 덮개가 타 없어지면, 이것은 태양을 향해 열린다. 덮개가 더욱 더 소멸될수록 그것은 태양의 광선들에 반응한다.

죄인 녹이 영혼을 덮고 그리고 연옥 안에서 불에 의해 소멸되는 것은 이 방식 안에서이다. 그것이 더 많이 소멸될수록, 영혼들은 더 많이 하나님, 그 참된 태양에 응답한다. 녹이 줄어들고 영혼이 거룩한 광선에 활짝 열림에 따라 행복이 자라난다. 때가 이룰 때까지 전자는 작아지고 후자는 커진다. 고통은, 그러나, 줄어들지 않으며, 다만 고통을 겪는 그 시간이 줄어든다. 의지에 대하여, 영혼들은 이 고통들이 고통들이라고 말할 수 없으며, 그들은 순수한 사랑 안에서 그들의 의지가 결합되어 있는 하나님의 명령에 매우 만족한다.

그러나 다른 한편, 만일 하나님이 특별한 은총으로 매우 많은 것을 보여주시지 않는다면, 그것을 말하는 어떤 혀도 발견될 수 없고 정신도 그것의 최소한의 격통을 이해할 수 없을 정도로, 그들은 극한의 고통을 겪는다. 하나님은 그의 은총으로부터 이 영혼에게 그 최소한의 격통을 보여주셨지만, 그녀의 혀를 가지고 그녀는 그것이 무엇인지를 말할 수 없다. 주님이 나에게 계시하신 이 광경은 그 이후로 내 정신을 결코 떠나지 않았으며 나는 그것에 대해서 할 수 있는 것을 말할 것이다. 그들은 하나님이 황송하게도 열어주신 그의 정신을 이해할 것이다.

---

6. Sertorius, *op. cit.*, p. 122: *Der Rost der Sünde bildet diesen Widerstand*; cf. Hügel, *op. cit.*, Vol. I, pp. 290 ff.

7. Hügel, *op. cit.*, Vol. I, pp. 290-91: "그러나 덮개가 방해하기 때문이다(*opposizione*)."

제3장

하나님으로부터의 분리는 연옥의 최고의 형벌이다. 어떤 점에서 연옥은 지옥과 다른가.

연옥의 모든 고통은 원죄나 자죄로부터 일어난다. 하나님은 그를 향한 어떤 기쁨에 넘친 본능으로 영혼을 순결하고 단순하며 죄의 모든 얼룩에 대하여 깨끗하게 창조하셨는데, 영혼이 자신 안에서 발견한 원죄가 그것을 빼내고 자죄가 원죄에 더해지면서 영혼은 훨씬 더 멀리 가버린다. 그것이 그 기쁨을 주는 본능으로부터 더 멀리 떠날수록, 그것은 하나님께 덜 일치하기 때문에 더욱 악하게 된다.

하나님 안에 참여함에 의하지 않고서는 어떤 선도 있을 수 없는데, 하나님은 그가 원하고 정하신 바에 따라 결코 그들을 저버리지 않으시고 비이성적인 피조물들의 요구를 만족시키시며 그리고 그것이 죄의 장애로부터 정화된 정도 안에서 이성적인 영혼에 응답하신다. 그러므로 영혼이 창조되었던 순수하고 청결한 상태에 가까이 가면, 그것의 기쁨을 주는 본문이 자신을 드러내고 끊임없이 성장하며, 매우 맹렬하게 그리고 그토록 열렬한 사랑을 가지기 때문에 (그것을 그의 목적을 향해 이끄는) 어떤 장애도 이 영혼에게 과거에 지녔던 것으로 보인다.

연옥 안에 있는 영혼들은 죄의 잘못이 없기 때문에 그들과 하나님 사이에는 그들의 고통 외에 어떤 장애도 존재하지 않으며, 그 고통은 그들이 완전에 이를 수 없도록 그들을 뒤로 붙들고 있다. 그들은 모든 최소한의 장애가 가지는 비통스러움을 그들의 길에서 분명히 보며 그들의 본능이 정의의 필요성에 의해 방해받는다는 것 또한 본다. 그러므로 죄가 그것에 부족하지 않는 지옥의 불과 같은 격렬한 불이 생겨난다.[8]

제4장

지옥에 있는 영혼들의 상태 그리고 그들과 연옥 안에 있는 자들의 차이. 구원에 관심이 없는 자들에 대한 이 성도의 생각.

그러므로 하나님의 의지에 모순되는 의지의 사악함이 있어서 거기서 죄가 알려지고 악이 지속될 것이며, 악과 함께 이생으로부터 지옥으로 옮긴 자들의 죄가 면제되지 않으며 될 수도 없는 것은 분명한데, 그 까닭은 영혼이 선이든 악이든 그것을 구원

---

8. Sertorius, *op. cit.*, p. 124: *nur frei von der Schuld....*

하는 의지와 불일치하는 것에 익숙해져서 이생을 살아온 관계로 이생으로부터 가지고 온 그 의지를 더 이상 변화시킬 수 없기 때문이다. 기록된 것처럼, *Ubi te invenero*, 죽음의 시간 안에서 죄 짓는 의지를 가지고 있거나 또는 죄를 불만족하게 여기거나 혹은 죄에 대해 회개하는 것, *Ibi te judicabo*이다. 내가 보여줄 것처럼, 그것에 대한 심판은 후에는 아무 면죄도 없다는 것이다. 죽음 후에 자유의지는 결코 돌아올 수 없는데, 그 의지는 죽음의 순간의 상태로 고정되기 때문이다. 지옥에 있는 영혼들은 죽음의 순간 그들 안에 죄짓는 의지를 가지고 있었기 때문에, 그들은 영원히 죄를 가지고 있으며 실제로 그들을 구원할 고통이 아니라 그들이 겪는 그러한 고통을 당하는 것이며, 이것들은 끝이 없다. 그러나 연옥 안에 있는 영혼은 고통만을 견디는데, 죽는 순간 그들이 죄로 만족하여 악하게 된 것을 보고 거룩한 선함을 거슬러 지은 그들의 죄를 회개함으로 그들의 죄가 지워졌기 때문이다. 그러므로 말했던 것처럼, 그들의 고통은 유한하며 그 시간은 계속 감소된다.

오 다른 모든 비참함을 넘어서는 비참함이여, 인간의 맹목성은 그것을 고려하지 못할 정도로 더 크도다!

하나님의 진정한 선하심이 그의 자비의 광선을 심지어 지옥 안에 흘려보내시기 때문에 저주받은 자들의 고통은 양에서 무한하지 않다. 죄 가운데에서 죽은 사람에게는 무한한 시간 동안 무한한 고통이 주어지는데, 그러나 하나님의 자비가 그에게 오직 시간 안에서 무한성을 지정했으며 그의 고통의 양을 결정하셨다. 정의로운 하나님은 그에게 더 많은 고통을 주셨을 수도 있었다.

오 악의 중에 범해진 죄는 얼마나 위험한가! 그것에 대해 회개하는 사람은 거의 없고, 회개가 없으면 그것을 보존하는 한 즉 범해진 죄를 의지하거나 또는 다시 죄짓기를 의지하는 한 죄를 가지고 있을 것이다.

제5장
연옥 안에 있는 평화와 기쁨.

연옥 안에 있는 영혼들은 모든 것에서 하나님의 의지와 일치하는 의지를 가진다. 그러므로 하나님은 그들에게 그의 선함을 흘려보내시고, 그들은, 그들이 의지하는 한, 행복하며 모든 죄로부터 깨끗해진다. 죄에 대하여 깨끗해진 이 영혼들은 하나님이 그들을 창조하셨을 때처럼 되는데, 하나님은 그들의 죄에 만족하며 악하게 살다가 그들이 저지른 모든 것을 고백하고 더 이상 죄짓지 않겠다는 의지를 가지고 이생으로부터 옮겨온 그들의 죄를 즉시 용서하시기 때문이다. 오직 죄의 녹들이 남아 있으며 이것으로부터 그들은 자신을 불 안에 있는 고통에 의해 깨끗하게 한다. 그러므로 모든 죄에서 깨끗하게 되어 하나님을 향한 의지 안에 결합된 그들은 하나님이 자신을 그들에게 알리시는 정도에서 하나님을 분명히 보며, 그를 향유하는 것이 얼마나 중요한지를 보게 되며 영혼들은 이 목적을 위해 창조되었다는 것을 보게 된다. 더구나, 그들은 하나님과 아주 일치되는 데에로 옮겨지며, 지혜로운, 자연스러운 본성으로 영혼들을 향해 그들 안에서 일하고 있는 그에게로 이끌려져서, 정신이 그것을 있는 그대로 아는 만큼 그리고 내적 감정에 의해서 그것이 있는 그대로 이해되는 것만큼 어떤 논쟁도 어떤 이해도 어떤 사례도 그것을 분명하게 이해할 수 없다. 그러나 내 마음에 떠오르는 한 가지 비유를 말하려고 한다.

제6장
연옥 안에 있는 영혼들이 하나님을 향유하기 위해 어떤 폭력과 어떤 사랑을 바라는가를 보여주기 위한 비유.

온 세상 모든 피조물들의 굶주림을 채울 빵이 한 덩이밖에 없다면, 그것만을 보면서 만족한다면, 건강한 사람이라면 먹으려는 본능을 가지기 때문에 그가 먹었거나 병들었거나 죽지 않았다면 그의 배고픔은 끊임없이 커질 것이고 먹으려는 그의 본능은 줄어들지 않을 것이다. 그를 만족시킬 빵이 한 덩어리밖에 없다는 것과 그것 없이는 그는 여전히 배가 고파야 한다는 것을 알기 때문에 그는 참을 수 없는 고통 안에 있게 될 것이다. 더구나 그가 그 빵에 가까이 가서 그것을 볼 수 없다면 그것에 대한 그의 본성적 갈망은 강해질 것이다. 그의 본능은 그의 소망을 전적으로 그를 만족시킬 수 있는 모든 것을 가지고 있는 그 빵에 고정시킬 것이다. 이점에서 그가 그 빵을 다시는 볼 수 없을 것이라고 확신한다면, 그는 지옥에 있게 될 것이다. 그러므로 하나님, 진정한 구주인 그들의 빵을 항상 보는 어떤 희망도 빼앗긴 자들은 저주받은 영혼들이다. 그러나 연옥 안에 있는 영혼들은 그들의 빵을 보는 희망을 가지며 그것으로 자신들을 완전하게 만족시킨다. 그러므로 그들은 예수 그리스도, 참 하나님과 구주

이며 우리의 사랑이신 그 빵으로 자신들을 만족시킬 수 있는 만큼 배고픔을 겪으며 고통을 견딘다.[9]

제7장
연옥과 지옥을 만드신 하나님의 감탄할만한 지혜.[10]

깨끗하게 정화된 영혼은 그가 창조된 목적대로 오직 하나님 안에서만 안식을 찾을 수 있고, 하나님에 의해 그 목적이 지옥으로 정해진 죄 지은 영혼은 지옥이 아니고는 있을 곳이 없다. 영혼과 몸이 분리되는 그 순간, 몸을 떠날 때 죽을 죄 가운데 있는 영혼은 오직 그의 죄의 본성에 의해 인도된 채 그에게 정해진 장소로 간다. 그 순간 하나님의 정의로부터 나오는 어떤 법에 의해서 영혼이 묶이지 않는다면 그것은 그가 사는 곳보다 훨씬 더 큰 지옥으로 가게 될 것이다. 그에게는 거룩한 자비가 일부 있어서 하나님이 영혼에게 그것이 받아야할 것보다 덜한 고통을 주시는 그의 법 밖에 있을 것이기 때문이다. 그 영혼은 손 뻗거나 그것을 위해 덜한 고통을 물을 어떤 장소도 찾지 못하고 하나님의 명령에 의해 그것의 마땅한 장소인 지옥 안으로 자신을 던진다.

창조되었을 때와 같이 그것이 더 이상 깨끗하지 않을 때 몸으로부터 분리된 영혼의 연옥이라는 우리의 문제로 돌아오자. 자신 안에서 오직 연옥에 의해서만 제거될 수 있는 장애를 보면서, 그는 자신을 그 안으로 민첩하게 그리고 기꺼이 던진다. 그가 순종해야할 법이 없다면, 자기에게서 그 장애물을 없애지 못한다면, 그는 그 순간 자신 안에 연옥보다 더 나쁜 지옥을 얻게 된다. 장애 때문에 하나님께 가까이 갈 수 없다는 것을 알기 때문이다. 지금까지 말한 것처럼, 하나님은 지옥과 같기 때문에 연옥은 그에 비교할 때 아무 것도 아닌 것이 되도록 뜻하신다. 그러나 하나님께 비교하면, 그것은 거의 아무 것도 아닌 것처럼 보인다.

제8장
연옥의 필요성. 그것은 얼마나 끔찍한가.

---

9. Cf. Hügel, *op. cit.*, Vol. I, pp. 288 ff.
10. Cf. 연옥과 지옥 등에 관하여 *Dial.*, III, 13을 참조; cf. *Vita*, 12, 14, 30.

내가 하나님을 볼 때 낙원으로 가는 아무 문도 보지 못하지만, 하나님은 매우 자비로우시기 때문에 그가 뜻하시는 자는 거기에 들어간다. 하나님은 팔을 활짝 벌리시고 우리 앞에 서시고 우리를 그의 영광 안으로 받아들이신다.[11] 그러나 나는 신적 본질이 상상될 수 있는 것보다 훨씬 더 큰 순수함으로 되어 있다는 것을 잘 안다. 그래서 티끌만한 불완전이라도 있는 영혼은 거룩한 왕의 현존에서 얼룩진 자신을 발견하기보다 차라리 수천 개의 지옥 안으로 자신을 던지는 것이 더 낫다.[12] 그러므로 연옥이 그러한 얼룩들을 제거하도록 정해져 있다는 것을 아는 영혼은 자신을 그 안으로 던지고, 죄의 얼룩인 방해물들을 거기서 깨끗하게 제거할 수 있다는 점에서 자신들이 큰 자비를 발견했다고 여긴다.

연옥의 비통함을 어떤 혀도 말하거나 설명할 수 없으며, 어떤 정신도 이해할 수 없다. 그러나 나는, 비록 지옥 안에 있는 것과 같은 큰 고통이 연옥 안에 있음을 보지만, 불완전의 최소한의 얼룩을 가지고 있는 영혼들이, 내가 말한 것처럼, 그것이 일종의 자비인양 연옥을 받아들이고 영혼의 사랑을 방해하는 최소한의 얼룩과 비교할 때 아무 것도 아닌 그 고통을 견디는 것을 여전히 본다. 연옥 안에 있는 영혼들이 그들 안에 있는 하나님을 불쾌하시게 한 어떤 문제 – 즉, 그의 그렇게 큰 선하심을 거슬러 그들이 고집스럽게 행한 것 – 든지 그것 때문에 겪는 고통은 연옥 안에서 그들이 느끼는 다른 어떤 고통보다 더 크다. 그리고 이것은 은총 안에 있으면서 그들이 진리를 보고 그들을 하나님께 가까이 가는 것으로부터 보류시키는 장애의 비통함을 보기 때문이다.

제9장
하나님과 영혼들은 연옥 안에서 어떻게 서로를 바라보는가. 그 성도는 이 문제에 있어서 자신을 표현할 수 없다는 것을 인정한다.

이생에서 그것들을 이해할 수 있는 한에서 내가 정신 안에 확실히 간직한 이 모든 것들은 내가 말한 것과 비교해볼 때 극도로 위대하다. 그들 외에 이 세상의 모든

---

11. *Vita*, 30.
12. Cf. *Dial.*, III, 6; Hügel, *op. cit.*, Vol. I, p. 284: "최소한의 티끌 (*minimo chè*)." Sertorius, *op. cit.*, p. 130에는 이렇게 되어 있다: "*Nur ein Splitterchen Unvollkommenheit in sic hat....*"

광경과 소리와 정의와 진리가 나에게는 거짓과 무로 보인다. 이것들을 극도로 충분히 표현할 말들을 발견할 수 없기 때문에 나는 당황스럽다.

거기서 나는 하나님과 영혼 사이에 너무도 많은 일치가 있어서, 거룩한 왕이 그것을 창조한 순수성 가운데에서 그것이 있는 것을 보고, 자신에게로 끌어당기며, 불멸하지만 강한, 하나님 안에서 변화된 자신이 마치 스스로를 하나님과 다르지 않은 존재로 보게끔 하는 불타는 사랑을 그것에게 주는 것을 알고 있다. 끊임없이 그는 그것을 자신에게로 끌어당기며 그것 안으로 불을 들이쉬고, 그것이 처음으로 나온 상태, 즉 창조의 순수한 정결로 인도하기까지 가도록 허락하지 않는다.

영혼이 그의 내적인 눈으로 자신이 하나님에 의해 그러한 사랑의 불로 끌어당겨지는 것을 볼 때, 그것은 하나님, 가장 사랑하는 주님을 향한 불타는 사랑의 열기에 의해 녹으며, 그 사랑이 넘쳐흐르는 것을 느낀다. 하나님이 그것을 끊임없이 끌어당기고 인도하시며, 다정하고도 매우 주의 깊게 실패함이 없이 내다보시며, 전적으로 완전해질 때까지 그의 순수한 사랑으로 이것을 행하시는 것을 영혼은 거룩한 빛에 의해 본다. 그러나 죄에 의해 방해를 받는 영혼은 하나님이 그것을 이끄시는 곳으로 갈 수 없다. 하나님이 그를 자신에게로 끌어당기시는 지향을 좇을 수 없다. 영혼은 다시 거룩한 빛을 보는 것으로부터 보류된 비통함을 인지한다. 궁극을 향한 지향에 이끌리는 영혼의 본능 또한 방해받지 않기를 갈망한다. 이러한 것들을 보는 것은 영혼 안에 연옥 안에서 느끼는 것만큼의 고통을 낳는다고 나는 말한다. 그들은 그들의 고통을 중요하게 여기지 않는다. 아무리 고통이 커도, 그들을 위한 지극하고 순수한 사랑으로 불 위에 계신 하나님을 분명히 보기 때문에, 그들은 그것을 하나님의 의지를 거스르며 가는 것보다 훨씬 덜한 악으로 간주한다.

강하고도 끊임없이 이 사랑은, 이것 말고는 해야 할 일이 없는 것처럼, 영혼을 하나의 지향을 갖고 끌어당긴다. 이것을 이해한 영혼이, 그의 길에 있는 모든 장애를 자신으로부터 보다 더 빨리 없애는 더 나쁜 연옥을 발견할 수 있다면, 그것은 자신과 하나님 사이에 있는 일치시키는 사랑에 의해 민첩하게 그리로 날아갈 것이다.[13]

---

13. Hügel, *op. cit.*, Vol. I, p. 284.

제10장
영혼을 완전히 순결하게 만들기 위해서 하나님은 연옥을 어떻게 사용하시는가. 영혼이 연옥에서 얻은 정결함은 매우 커서 죄로부터 깨끗해진 후에 계속해서 정결함이 유지된다면 영혼은 더 이상 고통당하지 않는다.

나는 또한 그 거룩한 사랑으로부터 영혼을 향하여 나오는 빛의 어떤 광선과 한 줄기의 광선들이, 가능하다면, 육체뿐만 아니라 영혼 역시 파괴시켜야 하는 것처럼 충분히 보일 정도로 강하게 침투하는 것을 본다. 이 광선들에 의해 두 가지 일이 행해진다. 첫째는 정화이며, 둘째는 파괴이다.

황금을 보라. 네가 그것을 많이 녹일수록 그것은 더 좋아진다. 너는 그 안에 있는 모든 불완전을 파괴할 때까지 그것을 녹일 수 있다. 그렇게 불은 물질적인 것들 위에서 일한다. 영혼은 그것이 하나님 안에 있는 한 파괴될 수 없으나, 그것이 자신 안에 있는 한 그것은 파괴될 수 있다. 그것이 더욱 정결해질수록, 마침내 하나님 안에서 그것이 순수해질 때까지, 자아는 그 안에서 더욱 파괴된다.

금이 순금으로 정화될 때, 그것은 더 이상 어떤 불에 의해서도 소멸될 수 없다. 금 자체가 아니라 불순물만이 태워 없애질 수 있다. 거룩한 불은 그렇게 영혼 안에서 일한다. 하나님은 그것의 모든 불완전이 타 없어지고 그것이 완전에 이를 때까지, 이른바 이십사 캐럿의 순도에 이를 때까지, 각 영혼이 그것이 어떠하든지 그 자신의 정도에 이를 때까지, 영혼을 불 안에서 붙들고 계신다. 영혼이 정화될 때, 그것은 완전하게 하나님 안에 머물고 자아의 어떤 것도 그 안에 간직하지 않는다. 그 존재는 이 정화된 영혼을 자신에게로 인도하신 하나님 안에 있다. 그 안에 타버려야 할 어떤 것도 남아 있지 않기 때문에 영혼은 더 이상 고통당할 수 없다. 그것이 깨끗해졌을 때 불 가운데 있다면, 그것은 아무 고통도 느끼지 않을 것이다. 차라리, 거룩한 사랑의 불은 그것에게 영생처럼 될 것이며 어떤 방식으로도 그것에 반대되지 않는다.[14]

제11장
연옥 안에 있는 영혼들은 그들의 죄의 얼룩으로부터 완전히 깨끗해지기를 바란다.

---

14. 이하, 거룩하고 살아나게 하는 빛과 사랑의 불타는 광선들에 관해서는 *Purgatory*, chs. 2, 9 등; *Dial.*, III, 12; *Vita*, 21, 31을 보라.

이 영혼들로부터 그들의 잘못을 갑자기 숨기시는 하나님의 지혜.

영혼이 하나님이 정하신 대로 살고 자신을 어떤 죄의 얼룩으로도 더럽히지 않는다면 영혼은 완전에 이를 수 있을 정도로 지어졌고 창조되었다. 그러나 자신이 원죄에 의해 더럽혀졌기 때문에 그것은 선물과 은총을 상실하고 죽게 되었으며 하나님의 방법에 의하지 않고는 다시 일어날 수도 없다. 세례에 의해 하나님이 그것을 죽은 자들로부터 일으키셨을 때, 그것은 여전히 죄를 향해 기울어지기 쉬우며, 그것이 저항하지 않는다면 자죄를 향해 기울어지고 인도된다. 그래서 그것은 다시 죽게 된다.

그때 하나님은 또 다른 특별한 은총으로 그것을 다시 일으키시지만, 그것은 매우 더러워졌으며 자주 자아에게로 돌아가기 때문에 우리가 말한바 그것에 대한 모든 거룩한 은총이 그것에게 하나님이 창조하신 처음 상태를 기억시키기 위해 필요하다. 은총 없이는 그것은 결코 다시 거기로 돌아가지 못한다. 그리고 영혼이 자신을 처음 상태로 돌아가는 길 위에서 발견할 때, 하나님 안에서 변화될 그것의 필요가 그 안에서 매우 거대하게 불붙는데 이것이 그것의 연옥이다. 그것은 이것을 연옥으로서 여기지 않고 하나님을 향한 그것의 본능으로 여기면서, 불타오르며 가로질러진 채, 정화를 이룬다.

사랑의 마지막 행동은 사람의 도움 없이 하나님에 의해 행해진다.[15] 영혼 안에 감추어진 많은 불완전이 있다는 것을 그것이 본다면, 그것은 절망 가운데 살아갈 것이다. 그러나 우리가 말한바 그것들이 모두 소멸된 상태에서 그리고 그것들이 다 가버렸을 때에야 하나님은 그것들을 영혼에게 보이시며, 영혼은 그 안에서 그것의 불완전함이 소멸된 사랑의 불을 켜는 그 거룩한 일을 보게 된다.

제12장
어떻게 연옥 안에 있는 고난은 기쁨과 함께 짝을 이루는가.

사람이 자신 안에서 완전하다고 여기는 것이 하나님이 보시기에는 불완전하다는 것을 알라. 사람이 완전을 이루기 위해서 보거나 느끼거나 의미하거나 의지하거나 기억하는 모든 것은 그것들이 하나님으로부터 온 것임을 인정하지 않는다면 전적으로

---
15. *Vita*, 31; cf. *Vita*, 41.

더럽고 오손된 것이기 때문이다. 어떤 일이 완벽하기 위해서 그것은 우리 안에서 주로 우리에 의하지 않고 이루어져야 한다. 하나님의 일은 그 안에서 주로 사람에 의해서 행해지지 않고 이루어져야 하기 때문이다.

그러한 일들은 우리 안에서 순수하고 깨끗한 그의 사랑으로부터 하나님에 의해서 우리의 공로가 없이 그만에 의해서 마침내 행해지며, 그것들은 매우 침투하며 영혼 안에 그러한 불을 점화시켜서 그것을 감싸고 있는 육체가 죽을 때까지 결코 꺼지지 않는 용광로 안에서와 같이 소멸되는 것처럼 보인다. 영혼을 넘쳐흐르도록 채우는 하나님을 향한 사랑은 그것에게 말해질 수 없는 행복을 주며, 나는 그렇게 본다, 그러나 이 행복은 연옥 안에 있는 영혼들의 고통으로부터 한 가지 아픔도 취하지 않는다. 차라리 이 영혼들의 사랑은 자신이 방해받는다고 느낄 때 고통을 일으킨다. 그리고 하나님이 그들에게 할 수 있도록 해주신 그 사랑이 더 완전해질수록 그들의 고통은 더 커진다.

그러므로 연옥 안에 있는 영혼들은 가장 큰 행복을 향유하고 가장 큰 고통을 겪는다. 전자는 후자를 방해하지 않는다.

제13장
연옥 안에 있는 영혼들은 더 이상 공로를 얻을 상태에 있지 않다. 어떻게 이 영혼들은 세상에서 그들을 위해 행해진 사랑을 지켜보는가.

연옥 안에 있는 영혼들이 회개에 의해 자신들을 깨끗하게 할 수 있다면 그들은 한 순간에 모든 빚을 지불할 것이며, 그들의 회개는 분명한 빛 안에서 그토록 타는 격렬함을 그들에게 비추어서 그들의 목적과 하나님을 사랑하는 데에 이르는 것이 방해받고 있다는 비통함을 보일 것이다.

그것이 하나님의 정의에 의해 결정되었기 때문에 지불할 가장 작은 파딩(farthing)도 그 영혼들에게 면제되지 않는다는 것을 확실히 알라. 하나님이 하시는 것은 훨씬 더 하다. 영혼이 하는 것에 관하여 하나님이 의지하시지 않으면 그들은 더 이상 스스로 선택할 수 없고 보거나 의지할 수도 없는데, 그 이유는 그것이 그들에게 결정되었기 때문이다.

그리고 세상에 있는 사람들에 의해 그들의 고통의 시간을 줄이기 위한 어떤 보시가 그들에게 행해진다면, 그것이 거룩한 의지의 가장 정확한 저울 안에 측정되지 않고는 그들은 애정을 가지고 그 행위를 생각할 수 없다. 그들은 모든 것을 그의 무한하신 선하심이 기뻐하심에 따라 스스로 지불하시는 하나님의 손 안에 둔다. 만일 그들이 거룩한 의지 안에서인 경우를 제외하고 그 보시를 생각할 수 있다면, 그들이 한 일 안에 자아가 있을 것이며 그들은 하나님의 의지를 보는 것을 잃어버리고 결국 그것은 그들에게 지옥처럼 될 것이다. 그러므로 그들은 움직이지 않고 기쁨과 행복이든 또는 고통이든 하나님이 주시는 모든 것을 기다리며 더 이상 그들의 눈을 자신에게로 결코 돌릴 수 없다.

제14장
연옥 안에 있는 영혼들이 하나님의 의지에 복종함.

연옥 안에 있는 영혼은 하나님과 매우 내밀하며 그의 의지를 향해 매우 변화되어서 모든 것 안에서 그의 가장 거룩한 법에 만족한다. 그리고 만일 한 영혼이 여전히 정화시켜야할 사소한 것이 남아 있을 때 하나님을 보도록 데려가진다면, 그것에게 커다란 상해가 행해질 것이다. 순수한 사랑과 최고의 정의는 그 더러워진 영혼을 견딜 수 없으며 그것의 현존을 참는 것은 하나님께는 적합하지 않을 것이기 때문에, 그것은 열 개의 연옥 보다 더 악한 고난을 겪을 것이다. 완전한 보상이 아직 그에게 이루어지지 않았을 때 하나님을 보는 것은, 비록 정화의 시간이 겨우 눈 깜짝할 정도만큼 부족하다고 하더라도, 그 영혼에게 참을 수 없는 것이 될 것이다. 그것이 아직 완전히 깨끗해지지 않았을 때 거룩한 현존 앞에 서는 것보다 더 빨리 자신에게 여전히 매달려 있는 그 작은 녹을 없애기 위해서 천 개의 지옥으로 갈 것이다.

제15장
연옥 안에 있는 영혼들이 세상에 있는 사람들을 비난함.

그렇게 복 받은 영혼들은,[16] 거룩한 빛에 의해 앞서 말해진 것들을 보면서, 말했다. "나는 기꺼이 크게 울어서 그것이 지상에 있는 모든 사람 안에 공포를 주도록 하

---
16. 분명한 편집상의 삽입.

겠다. 나는 그들에게 말할 것이다. '가련한 자들이여, 왜 너희들은 그렇게 세상에 의해서 자신의 눈을 가리는가? 네가 죽음의 순간에 알게 되는 것처럼 너희들의 필요는 아주 크고 통탄할 만하구나. 그리고 그것이 무엇이든지 누가 그것을 공급할 수 있겠느냐?'

너희들은 하나님의 자비를 바라면서 모두 안식처를 취하였다. 그것은 매우 위대하다고 너는 말하지만, 이 위대한 하나님의 선하심이 그렇게 선하신 하나님의 의지를 거슬러 가버린 것에 대해 너를 심판할 것을 너는 알지 못한다. 그의 선하심은 네게 악을 행하는 소망을 주는 것이 아니라 네가 모든 그의 의지를 행하도록 너를 제한하는데, 그 이유는 그의 정의는 어떻게든 실패할 수 없으며 또는 필요들은 채워질 것임이 틀림없기 때문이다.

'나는 내 죄를 고백하고 완전한 면죄부를 받을 것이며 그 순간 내 모든 죄가 없어지고 그래서 구원받을 것이다'라고 말하면서 자신을 포옹하기를 중단하라. 그 완전한 면죄부에 필요한 고백과 회개에 대해서 생각하라. 그것으로 거의 그렇게 되지 않는다는 것을 네가 안다면 너는 커다란 공포로 떨 것이며 네가 그것을 얻을 수 있기보다 그것을 결코 얻지 못한다는 것을 더욱 확신하게 될 것이다."

제16장
어떻게 연옥 안에 있는 영혼들의 고난이 그들의 평화와 기쁨에 전혀 방해가 되지 않는가를 이 영혼은 다시 보여준다.

나는 그 영혼들이 눈앞에 하나님의 두 가지 일들을 보면서 고난을 겪는 것을 본다.

첫째, 그들은 자신이 고난을 기꺼이 겪고 있는 것을 보며, 자신에게는 당연한 응보를 생각하고 스스로 얼마나 하나님을 슬프게 했는가를 인정함에 따라, 그 고난은 그들에게 하나님이 보여주신 커다란 사랑으로 보이게 된다. 만약 하나님의 선하심과, 예수 그리스도의 귀중한 피의 보속과, 정의를 누그러뜨리는 사랑이 없었다면, 그의 죄는 천 개의 영원한 지옥을 받아 마땅할 것이었기 때문이다. 그러므로 영혼은 고통을 기꺼이 겪으며, 그들이 가장 완전히 그것을 받아 마땅하며 그것이 선하게 전해진 것을 알기 때문에 한 가지 격통에 의해서 그것을 경감시키려고 하지 않으며, 그들의 의지가 있는 한, 그들이 영생에 있는 것처럼 하나님께 불평하지 않는다.

그들이 보는 두 번째 일은 그들이 하나님의 법과 그가 영혼에게 행하시는 사랑과 자비를 생각할 때 그들이 느끼는 행복이다.

한 순간에 하나님은 이 두 가지 광경을 그들의 정신 위에 새기시고, 은혜 안에 그들로 하여금 이 광경들을 깨닫고 그것을 있는 그대로 그들의 능력의 한도에서 이해하도록 하신다. 그리하면, 결코 실패하지 않는 커다란 행복이 그들에게 주어진다. 오히려 그것은 그들이 하나님께 가까이 갈수록 자라난다. 영혼들은 이 광경을 자신들 안에서 혹은 저절로 보는 것이 아니라 하나님 안에서 보며, 그들이 겪는 고통보다 그에게 더 많이 집중하며, 그들의 고통보다 그를, 비교할 수 없이, 더 많이 생각한다. 하나님에 관해서 가질 수 있는 모든 일별은 사람이 느낄 수 있는 어떤 고통이나 기쁨을 초월하기 때문이다. 그러나 그것이 이 영혼들의 고통과 기쁨을 초월함에도 불구하고, 그것은 그것들을 조금도 감소시키지 않는다.

제17장
연옥 안에 있는 영혼에 관하여 그녀가 말한 모든 것을, 그녀 자신의 영혼 안에서 그녀가 느끼고 증거한 것들에 적용함으로써 그녀는 결론을 맺는다.

내가 연옥 안에 있는 영혼들 안에서 본 정화의 이 형태를, 나는 나 자신의 정신 안에서 느낀다. 최근 이 년 동안 나는 그것을 가장 많이 느꼈다. 날마다 나는 그것을 느끼며 더욱 분명하게 본다. 이 육체 안에 있는 내 영혼이 연옥 안에서처럼 진정한 연옥인 것처럼 그리고 그것과 같이 형성된 것을 보지만, 그러나 측정될 수 있어서 육체가 그것을 견디고 죽지 않도록 한다. 그러나 육체가 죽을 때까지 그것은 조금씩 자라난다.

내 영혼이 모든 것들, 심지어 영혼을 살찌울 즐거움이나 기쁨, 위로와 같이 영적인 것들로부터 멀어진 것을 본다. 영적인 것이든 현세적인 것이든, 의지나 정신, 기억을 가지고 그것들을 즐길 능력이 없게 되었음을 본다. 다른 모든 것들보다 나를 만족시키는 한 가지, 그것만을 내가 말하게 하기 위해서이다.

이른바 나는 내적으로 포위된 것을 발견한다. 영적이고 육체적인 삶을 소생시키던 모든 것들을 조금씩 나의 내적 자아로부터 취하고, 그들을 먹이고 위로하던 것들은 이제 사라졌음을 나는 안다. 그들이 그 영에게 알려진 것처럼 이것들은 아주 증오스럽고 혐오스러워서 그들은 모두 가고 결코 돌아오지 않는다. 이것은 그 영의 본능 때문에 자신에게서 완성을 방해하는 것은 무엇이든지 제거한다. 그것은 아주 무자비해서 그것의 목적을 이루기 위해서 자신을 지옥에 던질 것이다. 그러므로 그것은 항상 내적 사람에게서 그를 먹일 수 있는 모든 것을 빼앗는다. 그리고 그것을 아주 빈틈없이 포위해서 불완전의 최소한의 원자도 보이지 않거나 증오되지 않고 지나치지 못하게 한다.

나의 외적 사람에 관하여, 그것은 또한, 그 영이 그것에 응답하지 않기 때문에, 포위되어서, 만일 그것이 인간의 본능을 좇는다면, 지상에서는 그것을 소생하게 할 아무 것도 발견하지 못한다. 하나님 외에 어떤 위로도 그에게 남아있지 않다. 하나님은 그의 정의가 충족되도록 이 모든 것을 사랑에 의해서 매우 자비롭게 행하신다. 이것을 깨닫고 나의 외적 사람은 커다란 평화와 행복을 얻지만, 그 행복은 나의 고통을 줄이거나 그 공격을 약화시키지 않는다. 하지만 그것은 매우 커서 내가 그 거룩한 명령으로부터 떠나기를 원하게 되는 어떤 고통도 나에게 가해질 수 없다. 나는 나의 감옥을 떠나지 않으며 그것으로부터 앞으로 가기를 구하지도 않는다. 하나님이 필요한 것을 하시게 하라! 나의 행복은 하나님이 만족하시는 것이며, 그는 너무나 정의롭고 자비하셔서, 내가 하나님의 명령 밖으로 나가는 고통만큼 더 심한 고통은 있을 수 없을 정도이다.

내가 말한 이 모든 것들은 내가 보는 것이고 만질 수 있을 만큼 직접적이다. 그래서 어떠한 말로도 내가 말하고자 하는 만큼을 표현할 수는 없다. 내 안에서 행해진, 내가 영적으로 느낀 일에 대해서도 올바르게 말할 수 없다. 그래도 나는 그것을 말했다.

내가 갇혀 있는 것처럼 보이는 감옥은 이 세상이다. 나의 쇠사슬은 육체이고, 목적을 추구하지 못하도록 아래로 뒤로 묶이고 결박된 이 비탄스러움을 아는 존재는, 은총을 깨달은 내 영혼이다.[17] 이것은 내 영혼에게 커다란 고통인데, 영혼은 유약하기 때문이다. 하나님의 은총에 의해 영혼은 스스로를 하나님과 같게 만드는 위엄을 얻는다. 다르게 말하면, 영혼은 은총을 인하여 하나님의 선함을 공유하게 하고, 그

---

17. Cf. 영혼, 육체 그리고 연옥에 관하여는, *Dial., passim*, 특히 pt. II, chs. 2, 6, 8, 10, 11을 참조하라.

와 하나가 되게 한다. 하나님이 고통을 겪는 것은 불가능하기 때문에, 이 면제는 또한 그에게 가까이 간 영혼들에게 갑자기 들이닥친다. 그들이 하나님께 더 가까이 가면 갈수록, 하나님의 것에 더 많이 참여하게 된다.

그러므로 영혼의 길에서 받는 방해는 참을 수 없는 고통을 야기한다. 고통과 방해는, 은총에 의해서 그것에게 계시된, 그것의 처음의 본성적 상태로부터 그것을 잡아뗀다. 그리고 자신이 받을 수 있는 것을 빼앗겼다는 것을 발견하고 그것은 하나님을 향한 그 존경의 분량에 따라 다소간 커다란 고통을 겪는다. 영혼이 하나님을 더 많이 알수록 그것은 그를 더욱 존경하고 더욱 죄 없이 되며, 무엇보다 하나님 안에서 방해받지 않고 완전히 기억하게 된 영혼이 그를 참으로 그인 것대로 알기 때문에 그것의 길에 놓인 장애가 여전히 그것에게는 더욱 끔찍해진다.

하나님께 죄짓기보다 차라리 죽음당하기를 바라는 사람이 죽음과 그 고통을 느끼고 그러나 하나님의 빛에 의해 그에게 거룩한 영광을 몸의 죽음보다 더 높이 여기도록 하는 열망이 주어지는 만큼, 그렇게 하나님의 명령을 아는 영혼은 그것을, 그것들이 아무리 끔찍할지라도, 모든 가능한 내적이고 외적인 고통보다 더 높이 여기는데, 그 이유는 이것이 느껴지거나 상상될 수 있는 모든 것을 능가하시는 하나님의 일이기 때문이다. 더구나 영혼을 점령할 때 하나님은, 아무리 작은 정도라도 그것을 그의 위엄으로 완전하게 채우시며 그 밖의 어떤 것도 그것에게 중요하지 않게 하신다. 그러므로 그것은 그 자신의 것인 모든 것을 상실하며 저절로 손해 또는 고통을 볼 수도 말할 수도 알 수도 없다. 그러나 내가 이미 분명하게 말했던 것처럼, 그것이 이생을 떠나는 그 순간에 모든 것을 안다.

마지막이자 결론으로, 가장 선하고 가장 위대하신 하나님께서는 사람이 잃어버린 모든 것을 일으키시고, 연옥은 그것을 깨끗하게 한다는 것을 이해하자.

연옥에 관한 논문의 끝.

색인 INDEXES

성경 색인

창세기
1:4 ············· 116, 118
29:32 ················· 127
29:33 ················· 128
29:34 ················· 129
29:35 ················· 129
30:6 ·················· 132
30:8 ·················· 132
30:18 ················· 135
30:20 ················· 137
35:18 ················· 142
49:21 ················· 132

신명기
6:5 ··················· 94

욥기
9:30-31 ··············· 294

시편
1:3 ·················· 280
1:6 ··················· 80
4:5 ·················· 136
4:7 ·················· 141
15:2 ·················· 75
15:8 ················· 272
22:3 ················· 291
24:15 ················ 272
25:12 ················ 142
32:9 ·················· 92
33:2 ················· 294
34:28 ················ 286
36:16 ················· 81
41:4 ················· 306
45:11 ················ 306
48:19 ················· 86
49:15 ················· 84
50:19 ················ 128
67:28 ················ 143
72:26 ················· 86
93:19 ················ 129
102:1 ················· 81
104:4 ················ 100
108:18 ··············· 278
110:10 ··············· 127
118:11 ··············· 294
118:66 ··············· 281
118:104 ·············· 137
118:176 ········· 102, 103
128:3 ················ 286
138:12 ··············· 305
138:21 ··············· 137
143:3 ················· 91

잠언
12:21 ················ 288

전도서
4:12 ················· 272
5:9 ··················· 81
7:1 ·················· 275
12:13 ················· 91

아가
3:2 ·················· 103
5:8 ·················· 284
8:1 ·················· 307
8:6 ··················· 94

이사야
26:7 ·················· 80
59:8 ·················· 80

예레미야
3:1 ·················· 105
17:14 ················ 271
51:9 ················· 271

예레미야애가
3:19 ················· 290
4:20 ·············· 92, 97

마태복음
5:3 ··············· 80, 277
5:5 ·················· 128
5:6 ··················· 81
5:8 ·················· 117
6:10 ·················· 87
6:33 ·················· 83
7:13 ·················· 80
7:21 ················· 439
10:37 ················· 98
10:38 ················ 433
11:29 ················ 277

19:17	439	14:6	433	고린도후서	
19:21	276	14:21	343	5:16	97
19:23	278	14:28	95		
19:27	96	15:13	76, 96	갈라디아서	
19:28	278	16:6	97	2:20	423
22:37	82, 439	16:7	95		
22:39	83	17:24	434	빌립보서	
				1:23	136
마가복음		사도행전		4:13	325
8:33	95	5:29	96		
				골로새서	
누가복음		로마서		3:2	281
1:35	97	5:10	75, 92		
6:20	80	6:12	295	데살로니가전서	
6:46	439	7:18	102	5:21	80
10:27	439	7:24	136		
12:31	83	8:32	75	야고보서	
14:27	433	9:28	80	1:12	288
19:22	102	11:33	323	5:15	289
		11:35	92		
요한복음				요한일서	
3:16	75	고린도전서		1:8	138
4:42	85	1:30	98	2:6	290
6:38	439	9:24	80	4:10	92
6:53-58	286	13:5	76	4:18	271
6:64	97	15:46	83		
9:4	270	16:22	90	요한계시록	
10:1	434, 439			2:13	275
12:26	434